금융소비자와 금융회사 실무자를 위한
금융소비자보호법 강의

금융소비자와
금융회사 실무자를 위한

금융
소비자보호법
강의

서태종 · 성수용 지음

라의눈

2011년 7월 법률안이 국회에 최초로 제출된 이후 9여 년간 논란을 거듭해 왔던 「금융소비자 보호에 관한 법률」(약칭 "금융소비자보호법")이 2020년 3월 24일 공포되어 2021년 3월 25일부터 시행에 들어갔다.

이 법의 시행은 단순히 금융 관계 법률 하나가 추가된 것이 아니라 우리나라 금융산업의 패러다임을 근본적으로 바꾸는 매우 의미가 큰 사안이다. 무엇보다도 개발 시대 이후 금융회사 즉 공급자 중심으로 운용되어 온 우리나라 금융산업이 소비자 즉 수요자 중심으로 옮겨가게 되었음을 공식적으로 선언한 것으로서 그 파급력이 지대할 것이다. 금융소비자는 금융거래 과정에서 수동적 지위에서 벗어나 금융회사와 대등한 주체로서 행동하게 될 것이다. 마음에 들지 않은 계약은 철회할 수 있고 위법계약은 해지할 수 있게 되는 등 금융소비자 권익제고 장치들이 다수 도입되었기 때문이다. 반면, 금융회사들은 오랜 기간 지속해 온 외형성장 또는 이익추구 위주의 영업행태를 바꾸지 않으면 안 되게 되었다. 충분한 설명 없이 또는 충동 구매 유발을 통해 우선 판매하고 보자는 식의 영업을 해서는 오히려 큰 손실을 입을 수 있고 엄중한 제재까지 받을 수 있기 때문이다. 금융감독기관 또한 건전성 위주의 감독에서 탈피하여 소비자보호 문제를 균형 있게 살피지 않으면 안 되게 되었다. 특히, 몇 번의 금융위기를 겪으면서 금융회사의 부실문제가 어느 정도 해소된 반면 ESG, 윤리경영, 준법경영 등이 강조되고 있는 사회적 여건을 감안할 때, 금융소비자보호법의 시행으로 금융감독당국의 검사와 감독의 중점이 자연스럽게 소비자보호 문제로 옮겨 갈 가능성도 있다.

이처럼 금융소비자보호법의 시행은 금융소비자의 권익을 획기적으로 제고할 뿐만 아니라 우리나라 금융산업의 모습을 긍정적인 방향으로 바꾸는 중요한 계기가 될 것으로 기대를 모으고 있다. 그러나 금융소비자보호법을 맞이한 금융회사들 특히 금융영업 현장의 분위기는 사뭇 다르다. 금융소비자보호법의 내용이 포괄적이고 일반적이며 법 집행기관의 재량적 판단을 구하는 부분들이 많아서 규제를 준수해야 하는 금융현장의 실무자들로서는 입법의 긍정적인 측면에도 불구하고 불안감을 떨치지 못하고 있는 것이 현실이다.

다수의 금융회사 종사자들이 금융소비자보호법 위반의 본보기가 되지 않기 위해 영업을 기피한다거나 금융소비자보호법이 요구하는 형식적 절차를 준수하려는 과정에서 오히려 금융소비자의 불편을 야기하는 사례가 발생하고 있다. 금융소비자보호법이 시행된 이후 금융 현장의 반응은 한마디로 "어두운 밤길을 걷는 것과 같이 불안하고 두렵다"는 것이다. 바로 이러한 금융현장의 애로사항을 조금이나마 덜어주자는 것이 이 책을 쓰게 된 주요 동기이다.

따라서 이 책은 금융소비자보호법을 준수하고자 하는 금융 현장 실무자들의 궁금증 해소에 도움을 주는 데 주안점을 두었고, 그러한 차원에서 가급적 필자의 법리적 견해나 판단을 지양하는 한편, 금융당국이 공식적으로 발표한 보도자료와 FAQ, 분쟁조정사례, 법원 판례 등을 최대한 인용하였다. 이러한 의도에도 불구하고 금융현장에서 일하는 실무자들이 금융소비자보호법 적용과 관련한 의문을 해소하고 금융당국의 입장을 이해하기에는 턱없이 부족할 것으로 보인다. 이는 금융소비자보호법이 시행된 지가 불과 1년 남짓에 불과하고 금융당국이 아무리 상세한 해석을 내놓는다 하더라도 금융현장에서 직면하는 각기 다른 수많은 사례들에 대한 해답으로는 미흡하기 때문이다. 따라서 이 책의 부족함은 앞으로 법을 집행해 나가는 과정에서 금융당국의 법 해석 및 적용 사례가 더욱 많이 축적되는 대로 지속적으로 보완해 나갈 계획이다. 아무쪼록 이 책이 금융실무자들의 의문 해소에 조금이나마 도움이 되고, 긍정적 기대와 큰 호응을 받으면서 시행된 금융소비자보호법의 조속한 안착에 기여할 수 있기를 바란다.

여러모로 부족한 점이 많은 필자들이 이 책을 내놓을 용기를 갖게 된 것은 전적으로 주변 지인들의 도움 덕분이다. 한 분 한 분 소개할 수 없을 정도로 많은 분들의 조언과 수고가 있었다. 모든 분들께 깊이 감사드린다. 또 이 책의 출판을 기꺼이 허락해 주신 라의눈 출판사 설응도 대표님과 관계자 여러분께도 고마움을 표한다.

2022년 9월

서태종·성수용

●● 존재하는 모든 제도와 법률이 그러하듯이 금융소비자보호법의 탄생은 시대적 요구에 부응한 필연적인 결과라고 봅니다. 오랜 기간 지속되어 온 저금리 상황 속에서 고위험 고수익을 추구하는 복잡하고 난해한 금융상품이 다수 출현함으로써 금융소비자의 피해 발생이 늘 예견되어 왔습니다. 2007년 저축은행 부실화와 2018년 사모펀드 불법운용 등의 대형 금융사고의 발생은 이러한 우려가 현실화된 것이고 이를 계기로 국회에서 장기간 계류되어 있던 금융소비자보호를 위한 법률의 제정은 더 이상 늦출 수 없게 되었습니다.

금융소비자보호법의 제정은 9여년에 걸친 국회 논의 과정이 시사하는 바와 같이 기대와 우려가 교차하고 있습니다. 외형성장과 단기적 이익추구에 몰두하는 국내 금융회사의 잘못된 경영관행을 근본적으로 바꾸는 계기가 될 것이라는 기대가 있는가 하면 과잉입법으로 인한 금융회사의 영업위축과 법을 준수하는 과정에서 과도한 행정비용이 발생함은 물론 오히려 다수 금융소비자의 불편과 불만을 초래할 것이라는 우려가 그것입니다. 이러한 기대와 우려는 법이 시행된 지 1년이 더 지난 지금도 여전히 잠재돼 있다고 봅니다. 특히, 금융회사에서 일하는 분들은 최고경영자에서부터 영업현장의 실무자까지 불안이 상당한 것 같습니다. 그리고 이 불안은 금융소비자보호법의 적용대상이나 범위가 매우 넓고 포괄적이어서 이 법을 준수해야 하는 금융회사 종사자들이 실제 상황에서 법에 저촉되는지 여부를 판단하기가 쉽지 않다는 데 기인합니다. 이에 금융위원회와 금융감독원에서는 다수의 질의응답 등을 통해 법 해석의 의문을 해소해 나가려는 노력을 기울이고 있습니다만 금융현장의 불안감을 완전히 해소하기에는 미흡해 보입니다.

이러한 상황에서 저자들이 금융소비자보호법 해설서를 내놓은 것은 매우 의미 있는 일이라고 생각됩니다. 특히 저자들은 금융감독기관에서 오랫동안 일해 온 경험을 바탕으로 금융소비자보호법의 조문 하나 하나에 대해 해석함은 물론 금융당국이 발표한 질의응답 자료와 분쟁조정사례, 법원 판례 등 관련 자료를 빠짐없이 게시함으로써 독자들의 이해를 돕고 있습니다. 아마도 지금까지 나온 금융소비자보호법에 대한 해설서로는 가장 상세하고 관련 자료를 종합적으로 정리한 책이 아닐까 싶습니다. 아무쪼록 이 책이 금융현장에서 금융소비자보호법을 준수하면서 영업실적을 올리기 위해 노심초사하는 수많은 금융회사 종사자들에게 많은 도움이 되었으면 하는 바람입니다. 나아가 금융소비자보호법의 조속한 정착에 기여함으로써 우리나라 금융산업의 선진화에도 보탬이 되기를 바랍니다.

2022년 9월
전 금융감독원 원장 진웅섭

진웅섭

●● 금융소비자보호는 디지털금융, ESG경영과 함께 최근 우리 금융산업의 최대 관심사가 되고 있습니다. 특히, 2021년 3월부터 금융소비자보호법이 본격 시행에 들어감에 따라 금융소비자보호 문제는 당분간 금융시장에서 뜨거운 이슈로 자리잡을 가능성이 큽니다. 과거에는 회사 스스로 고객관리나 서비스 제고 차원에서 관심을 가졌던 사안들이 이제는 반드시 지켜야 할 법적 의무가 되면서 금융소비자보호법규는 금융업 종사자라면 누구나 가장 먼저 숙지하여야 할 법규가 되었습니다. 이를 위반할 경우 금융회사나 해당 임직원이 받게 될 제재와 불이익도 상당히 무겁습니다. 또한 법 시행 초기인 만큼 금융소비자보호법에 저촉되는 중대한 사안이 발생할 경우 금융회사가 입게 될 평판 리스크도 무시할 수 없는 상황입니다.

이러한 점 때문에 대부분의 금융회사들은 준법경영을 위한 내부통제를 강화하는 등 나름대로 금융소비자보호법 준수를 위해 노력하고 있는 것으로 보입니다. 금융소비자보호 문제가 단기적 이슈가 아닌 금융회사의 지속성장을 가늠할 경쟁력의 근원이 되고, 나아가 우리나라 금융산업의 선진화를 위해서는 반드시 개선해야 할 과제라는 점을 감안한다면 매우 바람직한 모습이라 하겠습니다. 그렇지만 법을 준수하는 과정에서 금융인들이 겪고 있는 애로와 불만도 상당한 것 같습니다. 물론 법 시행 초기라는 불가피한 측면이 있기는 하지만 금융소비자보호법의 내용이 애매하거나 금융소비자보호 목적에 충실하다 보니 영업현장의 현실과는 괴리된 부분도 있기 때문입니다. 금융소비자의 권익제고라는 큰 기대를 안고 제정된 금융소비자보호법이 제대로 자리 잡기 위해서는 이를 준수할 의무가 있는 사람들이 법규를 쉽게 이해하고 법을 준수하는 데 큰 어려움이 없어야 할 것입니다.

이러한 점을 감안했을 때, 금융감독기관에서 오랫동안 관련 업무를 다뤄 본 저자들이 금융소비자보호법에 대한 상세한 해설을 담은 본서를 시의적절하게 내놓은 것은 매우 의미 있는 일이라고 생각합니다. 특히 본서는 인용 법규 등을 주석을 통해 상세하게 설명하고 금융당국의 FAQ와 분쟁조정사례 등도 빠짐없이 담고 있는데, 이는 법률전문가가 아닌 일반 금융실무자들이 금융소비자보호법을 이해하는 데 많은 도움을 줄 것으로 보입니다. 아무쪼록 이 책이 금융소비자보호법을 이해하고 준수하려는 선의의 금융인들에게 좋은 참고서가 되었으면 하는 바람입니다. 그리고 어렵게 탄생한 금융소비자보호법이 큰 무리 없이 빠른 시일 내에 정착하는 데도 기여함으로써 금융회사의 준법경영과 금융소비자의 권익제고에 밑거름이 되길 바랍니다.

2022년 9월

전국은행연합회 회장 김광수

C O N T E N T S

○ 머리말 ·· 5
○ 추천사 ·· 8

제 1 장 총론

01 │ 금융소비자보호법의 제정 배경

1. 금융상품의 복잡·다기화 ·· 23
2. 대규모 금융소비자 피해의 발생 ·· 24
3. 소비자권익에 대한 인식 제고 ·· 27
4. 금융소비자보호 강화에 대한 국제적 추세 ····························· 28

02 │ 금융소비자보호법의 주요 특성

1. 금융소비자 보호에 관한 기본법 ·· 32
2. 기능별 규율 체계의 규제법 ··· 33
3. 금융회사 영업행위 규율에 관한 일반법 ································· 36
4. 금융소비자 권익제고법 ··· 37
5. 소비자기본법 등의 특별법 ·· 38

03 │ 금융소비자보호법 제정에 따른 경제 주체별 주요 변화 내용

1. 금융소비자 측면 ·· 39
2. 금융회사등 금융서비스 공급자 측면 ······································ 42
3. 정부 및 금융·감독기관 측면 ··· 43

04 │ 금융소비자보호법의 구성 ······················ 46

제 2 장 금융소비자보호법의 적용대상

01 | 금융상품

1. 금융상품의 범위 ·· 51

2.금융상품의 유형 ·· 56

02 | 금융상품 판매채널

1. 의의 ·· 64

2. 금융상품판매업(자)
 : 금융상품직접판매업(자) + 금융상품판매대리·중개업(자) ········ 65

3. 금융상품자문업(자) ··· 71

03 | 금융소비자

1. 의의 ·· 76

2. 전문금융소비자 ··· 78

3. 일반금융소비자 ··· 89

04 | 금융회사 그리고 금융회사등

1. 금융회사 ·· 93

2. 금융회사등 ·· 93

3. 금융회사등의 업종구분 ·· 94

05 | 금융소비자보호법 적용 예외와 다른 법률과의 관계

1.부동산투자회사법 등 특별법 상 사모(私募)펀드 ························· 96

2.신용협동조합을 제외한 상호금융기관 및 우체국 ······················ 96

3. 다른 법률과의 관계 ·············· 98

제 3 장   금융소비자의 권리와 책무 등

01 │ 금융소비자의 권리와 책무

1. 금융소비자의 기본적 권리 ·············· 101
2. 금융소비자의 책무 ·············· 102

02 │ 국가와 금융상품판매업자등의 책무

1.국가의 책무 ·············· 103
2. 금융상품판매업자등의 책무 ·············· 104

제 4 장   진입 규제

01 │ 6개 유형의 등록단위 신설

·············· 107

02 │ 금융상품판매업자등을 제외한 영업행위 금지

·············· 110

03 │ 금융상품자문업자의 등록요건

1. 의의 ·············· 111
2. 등록요건의 세부내용 ·············· 114
3. 등록절차 및 방법 ·············· 125

04 │ 금융상품판매대리· 중개업자의 등록요건

1. 의의 ·············· 135
2. 등록요건의 세부내용 ·············· 136

3. 등록절차 및 방법 ·· 147

제 5 장   영업행위 규제

01 | 개관 ··· 173

02 | 금융상품판매업자등에 대한 영업행위 규제

1. 영업행위 일반원칙 ·· 175
2. 금융소비자보호 내부통제기준 ······································ 178
3. 6대 판매규제 ··· 236
   • 적합성 원칙 ··· 237
   • 적정성 원칙 ··· 278
   • 설명의무 ··· 298
   • 불공정영업행위 금지 ·· 366
   • 부당권유행위 금지 ··· 399
   • 광고 규제 ·· 407
4. 계약서류 제공의무 ·· 441
5. 자료의 기록 및 유지·관리 등 ··· 451

03 | 금융상품판매대리·중개업자 및 금융상품자문업자에 대한 영업규제

1. 의의 ··· 459
2. 미등록자를 통한 금융상품판매 대리·중개 금지 ················· 460
3. 금융상품판매대리·중개업자에 대한 영업규제 ··················· 460
4. 금융상품자문업자의 영업행위준칙 등 ····························· 469

제 6 장   금융소비자 권익보호

01 | 금융교육

1. 금융소비자 정책 수립 ·· 483

2. 금융교육의 법제화 ·· 484

02 | 금융상품 비교공시

1. 의의 ·· 488
2. 비교공시의 주요내용 ·· 488

03 | 금융소비자보호 실태평가

1. 의의 ·· 494
2. 실태평가 대상 선정기준 ·· 495
3. 실태평가 평가항목 및 평가지표 ·· 498
4. 실태평가 절차 ·· 500
5. 실태평가 평가결과 ·· 501
6. 실태평가 평가결과 공개 ·· 503
7. 실태평가 평가결과의 사후처리 ·· 503

04 | 금융소비자보호기준

1. 의의 ·· 505
2. 금융소비자보호기준의 제정 의무 대상 ·· 506
3. 금융소비자보호기준에 포함할 사항 ·· 506
4. 금융소비자보호기준의 제정·변경 절차 ·· 507
5. 금융소비자보호기준 가이드라인 ·· 507

05 | 금융분쟁조정제도

1. 의의 ·· 511
2. 금융분쟁의 정의 ·· 512
3. 금융분쟁조정위원회 ·· 514
4. 금융분쟁 조정절차 ·· 518
5. 금융분쟁 조정의 효력 ·· 522
6. 소송지원제도 ·· 524

06 | 손해배상책임

1. 의의 ··· 526

2. 금융상품판매업자등의 손해배상책임 ·· 528

3. 금융상품직접판매업자의 손해배상책임 ·· 529

07 │ 청약철회권

1. 의의 ··· 532

2. 청약철회권의 적용 범위 ·· 534

3. 청약철회권의 행사기간 ·· 537

4. 청약철회권의 효력 발생시점 ·· 538

5. 청약철회권 행사 시 금전등 반환방법 ·· 539

6. 청약철회 불이익 금지 ·· 540

7. 보장성 상품에 대한 청약 철회의 특례 ·· 541

8. 청약철회권과 투자자숙려제도와의 관계 ··· 541

08 │ 위법계약 해지권

1. 의의 ··· 550

2. 위법계약 해지권의 요구 대상 ·· 551

3. 위법계약 해지권의 행사 절차 ·· 553

4. 위법계약 해지권의 효과 ·· 555

제 7 장 감독 및 처분

01 │ 금융상품판매업자등에 대한 감독

1. 금융위원회의 감독권 ·· 563

2. 금융상품자문업자의 분기별 업무보고서 제출 의무 ······················ 563

3. 금융상품판매업자등의 변동사항 보고의무 ······································ 565

02 │ 금융위원회의 명령권

1. 의의 ··· 566

2. 금융상품판매업자등에 대한 시정·중지 명령 ··································· 566

3. 금융상품판매업자에 대한 판매제한·금지 명령 ·················· 568

03 │ 금융상품판매업자등에 대한 검사

1. 의의 ··· 571
2. 업무와 재산상황 검사 ··· 572

04 │ 금융상품판매업자등에 대한 처분 등

1. 금융상품판매업자등의 등록 취소 ·· 574
2. 금융상품판매업자등에 대한 조치 ·· 577

05 │ 금융상품판매업자등의 임직원에 대한 조치

1. 금융상품판매업자등의 임원에 대한 조치 ···························· 582
2. 금융상품판매업자등의 직원에 대한 조치 ···························· 584
3. 그 밖의 사항 ·· 585

06 │ 과징금

1. 의의 ··· 589
2. 과징금 부과 대상 위반행위 ··· 590
3. 과징금 부과 금액 ··· 591
4. 과징금 부과 절차 ··· 596

07 │ 업무의 위탁

1. 의의 ··· 600
2. 금융위원회가 금융감독원장에게 위탁한 업무내용 ·············· 600
3. 금융위원회가 금융관련협회에 위탁한 업무내용 ·················· 603
4. 금융감독원장이 금융관련협회에 위탁할 수 있는 업무내용 ······ 604

08 │ 금융감독원장에 대한 지도·감독 등 ······························ 605

09 │ 민감정보 및 고유식별정보의 처리

1. 민감정보의 처리 ·· 606
2. 고유식별정보의 처리 ·· 607

제 8 장 벌칙과 과태료

01 │ 벌칙

1. 5년 이하의 징역 또는 2억원 이하의 벌금 ································ 611
2. 양벌규정 ·· 612

02 │ 과태료

1. 의의 ··· 613
2. 과태료 부과대상 ·· 614
3. 과태료 부과 한도 ·· 614

○ 부칙 ··· 624

제 1 장

총론

01

금융소비자보호법의
제정 배경

1 금융상품의 복잡·다기화

1990년대 이후 금융산업은 규제완화, 겸영화 및 글로벌화가 진전되고 2000년대에 이르러 금융공학의 발달로 금융상품이 복잡·다기화되었다. 또한 전 세계적으로 저금리·저성장이 지속됨에 따라 파생상품·파생결합증권 등 다양하고 복잡한 구조화상품을 활용한 고수익 추구 금융상품의 판매가 늘어나고 있다. 즉 과거에는 금융상품이 예·적금, 대출, 주식매매, 펀드, 저축성·보장성 보험 등으로 비교적 단순했으나 최근에는 ELD(Equity-Linked Deposit; 주가연계예금), ELT(Equity-Linked Trust; 주가연계신탁), ELF(Equity-Linked Fund; 주가연계펀드), ELS(Equity-Linked Securities; 주가연계증권), ETF(Exchange Traded Funds; 상장지수펀드), DLF(Derivative-Linked Fund; 파생결합펀드), 변액보험 등 일반금융소비자에게는 용어도 생소하고 분별하기조차 쉽지 않은 금융상품이 쏟아져 나오고 있다. 따라서, 일반금융소비자가 복잡·다기화된 금융상품의 내용과 내재된 위험을 충분히 파악하고 금융회사와 상호 대등한 정보력을 바탕으로 공정한 금융거래를 하기는 쉽지 않게 되었다. 이에 따라 금융회사에 비해 정보력과 교섭력이 열위에 있는 금융소비자의 피해 증가를 우려하면서 금융소비자 보호를 위한 종합적인 입법이 필요하다는 목소리가 늘어나게 되었다.

2 대규모 금융소비자 피해의 발생

다양하고 난해한 금융상품의 출현과 이로 인한 금융소비자의 피해 발생에 대한 우려가 2000년대에 들어서면서 국내외를 막론하고 현실화되었다. 영국에서는 2000년대 초 은행들이 소매 구조화상품(Precipice Bond)[1]을 25만여명의 고령은퇴자 등에게 원금 전액 손실 등 위험성을 제대로 알리지 않고 판매하여 약 1조원이 넘는 큰 손실을 입혔다. 미국에서는 2000년대 부동산 경기 상승과 부동산 담보대출의 증가로 모기지 파생상품의 판매가 크게 늘어났는데, 2008년 리먼사태[2]로 인한 글로벌 금융위기의 발생으로 미국의 부동산 가격이 급락하고 서브프라임모기지(Subprime Mortgage)[3]가 부실화되자 이에 투자한 많은 금융회사와 투자자들이 대규모 투자손실을 입었다[4]. 홍콩에서는 2000년대 초부터 은행들이 미국의 투자회사인 리먼브라더스가 발행한 고수익 채권상품인 미니본드(Minibond)[5]를 4만 3천여명에게 판매하였다가 2008년 9월 리먼브라더스의 파산으로 투자원금의 대부분을 회수하지 못하는 큰 피해가 발생하였다.[6] 일본의 은행들은 엔화약세가 예상되던 2004년~2007년중

---

1) 우리나라의 ELS와 수익구조가 유사한 상품으로 기초자산이 정해진 수준을 하회하는 경우 원금 전액 손실이 가능하도록 설계되었고 통상 3~5년 만기를 갖는다.

2) 2008년 9월 15일 미국의 투자은행 리먼브라더스 파산에서 시작된 글로벌 금융위기를 말한다.

3) 비우량 주택담보대출

4) 금융연구원. 서브프라임 사태의 분석 및 전망(2007.9월) p40~41 참조, 미 FRB 의장 버냉키와 미국기업연구소(AEI)에 따르면 미국 서브프라임 부실 사태와 관련된 미국금융회사의 손실규모는 500~2,500억달러로 추정된다.

5) 한국의 신용연계채권(Credit Linked Note)과 유사한 구조로 신용사건의 발생여부를 판단하는 기준이 되는 준거자산들의 신용등급이 크게 떨어지지 않으면 예금금리보다 높은 수익률을 지급하는 반면, 일정수준 이하로 떨어지거나 발행회사의 부도사건이 발생하면 원금 손실이 발생하도록 설계된 상품이다.

6) 홍콩의 판매은행들은 판매직원들이 상품의 위험요인을 정확히 설명하지 아니하여 설명의무 등을 위반한 사실을 인정하고 투자원금의 60% 이상(고령투자자는 70% 이상)에 해당하는 약 1조원을 반환하였다.

수입기업들을 대상으로 외환파생상품[7]을 적극 판매하였으나 2008년 글로벌 금융위기 이후 안전통화로 인식된 엔화의 가치가 상승하자 동 상품에 가입한 수입기업들이 대규모 손실[8]을 입었다.[9]

〈 외국의 불완전판매 피해사례 〉

구분	불완전판매 내용	피해규모
영국 (2000년초)	소매 구조화상품(Precipice Bond) 위험요인 설명부실 등	고령은퇴자 등 25만여명, 약 1조원
미국 (2008년)	모기지 파생상품의 부실화 가능성에 대한 설명의무 미준수 등	금융회사의 손실규모가 500~2,500억 달러로 추정
홍콩 (2008년)	고수익 채권상품 미니본드(Mini bond) 불완전판매	4만 3천여명, 약 1조원
일본 (2008년)	수입기업에 대한 외환파생상품 불완전판매	2008~2009년 엔고(円高) 도산기업의 1/3이 외환파생상품 손실에 기인, 판매은행은 1,526건 보상

한편, 우리나라의 경우에는 A은행이 2005년 11월부터 금융전문가도 이해하기 어려운 수익구조를 가지고 있는 B펀드[10]를 "우리나라 국채와 유사한 위험을 가진 상품이고 은행금리보다 높은 고수익을 보장한다"라는 과대광고로 2,300여명에게 총 1,506억원 가량을 불완전판매하였다가 2008년 글로벌 금융위기가 발생하자 투자원

---

7) 쿠폰스왑을 기업의 콜옵션(녹아웃) 매수와 풋옵션매도를 1:3비율로 결합하여 엔화가치 하락 위험을 헤지하나 엔화가치 상승시 손실이 발생하는 구조로 우라나라의 키코(KIKO)상품과는 반대 손익구조이다.

8) 日신용조사회사 데이코쿠 데이터뱅크에 따르면 2008~2009년중 엔화가치 상승으로 도산한 일본기업의 1/3이 외환파생상품 관련 손실 때문인 것으로 알려졌으며, 판매은행들은 2011년~2017년중 1,526건을 보상하였다.

9) 영국·미국·홍콩의 불완전판매 피해사례는 자본시장연구원 조사보고서 15-04(정윤모·이효섭) "금융투자상품 불완전판매 규제 현황 및 시사점" p62~65 참조

10) 6년만기로 매분기 확정이자를 지급하나 만기상환금이 해외주식에 연동되어 변하는 장외파생상품 펀드라서 기초자산 구성종목들이 급격히 하락할 경우 원금 전액의 손실이 발생할 수 있는 위험자산임에도 "대한민국 국가신용등급(A3)으로 국고채 금리 + 1.2% 수익추구" 등으로 과대광고하였다.

금의 약 80%를 지급하지 못하는 큰 피해를 입혔다[11]. 2007년과 2008년초에는 다수의 은행들이 수출대금의 환율 변동 위험에 대비하고자 하는 800~900여개[12] 수출중소기업 등에게 통화옵션상품[일명 "키코(KIKO; Knock-in Knock-out)][13]을 판매하였다가 2008년 발생한 글로벌 금융위기로 예상치 못하게 원·달러 환율이 급등하여 키코 거래 중소기업들이 3조 4천억원[14] 가량의 막대한 손실을 입었다.[15] 또한, 일부 상호저축은행에서 후순위채[16]를 판매하면서 그 위험성을 제대로 설명하지 않고 고금리만을 강조하는 등 불완전판매를 하였는데 2011년 부산상호저축은행 등 다수의 상호저축은행들이 파산하면서 8만여명이 약 3조원의 피해를 보았다.[17] 2013년에는 동양증권이 사실상 투기등급에 해당하는 동양그룹 계열사가 발행한 CP · 회사채 등을 4만여명에게 1조3천억원어치를 판매하면서 부적합한 금융소비자에게 투자권유하거나 투자위험을 충분히 설명하지 않는 등 불완전판매하였다가 동양그룹 계열사의 부도로 큰 피해가 발생하였다.[18] 2019년에는 해외금리연계 DLF(파생결합펀드)[19], 라임펀드[20], 옵티머스펀드[21] 등 다수의 사모펀드[22]에서 대규모 불완전판매가 발생하여 1만여명의 금융소비자가 약 2조6천억원의 피해를 보는 사건이 일어났다.[23]

---

11) 2008.11월 금융감독원 금융분쟁조정위원회는 A은행에 50%를 배상하라고 조정 결정(A은행은 조정결정을 수용)하였으며, 2014년 대법원은 손실금액의 20~40%를 배상하라고 판결하였다.

12) 금융감독원 금융분쟁조정위원회, 2019.12.13.일자 "키코 불완전판매 배상 결정" 참조

13) 환율이 일정 범위 안에서 변동하면 미리 약정한 환율에 달러를 팔 수 있지만 환율이 상한선(Knock-in) 위로 올라가면 기업은 약정금액의 1~2배를 같은 고정환율에 매도해야 하고, 하한선(Knock-out) 이하로 떨어지면 계약이 해지되어 환손실을 입는 상품이다.

14) 자본시장연구원 조사보고서 15-04(정윤모·이효섭) "금융투자상품 불완전판매 규제 현황 및 시사점" p53 참조

15) 피해기업들이 은행을 상대로 소송을 제기하였으나 2013년 9월 대법원은 불공정성 · 사기성 관련사항에 대해서는 원고패소 판결하고 불완전판매 관련사항만을 일부승소 판결하여 23개 기업에 대해 평균 26.4% 배상비율(5%~50% 범위)로 총 105억원을 손해배상할 것을 판결하였다. 한편, 금융감독원 금융분쟁조정위원회는 2011.10월 4개 피해기업에 대해 20%~55%(평균 42%) 배상조정을 결정(약 166억원)하였으며, 2019년 12월 12일에는 소송 참가하지 않은 4개 피해기업을 대상으로 다시 금융분쟁조정위원회를 개최하여 15%~41%(평균 23%)를 배상하도록 조정결정을 하였으나 일부 은행만 조정안을 수용하였다.

16) 일반 기업 또는 금융회사 등이 필요한 경영자금을 조달하기 위해 채권을 발행한 기관이 파산했을 경우 일반 다른 채권자들의 부채가 모두 청산된 다음에 원리금을 상환받을 수 있는 채권을 말한다. 예를들어 예금자보호법 적용 대상인 금융회사의 부도나 파산 시 예금은 예금자보호법에 따라 5천만원까지 원리금이 보장되어 돌려받을 수 있지만 후순위채에 투자한 돈은 금융회사가 다른 빚을 모두 갚은 뒤에야 돌려받을 수 있다.

17) 2011년 10월 금융감독원 금융분쟁조정위원회는 20%~55%(평균 42%) 배상 조정을 결정하였다.

18) 2014년 7월 금융감독원 금융분쟁조정위원회는 15%~50% 손해배상을 조정 결정하였다.

19) 은행 등이 독일, 영국, 미국 등 주요 해외금리 연계 파생결합상품을 권유·판매하면서 환위험상품임에도 원금 손실 가능성 등을 제대로 설명하지 않아 2천5백여명, 약 7,950억원(2019.8.7일 기준)의 피해가 발생하였다. 이에 금융감독원 금융분쟁조정위원회는 2019년 12월 40~80% 손해배상을 조정 결정을 하였다.

〈 우리나라의 불완전판매 피해사례 〉

구분		발생연도	피해자 수	피해금액
A은행 B펀드		2005년	2,300여명	1,506억원
KIKO 사태		2008년	800~900여개 수출중소기업 등	약 3조 4천억원
저축은행 후순위채		2011년	8만여명	약 3조원
동양그룹 CP 등		2013년	4만여명	약 1조 3천억원
사모펀드사태	해외금리연계 DLF	2019년	2천 5백여명	약 7,950억원
	라임펀드	2019년	4천 6백여명	약 1조 6천억원
	옵티머스펀드	2019년	3천여명	약 2,400억원

3 소비자권익에 대한 인식 제고

과거에는 기업이나 금융회사 등 상품이나 용역을 제조·판매하는 소수의 공급자가 다수의 소비자에 대해 정보독점이나 결속력 등에서 우위를 점하였다. 그러나, 1990년

---

20) 라임자산운용의 4개 모펀드 및 이에 투자한 173개 자펀드에서 4천6백여명, 약 1조6천억원(2019년 12월 기준) 피해가 발생하였는데, 고수익을 위해 비시장성 자산에 투자하여 유동성 위험 발생으로 부실화되었다. 금융감독원 금융분쟁조정위원회는 2020년 7월 라임 관련 펀드 중 무역금융펀드에 대해 투자원금 전액의 반환을 조정결정하였다.

21) 옵티머스자산운용의 46개 펀드에서 3천여명, 약 2,400억원(2020년 7월 기준)의 피해가 발생하였는데, 투자제안서에는 안정자산인 공공기관 매출채권에 투자하는 것으로 기재되었음에도 부동산 등 위험자산에 투자하여 부실화되었다.

22) 소수의 투자자(49명 이하)로부터 사모방식으로 자금을 조성하여 주식, 채권 등에 운용하는 펀드이다. 투자대상, 투자비중 등에 대한 규제가 공모펀드보다 크게 완화되어 있어 주식, 채권, 부동산, 원자재 등에 자유롭게 투자할 수 있다.

23) 우리나라의 불완전판매 사례는 금융위원회·금융감독원의 관련 보도자료, 자본시장연구원의 조사보고서, 언론기사 등을 참고하여 작성하였다.

대 이후 전 세계적으로 인터넷 사용이 보편화되면서 다수의 소비자간에 쉽고 활발한 정보교류가 가능해졌다. 또한 여러 소비자단체를 포함한 시민사회단체의 활동이 활발해지고 그 목소리가 커지면서 일반소비자들도 자신의 권익에 대한 인식이 제고되었다. 이에 따라 우리나라에서도 1980년 제정된 소비자보호법이 2007년에는 소비자기본법으로 보강·발전되었다.

이러한 소비자권익에 대한 관심과 인식 제고는 금융산업의 영역에서도 예외가 아니어서 금융회사들이 영업이익을 추구하는 과정에서 발생한 금융소비자의 손실 발생에 대해 상응한 책임을 물어야 한다는 요구가 거세지게 되었다. 특히, 1997년 외환위기, 2003년 신용카드 사태, 2008년 글로벌 금융위기 등 몇 차례의 금융위기를 겪으면서 금융회사의 방만하고 수익 위주의 경영행태에 대한 국민들의 부정적 여론이 비등하게 되었다. 그리고 이러한 금융회사의 잘못된 경영행태를 바로 잡기 위해서는 그 대안으로 금융소비자의 권익을 적극적으로 보호하고 강화할 필요가 있다는 주장이 공감을 얻게 되었다. 동시에 공급자인 금융회사 중심의 기존 금융정책과 금융감독에 대해서도 비판의 목소리가 커지고 정부와 금융감독원이 금융소비자의 권익보호를 위한 제도개선과 조직·인력보강[24]에 적극 나설 것을 요구하게 되었다. 이러한 사회적 요구에 부응하여 2011년 7월 금융소비자보호법안(박선숙 의원안)이 처음 국회에 제출되었고 이후 5개 금융소비자보호 관련 법률 제정안 등이 잇따라 제출되었다.

4 금융소비자보호 강화에 대한 국제적 추세

금융회사의 불완전판매로 대규모 금융소비자 피해를 경험한 미국·영국 등 주요

---

24) 금융감독원의 금융소비자보호 관련 조직이 2개국(소비자보호총괄국, 분쟁조정국)에서 2012년 5월 금융소비자보호처로 확대 개편되었고, 동 조직은 2022년 6월말 현재 부원장급 처장 산하에 13개 부서를 두고 있다.

선진국들은 2008년 글로벌 금융위기를 계기로 금융소비자 보호와 관련한 법률과 제도를 정비하였다. 미국은 모기지 파생상품의 불완전판매 이후 2010년 Dodd–Frank 금융개혁법(소비자금융보호법; Consumer Financial Protection Act)을 제정하여 투자자 보호 장치를 강화하였다. 또한, 2011년 7월 미 연준 산하에 금융소비자 보호기능을 전담하는 소비자금융보호국(CFPB; Consumer Financial Protection Bureau)을 설립하여 FRB, OCC, FDIC, NCUA, OTS, 연방거래위원회(FTC), 주택감독청(HUS) 등 7개 감독기구에 분산되어 있던 소비자금융 감독기능을 통합하였다.

영국에서도 소매 구조화상품(Precipice Bond)의 불완전판매 사건을 계기로 2006년부터 소매투자상품의 판매과정 및 사후관리 전반에 걸쳐 적정성 검토를 실시하였고, 2012년말에 투자자문업자의 자격요건 강화 등의 내용을 담은 RDR(Retail Distribution Review)[25] 규정의 시행을 발표하였다. 또한, 2008년 글로벌 금융위기 충격이 영국까지 파급되면서 영국은 과거 준칙중심 규제체계인 사실기반 감독체계(Box-ticking supervision)가 불완전판매의 근본적인 원인을 제거하지 못했다는 것을 반성하고, 2012년 금융서비스법(Financial Service Act 2012)을 제정하여 가치판단에 근거한 판단기반의 감독체계(Judgement-based supervision)로 전환하였다. 이에 따라 영국의 금융당국은 금융회사가 판매원칙을 위반할 경우 가치판단을 통해 제재할 수 있는 법적인 근거를 마련하였다.[26] 한편, 2011년 프랑스 칸에서 개최된 G20 정상회의에서 경제협력개발기구(OECD)가 제안한 '금융소비자 보호에 관한 10대 원칙'[27]이 채택되는 등 국제적으로 금융소비자 보호의 중요성에 대한 공감대가 확산되었다.

이상과 같이, 금융소비자보호법의 제정은 단순히 하나의 사건이나 배경에 기인하

---

25) 독립투자자문인(IFA)의 불완전판매 가능성을 최소화하는데 목표를 두고 있는데, IFA는 금융투자상품 제조회사로부터 수수료 수취 및 이해상충이 금지되고 자문서비스에 대해 보수 수취만 가능하며, 모든 종류의 금융투자회사가 제공하는 금융투자상품을 고객에게 제공해 줄 의무가 부여되었다.

26) 자본시장연구원 조사보고서 15-04(정윤모·이효섭) "금융투자상품 불완전판매 규제 현황 및 시사점" p46, p63 참조
   자본시장연구원 조사보고서 15-03(이성복·이승진) "영국의 금융 영업행위 규제 및 감독체계 변화와 시사점" p5 참조

27) ❶규제감독 프레임워크, ❷감독기구의 역할, ❸소비자에 대한 평등·공정한 대우, ❹공시와 투명성, ❺금융교육, ❻금융서비스·중개업의 책임 있는 기업활동, ❼금융소비자 자산 보호, ❽소비자 정보 및 프라이버시 보호, ❾소비자 불만처리, ❿경쟁촉진

여 이루어진 것이 아니라 금융상품의 복잡·다기화와 이에 따른 대규모 금융소비자 피해 발생, 소비자의 권익에 대한 인식 변화, 금융소비자보호 강화에 대한 국제적 추세 등 금융환경이 공급자 중심에서 수요자 중심으로 근본적으로 변화하는 과정에서 나온 필연적 결과물이라고 볼 수 있다.

---

28) 금융위원회 2020.3.5.일자 보도참고자료, "금융소비자보호에 관한 법률 국회 본회의 통과" 참조

29) 금융위원회 2020.3.17.일자 보도참고자료, "금융소비자보호법 공포안 국무회의 의결" 참조

30) 금융소비자보호법의 제정으로 신설되는 '금융상품자문업과 관련된 규정' 및 '금융회사 내부통제기준 마련 의무'는 공포일로부터 1년 6개월 후인 2021년 9월 25일 시행되었다.

31) 주요 쟁점사항 중 손해배상시 입증책임은 설명의무 위반시 고의·과실에만 적용하고 징벌적 손해배상 제도와 집단소송제는 도입하지 않기로 하였다.

금융소비자보호법 제정 과정에 대하여

2011년 7월 금융소비자보호법안(박선숙 의원안)이 국회에 최초로 제출된 이후 5개 제
정안(박선숙·박용진·이종걸·최운열 의원안, 정부안) 및 6개 개별 금융업법 개정안(금융소비자
차별금지조항 규정, 민병두 의원안) 등 총 11개 법안이 논의되었다. 20대 국회에 들어서
는 2017년 7월 정부안까지 제출되었으나 여야의 입장 차이로 인해 장기간 합의점을
찾지 못하고 표류하였다. 2019년 DLF 등 사모펀드의 대규모 불완전판매로 금융소
비자가 또다시 큰 피해를 보자 금융소비자보호법을 조속히 제정하여야 한다는 사회
적 여론이 높아졌다. 이에 국회 정무위원회는 2019년 11월 25일 전체회의에서 여야
합의안을 마련[28]하였다.

「금융소비자보호에 관한 법률(본 서에서는 '금융소비자보호법'이라 함)」은 최초로 발의
된 후 9여년이 지난 2020년 3월 5일 국회 본회의를 통과하여 같은 달 24일에 공포
되었고 공포일로부터 1년 후인 2021년 3월 25일 시행되었다.[29] 금융소비자보호법의
제정은 금융소비자와 금융회사 간의 기울어진 운동장을 바로잡기 위한 오랜 노력의
결실로서 금융소비자의 권익 신장뿐만 아니라 금융회사에 대한 국민의 신뢰 제고
차원에서도 중대한 전환점으로서 의미를 지닌다.[30]

〈 정부안과 국회 본회의 통과법률 간 주요 차이점[31] 〉

법안 내용	정부안	본회의 통과법률
① 손해배상 입증책임 전환 대상	'설명의무' 및 '적합성·적정성 원칙' 위반	설명의무 위반만 적용
② 금융상품자문업자의 판매업 겸영	원칙 겸영 허용	원칙 겸영 금지·예외 허용
③ 대리·중개업자	고지의무 규정	해당 규정 삭제
④ 금융소비자정책 위원회 설치	설치근거 마련	해당 규정 삭제

금융소비자보호법의 주요 특성

1 금융소비자 보호에 관한 기본법

금융소비자보호법이 제정되기 전에도 금융소비자의 권익을 보호하기 위한 사항들이 「은행법」, 「자본시장과 금융투자업에 관한 법률(본 서에서는 '자본시장법'이라 함)」, 「보험업법」, 「금융감독기구의 설치 등에 관한 법률」 등 여러 금융관련 법률에 규정되어 있었다. 그러나, 전통적인 은행, 금융투자, 보험 등 금융업권의 영역을 뛰어넘는 복합금융상품이 다수 출현하고 금융회사의 업무영역 또한 경계가 허물어져 감에 따라 기존의 산재된 규율만으로는 금융소비자보호에 공백이 생기거나 상충되는 사례가 발생하게 되었다.

따라서 이러한 문제점을 개선하기 위해 제정된 금융소비자보호법은 여러 금융관련 법률에 산재되어 있던 금융소비자보호에 관한 사항을 유기적·통합적으로 규율하고 있다. 즉 금융소비자보호법은 금융거래 단계별로 금융소비자보호에 필요한 사항들을 규정하고 있다. 금융회사로 하여금 금융상품을 판매하기 전에 적합성 원칙 등을 준수하여 금융소비자의 재산상황, 금융상품의 취득·처분 경험 등을 정확히 파악하도록 하고 금융소비자가 위험감수능력 범위 내에서 금융거래를 하는지 확인하도록 규정하고 있다. 또한, 금융상품 판매시에는 금융상품에 대한 설명의무 등 영업규제를 준수하도록 요구하고 있으며, 금융상품을 판매한 이후에도 청약철회권, 위법계약해지권, 분쟁조정 등 사후구제를 강화하는 사항들을 규정함으로써 금융거래의 모든 과정에 걸쳐 금융소비자 보호체계를 촘촘하게 구축하고 있다. 또한, 금융소비자보호법은 금융소비자 보호를 위한 기본법적 성격을 감안하여 제2장에 금융소비자의 권리와 책무 및 국가와 금융상품판매업자등의 책무를 규정하고 있다. 이러한 점에서 금융소비자보호법은 금융소비자 보호에 관한 기본법으로서의 성격을 지니고 있다.

2 기능별 규율 체계의 규제법

금융소비자보호법의 대표적인 특성 중의 하나는 동일기능─동일규제의 원칙을 채택한 점이다. 기존의 대다수 금융관련 법률은 은행업, 금융투자업, 보험업 등 업무영역의 구분에 따라 해당 금융권역을 규제하는 방식의 업권별 규율체계를 채택하였다. 반면, 금융소비자보호법은 업권별 규율체계에 따라 발생하는 금융소비자 보호의 공백과 불일치를 해소하기 위해 금융권역에 상관없이 동일한 기능에 대해서는 동일한 규제를 적용하는 기능별 규율체계를 채택하였다.

이를 위해 금융소비자보호법은 우선 은행법 등 개별 금융업법에서 명확한 정의 없이 예금자, 은행이용자, 투자자, 보험계약자 등 다양한 용어로 사용되고 있는 금융소비자의 개념을 명확히 정의하였다. 즉, 금융상품에 관한 계약의 체결 또는 계약 체결의 권유를 하거나 청약을 받는 것에 관한 금융상품판매업자의 거래상대방 또는 금융상품자문업자의 자문업무의 상대방을 금융소비자로 정의하였다. 또한, 금융소비자보호법은 자본시장법의 전문투자자와 보험업법의 전문보험계약자의 기준을 준용하여 금융소비자를 위험감수능력 등 특성에 따라 전문금융소비자와 일반금융소비자로 나누고 상대적으로 위험감수능력이 취약한 일반금융소비자를 보다 두텁게 보호하고 있다.

〈 금융소비자보호법 상 금융소비자의 구분 〉

구분	개념	대상	판매규제 보호범위
전문 금융소비자	금융상품에 관한 전문성, 소유자산규모 등에 비추어 금융상품 계약에 따른 위험감수능력이 있는 금융소비자	국가·한국은행·금융회사·주권상장법인 등	6대 판매규제 중 불공정영업·부당권유금지, 광고규제의 보호대상
일반 금융소비자	전문금융소비자가 아닌 금융소비자	대부분의 금융소비자	6대 판매규제 전부의 보호 대상

아울러, 금융소비자보호법은 모든 금융상품을 그 속성 또는 기능에 따라 예금성 상품, 대출성 상품, 투자성 상품 및 보장성 상품 등 4가지 유형으로 분류하였다.

〈 금융소비자보호법 상 금융상품의 구분 〉

구분	개념	대상
예금성 상품	은행법·저축은행법상 예금 및 이와 유사한 것	은행(저축은행,신협)의 예·적금 등
대출성 상품	은행법·저축은행법상 대출, 여전법상 신용카드·시설대여·연불판매·할부금융 및 이와 유사한 것	은행(저축은행,신협)의 대출·신용카드·리스·P2P대출·대부상품 등
투자성 상품	자본시장법상 금융투자상품 및 이와 유사한 것	주식·펀드·파생상품·신탁·투자일임·P2P투자 등

보장성 상품	보험업법상 보험상품 및 이와 유사한 것	생명보험·손해보험·신협 공제 등

또한, 금융소비자보호법은 금융상품의 판매채널도 은행, 증권회사, 보험회사 등 기존의 영위업종에 관계없이 그 영업행위의 기능에 따라 금융상품판매업(자)과 금융상품자문업(자) 등 2개 유형으로 구분하고, 금융상품판매업(자)을 다시 금융상품직접판매업(자)과 금융상품판매대리·중개업(자)으로 나누었다.

〈 금융소비자보호법 상 금융상품 판매채널의 구분 〉

구분		개념	대상
금융상품판매업자	금융상품직접판매업자	자신이 직접 계약의 상대방으로서 금융상품에 관한 계약의 체결을 영업으로 하는 자 (자본시장법상 투자중개업자 포함)	은행·저축은행·여전사·증권사·신협·신협중앙회 공제사업 부문·P2P업자·대부업자·증권금융회사 등
	금융상품판매대리·중개업자	금융상품 계약 체결을 대리·중개하는 것을 영업으로 하는 자	투자권유대행인·보험설계사/대리점/중개사·대출모집인·대부중개업자 등
금융상품자문업자		금융상품의 가치 또는 취득·처분결정에 관한 자문에 응하는 것을 영업으로 하는 자	투자자문업자(자본시장법)·독립금융상품자문업자(금소법)

이와 같이 금융소비자보호법은 금융소비자의 개념을 명확히 규정하고 금융상품과 금융회사(금융상품 판매채널)를 그것의 실질적 기능을 기준으로 재분류한 후, 이를 바탕으로 동일한 기능에 대해서는 그 상품의 명칭이 어떠한 것이든, 그 상품을 판매하는 회사가 어떤 업종을 영위하고 있든 동일한 규제를 적용하는 것을 원칙으로 삼고 있다.

3 금융회사 영업행위 규율에 관한 일반법

금융업은 원칙적으로 정부의 인허가나 등록·신고를 거쳐야 영위할 수 있고 영업을 할 때도 지켜야 할 규제가 제조업 등 일반업종에 비해 많다. 이는 금융회사가 부실화되었을 경우에 국민경제에 미치는 영향이 지대하고, 금융상품을 불완전 판매할 경우 금융소비자에게 큰 피해를 유발할 수 있는 등 금융업이 지닌 본질적 특성에 기인한다. 따라서 은행법, 자본시장법, 보험업법, 여신전문금융업법 등 금융관련 법률에서도 해당 금융회사가 영업행위 과정에서 지켜야 할 사항들을 예외 없이 규정하고 있다. 그러나 기존의 금융관련 법률에 규정된 사항들은 그 적용대상이 되는 금융회사의 범위가 제한되고, 규율하고 있는 내용도 개별업종의 특성을 반영한 제한적인 사항들이다.

반면에 금융소비자보호법에 규정된 영업행위 일반원칙, 6대 판매규제, 청약철회권 등 사후구제장치는 원칙적으로 모든 금융회사를 적용 대상으로 하고(규율 내용에 따라 일부 예외 인정) 있으며, 규율 내용도 특정 업종에 국한되지 않은 일반적인 사항들이다. 특히, 금융소비자보호법의 제정으로 적합성 원칙이 대출성·예금성[32]·보장성 상품까지 적용되게 되는 등 규제의 대상 범위가 확대되었으며, 개별 금융법률에 산재되어 있던 설명의무, 불공정영업행위 금지[33], 광고규제 등도 금융소비자보호법으로 대부분 통합되었다.[34]

이러한 점에서 금융소비자보호법은 금융회사들이 업종에 관계없이 영업을 영위하는 과정에서 준수해야 할 기본원칙과 행동규범을 담고 있는 금융영업행위 규율에 관한 일반법적 성격을 지니고 있다고 볼 수 있다.

---

32) 예금성 상품의 경우 수익률 등 변동 가능성이 있는 상품에 한정한다.

33) 개별 금융업법에서 명문화되지 않았던 대출 실행 후 3년 경과시 중도상환 수수료 부과 금지 조항이 금융소비자보호법에 신설되었다.

34) 금융위 2020.3.5. 일자 보도참고자료, "금융소비자보호에 관한 법률 국회 본회의 통과" 참조

<　금융상품 판매시 준수하여야 할 6대 판매규제 〉

구 분	개념
① 적합성 원칙	고객정보를 파악하고, 부적합한 상품은 권유 금지
② 적정성 원칙	권유를 받지 않고 고객이 청약한 상품이 부적합할 경우 그 사실을 고지
③ 설명의무	상품 권유 시 또는 소비자 요청 시 상품을 설명
④ 불공정영업행위 금지	우월적 지위를 이용한 소비자 권익 침해 금지
⑤ 부당권유행위 금지	불확실한 사항에 단정적 판단을 제공하는 행위 등
⑥ 광고규제	광고 필수 포함사항 및 금지행위

4 금융소비자 권익제고법

금융소비자보호법은 금융소비자의 권익증진을 법률의 목적으로 명시하고 이를 실질적으로 달성하기 위한 수단들을 망라하고 있다. 금융회사가 영업행위 과정에서 금융소비자의 권익보호를 위해 사전적으로 지켜야하는 준수사항으로 "차별금지" 등 영업행위 일반원칙과 앞서 설명한 "적합성 원칙" 등 6대 판매규제를 규정하고 있다. 또한, 금융회사가 이러한 원칙들을 스스로 실효성 있게 이행할 수 있도록 "금융소비자보호 내부통제기준"을 마련하여 운용하도록 의무화하였다.

한편, 금융상품 거래와 관련한 금융소비자의 사후적 권리도 대폭 보강하여 청약철회권 행사 대상을 모든 금융상품으로 확대하였고, "소송중지제도" 및 "분쟁조정이탈금지제도"를 도입하는 등 금융분쟁조정제도의 실효성도 제고하였다. 아울러, 그동안 명확한 법적 근거 없이 시행되어 온 금융회사에 대한 금융소비자보호 실태평가와 금융교육에 대한 법적 근거를 마련하였으며, 법 위반에 대한 행정처분과 처벌도 강화하였다. 이와 같이 금융소비자보호법의 제정으로 금융소비자의 권익이 예전에 비해 크게 강화되었으며, 이러한 측면에서 금융소비자보호법은 명실상부한 금융소비자 권익제고법이라고 할 수 있다.

5 소비자기본법 등의 특별법

소비자의 권익을 증진하기 위한 대표적인 법률로는 공정거래위원회 소관의 「소비자기본법」과 「약관의 규제에 관한 법률」, 「표시·광고의 공정화에 관한 법률」, 「방문판매등에 관한 법률」 등이 있다. 이들 법률은 그 적용 대상이 일반의 소비자와 사업자이며, 해당 법률에서 규율하고 있는 내용도 금융소비자보호법에 비해 포괄적이고 일반적인 사항들이다. 이러한 점에서 금융소비자와 금융회사만을 규율 대상으로 하는 금융소비자보호법은 이들 법률과의 관계에서 특별법적 성격을 지니고 있다고 볼 수 있다. 한편, 앞서 설명하였듯이 기존의 은행법 등 금융업권별 규제를 담은 금융관계 법률에서도 금융소비자 보호에 관한 사항들이 다수 규정되어 있었다. 그런데 금융소비자보호법은 금융소비자 보호 강화라는 정책적 필요에 따라 이들 법률에 규정된 금융소비자 보호에 관한 사항들을 대부분 이관하여 특별히 제정된 법률이다. 이러한 측면에서 보면 금융소비자보호법은 금융소비자 보호에 관한 특별법적 성격을 지니고 있다. 다만, 금융소비자보호법 제6조에서는 "금융소비자보호에 관하여 다른 법률에서 특별히 정한 경우를 제외하고는 이 법에서 정하는 바에 따른다"는 규정을 둠으로써 개별 금융업법 등에서 금융소비자보호와 관련한 별도의 규정을 둘 경우 개별 금융업법 등이 우선 적용될 수 있도록 하고 있다. 이는 법률 적용에 있어 개별 금융업권의 특성을 우선적으로 고려하는 것이 바람직하다는 견해가 반영된 것으로 보인다.

금융소비자보호법 제정에 따른 경제 주체별 주요 변화 내용

금융소비자보호법의 제정으로 금융소비자, 금융회사, 정부 및 금융감독기관 등 금융시장에 참여하는 경제주체들은 모두 과거와는 상당히 다른 권리와 의무를 갖게 되었으며, 그 주요내용을 간략히 정리하면 다음과 같다.

1 금융소비자 측면

가. 청약철회권의 확대와 위법계약해지권의 도입

금융소비자보호법의 제정으로 금융소비자 입장에서 가장 중요한 변화는 무엇보다도 청약철회권의 확대와 위법계약해지권의 도입을 들 수 있다. 금융상품은 일반적인 제조상품에 비해 계약을 체결하고자 하는 금융소비자와 금융회사 간 정보의 비대칭성[35]이 높고 보험, 연금 등과 같이 계약기간이 장기이거나 원금손실 또는 원금을 초과하는 손실을 볼 수 있는 금융투자상품도 있어 계약을 체결할 때에는 일반적인 상품에 비해 상대적으로 신중한 접근이 필요하다. 이러한 이유로 계약체결 후 금융소비자가 청약한 계약에 대해 청약과정 등에 하자가 없음에도 일방적으로 청약을 철회할 수 있는 권리를 부여하고 있는데, 그동안에는 투자자문과 일부 보험상품에만 청약철회권이 적용[36]되었으나 금융소비자보호법의 제정으로 보장성·대출성·투자성 상품 및 금융상품자문까지 청약철회권의 대상이 확대되었다. 이에 따라 금융소비자는 설령 계약을 체결했더라도 일정기간 내 최적상품을 탐색할 수 있는 숙려기간을 부여받게 되었고, 만일 적합하지 않은 계약이라면 귀책사유를 불문하고 철회할 수 있게 됨으로써 금융소비자의 금융상품 선택권이 한층 강화되었다.[37]

〈 청약철회권과 위법계약해지권 비교 〉

	청약철회권	위법계약해지권
효력 발생 요건	별도 요건 불필요 (판매행위의 위법성 불요)	금융소비자법 위반사실 제시 & 판매자에 해지요구를 거부할 수 있는 정당한 사유가 없는 경우
행사기한	(대출성) 14일 이내 (보장성) 15일 이내 (투자성) 7일 이내	인지한 날로부터 1년 이내, 계약일로부터 5년 이내
법적효과	판매자는 소비자에 원본 반환	계약해지에 따른 위약금, 수수료 등 부과 불가

또한, 금융소비자보호법은 판매행위 규제를 위반한 위법한 계약에 대해 금융소비자에게 일정기간 내에 해당 계약을 해지할 수 있는 권리를 부여하였다. 이에 따라 금융소비자는 계약해지에 따른 재산상 불이익[38]을 입지 않고 위법한 계약으로부터

---

35) 금융회사와 금융소비자 간의 금융거래는 공정하게 이루어져야 하지만 금융회사는 금융상품의 구조와 금융시장의 상황에 대해 금융소비자보다 많은 정보를 가지고 있고 금융거래 조건을 결정하는 교섭력도 금융소비자보다 우위에 있다.

36) 투자자문은 자본시장법에서, 보험상품은 보험업법에서 각각 청약철회권이 규정되어 있다.

37) 금융위 2020.3.5.일자 보도참고자료, "금융소비자보호에 관한 법률 국회 본회의 통과" p8 등 참조

탈퇴할 수 있는 기회를 제공받음으로써 위법계약 해지 후 더 나은 조건의 새로운 금융상품을 구매할 수 있게 되었다.

나. 분쟁조정 이탈 금지 등 사후구제의 강화

금융소비자보호법은 금융회사가 소송[39] 제기를 통해 분쟁조정제도를 무력화하는 것을 방지하고 분쟁조정 및 소송 시 금융소비자의 정보접근성을 강화하였다. 즉 분쟁조정이 신청된 사건에 대하여 소송이 진행 중일 경우 수소법원(受訴法院)[40]이 그 소송을 중지할 수 있는 "소송중지제도"와 2천만원 이내의 소액분쟁의 경우 분쟁조정 완료시까지 금융회사의 제소를 금지하는 "분쟁조정 이탈금지제도"가 도입되어 금융분쟁조정제도의 실효성이 제고되었다.[41] 또한, 금융소비자가 분쟁조정·소송 등에 대응할 목적으로 금융회사에게 자료의 열람을 요구할 경우 이를 수용할 의무[42]를 부여하여 금융소비자의 정보접근성도 강화하였다.[43] 한편, 금융소비자보호법은 불완전판매 발생 시 금융회사의 손해배상 책임을 보다 엄격히 하였다. 통상적으로 손해배상의 경우 손해를 입었다고 주장하는 쪽에서 그 손해를 입은 사실을 입증해야 할 책임이 있으나 금융소비자보호법 상 설명의무를 위반한 경우에는 금융회사에게 고의 및 과실이 없음을 입증하도록 책임이 전환되어 금융소비자보호가 한층 강화되었다.

---

38) 계약해지에 따른 수수료 또는 위약금을 말한다.

39) 금융소비자보호법이 제정되기 이전에는 분쟁조정 과정 중에 소가 제기되면 조정절차가 중지되는 점을 악용하여 금융회사는 불리한 분쟁조정 결정이 예상되면 소송을 제기하는 경우가 있었다.

40) 어떤 사건에 관한 판결절차가 과거에 계속되었거나 현재 계속하고 있거나 장차 계속할 법원을 말한다.

41) 의원 입법안으로 금융상품으로 인한 분쟁과 관련하여 사실상 또는 법률상의 중요한 쟁점이 다수 피해자에게 공통될 경우에 집단소송제도를 도입하는 방안이 논의되었으나 '증권 관련 집단소송법' 전면 개정안이 국회 법사위원회에 상정되어 있는 점 등을 감안하여 최종적으로 금융소비자보호법에는 도입되지 않았다.

42) 금융회사는 영업비밀의 현저한 침해 등 사유가 있는 경우 자료의 열람을 거절 또는 제한할 수 있다.

43) 금융위 2020.3.5.일자 보도참고자료, "금융소비자보호에 관한 법률 국회 본회의 통과" p8 등 참조

2 금융회사등 금융서비스 공급자 측면

가. 6대 판매규제 준수 의무

앞서 설명한 바와 같이, 금융소비자보호법은 금융소비자를 두텁게 보호하기 위해 원칙적으로 이른바 "6대 판매규제"를 모든 금융상품에 적용토록 규정함으로써 금융회사는 모든 금융상품 판매 시 이를 준수하여야 한다. 적합성 원칙의 경우 종전에는 금융투자상품과 변액보험에만 적용하였으나 대출성·예금성[44]·보장성 상품까지 적용대상이 확대되었고, 적정성 원칙의 경우에도 종전에는 파생상품, 파생결합증권에만 적용하였으나 대출성·보장성 상품의 일부까지 적용대상이 확대되었다. 개별 금융업법에 규정되어 있던 설명의무와 불공정영업행위 금지[45] 및 광고규제와 관련한 사항도 대부분 금융소비자보호법으로 이관되었기 때문에 금융회사는 금융소비자보호법령이 규정하는 바에 따라 이들 규제를 준수하여야 한다.[46]

나. 금융소비자보호 내부통제 등 이행 의무

「금융회사의 지배구조에 관한 법률(본 서에서는 "금융회사지배구조법"이라고 함)」에서 규정하고 있는 내부통제기준과는 별개로 금융소비자보호법에서는 금융회사로 하여금 "금융소비자보호 내부통제기준"을 마련하도록 규정하고 있다. 따라서 금융회사는 금융소비자보호를 위한 내부통제기준을 마련하고 이행하여야 하며, 그만큼 금융회사 경영진의 금융소비자보호 책임이 강화되었다.

다. 징벌적 과징금 등 사후제재 강화에 따른 리스크 증가

---

44) 예금성 상품의 경우 수익률 등 변동 가능성이 있는 상품에 한정한다.

45) 개별 금융업법에서 명문화되지 않았던 대출 실행 후 3년 경과 시 중도상환 수수료 부과 금지 조항이 금융소비자보호법에 신설되었다.

46) 금융위 2020.3.5.일자 보도참고자료, "금융소비자보호에 관한 법률 국회 본회의 통과" 참조

47) 6대 판매규제 중 설명의무, 불공정영업행위 금지, 부당권유행위 금지 및 광고규제의 4가지를 위반한 경우에 과징금 부과 대상이 될 수 있다.

금융소비자보호법은 금융회사가 판매규제의 위반을 통해 얻은 부당이득을 환수하는 과징금 제도를 도입하였다. 즉 금융위원회는 주요 판매규제[47]를 위반한 금융회사에 대해 해당 수입의 50%까지[48] 징벌적 과징금을 부과할 수 있다.[49] 과징금 제도는 법 위반행위를 강력히 제재함과 동시에 이윤을 위한 법 위반 유인요소를 선제적으로 차단하는 효과가 있을 것으로 기대되지만, 그만큼 금융회사의 법규 준수와 관련한 리스크도 커질 것으로 보인다.[50] 한편, 금융소비자보호법의 제정으로 등록하지 않고 금융상품판매업등을 영위하거나 거짓이나 부정한 방법으로 등록한 경우에 대한 벌칙이 개별 금융업법 상의 3년 이하 징역 또는 1억원 이하 벌금에서 5년 이하 징역 또는 2억원 이하 벌금으로 높아졌다. 과태료 부과금액도 개별 금융업법 상 5천만원 이하에서 1억원 이하[51] 또는 3천만원 이하[52]로 상향 조정되었다.[53]

3 정부 및 금융감독기관 측면

가. 대출모집인 등록근거 법제화

금융소비자보호법은 그동안 법률적 근거 없이 행정지도를 통해 금융협회에서 관리해 왔던 대출모집인[54]을 금융소비자보호법 상 감독대상인 금융상품판매대리·중개업자로 규정하여 금융위원회에 등록토록 함으로써 기존 제도의 공백을 보완하였다.[55] 또한, 금융상품 선택 시 일반인들도 전문적·중립적인 금융상품자문서비스를

---

48) 의원 입법안으로 손해액의 3배 범위내에서 징벌적 손해배상제도가 논의되었으나 최종적으로 도입되지 않았으며, 금융소비자보호법은 수입의 50%까지 과징금을 부과하는 것으로 확정되었다.

49) 금융소비자보호법 §57

50) 금융소비자보호법이 제정되기 이전에는「보험업법」등을 제외하고 개별 금융업법 상 판매규제를 위반하고 형성된 부당이익 금액의 많고 적음에 상관없이 과태료(1천만원~1억원)만을 부과하고 있어 제재의 실효성이 낮다는 비판이 있었다.

51) 설명의무, 불공정영업행위 금지, 부당권유행위 금지, 허위·과장광고 금지 등 위반 시

52) 적합성 원칙, 적정성 원칙 미준수 등

53) 금융위 2020.3.5.일자 보도참고자료, "금융소비자보호에 관한 법률 국회 본회의 통과" p7 등 참조

54) 대출모집인은 금융소비자보호법의 제정 이전에는 법적근거 없이 모범규준(금융감독원 행정지도)에 따라 등록 및 규율하였다.

55) 금융위 2020.3.5.일자 보도참고자료, "금융소비자보호에 관한 법률 국회 본회의 통과" p9 등 참조

쉽게 이용할 수 있도록 금융상품자문업을 신설하였다.

나. 판매제한·금지 명령권 신설

금융소비자보호법은 투자성·보장성·대출성 상품[56]에 관한 계약 체결 및 그 이행으로 인해 금융소비자의 재산에 현저한 피해가 발생할 우려가 있다고 명백히 인정되는 경우 금융위원회가 그 금융상품을 판매하는 금융상품판매업자에 대하여 해당 금융상품 계약 체결의 권유 금지 또는 계약 체결의 제한 및 금지를 명령할 수 있도록 하였다. 이는 금융상품의 판매과정에서 금융소비자의 권익보호 및 건전한 거래질서를 확립하고 금융소비자의 피해가 가시화되거나 확대되는 것을 미연에 방지하기 위한 조치이다.

다. 금융소비자보호 실태평가 및 금융교육에 대한 법적근거 마련

금융소비자보호법은 그동안 법적 근거 없이 행정지도 등을 통해 운영되던 "금융상품 비교공시", "금융소비자보호 실태평가" 및 "금융소비자보호기준"의 운용에 관한 사항을 규정하였다. 또한, 금융소비자가 금융교육을 받을 권리를 규정하고 금융교육에 국가예산을 사용할 수 있는 근거를 마련하였으며, 금융교육에 대한 정책을 심의·의결하는 "금융교육협의회"를 금융위원회에 설치하도록 하였다. 이에 따라 금융감독원이 금융회사와 협업하여 자율적으로 추진해 왔던 금융교육이 국민들의 장기적인 금융복지 향상을 위한 국가차원의 시책으로 전환되었다.

---

56) 금융상품자문에 대한 계약은 판매제한·중지 명령의 대상이 아니다.

〈 금융소비자보호법 제정에 따른 경제 주체별 주요 변화 내용[57] 〉

	제도	제정 전	제정 후
금융소비자			
신설된 권리	청약철회권 (청약철회 시, 소비자 지급금액 반환)	투자자문업, 보험만 법령으로 보장	원칙적으로 모든 금융상품에 보장
	위법계약해지권 (계약해지로 인한 금전부담 없이 해지 가능)	없음	
사후 구제	소액분쟁 시 금융회사의 분쟁조정 이탈 금지	없음	허용
	분쟁조정 중 소 제기 시 법원의 소송중지		
	분쟁·소송 시 소비자의 금융회사에 대한 자료요구		
	손해배상 입증책임 전환		설명의무 위반 시 고의·과실 존부 입증에 적용
금융회사 등 금융서비스 공급자			
사전 규제	6대 판매규제 [주1]	일부 금융업법에서 개별적으로 적용	원칙적으로 모든 금융상품에 적용
	소비자보호 관련 내부통제	법령상 규율 없음 [주2]	관련 기준 마련 의무 및 관리책임 부과
사후 제재	금전적 제재	과태료 최대 5천만원	징벌적 과징금 도입 [주3] 및 과태료 최대 1억원
	형벌	3년 이하 징역, 1억원 이하 벌금	5년 이하 징역, 2억원 이하 벌금
정부 및 금융감독기관			
행정 처분	대출모집인 인허가	개별 금융협회에서 행정지도에 따라 규율	법령에 따라 금융위에 등록 * 대출모집인 외 개별법상 근거 없는 서비스공급자도 동일
	판매제한·금지명령권	없음	소비자 재산상 현저한 피해발생 우려가 명백한 경우 금융위가 발동
인프라	금융상품 비교공시·소비자 보호실태평가 실시근거	행정지도	법령
	금융교육	관련 규정 없음	금융교육 재정지원 및 추진체계 설치근거 마련

주1) 적합성 · 적정성 확인 및 설명의무 준수, 불공정영업행위 · 부당권유행위 및 허위·과장광고 금지

  2) 금융회사지배구조법은 '직무 전반'에 대해 내부통제기준 마련의무를 부과

  3) 위반행위 관련 수입 등의 최대 50%까지 부과 가능

57) 금융위 2020.3.5.일자 보도참고자료, "금융소비자보호에 관한 법률 국회 본회의 통과" 참조

금융소비자보호법의 구성

금융소비자보호법은 총 8장 69조로 구성되어 있는데, 제1장(1~6조)은 총칙으로 금융상품 및 금융소비자 등의 정의, 금융상품의 유형 및 금융회사의 업종 구분 등에 대해 규정하고 있으며, 제2장(7~10조)은 금융소비자의 권리와 책무 및 국가와 금융상품판매업자등의 책무를 규정하고 있다.

제3장(11~12조)은 금융상품판매업자등의 등록요건 등을, 제4장(13~28조)은 금융상품판매업자등의 영업행위 준수사항 등을 각각 규정하고 있다.

제5장(29~47조)은 금융소비자 보호에 관한 사항으로 금융소비자 정책 수립 및 금융교육, 금융분쟁의 조정, 손해배상책임, 청약철회권, 위법계약해지권 등을 규정하고 있고, 제6장(48~64조)은 금융상품판매업자등에 대한 감독 및 검사, 금융위원회의 명령권(판매제한 등), 과징금 등을 규정하고 있다.

제7장(65~66조)과 제8장(67~69조)은 각각 보칙과 벌칙에 관한 사항으로 업무위탁, 벌칙, 과태료 등을 규정하고 있다.

금융소비자보호법의 하위법규로는 시행령, 감독규정 등이 있다. 금융소비자보호

〈 금융소비자보호법의 구성 (총 8장 69조) 〉

구 분	주요 내용
1장 총칙 (1~6조)	▪ 금융상품, 금융상품판매업자·자문업자, 금융소비자의 정의 ▪ 금융소비자보호법의 적용범위 및 다른 법률과의 관계
2장 권리와 책무 (7~10조)	▪ 금융소비자의 권리와 책무 ▪ 국가, 금융상품판매업자·자문업자의 책무
3장 등록 (11~12조)	▪ 금소법상 미등록자에 의한 금융상품판매·자문 영업 금지 ▪ 금융상품판매업자·자문업자의 등록요건 　[독립자문업자, 신협 공제상품모집인, 대출모집인(리스·할부금융 　중개인)의 등록요건]
4장 영업규제 (13~28조)	▪ 금융상품판매·자문업 관련 내부통제기준 마련 ▪ 금융상품 유형별 영업규제(적합성·적정성원칙, 설명의무, 불공 　정영업·부당권유금지, 광고규제, 계약서류 제공) ▪ 금융상품판매대리중개업자·자문업자별 영업규제 　(대리중개업자·자문업자의 금지행위, 고지의무 등)
5장 금융소비자보호 (29~47조)	▪ 금융교육, 금융상품 비교공시, 소비자보호실태평가, 소비자 　보호기준 ▪ 금융분쟁 조정제도(분쟁조정위원회구성, 분쟁조정절차, 조정효 　력·시효중단, 소송중지, 조정이탈금지) ▪ 손해배상책임, 청약 철회, 위법계약 해지
6장 감독 및 처분 (48~64조)	▪ 금융상품자문업자의 업무보고서 제출, 금융상품판매업자등 　의 변경보고 ▪ 금융상품 판매제한명령 ▪ 금융상품판매업자·자문업자에 대한 검사 및 제재 ▪ 징벌적 과징금 부과기준 및 절차
7장 보칙 (65~66조)	▪ 금융감독원장 및 협회에 대한 업무위탁 ▪ 금융감독원장에 대한 지도·감독
8장 벌칙 (67~69조)	▪ 형사처벌(5년 이하 징역 또는 2억원 이하 벌금), 양벌규정 ▪ 과태료(1억원 이하 과태료, 3천만원 이하 과태료, 1천만원 이하 과 　태료)

법시행령에서는 법률에 열거하지 않은 금융상품을 최대한 열거하였으며,[58] 대출모집인·독립자문업자·신협공제모집인의 등록요건, 내부통제기준과 6대 판매규제 등의 세부사항을 규정하고 있다. 금융소비자보호감독규정은 독립금융상품자문업자 등이 금융위 등록을 위해 갖추어야 할 인적요건과 온라인 사업자[59]의 알고리즘 등에 관한 구체적인 사항, 불공정영업행위(소위 "꺾기")에 대한 규제 강화,[60] 판매제한·중지 명령의 절차에 관한 사항 등 시행령의 위임사항을 보다 구체적으로 규정하고 있다.

---

58) 신협 금융상품, 신탁계약, 투자일임계약, 온라인투자연계금융업, 대부상품 등

59) 소비자와 직접 대면하지 않고 전자금융거래법에 따른 전자적 장치를 이용한 자동화 방식을 통해서만 서비스를 제공하는 경우를 말한다.

60) 대출 전후 1개월 내 개인 차주에게 일정 규모 이상의 보험·일부 투자상품(펀드, 금전신탁 등) 판매시에도 꺾기로 간주한다.

제 2 장

금융소비자보호법의
적용대상

금융상품

1 금융상품의 범위

가. 정의

금융소비자보호법은 금융상품의 본질적 속성을 직접 정의하지 않고 개별 금융업법 상 금융상품을 인용하여 간접적 방식을 사용하여 정의하였고 시행령에서 추가할 수 있도록 위임함으로써 새로운 금융상품의 출현에 탄력적으로 대응토록 하였다. 이는 금융상품의 제조와 판매를 구분하여 금융소비자보호법이 판매행위를 규율하는 금융상품판매업 및 금융상품자문업의 업법으로서의 성격을 감안한 것이다. 금융소비자보호법은 금융상품을 속성에 따라 예금성 상품, 투자성 상품, 보장성 상품 및 대출성 상품의 4가지 유형으로 분류하고 동일한 유형의 금융상품에는 동일한 규제를 적용하는 것을 원칙으로 하고 있다.

나. 금융상품의 범위

금융소비자보호법 상 금융상품에 해당하는 것으로는 ❶은행법·중소기업은행법·한국산업은행법·상호저축은행법에 따른 예금[1] 및 대출[2], ❷자본시장법에 따른 금융투자상품[3], ❸보험업법에 따른 보험상품[4], ❹여신전문금융업법에 따른 신용카드[5, 6]·시설대여[7]·연불판매[8]·할부금융[9], ❺대부업법[10]에 따른 대부[11], ❻신용협동조합법에 따

---

1) 은행법 등 개별 금융업법이나 금융소비자보호법 상에는 예금 또는 예금의 종류에 대해 일반적인 정의규정을 두지 않고 있다. 예금거래기본약관에서는 예금을 '입출금이 자유로운 예금', '거치식 예금' 및 '적립식 예금'으로 분류하고 있다. 대법원 판례(1985.12.24. 선고 85다카880)에 의하면 "예금은 임치물인 금전등을 보관하고 그 기간 중 이를 소비할 수 있고 임치인의 청구에 따라 동종 동액의 금전을 반환할 것을 약정함으로써 성립하는 것"이라고 정의하여 예금을 소비임치계약으로 보고 있다.

2) 예금과 마찬가지로 은행법 등 개별 금융업법이나 금융소비자보호법 상에는 대출 또는 대출의 종류에 대해 일반적인 정의규정을 두지 않고 있으나 은행법(제2조 제1항 제7호)에 따른 신용공여에 해당하는 대출, 지급보증 및 유가증권의 매입(자금지원적 성격인 것만 해당), 그 밖에 금융거래상의 신용위험이 따르는 은행의 직접적·간접적 거래로 규정될 수 있다. 또한, 은행법 시행령(제1조의3) 및 은행업감독규정(제3조)에서는 신용공여의 범위를 대출, 지급보증, 지급보증에 따른 대지급금(代支給金)의 지급, 어음 및 채권의 매입, 콜론, CP, 리스채권, 그 밖에 거래 상대방의 지급불능 시 이로 인하여 은행에 손실을 끼칠 수 있는 거래 등으로 규정하고 있으므로 거래실질에 맞추어 결과적으로 은행에 신용위험을 가져올 수 있는 모든 거래가 신용공여에 해당된다고 할 것이다.

3) 자본시장법 §3~5, 금융투자상품이란 이익을 얻거나 손실을 회피할 목적으로 현재 또는 장래의 특정 시점에 금전등을 지급하기로 약정함으로써 취득하는 권리로서 그 권리를 취득하기 위하여 지급하였거나 지급하여야 할 금전등의 총액이 그 권리로부터 회수하였거나 회수할 수 있는 금전등의 총액을 초과하게 될 위험(투자성)이 있는 것을 말한다. 금융투자상품은 원본까지 손실이 발생할 수 있는 증권과 원본을 초과하여 손실이 발생할 수 있는 파생상품으로 구분한다. 증권은 채무증권·지분증권·수익증권·투자계약증권·파생결합증권·증권예탁증권 등 6가지 유형으로 나누고 투자자가 취득과 동시에 지급한 금전등 외에 어떠한 명목으로든지 추가로 지급할 의무를 부담하지 아니한다. 파생상품은 그 가치가 기초를 이루는 자산에서 파생되는 상품으로 증권과는 달리 추가로 지급할 의무를 부담할 수 있으며, 자본시장법 상 기초자산의 가격을 기초로 손익(수익구조)이 결정되는 금융투자상품으로 선도, 옵션, 스왑의 어느 하나에 해당하는 계약상의 권리로 장내파생상품과 장외파생상품으로 다시 구분된다.

4) 보험업법 §2, "보험상품"이란 위험보장을 목적으로 우연한 사건 발생에 관하여 금전 및 그 밖의 급여를 지급할 것을 약정하고 대가를 수수(授受)하는 계약으로서 생명보험상품, 손해보험상품, 제3보험상품을 말한다. 다만, 건강보험(국민건강보험법), 고용보험(고용보험법), 국민연금(국민연금법), 장기요양보험(노인장기요양보험법), 산업재해보상보험(산업재해보상보험법), 선불식 할부거래(할부거래법)는 제외한다. 생명보험상품이란 위험보장을 목적으로 사람의 생존 또는 사망에 관하여 약정한 금전 및 그 밖의 급여를 지급할 것을 약속하고 대가를 수수하는 계약을 말하고, 손해보험상품이란 위험보장을 목적으로 우연한 사건(질병·상해 및 간병은 제외)으로 발생하는 손해(계약상 채무불이행 또는 법령상 의무불이행으로 발생하는 손해를 포함)에 관하여 금전 및 그 밖의 급여를 지급할 것을 약속하고 대가를 수수하는 계약을 말하며, 제3보험상품이란 위험보장을 목적으로 사람의 질병·상해 또는 이에 따른 간병에 관하여 금전 및 그 밖의 급여를 지급할 것을 약속하고 대가를 수수하는 계약을 말한다.

5) 여신전문금융업법 §2(3), "신용카드"란 이를 제시함으로써 반복하여 신용카드가맹점에서 결제할 수 있는 증표(證票)로서 신용카드업자가 발행한 것을 말한다

6) 신용카드는 금융소비자보호법상 금융상품에 해당하나 선불카드와 직불카드는 지급수단에 불과하여 금융소비자보호법 상 금융상품과 유사하다고 보기는 어렵다. 신용카드 가입에 따라 부가되는 약정에 따른 현금서비스, 리볼빙은 그 자체로서 독립된 별개의 금융상품이라고 보기 어려운 측면이 있으나 신용카드 계약체결과 관련하여 현금서비스, 리볼빙 관련 사항에 대한 설명의무 등 금융소비자보호법 규제가 적용된다. 카드론은 신용카드와 별개의 계약으로 금융소비자보호법상 금융상품에 해당된다.(금융위원회 2021.2.18.일자 보도참고자료, 금융소비자보호법 주요질의(FAQ)에 대한 1차 답변)

7) 여신전문금융업법 §2(10), "시설대여(리스)"란 특정물건을 새로 취득하거나 대여받아 거래상대방에게 내용연수의 20%에 해당하는 기간(부동산 시설대여는 3년) 이상 사용하게 하고, 그 사용기간 동안 일정한 대가를 정기적으로 나누어 지급받으며 그 사용기간이 끝난 후의 물건의 처분에 관하여는 당사간의 약정으로 정하는 방식의 금융을 말한다.

8) 여신전문금융업법 §2(11), "연불판매"란 특정물건을 새로 취득하여 거래상대방에게 넘겨주고 그 물건의 대금·이자 등을 1년 이상 동안 정기적으로 나누어 지급받으며, 그 물건의 소유권 이전 시기와 그 밖의 조건에 관하여는 당사자간의 약정으로 정하는 방식의 금융을 말한다.

9) 여신전문금융업법 §2(13), "할부금융"이란 재화와 용역의 매매계약에 대하여 매도인및 매수인과 각각 약정을 체결하여 매수인에게 융자한 재화와 용역의 구매자금을 매도인에게 지급하고 매수인으로부터 그 원리금을 나누어 상환받는 방식의 금융을 말한다.

른 예탁금·대출·공제[12], ❼온라인투자연계금융업법[13]에 따른 연계투자[14] 및 연계대출[15], ❽자본시장법 제9조 제4항[16]에 따른 신탁계약(관리형 신탁계약 및 투자성이 없는 신탁계약을 제외) 및 투자일임계약[17]이 있다.[18] 또한, 금융소비자보호법 상 금융상품에는 상기 ❺부터 ❽까지의 금융상품에 준하는 금융상품으로서 ❾금융소비자로부터 금전을 받고 장래에 그 금전과 그에 따른 이자 등의 대가를 지급하기로 하는 계약[19](다만, 주택법에 따른 입주자저축은 제외), ❿금융소비자에게 어음 할인·매출채권 매입(각각 금융소비자에 금전의 상환을 청구할 수 있는 계약으로 한정)·대출·지급보증 또는 이와 유사한 것으로 금전 또는 그 밖의 재산적 가치가 있는 것(금전등)을 제공하고 장래에 금전등 및 그에 따른 이자 등의 대가를 받기로 하는 계약[20](다만, 수출환어음 매입 등 수출·수입 대금 결제와 관련된 계약 및 신기술사업금융회사[21]와 관련된 계약은 제외)이 각

---

10) 대부업 등의 등록 및 금융이용자 보호에 관한 법률을 말한다.

11) 대부업법 §2(1), "대부"란 금전의 대부, 어음할인, 양도담보, 그 밖에 이와 유사한 방법을 통한 금전의 교부를 말한다.

12) 신용협동조합중앙회가 운영하는 "공제"는 공제계약자로부터 공제료를 받아 일정기간내에 미리 약정한 공제사고가 발생하면 공제금을 지급하는 사업으로 보험과 유사하다. 신협중앙회의 공제는 보험업법을 적용하지 아니한다.

13) 온라인투자연계금융업 및 이용자 보호에 관한 법률을 말한다.

14) 온라인투자연계금융업법 §2(1), "연계투자"란 온라인플랫폼을 통하여 특정 차입자에게 자금을 제공할 목적으로 하는 투자를 말한다.

15) 온라인투자연계금융업법 §2(1), "연계대출"이란 온라인플랫폼을 통하여 투자자의 자금을 투자자가 지정한 해당 차입자에게 대출(어음할인·양도담보 등 포함)하는 것을 말한다.

16) 금융소비자보호법 상 "신탁계약"은 자본시장법 §9④에 따른 신탁계약(관리형신탁계약 및 투자성이 없는 신탁계약은 제외)이다. 신탁에 대한 정의는 자본시장법(§9㉔)에 따라 "신탁법 §2의 신탁"을 말한다. 신탁법 §2의 신탁에 의하면 "신탁이란 신탁을 설정하는 자(위탁자)와 신탁을 인수하는 자(수탁자) 간의 신임관계에 기하여 위탁자가 수탁자에게 특정의 재산(영업이나 저작재산권의 일부 포함)을 이전하거나 담보권의 설정 또는 그 밖의 처분을 하고 수탁자로 하여금 일정한 자(수익자)의 이익 또는 특정의 목적을 위하여 그 재산의 관리, 처분, 운용, 개발, 그 밖에 신탁 목적의 달성을 위하여 필요한 행위를 하게 하는 법률관계"를 말한다.

17) 금융소비자보호법 상 "투자일임계약"은 자본시장법 §9④에 따른 투자일임계약이다. 자본시장법 §6⑧, §8⑥에 따르면 투자일임계약이란 투자일임업자와 투자자 사이에 체결하는 계약이고 투자일임업자란 투자자로부터 금융투자상품등에 대한 투자판단의 전부 또는 일부를 일임받아 투자자별로 구분하여 그 투자자의 재산상태나 투자목적 등을 고려하여 금융투자상품등을 취득·처분, 그 밖의 방법으로 운용하는 것을 영업으로 하는 금융투자업자이다.

18) 금융소비자보호법 §2(1), 시행령 §2①

19) 금융산업의 구조개선에 관한 법률에 따라 자본시장법에 따른 종합금융회사와 합병한 기관(예금자보호법 제2조 제1호 가목부터 사목까지의 부보금융회사), 농협은행, 상호저축은행, 수협은행, 신용협동조합, 은행, 자본시장법에 따른 금융투자업자·증권금융회사·종합금융회사, 중소기업은행 및 한국산업은행이 금융소비자와 체결한 계약을 말한다.

20) 금융산업의 구조개선에 관한 법률에 따라 자본시장법에 따른 종합금융회사와 합병한 기관(예금자보호법 제2조 제1호 가목부터 사목까지의 부보금융회사), 농협은행, 상호저축은행, 수협은행, 신용협동조합, 은행, 자본시장법에 따른 금융투자업자·증권금융회사·종합금융회사, 중소기업은행 및 한국산업은행 뿐만아니라 보험회사, 신용협동조합중앙회, 여신전문금융회사(신기술사업금융회사는 제외) 및 겸영여신업자, 온라인투자연계금융업자, 자본시장법에 따른 금융투자업자·단기금융회사·자금중개회사가 금융소비자와 체결한 계약을 말한다.

각 해당된다.[22] 상기 ❾의 경우 그 명칭이나 형식에 관계없이 예금적 성격(소비임치계약)을 가지고 있는 계약을, 상기 ❿의 경우는 그 명칭이나 형식에 관계없이 대출적 성격(신용공여)을 가지고 있는 계약을 각각 금융소비자보호법 상 금융상품으로 포괄적으로 정의함으로써 새로운 금융상품의 출현에 탄력적으로 대응토록 한 것으로 해석된다.

다. 금융상품에서 제외되는 경우

❶주택법에 따른 입주자저축[23], ❷수출환어음 매입 등 수출·수입 대금 결제와 관련된 계약[24] 및 ❸신기술사업금융업자가 금융소비자에게 어음 할인·매출채권 매입(각각 금융소비자에 금전의 상환을 청구할 수 있는 계약으로 한정)·대출·지급보증 또는 이와 유사한 것으로 금전 또는 그 밖의 재산적 가치가 있는 것(금전등)을 제공하고 장래에 금전등 및 그에 따른 이자 등의 대가를 받기로 하는 계약은 금융소비자보호법 상 금융상품의 범위에서 모두 제외된다.[25] 즉, 주택법에 따른 입주자 저축, 수출·수입 대금 결제와 관련된 계약 및 신기술사업금융업자의 대출성 계약은 금융소비자보호법 상 금융상품에 속하지 아니하므로 금융소비자보호법을 적용받지 않는다.

---

21) 여신전문금융업법 §2, 14. 신기술사업금융업이란 제41조 제1항 각 호의 업무를 종합적으로 업으로서 하는 것을 말한다.

　　여신전문금융업법 §2, 14의 2. "신기술사업자"란 기술보증기금법 제2조 제1호에 따른 신기술사업자와 기술 및 저작권·지적재산권 등과 관련된 연구·개발·개량·제품화 또는 이를 응용하여 사업화하는 사업(이하 "신기술사업"이라 한다)을 영위하는 중소기업기본법 제2조에 따른 중소기업, 중견기업 성장촉진 및 경쟁력 강화에 관한 특별법 제2조 제1호에 따른 중견기업 및 외국환거래법 제3조 제15호에 따른 비거주자를 말한다.(단서 생략)

　　여신전문금융업법 §41① 이 절은 신기술사업금융업자가 하는 다음 각 호의 업무에 적용한다.

　　1. 신기술사업자에 대한 투자

　　2. 신기술사업자에 대한 융자

　　3. 신기술사업자에 대한 경영 및 기술의 지도

　　4. 신기술사업투자조합의 설립

　　5. 신기술사업투자조합 자금의 관리·운영

22) 금융소비자보호감독규정 §①

23) 금융소비자보호감독규정 §2①(1)단서

24) 금융소비자보호감독규정 §2①(2)단서

25) 금융소비자보호감독규정 §2①(2)라목내 괄호 부분

금융위원회와 금융감독원은 금융소비자보호법 시행(2021.3.25)에 따른 일선 현장의 혼란을 최소화하기 위하여 금융현장의 주요 질의사항(FAQ)에 대한 답변을 수시로 신속하게 제공하였다.

이 책에서는 금융회사 실무자 및 금융소비자의 이해를 돕기 위해 금융위원회·금융감독원의 보도자료와 전국은행연합회 자료집(금융소비자보호법 참고자료) 등을 참고하여 금융소비자보호법의 해당 조문별로 "금융소비자보호법 Q&A" 형식으로 정리하였으니 많은 활용을 바란다.

◇◇◇◇◇◇◇◇◇◇◇◇◇◇◇◇◇◇◇◇◇ **금융소비자보호법 Q&A** ◇◇◇◇◇◇◇◇◇◇◇◇◇◇◇◇◇◇◇◇◇

Q 선불·직불결제, 신용카드 현금서비스 및 리볼빙이 금소법상 금융상품에 해당되나요?

A ① 선불·직불 결제는 금소법상 금융상품과 유사하다고 보기는 어렵다고 판단됨.
② 신용카드 가입에 따라 부가되는 약정에 따른 현금서비스, 리볼빙은 그 자체로서 독립된 별도의 금융상품이라고 보기는 어려운 측면이 있으나, 신용카드는 금융상품에 해당함.
신용카드 계약체결과 관련하여 현금서비스, 리볼빙 관련 사항에 대한 설명의무 등 금소법상 규제는 적용됨.
※카드론은 신용카드 가입과는 별개의 계약으로 금소법상 금융상품에 해당.

- -

Q 금전채권신탁 및 부동산신탁은 관리형 신탁계약이므로 금소법 대상에서 제외되나요?

A 금전채권신탁 및 부동산신탁이 자본시장법 제3조 제1항 제2호에 따른 관리형신탁에 해당한다면 해당 금융상품을 취급하는 경우는 금소법상 금융상품판매업에 해당하지 않는다 할 수 있음.

- -

Q 국민주택채권과 유사한 구조의 도시철도채권(지방채) 및 지역개발채권(지방채) 등의 첨가소화채권*도 금소법상 금융상품에 해당하지 않는 것으로 볼 수 있나요?
* 각종 등기나 인허가, 면허 등록시 '첨가'해서 일반인을 대상으로 '소화'시키는 채권으로

준조세 성격에 해당하고 집이나 자동차 등을 살 때 의무적으로 매입해야 하는 채권

Ⓐ 금소법상 금융상품에 해당하지 않음.

- -

Ⓠ 아래 5가지 상품 및 서비스가 금소법상 금융상품인가요?

① 주식(사채)납입금·세금·정부보관금·법원공탁금·대학등록금·아파트관리비 수납,
상품권 판매, 골드·실버바 판매 등 대행업무

② 납부자 자동이체 등 전자금융거래(전자금융거래법 §2ⅰ) 관련업무

③ 환전·외화송금 등 외국환업무(은행법§22②ⅲ)

④ 대출성 상품에 부가되는 제3자의 보증 또는 담보제공 계약

⑤ 안심쇼핑서비스* 등 유료서비스 판매대행업무(소비자가 동 서비스 계약 시
유료서비스 제공회사로부터 수수료 수취)

* 쇼핑몰 할인쿠폰 제공, 택배 수령 시 가상전화번호 제공, 신용카드로 구매한 물품이
90일 이내 도난·파손되는 경우 손실보상 등

Ⓐ 5가지 사례 모두 금소법상 금융상품에 해당하지 않음.

- -

Ⓠ 은행이 취급하는 비금전신탁(재산신탁)은 금소법상 금융상품에 해당하여 금소법
의 적용 대상이 되나요?

Ⓐ 원칙 적용. 다만, 자본시장법상 관리형 신탁 및 투자성 없는 신탁은 제외됨. (규
정 §2②ⅱ)

- -

Ⓠ 주택청약저축 가입자가 사망하는 경우 예금 명의자를 상속인으로 변경 가능한
데, 예금의 예금주가 변경된 때에도 금소법을 적용받나요?

Ⓐ 주택청약저축은 금소법 적용대상 아님.

2 금융상품의 유형

금융소비자보호법은 금융상품의 유형을 그 속성에 따라 4가지(예금성, 대출성, 투
자성, 보장성)로 구분한다. 또한, 개별 금융상품이 둘 이상의 속성을 갖고 있는 경우
(복합상품)에는 해당 상품 유형에 각각 속하는 것으로 본다.[26]

〈 금융상품의 유형별 비교 〉

구분	개념	대상
예금성 상품	은행법 · 저축은행법상 예금 및 이와 유사한 것	은행(저축은행,신협)의 예 · 적금 등
대출성 상품	은행법 · 저축은행법상 대출, 여전법상 신용카드 · 시설대여 · 연불판매 · 할부금융 및 이와 유사한 것	은행(저축은행,신협)의 대출 · 신용카드 · 리스 · P2P대출 · 대부상품 등
투자성 상품	자본시장법상 금융투자상품 및 이와 유사한 것	주식 · 펀드 · 파생상품 · 신탁 · 투자일임 · P2P투자 등
보장성 상품	보험업법상 보험상품 및 이와 유사한 것	생명보험 · 손해보험 · 신협 공제 등

라. 예금성 상품

예금성 상품은 은행 예금이나 적금과 같이 이자수익이 발생하고 원금이 보장되는 금융상품이다. 금융소비자보호법령은 예금성 상품으로 ❶은행[27] 및 상호저축은행의 예금, ❷신용협동조합의 예탁금 그리고 ❸계약에 따라 금융소비자로부터 금전을 받고 장래에 그 금전과 그에 따른 이자 등의 대가를 지급하기로 하는 계약[28]과 같이 그 명칭이나 형식에 관계없이 예금적 성격(소비임치계약)으로 포괄적으로 정의함으로써 새로운 예금성 상품의 출현에 탄력적으로 대응하고 있다. 다만, 주택법에 의한 입주자저축은 예금성 상품에서 제외한다.[29]

---

26) 금융소비자보호법 §3

27) 중소기업은행과 한국산업은행을 포함한다.

28) 금융산업의 구조개선에 관한 법률에 따라 자본시장법에 따른 종합금융회사와 합병한 기관(예금자보호법 제2조 제1호 가목부터 사목까지의 부보금융회사), 농협은행, 상호저축은행, 수협은행, 신용협동조합, 은행, 자본시장법에 따른 금융투자업자·증권금융회사·종합금융회사, 중소기업은행 및 한국산업은행이 금융소비자와 체결한 계약을 말한다.

29) 금융소비자보호감독규정 §2① (1)단서

Q 은행에서 시행중인 공사대금 안전관리(에스크로) 서비스*가 금소법상 예금성 상품에 해당하나요?

   * "공사대금 안전관리(에스크로)"는 "도급인"이 예치한 예치금을 관리 및 지급하고 "도급인"이 지급한 공사대금을 "수급인"의 공사대금 지급지시에 따라 안전하게 "수급인" 및 "하수급인"에게 공사대금을 지급하는 은행서비스를 말함.

A 제출 의견 상 "공사대금 안전관리(에스크로) 서비스"는 도급인 및 수급인 간 공사대금 지급안정성을 높여주는 것으로, 동 서비스에 따라 금융회사가 공사대금을 일시적으로 보관하는 것이 금소법상 예금성 상품에 대한 계약 이행으로 보기는 어려움.

다만 금융회사가 예금성 상품 가입과 연계하여 동 서비스 및 동 서비스 계약서 내 포함되어 있는 펌 뱅킹 계약 등을 체결한다면 상기 서비스 등은 금소법상 '연계·제휴서비스'에 해당될 여지가 있음을 유의해야 함.

Q 퇴직연금에 편입하는 ELB(파생결합사채)는 일반적인 ELB와는 달리 퇴직연금감독규정에서 정한 추가적인 요건까지 충족해야 하는 등 그 실질이 예·적금과 사실상 동일합니다.

따라서, 퇴직연금에서 편입하는 ELB는 퇴직연금감독규정에서 정한 원리금보장 상품에 해당하므로, 투자성 상품이 아니라 예금성 상품(예·적금)과 동일한 수준의 규제가 적용되어야 하지 않나요?

A 제출의견상의 '퇴직연금 편입 ELB'는 기초자산 가치 변동에 따라 수익에 변동이 있을 뿐 해지 시 원금 손실이 발생하지 않기 때문에 자본시장법상 금융투자상품으로 보기 어렵다고 판단됨.

일반 ELB와 달리 퇴직연금 편입 ELB는 퇴직연금감독규정*에서 중도 해지 시에도 원금을 보장하도록 하는 등 정책적으로 소비자의 원금 손실이 없도록 관리되고 있기 때문임.

   * ① 상환금액이 원금 이외의 수익을 보장할 것, ②중도해지 시에도 원금의 손실이 발생하지 않을 것, ③수취자금의 운용 시 파생결합증권과 계정분리 등의 형태로 독립성을 갖출 것, ④자본시장법 제9조제7항에 따른 모집이나 제9항에 따른 매출의 방법으로 발행되고 복수의 신용평가기관으로부터 투자적격 신용평가등급을 받을 것 (퇴직연금감독규정 제8의2조 제2호)

마. 대출성 상품

대출성 상품은 대출처럼 금전을 빌려 사용한 후에 원금과 이자를 상환하는 금융 상품을 말한다. 금융소비자보호법령은 대출성 상품으로 ❶은행[30]과 상호저축은행의 대출, ❷여신전문금융업법에 따른 신용카드·시설대여·연불판매·할부금융, ❸대부업법에 따른 대부, ❹온라인투자연계금융업법에 따른 연계대출, ❺신용협동조합법에 따른 대출 그리고 ❻금융소비자에 어음 할인·매출채권 매입(각각 금융소비자에 금전의 상환을 청구할 수 있는 계약으로 한정)·대출·지급보증 또는 이와 유사한 것으로 금전 또는 그 밖의 재산적 가치가 있는 것을 제공하고[31] 장래에 금전등 및 그에 따른 이자 등의 대가를 받기로 하는 계약[32]과 같이 그 명칭이나 형식에 관계없이 대출적 성격(신용공여)으로 포괄적으로 정의함으로써 새로운 대출성 상품의 출현에 탄력적으로 대응하고 있다. 다만, 수출환어음 매입 등 수출·수입 대금 결제와 관련된 계약 및 신기술사업금융회사와 관련된 계약은 대출성 상품에서 제외한다.

∞∞∞∞∞∞∞∞∞∞∞∞∞∞∞∞ **금융소비자보호법 Q&A** ∞∞∞∞∞∞∞∞∞∞∞∞∞∞∞∞

Ⓠ 수출용 원자재 관련 수입자금 등을 지원하는 한국은행 금융중개 지원대출 중 포괄금융 형태로 제공되는 무역금융지원 프로그램은 금융소비자보호법상 대출성 상품에 해당하지 않나요?

Ⓐ 한국은행 무역금융지원 프로그램에 따른 무역관련 대출은 그 용도가 특정된 것 외에는 다른 원화대출과 그 특성이 다르지 않다고 판단되므로 금소법상 대출성 상품에 해당함.

---

30) 중소기업은행과 한국산업은행을 포함한다.

31) "금전등"이라 한다.

32) 금융산업의 구조개선에 관한 법률에 따라 자본시장법에 따른 종합금융회사와 합병한 기관(예금자보호법 제2조 제1호 가목부터 사목까지의 부보금융회사), 농협은행, 상호저축은행, 수협은행, 신용협동조합, 은행, 자본시장법에 따른 금융투자업자·증권금융회사·종합금융회사, 중소기업은행 및 한국산업은행뿐만 아니라 보험회사, 신용협동조합중앙회, 여신전문금융회사(신기술사업금융회사는 제외) 및 겸영여신업자, 온라인투자연계금융업자, 자본시장법에 따른 금융투자업자·단기금융회사·자금중개회사가 금융소비자와 체결한 계약을 말한다.

Q 무역금융 거래 관련 상품*이 금소법의 대출성 상품에 해당되나요?

　　* 수입신용장 개설, 외화수표 매입, 수출환어음 매입(신용장, 무신용장, O/A, 내국신용장),
　　　보증(청구보증, 보증신용장) 등

A 금소법상 금융상품에 해당하지 않음.

- -

Q 자산운용사가 설정한 펀드의 운용과정에서 수익자로부터 모집한 자금을 차주(시행사 또는 시행사의 SPC 등)에게 대출해주는 계약을 체결하는 경우에 자산운용사가 대출성 상품을 금융소비자와 체결하는 것으로 보고 금소법의 규제가 적용되나요?

A 자산운용사의 대출 계약을 금소법 적용대상에서 제외하는 규정이 없는 만큼 제출의견상의 대출행위도 금소법 적용을 받음.

- -

Q 보험계약대출(약관대출)은 금소법상 대출성 상품인가요?

A 보험계약대출은 보험계약과 별도로 계약체결이 이루어지며, 다른 대출과 마찬가지로 이자부담뿐만 아니라 원리금을 제때 상환하지 않을 경우 그에 따른 금전 부담* 또한 발생. 따라서 보험계약대출을 일반 대출과 달리 취급해야할 만한 특별한 이유는 없다고 판단함.

　　* 연체 시, "대출원금+연체이자액"에 이자율을 곱하여 계산한 이자를 부담.

바. 투자성 상품

투자성 상품은 펀드와 같이 투자수익이 발생하는 금융상품으로서 원금이 보장되지 않는 금융상품을 말한다. 금융소비자보호법령에서의 투자성 상품으로는 ❶자본시장법에 따른 금융투자상품, ❷온라인투자연계금융업법에 따른 연계투자 및 연계대출, ❸신탁계약 및 투자일임계약, 그리고 ❹자본시장법 제3조 제1항[33]에 따른 투자성이 있는 금융상품이 해당된다.[34] 이 경우 투자성이란 금전등의 지급총액이 회수총액을 초과하게 될 위험으로 전통적인 예금과 보험계약과 구분되는 기준이다. 한편, 자본시장법이 금융투자상품의 개념을 추상적으로 정의하여 향후 출현할 모든 금융투자상품을 자본시장법의 규율대상으로 포괄하고 있는 것과 같이 금융소비자보호법도 투자성 상품을 자본시장법의 금융투자상품뿐만아니라 자본시장법 상 투자성이 있는 금융상품까지 포괄적으로 정의함으로써 새로운 투자성 상품의 출현에 탄력적으로 대응할 수 있도록 하였다.

◇◇◇◇◇◇◇◇◇◇◇◇◇◇◇◇◇◇◇◇◇◇◇◇ 금융소비자보호법 Q&A ◇◇◇◇◇◇◇◇◇◇◇◇◇◇◇◇◇◇◇◇◇◇◇◇

Q 저축은행에서 증권회사로부터 사모사채 및 기업어음을 매입하는 경우 동 행위가 금소법상 적용대상인가요?

A 사모사채 및 기업어음은 금소법상 대출성 상품이 아닌 투자성 상품에 해당함. 저축은행이 증권회사로부터 사모사채 및 기업어음을 매입하는 경우에 저축은행은 전문금융소비자에 해당하며, 판매업자인 증권회사는 전문금융소비자를 대상으로 할 경우 준수해야할 금소법상 의무를 준수해야 함.

※법인인 전문금융소비자와 계약을 체결하는 경우에 대해서는 계약서류로서 설명서를 제공하지 않아도 됨.

- -

Q 변액보험은 투자성 상품에도 해당하나요?

A 만기에 원금을 보장하지 않는 변액보험은 보장성 상품뿐만 아니라 투자성 상품에도 해당되며, 퇴직연금계좌에서 편입하는 보험계약의 경우에 그 계약이 원금을 보장하지 않는 경우에도 투자성 상품으로 봄.

- -

---

33) 자본시장법 §3, ① 이 법에서 "금융투자상품"이란 이익을 얻거나 손실을 회피할 목적으로 현재 또는 장래의 특정(特定) 시점에 금전, 그 밖의 재산적 가치가 있는 것(금전등)을 지급하기로 약정함으로써 취득하는 권리로서, 그 권리를 취득하기 위하여 지급하였거나 지급하여야 할 금전등의 총액(판매수수료 등 제외)이 그 권리로부터 회수하였거나 회수할 수 있는 금전등의 총액(해지수수료 등 포함)을 초과하게 될 위험(투자성)이 있는 것을 말한다. 다만, 다음 각 호의 어느 하나에 해당하는 것을 제외한다.

1. 원화로 표시된 양도성 예금증서

2. 「신탁법」 제78조 제1항에 따른 수익증권발행신탁이 아닌 신탁으로서 다음 각 목의 어느 하나에 해당하는 신탁(제103조 제1항 제1호의 재산을 신탁받는 경우는 제외하고 수탁자가 「신탁법」 제46조부터 제48조까지의 규정에 따라 처분 권한을 행사하는 경우는 포함한다. 이하 "관리형신탁"이라 한다)의 수익권

가. 위탁자(신탁계약에 따라 처분권한을 가지고 있는 수익자를 포함한다)의 지시에 따라서만 신탁재산의 처분이 이루어지는 신탁

나. 신탁계약에 따라 신탁재산에 대하여 보존행위 또는 그 신탁재산의 성질을 변경하지 아니하는 범위에서 이용 · 개량 행위만을 하는 신탁

3. 그 밖에 해당 금융투자상품의 특성 등을 고려하여 금융투자상품에서 제외하더라도 투자자 보호 및 건전한 거래질서를 해할 우려가 없는 것으로서 대통령령으로 정하는 금융투자상품

34) 금융소비자보호법 §3(3), 시행령 §3③, 감독규정 §3(3)

> **Q** 다음 상품들은 투자성 상품인가요?
> ① 대고객 환매조건채권(RP) 매도(은행 창구 판매, 일반 고객 대상)
> ② 창구(통장식) CD(은행 창구 판매, 일반 고객 대상)
> ③ 표지어음(은행 창구 판매)
>
> **A** 대고객 환매조건채권은 투자성 상품에 해당.
> 그 밖의 창구, CD, 표지어음은 예금성 상품에 해당.

사. 보장성 상품

보장성 상품은 보험처럼 위험보장 또는 손실회피의 목적으로 보험료를 지급하여 권리를 취득하고 보험사고가 발생한 경우에 사전에 약속된 보험금을 지급받는 금융상품을 말한다. 금융소비자보호법령에서는 보장성 상품으로 ❶보험업법에 따른 보험상품 및 ❷신용협동조합법에 따른 공제를 규정하고 있다.[35]

아. 복합상품

개별 금융상품이 예금성·대출성·투자성·보장성 상품 중 둘 이상에 해당하는 속성이 있는 경우에는 해당 상품 유형에 각각 속하는 것으로 본다.[36] 다만, 예금성 상품, 투자성 상품 및 보장성 상품은 원칙적으로 상호 간에 결합이 가능하지만 예금성 상품과 투자성 상품은 원본손실 여부를 기준으로 구분하므로 결합이 불가능하다.[37]

---

35) 금융소비자보호법 §3(4), 시행령 §3④
36) 금융소비자보호법 §3단서
37) 한창희, 금융소비자보호법 p169 참조

〈 복합상품 사례 〉

복합상품 유형	복합상품 사례	비　고
보장성 + 투자성	변액보험	위험보장과 이익 목적 결합, 원금 미보장
보장성 + 예금성	저축성 보험	위험보장과 이익 목적 결합, 원금 보장
투자성 + 예금성	X	원금보장 기준으로 투자성과 예금성 동시 불만족

금융상품 판매채널

1 의의

금융소비자보호법은 금융상품의 판매채널을 행위주체의 지위 및 행위유형에 따라 체계적으로 분류하였으며, 금융상품 판매채널별로 금융소비자 보호 수준에 차이가 있다는 점을 감안하여 판매채널별로 금융소비자 보호에 대한 규제 수준을 달리하고 있다. 이에 따라 금융상품의 판매채널을 행위 유형에 따라 2가지 유형인 금융상품판매업(자)과 금융상품자문업(자)으로 구분하였고, 금융상품판매업(자)을 다시 금융상품직접판매업(자)과 금융상품판매대리·중개업(자)으로 나누었다.[38] 또한, 개별 금융업법 상 인허가나 등록을 받은 경우 등은 금융상품 판매채널로의 진입요건을 해당 법률에 따르도록 하고, 개별 금융업법 상 진입요건이 없는 판매채널에 대해서는 금융소비자보호법에서 그 요건을 별도로 정하고 있다.[39]

---

38) 금융소비자보호법 §2(2)~(5)
39) 금융소비자보호법 §12

〈 금융상품 판매채널 비교 〉

구분		개념	대상
금융상품판매업자	금융상품직접판매업자	자신이 직접 계약의 상대방으로서 금융상품에 관한 계약의 체결을 영업으로 하는 자 (자본시장법상 투자중개업자 포함)	은행·저축은행·여전사·증권사·신협·신협중앙회 공제사업 부문·P2P업자·대부업자·증권금융회사 등
	금융상품판매대리·중개업자	금융상품 계약 체결을 대리·중개하는 것을 영업으로 하는 자	투자권유대행인·보험설계사/대리점/중개사·대출모집인·대부중개업자 등
금융상품자문업자		금융상품의 가치 또는 취득·처분결정에 관한 자문에 응하는 것을 영업으로 하는 자	투자자문업자(자본시장법)·독립금융상품자문업자(금소법)

2 금융상품판매업(자)
: 금융상품직접판매업(자) + 금융상품판매대리·중개업(자)

가. 금융상품판매업(자)

금융상품판매업은 이익을 얻을 목적으로 계속적이거나 반복적인 방법으로 금융상품직접판매업 또는 금융상품판매대리·중개업을 하는 것을 말한다.[40] 금융상품판매업자란 금융상품판매업을 영위하는 자로서 ❶금융관계법령[41]에서 금융상품판매업에 해당하는 업무에 대하여 인허가 또는 등록을 하도록 규정한 경우에는 해당 법률에 따라 인허가를 받거나 등록을 한 자, ❷금융관계법률에서 금융상품판매업에 해당하는 업무에 대하여 해당 법률에 따른 인허가를 받거나 등록을 하지 아니하여도

---

40) 금융소비자보호법 §2(2)

41) 금융소비자보호법 시행령 §2③ 및 감독규정 §2③, 금융소비자보호법 상 금융관계법령이란 근로자퇴직급여보장법, 대부업 등의 등록 및 금융이용자 보호에 관한 법률, 보험업법, 상호저축은행법, 수산업협동조합법, 신용협동조합법, 여신전문금융업법, 온라인투자연계금융업 및 이용자 보호에 관한 법률, 은행법, 인터넷전문은행 설립 및 운영에 관한 특례법, 자본시장과 금융투자업에 관한 법률, 중소기업은행법, 한국산업은행법을 말한다.

그 업무를 영위할 수 있도록 규정한 경우에는 그 업무를 영위하는 자 그리고 ❸금융소비자보호법 제12조 제1항에 따라 금융상품판매업의 등록을 한 자를 말하며, 금융상품직접판매업자와 금융상품판매대리·중개업자로 구분한다.[42]

나. 금융상품직접판매업(자)

금융상품직접판매업은 ❶자신이 직접 계약의 상대방으로서 금융상품에 관한 계약의 체결을 영업으로 하는 것으로 ❷자본시장법 제6조 제3호[43]에 따른 투자중개업을 포함한다.[44] "직접판매"란 금융상품의 제조업자가 금융상품판매대리·중개업자를 거치지 않고 금융소비자에게 금융상품을 직접 판매하는 것을 말한다.[45] 금융상품직접판매업자에는 은행, 상호저축은행, 보험회사, 여신전문금융회사, 증권회사, 신협, 신협중앙회 공제사업, 온라인투자연계금융업자(P2P업자), 대부업자 등이 속한다. 한편, 자본시장법 상 투자중개업자의 경우 타인의 계산이지만 자신이 직접 계약의 상대방으로서 금융소비자와 금융투자상품의 계약을 체결하므로 금융상품직접판매업자로 분류된다.

투자중개업자는 투자자의 동의를 받아 주식, 채권 등 금융투자상품을 사고파는 업무를 수행한다. 증권회사의 위탁매매업, 선물회사의 선물거래업, 은행 또는 증권회사 등의 펀드 판매가 대표적인 경우이다.

다. 금융상품판매대리·중개업(자)

금융상품판매대리·중개업은 금융상품에 관한 계약의 체결을 대리하거나 중개하

---

42) 금융소비자보호법 §2(3)

43) 자본시장법 §6(금융투자업), ③ 이 법에서 "투자중개업"이란 누구의 명의로 하든지 타인의 계산으로 금융투자상품의 매도·매수, 그 중개나 청약의 권유, 청약, 청약의 승낙 또는 증권의 발행·인수에 대한 청약의 권유, 청약, 청약의 승낙을 영업으로 하는 것을 말한다.
　자본시장법 §8(금융투자업자), ③ 이 법에서 "투자중개업자"란 금융투자업자 중 투자중개업을 영위하는 자를 말한다.

44) 금융소비자보호법 §2(2)가목

45) 이상복, 금융소비자보호법 p31 참조

46) 금융소비자보호법 §2(2)나목

는 것을 영업으로 하는 것이다.[46] "판매대리·중개"는 금융회사와 금융소비자의 중간에서 계약을 중개하는 행위 또는 금융회사의 위탁을 받아 대리 판매하는 행위를 말한다.[47] "중개"란 금융회사와 금융회사 간에 계약이 체결될 수 있도록 힘쓰는 일체의 사실행위라 볼 수 있고[48] "대리"란 금융회사를 위해 금융소비자로부터 청약의사를 수령하거나 금융소비자에게 승낙의사를 표시하는 것이라 할 수 있다.[49] 금융소비자보호법 상 금융상품판매대리·중개업자로는 보험설계사, 보험대리점, 보험중개사, 대출모집인, 투자권유대행인, 카드모집인 등이 있다. 한편, 금융상품판매대리·중개업자는 금융회사로부터 대리권한을 위임받아 금융상품계약에 대한 의사를 표시하거나 수령하는 행위를 할 경우 금융상품판매대리업자로, 대리권한의 위임 없이 금융회사와 금융소비자간 금융상품계약 체결을 중개하는 경우 금융상품판매중개업자로 각각 구분할 수 있다. 그렇지만 개별 금융업법 상 금융회사로부터 법률행위의 위임을 받은 판매채널이 많지 않은 것을 감안[50]할 때 금융상품판매대리업자와 금융상품판매중개업자로 진입규제 및 행위규제를 차등적으로 적용해야 할 필요성이 크지 않아 금융소비자보호법에서는 금융상품판매대리·중개업자를 하나로 통합하여 규정한 것으로 보인다.

한편, 은행창구에서 보험을 판매하는 방카슈랑스의 경우에는 은행이 보험대리점의 역할을 수행하는 것이므로 이 경우 은행은 금융상품 판매대리·중개업자의 지위를 갖는다.

---

47) 이상복, 금융소비자보호법 p31 참조.

48) 서울행정법원 2013구합62367, 보험계약 체결 중개는 보험자와 계약자 간에 보험계약이 성립될 수 있도록 힘쓰는 일체의 사실행위이다.

49) 서울행정법원 2013구합62367, 보험계약 체결 대리는 보험자와 위탁계약을 체결한 보험대리점이 계약자로부터 청약 의사표시를 수령하고 보험자를 위하여 승낙의 의사표시를 하면 그 법률효과가 직접 보험자에게 귀속되는 것이다.

50) 보험업법 상 보험대리점은 체약대리상과 중개대리상으로 구분되고, 체약대리상만 보험회사로부터 법률행위의 위임을 받은 판매채널에 해당되나 계약체결 대리권 전부를 보험대리상에 위임하는 경우는 드물다. 또한 대출업무는 은행 등의 본질적 영역이라 타인에게 계약체결권을 위임할 수 없고 예금업무도 실명확인의 문제 등으로 계약체결권을 타인에게 위임할 수 없으며, 투자매매·중개업은 계약체결 행위가 해당업의 본질적 영역이라 그 업무를 위임받을 경우 미인가 영업를 수행하는 결과를 초래할 수 있다.

Ⓠ 선불식 할부거래 관련하여, 「할부거래에 관한 법률(이하 '할부거래법')」에 따른 선불식 할부계약을 3자 계약 형태로 진행 시, 동 계약은 여신전문금융업법상 '할부금융'인가요?

또 할부거래법에 따른 선불식할부 모집인*의 경우, 금소법상 금융상품판매업자 등록없이도 금융소비자에게 신용제공자(할부금융회사)의 금융상품을 알릴 수 있으며 영업행위를 할 수 있나요?

* 선불식 할부거래업자를 위하여 선불식 할부계약의 체결을 중개(仲介)하는 자

Ⓐ 할부거래법에 따르면, 할부거래업자는 소비자에게 할부거래법 제23조 내용*을 안내하여야 하고, 할부거래업자 소속 모집인은 할부금융을 중개할 수 있다고 규정하고 있으며, 제4조에 따라 할부거래법이 다른 법률보다 우선한다고 명시되어 있음.

* 신용제공자에게 지급하여야할 금액, 할부가격, 각 할부금의 금액·지급횟수·지급기간 및 지급시기, 할부수수료의 실제연간요율 등

여신전문금융업법 제2조제13호에서 할부금융의 대상이 되는 재화와 용역의 범위에 특별한 제한이 없는 만큼, 할부거래법 제2조제2호 각 목에 해당하는 재화나 용역의 거래와 관련된 금융상품이더라도 그 구조가 여전법상 할부금융의 정의에 부합한다면 해당 금융상품은 할부금융에 해당.

☞ 주어진 정보에 따르면, 관련 모집인은 할부금융사의 금융상품 판매를 대리·중개한다고 판단되므로 금소법상 금융상품판매대리중개업자는 다른 법령에 특별한 규정이 없는 한 금소법에 따라 금융위에 등록을 해야 하므로 사안에서의 모집인은 금소법에 따라 등록해야 함.

※ 법인인 전문금융소비자와 계약을 체결하는 경우에 대해서는 계약서류로서 설명서를 제공하지 않아도 됨.

라. 금융상품판매업에서 제외되는 것

금융소비자보호법은 이익을 얻을 목적으로 계속적이거나 반복적인 방법으로 하는 행위로서 금융상품판매업에 해당하는 업(業)을 하더라도 해당 행위의 성격 및 금융소비자 보호의 필요성을 고려하여 다음의 경우에는 금융상품판매업에서 제외하고 있다.[51]

① 「담보부사채신탁법」에 따른 신탁업

② 자본시장법 제7조(금융투자업의 적용 배제) 제6항 제1호·제2호 및 제4호에 해당하는 영업[52]

  ⅰ) 거래소가 증권시장 또는 파생상품시장을 개설·운영하는 경우

  ⅱ) 투자매매업자[53]를 상대방으로 하거나 투자중개업자를 통하여 금융투자상품을 매매하는 경우

  ⅲ) 금융투자업의 적용에서 제외할 필요가 있는 것으로서 대통령령[54]으로 정하는 경우

③ 「저작권법」에 따른 저작권신탁관리업

④ 자본시장법 제9조 제19항[55] 제1호에 따른 경영참여형 사모집합투자기구의 업무집행사원이 지분증권을 사원에게 취득하게 하는 업(업무집행사원이 출자의 이행을 요구하는 때에 출자하게 하는 행위를 포함)

⑤ 자본시장법에 따른 관리형신탁[56] 또는 투자성[57] 없는 신탁계약을 업으로 영위하는 것

---

51) 금융소비자보호법 §2(2)단서, 시행령 §2②, 감독규정 §2②

52) 자본시장법 §7(금융투자업의 적용배제), ⑥제1항부터 제5항까지 규정된 것 외에 다음 각 호의 어느 하나에 해당하는 경우에는 대통령령으로 정하는 바에 따라 제6조 제1항 각 호의 금융투자업으로 보지 아니한다.

  1. 제8조의2 제2항에 따른 거래소가 증권시장 또는 파생상품시장을 개설·운영하는 경우

  2. 투자매매업자를 상대방으로 하거나 투자중개업자를 통하여 금융투자상품을 매매하는 경우

  3. 제3조 제29항에 따른 일반 사모집합투자업자가 자신이 운용하는 제9조 제19항 제2호에 따른 일반 사모집합투자기구의 집합투자증권을 판매하는 경우

  4. 그 밖에 해당 행위의 성격 및 투자자 보호의 필요성 등을 고려하여 금융투자업의 적용에서 제외할 필요가 있는 것으로서 대통령령으로 정하는 경우

53) "투자매매업"이란 누구의 명의로 하든지 자신의 계산으로 금융투자상품의 매도·매수, 그 중개나 청약의 권유, 청약, 청약의 승낙 또는 증권의 발행·인수에 대한 청약의 권유, 청약, 청약의 승낙을 영업으로 하는 것을 말한다.

54) 자본시장법시행령 §7(금융투자업의 적용배제), ④ 법 제7조 제6항 제4호에서 "대통령령으로 정하는 경우"란 다음 각 호인 경우를 말한다.

  1. ~ 10. (생략)

55) 자본시장법 §9, ⑲ 이 법에서 "사모집합투자기구"란 집합투자증권을 사모로만 발행하는 집합투자기구로서 대통령령으로 정하는 투자자의 총수가 대통령령으로 정하는 방법에 따라 산출한 100인 이하인 것을 말하며, 다음 각 호와 같이 구분한다.

  1. 제249조의11 제6항에 해당하는 자만을 사원으로 하는 투자합자회사인 사모집합투자기구(이하 "기관전용 사모집합투자기구"라 한다)

  2. 기관전용 사모집합투자기구를 제외한 사모집합투자기구(이하 "일반 사모집합투자기구"라 한다)

⑥ 법령에 따라 행정목적 달성을 위해 국가·지방자치단체의 예산 또는 「국가재정법」별표 2에 따른 법률에 따라 설치된 기금을 통해 지원하는 대출[58]

⑦ 금융소비자의 기존 대출(금융소비자법 상 대출성 상품)로 인한 원리금 상환 부담을 '서민의 금융생활 지원에 관한 법률' 제73조에 해당하는 상환기간 연장, 분할상환, 이자율 조정, 상환유예 또는 채무감면 등 방법으로 낮추어 주기 위해 체결하는 대출에 관한 계약을 업으로 영위하는 것

⑧ 교통카드[59]에 관한 계약을 업으로 영위하는 것

⑨ 지역농업협동조합, 지역축산업협동조합 및 지구별 수산업협동조합의 신용사업[60]

⑩ 보험업법 제4조 제1항 제2호 마목에 따른 재보험에 관한 계약의 체결을 영업으로 하는 것

◇◇◇◇◇◇◇◇◇◇◇◇◇◇◇◇◇◇ 금융소비자보호법 Q&A ◇◇◇◇◇◇◇◇◇◇◇◇◇◇◇◇◇◇

Q 정부의 정책에 따라 지원하는 농업 정책자금대출 등 정책자금대출이 금융소비자보호법 적용 대상인가요?

A 「농업·농촌 및 식품산업 기본법」 제63조제2항에 따른 사업에 해당하는 대출을 취급하는 자는 금소법 적용대상이 아님. (금융소비자보호감독규정§2② ⅲ)

- -

Q 채권금융기관이 취약차주를 위하여 자체적으로 채무조정을 진행하는 경우 금융소비자보호법 적용 제외 대상인가요?

A 금융소비자보호감독규정 제2조제2항제4호에 준하는 사례로 볼 수 있는 경우에 금소법 적용 제외로 인정 가능.

---

56) 자본시장법 §2①(2), 관리형신탁이란 위탁자(신탁계약에 따라 처분권한을 가지고 있는 수익자를 포함)의 지시에 따라서만 신탁재산의 처분이 이루어지는 신탁 또는 신탁계약에 따라 신탁재산에 대하여 보존행위 또는 그 신탁재산의 성질을 변경하지 아니하는 범위에서 이용·개량 행위만을 하는 신탁을 말한다.

57) 투자성이란 자본시장법 상 금융투자상품의 속성 중 금전등의 지급총액이 회수총액을 초과하게 될 위험으로 전통적인 예금과 보험계약과 구분되는 기준이다.

58) 「농업·농촌 및 식품산업 기본법」 제63조제2항에 따른 사업에 해당하는 대출, 「서민의 금융생활 지원에 관한 법률」 제2조제5호에 따른 서민 금융생활 지원사업에 해당하는 대출, 서민의 주거안정을 위해 「주택도시기금법」에 따른 주택도시보증공사 및 「한국주택금융공사법」에 따른 한국주택금융공사가 「국가재정법」 별표 2에 따른 법률에 따라 설치된 기금을 통해 지원하는 대출, , 「수산업·어촌 발전 기본법」 제52조제2항에 따른 대출을 말한다.

59) 대중교통의 육성 및 이용촉진에 관한 법률 §2⑥에 따른 교통카드를 말한다.

3 금융상품자문업(자)

가. 금융상품자문업

금융소비자보호법은 금융소비자가 금융상품을 선택할 때 전문적인 자문서비스를 이용할 수 있도록 금융상품자문업을 도입하였다.[61] 금융상품자문업이란 특정 금융소비자를 대상으로 이익을 얻을 목적으로 계속적 또는 반복적인 방법으로 금융상품의 가치 또는 처분결정에 관한 자문(금융상품자문)에 응하는 것이다.[62] 이때 "자문"이란 금융소비자의 의사결정에 도움이 될 수 있도록 금융상품의 구매 또는 평가에 관한 정보를 제공하는 행위라 볼 수 있다.[63]

나. 금융상품자문업에서 제외되는 것

금융상품자문업은 특정 금융소비자를 대상으로 금융상품자문에 응하는 것이다.[64] 그러므로 ❶불특정 다수인을 대상으로 발행되거나 송신되고, 불특정 다수인이 수시로 구입하거나 수신할 수 있는 간행물·출판물·통신물 또는 방송 등을 통하여 조언하는 것, ❷변호사·변리사·세무사·신용평가회사·채권평가회사·감정인·공인회계사가 해당 법률에 따라 자문업무를 수행하는 경우 그리고 ❸금융상품판매업자가 따로 대가를 받지 않고 금융상품판매업에 부수하여 수행하는 금융상품자문의 경우에는 금융소비자보호법 상 금융상품자문업에서 제외된다.[65]

다. 금융상품자문업자

금융상품자문업자는 금융상품자문업을 영위하는 자로서 ❶금융관계법률[66]에서

---

60) 신용협동조합법 §95①, §95①(1)에 따른 신용사업을 말한다. 신용협동조합을 제외한 상호금융기관은 금융소비자보호법의 적용을 받지 아니한다.

61) 이상복, 금융소비자보호법 p38 참조

62) 금융소비자보호법 §2(4)

63) 이상복, 금융소비자보호법 p31 참조

64) 대법원 2006도119. 불특정 다수인을 대상으로 한 경우가 아니라, 문의자와 상담자 사이에 1대1 상담 혹은 자문이 행해지는 것은 투자자문업에 해당한다

65) 금융소비자보호법 §2(4)단서 가목나목, 시행령 §2④, 감독규정 §2④

금융상품자문업에 해당하는 업무에 대하여 인허가 또는 등록하도록 규정한 경우에 해당 법률에 따른 인허가를 받거나 등록을 한 자, ❷금융소비자보호법 제12조 제1항에 따라 금융상품자문업의 등록을 한 자를 말한다.[67] 투자자문업자[68]는 금융투자상품의 가치 또는 투자판단에 관한 자문에 응하는 것을 영업으로 하는 자이므로 금융소비자보호법 상 금융상품자문업자에 해당되나 자본시장법에 따라 등록을 마쳤으므로 금융소비자보호법에 따라 별도의 등록을 하지 않아도 된다. 금융상품자문업자는 원칙적으로 소속 임직원이 아닌 타인에게 금융상품자문업의 대리행위를 맡길 수 없다.

라. 독립금융상품자문업자

금융소비자보호법 제12조 제1항에 따라 등록을 하는 금융상품자문업자는 금융상품판매업자와 이해관계를 가지고 있지 아니한 독립금융상품자문업자만으로 한정한다. 즉, 금융상품자문업자가 금융상품판매업자와 이해관계를 가지고 사실상 구매권유하는 이해상충의 문제를 차단하기 위해 금융소비자보호법에 따라 등록하는 금융상품자문업자는 금융상품자문과 관련하여 금융상품판매업자로부터 금품등 재산상 이익을 수취[69]할 수 없고 금융상품판매업자와 계열관계 및 임직원 겸직·파견이 금지

---

66) 금융소비자보호법 시행령 §2③ 및 감독규정 §2③. 금융소비자보호법 상 금융관계법령이란 근로자퇴직급여보장법, 대부업 등의 등록 및 금융이용자 보호에 관한 법률, 보험업법, 상호저축은행법, 수산업협동조합법, 신용협동조합법, 여신전문금융업법, 온라인투자연계금융업 및 이용자 보호에 관한 법률, 은행법, 인터넷전문은행 설립 및 운영에 관한 특례법, 자본시장과 금융투자업에 관한 법률, 중소기업은행법, 한국산업은행법을 말한다.

67) 금융소비자보호법 §2(5)

68) 자본시장법 §6(금융투자업), ⑦이 법에서 "투자자문업"이란 금융투자상품, 그 밖에 대통령령으로 정하는 투자대상자산(이하 "금융투자상품등"이라 한다)의 가치 또는 금융투자상품등에 대한 투자판단(종류, 종목, 취득처분, 취득·처분의 방법·수량·가격 및 시기 등에 대한 판단을 말한다. 이하 같다)에 관한 자문에 응하는 것을 영업으로 하는 것을 말한다.

자본시장법 §8(금융투자업자), ⑤ 이 법에서 "투자자문업자"란 금융투자업자 중 투자자문업을 영위하는 자를 말한다.

자본시장법 §18(투자자문업 또는 투자일임업의 등록) ① 투자자문업 또는 투자일임업을 영위하려는 자는 다음 각 호의 사항을 구성요소로 하여 대통령령으로 정하는 업무 단위(이하 "등록업무 단위"라 한다)의 전부나 일부를 선택하여 금융위원회에 하나의 금융투자업등록을 하여야 한다.

　1. 투자자문업 또는 투자일임업

　2. 금융투자상품등의 범위(증권, 장내파생상품, 장외파생상품 및 그 밖에 대통령령으로 정하는 투자대상자산을 말한다)

　3. 투자자의 유형

69) 이해상충이 없는 경우는 제외된다.

되는 등 독립적 지위에서 자문업무를 수행하여야 한다.(독립금융상품자문업자에 대한 보다 자세한 내용은 본 서의 "금융상품자문업자의 진입규제 및 영업행위준칙 등"을 참조)

마. 자본시장법 상 투자자문업, 은행·증권회사의 PB 또는 보험GA 등과의 관계

앞에서 설명하였듯이 자본시장법 상 투자자문업은 금융소비자보호법에 따른 금융상품자문업에 속한다. 다만, 투자자문업은 금융투자상품과 투자대상자산의 가치 또는 투자판단에 대한 자문에 응하는 반면, 금융상품자문업은 금융상품[70]에 대한 자문을 하는 것이므로 금융상품자문업이 투자자문업보다 자문 대상 금융상품의 유형이 넓다고 할 수 있다. 자본시장법에 따라 등록을 한 투자자문업자(2021년말 기준 294개사)는 일반적으로 투자일임업을 함께 영위하고 있고 주로 기관투자자가 보유한 자금에 대한 주식·채권 중심의 운용자문을 제공하고 있다. 한편, 은행·증권회사 등의 PB(Private Banking)업무는 주로 고액 자산가를 대상으로 금융상품, 부동산을 중심으로 자문업무를 수행하고 있고, 보험GA(General Agency)[71]는 소속 보험설계사를 통하여 고객에 대한 생애설계 또는 은퇴설계 관련 자문업무를 제공하고 있다. 그런데 이들 은행·증권회사의 PB나 보험GA의 경우 대체적으로 예금, 펀드, 보험 등 소속 금융회사 등의 금융상품의 판매를 목적으로 자문하고 이에 따른 판매보수·수수료가 해당 판매직원의 성과평가에 영향을 미치게 되므로 자문과정에서 금융소비자와 판매직원 간 이해상충이 생길 여지가 있다. 따라서, 금융소비자보호법에 따라 등록한 독립금융상품자문업자는 금융상품자문과 관련하여 금융상품판매업자로부터 금품 등 재산상의 이익을 수취하는 것이 금지되는 등 독립된 지위에서 이해상충 없이 자문업을 영위하는 만큼 금융소비자의 이익을 최우선시 할 수 있다는 장점이 있다. 우리나라는 은행·증권회사의 PB업무 등 별도의 대가 없이 고객서비스 수준에서 금융상품에 대한 자문을 실시하는 것이 일반적이라서 금융소비자가 별도의 대가를 지불

---

70) 금소법상 금융상품에는 자본시장법의 금융투자상품에 해당하는 투자성 상품 이외에 대출성 상품, 보장성 상품 및 예금성 상품이 있다.

71) 복수의 보험회사와 위탁계약을 체결한 보험대리점을 말한다.

하고 금융자문을 받는 문화가 아직 미숙한 것이 현실이다. 그러나, 금융상품이 더욱 복잡해지고 고령화 등으로 자산관리의 중요성에 대한 인식이 확산됨에 따라 금융상품의 자문에 관한 금융소비자의 수요가 점차 증가하는 추세이므로 금융상품자문업의 활성화를 위한 정책적 노력을 지속할 필요가 있다.

TIP 네이버 등 포털서비스의 금융소비자보호법 적용 대상 여부[72]

금융소비자보호법은 기능별 규율체계이므로 적용대상을 특정하지 않고, 규율대상이 되는 기능을 수행하는 자로 포괄 규정하고 있다. 금융소비자보호법 적용대상은 "금융상품직접판매업", "금융상품판매대리·중개업", "금융상품자문업" 각각을 수행하는 자이며, 법에서 각 기능의 개념을 정의하고 있다.

따라서, 누구든지 그 개념요소에 해당되면 원칙적으로 금융소비자보호법 적용을 받게 된다.

- 금융상품직접판매업자: 자신이 직접 계약의 상대방으로서 금융상품에 관한 계약의 체결을 영업으로 하는 자(자본시장법상 투자중개업자 포함)
- 금융상품판매대리·중개업자: 금융상품에 관한 계약의 체결을 대리하거나 중개하는 것을 영업으로 하는 자
- 금융상품자문업자: 이익을 얻을 목적으로 계속적·반복적인 방법으로 금융상품의 가치 또는 취득과 처분결정에 관한 자문에 응하는 것을 영업으로 하는 자

---

72) 금융위원회 2020.10.28.일자 보도자료, "금융소비자보호법 시행령 제정안 입법예고" 참조

Q 비대면 금융거래에서 영업행위를 어떻게 판단해야 하는지 구체적 사례별로 설명해주세요.

A 이하는 '대리중개업' 해당여부에 대한 판단을 돕기 위한 예시로서 금융상품 또는 계약의 특성 등 개별 사실관계에 따라 해당여부가 달라질 수 있음.

① 상품 추천 및 설명과 함께 금융상품판매업자와 계약을 체결할 수 있도록 지원할 경우 ⇒ 중개

② 불특정다수를 대상으로 금융거래를 유인하기 위해 금융상품 관련 정보를 게시하는 경우 ⇒ 광고*

　단, 금융상품판매업자가 특정인 맞춤형으로 광고를 제공할 경우 ⇒ 중개

　* '광고'란 사업자가 자기 또는 다른 사업자의 상품 또는 용역의 내용, 거래조건, 그 밖에 그 거래에 관한 사항을 신문, 방송, 전기통신 등을 통해 소비자에 널리 알리거나 제시하는 행위(「표시광고법」상 '광고'의 정의 차용)

③ 특정 금융상품 추천 및 설명이 없는 광고(예: 배너광고) 클릭 시 계약을 체결할 수 있도록 금융상품판매업자에 연결할 경우 ⇒ 광고

　(일반적으로 적극적인 유인행위로 보기 어렵기 때문)

　이때 광고에 더하여 청약서류 작성 및 제출 기능을 지원할 경우 ⇒ 중개

④ 금융상품판매업자가 아닌 자가 이익을 얻을 목적으로 자문에 응하여 그 소비자로부터 대가를 받고 상품을 추천*할 경우 ⇒ 자문서비스

　* (예) 고객 관련 정보를 분석한 결과를 토대로 적합한 상품을 제시

　* 자문서비스란 이익을 얻을 목적으로 계속적·반복적인 방법으로 금융상품의 가치 또는 취득·처분결정에 관한 소비자의 자문에 응하는 행위(「금소법」상 정의).

　　단, 금융상품판매업자로부터 특정 금융상품 추천에 대한 대가를 받는 경우 ⇒ 중개

⑤ 금융상품판매업자가 웹사이트나 전화를 통해 특정 금융상품에 대한 소비자의 문의에 무료로 답변을 제공할 경우 ⇒ 안내 또는 권유*

　* (예) 문의내용이 자신에게 적합한 금융상품을 추천해달라는 내용인 경우

⑥ 신용카드 회원 전체를 대상으로 전자메일로 새로운 금융상품을 안내할 경우 ⇒ 광고

03

금융소비자

1 의의

은행법 등 개별 금융업법에서는 금융소비자에 대한 명확한 정의 없이 예금자, 은행이용자, 투자자, 보험계약자 등 다양한 용어를 사용하고 있다. 금융소비자보호법에서는 금융상품에 관한 계약의 체결 또는 계약 체결의 권유를 하거나 청약을 받는 것(금융상품계약체결등)에 관한 금융상품판매업자의 거래상대방 또는 금융상품자문업자의 자문업무의 상대방을 금융소비자로 정의하였다. 한편, 자본시장법과 보험업법에서는 위험감수능력이나 전문성 또는 자산규모 등에 따라 투자자를 일반투자자[73]와 전문투자자[74]로, 보험계약자를 일반보험계약자[75]와 전문보험계약자[76]로 각각 구분하고 있다. 금융소비자보호법은 이러한 자본시장법과 보험업법의 구분 기준을 준용하여 금융소비자의 특성에 따라 보호의 정도를 달리하기 위해 금융소비자를 전문

---

73) 자본시장법 §9⑥, "일반투자자"란 전문투자자가 아닌 투자자를 말한다.

금융소비자와 일반금융소비자로 나누고 상대적으로 위험감수능력이 취약한 일반금융소비자를 보다 두텁게 보호하고 있다.[77]

---

74) 자본시장법 §9⑤. "전문투자자"란 금융투자상품에 관한 전문성 구비 여부, 소유자산규모 등에 비추어 투자에 따른 위험감수능력이 있는 투자자로서 다음 각 호의 어느 하나에 해당하는 자를 말한다. 다만, 전문투자자 중 대통령령으로 정하는 자가 일반투자자와 같은 대우를 받겠다는 의사를 금융투자업자에게 서면으로 통지하는 경우 금융투자업자는 정당한 사유가 있는 경우를 제외하고는 이에 동의하여야 하며, 금융투자업자가 동의한 경우에는 해당 투자자는 일반투자자로 본다.

   1. 국가

   2. 한국은행

   3. 대통령령으로 정하는 금융기관

   4. 주권상장법인. 다만, 금융투자업자와 장외파생상품 거래를 하는 경우에는 전문투자자와 같은 대우를 받겠다는 의사를 금융투자업자에게 서면으로 통지하는 경우에 한한다.

   5. 그 밖에 대통령령으로 정하는 자(예금보험공사, 금융관련협회 등)

   자본시장법 시행령 제10조(전문투자자의 범위 등) ① 법 제9조제5항 각 호 외의 부분 단서에서 "대통령령으로 정하는 자"란 다음 각 호의 어느 하나에 해당하지 아니하는 전문투자자를 말한다.

   1. 국가

   2. 한국은행

   3. 제2항제1호부터 제17호까지의 어느 하나에 해당하는 자(은행, 보험회사 등)

   4. 제3항제1호부터 제11호까지의 어느 하나에 해당하는 자(예금보험공사, 금융관련협회, 거래소 등)

   5. 제3항제18호가목부터 다목까지의 어느 하나에 해당하는 자(외국정부, 외국중앙은행 등)

   6. 제3호 및 제4호에 준하는 외국인

75) 보험업법 §2(20). "일반보험계약자"란 전문보험계약자가 아닌 보험계약자를 말한다.

76) 보험업법 §2(19). "전문보험계약자"란 보험계약에 관한 전문성, 자산규모 등에 비추어 보험계약의 내용을 이해하고 이행할 능력이 있는 자로서 다음 각 목의 어느 하나에 해당하는 자를 말한다. 다만, 전문보험계약자 중 대통령령으로 정하는 자가 일반보험계약자와 같은 대우를 받겠다는 의사를 보험회사에 서면으로 통지하는 경우 보험회사는 정당한 사유가 없으면 이에 동의하여야 하며, 보험회사가 동의한 경우에는 해당 보험계약자는 일반보험계약자로 본다.

   가. 국가

   나. 한국은행

   다. 대통령령으로 정하는 금융기관

   라. 주권상장법인

   마. 그 밖에 대통령령으로 정하는 자(금융지주회사 등)

   보험업법 시행령 제6조의2(전문보험계약자의 범위 등) ① 법 제2조제19호 각 목 외의 부분 단서에서 "대통령령으로 정하는 자"란 다음 각 호의 자를 말한다.

   1. 지방자치단체

   2. 주권상장법인

   3. 제2항제15호에 해당하는 자(외국금융기관)

   4. 제3항제15호[법률에 따라 설립된 기금(기술신용보증기금과 신용보증기금은 제외) 및 그 기금을 관리·운용하는 법인], 제16호(해외 증권시장에 상장된 주권을 발행한 국내법인) 및 제18호[그 밖에 보험계약에 관한 전문성, 자산규모 등에 비추어 보험계약의 내용을 이해하고 이행할 능력이 있는 자로서 금융위원회가 정하여 고시하는 자(단체보험계약·기업성 연금계약·퇴직연금계약을 체결하고자 하는 자, 공공기관, 지방공기업, 특별법에 따라 설립된 기관, 동일한 회사, 사업장, 관공서, 국영기업체, 조합 등 5인 이상의 근로자를 고용하고 있는 단체)]에 해당하는 자

77) 금융소비자보호법 §2(8)

구분	개 념	대 상	판매규제 보호범위
전문 금융소비자	금융상품에 관한 전문성, 소유자산규모 등에 비추어 금융상품 계약에 따른 위험감수능력이 있는 금융소비자	국가·한국은행·금융회사·주권상장법인 등	6대 판매규제 중 불공정영업·부당권유금지, 광고규제의 보호대상
일반 금융소비자	전문금융소비자가 아닌 금융소비자	대부분의 금융소비자	6대 판매규제 전부의 보호 대상

2 전문금융소비자

가. 의의

전문금융소비자는 금융상품에 관한 전문성, 소유자산규모 등에 비추어 금융상품 계약에 따른 위험감수능력이 있는 금융소비자로서 다음에 해당하는 자를 말한다.[78] 다만, 전문금융소비자에 해당되더라도 금융상품 유형별(대출성·투자성·보장성)로 일반금융소비자와 같은 대우를 받겠다는 의사를 금융상품판매업자등[79]에게 서면으로 통지한 경우에는 금융상품판매업자등은 정당한 사유가 있는 경우를 제외하고는 이에 동의하여야 하며, 금융상품판매업자 등이 동의한 경우에는 일반금융소비자로 본다.[80] (자세한 내용은 "다. 전문금융소비자의 일반금융소비자 의제"를 참고)

---

78) 금융소비자보호법 §2(9)본문
79) 금융상품판매업자(금융상품직접판매업자+금융상품판매대리·중개업자) 및 금융상품자문업자를 말한다.
80) 금융소비자보호법 §2(9)단서

(1) 국가

(2) 「한국은행법」에 따른 한국은행

(3) 모든 금융회사

모든 금융회사란 금융소비자보호법 제2조 제6호에 따른 금융회사로 은행(중소기업은행·한국산업은행, 신협중앙회의 신용사업부문, 농협은행, 수협은행 및 상호저축은행중앙회를 포함), 투자매매업자, 투자중개업자, 투자자문업자, 투자일임업자, 신탁업자, 종합금융회사, 보험회사(농협생명보험 및 농협손해보험을 포함), 상호저축은행, 여신전문금융회사, 금융소비자보호법 제12조 제1항에 따라 등록한 금융상품직접판매업자 및 금융상품자문업자 그리고 자본시장법 제8조 제9항[81]에 따른 겸영금융투자업자를 말한다.

(4) 주권상장법인

자본시장법 제9조 제15항 제3호[82]에 따른 주권상장법인으로 증권시장에 상장된 주권을 발행한 법인 또는 주권과 관련된 증권예탁증권이 증권시장에 상장된 경우에는 그 주권을 발행한 법인을 말한다. 다만, 주권상장법인이 투자성

---

81) 자본시장법 §8(금융투자업자). ⑨ 이 법에서 "겸영금융투자업자"란 다음 각 호의 어느 하나에 해당하는 자로서 금융투자업을 겸영(兼營)하는 자를 말한다.

  1. 「은행법」 제2조의 은행(이하 "은행"이라 한다)

  2. 「보험업법」 제2조의 보험회사(이하 "보험회사"라 한다)

  3. 그 밖에 대통령령으로 정하는 금융기관 등

82) 자본시장법 §9조(그 밖의 용어의 정의). ⑮ 이 법에서 "상장법인", "비상장법인", "주권상장법인" 및 "주권비상장법인"이란 각각 다음 각 호의 자를 말한다.

  1. 상장법인 : 증권시장에 상장된 증권(이하 "상장증권"이라 한다)을 발행한 법인

  2. 비상장법인 : 상장법인을 제외한 법인

  3. 주권상장법인 : 다음 각 목의 어느 하나에 해당하는 법인

    가. 증권시장에 상장된 주권을 발행한 법인

    나. 주권과 관련된 증권예탁증권이 증권시장에 상장된 경우에는 그 주권을 발행한 법인

  4. 주권비상장법인 : 주권상장법인을 제외한 법인

상품 중 자본시장법 상 장외파생상품[83]에 관한 계약의 체결 등을 할 때에는 전
문금융소비자와 같은 대우를 받겠다는 의사를 금융상품판매업자등에게 서면
으로 통지한 경우에만 전문금융소비자에 해당한다.

(5) 그 밖에 금융상품의 유형별로 전문금융소비자 적용 기준을 받는 자(자세한 내용
은 아래 나. 참조)

나. 금융상품 유형별 전문금융소비자 적용 기준

금융소비자보호법은 금융상품의 속성이 상이하여 내재위험에 차이가 있는 것을
감안하여 전문금융소비자의 기준을 달리 적용하고 있다.

(1) 예금성 상품

예금성 상품은 원금 손실의 위험이 없어 거래를 할 때 많은 주의를 필요로 하
지 않는 점을 고려하여 예금성 상품에 대한 계약 체결 시 대부분의 금융소비자
를 전문금융소비자로 취급한다.[84]

① 개인의 경우

예금성 상품에 대한 계약을 체결하는 개인은 ❶「민법」제4조에 따른 성년이
아닌 자(미성년자)[85], ❷피성년후견인[86] 및 피한정후견인[87], ❸만 65세 이상

---

83) 자본시장법 §③, "장외파생상품"이란 파생상품으로서 장내파생상품이 아닌 것을 말한다.

　자본시장법 §②, "장내파생상품"이란 다음 각 호의 어느 하나에 해당하는 것을 말한다.

　1. 파생상품시장에서 거래되는 파생상품

　2. 해외 파생상품시장(파생상품시장과 유사한 시장으로서 해외에 있는 시장과 대통령령으로 정하는 해외 파생상품거래가 이루
　　어지는 시장을 말한다)에서 거래되는 파생상품

　3. 그 밖에 금융투자상품시장을 개설하여 운영하는 자가 정하는 기준과 방법에 따라 금융투자상품시장에서 거래되는 파생상품

84) 금융소비자보호법 시행령 §2⑩(1)

85) 민법상 사람은 만19세로 성년이 된다.

86) 민법 §9, "피성년후견인"이란 질병·노령·장애·그 밖의 사유로 인한 정신적 제약으로 사무를 처리할 능력이 지속적으로 결여된 사
　람으로서 일정한 자의 청구에 의하여 가정법원에서 성년후견개시의 심판을 받은 자이다. 피성년후견인은 가정법원이 다르게 정
　하지 않는 한 원칙적으로 종국적·확정적으로 유효하게 법률행위를 할 수 없으며, 그의 법률행위는 원칙적으로 취소할 수 있다.

인 경우만을 제외하고 모두 전문금융소비자로 취급한다.[88] 즉, 미성년자, 피성년후견인, 피한정후견인 및 65세 이상 개인이 예금성 상품을 체결 체결할 때에는 일반금융소비자로 대우하고 그 밖에 모든 개인은 전문금융소비자가 된다. 또한, 설령 성인인 친권자(법정대리인)가 미성년자를 대리하여 예금성 상품의 계약을 체결하더라도 대리행위의 효력은 본인(미성년자)에게 귀속되는 민법(§114)상 법리에 따라 일반금융소비자로 취급하는 것이 타당하다.[89]

② 개인 이외의 경우

예금성 상품에 대한 계약을 체결하는 개인 이외의 경우에는 ❶「공공기관의 운영에 관한 법률」에 따른 공공기관 중 금융위원회가 주무기관인 공공기관, ❷금융지주회사, ❸한국수출입은행, ❹한국투자공사, ❺신용협동조합중앙회의 공제사업 부문, ❻온라인투자연계금융업자, ❼집합투자업자, ❽증권금융회사, ❾단기금융회사, ❿자금중개회사, ⓫신용협동조합, ⓬「국가재정법」별표 2에 따른 법률에 따라 설치된 기금[90]을 관리·운용하는 공공기관, ⓭개별 법률에 따라 공제사업을 영위하는 법인·조합·단체 및 ⓮그 밖에 금융위원회가 고시한 자[91]가 전문금융소비자에 해당한다.[92] 이 경우 금융위원회가 고시한 자에는 법인·조합·단체(상근근로자 수와 상관없음), 집합투자기구[93],

---

87) 민법 §12, "피한정후견인"이란 질병·노령·장애·그 밖의 사유로 인한 정신적 제약으로 사무를 처리할 능력이 결여된 사람으로서 일정한 자의 청구에 의하여 가정법원에서 한정후견개시의 심판을 받은 자이다. 피한정후견인은 원칙적으로 종국적·확정적으로 유효하게 법률행위를 할 수 있다.

88) 금융소비자보호법 시행령 §2⑩(1)사목

89) 금융위원회·금융감독원, 금융소비자보호법 FAQ 답변 참조

90) 기술신용보증기금 및 신용보증기금은 제외

91) 금융소비자보호감독규정 §2⑥, 법인·조합·단체, 금융감독원, 기술신용보증기금, 신용보증기금, 농업협동조합중앙회, 산림조합중앙회, 새마을금고중앙회, 수산업협동조합중앙회, 대부업법에 따른 대부업자, 한국거래소, 자본시장법에 따른 집합투자기구, 지방자치단체, 주권상장법인(투자성 상품 중 자본시장법 상 장외파생상품에 관한 계약의 체결 또는 계약체결의 권유를 하거나 청약을 받는 것을 할 때에는 전문금융소비자와 같은 대우를 받겠다는 의사를 금융상품판매업자등에게 서면으로 통지한 경우에만 전문금융소비자에 해당), 한국금융투자협회, 생명보험협회, 손해보험협회, 상호저축은행중앙회, 여신전문금융업협회, 대부업 및 대부중개업협회, 전국은행연합회, 신용협동조합중앙회, 주권을 외국 증권시장에 상장한 법인, 외국정부, 국제기구, 외국중앙은행, 외국 금융회사, 외국 법인·단체 전문투자자, 외국 개인전문투자자 등을 말한다.

92) 금융소비자보호법 시행령 §2⑩(1), 감독규정 §2⑥

지방자치단체, 대부업자, 농업협동조합중앙회, 새마을금고중앙회, 외국정부, 국제기구 등이 포함된다.

(2) 대출성 상품

대출성 상품에 대한 계약 체결시 전문금융소비자로 취급되는 대상에는 ❶겸영여신업자[94], ❷상시근로자가 5인 이상인 법인·조합·단체[95], ❸대출성 상품을 취급하는 금융상품판매·대리중개업자, ❹자산의 취득 또는 자금의 조달 등 특정목적을 위해 설립된 법인, ❺「공공기관의 운영에 관한 법률」에 따른 공공기

---

93) 자본시장법 §9. ⑱ 이 법에서 "집합투자기구"란 집합투자를 수행하기 위한 기구로서 다음 각 호의 것을 말한다.

　1. 집합투자업자인 위탁자가 신탁업자에게 신탁한 재산을 신탁업자로 하여금 그 집합투자업자의 지시에 따라 투자 · 운용하게 하는 신탁 형태의 집합투자기구(이하 "투자신탁"이라 한다)

　2. 「상법」에 따른 주식회사 형태의 집합투자기구(이하 "투자회사"라 한다)

　3. 「상법」에 따른 유한회사 형태의 집합투자기구(이하 "투자유한회사"라 한다)

　4. 「상법」에 따른 합자회사 형태의 집합투자기구(이하 "투자합자회사"라 한다)

　4의2. 「상법」에 따른 유한책임회사 형태의 집합투자기구(이하 "투자유한책임회사"라 한다)

　5. 「상법」에 따른 합자조합 형태의 집합투자기구(이하 "투자합자조합"이라 한다)

　6. 「상법」에 따른 익명조합 형태의 집합투자기구(이하 "투자익명조합"이라 한다)

94) 여신전문금융업법 §3(영업의 허가·등록), ③제1항이나 제2항에 따라 허가를 받거나 등록을 할 수 있는 자는 여신전문금융회사이거나 여신전문금융회사가 되려는 자로 제한한다. 다만, 다음 각 호의 어느 하나에 해당하는 자는 그러하지 아니하다.

　1. (생략)

　2. 경영하고 있는 사업의 성격상 신용카드업을 겸하여 경영하는 것이 바람직하다고 인정되는 자로서 대통령령으로 정하는 자

　여신전문금융업법 시행령 §3(겸영여신업자) ① 법 제3조 제3항 제1호에서 "대통령령으로 정하는 자"란 다음 각 호의 어느 하나에 해당하는 자를 말한다.

　1. 「은행법」에 따라 인가를 받은 은행

　1의2. 「농업협동조합법」에 따른 농협은행

　1의3. 「수산업협동조합법」에 따른 수협은행

　2. 「한국산업은행법」에 따라 설립된 한국산업은행

　3. 「중소기업은행법」에 따라 설립된 중소기업은행

　4. 「한국수출입은행법」에 따라 설립된 한국수출입은행

　5. 「자본시장과 금융투자업에 관한 법률」에 따른 종합금융회사

　5의2. 「자본시장과 금융투자업에 관한 법률」에 따른 금융투자업자(신기술사업금융업을 하려는 경우만 해당한다)

　6. 「상호저축은행법」에 따라 설립된 상호저축은행중앙회

　6의2. 「상호저축은행법」에 따라 인가를 받은 상호저축은행(할부금융업을 하려는 경우만 해당한다)

　7. 「신용협동조합법」에 따른 설립된 신용협동조합중앙회

　8. 「새마을금고법」에 따라 설립된 새마을금고연합회

95) 상시근로자가 5인 이상인 개인사업자의 경우는 법인·조합·단체에 해당하지 아니하는 개인이므로 일반금융소비자에 해당한다.

관 중 금융위원회가 주무기관인 공공기관, ❻금융지주회사, ❼한국수출입은행, ❽한국투자공사, ❾신용협동조합중앙회의 공제사업 부문, ❿온라인투자연계금융업자, ⓫집합투자업자, ⓬증권금융회사, ⓭단기금융회사, ⓮자금중개회사, ⓯신용협동조합, ⓰「국가재정법」별표 2에 따른 법률에 따라 설치된 기금[96]을 관리·운용하는 공공기관, ⓱개별 법률에 따라 공제사업을 영위하는 법인·조합·단체, ⓲그 밖에 금융위원회가 고시한 자[97]가 각각 해당된다.[98] 이 경우 금융위원회가 고시한 자에는 집합투자기구, 지방자치단체, 대부업자, 농업협동조합중앙회, 새마을금고중앙회, 외국정부, 국제기구 등이 포함된다.

한편, 예금성 상품은 미성년자와 피성년후견인 및 피한정후견인 그리고 만 65세 이상의 고령자만을 일반금융소비자로 취급하는 반면, 대출성 상품은 모든 개인을 일반금융소비자로 취급한다. 또한, 예금성 상품은 법인·조합·단체 모두를 전문금융소비자로 취급하는 반면, 대출성 상품은 법인·조합·단체 중 상시근로자가 5인 이상인 경우에만 전문금융소비자로 취급한다. 법인·조합·단체가 상시근로자 5인 이상 여부에 대해 법상 명시적 확인의무가 규정되어 있지 아니하나 일반금융소비자임에도 전문금융소비자로 취급하여 법을 위반한 경우 그에 따른 책임에서 자유로울 수 없으므로 주의가 필요하다.[99]

대출성 상품은 개인사업자의 경우 법인·조합·단체가 아닌 개인이므로 설령 상시근로자가 5인 이상이더라도 일반금융소비자에 해당한다.

---

96) 기술신용보증기금 및 신용보증기금은 제외한다.

97) 금융소비자보호감독규정 §2, ⑧영 제2조 제10항 제2호 바목, 같은 항 제3호 바목 및 제4호 바목에서 "금융위원회가 정하여 고시하는 자"란 제6항 제2호부터 제13호 중 어느 하나에 해당하는 자를 말한다.

　금융소비자보호감독규정 §2⑥(2)~(13), 금융감독원, 기술신용보증기금, 신용보증기금, 농업협동조합중앙회, 산림조합중앙회, 새마을금고중앙회, 수산업협동조합중앙회, 대부업법에 따른 대부업자, 한국거래소, 자본시장법에 따른 집합투자기구, 지방자치단체, 주권상장법인(투자성 상품 중 자본시장법 상 장외파생상품에 관한 계약의 체결 또는 계약체결의 권유를 하거나 청약을 받는 것을 할 때에는 전문금융소비자와 같은 대우를 받겠다는 의사를 금융상품판매업자등에게 서면으로 통지한 경우에만 전문금융소비자에 해당), 한국금융투자협회, 생명보험협회, 손해보험협회, 상호저축은행중앙회, 여신전문금융업협회, 대부업 및 대부중개업협회, 전국은행연합회, 신용협동조합중앙회, 주권을 외국 증권시장에 상장한 법인, 외국정부, 국제기구, 외국중앙은행, 외국 금융회사, 외국 법인·단체 전문투자자, 외국 개인전문투자자 등을 말한다.(법인·조합·단체는 제외됨)

98) 금융소비자보호법 시행령 §2⑩(2), 감독규정 §2⑦⑧

99) 금융위원회·금융감독원, 금융소비자보호법 FAQ 답변 참조

(3) 투자성 상품

투자성 상품은 원금손실 등 위험이 높은 점을 고려하여 전문금융투자자를 자본시장법 상 전문투자자에 준하여 규정하고 있다. 투자성 상품에 대한 계약 체결시 전문금융소비자로 취급되는 대상에는 ❶「주식·사채 등의 전자등록에 관한 법률」에 따른 전자등록기관[100], ❷자본시장법 시행령 제10조 제3항 제16호[101]에 따른 법인·단체 전문투자자, ❸자본시장법 시행령 제10조 제3항 제17호[102]에 따른 개인(전문투자자), ❹투자성 상품을 취급하는 금융상품판매·대리중개업자, ❺「공공기관의 운영에 관한 법률」에 따른 공공기관 중 금융위원회가 주무기관인 공공기관, ❻금융지주회사, ❼한국수출입은행, ❽한국투자공사, ❾신용협동조합중앙회의 공제사업 부문, ❿온라인투자연계금융업자, ⓫집합투자업자, ⓬증권금융회사, ⓭단기금융회사, ⓮자금중개회사, ⓯신용협동조합, ⓰「국가재정법」별표 2에 따른 법률에 따라 설치된 기금[103]을 관리·운용하는 공공

---

100) 한국증권예탁원

101) 자본시장법 시행령 §10(전문투자자의 범위 등)③, 16. 다음 각 목의 요건을 모두 충족하는 법인 또는 단체(외국 법인 또는 외국 단체는 제외)
　가. 금융위원회에 나목의 요건을 충족하고 있음을 증명할 수 있는 관련 자료를 제출할 것
　나. 관련 자료를 제출한 날 전날의 금융투자상품 잔고가 100억원(외부감사법에 따라 외부감사를 받는 주식회사는 50억원) 이상일 것
　다. 관련 자료를 제출한 날로부터 2년이 지나지 아니할 것

102) 자본시장법 시행령 §10(전문투자자의 범위 등)③(17). 다음 각 목의 요건을 모두 충족하는 개인. 다만, 외국인인 개인, 개인종합자산관리계좌(ISA)에 가입한 거주자인 개인(투자일임계약을 체결한 것으로 한정) 및 전문투자자와 같은 대우를 받지 않겠다는 의사를 금융투자업자에게 표시한 개인은 제외
　가. 금융위원회가 정하여 고시하는 금융투자업자에게 나목부터 다목까지의 요건을 모두 충족하고 있음을 증명할 수 있는 관련 자료를 제출할 것
　나. 관련 자료를 제출한 날의 전날을 기준으로 최근 5년 중 1년 이상의 기간 동안 금융위원회가 정하여 고시하는 금융투자상품을 월말 평균잔고 기준으로 5천만원 이상 보유한 경험이 있을 것
　다. 금융위원회가 정하여 고시하는 소득액·자산 기준이나 금융관련 전문성 요건을 충족할 것

103) 기술신용보증기금 및 신용보증기금은 제외한다.

104) 금융소비자보호감독규정 §2, ⑧영 제2조 제10항 제2호 바목, 같은 항 제3호 바목 및 제4호 바목에서 "금융위원회가 정하여 고시하는 자"란 제6항 제2호부터 제13호 중 어느 하나에 해당하는 자를 말한다.
　금융소비자보호감독규정 §2⑥(2)~(13), 금융감독원, 기술신용보증기금, 신용보증기금, 농업협동조합중앙회, 산림조합중앙회, 새마을금고중앙회, 수산업협동조합중앙회, 대부업법에 따른 대부업자, 한국거래소, 자본시장법에 따른 집합투자기구, 지방자치단체, 주권상장법인(투자성 상품 중 자본시장법 상 장외파생상품에 관한 계약의 체결 또는 계약체결의 권유를 하거나 청약을 받는 것을 할 때에는 전문금융소비자와 같은 대우를 받겠다는 의사를 금융상품판매업자등에게 서면으로 통지한 경우에만 전문금융소비자에 해당), 한국금융투자협회, 생명보험협회, 손해보험협회, 상호저축은행중앙회, 여신전문금융업협회, 대부업 및 대부중개업협회, 전국은행연합회, 신용협동조합중앙회, 주권을 외국 증권시장에 상장한 법인, 외국정부, 국제기구, 외국중앙은행, 외국 금융회사, 외국 법인·단체 전문투자자, 외국 개인전문투자자 등을 말한다.(법인·조합·단체는 제외됨)

105) 금융소비자보호법 시행령 §2⑩(3), 감독규정 §2⑧

84　금융소비자보호법 강의

기관, ❼개별 법률에 따라 공제사업을 영위하는 법인·조합·단체, ❽그 밖에 금융위원회가 고시한 자[104]가 각각 해당된다.[105]

즉, 투자성 상품은 법인·조합·단체 및 개인(개인사업자 포함)이 상기 ❶에서 ❽까지의 범주에 속하지 아니하면 일반금융소비자에 해당된다.

(3-1) 투자성 상품 중 장외파생상품

특히, 투자성 상품 중 장외파생상품[106]에 관한 계약의 체결 또는 계약체결의 권유를 하거나 청약을 받는 경우에는 전문투자자[107]와 같은 대우를 받겠다는 의사

---

106) 자본시장법 §3③. "장외파생상품"이란 파생상품으로서 장내파생상품이 아닌 것을 말한다.
　　자본시장법 §②. "장내파생상품"이란 다음 각 호의 어느 하나에 해당하는 것을 말한다.
　　1. 파생상품시장에서 거래되는 파생상품
　　2. 해외 파생상품시장(파생상품시장과 유사한 시장으로서 해외에 있는 시장과 대통령령으로 정하는 해외 파생상품거래가 이루어지는 시장을 말한다)에서 거래되는 파생상품
　　3. 그 밖에 금융투자상품시장을 개설하여 운영하는 자가 정하는 기준과 방법에 따라 금융투자상품시장에서 거래되는 파생상품
　　자본시장법 §3~5. 금융투자상품이란 이익을 얻거나 손실을 회피할 목적으로 현재 또는 장래의 특정 시점에 금전등을 지급하기로 약정함으로써 취득하는 권리로서 그 권리를 취득하기 위하여 지급하였거나 지급하여야 할 금전등의 총액이 그 권리로부터 회수하였거나 회수할 수 있는 금전등의 총액을 초과하게 될 위험(투자성)이 있는 것을 말한다. 금융투자상품은 원본까지 손실이 발생할 수 있는 증권과 원본을 초과하여 손실이 발생할 수 있는 파생상품으로 구분한다. 증권은 채무증권·지분증권·수익증권·투자계약증권·파생결합증권·증권예탁증권 등 6가지 유형으로 나누고 투자자가 취득과 동시에 지급한 금전등 외에 어떠한 명목으로든지 추가로 지급할 의무를 부담하지 아니한다. 파생상품은 그 가치가 기초를 이루는 자산에서 파생되는 상품으로 증권과는 달리 추가로 지급할 의무를 부담할 수 있으며, 자본시장법 상 기초자산의 가격을 기초로 손익(수익구조)이 결정되는 금융투자상품으로 선도, 옵션, 스왑의 어느 하나에 해당하는 계약상의 권리로 장내파생상품과 장외파생상품으로 다시 구분된다.
107) 자본시장법 §9⑤. "전문투자자"란 금융투자상품에 관한 전문성 구비 여부, 소유자산규모 등에 비추어 투자에 따른 위험감수능력이 있는 투자자로서 다음 각 호의 어느 하나에 해당하는 자를 말한다. 다만, 전문투자자 중 대통령령으로 정하는 자가 일반투자자와 같은 대우를 받겠다는 의사를 금융투자업자에게 서면으로 통지하는 경우 금융투자업자는 정당한 사유가 있는 경우를 제외하고는 이에 동의하여야 하며, 금융투자업자가 동의한 경우에는 해당 투자자는 일반투자자로 본다.
　　1. 국가
　　2. 한국은행
　　3. 대통령령으로 정하는 금융기관
　　4. 주권상장법인. 다만, 금융투자업자와 장외파생상품 거래를 하는 경우에는 전문투자자와 같은 대우를 받겠다는 의사를 금융투자업자에게 서면으로 통지하는 경우에 한한다.
　　5. 그 밖에 대통령령으로 정하는 자(예금보험공사, 금융관련협회 등)
　　자본시장법 시행령 제10조(전문투자자의 범위 등) ① 법 제9조제5항 각 호 외의 부분 단서에서 "대통령령으로 정하는 자"란 다음 각 호의 어느 하나에 해당하지 아니하는 전문투자자를 말한다.
　　1. 국가
　　2. 한국은행
　　3. 제2항제1호부터 제17호까지의 어느 하나에 해당하는 자(은행, 보험회사 등)
　　4. 제3항제1호부터 제11호까지의 어느 하나에 해당하는 자(예금보험공사, 금융관련협회, 거래소 등)
　　5. 제3항제18호가목부터 다목까지의 어느 하나에 해당하는 자(외국정부, 외국중앙은행 등)
　　6. 제3호 및 제4호에 준하는 외국인

를 서면으로 알린 경우에만 전문금융소비자로 취급한다. 이는 투자위험성이 높은 장외파생상품에 대한 금융소비자의 신중한 계약 체결을 유도하기 위한 것이다.

(4) 보장성 상품

보장성 상품은 보험계약에 관한 전문성, 자산규모 등에 비추어 보험계약의 내용을 이행할 능력이 있는 자에 해당하는 보험업법 상 전문보험계약자[108]에 준하여 전문금융소비자를 규정하고 있다. 즉, ❶「보험업법」에 따른 보험요율 산출기관[109], ❷「보험업법」에 따른 보험관계 단체, ❸「보험업법 시행령」제6조의 2 제3항 제18호[110]에 해당하는 자로서 보험업법 상 전문보험계약자 중 단체보험

---

108) 보험업법 §2. 19. "전문보험계약자"란 보험계약에 관한 전문성, 자산규모 등에 비추어 보험계약의 내용을 이해하고 이행할 능력이 있는 자로서 다음 각 목의 어느 하나에 해당하는 자를 말한다. 다만, 전문보험계약자 중 대통령령으로 정하는 자가 일반보험계약자와 같은 대우를 받겠다는 의사를 보험회사에 서면으로 통지하는 경우 보험회사는 정당한 사유가 없으면 이에 동의하여야 하며, 보험회사가 동의한 경우에는 해당 보험계약자는 일반보험계약자로 본다.

가. 국가

나. 한국은행

다. 대통령령으로 정하는 금융기관

라. 주권상장법인

마. 그 밖에 대통령령으로 정하는 자(금융지주회사 등)

보험업법 시행령 제6조의2(전문보험계약자의 범위 등) ① 법 제2조제19호 각 목 외의 부분 단서에서 "대통령령으로 정하는 자"란 다음 각 호의 자를 말한다.

1. 지방자치단체

2. 주권상장법인

3. 제2항제15호에 해당하는 자(외국금융기관)

4. 제3항제15호[법률에 따라 설립된 기금(기술신용보증기금과 신용보증기금은 제외) 및 그 기금을 관리·운용하는 법인] , 제16호(해외 증권시장에 상장된 주권을 발행한 국내법인) 및 제18호에 해당하는 자

109) 보험개발원

110) 보험업법 시행령 §6의2(전문보험계약자의 범위)③. 18. 그 밖에 보험계약에 관한 전문성, 자산규모 등에 비추어 보험계약의 내용을 이해하고 이행할 능력이 있는 자로서 금융위원회가 정하여 고시하는 자

보험업감독규정 제1-4조의2(전문보험계약자의 범위) 영 제6조의2제3항제18호에서 "금융위원회가 정하여 고시하는 자"란 다음 각 호의 어느 하나에 해당하는 자를 말한다.

1. 제7-49조제2호 각 목의 요건을 충족하는 단체보험계약을 체결하고자 하는 자

2. 기업성 보험계약을 체결하고자 하는 자

3. 「근로자퇴직급여 보장법」에 따른 퇴직연금계약을 체결하고자 하는 자

4. 「공공기관의 운영에 관한 법률」에 따른 공공기관

5. 「지방공기업법」에 따른 지방공기업

6. 특별법에 따라 설립된 기관

7. 제7-49조제2호가목1)에 해당하는 단체(동일한 회사, 사업장, 관공서, 국영기업체, 조합 등 5인 이상의 근로자를 고용하고 있는 단체)

계약·기업성연금계약·퇴직연금계약을 체결하고자 하는 자, 공공기관, 지방공기업, 특별법에 따라 설립된 기관 및 동일한 회사·사업장·관공서·국영기업체·조합 등 5인 이상의 근로자를 고용하고 있는 단체, ❹보장성 상품을 취급하는 금융상품판매·대리중개업자, ❺「공공기관의 운영에 관한 법률」에 따른 공공기관 중 금융위원회가 주무기관인 공공기관, ❻금융지주회사, ❼한국수출입은행, ❽한국투자공사, ❾신용협동조합중앙회의 공제사업 부문, ❿온라인투자연계금융업자, ⓫집합투자업자, ⓬증권금융회사, ⓭단기금융회사, ⓮자금중개회사, ⓯신용협동조합, ⓰「국가재정법」별표 2에 따른 법률에 따라 설치된 기금[111]을 관리·운용하는 공공기관, ⓱개별 법률에 따라 공제사업을 영위하는 법인·조합·단체, ⓲그 밖에 금융위원회가 고시한 자[112]가 각각 해당된다.[113]

즉, 보험성 상품은 상기 ❶에서 ⓲까지의 범주에 속하지 아니하는 개인(개인사업자 포함)과 5인 미만의 근로자를 고용하고 있는 법인·조합·단체의 경우 일반금융소비자에 해당된다.

다. 전문금융소비자의 일반금융소비자 의제

금융소비자보호법 상 원래는 전문금융소비자에 해당되나 아래와 같이 금융상품 유형별(대출성·투자성·보장성)로 일반금융소비자와 같은 대우를 받겠다는 의사를 금융상품판매업자등에게 서면으로 통지한 경우에는 금융상품판매업자등은 정당한 사유가 있는 경우를 제외하고는 이에 동의하여야 하고 금융상품판매업자 등이 동의한

---

111) 기술신용보증기금 및 신용보증기금은 제외
112) 금융소비자보호감독규정 §2, ⑧영 제2조 제10항 제2호 바목, 같은 항 제3호 바목 및 제4호 바목에서 "금융위원회가 정하여 고시하는 자"란 제6항 제2호부터 제13호 중 어느 하나에 해당하는 자를 말한다.
　　금융소비자보호감독규정 §2⑥(2)~(13), 금융감독원, 기술신용보증기금, 신용보증기금, 농업협동조합중앙회, 산림조합중앙회, 새마을금고중앙회, 수산업협동조합중앙회, 대부업법에 따른 대부업자, 한국거래소, 자본시장법에 따른 집합투자기구, 지방자치단체, 주권상장법인(투자성 상품 중 자본시장법 상 장외파생상품에 관한 계약의 체결 또는 계약체결의 권유를 하거나 청약을 받는 것을 할 때에는 전문금융소비자와 같은 대우를 받겠다는 의사를 금융상품판매업자등에게 서면으로 통지한 경우에만 전문금융소비자에 해당), 한국금융투자협회, 생명보험협회, 손해보험협회, 상호저축은행중앙회, 여신전문금융업협회, 대부업 및 대부중개업협회, 전국은행연합회, 신용협동조합중앙회, 주권을 외국 증권시장에 상장한 법인, 외국정부, 국제기구, 외국중앙은행, 외국 금융회사, 외국 법인·단체 전문투자자, 외국 개인전문투자자 등을 말한다.(법인·조합·단체는 제외됨)
113) 금융소비자보호법 시행령 §2⑩(4), 감독규정 §2⑧
114) 금융소비자보호법 시행령 §2⑦(1)
115) 금융소비자보호법 §2(9)단서

경우에는 해당 금융소비자는 일반금융소비자로 본다.[114]

(1) 대출성 상품

상시근로자가 5명 이상인 법인·단체·조합이 대출성 상품을 거래할 때에는 전문금융소비자로 취급받지만 일반금융소비자와 같은 대우를 받겠다는 서면의사가 있는 경우에는 일반금융소비자로 취급해야 한다.[115]

(2) 투자성 상품

❶주권상장법인[116], ❷「국가재정법」별표 2에 따른 법률에 따라 설치된 기금[117]을 관리·운용하는 공공기관, ❸개별 법률에 따라 공제사업을 영위하는 법인·조합·단체, ❹자본시장법 시행령 제10조 제3항 제16호[118]에 따른 법인·단체 전문투자자, ❺자본시장법 시행령 제10조 제3항 제17호[119]에 따른 개인 전문투자자, ❻주권을 외국 증권시장에 상장한 법인 그리고 ❼지방자치단체가 투자성 상품을 거래할 때에는 전문금융소비자로 취급받지만 일반금융소비자와 같은 대우를 받겠다는 서면의사가 있는 경우에는 일반금융소비자로 취급해야 한다.[120]

(3) 보장성 상품

❶주권상장법인, ❷「국가재정법」별표 2에 따른 법률에 따라 설치된 기금[121]을 관리·운용하는 공공기관, ❸주권을 외국 증권시장에 상장한 법인, ❹지방자치단체, ❺금융회사·금융지주회사·신용협동조합중앙회의 공제사업 부문·온라인투자연계금융업자·집합투자업자·증권금융회사·단기금융회사·자금중개회사·신용협동조합에 각 해당하는 외국법인 그리고 ❻「보험업법 시행령」제6조의 2 제3항 제18호[122]에 해당하는 자(전문보험계약자 중 단체보험계약·기업성연금계약·퇴직연금계약을 체결하고자 하는 자, 공공기관, 지방공기업, 특별법에 따라 설립된 기관 및 동일한 회사·사업장·관공서·국영기업체·조합 등 5인 이상의 근로자를 고용하고 있는 단체)가 보장성 상품을 거래할 때에는 전문금융소비자로 취급받지만 일반금

융소비자와 같은 대우를 받겠다는 서면의사가 있는 경우에는 일반금융소비자로 취급해야 한다.[123]

3 일반금융소비자

일반금융소비자는 전문금융소비자가 아닌 금융소비자를 말한다.[124] 금융소비자보호법은 전문금융소비자에 비해 상대적으로 위험감수능력이 취약한 일반금융소비자에

---

116) 자본시장법 §9⑮(3)에 따른 주권상장법인으로 증권시장에 상장된 주권을 발행한 법인 또는 주권과 관련된 증권예탁증권이 증권시장에 상장된 경우에는 그 주권을 발행한 법인을 말한다.

117) 기술신용보증기금 및 신용보증기금은 제외한다.

118) 자본시장법 시행령 §10(전문투자자의 범위 등)③(16), 다음 각 목의 요건을 모두 충족하는 법인 또는 단체(외국 법인 또는 외국 단체는 제외)

　가. 금융위원회에 나목의 요건을 충족하고 있음을 증명할 수 있는 관련 자료를 제출할 것

　나. 관련 자료를 제출한 날 전날의 금융투자상품 잔고가 100억원(외부감사법에 따라 외부감사를 받는 주식회사는 50억원) 이상일 것

　다. 관련 자료를 제출한 날로부터 2년이 지나지 아니할 것

119) 자본시장법 시행령 §10(전문투자자의 범위 등)③(17), 다음 각 목의 요건을 모두 충족하는 개인. 다만, 외국인인 개인, 개인종합자산관리계좌(ISA)에 가입한 거주자인 개인(투자일임계약을 체결한 것으로 한정) 및 전문투자자와 같은 대우를 받지 않겠다는 의사를 금융투자업자에게 표시한 개인은 제외

　가. 금융위원회가 정하여 고시하는 금융투자업자에게 나목부터 다목까지의 요건을 모두 충족하고 있음을 증명할 수 있는 관련 자료를 제출할 것

　나. 관련 자료를 제출한 날의 전날을 기준으로 최근 5년 중 1년 이상의 기간 동안 금융위원회가 정하여 고시하는 금융투자상품을 월말 평균잔고 기준으로 5천만원 이상 보유한 경험이 있을 것

　다. 금융위원회가 정하여 고시하는 소득액·자산 기준이나 금융관련 전문성 요건을 충족할 것

120) 금융소비자보호법 시행령 §2⑦(2)

121) 기술신용보증기금 및 신용보증기금은 제외

122) 보험업법 시행령 §6의2(전문보험계약자의 범위)③, 18. 그 밖에 보험계약에 관한 전문성, 자산규모 등에 비추어 보험계약의 내용을 이해하고 이행할 능력이 있는 자로서 금융위원회가 정하여 고시하는 자

　보험업감독규정 제1-4조의2(전문보험계약자의 범위) 영 제6조의2제3항제18호에서 "금융위원회가 정하여 고시하는 자"란 다음 각 호의 어느 하나에 해당하는 자를 말한다.

　1. 제7-49조제2호 각 목의 요건을 충족하는 단체보험계약을 체결하고자 하는 자

　2. 기업성 보험계약을 체결하고자 하는 자

　3. 「근로자퇴직급여 보장법」에 따른 퇴직연금계약을 체결하고자 하는 자

　4. 「공공기관의 운영에 관한 법률」에 따른 공공기관

　5. 「지방공기업법」에 따른 지방공기업

　6. 특별법에 따라 설립된 기관

　7. 제7-49조제2호가목1)에 해당하는 단체(동일한 회사, 사업장, 관공서, 국영기업체, 조합 등 5인 이상의 근로자를 고용하고 있는 단체)

123) 금융소비자보호법 시행령 §2⑦(3)

124) 금융소비자보호법 §2(10)

대해서는 6대 판매규제[125]를 모두 적용하여 보호수준을 두텁게 하고 있는 반면, 전문금융소비자는 불공정영업행위 금지, 부당권유행위 금지 및 광고 규제 관련 3가지 규제만을 적용하고 있다. 또한 일반금융소비자는 청약철회권[126]과 위법계약해지권[127]을 모두 적용받지만 전문금융소비자는 청약철회권의 적용 대상에서 배제된다.

〈 금융소비자 구분에 따른 금융소비자보호법 상 규제 적용 범위 〉

	6대 판매규제						청약 철회	위법 계약 해지
	적합성	적정성	설명 의무	불공정 영업 행위	부당 권유 행위	광고 규제		
일반	○	○	○	○	○	○	○	○
전문	X	X	X	○	○	○	X	○

〈 금융상품 유형별 전문금융소비자 〉

투자성 상품	보장성 상품	대출성 상품	예금성 상품
국가 / 한국은행 / 금융회사 / 주권상장법인[주]			
지방자치단체			
법률에 따른 기금			
금융상품에 관한 전문성을 보유하고 공공성이 있는 업무를 수행하는 자 (금감원 / 예금보험공사 / 자산관리공사 / 주택금융공사 / 한국투자공사 / 예탁결제원 / 주식·사채 전자등록기관 / 거래소 / 금융권 협회)			
법률에 따른 공제사업 법인			
집합투자기구 / 외국에 상장된 국내법인			
외국정부 / 국제기구 / 외국중앙은행			

125) 적합성 원칙, 적정성 원칙, 설명의무, 불공정영업행위 금지, 부당권유행위 금지, 광고 규제
126) 금융소비자보호법 §46
127) 금융소비자보호법 §47

투자성 상품 판매대리중개업자	보장성 상품 판매대리중개업자	대출성 상품 판매대리중개업자	–
적격투자 단체 및 개인	보험요율 산출기관	상시근로자 5인 이상 의 법인 등 단체	법인 등 단체
	보험 관계 단체	겸영 여신업자	성년(제외: 피성 년후견인 / 피한 정후견인 / 65세 이상의 고령자)
	단체보험 기업성보험 퇴직연금 가입자	–	

주) 장외파생상품(투자성 상품) 거래시 전문금융소비자와 같은 대우를 받겠다고 의사(서면)를 표명하는 주권상장법인에 한하여 전문금융소비자가 됨

◇◇◇◇◇◇◇◇◇◇◇◇◇◇◇◇◇◇◇◇◇◇◇◇◇◇◇ **금융소비자보호법 Q&A** ◇◇◇◇◇◇◇◇◇◇◇◇◇◇◇◇◇◇◇◇◇◇◇◇◇

Q 보증 또는 담보를 제공하는 제3자는 금융소비자(법§2ⅷ)에 해당하나요?

A 금융소비자에 미해당.

- -

Q 금융회사가 유동화증권 SPC와 기초자산 매입확약 계약 및 금융자문계약을 체결하여 유동화 구조를 짜는 등 SPC가 기초자산을 취득하는 데 있어 일정 역할을 수행하는 경우, 금융투자업자가 그 매매의 중개·주선 업무를 수행하는 것으로 보아야 하나요? 만약 중개·주선 업무를 수행하는 것으로 본다면, 해당 유동화SPC를 일반금융소비자로 보는 게 맞을까요?

A 일반적으로 증권회사에서 SPC의 유동화증권 발행에 관한 서비스를 제공한다는 점을 감안하면, 제출 의견상의 SPC도 유동화증권 발행주체일 것으로 판단. 이 경우, 해당 유동화증권을 금융소비자에 판매하는 증권회사는 금소법상 금융상품직접판매업자에 해당되며, SPC는 증권 발행주체로서 금소법상 금융소비자로 보기 어려움.

- -

Q 전문소비자 중 대통령으로 정하는 자가 일반소비자로 대우받기 위해 통지하는 서면 양식이 있나요?

Ⓐ 법령에서 정해진 양식은 없으며, 금융회사가 자율적으로 마련할 수 있음.

Ⓠ 상시근로자 5인 이상 법인 등이 법 제2조제9호에 따라 일반소비자와 같은 대우를 받겠다는 의사를 서면으로 통지하는 것과 관련하여 판매업자가 반드시 이를 안내하고 그 사실을 서면으로 받고 그 기록을 관리하여야 하나요?

Ⓐ 법령에서 안내의무를 규정하고 있지 않음.

Ⓠ 성인인 친권자(법정대리인)가 미성년자를 대리하여 예금성 상품 계약 체결 시 금융소비자는 대리인(성인)과 본인(미성년자) 중 누구인가요?

Ⓐ 민법상 법리에 따라 판단 가능.

　※ 대리행위의 효력은 본인에게 귀속(민법§114)되는 점을 감안하면 금융소비자는 미성년자(본인)로 사료됨.

Ⓠ 대출성 상품의 전문소비자로 상시근로자가 5인 이상인 법인등(영§2⑩ⅱ나)을 규정하고 있는데, 상시근로자가 5인 이상인 개인사업자는 이에 해당하나요?

Ⓐ 금소법상 개인사업자는 '법인등'이 아닌 '개인'이므로 '상시근로자가 5인 이상인 개인사업자'는 일반금융소비자에 해당.

Ⓠ 대출성 상품의 전문소비자인 '상시근로자 5인 이상 법인등'이라는 사실을 소비자로부터 단순 확인을 받으면 되나요, 아니면 증명서류 등을 통해 상시근로자 5인 이상임을 확인받아야 하나요?

Ⓐ 명시적인 확인의무는 없으나, 일반금융소비자임에도 전문소비자로 취급하여 법을 위반한 경우 그에 따른 책임에서 자유로울 수 없음.

04

금융회사 그리고
금융회사등

1 금융회사

　금융소비자보호법은 금융회사에 대한 정의를 별도로 규정하고 있다. 은행, 자본시장법 상 투자매매업자·투자중개업자·투자자문업자·투자일임업자·신탁업자·종합금융회사, 보험회사, 상호저축은행, 여신전문금융회사, 금융소비자보호법 제12조 제1항에 따라 등록한 금융상품직접판매업자와 금융상품자문업자 및 자본시장법 제8조 제9항에 따른 겸영금융투자업자[128]가 금융회사에 해당된다.[129] 이 경우 은행에는 중소기업은행, 한국산업은행, 신협중앙회의 신용사업 부문, 농협은행, 수협은행 및 저축은행중앙회가 포함되고, 보험회사에는 농협생명보험 및 농협손해보험이 각각 포함된다.

---

128) 은행, 보험회사 등의 자가 금융투자업을 겸영(兼營)하는 자를 말한다.
129) 금융소비자보호법 §2⑹, 시행령 §2⑤

2 금융회사등

금융소비자보호법은 상기의 "금융회사"와 함께 "금융회사등"에 대한 정의도 규정하고 있다. 금융소비자보호법 상 금융회사등에는 상기의 금융회사뿐만아니라 투자권유대행인[130], 보험설계사, 보험대리점, 보험중개사, 겸영여신업자, 여신전문금융업법에 의한 모집인(카드모집인)[131], 금융소비자보호법 제12조 제1항에 따라 등록을 한 금융상품판매대리·중개업자, 대부업자[132], 대부중개업자[133], 신용협동조합중앙회의 공제사업 부문, 온라인투자연계금융업자, 집합투자업자, 증권금융회사, 단기금융회사, 자금중개회사 그리고 신용협동조합이 해당된다.[134]

3 금융회사등의 업종구분

금융소비자보호법은 모든 금융회사등의 업종을 자신이 제조한 상품을 직접 판매하는지 다른 금융회사등이 제조한 상품을 대리·중개하는지 또는 금융상품자문을 하는지에 따라 3가지 형태인 금융상품직접판매업자, 금융상품판매대리·중개업자 또는 금융상품자문업자로 각각 구분한다.[135] 예를 들어 은행은 자신의 예금 및 대출을 판매할 경우 금융상품직접판매업자에 해당되고, 보험회사가 만든 보험상품을 판매하는 방카슈랑스를 할 경우에는 금융상품판매대리·중개업자에 해당된다. 따라서, 은행·투자매매업자·투자중개업자·집합투자업자·신탁업자·종합금융회사·보험회사·상호저축은행·여신전문회사·겸영여신업자·신용협동조합·온라인투자연계금융업자

---

130) 자본시장법 §51①. 투자권유대행인(개인에 한한다)이란 금융투자업자의 위탁을 받아 금융투자상품에 대한 투자권유(파생상품 등에 대한 투자권유를 제외)를 대행하는 자이다. 금융투자업자는 투자권유대행인 외의 자에게 투자권유를 대행하게 하여서는 아니된다.
131) 신용카드업자를 위하여 신용카드 발급계약의 체결을 중개하는 자를 말한다.
132) 대부업법 제3조 제2항에 따라 등록된 대부업자를 말한다.
133) 대부업법 제3조 제1항 또는 제2항에 따라 대부중개업의 등록을 한 자로서 대부업자와 위탁계약을 체결하여 중개업무를 수행하는 자를 말한다.
134) 금융소비자보호법 §2 (7), 시행령 §2⑥, 감독규정 §2⑤
135) 금융소비자보호법 §4

는 자신이 제조한 금융상품을 직접 판매할 수도 있고 다른 금융회사등이 제조한 금융상품에 대한 판매대리·중개도 가능하므로 영위 업종이 금융상품직접판매업자 또는 금융상품판매대리·중개업자에 해당될 수 있다. 투자일임업자·대부업자·신용협동조합중앙회 공제부문·증권금융회사·단기금융회사는 자신이 제조한 금융상품을 직접 판매하므로 금융상품직접판매업자에만 해당된다. 투자권유대행인·보험설계사·보험대리점·보험중개사·카드모집인·대부중개업자은 타인이 만든 금융상품의 판매를 대리·중개하므로 금융상품판매대리·중개업자의 업종에만 해당되며, 투자자문업자는 금융투자상품에 대한 자문만을 수행하므로 금융상품자문업자에만 해당된다.[136]

한편, 자본시장법상 투자중개업의 경우 금융소비자보호법에서 금융상품직접판매업에 해당된다. 따라서 증권회사의 위탁매매업, 선물회사의 선물거래업, 증권회사 또는 은행의 펀드 판매의 경우에는 투자중개업을 영위하는 것이므로 금융상품직접판매업자에 해당된다고 볼 수 있다.

---

136) 금융소비자보호법 §5

05

금융소비자보호법 적용 예외와
다른 법률과의 관계

1 부동산투자회사법 등 특별법 상 사모(私募)펀드

자본시장법 제6조 제5항 제1호[137]에 해당하는 경우에는 금융소비자보호법을 적용하지 아니한다. 즉, 「부동산투자회사법」[138], 「선박투자회사법」, 「문화산업진흥기본법」, 「산업발전법」, 「벤처투자 촉진에 관한 법률」, 「여신전문금융업법」, 「소재·부품·장비산업 경쟁력강화를 위한 특별조치법」 및 「농림수산식품투자조합 결성 및 운용에 관한 법률」에 따라 사모(私募)의 방법으로 금전등을 모아 운용·배분하는 것으로 투자자의 총수[139]가 49인 이하[140]에 해당하는 경우에는 금융소비자보호법의 적용이 배제된다.[141]

2 신용협동조합을 제외한 상호금융기관 및 우체국

상호금융기관[142] 중 신용협동조합을 제외한 농업협동조합[143], 수산업협동조합[144], 산림조합 및 새마을금고에서 취급하는 금융상품 그리고 우체국에서 취급하는 금융상품은 금융소비자보호법 상 금융상품의 범위에 속하지 아니하므로 금융소비자보호법의 적용을 받지 않는다. 상호금융기관의 경우 신용사업의 건전성은 금융위원회가 감독[145]하지만 법규위반에 대한 조치는 주무부처[146]가 하는 체제로 운영되고 있는 반면, 금융소비자보호법은 법 적용대상 금융회사에 대한 감독과 제재·조치[147] 권한이 모두 금융위원회에 있어 원활한 집행이 어려운 측면을 감안하여 금융소비자보호법 적용 대상에서 배제한 것으로 보인다. 우체국의 경우에도 금융위원회에 감독과 제재·조치 권한이

---

137) 자본시장법 §6(금융투자업) ⑤ 제4항에서 "집합투자"란 2인 이상의 투자자로부터 모은 금전등을 투자자로부터 일상적인 운용지시를 받지 아니하면서 재산적 가치가 있는 투자대상자산을 취득 · 처분, 그 밖의 방법으로 운용하고 그 결과를 투자자에게 배분하여 귀속시키는 것을 말한다. 다만, 다음 각 호의 어느 하나에 해당하는 경우를 제외한다.

  1. 대통령령으로 정하는 법률에 따라 사모(私募)의 방법으로 금전등을 모아 운용 · 배분하는 것으로서 대통령령으로 정하는 투자자의 총수가 대통령령으로 정하는 수 이하인 경우

  2. 「자산유동화에 관한 법률」 제3조의 자산유동화계획에 따라 금전등을 모아 운용·배분하는 경우

  3. 그 밖에 행위의 성격 및 투자자 보호의 필요성 등을 고려하여 대통령령으로 정하는 경우

  자본시장법 시행령 §6(집합투자의 적용배제) ① 법 제6조 제5항 제1호에서 "대통령령으로 정하는 법률"이란 다음 각 호의 법률을 말한다.

  1. 「부동산투자회사법」   2. 「선박투자회사법」

  3. 「문화산업진흥 기본법」   4. 「산업발전법」

  5. 「벤처투자 촉진에 관한 법률」

  6. 「여신전문금융업법」   7. 삭제

  8. 「소재·부품·장비산업 경쟁력강화를 위한 특별조치법」

  9. 「농림수산식품투자조합 결성 및 운용에 관한 법률」

138) 부동산투자회사법에 따른 공모펀드는 금융소비자보호법의 적용을 받는다.

139) 자본시장법 시행령 제6조(집합투자 적용배제) ② 자본시장법 제6조제5항제1호에서 "대통령령으로 정하는 투자자"란 다음 각 호에 해당하지 아니하는 투자자를 말한다.

  1. 제10조(전문투자자 범위 등) 제1항 각 호의 어느 하나에 해당하는 자

  2. 제10조제3항제12호[법률에 따라 설립된 기금(기술신용보증기금 및 신용보증기금 제외) 및 그 기금을 관리·운용하는 법인]·제13호(법률에 따라 공제사업을 경영하는 법인)에 해당하는 자 중 금융위원회가 정하여 고시하는 자

140) 자본시장법 시행령 제6조(집합투자 적용배제)③ 법 제6조제5항제1호에서 "대통령령으로 정하는 수"란 49인을 말한다. 이 경우 49인을 계산할 때 다른 집합투자기구(제80조제1항제5호의2에 따른 사모투자재간접집합투자기구, 같은 항 제5호의3에 따른 부동산 · 특별자산투자재간접집합투자기구 또는 같은 호 각 목의 어느 하나에 해당하는 집합투자기구 등에 대한 투자금액을 합산한 금액이 자산총액의 100분의 80을 초과하는 「부동산투자회사법」 제49조의3제1항에 따른 공모부동산투자회사는 제외한다)가 해당 집합투자기구의 집합투자증권 발행총수의 100분의 10 이상을 취득하는 경우에는 그 다른 집합투자기구의 투자자(제2항에 따른 투자자를 말한다)의 수를 더해야 한다.

141) 금융소비자보호법 §5

142) 상호금융은 각 조합원의 영세한 자금을 예탁받아 이를 조합원에게 융자함으로써 조합원 상호 간의 원활한 자금융통을 꾀하는 호혜금융의 일종이다. 상호금융을 취급하는 기관으로는 신용협동조합, 농협협동조합, 수산업협동조합, 산림조합, 새마을금고 등이 있다.

143) 농협은행이 취급하는 금융상품은 금융소비자보호법의 적용을 받는다.

144) 수협은행이 취급하는 금융상품은 금융소비자보호법의 적용을 받는다.

145) 새마을금고의 경우 새마을금고중앙회장이 감독한다.

146) 농협협동조합은 농림축산식품부, 수산업협동조합은 해양수산부가 각각 주무부처에 해당한다.

없어 금융소비자보호법의 적용을 받지 아니한다.[148] 다만, 농업협동조합, 수산업협동조합, 산림조합, 새마을금고 및 우체국이 자본시장법 상 겸영금융투자업자[149] 또는 여신전문금융업법 상 겸영여신업자[150]에 해당하는 경우에는 금융소비자보호법의 적용을 받는다.[151]

3 다른 법률과의 관계

금융소비자 보호에 관한 기본법으로서의 성격을 갖는 금융소비자보호법은 금융소비자의 보호와 관련하여 그 효력이 미치는 범위가 다른 법률보다 넓다. 따라서, 금융소비자의 권익에 관하여 다른 법률에서 특별한 규정을 두고 있는 경우를 제외하고는 금융소비자보호법이 적용된다.[152]

---

147) 금소법에서는 등록취소, 영업정지 권한은 없으며, 기관경고, 시정명령 등의 조치만 가능하다.
148) 금융위원회 2020.10.28.일자 보도자료, "금융소비자보호법 시행령 제정안 입법예고" 참조
149) 자본시장법 §8⑨. 이 법에서 "겸영금융투자업자"란 다음 각 호의 어느 하나에 해당하는 자로서 금융투자업을 겸영(兼營)하는 자를 말한다.
　　1. 「은행법」 제2조의 은행
　　2. 「보험업법」 제2조의 보험회사
　　3. 그 밖에 대통령령으로 정하는 금융기관 등
150) 여신전문금융업법 §2(16), "겸영여신업자(兼營與信業者)"란 여신전문금융업에 대하여 제3조제3항 단서에 따라 금융위원회의 허가를 받거나 금융위원회에 등록을 한 자로서 여신전문금융회사가 아닌 자를 말한다.
151) 금융소비자보호감독규정 §2①(1)사목 및 §2②(2)라목·바목
152) 금융소비자보호법 §6

제 3 장

금융소비자의
권리와 책무 등

금융소비자의 권리와 책무

1 금융소비자의 기본적 권리

금융소비자 보호에 관한 기본법적 성격을 갖는 금융소비자보호법은 금융소비자의 6가지 기본적 권리를 규정하고 있다. 이는 「소비자기본법」제4조[1]에서 규정한 "소비자의 기본적 권리"를 참고한 것이다. 금융소비자보호법은 금융소비자의 기본적 권리로서 ❶금융상품판매업자등의 위법한 영업행위로 인한 재산상 손해로부터 보

---

1) 소비자기본법 §4(소비자의 기본적 권리) 소비자는 다음 각 호의 기본적 권리를 가진다.
  1. 물품 또는 용역(물품등)으로 인한 생명·신체 또는 재산에 대한 위해로부터 보호받을 권리
  2. 물품등을 선택함에 있어서 필요한 지식 및 정보를 제공받을 권리
  3. 물품등을 사용함에 있어서 거래상대방·구입장소·가격 및 거래조건 등을 자유로이 선택할 권리
  4. 소비생활에 영향을 주는 국가 및 지방자치단체의 정책과 사업자의 사업활동 등에 대하여 의견을 반영시킬 권리
  5. 물품등의 사용으로 인하여 입은 피해에 대하여 신속·공정한 절차에 따라 적절한 보상을 받을 권리
  6. 합리적인 소비생활을 위하여 필요한 교육을 받을 권리
  7. 소비자 스스로의 권익을 증진하기 위하여 단체를 조직하고 이를 통하여 활동할 수 있는 권리
  8. 안전하고 쾌적한 소비생활 환경에서 소비할 권리

호받을 권리, ❷ 금융상품을 선택하고 소비하는 과정에서 필요한 지식 및 정보를 제공받을 권리, ❸금융소비생활에 영향을 주는 국가 및 지방자치단체의 정책에 대하여 의견을 반영시킬 권리, ❹금융상품의 소비로 인하여 입은 피해에 대하여 신속·공정한 절차에 따라 적절한 보상을 받을 권리, ❺합리적인 금융소비생활을 위하여 필요한 교육을 받을 권리 그리고 ❻금융소비자 스스로의 권익을 증진하기 위하여 단체를 조직하고 이를 통하여 활동할 수 있는 권리를 규정하고 있다.[2]

2 금융소비자의 책무

금융소비자보호법은 금융소비자의 기본적 권리와 함께 금융소비자의 책무도 규정하고 있다. 이 역시 「소비자기본법」제5조[3]에서 규정한 "소비자의 책무"를 참고한 것이다. 금융소비자는 금융상품판매업자와 더불어 금융시장을 구성하는 주체임을 인식하고 금융상품을 올바르게 선택하고 금융소비자의 기본적 권리를 정당하게 행사할 책무를 부여받고 있다. 또한 금융소비자는 스스로의 권익 증진을 위해 필요한 지식과 정보를 습득하도록 노력할 책무가 있다.[4]

---

2) 금융소비자보호법 §7
3) 소비자기본법 §5(소비자의 책무)
　　① 소비자는 사업자 등과 더불어 자유시장경제를 구성하는 주체임을 인식하여 물품등을 올바르게 선택하고, 제4조의 규정에 따른 소비자의 권리를 정당하게 행사하여야 한다.
　　② 소비자는 스스로의 권익을 증진하기 위하여 필요한 지식과 정보를 습득하도록 노력하여야 한다.
　　③ 소비자는 자주적이고 합리적인 행동과 자원절약적이고 환경친화적인 소비생활을 함으로써 소비생활의 향상과 국민경제의 발전에 적극적인 역할을 다하여야 한다.
4) 금융소비자보호법 §8

국가와 금융상품판매업자등의 책무

1 국가의 책무

금융소비자보호법은 금융소비자 보호에 관한 국가의 4가지 책무를 규정하고 있다. 이는 「소비자기본법」제6조[5]에서 규정한 "국가 및 지방자치단체의 책무"를 참고한 것이다. 국가는 금융소비자의 기본적 권리가 실현되도록 하기 위하여 ❶금융소비자 권익 증진을 위하여 필요한 시책의 수립 및 실시, ❷금융소비자 보호 관련 법령의 제정·개정 및 폐지, ❸필요한 행정조직의 정비 및 운영 개선 그리고 ❹금융소비자의 건전하고 자주적인 조직활동의 지원·육성에 대한 책무를 진다[6].

---

5) 소비자기본법 §6(국가 및 지방자치단체의 책무) 국가 및 지방자치단체는 제4조의 규정에 따른 소비자의 기본적 권리가 실현되도록 하기 위하여 다음 각 호의 책무를 진다.
　1. 관계 법령 및 조례의 제정 및 개정·폐지
　2. 필요한 행정조직의 정비 및 운영 개선
　3. 필요한 시책의 수립 및 실시
　4. 소비자의 건전하고 자주적인 조직활동의 지원·육성
6) 금융소비자보호법 §9

2 금융상품판매업자등의 책무

　금융소비자보호법은 금융소비자 보호에 관한 국가의 책무와 함께 금융상품판매업자등의 5가지 책무도 규정하고 있다. 이는 『소비자기본법』제18조[7]에서 규정한 "사업자의 책무"를 참고한 것이다. 금융상품판매업자등은 금융소비자의 기본적 권리가 실현되도록 하기 위하여 ❶국가의 금융소비자 권익 증진 시책에 적극 협력할 책무, ❷금융상품을 제공하는 경우에 공정한 금융소비생활 환경을 조성하기 위하여 노력할 책무, ❸금융상품으로 인하여 금융소비자에게 재산에 대한 위해가 발생하지 아니하도록 필요한 조치를 강구할 책무, ❹금융상품을 제공하는 경우에 금융소비자의 합리적인 선택이나 이익을 침해할 우려가 있는 거래조건이나 거래방법을 사용하지 아니할 책무, ❺금융소비자에게 금융상품에 대한 정보를 성실하고 정확하게 제공할 책무 그리고 ❻금융소비자의 개인정보가 분실·도난·누출·위조·변조 또는 훼손되지 아니하도록 개인정보를 성실하게 취급할 책무가 있다.[8]

---

7) 소비자기본법 §6(국가 및 지방자치단체의 책무) 국가 및 지방자치단체는 제4조의 규정에 따른 소비자의 기본적 권리가 실현되도록 하기 위하여 다음 각 호의 책무를 진다.
　1. 관계 법령 및 조례의 제정 및 개정·폐지
　2. 필요한 행정조직의 정비 및 운영 개선
　3. 필요한 시책의 수립 및 실시
　4. 소비자의 건전하고 자주적인 조직활동의 지원·육성
8) 금융소비자보호법 §10

제 4 장

진입
규제

6개 유형의 등록단위 신설

금융소비자보호법 상 금융상품판매업등[1]을 영위하려는 자는 3개의 금융상품 판매 채널(금융상품직접판매업자, 금융상품판매대리·중개업자 및 금융상품자문업자)별로 4개의 금융상품 유형(예금성 상품, 대출성 상품, 투자성 상품 및 보장성 상품) 중 취급할 금융상 품의 범위를 정하여 금융위원회에 등록하여야 하며,[2] 이에 따라 총 12개 유형의 등 록단위가 존재한다.

다만, ❶금융관계법률[3]에서 금융상품판매업등에 해당하는 업무에 대하여 인허가 를 받거나 등록하도록 규정한 경우, ❷금융관계법률에서 금융상품판매업등에 해당 하는 업무에 대하여 해당 법률에 따른 인허가를 받거나 등록을 하지 아니하여도 업 무를 영위할 수 있도록 규정한 경우 중에서 어느 하나에 해당할 때에는 금융소비자

---

1) 금융상품판매업(금융상품직접판매업+금융상품판매대리·중개업)과 금융상품자문업을 말한다.

2) 금융소비자보호법 §12①본문

3) 금융소비자보호법 시행령 §2③ 및 감독규정 §2③. 금융소비자보호법 상 금융관계법령이란 근로자퇴직급여보장법, 대부업 등의 등록 및 금융이용자 보호에 관한 법률, 보험업법, 상호저축은행법, 수산업협동조합법, 신용협동조합법, 여신전문금융업법, 온라 인투자연계금융업 및 이용자 보호에 관한 법률, 은행법, 인터넷전문은행 설립 및 운영에 관한 특례법, 자본시장과 금융투자업에 관한 법률, 중소기업은행법, 한국산업은행법을 말한다.

보호법 상 등록을 하지 아니하고도 금융상품판매업등을 영위할 수 있다.[4]

〈 3 X 4 등록단위 매트릭스 〉

	보장성	투자성	예금성	대출성
금융상품직접판매업자	①	②	③	④
금융상품판매대리·중개업자	⑤	⑥	⑦	⑧
금융상품자문업자	⑨	⑩	⑪	⑫

> **TIP** 금소법에 따라 등록을 하지 않아도 되는 경우로서 '금융관계법률에서 인허가나 등록을 받지 않아도 업무를 영위할 수 있도록 규정한 경우'의 주요 사례[5]
>
> ① 은행법 등 개별업법상의 겸영업무(다른 법률에 따른 인허가·등록 없이 영위가능한 경우에 한정)·부수업무
> ② 여전법상 시설대여업, 할부금융업 또는 신기술사업금융업
> ③ 신협법상 신협중앙회의 공제사업
> ④ 보험업법상 모집종사자 중 보험회사의 임직원

따라서, 금융관계법률에 근거하여 이미 인허가 또는 등록을 하였거나 인허가 또는 등록을 하지 아니하여도 되는 경우 금융소비자보호법 상 등록을 하지 않아도 되므로 이를 제외할 경우에는 금융소비자보호법에 근거하여 신설되는 등록단위로는 ❶신용협동조합 공제상품모집인(금융상품판매대리·중개업자×보장성 상품), ❷대출모

---

4) 금융소비자보호법 §12①단서(1)(2)

5) 금융위원회 2020.10.28.일자 보도자료, "금융소비자보호법 시행령 제정안 입법예고" 참조

집인(금융상품판매대리·중개업자×대출성 상품), ❸독립투자자문업자(금융상품자문업자×투자성 상품), ❹보장성상품독립자문업자(금융상품자문업자×보장성 상품), ❺대출성상품독립자문업자(금융상품자문업자×대출성 상품) 그리고 ❻예금성상품독립자문업자(금융상품자문업자×예금성 상품)에 해당하는 6개 유형이 있다. 한편, 예금성 상품을 취급하는 금융상품판매대리·중개업자에 대한 등록단위 신설 여부가 금융소비자보호법 시행령을 제정하는 과정에서 논의되었으나 외국사례에서 나타났던 부작용[6] 등을 감안하여 보다 충분한 검토가 필요하다는 이유로 유보되었다.[7]

〈 금융소비자보호법에 근거하여 신설된 6개 유형 등록단위 〉

구 분	금융상품 직접판매업자	금융상품판매 대리·중개업자	금융상품 자문업자
투자성	금 융 회 사	투자권유대행인	비독립 투자자문업자
			독립 투자자문업자(∨)
보장성		보험모집인	보장성상품 독립자문업자(∨)
		신협공제사업모집법인(조합)	
		신협 공제상품모집인(∨)	
대출성		신용카드모집인	대출성상품 독립자문업자(∨)
		대출모집인(∨) (리스·할부금융 중개인 포함)	
예금성		신설여부 추후 판단	예금성상품 독립자문업자(∨)

주) 음영 부문이 금융소비자보호법상 신설된 등록단위이다.

---

6) (미국) 은행에 대한 예금성 상품 대리·중개업자의 우월적 지위에 따른 수신금리 상승으로 예대마진 유지를 위한 고위험 대출이 증대되어 은행의 건전성이 악화되는 부작용이 발생하였다.

7) 금융위원회 2020.12.28.일자 보도자료, "금융소비자보호법 시행령 제정안 입법예고" 참조

금융상품판매업자등을 제외한 영업행위 금지

　누구든지 금융소비자보호법에 따른 금융상품판매업자등을 제외하고는 금융상품판매업등을 영위해서는 아니된다.[8] 따라서, 금융소비자보호법 제12조 제1항에 따라 금융상품판매업자등으로 등록하거나 금융관계법률에 근거하여 금융상품판매업등의 인허가 또는 등록을 한 경우 또는 금융관계법률에 따라 금융상품판매업등의 업무에 대한 인허가 또는 등록을 하지 아니하여도 되는 경우를 제외하고는 금융상품판매업등을 영위하는 것이 금지된다.

　만일 이를 위반하여 금융상품판매업등을 영위하는 경우에는 5년 이하의 징역 또는 2억원 이하의 벌금의 처벌을 받을 수 있다.[9] 이는 미등록자에 의한 금융상품 판매행위로 인한 금융소비자의 피해를 사전에 방지하기 위함이다.[10]

---

8) 금융소비자보호법 §11
9) 금융소비자보호법 §67(1)

금융상품자문업자의
등록요건

1 의의

 금융상품자문업자는 금융소비자보호법 상 등록요건을 갖춘 자에게 진입을 허용하는 '등록제'로 운영한다. 금융상품자문업자의 등록요건은 기본적으로 자본시장법 상 (비독립)투자자문업[11]의 등록요건과 유사한 수준으로 설계하였다. 다만, 투자자문업자의 경우 ❶회사형태(주식회사 등), ❷법정 최소 자기자본(1억원 또는 2.5억원), ❸대주주 자격, ❹임원 자격, ❺전문인력 보유 및 ❻이해상충 방지체계 구축과 같은 등록요건[12]을 갖추어야 하지만 금융상품자문업자의 경우에는 ①독립성 요건(판매업 겸업금지 등), ②금융상품 유형별로 자기자본 금액 설정, ③투자성·보장성·대출성 상

---

10) 이상복, 금융소비자보호법 p45 참조
11) 자본시장법 §6(금융투자업), ⑦이 법에서 "투자자문업"이란 금융투자상품등의 가치 또는 금융투자상품등에 대한 투자판단(종류, 종목, 취득·처분, 취득·처분의 방법·수량·가격 및 시기 등에 대한 판단을 말함)에 관한 자문에 응하는 것을 영업으로 하는 것을 말한다. 자본시장법 §7(금융투자업의 적용배제), ③불특정 다수인을 대상으로 발행 또는 송신되고, 불특정 다수인이 수시로 구입 또는 수신할 수 있는 간행물·출판물·통신물 또는 방송 등을 통하여 조언을 하는 경우에는 투자자문업으로 보지 아니한다. 자본시장법 §8(금융투자업자), ⑤이 법에서 "투자자문업자"란 금융투자업자 중 투자자문업을 영위하는 자를 말한다.

품의 자문업 등록 시 예금성 상품 자문업 영위 가능, ④온라인 업자[13]의 알고리즘 요건 등에 있어 차이가 있다. 특히, 자본시장법 상 투자자문사는 금융상품판매업의 겸직금지 등 독립성 요건을 요구하지 않는 비독립 투자자문사인데 반해 금융소비자보호법 제12조 제1항에 따라 등록을 하려는 금융상품자문업자는 독립성 요건이 요구되어 금융상품판매업자와 이해관계를 가지고 있지 아니하는 독립금융상품자문업자만으로 한정한다. 즉, 금융소비자보호법에 따라 등록을 하는 금융상품자문업자는 금융상품자문과 관련하여 금융상품판매업자로부터 금품등 재산상 이익을 수취[14]하는 것이 금지되고 금융상품판매업자와 계열관계 및 임직원 겸직·파견이 금지되는 등 독립적 지위에서 금융상품 자문업무를 수행하여야 한다. (이에 대한 자세한 내용은 금융상품자문업자의 진입규제 및 영업행위준칙 등을 참조)

---

12) 자본시장법 §18(투자자문업 또는 투자일임업의 등록), ①투자자문업 또는 투자일임업을 영위하려는 자는 다음 각 호의 사항을 구성요소로 하여 대통령령으로 정하는 등록업무 단위의 전부나 일부를 선택하여 금융위원회에 하나의 금융투자업등록을 하여야 한다.

   1. 투자자문업 또는 투자일임업

   2. 금융투자상품등의 범위(증권, 장내파생상품, 장외파생상품 및 그 밖에 대통령령으로 정하는 투자대상자산을 말함)

   3. 투자자의 유형

   ② 제1항에 따라 금융투자업등록을 하려는 자는 다음 각 호의 요건을 모두 갖추어야 한다.

   1. 다음 각 목의 어느 하나에 해당하는 자일 것. 다만, 외국 투자자문업자(외국 법령에 따라 외국에서 투자자문업에 상당하는 영업을 영위하는 자를 말한다. 이하 같다) 또는 외국 투자일임업자(외국 법령에 따라 외국에서 투자일임업에 상당하는 영업을 영위하는 자를 말한다. 이하 같다)가 외국에서 국내 거주자를 상대로 직접 영업을 하거나 통신수단을 이용하여 투자자문업 또는 투자일임업을 영위하는 경우에는 적용하지 아니한다.

     가. 「상법」에 따른 주식회사이거나 대통령령으로 정하는 금융기관

     나. 외국 투자자문업자로서 투자자문업의 수행에 필요한 지점, 그 밖의 영업소를 설치한 자

     다. 외국 투자일임업자로서 투자일임업의 수행에 필요한 지점, 그 밖의 영업소를 설치한 자

   2. 등록업무 단위별로 1억원 이상으로서 대통령령으로 정하는 금액 이상의 자기자본을 갖출 것

   3. 다음 각 목의 구분에 따른 투자권유자문인력(제286조제1항제3호가목에 따른 투자권유자문인력을 말한다. 이하 같다) 또는 투자운용인력(제286조제1항제3호다목에 따른 투자운용인력을 말한다. 이하 같다)을 갖출 것. 이 경우 제1호 각 목 외의 부분 단서에 규정된 자가 해당 국가에서 투자권유자문인력 또는 투자운용인력에 상당하는 자를 다음 각 목의 수 이상 확보하고 있는 때에는 해당 요건을 갖춘 것으로 본다.

     가. 투자자문업의 경우에는 투자권유자문인력을 대통령령으로 정하는 수 이상 갖출 것

13) 소비자와 직접 대면하지 않고 전자금융거래법에 따른 전자적 장치를 이용한 자동화 방식을 통해서만 서비스를 제공하는 "온라인 금융상품자문업자"를 말한다.

14) 이해상충이 없는 경우는 제외된다.

〈 투자자문업자와 금융상품자문업자의 등록요건 비교 〉

	투자자문업자	금융상품자문업자
근거법	자본시장법	금융소비자보호법
자격요건	주식회사 또는 특수은행	법인
자기자본	2.5억원(모든 투자상품)	투자성 상품(좌동) / 그 밖의 상품(1억원)
	1억원(집합투자증권 등 일부 상품)	
인력요건	금융투자협회 인증 전문인력 1인 이상	상품별 금융위 지정기관 인증 전문인력 1인 이상
임원 결격사유	지배구조법상 요건에 적합	좌동
이해상충방지	관련 내부통제기준 마련 등	좌동 (온라인 업자 요건 신설)
대주주 요건	법령상 사회적 신용 갖출 것	좌동
물적설비	해당 없음	전산설비, 고정사업장 등
독립성	해당 없음	판매업 겸영금지, 알고리즘 등

TIP 금융상품직접판매업자의 등록요건 불비

금융소비자보호법 제12조 제2항에서는 금융상품직접판매업자와 금융상품자문업자의 등록요건을 사실상 동일하게 규정하고 있다. (금융상품자문업자에게만 적용되는 "금융상품판매업자와 이해관계를 갖지 않는 자에 관한 요건"을 제외) 그러나, 금융상품직접판매업자의 경우 자기자본 요건을 금융소비자보호법 시행령[§5②(1)]에 의거 "취급하려는 금융상품의 유형 및 수량에 관계없이 5억원 이상의 범위에서 금융위원회가 정하여 고시하는 금액"으로 규정하였음에도 금융소비자보호감독규정에서 이에 대한 구체적 내용을 별도로 규정하지 아니하였다. 이에 따라 금융상품 직접판매업자는 사실상 금융소비자보호법에 그 근거가 불비하다.[15]

금융소비자보호법에 금융상품직접판매업자의 등록요건이 불비하게 된 이유는 ❶현재 은행, 보험회사, 증권회사 등 금융상품직접판매업자의 경우 모두 개별 금융업법에 인허가 또는 등록이 가능하므로 금융소비자보호법에 별도로 등록요건을 두어야 할 실익이 없으며, ❷만약 등록요건을 규정하여 금융소비자보호법 상 금융상품직접판매업자가 은행 등과 동일한 업무를 할 수 있게 될 경우 개별 금융업법 상 인허가를 받은 은행 등과는 달리 건전성 규제 등 개별 금융업법 상 규제를 받지 않으므로 규제차익이 심각하게 발생할 수 있기 때문이다. 이와 같은 이유로 기존 개별 금융업법에 등록요건이 있는 금융상품판매대리·중개업자[16]의 경우에도 금융소비자보호법에 별도의 등록요건을 두지 않고 있다.[17]

2 등록요건의 세부내용

금융소비자보호법 상 금융상품자문업자의 등록요건은 해당 자문업자의 업무영위 방식에 따라 크게 모든 금융상품자문업자에게 적용되는 "오프라인·온라인 공동요건"과 온라인 업자 또는 오프라인 업자에게만 적용되는 "개별 요건"으로 나누어진다. 오프라인·온라인 공동요건으로는 ❶자격요건, ❷인력요건, ❸물적요건, ❹자기자본 요건, ❺재무상태 요건, ❻사회적 신용 요건, ❼임원 요건 그리고 ❽독립성 요건이 있으며, 개별요건으로는 온라인 법인에 대한 ❾알고리즘 요건과 오프라인 법인에 대한 ❿이해상충방지 요건이 있다.

---

15) 금융소비자보호법 §12②, 시행령 §5②(1)

16) 보험대리점, 보험설계사, 보험중개사, 카드모집인, 투자권유대행인, 대부중개업자

17) 금융위원회 2020.12.28.일자 보도자료, "금융소비자보호법 시행령 제정안 입법예고" 참조

<〈 금융상품자문업자의 등록요건 〉>

오프 라인 · 온라 인 공동 요건	▪ 자격요건(법인) ▪ 인력요건(상품 및 전산 전문인력 각각 1인 이상) ▪ 물적요건(전산설비, 고정사업장 등) ▪ 자기자본요건 (전체 투자상품: 2.5억원/일부 투자상품(집합투자증권 일부)·보장성·대출성·예금성 상품: 각 1억원) ▪ 재무상태요건(부채비율 200% 이하) ▪ 사회적 신용요건(신청인의 형사처벌·중대한 행정제재 부존재 등) ▪ 임원요건 (미성년자·피성년후견인·피한정후견인미해당, 형사처벌·행정제재 부존재 등) ▪ 독립성요건 (판매업 겸영 금지, 판매업자와의 非계열사 및 임직원 겸직 금지 등)
개별 요건	▪ 온라인 법인: 알고리즘요건(코스콤의 확인 필요) ▪ 오프라인 법인: 이해상충방지 요건 (방지기준 문서화, 교육·훈련 체계 및 위반 시 조치 체계 수립)

가. 자격 요건

금융상품자문업자는 법인에 해당하는 경우에만 등록을 신청할 수 있다. 등록을 신청하는 시점에 신설 법인인지 기존 법인인지 여부는 불문한다. 금융소비자보호법에 따라 등록하는 금융상품자문업자의 자격요건을 법인으로 제한하는 명시적 규정은 없지만 ❶금융소비자보호법 상 금융상품자문업자의 자격요건과 동일한[18] 금융상품직접판매업자의 자격요건이 금융관계법률에서 상법상 주식회사 등 법인을 대상으로 하는 점, ❷금융상품자문업자의 자기자본·재무상태·사회적신용·임원에 관한 등록요건이 법인을 전제로 하는 사항임[19]을 감안할 때 법인에 해당하는 경우에만 금융상품자문업자로 등록 신청이 가능한 것으로 해석된다.

---

18) 금융상품판매업자와 이해관계를 갖지 않는 자에 관한 요건은 제외된다.

19) 자기자본, 부채비율, 임원 등은 개인은 사용하지 않고 법인에서만 사용하는 용어이다.

나. 인력·전산설비·물적 요건

(1) 인력요건

금융상품자문업자로 등록하려는 자는 금융소비자 보호 및 업무 수행이 가능하도록 ❶업무 수행에 필요한 전문성을 갖춘 인력(상품 전문인력) 1명 이상, ❷전산 설비의 운용·유지·관리를 전문적으로 수행할 수 있는 인력(전산 전문인력) 1명 이상을 각각 갖추어야 한다.[20]

가) 상품 전문인력

상품 전문인력은 아래 어느 하나에 해당하는 사람 1명 이상이 필요하다.[21] 법인 대출모집인의 경우 해당 법인의 대표 또는 임원이 상품 전문인력에 대한 자격을 반드시 갖추어야 하지만 금융상품자문업자의 경우 이에 대한 명시적 규정이 없으므로 대표 또는 임원 이외의 상근직원이 그 자격을 갖추어도 무방하다.

① 등록하려는 금융상품 유형의 금융상품판매업에 3년 이상 경력이 있는 사람[22]인 경우에는 다음의 구분에 따른 교육을 24시간 이상 받은 사람일 것[23]

대출성 상품	신용회복위원회[24]가 신용 및 부채 각각의 관리에 관한 개인의 전문성·윤리성을 인증하는 자격의 취득과 관련된 교육
보장성 상품	생명보험협회 및 손해보험협회가 보장성 상품의 취득과 처분결정에 관한 개인의 전문성·윤리성을 인증하는 자격의 취득과 관련된 교육

---

20) 금융소비자보호법 §12②(1), 시행령 §5①(1)

21) 금융소비자보호감독규정 §5①(1)

22) 등록을 신청한 날 이전 5년 이내에 해당 업무에 종사한 사람만 해당된다.

23) 3년 이상 경력자는 관련 자격을 취득하지 않더라도 관련 교육을 24시간 이상 받는 것만으로 상품 전문인력이 될 수 있다.

투자성 상품	투자권유자문인력[25] 또는 투자운용인력[26]의 자격 중 어느 하나의 취득과 관련된 교육
예금성 상품	대출성 상품, 보장성 상품 및 투자성 상품 관련 교육 중 어느 하나에 해당하는 교육을 받을 것

② 그 밖의 경우[27]에는 다음의 구분에 따른 자격을 취득한 사람일 것[28]

대출성 상품	신용회복위원회가 신용 및 부채 각각의 관리에 관한 개인의 전문성·윤리성을 인증하는 자격의 취득과 관련된 교육에 따른 자격을 취득할 것
보장성 상품	생명보험협회 및 손해보험협회가 보장성 상품의 취득과 처분결정에 관한 개인의 전문성·윤리성을 인증하는 자격의 취득과 관련된 교육에 따른 자격을 취득할 것
투자성 상품	투자권유자문인력 또는 투자운용인력의 자격 중 어느 하나의 취득과 관련된 교육에 따른 자격 중 어느 하나를 취득할 것
예금성 상품	대출성 상품, 보장성 상품 및 투자성 상품 관련 교육 중 어느 하나에 해당하는 교육에 따른 자격 중 어느 하나에 해당하는 자격을 취득할 것

나) 전산 전문인력

전산설비 운용·관리 관련 전산 전문인력 1명 이상이 필요하다.[29] 전산 전문인력의 자격과 경력에 대한 기준은 금융소비자보호법 상 명확한 기준은 없으나 ❶전산관련분야의 학위 유무, ❷정보처리기술사 등 자격 유무, ❸관련 업무 종사기간등을 종합적으로 고려하여 판단하여야 한다. 한편, 전산

---

24) 「서민의 금융생활 지원에 관한 법률」제56조에 따라 설립된 신용회복위원회를 말한다.

25) 자본시장법 §286①(3)가목, "투자권유자문인력"이란 투자권유를 하거나 투자에 관한 자문업무를 수행하는 자를 말한다.

26) 자본시장법 §286①(3)다목, "투자운용인력"이란 집합투자재산·신탁재산 또는 투자일임재산을 운용하는 업무를 수행하는 자를 말한다.

27) 3년 이상 경력자가 아닌 경우에는 관련 자격을 취득해야만 상품 전문인력이 될 수 있다.

28) 금융소비자보호감독규정 §5①(2)

29) 금융소비자보호법 시행령 §5①(1)나목

전문인력은 상근 직원 1인 이상이 필수적이나 전산관리업무를 외부 업체에 위탁하는 경우라면 해당 업체 직원을 상주하게 하는 것도 가능한 것으로 해석되므로[30] 금융상품자문업자의 전산 전문인력도 외부 업체의 직원을 상주하는 방식이 가능한 것으로 보인다.

(2) 전산설비 요건

금융상품자문업자로 등록하려는 자는 금융소비자 보호 및 업무 수행이 가능하도록 ❶컴퓨터 등 정보통신설비, ❷전자적 업무처리에 필요한 설비를 각각 갖추어야 한다.[31]

(3) 그 밖의 물적설비 요건

금융상품자문업자로 등록하려는 자는 금융소비자 보호 및 업무 수행이 가능하도록 ❶고정 사업장, ❷사무장비 및 통신수단, ❸업무 관련 자료의 보관 및 손실방지 설비, ❹전산설비 등을 안전하게 보호할 수 있는 보안설비를 각각 갖추어야 한다.[32] 이 경우 고정 사업장은 건축물대장에 기재된 건물[33]을 소유, 임차 또는 사용대차 등의 방법으로 사용할 수 있는 권리를 6개월 이상 확보한 장소여야 한다.[34]

다. 자기자본 요건

금융상품자문업자는 취급하려는 금융상품의 유형별로 일정 금액 이상의 자기자본을 갖추어야 한다.[35] 다만, 금융상품 유형 중 둘 이상을 함께 취급할 경우에는 각

---

30) 금융위원회·금융감독원, 금융소비자보호법 FAQ 답변 참조
31) 금융소비자보호법 §12②(1), 시행령 §5①(2)
32) 금융소비자보호법 §12②(1), 시행령 §5①(3)
33) 건축법 상 단독주택, 공동주택 및 숙박시설은 제외한다.
34) 금융소비자보호감독규정 §5②
35) 금융소비자보호법 §12②(2), 시행령 §5②

금융상품(예금성 상품은 제외)에 따른 자기자본 금액을 합산한 금액을 갖추어야 한다.[36] 자기자본 요건을 둔 이유는 금융상품자문업자의 건전성을 도모하고 금융상품의 자문에 응하는 과정에서 불완전판매가 발생할 경우 손해배상책임을 실효성 있게 이행할 수 있도록 책임능력을 담보하기 위한 장치이다.

예금성 상품을 취급하는 경우	1억원
대출성 상품을 취급하는 경우	1억원
보장성 상품을 취급하는 경우	1억원
투자성 상품을 취급하는 경우	2억 5천만원
펀드 등 일부 투자성 상품만[37] 취급 시	1억원

라. 건전한 재무상태 및 사회적 신용 요건

금융상품자문업자로 등록하려는 자는 건전한 재무상태와 사회적 신용을 갖추어야 한다.[38]

(1) 건전한 재무상태 요건

자기자본 대비 부채총액 비율이 200% 이하에 해당하는 건전한 재무상태를 갖추어야 한다.[39]

---

36) 금융소비자보호법 시행령 §5②(2)단서

37) 자본시장법 시행령 별표 3의 등록업무 단위 5-21-4에 해당하는 투자성 상품만을 취급하는 경우를 말하는데, 집합투자증권·파생결합증권·환매조건부 매매·자본시장법 시행령 제6조의2 제3호에 따른 투자대상자산·파생결합증권과 유사한 증권으로서 금융위원회가 정하여 고시하는 채무증권을 말한다. 이 경우 금융위원회가 정하여 고시하는 채무증권은 상법 제469조 제2항 제3호에 의한 사채(유가증권이나 통화 또는 그 밖에 대통령령으로 정하는 자산이나 지표 등의 변동과 연계하여 미리 정하여진 방법에 따라 상환 또는 지급금액이 결정되는 사채)로서 자본시장법 제4조제7항제1호(발행과 동시에 투자자가 지급한 금전등에 대한 이자, 그 밖의 과실(果實)에 대하여만 해당 기초자산의 가격·이자율·지표·단위 또는 이를 기초로 하는 지수 등의 변동과 연계된 증권)에 해당하는 채무증권이다.

38) 금융소비자보호법 §12②(3), 시행령 §5③

39) 금융소비자보호법 §12②(3), 시행령 §5③(1), 감독규정 §5③

(2) 사회적 신용 요건

금융상품자문업자로 등록하려는 자는 형사처벌 및 중대한 제재를 받은 전력 등이 없어야 한다. 금융상품자문업자는 법인에 한하여 등록을 신청할 수 있으므로 사회적 신용 요건의 경우 등록을 신청하는 법인 자체에만 적용되고[40] 해당 법인 임원의 경우 임원 자격요건이 적용된다. 구체적으로는 자본시장법 시행령 제16조 제8항 제2호[41]에 따른 사회적 신용을 갖추어야 한다. 다만, 그 위반 등의 정도가 경미하다고 인정되는 경우는 제외된다.[42]

금융상품 자문업자의 사회적 신용 요건	① 최근 3년간 금융관련법령[43], 공정거래법 및 조세범처벌법을 위반하여 벌금형 이상에 상당하는 형사처벌을 받은 사실이 없을 것. 단, 양벌규정에 따라 처벌 받은 경우 제외
	② 최근 3년간 채무불이행 등으로 건전한 신용질서를 해친 사실이 없을 것
	③ 최근 5년간 금융산업구조개선법에 따라 부실금융기관으로 지정되었거나 금융관련법령에 따라 영업의 허가·인가·등록 등이 취소된 자가 아닐 것
	④ 금융관련법령(외국 금융관련법령 포함)에 따라 금융위원회, 외국 금융감독기관 등으로부터 지점, 그 밖의 영업소의 폐쇄 또는 그 업무의 전부나 일부의 정지 이상의 조치(이에 상당하는 행정처분을 포함)를 받은 후 일정 기간[44]이 지났을 것 – 업무의 전부정지 : 업무정지가 끝난 날부터 3년 – 업무의 일부정지 : 업무정지가 끝난 날부터 2년 – 지점, 그 밖의 영업소 폐쇄 또는 그 업무의 전부나 일부의 정지 : 해당 조치를 받은 날부터 1년

마. 임원 자격요건

금융상품자문업자의 임원은 다음의 결격요건 중 어느 하나에 해당하지 아니하여야 한다.[45] 이 경우 임원이란 법인등기부등본 상 이사, 감사 등으로 등기된 자를 의

---

40) 당초 금융소비자보호법 시행령 제정안은 법인 및 대주주 모두에게 사회적 신용 요건을 부과하였으나 심의 과정에서 대주주는 그 대상에서 제외되었다.

미하며, 등기임원이 다수인 경우 모두 심사대상에 해당된다.

---

41) 자본시장법 §12(금융투자업의 인가), ②제1항에 따라 금융투자업인가를 받으려는 자는 다음 각 호의 요건을 모두 갖추어야 한다.

6의2. 대통령령으로 정하는 건전한 재무상태와 사회적 신용을 갖출 것

자본시장법 시행령 §16(인가요건 등), ⑧법 제12조제2항제6호의2에서 "대통령령으로 정하는 건전한 재무상태와 사회적 신용"이란 다음 각 호의 구분에 따른 사항을 말한다.

2. 사회적 신용: 다음 각 목의 모든 요건에 적합할 것. 다만, 그 위반 등의 정도가 경미하다고 인정되는 경우는 제외한다.

가. 최근 3년간 「금융회사의 지배구조에 관한 법률 시행령」 제5조에 따른 법령(금융관련법령), 「독점규제 및 공정거래에 관한 법률」 및 「조세범 처벌법」을 위반하여 벌금형 이상에 상당하는 형사처벌을 받은 사실이 없을 것. 다만, 법 제448조, 그 밖에 해당 법률의 양벌 규정에 따라 처벌을 받은 경우는 제외한다.

나. 최근 3년간 채무불이행 등으로 건전한 신용질서를 해친 사실이 없을 것

다. 최근 5년간 「금융산업의 구조개선에 관한 법률」에 따라 부실금융기관으로 지정되었거나 금융관련법령에 따라 영업의 허가·인가·등록 등이 취소된 자가 아닐 것

라. 금융관련법령이나 외국 금융관련법령(금융관련법령에 상당하는 외국 금융관련 법령을 말한다)에 따라 금융위원회, 외국 금융감독기관 등으로부터 지점, 그 밖의 영업소의 폐쇄 또는 그 업무의 전부나 일부의 정지 이상의 조치(이에 상당하는 행정처분을 포함한다. 이하 이 목에서 같다)를 받은 후 다음 구분에 따른 기간이 지났을 것

1) 업무의 전부정지: 업무정지가 끝난 날부터 3년

2) 업무의 일부정지: 업무정지가 끝난 날부터 2년

3) 지점, 그 밖의 영업소의 폐쇄 또는 그 업무의 전부나 일부의 정지: 해당 조치를 받은 날부터 1년

* 금융소비자보호법 시행령 §6②(4)후단

- 자본시장법 시행령 §16(인가요건 등)⑧(2)의 가목 중 「독점규제 및 공정거래에 관한 법률」은 「독점규제 및 공정거래에 관한 법률」 제3조의2(시장지배적 지위의 남용금지), 제19조(부당한 공동행위의 금지), 제23조(불공정거래행위의 금지), 제23조의2(특수관계인에 대한 부당한 이익제공 등 금지) 또는 제23조의3(보복조치의 금지)으로 본다.

42) 금융소비자보호법 §12②(3), 시행령 §5③(2)

43) 금융관련법률이란 「금융회사의 지배구조에 관한 법률 시행령」§5 각 호에 따른 법률을 말한다.

금융회사지배구조법 §5(금융관련법령), 법 제2조제7호에서 "대통령령으로 정하는 금융 관계 법령"이란 법, 이 영 및 다음 각 호의 법령을 말한다.

1. 삭제 2. 「공인회계사법」 3. 「근로자퇴직급여 보장법」 4. 「금융산업의 구조개선에 관한 법률」 4의2. 「금융소비자 보호에 관한 법률」 5. 「금융실명거래 및 비밀보장에 관한 법률」 6. 「금융위원회의 설치 등에 관한 법률」 7. 「금융지주회사법」 7의2. 「금융혁신지원 특별법」 8. 「한국자산관리공사 설립 등에 관한 법률」 9. 「기술보증기금법」 10. 「농림수산식품투자조합 결성 및 운용에 관한 법률」 11. 「농업협동조합법」 12. 「담보부사채신탁법」 13. 「대부업 등의 등록 및 금융이용자 보호에 관한 법률」 14. 「문화산업진흥 기본법」 15. 「벤처기업육성에 관한 특별조치법」 16. 「보험업법」 17. 「감정평가 및 감정평가사에 관한 법률」 18. 「부동산투자회사법」 19. 「사회기반시설에 대한 민간투자법」 20. 「산업발전법」 21. 「상호저축은행법」 22. 「새마을금고법」 23. 「선박투자회사법」 24. 「소재·부품·장비산업 경쟁력강화를 위한 특별조치법」 25. 「수산업협동조합법」 26. 「신용보증기금법」 27. 「신용정보의 이용 및 보호에 관한 법률」 28. 「신용협동조합법」 29. 「여신전문금융업법」 30. 「예금자보호법」 30의2. 「온라인투자연계금융업 및 이용자 보호에 관한 법률」 31. 「외국인투자촉진법」 32. 「외국환거래법」 33. 「유사수신행위의 규제에 관한 법률」 34. 「은행법」 35. 「자본시장과 금융투자업에 관한 법률」 36. 「자산유동화에 관한 법률」 37. 「전자금융거래법」 37의2. 「주식·사채 등의 전자등록에 관한 법률」 38. 「주식회사 등의 외부감사에 관한 법률」 39. 「주택법」 40. 「중소기업은행법」 41. 「중소기업창업 지원법」 42. 「채권의 공정한 추심에 관한 법률」 43. 「특정 금융거래정보의 보고 및 이용 등에 관한 법률」 44. 「한국산업은행법」 45. 「한국수출입은행법」 46. 「한국은행법」 47. 「한국주택금융공사법」 48. 「한국투자공사법」 49. 「해외자원개발 사업법」

44) 자본시장법 시행령 §16(인가요건 등)⑧, 라. 금융관련법령이나 외국 금융관련법령(금융관련법령에 상당하는 외국 금융관련 법령을 말한다)에 따라 금융위원회, 외국 금융감독기관 등으로부터 지점, 그 밖의 영업소의 폐쇄 또는 그 업무의 전부나 일부의 정지 이상의 조치(이에 상당하는 행정처분을 포함한다. 이하 이 목에서 같다)를 받은 후 다음 구분에 따른 기간이 지났을 것

1) 업무의 전부정지: 업무정지가 끝난 날부터 3년

2) 업무의 일부정지: 업무정지가 끝난 날부터 2년

3) 지점, 그 밖의 영업소의 폐쇄 또는 그 업무의 전부나 일부의 정지: 해당 조치를 받은 날부터 1년

45) 금융소비자보호법 §12②(4), §12④

금융상품 자문업자 임원의 결격 요건	① 미성년자[46], 피성년후견인[47] 또는 피한정후견인[48]
	② 파산선고를 받고 복권되지 아니한 사람
	③ 금고 이상의 실형을 선고받고 그 집행이 끝나거나(집행이 끝난 것으로 보는 경우를 포함) 집행이 면제된 날부터 5년이 지나지 아니한 사람
	④ 금고 이상의 형의 집행유예를 선고받고 그 유예기간 중에 있는 사람
	⑤ 금융소비자보호법, 금융관련법령[49] 또는 외국 금융관련 법령에 따라 벌금 이상의 형을 선고받고 그 집행이 끝나거나(집행이 끝난 것으로 보는 경우를 포함) 집행이 면제된 날부터 5년이 지나지 아니한 사람
	⑥ 금융소비자보호법, 금융관련법령에 따라 임직원 제재조치(퇴임 또는 퇴직한 임직원의 경우 해당 조치에 상응하는 통보를 포함)를 받은 사람으로서 그 조치의 종류별로 5년을 초과하지 아니한 범위에서 일정 기간[50]이 지나지 아니한 사람

46) 민법상 사람은 만19세로 성년이 된다.

47) 민법 §9, "피성년후견인"이란 질병·노령·장애·그 밖의 사유로 인한 정신적 제약으로 사무를 처리할 능력이 지속적으로 결여된 사람으로서 일정한 자의 청구에 의하여 가정법원에서 성년후견개시의 심판을 받은 자이다. 피성년후견인은 가정법원이 다르게 정하지 않는 한 원칙적으로 종국적·확정적으로 유효하게 법률행위를 할 수 없으며, 그의 법률행위는 원칙적으로 취소할 수 있다.

48) 민법 §12, "피한정후견인"이란 질병·노령·장애·그 밖의 사유로 인한 정신적 제약으로 사무를 처리할 능력이 결여된 사람으로서 일정한 자의 청구에 의하여 가정법원에서 한정후견개시의 심판을 받은 자이다. 피한정후견인은 원칙적으로 종국적·확정적으로 유효하게 법률행위를 할 수 있다.

49) 금융관련법률이란 「금융회사의 지배구조에 관한 법률 시행령」§5 각 호에 따른 법률을 말한다.

50) 「금융회사의 지배구조에 관한 법률 시행령」§7② 각 호의 구분에 따른 기간을 말한다.

　1. 임원에 대한 제재조치의 종류별로 다음 각 목에서 정하는 기간

　　가. 해임(해임요구 또는 해임권고를 포함한다): 해임일(해임요구 또는 해임권고의 경우에는 해임요구일 또는 해임권고일을 말한다)부터 5년

　　나. 직무정지(직무정지의 요구를 포함한다) 또는 업무집행정지: 직무정지 종료일(직무정지 요구의 경우에는 직무정지 요구일을 말한다) 또는 업무집행정지 종료일부터 4년

　　다. 문책경고: 문책경고일부터 3년

　2. 직원에 대한 제재조치의 종류별로 다음 각 목에서 정하는 기간

　　가. 면직요구: 면직요구일부터 5년

　　나. 정직요구: 정직요구일부터 4년

　　다. 감봉요구: 감봉요구일부터 3년

　3. 재임 또는 재직 당시 금융관계법령에 따라 그 소속기관 또는 금융위원회·금융감독원장 외의 감독·검사기관으로부터 제1호 또는 제2호의 제재조치에 준하는 조치를 받은 사실이 있는 경우 제1호 또는 제2호에서 정하는 기간

　4. 퇴임하거나 퇴직한 임직원이 재임 또는 재직 중이었더라면 제1호부터 제3호까지의 조치를 받았을 것으로 인정되는 경우 그 받았을 것으로 인정되는 조치의 내용을 통보받은 날부터 제1호부터 제3호까지에서 정하는 기간

바. 이해 상충 방지 요건

금융상품자문업자는 다음과 같이 구분하여 금융소비자와의 이해 상충을 방지하기 위한 체계를 갖추어야 한다.[51]

(1) 「전자금융거래법」에 따른 전자적 장치를 이용한 자동화 방식을 통해서만 금융상품자문업을 영위하는 경우(온라인 금융상품자문업자)

아래와 같이 "이해상충행위 방지를 위한 기준"이 포함된 소프트웨어(알고리즘)를 설치하여야 하며,[52] 동 기준의 충족 여부는 ㈜코스콤[53]의 사전 인증을 받아야 한다. 이해상충 방지 알고리즘 설치를 요구하는 이유는 온라인 금융상품자문업자가 금융소비자에게 적합한 상품보다 수수료가 높은 금융상품을 온라인 플랫폼 상에 우선 노출시키는 등 금융소비자의 이해에 반하여 자신들에게 유리한 영업을 하는 것을 방지하기 위한 것이다.

〈 이해상충행위 방지를 위한 알고리즘 기준(온라인 금융상품자문업자) 〉

1 적합성 원칙[54]에 따른 정보를 고려하여 금융소비자의 금융상품 거래성향을 분석할 것	보장성·투자성 상품에만 적용
2 금융상품자문[55]에 응하는 내용이 하나의 금융상품 또는하나의 금융상품직접판매업자에 집중되지 않을 것	
3 금융소비자별로 매년 1회 이상 다음의 각 사항을 평가하여 금융상품자문에 응하는 내용을 조정할 것 ① 금융상품자문에 응하는 내용에 따른 거래의 안정성 및 수익성 ② 적합성 원칙에 따른 정보를 고려한 금융상품 거래 성향	보장성·투자성 상품에만 적용

---

51) 금융소비자보호법 §12②(5), 시행령 §5④
52) 금융소비자보호법 시행령 §5④(1), 감독규정 §5④
53) 증권관계기관 및 증권회사의 전산업무를 지원하는 증권전산 전문회사이다.
54) 금융소비자보호법 §17② 각 호의 적합성 원칙을 말한다.
55) 금융소비자보호법 §3(4)에 따른 금융상품자문에 응하는 것을 말한다.

(2) 그 밖의 경우

상기 (1)의 온라인 금융상품자문업자를 제외한 경우에는 다음의 요건을 모두 갖추어야 한다.[56]

〈 이해상충행위 방지를 위한 기준(온라인 금융상품자문업자 외) 〉

① 이해상충행위 방지 기준의 문서화	금융상품 유형별 구분 없음
② 이해상충행위 방지를 위한 교육·훈련 체제 수립	
③ 이해상충행위 방지 기준 위반시 조치 체계 수립	

사. 독립성 요건

금융상품자문업자는 금융상품판매업자와 이해관계를 갖지 않는 자로서 다음의 요건을 모두 갖추어야 한다.[57]

〈 금융상품자문업자의 독립성 요건 〉

금융상품자문업자의 독립성 요건	① 금융상품판매업(투자일임업[58]은 제외), 금융투자업[59], 농업협동조합법·산림조합법·새마을금고법·수산업협동조합법에 따른 신용사업 또는 공제사업을 겸영하지 아니할 것
	② 금융상품판매업자(투자일임업자는 제외)와 계열회사[60] 또는 관계회사[61]가 아닐 것
	③ 임직원이 금융상품판매업자의 임직원 직위를 겸직하거나 그로부터 파견받은 자가 아닐 것

---

56) 금융소비자보호법 시행령 §5④(2)

57) 금융소비자보호법 §12②(6), 시행령 §5⑤⑥

58) 자본시장법 제6조 제8항에 따른 투자일임업을 말한다.

59) 자본시장법에 따른 금융투자업을 말한다.

60) 공정거래법 §2(12), "계열회사"라 함은 2이상의 회사가 동일한 기업집단에 속하는 경우에 이들 회사는 서로 상대방의 계열회사라 한다.

자본시장법 상 투자자문업자가 금융소비자보호법에 따라 대출이나 보험 분야 자문을 하려는 경우, 투자상품 자문에 대해서도 독립성 요건 준수해야 하는지 여부[62]

금소법에서는 금융상품자문업자로 등록하려는 자는 자문업의 대상이 되는 금융상품의 유형과 관계없이 모든 금융상품에 대해 독립성을 확보할 것을 요구하고 있음.

[금소법상 금융상품자문업자의 독립성 요건]

① 금융상품판매업을 겸영하지 아니할 것

② 임직원이 금융상품판매업자의 임직원 직위를 겸직하지 않을 것 등

☞ 자본시장법 상 투자자문업자는 비독립으로 업무를 영위할 수 있으나 금융소비자보호법 상 금융상품자문업을 영위하기 위해서는 투자상품에 대해 독립성을 확보해야 함.

3 등록절차 및 방법

가. 등록신청서 제출(금융위원회 앞)

금융상품자문업자의 등록을 하려는 자는 금융위원회가 정하여 고시하는 등록신

---

61) 주식회사 등의 외부감사에 관한 법률 시행령 §26① 등, "관계회사"는 지배·종속의 관계에 있는 종속회사, 회계처리기준에 따른 관계기업(종속회사는 아니지만 투자자가 공동으로 지배하는 기업), 회계처리기준에 따른 공동기업(둘 이상의 투자자가 공동으로 지배하는 기업), 해당 회사의 발행주식총수 또는 출자지분의 20% 이상을 소유하고 있는 회사 또는 해당 회사가 발행주식총수 또는 출자지분의 20% 이상을 소유하고 있는 회사, 동일인이 해당 회사를 포함한 둘 이상의 회사의 각 발행주식총수 또는 출자지분의 30% 이상을 소유하고 있는 경우 해당 회사 외의 회사, 그 밖에 해당 회사와 이해관계가 있다고 인정되는 회사를 말한다.

62) 금융위원회 2020.10.28.일자 보도자료, "금융소비자보호법 시행령 제정안 입법예고" 참조

63) 금융소비자보호감독규정 [별표 1]

청서[63]에 ❶정관 또는 이에 준하는 업무운영규정, ❷사업계획에 관한 자료, ❸재무현황에 관한 자료 및 ❹등록요건을 갖추었음을 증명하는 자료를 첨부하여 금융위원회에 제출하여야 한다.[64]

나. 등록요건 심사(금융감독원)

금융감독원장[65]은 금융상품자문업자의 등록을 신청한 자가 금융소비자보호법 상 등록요건을 충족하였는지 여부에 대한 검토를 실시하고 등록을 위해 필요하다고 인정하는 경우에는 실태조사를 실시할 수 있으며, 관계 기관·단체 또는 전문가에게 의견 또는 자료의 제출을 요청할 수 있다.[66]

다. 등록여부 통보(금융위원회)

금융위원회는 등록 신청을 받은 날부터 2개월 이내에 등록 여부를 결정하고 지체 없이 그 결과와 이유를 신청인에게 문서로 알려야 한다. 이 경우 등록 여부를 결정하는데 걸린 기간은 ❶등록요건을 충족하는지를 확인하기 위하여 다른 기관으로부터 필요한 자료를 제공받는 데에 걸리는 기간, ❷신청인이 제출한 등록신청서에 흠이 있어 금융위원회가 보완을 요구한 경우 그 보완기간, ❸신청인을 상대로 형사소송 절차가 진행되고 있거나 금융위원회, 공정거래위원회, 국세청, 검찰청 또는 금융감독원 등에 의한 조사·검사 등의 절차가 진행되고 있고 그 소송이나 조사·검사 등의 내용이 등록여부에 중대한 영향을 미칠 수 있다고 인정되는 경우에는 그 소송이나 조사·검사 등의 절차가 끝날 때까지의 기간을 각각 제외하고 산정한다.[67] 다만 해당 기간에 등록 여부를 결정하기 어려운 불가피한 사정이 있는 때에는 2개월의 범위에서 한 차례 그 기간을 연장할 수 있다.[68]

---

64) 금융소비자보호법 시행령 §8①
65) 금융위원회는 금융소비자보호법 시행령 §49①(2)에 의거 금융상품자문업자의 등록요건 검토(실태조사 및 자료요청 포함) 관련 업무를 금융감독원장에게 위탁하였다.
66) 금융소비자보호법 시행령 §8③④
67) 금융소비자보호감독규정 §7④
68) 금융소비자보호법 시행령 §8②

금융상품자문업자 등록신청서 기재사항 및 첨부서류

1. 기재사항

> 가. 상호
>
> 나. 본점의 소재지
>
> 다. 임원에 관한 사항
>
> 라. 취급하고자 하는 금융상품에 관한 사항
>
> 마. 자기자본 등 재무에 관한 사항
>
> 바. 인력과 전산설비 등의 물적 설비에 관한 사항
>
> 사. 이해상충방지체계에 관한 사항
>
> 아. 금융상품판매업자와 이해관계를 갖지 않는 자에 관한 사항
>
> 자. 다른 업종을 겸영하는 경우 그 업종에 관한 사항

2. 첨부서류

> 가. 정관(이에 준하는 것을 포함한다)
>
> 나. 본점의 위치와 명칭을 기재한 서류
>
> 다. 임원의 이력서와 경력증명서
>
> 라. 취급하고자 하는 금융상품의 유형 등을 기재하는 서류
>
> 마. 최근 3개 사업연도의 재무제표와 그 부속명세서(설립 중인 법인은 제외하며, 설립
> 일부터 3개 사업연도가 지나지 아니한 법인의 경우에는 설립일부터 최근 사업연도까지의
> 재무제표와 그 부속명세서를 말한다)
>
> 바. 인력과 전산설비 등 물적 설비에 관한 사항을 확인할 수 있는 서류
>
> 사. 이해상충방지체계를 갖추었는지를 확인할 수 있는 서류(영 제5조제4항제1호에
> 해당하는 경우에는 제5조제4항 각 호의 기준을 충족하는지에 대해 ㈜코스콤으로부터
> 확인받은 서류를 포함한다)
>
> 아. 금융상품판매업자와 이해관계를 갖지 않는 자임을 확인할 수 있는 서류

3. 등록신청서

작 성 자 :	(직 위)
전화번호 :	
이 메 일 :	

1. 신청인

상 호		대표이사		법인등록번호	
업 종			설립연월일		
본점소재지					
최대주주명(지분율)					
주요주주명(지분율)					
자 본 금(백만원)		의결권 있는 발행주식총수			
영위하는 다른 업종					

■ 첨부서류

1-1. 정관(이에 준하는 것을 포함한다) 1부

1-2. 법인등기부등본(행정정보의 공동이용을 통하여 확인할 수 없는 경우) 1부

1-3. 발기인총회, 창립주주총회 또는 이사회의 의사록 등 설립 또는 등록신청의 의사결정을 증명하는 서류 1부

1-4. 본점의 위치 및 명칭을 기재한 서류 1부

1-5. 주주명부 1부

1-6. 영위하는 다른 업종에 대한 증빙서류 1부

2. 대표자 및 임원

임원수 :　명(상근:　명, 비상근:　명)

직위	성명	주민등록번호	소유주식수(비율)	주요경력	상근여부	담당업무	전문인력여부	임원자격적합여부

기재상의 주의

1. 임원 자격은 「금융소비자 보호에 관한 법률」제12조제4항제1호 각 목의 자격을 말함

2. 소유주식비율은 의결권 있는 발행주식 총수를 기준으로 계산함

■ 첨부서류

2-1. 대표자 및 임원의 이력서와 경력증명서(신원조회 관련서류 포함) 각 1부

2-2. 임원자격에 적합함에 관한 확인서 및 증빙서류 각 1부

3. 취급하고자 하는 금융상품에 관한 사항

가.	금융상품의 유형 :
나.	금융상품의 구체적인 내용 :
다.	그 밖의 내용 :

기재상의 주의

1. 금융상품의 유형은 ①예금성 상품, ②대출성 상품, ③투자성 상품, ④보장성 상품으로 구분하여 표시하되, 해당 금융상품에 대한 금융관련법령을 병기하여 줄 것

　(예: 투자성 상품(「자본시장과 금융투자업에 관한 법률」제9조제21항에 따른 집합투자증권))

2. 취급하고자 하는 금융상품의 유형이 복수인 경우에는 해당 금융상품의 유형을 구분하여 표시할 것

3. 금융상품의 유형, 내용 등에 대해 상세히 기재할 것

■ 첨부서류

3-1. 취급하고자 하는 금융상품의 유형 등에 대한 설명자료

4. 자기자본 등 재무에 관한 사항

구분	20 . . .	20 . . .	20 . . .
자산총계			
부채총계			
자본총계			
부채비율			
영업수익			
영업비용			
당기순이익			

■ 첨부서류

4-1. 최근 3개 사업연도의 재무제표와 그 부속명세서(설립 중인 법인은 제외하며, 설립일로부터 3개 사업연도가 지나지 아니한 법인의 경우에는 설립일부터 최근 사업연도까지의 재무제표와 그 부속명세서를 말한다) 1부

※최근 3개 사업연도의 재무제표에 관한 감사보고서를 제출하는 경우 4-1의 서류를 제출하지 아니할 수 있다.

5. 인력에 관한 사항

가. 업무 수행에 필요한 전문성을 갖춘 인력에 관한 사항

성명	주민등록번호	주요경력	담당업무	전문자격 내용 등

나. 전산설비 운영·유지·관리를 전문적으로 수행할 수 있는 인력에 관한 사항

성명	주민등록번호	주요경력	담당업무	전문자격 내용 등

기재상의 주의

1. 다음 각 목의 구분에 따라 업무 수행에 필요한 전문성을 갖춘 인력 1명 이상이 있음을 기재할 것

가. 「금융소비자 보호에 관한 법률」 제12조제1항에 따라 등록하려는 금융상품 유형의 금융상품판매업에 3년 이상 종사한 경력이 있는 사람(등록을 신청한 날 이전 5년 이내에 해당 업

무에 종사한 사람만 해당한다)인 경우: 다음의 구분에 따른 교육을 24시간 이상 받은 사람일 것

　　1) 대출성 상품: 「서민의 금융생활 지원에 관한 법률」 제56조에 따라 설립된 신용회복위원회(이하 이 조에서 "신용회복위원회"라 한다)가 신용 및 부채 각각의 관리에 관한 개인의 전문성·윤리성을 인증하는 자격의 취득과 관련된 교육

　　2) 보장성 상품: 「보험업법」 제175조에 따라 설립된 보험협회 중 생명보험회사로 구성된 협회 및 손해보험회사로 구성된 협회가 보장성 상품의 취득과 처분결정에 관한 개인의 전문성·윤리성을 인증하는 자격의 취득과 관련된 교육

　　3) 투자성 상품: 다음의 자격 중 어느 하나의 취득과 관련된 교육

　　　가) 「자본시장과 금융투자업에 관한 법률」 제286조제1항제3호가목에 따른 투자권유자문인력

　　　나) 「자본시장과 금융투자업에 관한 법률」 제286조제1항제3호다목에 따른 투자운용인력

　　4). 예금성 상품: 상기 1)부터 3) 중 어느 하나에 해당하는 교육을 받을 것

　나. 그 밖의 경우: 다음의 구분에 따른 자격을 취득한 사람일 것

　　1) 대출성 상품: 상기 가목의 1)에 따른 자격을 취득할 것

　　2) 보장성 상품: 상기 가목의 2)에 따른 자격을 취득할 것

　　3) 투자성 상품: 상기 가목의 3)에 따른 자격을 취득할 것

　　4) 예금성 상품: 상기 가목의 4)에 따른 자격을 취득할 것

2. 전산설비 운용·유지관리를 전문적으로 수행할 수 있는 인력을 1명 이상 두고 있음을 기재할 것

■ 첨부서류

5-1. 해당 인력별 경력증명서(상근임을 확인할 수 있는 서류 포함) 및 자격확인서류 각 1부

---

6. 전산설비 등 물적 설비에 관한 사항

　

기재상의 주의

1. 다음 각 목의 구분에 따라 기재할 것

가. 전산 설비: 다음의 설비

   1) 컴퓨터 등 정보통신설비

   2) 전자적 업무처리에 필요한 설비

나. 그 밖의 물적 설비: 다음의 설비

   1) 고정사업장(건축물대장에 기재된 건물(「건축법」 제2조제2항제1호에 따른 단독주택, 같은 항 제2호에 따른 공동주택 및 같은 항 제15호에 따른 숙박시설은 제외한다)을 소유, 임차 또는 사용대차 등의 방법으로 사용할 수 있는 권리를 6개월 이상 확보한 장소)

   2) 사무장비 및 통신수단

   3) 업무 관련 자료의 보관 및 손실방지 설비

   4) 전산설비 등을 안전하게 보호할 수 있는 보안설비

■ 첨부서류

6-1. 물적 설비 내역에 대한 증빙서류, 사무공간·전산설비 등의 임차계약서 사본 및 부동산등기부등본 등의 서류

---

7. 사회적 신용에 관한 사항

기재상의 주의

1. 「금융소비자 보호에 관한 법률 시행령」제5조제3항제2호에 관한 사항을 충족하였음을 기재할 것

■ 첨부서류

4-1. 신청인의 「금융소비자 보호에 관한 법률 시행령」제5조제3항제2호에 관한 사항에 적합함에 관한 확인서 및 증빙서류 각 1부

---

8. 이해상충방지체계에 관한 사항

기재상의 주의

1. 다음의 각 목의 구분에 따른 사항을 충족하였음을 기재할 것

　가. 「전자금융거래법」에 따른 전자적 장치를 이용한 자동화 방식을 통해서만 금융상품자문업
　　　을 영위하는 경우: 다음에 따른 이해상충행위 방지를 위한 기준이 포함된 소프트웨어를
　　　설치할 것

　　　1) 「금융소비자 보호에 관한 법률」 제17조제2항 각 호의 구분에 따른 정보를 고려하여 금
　　　　　융소비자의 금융상품 거래 성향을 분석할 것

　　　2) 「금융소비자 보호에 관한 법률」 제2조제4호에 따른 금융상품자문에 응하는 내용이 하
　　　　　나의 금융상품 또는 하나의 금융상품직접판매업자에 집중되지 않을 것

　　　3) 금융소비자별로 매년 1회 이상 다음 각 목의 사항을 평가하여 금융상품자문에 응하는
　　　　　내용을 조정할 것

　　　　　가) 금융상품자문에 응하는 내용에 따른 거래의 안전성 및 수익성

　　　　　나) 금융소비자의 금융상품 거래 성향

　나. 그 밖의 경우: 다음의 요건을 모두 갖출 것

　　　1) 이해상충행위 방지 기준의 문서화에 관한 사항

　　　2) 이해상충행위 방지를 위한 교육·훈련 체계에 관한 사항

　　　3) 이해상충행위 방지 기준 위반 시 조치에 관한 사항

■ 첨부서류

7-1. 이해상충방지체계를 갖추었는지를 확인할 수 있는 증빙서류(코스콤의 확인서류)

---

9. 독립성에 관한 사항

기재상의 주의

1. 아래의 사항에 대해 기재할 것

　가. 금융상품판매업(「자본시장과 금융투자업에 관한 법률」 제6조제8항에 따른 투자일임업은
　　　제외한다)과 「금융소비자 보호에 관한 법률 시행령」 제5조제5항 각 호의 금융업 겸영 여부

　나. 금융상품판매업자(「자본시장과 금융투자업에 관한 법률」 제8조제6항에 따른 투자일임업

자는 제외한다. 이하 같다)와 「독점규제 및 공정거래에 관한 법률」 제2조제3호에 따른 계

열회사 또는 「금융소비자 보호에 관한 법률 시행령」제5조제6항에서 정하는 관계가 있는

회사인지 여부

　다. 소속 임직원이 금융상품판매업자의 임직원 직위를 겸직하거나 그로부터 파견받은 자인

　　지 여부

■ 첨부서류

8-1. 독립성에 관한 사항에 대한 증빙서류

10. 그 밖의 기재사항

■ 첨부서류

11-1. 대리인이 신청하는 경우 위임장등 대리권 수여에 관한 증빙서류 1부

11-2. 그 밖에 신청사실의 타당성을 심사하기 위하여 필요한 서류

※ 외국어로 작성된 증빙서류 등은 국문으로 번역된 요약본을 첨부하여야 하며, 외국에서 작성

된 서류는 현지의 공증을 받아야 함

「금융소비자 보호에 관한 법률」 제12조 및 같은 법 시행령 제8조에 따라 위와 같이 금융상품자문업

등록을 신청합니다.

년　　　월　　　일

신청자(대리인)　　　　　　　(인)

금융위원회 위원장 귀하

금융상품판매대리·중개업자의 등록요건

1 의의

금융상품판매대리·중개업자는 금융상품자문업자와 마찬가지로 금융소비자보호법 상 등록요건을 갖춘 자에게만 영업을 허용하는 '등록제'로 운영된다. 금융관계법률에 근거하여 이미 인허가 또는 등록을 하였거나 인허가 또는 등록을 하지 아니하여도 금융상품판매대리·중개업을 영위할 수 있는 경우에는 금융소비자보호법 제12조 제1항에 따른 등록을 하지 않아도 된다. 즉, 금융상품판매대리·중개업자에 해당하는 투자권유대행인, 보험설계사, 보험대리점, 보험중개사, 대부중개업자 등의 경우에는 자본시장법, 보험업법, 대부업법 등 개별 금융업법에 근거하여 이미 등록하였으므로 금융소비자보호법에 따른 등록을 요하지 아니한다. 따라서, 사실상 금융소비자보호법에 근거하여 등록을 해야 하는 금융상품판매대리·중개업자로는 개별 금융업법 상 등록 근거가 존재하지 아니하는 ❶신용협동조합 공제상품모집인과 ❷ 대출모집인으로 제한되므로 본 책자에서는 이들 2개의 금융상품판매대리·중개업자에 대해서만 등록요건을 기술하고자 한다.

2 등록요건의 세부내용

〈 금융상품판매대리·중개업자 등록요건 〉

신협 공제상품 모집인(개인)	대출모집인		
	개인	온·오프라인 법인 공통	온라인 법인 단독
▪ 인력요건 (관련 자격, 교육 이수)	좌동	▪ 사회적 신용요건 (신청인·대주 주의 형사처벌 부존재 등)	▪ 배상책임 담보요건 (5천만원 이상 예탁, 보 험가입)
▪ 결격요건 (미성년자등×, 형사처벌 부존재)	좌동	▪ 임원결격요건 (미성년자등×, 형사처벌부존재)	▪ 알고리즘요건 (이자율 등으로 대출 상 품 검색 가능/소비자에 게 유리한 조건 순으로 상품 배열/검색결과와 무관한 광고 금지/코스 콤의 사전 인증)
▪ 기타요건 (업무수행, 인적 물적요건)	−	▪ 업무수행기준요건 (직무수행 절차방법·기준, 임직원 교육)	
		▪ 인력요건 (상품·전산 전문인력 각각 1인 이상)	
		▪ 물적요건 (전산설비, 고정사업 장 등)	

금융소비자보호법 제12조 제3항에 따른 금융상품판매대리·중개업의 등록요건은 신용협동조합 공제상품모집인(개인)과 대출모집인(개인 및 법인)으로 구분된다. 개인만으로 구성된 신용협동조합 공제상품모집인은 ❶전문자격 또는 교육이수 요건, ❷ 미성년자 등 미해당·형사처벌 부존재 등의 결격사유 요건만이 요구된다. 대출모집인은 ❶개인 대출모집인의 경우 신용협동조합 공제상품모집인의 등록요건과 동일하나, ❷법인 대출모집인의 경우 온·오프라인 법인 공통요건과 온라인 법인[69] 단독

요건으로 구분할 수 있다. 대출모집인 중 개인의 경우 인력요건과 결격요건만을 요구하여 까다롭지 아니하나 법인의 경우 사회적 신용 요건 등 개인 보다 높은 수준의 등록요건을 요구받고 있다.

가. 신용협동조합 공제상품모집인(개인) 및 개인 대출모집인

개인 신분으로 금융상품판매대리·중개업을 영위하고자 하는 신용협동조합 공제상품모집인과 대출모집인은 인력요건과 결격요건만을 요구하고 있어 법인 자격의 금융상품자문업자와 대출모집인에 비해 등록요건이 까다롭지 않다.

(1) 인력 요건

금융상품판매대리·중개업자로 등록하려는 신용협동조합 공제상품모집인(개인) 및 개인 대출모집인은 취급하려는 금융상품 및 금융소비자보호 등에 관한 교육을 이수하여야 한다.[70]

① 신용협동조합 공제상품모집인(개인)

신용협동조합법에 따른 공제를 취급하는 신용협동조합 공제상품모집인이 되려는 사람은 다음의 교육 중 어느 하나를 이수해야 한다.[71]

> **1** 「보험업법」에 따른 보험설계사, 개인인 보험대리점 또는 보험중개사가 금융위원회에 등록할 경우 같은법 시행령에 따라 이수해야 하는 교육
>
> **2** 공제를 취급하는 신협 공제상품모집인이 갖추어야 할 전문성 확보를 위해 신협중앙회가 **1**에 따른 교육에 준하여 실시하는 교육

② 개인 대출모집인

---

69) 소비자와 직접 대면하지 않고 전자금융거래법에 따른 전자적 장치를 이용한 자동화 방식을 통해서만 서비스를 제공하는 "온라인 법인대출모집인"을 말한다.
70) 금융소비자보호법 §12③(1), 시행령 §6①
71) 금융소비자보호감독규정 §6③

대출성 상품을 취급하려는 개인 대출모집인은 취급하려는 금융상품 및 금융소비자보호 등에 관한 교육을 다음의 구분에 따라 이수해야 한다.[72]

■ 대출성 상품을 취급하는 금융상품직접판매업에 3년 이상 경력이 있는 사람[73]	여신전문금융업협회가 개인이 대출성 상품에 관한 계약의 체결을 대리하거나 중개하는데 필요한 전문성·윤리성을 갖추었는지를 인증하는 데 필요한 교육을 여신전문금융업협회가 지정하는 기관으로부터 24시간 이상 받을 것
② 그 밖의 경우	교육을 여신전문금융업협회가 지정하는 기관으로부터 48시간 이상 받은 후에 그 교육을 충실히 이수하였는지에 대해 여신전문금융업협회로부터 인증을 받을 것

(2) 결격 요건

금융상품판매대리·중개업자로 등록하려는 신협 공제상품모집인(개인) 및 개인 대출모집인은 다음의 결격 요건 중 어느 하나에 해당하지 아니하여야 한다.[74]

■ 미성년자, 피성년후견인 또는 피한정후견인
② 파산선고를 받고 복권되지 아니한 사람
③ 금고 이상의 형의 집행유예를 선고받고 그 유예기간 중에 있는 사람
④ 금고 이상의 실형을 선고받고 그 집행이 끝나거나(집행이 끝난 것으로 보는 경우를 포함) 집행이 면제된 날부터 2년[75]이 지나지 아니한 사람
⑤ 금융소비자보호법, 금융관련법령 또는 외국 금융관련 법령에 따라 벌금 이상의 형을 선고받고 그 집행이 끝나거나(집행이 끝난 것으로 보는 경우를 포함) 집행이 면제된 날부터 2년[76]이 지나지 아니한 사람

---

72) 금융소비자보호감독규정 §6①
73) 등록을 신청한 날 이전 5년 이내에 해당 업무에 종사한 사람만 해당된다.

나. 법인 대출모집인

법인 자격으로 금융상품판매대리·중개업을 영위하고자 하는 대출 모집인은 법인만 등록할 수 있는 금융상품자문업자와 유사한 수준의 등록요건이 요구된다. 법인 대출모집인의 경우 모든 법인 대출모집인에게 적용되는 온·오프라인 법인 공통요건과 전자적 장치를 이용한 자동화 방식으로만 서비스를 제공하는 온라인 법인[77]에만 적용되는 단독요건으로 각각 구분할 수 있다.

(1) 온·오프라인 법인 공통요건

① 사회적 신용요건

금융상품판매대리·중개업자로 등록하려는 법인 대출모집인[78]은 형사처벌 및 중대한 제재 전력 등이 없어야 한다. 법인 대출모집인의 등록 신청인이 법인 자체이므로 사회적 신용 요건은 법인 자체에만 적용되고[79] 해당 법인 임원의 경우 임원 자격요건이 적용된다. 구체적으로는 자본시장법 시행령 제16조 제8항 제2호[80]에 따른 사회적 신용을 갖추어야 한다. 다만, 그 위반 등의 정도가 경미하다고 인정되는 경우는 제외된다.[81]

---

74) 금융소비자보호법 §12③(2),④(2)

75) 금융상품자문업자의 임원의 경우에는 5년이나, 개인 및 법인의 대출모집인의 임원은 2년으로 동일하다.

76) 금융상품자문업자의 임원의 경우에는 5년이나, 개인 및 법인의 대출모집인의 임원은 2년으로 동일하다.

77) 소비자와 직접 대면하지 않고 전자금융거래법에 따른 전자적 장치를 이용한 자동화 방식을 통해서만 서비스를 제공하는 "온라인 법인 대출모집인"을 말한다.

78) 법인 대출모집인으로 등록을 신청할 때에는 사회적 신용 요건의 경우 등록을 신청하는 법인에만 적용되고 그 법인의 대주주는 적용되지 아니한다.

79) 당초 금융소비자보호법 시행령 제정안은 법인 및 대주주 모두에게 사회적 신용 요건을 부과하였으나 심의 과정에서 대주주는 그 대상에서 제외되었다.

법인 대출모집인의 사회적 신용 요건[82]	**1** 최근 3년간 금융관련법령[83], 공정거래법 및 조세범 처벌법을 위반하여 벌금형 이상에 상당하는 형사처 벌을 받은 사실이 없을 것. 단, 양벌규정에 따라 처벌 받은 경우 제외
	2 최근 3년간 채무불이행 등으로 건전한 신용질서를 해친 사실이 없을 것
	3 최근 5년간 금융산업구조개선법에 따라 부실금융기 관으로 지정되었거나 금융관련법령에 따라 영업의 허가·인가·등록 등이 취소된 자가 아닐 것
	4 금융관련법령(외국 금융관련법령 포함)에 따라 금융위 원회, 외국 금융감독기관 등으로부터 지점, 그 밖의 영업소의 폐쇄 또는 그 업무의 전부나 일부의 정지 이상의 조치(이에 상당하는 행정처분을 포함)를 받은 후 일정 기간이 지났을 것 – 업무의 전부정지 : 업무정지가 끝난 날부터 3년 – 업무의 일부정지 : 업무정지가 끝난 날부터 2년 – 지점, 그 밖의 영업소 폐쇄 또는 그 업무의 전부나 　일부의 정지 : 해당 조치를 받은 날부터 1년

② 임원의 결격 요건

금융상품판매대리·중개업자로 등록하려는 법인 대출모집인의 임원은 다음의 결격 요건 중 어느 하나에 해당하지 아니하여야 한다.[84] 이 경우 임원이란 법인등기부등본상 이사, 감사 등으로 등기된 자를 의미하며, 등기임원이다수인 경우 모두 심사대상에 해당된다.

1 미성년자, 피성년후견인 또는 피한정후견인
2 파산선고를 받고 복권되지 아니한 사람
3 금고 이상의 형의 집행유예를 선고받고 그 유예기간 중에 있는 사람
4 금고 이상의 실형을 선고받고 그 집행이 끝나거나(집행이 끝난 것으로 보는 경 우를 포함) 집행이 면제된 날부터 2년이 지나지 아니한 사람

5 금융소비자보호법, 금융관련법령 또는 외국 금융관련 법령에 따라 벌금 이상의 형을 선고받고 그 집행이 끝나거나(집행이 끝난 것으로 보는 경우를 포함) 집행이 면제된 날부터 2년이 지나지 아니한 사람

---

80) 자본시장법 §12(금융투자업의 인가), ②제1항에 따라 금융투자업인가를 받으려는 자는 다음 각 호의 요건을 모두 갖추어야 한다.

　6의2. 대통령령으로 정하는 건전한 재무상태와 사회적 신용을 갖출 것

　자본시장법 시행령 §16(인가요건 등), ⑧법 제12조제2항제6호의2에서 "대통령령으로 정하는 건전한 재무상태와 사회적 신용"이란 다음 각 호의 구분에 따른 사항을 말한다.

　2. 사회적 신용: 다음 각 목의 모든 요건에 적합한 것. 다만, 그 위반 등의 정도가 경미하다고 인정되는 경우는 제외한다.

　　가. 최근 3년간「금융회사의 지배구조에 관한 법률 시행령」제5조에 따른 법령(금융관련법령),「독점규제 및 공정거래에 관한 법률」및「조세범 처벌법」을 위반하여 벌금형 이상에 상당하는 형사처벌을 받은 사실이 없을 것. 다만, 법 제448조, 그 밖에 해당 법률의 양벌 규정에 따라 처벌을 받은 경우는 제외한다.

　　나. 최근 3년간 채무불이행 등으로 건전한 신용질서를 해친 사실이 없을 것

　　다. 최근 5년간「금융산업의 구조개선에 관한 법률」에 따라 부실금융기관으로 지정되었거나 금융관련법령에 따라 영업의 허가·인가·등록 등이 취소된 자가 아닐 것

　　라. 금융관련법령이나 외국 금융관련법령(금융관련법령에 상당하는 외국 금융관련 법령을 말한다)에 따라 금융위원회, 외국 금융감독기관 등으로부터 지점, 그 밖의 영업소의 폐쇄 또는 그 업무의 전부나 일부의 정지 이상의 조치(이에 상당하는 행정처분을 포함한다. 이하 이 목에서 같다)를 받은 후 다음 구분에 따른 기간이 지났을 것

　　　1) 업무의 전부정지: 업무정지가 끝난 날부터 3년

　　　2) 업무의 일부정지: 업무정지가 끝난 날부터 2년

　　　3) 지점, 그 밖의 영업소의 폐쇄 또는 그 업무의 전부나 일부의 정지: 해당 조치를 받은 날부터 1년

　*금융소비자보호법 시행령 §6②(4)후단

　　－ 자본시장법 시행령 §16(인가요건 등)⑧의 가목 중「독점규제 및 공정거래에 관한 법률」은「독점규제 및 공정거래에 관한 법률」제3조의2(시장지배적 지위의 남용금지), 제19조(부당한 공동행위의 금지), 제23조(불공정거래행위의 금지), 제23조의2(특수관계인에 대한 부당한 이익제공 등 금지) 또는 제23조의3(보복조치의 금지)으로 본다.

81) 금융소비자보호법 §시행령 §6⑥(4)

82) 금융상품자문업자와 법인 대출모집인의 사회적 신용 요건은 동일하다.

83)「금융회사의 지배구조에 관한 법률 시행령」§5 각 호에 따른 법률을 말한다.

　금융회사지배구조법 §5(금융관련법령), 법 제2조제7호에서 "대통령령으로 정하는 금융 관계 법령"이란 법, 이 영 및 다음 각 호의 법령을 말한다.

　1. 삭제 2.「공인회계사법」3.「근로자퇴직급여 보장법」4.「금융산업의 구조개선에 관한 법률」4의2「금융소비자 보호에 관한 법률」5.「금융실명거래 및 비밀보장에 관한 법률」6.「금융위원회의 설치 등에 관한 법률」7.「금융지주회사법」7의2「금융혁신지원 특별법」8.「한국자산관리공사 설립 등에 관한 법률」9.「기술보증기금법」10.「농림수산식품투자조합 결성 및 운용에 관한 법률」11.「농업협동조합법」12.「담보부사채신탁법」13.「대부업 등의 등록 및 금융이용자 보호에 관한 법률」14.「문화산업진흥 기본법」15.「벤처기업육성에 관한 특별조치법」16.「보험업법」17.「감정평가 및 감정평가사에 관한 법률」18.「부동산투자회사법」19.「사회기반시설에 대한 민간투자법」20.「산업발전법」21.「상호저축은행법」22.「새마을금고법」23.「선박투자회사법」24.「소재·부품·장비산업 경쟁력강화를 위한 특별조치법」25.「수산업협동조합법」26.「신용보증기금법」27.「신용정보의 이용 및 보호에 관한 법률」28.「신용협동조합법」29.「여신전문금융업법」30.「예금자보호법」30의2「온라인투자연계금융업 및 이용자 보호에 관한 법률」31.「외국인투자 촉진법」32.「외국환거래법」33.「유사수신행위의 규제에 관한 법률」34.「은행법」35.「자본시장과 금융투자업에 관한 법률」36.「자산유동화에 관한 법률」37.「전자금융거래법」37의2「주식·사채 등의 전자등록에 관한 법률」38.「주식회사 등의 외부감사에 관한 법률」39.「주택법」40.「중소기업은행법」41.「중소기업창업 지원법」42.「채권의 공정한 추심에 관한 법률」43.「특정 금융거래정보의 보고 및 이용 등에 관한 법률」44.「한국산업은행법」45.「한국수출입은행법」46.「한국은행법」47.「한국주택금융공사법」48.「한국투자공사법」49.「해외자원개발 사업법」

84) 금융소비자보호법 §12④(2)

③ 업무수행기준 요건

금융상품판매대리·중개업자로 등록하려는 법인 대출모집인은 다음에 해당하는 업무수행기준을 모두 갖추어야 한다.[85]

1 권유, 계약 체결 등 금융소비자를 대상으로 하는 직무의 수행에 관한 사항
2 권유, 계약 체결 등 금융소비자를 대상으로 하는 직무를 수행하는 사람이 갖추어야 할 교육수준 또는 자격에 관한 사항
3 금융소비자와의 이해상충 방지에 관한 사항
4 광고물 제작 및 광고물 내부 심의에 관한 사항

④ 인력 보유 요건

금융상품판매대리·중개업자로 등록하려는 법인 대출모집인은 다음과 같이 상품 전문인력 및 전산 전문인력을 각각 구비하여야 한다.[86] 상품 전문인력이란 금융상품 및 금융소비자보호 등에 관한 교육을 이수한 자를 말하고 법인 대출모집인은 법인의 대표 또는 임원이 해당 교육을 이수해야 한다.[87] 한편, 전산 전문인력의 자격과 경력에 대한 기준은 금융소비자보호법 상 명확한 기준은 없으나 ❶전산관련분야의 학위 유무, ❷정보처리기술사 등 자격 유무, ❸관련 업무 종사기간등을 종합적으로 고려하여 판단하여야 한다. 법인 대출모집인에 근무하는 전산전문인력은 상근 직원 1인 이상이 필수적이나 전산관리업무를 외부 업체에 위탁하는 경우라면 해당 업체 직원을 상주하게 하는 것도 가능한 것으로 해석된다.[88]

---

85) 금융소비자보호법 시행령 § 6②(1), 감독규정 § 6④
86) 금융소비자보호법 시행령 § 6②(2), 감독규정 § 6⑤
87) 금융소비자보호법 시행령 § 6①단서
88) 금융위원회 · 금융감독원, 금융소비자보호법 FAQ 답변 참조

❶ 업무수행에 필요한 전문성을 갖춘 인력 1명 이상 (상품 전문인력)	대출성 상품	❶ 대출성 상품을 취급하는 금융상품 직접판매업에 3년 이상 경력이 있는 사람[89]	여신전문금융업협회가 개인이 대출성 상품에 관한 계약의 체결을 대리하거나 중개하는데 필요한 전문성·윤리성을 갖추었는지를 인증하는 데 필요한 교육을 여신전문금융업협회가 지정하는 기관으로부터 24시간 이상 받을 것
		❷ 그 밖의 경우	개인이 대출성 상품에 관한 계약의 체결을 대리하거나 중개하는데 필요한 전문성·윤리성을 갖추었는지를 인증하는 데 필요한 교육을 여신전문금융업협회가 지정하는 기관으로부터 48시간 이상 받은 후에 그 교육을 충실히 이수하였는지에 대해 여신전문금융업협회로부터 인증을 받을 것
	공제	❶ 「보험업법」에 따른 보험설계사, 개인인 보험대리점 또는 보험중개사가 금융위원회에 등록할 경우 같은법 시행령에 따라 이수해야 하는 교육을 받을 것	
		❷ 공제를 취급하는 신협 공제상품모집인이 갖추어야 할 전문성 확보를 위해 신협중앙회가 실시하는 교육을 받을 것	
❷ 전산 설비의 운용·유지 및 관리를 전문적으로 수행할 수 있는 인력 1명 이상(전산 전문인력)			

---

89) 등록을 신청한 날 이전 5년 이내에 해당 업무에 종사한 사람만 해당된다.

⑤ 물적 요건

금융상품판매대리·중개업자로 등록하려는 법인 대출모집인은 다음에 해당하는 물적 요건을 모두 구비하여야 한다.[90]

1 컴퓨터 등 정보통신설비
2 전자적 업무처리에 필요한 설비
3 고정사업자. 이 경우 고정사업장은 건축물대장에 기재된 건물[91]을 소유, 임차 또는 사용대차 등의 방법으로 사용할 수 있는 권리를 6개월 이상 확보한 장소여야 함[92]
4 사무장비 및 통신수단
5 업무 관련 자료의 보관 및 손실방지 설비
6 전산설비 등을 안전하게 보호할 수 있는 보안설비

(2) 온라인 법인 단독 요건

「전자금융거래법」에 따른 전자적 장치를 이용한 자동화 방식을 통해서만 금융상품판매대리·중개업을 영위하려는 온라인 법인 대출모집인의 경우에는 온·오프라인 법인 공용 요건 이외에 ❶배상책임 담보 요건과 ❷이해상충 방지 소프트웨어(알고리즘) 설치 요건을 추가적으로 갖추어야 한다.[93]

---

90) 금융소비자보호법 시행령 §6②(3)
91) 건축법 상 단독주택, 공동주택 및 숙박시설은 제외한다.
92) 금융소비자보호감독규정 §5②
93) 금융소비자보호법 시행령 §6②단서, 시행령 §6②(5)(6)

온라인 법인 대출모집인의 1사(社) 전속 규제의 예외 허용[94]

대출모집인은 1사 전속 규제를 받고 있어 같은 상품유형의 금융상품에 대하여 둘 이상의 금융상품직접판매업자를 위해 금융상품에 관한 계약의체결을 대리·중개하는 행위를 할 수 없다. [금융소비자보호감독규정 §22(1)] 다만, 대출성 상품에 관한 금융상품판매대리·중개업을 전자금융거래 방식으로만 영위하는 법인(온라인 법인 대출모집인)은 1사 전속 규제의 예외를 허용하고 있다. [금융소비자보호감독규정 §22(1)마목2]

이는 온라인 법인 대출모집인은 금융소비자와 직접 대면하거나 의사소통을 하지 않고 자동화된 방식으로 서비스를 제공하고 있는 바, 다양한 업체의 금융상품 정보를 찾아 비교하는 데 드는 비용이 현저히 낮고 자동거래가 이루어지므로 부당권유로 인한 이해상충 발생 우려가 낮은 점 등을 고려한 것이다.

① 배상책임 담보 요건

온라인 법인 대출모집인은 금융소비자의 손해배상을 위해 5천만원 이상의 보증금을 금융감독원에 예탁하거나 이와 같은 수준 이상의 보장성 상품에 가입하여야 한다.[95]

② 이해상충 방지 소프트웨어(알고리즘) 설치 요건

온라인 법인 대출모집인은 「전자금융거래법」에 따른 전자적 장치에 이해상충

---

94) 금융위원회 2020.10.28.일자 보도자료, "금융소비자보호법 시행령 제정안 입법예고" 참조
95) 금융소비자보호법 시행령 §6②(5), 감독규정 §6⑥
96) 금융소비자보호법 시행령 §6②(6)

행위 방지를 위한 기준이 포함된 소프트웨어(알고리즘)을 설치하여야 한다.[96] 동 알고리즘에는 다음의 기준이 모두 포함되어야 하며,[97] 법인 대출모집인의 등록을 신청하기 위해서는 알고리즘의 관련 기준 충족 여부에 대해 ㈜코스콤의 사전 인증을 받아야 한다. 이해상충 방지 알고리즘 설치를 요구하는 이유는 온라인 법인 대출모집인이 금융소비자에게 적합한 상품보다 수수료가 높은 금융상품을 온라인 플랫폼 상에 우선 노출시키는 등 금융소비자의 이해에 반하여 자신들에게 유리한 영업을 하는 것을 방지하기 위함이다.

〈 이해상충행위 방지를 위한 알고리즘 기준(온라인 법인 대출모집인) 〉

1 금융소비자가 이자율, 개인신용평점 또는 상환기간 등 대출성 상품 계약에 관한 의사결정을 하는 경우에 자신에게 필요한 사항을 선택하여 이에 부합하는 금융상품을 검색할 수 있을 것
2 금융상품을 검색하는 경우에 이자율이나 원리금이 낮은 금융상품을 상단에 배치시키는 등 금융소비자의 선택에 따라 금융소비자에게 유리한 조건의 우선순위를 기준으로 금융상품이 배열되도록 할 것
3 금융상품의 검색 화면에서 검색결과와 무관한 동종 금융상품을 광고하지 않을 것
4 금융상품직접판매업자가 제공하는 수수료 등 재산상 이익으로 인해 금융상품의 검색기능이 왜곡되지 않을 것

> **TIP** "대출성 상품 온라인판매대리·중개업자"의 등록요건 중
> '이해상충 방지를 위한 소프트웨어' 설치에 대하여[98]
>
> 대출성 상품 온라인 판매대리중개업자의 경우 전산장치에 의한 자동거래가 이

---

97) 금융소비자보호감독규정 §6⑦

98) 금융위원회 2020.10.28.일자 보도자료, "금융소비자보호법 시행령 제정안 입법예고" 참조

루어지는 점을 감안하여 1사 전속 원칙을 적용하지 않는 만큼 전산장치에 이해상

충*위험이 없도록 할 필요가 있다. 이에 따라 이와 관련된 알고리즘을 전산장치

에 탑재하도록 규정한 것이다.

* 금융소비자를 중개수수료가 높은 상품 위주로 유인하거나 불필요한 상품가입을 반복적
  으로 권유하는 행위 등.

※ 영국 금융당국(FCA)의 "대출 비교사이트"에 대한 소비자보호 규제(FCA
  Handbook) 참조.

3 등록절차 및 방법

가. 소속 대출모집인 100명 이상 법인 대출모집인 및 온라인 법인 대출모집인

(⇒ 금융감독원 등록신청)[99]

(1) 등록신청서 제출

금융상품판매대리·중개업자의 등록을 하려는 자 중 ❶대출성 상품을 취급하는

개인 금융상품판매대리·중개업자[100]가 100명 이상 소속된 법인인 금융상품판

매대리·중개업자[101]와 ❷「전자금융거래법」에 따른 전자적 장치를 이용한 자동화

방식을 통해서만 금융상품판매대리·중개업자을 영위하는 법인인 금융상품판

매대리·중개업자[102]는 등록신청서[103]에 ❶정관 또는 이에 준하는 업무운영규정,

---

99) 금융소비자보호법 §65(업무의 위탁)① 및 시행령 §49조(업무의 위탁)①에 따라 금융감독원장에게 위탁하였다.

100) "개인 대출모집인"을 말한다.

101) "법인 대출모집인"을 말한다.

102) "온라인 법인 대출모집인"을 말한다.

103) 금융소비자보호감독규정 [별표 1] 및 시행세칙 [별지 1]에서 정한 등록신청서를 말하고, 등록신청서의 서식은 금융감독원장이
   정한다.

❷사업계획에 관한 자료, ❸재무현황에 관한 자료 그리고 ❹등록요건을 갖추었음을 증명하는 자료를 첨부하여 금융감독원장[104]에게 제출하여야 한다.[105]

(2) 등록요건 심사

금융감독원장은 금융상품판매대리·중개업자의 등록을 신청한 소속 모집인 100인 이상 법인 대출모집인 및 온라인 법인 대출모집인이 금융소비자보호법상 등록요건을 충족하였는지 여부에 대한 검토를 실시하고 등록을 위해 필요하다고 인정하는 경우에는 실태조사를 실시할 수 있으며, 관계 기관·단체 또는 전문가에게 의견 또는 자료의 제출을 요청할 수 있다.[106]

(3) 등록여부 통보

금융감독원장은 상기 가.에 따라 등록 신청을 받은 날부터 2개월 이내에 등록여부를 결정하고 지체 없이 그 결과 및 이유를 신청인에게 문서로 알려야 한다. 이 경우 등록 여부를 결정하는데 걸린 기간은 ❶등록요건을 충족하는지를 확인하기 위하여 다른 기관으로부터 필요한 자료를 제공받는 데에 걸리는 기간, ❷신청인이 제출한 등록신청서에 흠이 있어 보완을 요구한 경우 그 보완기간 및 ❸신청인을 상대로 형사소송 절차가 진행되고 있거나 금융위원회, 공정거래위원회, 국세청, 검찰청 또는 금융감독원 등에 의한 조사·검사 등의 절차가 진행되고 있고 그 소송이나 조사·검사 등의 내용이 등록여부에 중대한 영향을 미칠 수 있다고 인정되는 경우에는 그 소송이나 조사·검사 등의 절차가 끝날 때까지의 기간을 제외하고 산정한다.[107] 다만 해당 기간에 등록 여부를 결정하기 어려운 불가피한 사정이 있는 때에는 2개월의 범위에서 한 차례만 그 기

---

104) 금융위원회는 금융소비자보호법 시행령 §49①(1)에 의거 소속 모집인 100명 이상 법인 대출모집인 및 온라인 법인 대출모집인에 대한 등록신청서 접수, 등록요건 심사 및 등록여부 통보 관련 업무를 금융감독원장에게 위탁하였다.
105) 금융소비자보호법 시행령 §8①
106) 금융소비자보호법 시행령 § 8③④
107) 금융소비자보호감독규정 §7④

간을 연장할 수 있다.[108]

나. 그 외 법인 대출모집인, 개인 대출모집인 및 신용협동조합 공제상품모집인
(⇒ 관련 금융협회 등록신청)[109]

상기 가.의 대출모집인을 제외한 법인 대출모집인과 개인 대출모집인 및 신용협
동조합 공제상품모집인에 대한 금융상품판매대리·중개업자의 등록 관련 신청서 접
수, 등록요건 심사 및 등록여부 통보는 관련 금융협회에서 실시한다. 등록신청서의
서식은 관련 금융협회에서 정하고 등록신청서 제출, 등록요건 심사, 등록여부 통보
등 관련 업무의 처리절차는 상기 가.의 내용을 준용한다.

다. 등록수수료

금융상품판매대리·중개업자의 등록을 신청한 자는 등록요건 심사 및 관리에 필요
한 비용으로 법인의 경우 20만원을, 개인의 경우 2만원을 각각 등록수수료[110] 로 납
부하여야 한다.[111]

TIP "대출모집인 모범규준"(금감원 행정지도)에 따라 협회에 등록한 대
출모집인도 금소법에 따라 새로 등록을 해야 하는지 여부[112]

금소법에 따라 등록을 하지 않아도 되는 경우는 ① 다른 법령에 따른 인허가나 등
록을 하였거나 ② 다른 법령에서 인허가나 등록없이 영업할 수 있게 규정한 경우

---

108) 금융소비자보호법 시행령 §8②
109) 금융위원회는 금융소비자보호법 시행령 § 49②(1)에 따라 신협 공제모집인(개인)과 개인 대출모집인에 대한 등록신청서 접수, 등록요
건 심사 및 등록여부 통보 관련 업무를 관련 금융협회에 위탁하였다.
110) 금융상품자문업자는 등록수수료가 없다.
111) 금융소비자보호법 § 12⑤, 시행령 § 9, 감독규정 § 8
112) 금융위원회 2020.10.28.일자 보도자료, "금융소비자보호법 시행령 제정안 입법예고" 참조

가 해당된다.

☞ 따라서 "대출모집인 모범규준"은 행정지도로서 법령이 아니기 때문에 금소법 상 등록의 예외에 해당되지 않는다. (금소법에는 기존 대출모집인에 대한 경과조치가 없음)

※ 금소법 시행 전 협회에 등록된 대출모집인에 한하여 6개월 간 예외허용.

◇◇◇◇◇◇◇◇◇◇◇◇◇◇◇◇◇◇◇◇◇ 금융소비자보호법 Q&A ◇◇◇◇◇◇◇◇◇◇◇◇◇◇◇◇◇◇◇◇◇

Ⓠ 금융상품판매업자를 소개하는 행위(온라인 포함)가 법률상 등록해야할 "금융상품판매대리·중개업"에 해당하나요?

Ⓐ '금융상품판매대리·중개업'이란, 금융상품에 관한 계약의 체결을 대리하거나 중개하는 것을 영업으로 하는 것(금소법 §2)을 말함. 특정 사실행위가 "대리·중개"(또는 모집)에 해당하는지는 원칙상 다음의 사항을 종합 고려하여 판단.

① 금소법 제13조의 영업행위 준수사항 해석의 기준:

금융소비자의 권익을 우선적으로 고려하며, 금융상품 또는 계약관계의 특성 등에 따라 금융상품 유형별 또는 금융상품판매업자등의 업종별로 형평에 맞게 적용.

② 금융소비자보호법상 "권유행위"가 있는지 여부:

"권유"란, 특정 소비자로 하여금 특정 금융상품에 대해 청약의사를 표시하도록 유인하는 행위를 의미.

특정 행위가 권유에 해당하는지는, 설명의 정도, 계약체결에 미치는 영향, 실무처리 관여도, 이익발생 여부 등과 같은 계약체결에 관한 제반사정을 종합하여 판단할 수 있음.

※ 대법원 판례(2014도 14924) 참조

☞ 금융상품판매업자 소개(온라인 포함)는 금융상품 권유 이전에 이루어지고, 금융상품 계약체결에 직접적 영향이 있다고 보기 어려운 경우에는 일반적으로 중개에 해당되지 않음.

- -

Ⓠ 기업의 대출수요 정보를 게시하고, 불특정 다수의 금융기관(직원 & 유료회비 회원)이 게시된 정보를 열람하여 플랫폼을 통한 당사자 간 온라인 상담을 통하여 오

프라인에서 대출 진행을 할 수 있도록 하는 플랫폼 운영사업자의 영업행위가 금융상품 중개업에 해당하나요?

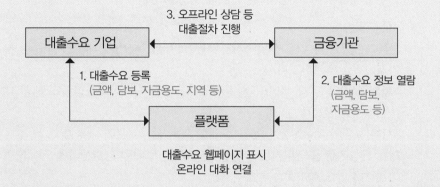

3. 오프라인 상담 등 대출절차 진행

| 대출수요 기업 | | 금융기관 |

1. 대출수요 등록
(금액, 담보, 자금용도, 지역 등)

2. 대출수요 정보 열람
(금액, 담보, 자금용도 등)

플랫폼

대출수요 웹페이지 표시
온라인 대화 연결

🅐 '금융상품판매대리·중개업'이란, 금융상품에 관한 계약의 체결을 대리하거나 중개하는 것을 영업으로 하는 것(금소법§2).

특정 사실행위가 "대리·중개"(또는 모집)에 해당하는지는 원칙상 다음의 사항을 종합 고려하여 판단.

① 법 제13조의 영업행위 준수사항 해석의 기준:

금융소비자의 권익을 우선적으로 고려하며, 금융상품 또는 계약관계의 특성 등에 따라 금융상품 유형별 또는 금융상품판매업자등의 업종별로 형평에 맞게 적용.

② 금융소비자보호법상 "권유행위"가 있는지 여부:

"권유"란, 특정 소비자로 하여금 특정 금융상품에 대해 청약의사를 표시하도록 유인하는 행위를 의미.

특정 행위가 권유에 해당하는지는, 설명의 정도, 계약체결에 미치는 영향, 실무처리 관여도, 이익발생 여부 등과 같은 계약체결에 관한 제반사정을 종합하여 판단 가능.

귀사 플랫폼의 기능(대출수요에 관한 정보를 플랫폼에 게시 & 금융기관이 그 정보를 활용하여 플랫폼이 아닌 경로를 통해 기업에 대출권유를 하고 계약을 체결)및 수익구조(금융기관직원으로부터 정보이용료 수취) 등을 감안하면, 귀사 플랫폼의 영업행위가 개별 계약체결에 영향을 미친다고 보기는 어렵다고 판단.

☞ 주어진 사실관계에 따르면, 귀사 플랫폼의 영업행위는 금융소비자보호법상 금융상품판매대리·중개업에 해당된다고 보기 어려움.

Ⓠ 대출관련 부가서비스(대출상품 안내, 대출신청내용 전달 및 회신)를 제공하는 것이 금융기관의 업무위탁 등에 관한 규정(이하 " 업무위탁규정") 별표2에서 정한 금융업의 본질적 요소(위탁이 금지되는 업무)에 해당되나요?

〈상세한 질문〉
– 금융기관(은행)과 업무제휴계약을 맺은 자(이하 "A사")가 대출업무 관련 부가서비스를 추가하고자 함.
– A사의 회원이 "A사 서비스"를 통해 제휴 금융기관의 대출상품에 대한 대출신청(만기연장신청)을 함.
– A사는 회원의 대출신청 내용을 그대로 제휴 금융기관에 송부함.
– 제휴 금융기관은 송부받은 대출신청 내용을 토대로 대출심사를 진행하여 그 심사결과를 A사에 송부함.
– A사는 제휴 금융기관으로부터 송부받은 심사결과를 그대로 해당 회원에게 제공함.
– A사는 제휴 금융기관의 API를 통해 회원과 금융기관 간의 대출정보를 중계하는 역할만을 수행하며, 대출의 심사 및 승인, 대출계약 체결, 해지, 대출실행 업무는 모두 제휴 금융기관이 수행.

Ⓐ 업무위탁규정에서는 인가등을 받은 금융업 중 '은행의 대출' 업무에 대한 본질적 요소를 ①대출심사 및 승인, ②대출 계약의 체결 및 해지, ③대출의 실행으로 규정(업무위탁규정 제3조 제2항 및 별표2).

☞ '대출상품 소개 및 대출신청내용 전달 업무'는 은행 대출업무의 3가지 본질적 요소에 해당되지 않음. A사가 수행하려는 대출중개업무도 동일한 수준의 업무로 은행 대출업무의 본질적인 내용이라고 볼 수 없으므로 업무위탁이 가능할 것으로 이해.

한편, 위 대출중개업무는 금소법 제2조에 따른 금융상품판매대리·중개업에 해당하여, A사는 동법 제12조(금융상품판매업자등의 등록)에 따라 금융상품판매대리·중개업자로 등록해야 해당업무를 영위할 수 있을 것으로 보임.

Ⓠ 특정 금융상품 추천·설명이 없는 광고(예: 배너광고) 클릭시 계약을 체결할 수 있도록 판매업자에 연결하는 행위는 광고로, 광고에 더하여 청약서류 작성 제출 기능을 지원하는 행위는 중개로 판단하였는데, 직접판매업자가 자기 홈페이지(모바일 포함)에 청약서류 작성·제출 기능을 지원하는 행위도 중개에 해당하나요? 해

당된다면 어떤 내용을 적용받나요?

Ⓐ 직접판매업자가 직접 운영하는 홈페이지 등에 청약서류 작성 제출 기능을 포함하는 행위는 직접판매의 일환으로서 금소법상 '중개'에 해당하지 않음.

- -

Ⓠ ○○파이낸셜에서 자동차딜러(영업직원)가 견적서를 제공하는 행위가 '권유'에 해당하나요?

〈상세한 질문〉

– ○○파이낸셜의 경우 자동차딜러가 신차의 판매 과정에서 금융소비자에게 하나 이상의 견적서를 제공하고, 리스할부모집인(판매대리중개업자)을 소개.

– 판매과정에서 고객에게 자동차 구입 방법으로 현금 결제 외 리스나 할부금융을 이용할 수 있다는 점을 안내하면서 견적서*를 제공하는 딜러의 행위가 계약체결 권유 혹은 중개행위에 해당하여 대리·중개업자로 등록할 의무가 발생하는지?

　* 고객의 재산상황 또는 신용과 무관하게 리스나 할부금융의 일반적인 조건

　　(차량 가격, 선수금, 개월 수, 월 납입금 등)을 기재한 자료.

Ⓐ 특정 행위가 "권유"에 해당하는지는 설명의 정도, 계약체결에 미치는 영향, 실무처리 관여도, 이익발생 여부 등과 같은 계약체결에 관한 제반사정을 종합하여 판단해야 함.

☞ 제출 의견에서 주어진 사실관계에 따라 판단하면, 할부금융·리스 견적서 제공행위는 "권유"로 볼 수 있다고 판단됨.

견적서가 소비자의 금융상품 선택을 위해 제공되며, 그 내용에 소비자의 의사결정에 영향을 미치는 정보*가 포함된 점을 감안하면, 견적서가 계약에 미치는 영향이 크지 않다고 할 수 없음.

　* 리스기간, 월납입액, 선수금, 유예금(계약 만료 시 일시납부금) 등

또한 소비자가 견적서를 선택하면 자동차딜러가 해당 회사 상품을 취급하는 리스·할부금융 모집인을 연결해준다는 점에서도 견적서가 계약체결에 상당한 영향을 미친다고 볼 수 있음.

- -

Ⓠ 자동차판매사원(이하 '자동차딜러')이 자동차 구매고객 응대시 수행하는 업무 중 아래 행위가 대리·중개행위에 해당하나요?

(사례1)

대리·중개업자(이하 '리스·할부모집인')에게 소비자의 연락처를 제공하는 행위:

고객이 자동차금융(시설대여·할부·오토론 등) 관련 견적서* 또는 전단지 등을 확인 후 특정 금융상품에 관심을 보일 경우, 자동차딜러는 고객에게 리스·할부모집인을 소개하거나, 리스·할부모집인에게 고객 연락처를 제공.

* 고객의 재산상황 또는 신용과 무관하게 리스나 할부금융의 일반적인 조건(차량 가격, 선수금, 개월 수, 월 납입금 등)을 기재한 자료.

(사례2)

금융회사가 제작한 금융상품 전단지* 등을 고객에게 제공하는 행위

* 여러 금융회사의 전단지를 동시제공.

Ⓐ ① 금융상품 견적서 제공 및 이후 소비자가 선택한 금융상품 관련 리스할부모집인을 소개하는 행위는 금소법상 판매대리중개업에 해당.

소비자는 딜러가 제공하는 견적서를 통해 자신이 선택한 차량이나 경제적 여건에 보다 부합하는 금융상품에 대한 의사결정을 하게 됨.

– 견적서를 통해 선택한 금융상품을 리스·할부모집인 중개 단계에서 다른 금융상품으로 변경할 것을 기대하기는 어렵다는 점 등을 감안.

– 리스할부모집인은 통상 소비자가 견적서를 통해 선택한 금융상품의 거래조건에 관한 상세설명, 계약서 작성 등을 지원.

② 전단지에 견적서와 같이 고객의 금융상품 의사결정에 영향을 미칠 수 있는 사항이 있다면, 해당 전단지를 고객에게 제공하는 행위는 금소법상 판매대리중개업에 해당.

- -

Ⓠ 영업사원 ○○○ 가 자동차의 판매목적을 위한 자사 견적서*를 고객에게 제공하는 행위가 권유 행위에 해당하나요?

* 작성주체는 자동차회사이고, 제공목적은 자동차 판매이며 주요내용은 차량가격, 차량옵션, 차량 구입비용 등(금융회사의 금융상품 관련 내용 미포함).

Ⓐ 자동차 영업사원이 특정 금융상품 정보를 제공하는 게 아니라 자동차 구매 관련 금융상품을 취급하는 할부모집인을 소개하는 수준으로 영업한다면, 해당 영업행위를 금소법상 "대리·중개업"으로 보기는 어렵다고 판단.

- -

Ⓠ 위탁콜센터(당사 자회사로 전속 운영) 소속직원이 보험계약대출 이용가능고객을 대상으로 '이용 안내 아웃바운드' 진행하는 것도 보험계약대출에 대한 제도 안내에 해당된다고 볼 수 있나요?

Ⓐ 보험계약대출에 대해 보험약관상의 내용을 알리는 행위는 안내로 볼 수 있음.

  – 보험계약대출과 관련하여 보험약관상의 내용 외 금리 등의 정보를 알리거나 대출신청을 접수하여 보험사에 연결하는 행위 등 계약을 적극 유인하는 행위는 금소법상 판매대리중개행위로 볼 수 있음.

  – 보험계약대출도 다른 법령에 특별한 규정이 없다면 일반 대출과 마찬가지로 적합성 원칙에 따라 해당 금융상품이 그 소비자에 적합하지 않다면 권유해서는 아니 됨.

    ※금융소비자보호감독규정 제10조제1항의 적합성 판단기준은 보험계약대출의 특성상 필요한 범위 내에서 자체적으로 운용할 수 있음.

Ⓠ 직접판매업자와 업무제휴 계약을 통해 신용카드를 판매(여전법§14-2ⅲ)하는 경우 판매대리·중개업자로서 영업행위를 준수해야 하나요?

Ⓐ 금소법상 중개행위(금융상품에 관한 계약의 체결을 대리하거나 중개하는 것을 영업으로 하는 것, 법§2ⅱ나)에 해당하므로 판매대리·중개업자로서 영업행위 준수 필요.

Ⓠ 대부업 관련 금융상품판매대리·중개업자는 대부업법상 등록한 대부중개업자 중 금융위등록 금전대부업자와 직접 위탁계약을 체결한 대부중개업자(최상위 에이전시)만 한정되나요?

Ⓐ 대부업 관련 금융상품판매대리·중개업자는 「금소법」제2조제6항제2호나목, 제4조제3호에 따라, 금융위 등록 대부업자*와 위탁계약을 체결하여 금소법상 대리·중개 업무를 수행하는자를 의미.

  * 금융위 등록 대부업자(「대부업법」 제3조제2항)

Ⓠ 대출성 상품 전화권유판매업자(Telemarketing 업체)의 경우에 소속 직원도 등록을 해야 하나요?

Ⓐ 전화권유판매법인 소속 직원은 직접 법률행위를 할 수 없는 법인을 대리하여 업무를 수행한다는 점에서 법인과 위탁계약을 체결하는 개인 대출모집인과 달리 별도의 등록을 요하지 않음.

Ⓠ 법 시행후 대출모집인이 기존 금융회사와의 전속 계약이 종료된 후에 다른 금융회사와 전속 계약을 체결할 경우 다시 등록을 해야 하나요?

Ⓐ 금소법상 등록요건을 갖추어 등록이 되면 위탁계약을 체결한 금융회사가 변경될 때마다 새로 등록하지 않아도 됨.

Ⓠ '근로자파견제도*'는 일의 완성을 목적으로 자기의 근로자를 자신이 직접 지휘·감독하여 일의 결과에 대해 보수를 받는 '도급'과는 차이가 있으므로, 근로자파견업체(파견사업주)와 당사(사용사업주사)간 근로자파견계약에 의한 '파견근로자'가 대출상품 아웃바운드 TM(Tele Marketing)을 수행할 때, 파견사업주와 파견근로자에 대해서는 대리·중개업자(대출모집인)등록을 배제할 수는 없나요?

  * 파견사업주가 근로자를 고용한 후 고용관계를 유지하면서 사용사업주와 근로자파견계약에 따라 소속 근로자를 사용사업주의 지휘명령을 받아 사용자사업주를 위한 근로에 종사토록 파견하는 것.

Ⓐ 금소법상 대리·중개 업무를 수행하는 자는 파견근로자라 하더라도 금소법 제12조 단서에 해당하지 않는 한 금소법 제11조 및 제12조에 따라 금융위에 등록을 해야 함.

Ⓠ 대출모집인 자격 교육 및 평가 방법은 무엇인가요?

Ⓐ 대출모집인은 기존 금융회사 및 대출모집업무에 종사한 경력자와 신규자 별로 교육 및 평가대상이 구분.
신청인이 법인인 경우, 법인의 대표자 또는 임원 중 최소 1인 이상이 교육 이수를 완료하여야 함(금소법 감독규정 제6조제1항).

〈 대출모집인 교육 및 평가대상 〉

구분	대상자	등록 요건
경력자	대출성 상품을 취급하는 금융회사(은행·보험사·저축은행 등)에 3년 이상 종사한 자*(등록 신청 이전 5년 이내 한) * 21.3.25일 이전 5년 내에 금융회사가 소속되어 있는 금융협회에 대출 모집인으로 등록한 자는 경력자로 간주	등록교육 이수
법적 효과	최초 대출성 상품 판매대리·중개업자로 종사하고자 하는 자	등록교육 이수 후 평가시험 합격

Ⓠ 대출모집법인의 교육이수와 관련하여 '임원'의 범위는?

Ⓐ 법인등기부등본상 이사, 감사 등으로 등기된 자를 의미하며, 등기임원이 다수인 경우 모두 심사대상에 해당.

Ⓠ '임원'도 경력자로 인정되나요?

Ⓐ 아래의 경우 경력자로 인정(24시간 교육) 가능.

　① 등록 신청 전 5년 기간 이내에 3년 이상 금융회사에 근무한 자(규정 제6조제1항 제1호).

　② 금소법 시행 이전 5년('16.3.26. 00:00 ~ '21.3.25. 24:00) 내 기간 중 대출모집 인으로 등록된 자(규정 부칙 제2조).

　③ 금소법 시행 이전 5년 내 대출모집법인을 운영한 대표자 또는 관련 업무를 직접 수행한 임원.

　※추가적으로 협회 등록 이력이 확인이 안 되는 경우라도 다른 객관적인 자료로서 등록모집인으로 등록하여 업무를 수행한 사실이 확인되는 경우는 경력자로 인정.

Ⓠ 등록시험 예외적용과 관련하여 대출모집인 경력을 판단하는 기준은 무엇인가요?

Ⓐ 원칙적으로 협회에 기록된 등록이력을 통해 판단하되, 협회에 등록이력이 일부 누락된 경우* 다른 객관적인 자료를 통해 증빙이 가능한 경우에는 경력 인정.

　* (예) 개인 대출모집인이 대출모집법인에서 대고객 영업이 아닌 내부 교육업무를 담당하는 경우에는 협회에 등록하지 않음.

Ⓠ 대출성 상품을 취급하는 대리·중개업자가 되려는 법인이 갖춰야 하는 '전산설비 운용·유지 및 관리를 전문적으로 관리 관련 업무 수행이 가능한 전문적으로 수행할수 있는 인력'(영§6②ⅱ나)의 구체적인 내용이 뭔가요?

Ⓐ 요건을 달리 정하지 않고 있으나, 보험업감독규정 별표 2 준용 가능.

Ⓠ 전산전문인력의 자격과 경력에 대한 기준은 무엇인가요?

Ⓐ 예시인 ①전산관련분야의 학위 유무, ②정보처리기술사 등 자격 유무, ③관련 업무 종사기간 등을 종합적으로 고려하여 판단.

　대출모집법인에 근무하는 전산전문인력은 상근 직원 1인 이상이 필수적이며, 다만 전산관리업무를 외부 아웃소싱 업체에 위탁하는 경우라면 해당 업체 직원을 상주하게 하는 것은 가능.

Q 온라인 대출모집법인의 경우 물적요건 심사 기준은 무엇인가요?

A 온라인 대출모집법인의 경우에는 다수 소비자에게 미치는 영향력이 크고, 이해상충 방지를 위한 알고리즘 요건을 갖추도록 규정한 점을 감안하여 심사.
참고로, 금소법에서는 ①컴퓨터 등 정보통신설비, ②전자적 업무처리에 필요한 설비, ③고정사업장, ④사무장비 및 통신수단, ⑤업무 관련 자료의 보관 및 손실방지 설비, ⑥전산설비를 안전하게 보호할 수 있는 보안설비 등을 요구(금소법 시행령 제6조 제1항 제3호).

Q 온라인 대출모집법인의 경우 보증금 예탁에 갈음하여 가입해야 할 보장성 상품의 범위는 어디까지인가요?

A 현재 각 손해보험사의 금융기관전문인배상책임보험, 서울보증보험의 인허가보증보험 등이 마련. 또한 전금업자로서 기존 유사한 보장성 상품에 가입되었더라도 별개의 보험가입 필요.

Q 온라인 대출모집법인의 알고리즘 심사방법이 궁금합니다.

A 등록신청시 알고리즘 요건 충족여부에 대한 코스콤*의 확인서 첨부 필요.
  * 로보어드바이저 테스트베드 사무국
  (홈페이지 : https://testbed.koscom.co.kr, 연락처 : 02-767-7980)

Q 금감원 실태조사시 어떤 부분을 준비해야 하나요?

A 실태조사는 등록기관이 제출서류상으로 확인하기 어려운 인적·물적 요건 등을 확인하고자 하는 것으로 조사대상을 제한하고 있지는 않음.
예를 들어 사무공간 등 물적설비 유무, 실제 업무 가능여부, 필수 인력의 실제 근무여부 등을 확인할 수 있을 것.

Q 신청서류 중 '설립·등록 신청의 의사결정을 증명하는 서류'는 어떤 의미인가요?

A 대출모집법인을 설립(신설법인의 경우)하고 등록 신청서를 제출하기 위한 주주총회 또는 이사회의 의사록을 의미.

– 법인 정관상 주주총회 또는 이사회의 의결사항을 확인 후 해당 의사록 제출.

– 반드시 이사회의 의사록과 주주총회의 의사록을 모두 제출할 필요 없음.

Ⓠ 대출모집법인은 소속 개인 대출모집인의 일정비율만큼 관리 인력을 두어야 하나요? (예: 개인 대출모집인 200명당 관리인력 1명?)

Ⓐ 금융위 및 금감원은 대출모집법인의 관리인력 규모에 대해 법령이나 행정지도 등으로 규율하고 있지 않음.

Ⓠ 등록시 추가 고려사항이 있나요?

Ⓐ 대출모집법인 등록시 금소법 외 타 금융관련법령 저촉 여부도 확인하여야 할 것. 특히 기존 보험대리점이 금소법상 대출모집법인으로 등록하려는 경우 보험대리점 등록이 취소될 수 있음.

Ⓠ 영업행위 및 광고규제 등 위반을 이유로 대출모집인 모범규준(§4③ⅳ·ⅴ, §5⑥ⅲ ~ⅴ)상 규정된 결격사유는 규정하지 않을 예정인가요?

Ⓐ 규정하지 않을 예정.

　※결격사유는 직업의 자유 등 기본권을 제한하는 엄격한 규제이므로 형사처벌받은 자가 아닌, 행정규제 단순 위반자를 결격사유로 규정 불가(법령입안심사기준).

Ⓠ 금융상품판매대리·중개업자의 등록요건(법§12③~④) 중 협회가 실질적 검증이 불가능한 항목*에 대해서는 등록 신청자에게 미해당 확인서**를 징구하여 확인 절차를 갈음할 수 있는지?

　* (외국) 금융 관련 법령에 따라 형사처벌(벌금 이상) 선고·집행 여부(법§12④ⅱ 다).

　** 등록 신청자가 본인이 등록요건 결격사유가 없다는 사실을 확인하고 서명 및 날인.

Ⓐ 미해당 확인서로 갈음 불가.

Ⓠ 온라인 금융플랫폼의 신용카드 비교·추천 서비스 관련 질문입니다.

　① 신용카드사와 제휴를 통해 "중개"의 방식으로 신용카드 비교·추천 서비스를 수행하는 온라인 금융플랫폼이 여전법 제14조의2 제1항제3호의 "제휴 모집인"에 해당하나요?

② 금융플랫폼이 "제휴 모집인"에 해당한다면, 별도 등록이 필요한가요?

③ 금융플랫폼이 "제휴 모집인"에 해당한다면, 1사 전속제가 적용되나요?

④ "제휴 모집인"의 경우, 모집할 수 있는 신용카드 종류의 범위는 신용카드사와 제휴 계약을 통해 합의한 범위인가요?

⑤ 금융플랫폼과 신용카드사가 모집에 모두 관여시* 적합성원칙 및 설명의무는 실제 신용카드 신청이 이루어지는 공간에 따라, 금융플랫폼 또는 신용카드사가 단독이행해도 되나요?

　　* 예) − 금융플랫폼에서 카드신청: 금융플랫폼이 적합성원칙·설명의무 이행.

　　　　 − 금융플랫폼에서 추천상품 클릭시 신용카드사 신청 페이지로 이동: 신용카드사가 적합성원칙 및 설명의무 이행.

⑥ 제휴모집인인 온라인 금융플랫폼도 금소법상 판매대리·중개업자의 영업행위 관련 규정*을 모두 준수해야 하는지?

　　* 예) 6대판매원칙, 내부통제기준·소비자보호기준 마련, 판매대리·중개업자의 금지행위·고지의무, 자료 기록·유지·관리 의무 등.

⑦ 금융위 보도자료('21.9.7)는 비 금융 분야의 재화와 용역 등에 대한 서비스를 주로 제공하는 플랫폼(가칭 : 비 금융 플랫폼)*에도 적용되나요?

　　* 예) 구글, 네이버, 다음, 가격비교사이트(다나와 등), 롯데멤버스, 무신사, 배민, 요기요, 쏘카, 스타벅스, 백화점, 이마트, 신세계, 항공사, 네오위즈 등 제휴사의 웹, 앱.

Ⓐ ① 신용카드사와 제휴를 통해 "중개"의 방식으로 신용카드 비교·추천 서비스를 수행하는 온라인 금융플랫폼은 여전법 제14조의2 제1항 제3호*의 요건을 갖추는 경우, 여전법상 제휴 모집인에 해당한다고 판단됨.

　　* 신용카드업자와 신용카드회원의 모집에 관하여 업무 제휴 계약을 체결한 자 및 그 임직원(단, 신용카드회원의 모집을 주된 업으로 하는 자는 제외).

② 제휴 모집인은 금소법 및 여전법에 따른 등록 의무가 없음.

　　− (금소법) 법 제12조제1항 단서에 따라, 금융관계법률에서 등록 또는 등록 없이도 해당 업무 수행이 가능한 경우에는 금소법상 금융상품판매업자의 등록 의무가 없음. 제휴 모집인은 여전법상에서 등록하지 않고도 신용카드 모집이 가능한 경우에 해당하는 바, 금소법상 등록은 불필요.

　　− (여전법) 여전법상에서는 법 제14조의2 제1항제3호에 해당하는 제휴 모집인의 등록의무를 규정하고 있지 않는 바, 여전법상 등록 의무도 없음.*

　　　　* 여전법에는 법 제14조의2 제1항제2호에 해당하는 "모집인"에 대한 등록 규정만 존재.

다만, 제휴 모집인의 경우에도 "신용카드회원을 모집하는 자"로서 금소법상 규제 및 여전법 제14조의2제2항 및 제14조의5제3항 등에 따른 영업행위 규제는 적용됨.

③ 제휴 모집인은 1사 전속제를 적용받지 않는 것으로 판단.

금융당국 유권해석('16.1, 별첨1)에 따르면, 여전법 제14조의2제1항제3호의 요건을 갖춰 카드사와 모집 제휴계약을 체결한 법인은 여전법상 "모집인"이 아니므로, 1사전속제를 적용받지 않음.

④ 제휴 모집인은 카드사와 업무 제휴 계약을 맺은 범위 내에서 신용카드 모집 관련 업무를 수행할 수 있음.

제휴 모집이 가능한 카드 상품의 범위는 금소법, 여전법상 규율(모집행위 제한 등) 등 금융법령을 벗어나지 않는 범위 내에서 제휴 모집인과 카드사가 자율적으로 정할 수 있음.

⑤ 적합성 원칙 및 설명의무 이행에 관하여 신용카드사와 온라인 플랫폼의 역할 범위를 어떻게 정할지와 관련해서는 금소법상 별도 규정이 없음.

⑥ 제휴 모집인인 온라인 금융플랫폼은 금소법상 판매대리·중개업자의 지위를 지니므로, 판매대리·중개업자가 적용받는 규정을 동일하게 적용받아야 함.

⑦ 비금융플랫폼도 금소법상 금융상품판매업이나 금융상품자문업을 영위하는 경우에는 법령상 예외가 없다면 금소법이 적용됨.

금융상품판매대리·중개업자 등록신청서 기재사항 및 첨부서류

1. 기재사항

금융상품판매대리·중개업자로 등록하려는 자	
개인	법인
가. 신청인의 인적 사항 나. 취급하고자 하는 금융상품에 관한 사항 다. 교육 이수 등 자격에 관한 사항 라. 신청인에게 금융상품계약체결등을 대리 또는 중개하는 업무를 위탁하는 금융상품직접판매업자 또는 금융상품판매대리·중개업자에 관한 사항 마. 다른 업종을 겸영하는 경우 그 업종에 관한 사항	가. 상호 나. 본점의 소재지 다. 임원에 관한 사항 라. 취급하고자 하는 금융상품에 관한 사항 마. 교육이수 등 자격에 관한 사항 바. 업무 수행기준, 필요인력 보유 등에 관한 사항 사. 신청인에게 금융상품계약체결등을 대리 또는 중개하는 업무를 위탁하는 금융상품직접판매업자 또는 금융상품판매대리·중개업자에 관한 사항 아. 다른 업종을 겸영하는 경우 그 업종에 관한 사항

2. 첨부서류

금융상품판매대리·중개업자로 등록하려는 자	
개인	법인
가. 신청인의 인적 사항을 확인할 수 있는 서류 나. 취급하고자 하는 금융상품의 유형 등을 기재하는 서류 다. 교육 이수 등 자격을 확인할 수 있는 서류 라. 신청인에게 금융상품계약체결등을 대리 또는 중개하는 업무를 위탁하는 금융상품직접판매업자 또는 금융상품판매대리·중개업자에 관한 서류	가. 정관(이에 준하는 것을 포함한다) 나. 본점의 위치와 명칭을 기재한 서류 다. 임원의 이력서와 경력증명서 라. 취급하고자 하는 금융상품의 유형 등을 기재하는 서류 마. 필요 인력을 갖추었는지와 관련하여 해당 인력의 교육 이수여부 등을 확인할 수 있는 서류 바. 업무 수행기준을 갖추었는지를 확인할 수 있는 서류 사. 전산설비 등 물적 설비에 관한 사항을 확인할 수 있는 서류 아. 영 제6조제2항제5호에 따른 요건 충족여부를 확인할 수 있는 서류 자. 제5조제7항 각 호의 기준을 충족하는지에 대해 ㈜코스콤으로부터 확인받은 서류(「전자금융거래법」에 따른 전자적 장치를 이용한 자동화 방식을 통해서만 금융상품판매대리·중개업을 영위하려는 경우만 해당한다) 차. 신청인에게 금융상품계약체결등을 대리 또는 중개하는 업무를 위탁하는 금융상품직접판매업자 또는 금융상품판매대리·중개업자에 관한 서류

| 금융소비자보호감독규정 시행세칙 [별지 1] | 작 성 자 : (직 위) |
| 전화번호 : |
| 이 메 일 : |

금융상품판매대리·중개업 등록 신청서(대출성 상품, 법인)

1. 신청인

상 호		대표이사		법인등록번호	
업 종			설립연월일		
본점소재지					
최대주주명(지분율)					
주요주주명(지분율)					
자 본 금(백만원)			의결권 있는 발행주식총수		
영위하는 다른 업종					

■ 첨부서류

1-1. 정관(이에 준하는 것을 포함한다) 1부

1-2. 법인등기부등본(행정정보의 공동이용을 통하여 확인할 수 없는 경우) 1부

1-3. 발기인총회, 창립주주총회 또는 이사회의 의사록 등 설립 또는 등록신청의 의사결정을 증
　　명하는 서류 1부

1-4. 본점의 위치 및 명칭을 기재한 서류 1부

1-5. 주주명부 1부

1-6. 영위하는 다른 업종에 대한 증빙서류 1부

2. 대표자 및 임원

임원수 :　 명(상근:　 명, 비상근:　 명)

직위	성명	주민등록번호	소유주식수(비율)	주요경력	상근여부	담당업무	전문인력여부	임원자격적합여부

기재상의 주의

1. 임원 자격은 「금융소비자 보호에 관한 법률」제12조제4항제1호 각 목의 자격을 말함

2. 소유주식비율은 의결권 있는 발행주식 총수를 기준으로 계산함

■ 첨부서류

2-1. 대표자 및 임원의 이력서와 경력증명서(신원조회 관련서류 포함) 각 1부

2-2. 임원자격에 적합함에 관한 확인서 및 증빙서류 각 1부

3. 취급하고자 하는 금융상품에 관한 사항

가.	금융상품의 유형 :
나.	금융상품의 구체적인 내용 :
다.	그 밖의 내용 :

기재상의 주의

1. 금융상품의 유형은 ①예금성 상품, ②대출성 상품, ③투자성 상품, ④보장성 상품으로 구분하여 표시하되, 해당 금융상품에 대한 금융관련법령을 병기하여 줄 것

　(예: 투자성 상품(「자본시장과 금융투자업에 관한 법률」제9조제21항에 따른 집합투자증권))

2. 취급하고자 하는 금융상품의 유형이 복수인 경우에는 해당 금융상품의 유형을 구분하여 표시할 것

3. 금융상품의 유형, 내용 등에 대해 상세히 기재할 것

■ 첨부서류

3-1. 취급하고자 하는 금융상품의 유형 등에 대한 설명자료

4. 교육 이수에 관한 사항

기재상의 주의

1. 신청인의 대표 또는 임원이 아래의 대출성 상품 및 금융소비자보호 등에 관한 교육을 이수한 것을 기재할 것

가. 대출성 상품을 취급하는 금융상품직접판매업에 3년 이상 종사한 경력이 있는 사람(등록을 신청한 날부터 5년 이내에 해당 업무에 종사한 사람만 해당)인 경우: 여신금융업협회가 개인이 대출성 상품에 관한 계약의 체결을 대리·중개하는데 필요한 전문성·윤리성을 갖추었는지를 인증하는데 필요한 교육을 여신금융업협회가 지정하는 기관으로부터 24시간 이상 받을 것

나. 그 밖의 경우: 가목에 따른 교육을 여신금융업협회가 지정하는 기관으로부터 48시간 이상 받은 후 그 교육에 관한 여신금융업협회의 인증을 받을 것

■ 첨부서류

4-1. 관련 교육과정 이수 확인서 또는 인증서 1부

4-2. 경력증명서 1부

4-3. 그 밖에 교육 이수 등 자격에 관한 사항에 대한 증빙서류

5. 인력에 관한 사항

기재상의 주의

1. 아래의 사항에 대해 상세히 기재할 것

　가. 권유, 계약 체결 등의 금융소비자 대상 직무 수행에 관한 사항

　나. 개별 금융상품에 대해 권유, 계약체결 등 금융소비자 대상 영업을 하는 사람이 갖추어야 할 교육수준 또는 자격에 관한 사항

　다. 금융소비자와의 이해상충 방지에 관한 사항

　라. 광고에 관한 사항

■ 첨부서류

5-1. 업무 수행기준에 관한 사항에 대한 증빙서류

6. 인력에 관한 사항

가. 업무 수행에 필요한 전문성을 갖춘 인력에 관한 사항				
성명	주민등록번호	주요경력	담당업무	교육이수 내용 등

나. 전산설비 운영·유지·관리를 전문적으로 수행할 수 있는 인력에 관한 사항				
성명	주민등록번호	주요경력	담당업무	전문자격 내용 등

기재상의 주의

1. 업무 수행에 필요한 전문성을 갖춘 인력이란 위 "4. 교육 이수 등 자격에 관한 사항"에 관한 인력으로서 동 인력을 1명 이상 두고 있음을 기재할 것

2. 전산설비 운용·유지 및 관리를 전문적으로 수행할 수 있는 인력을 1명 이상 두고 있음을 기재할 것

■ 첨부서류

6-1. 해당 인력별 교육과정 이수 확인서·인증서, 경력증명서(상근임을 확인할 수 있는 서류 포함) 및 자격확인서류 각 1부

7. 물적 설비에 관한 사항

기재상의 주의

1. 아래의 사항에 대해 상세히 기재할 것

가. 컴퓨터 등 정보통신수단

나. 전자적 업무처리에 필요한 사항

다. 고정사업장(건축물대장에 기재된 건물(「건축법」 제2조제2항제1호에 따른 단독주택, 같은 항 제2호에 따른 공동주택 및 같은 항 제15호에 따른 숙박시설은 제외한다)을 소유, 임차 또는 사용대차 등의 방법으로 사용할 수 있는 권리를 6개월 이상 확보한 장소) 및 사무장비

라. 사무장비 및 통신수단

마. 업무 관련 자료의 보관 및 손실방지 설비

바. 보안설비

■ 첨부서류

7-1. 물적 설비 내역에 대한 증빙서류, 사무공간·전산설비 등의 임차계약서 사본 및 부동산등
     기부등본 등의 서류

8. 사회적 신용에 관한 사항

기재상의 주의

1. 「금융소비자 보호에 관한 법률 시행령」제6조제2항제4호에 관한 사항을 충족하였음을 기재할 것

■ 첨부서류

8-1. 신청인의 「금융소비자 보호에 관한 법률 시행령」제6조제2항제4호에 관한 사항에 적합함
     에 관한 확인서 및 증빙서류 각 1부

9. 온라인 대출성 상품 판매대리·중개업자에 관한 사항

가. 보증금 예탁 또는 보장성 상품 가입에 관한 사항
나. 금융소비자와의 이해상충 방지 관련 전자적 장치에 관한 사항

기재상의 주의

1. 본건 사항은 「전자금융거래법」에 따른 전자적 장치를 이용한 자동화 방식을 통해서만 금융상
   품판매대리·중개업을 영위하려는 경우에만 적용함

2. 아래의 사항에 대해 상세히 기재할 것

   가. 금융소비자의 손해배상을 위해 5천만원의 보증금을 예탁하거나 이와 같은 수준 이상의
       보장성 상품에 가입할 것

나. 「전자금융거래법」에 따른 전자적 장치에 이해상충행위 방지를 위해 다음의 기준이 포함된 소프트웨어를 설치할 것

  (1) 금융소비자가 이자율, 개인신용평점 또는 상환기간 등 대출성 상품 계약에 관한 의사 결정을 하는 경우에 자신에게 필요한 사항을 선택하여 이에 부합하는 금융상품을 검색할 수 있을 것

  (2) 위 (1)에 따른 검색을 하는 경우에 이자율이나 원리금이 낮은 금융상품을 상단에 배치시키는 등 금융소비자의 선택에 따라 금융소비자에 유리한 조건의 우선순위를 기준으로 금융상품이 배열되도록 할 것

  (3) 위 (1)에 따른 검색결과를 보여주는 화면에서 검색결과와 관련없는 동종의 금융상품을 광고하지 않을 것

  (4) 금융상품직접판매업자가 제공하는 수수료 등 재산상 이익으로 인해 위 (1) 및 (2) 각각의 기능이 왜곡되지 않을 것

■ 첨부서류

9-1. 대출성 상품 온라인 판매대리·중개업자에 대한 증빙서류

---

10. 위탁 금융상품직접판매업자 또는 금융상품판매대리·중개업자에 관한 사항

상호	법인등록번호 (사업자등록번호)	담당자(연락처)	위탁 예정 기간	비고

기재상의 주의

1. 신청인에게 금융상품계약체결등을 대리 또는 중개하는 업무를 위탁하는 금융상품직접판매업자 또는 금융상품판매대리·중개업자(이하 "위탁 금융상품직접판매업자등"이라 한다)의 상호 등을 기재할 것

■ 첨부서류

10-1. 위탁 금융상품직접판매업자등의 확인서 1부

11. 그 밖의 기재사항

■ 첨부서류

11-1. 대리인이 신청하는 경우 위임장등 대리권 수여에 관한 증빙서류 1부

11-2. 그 밖에 신청사실의 타당성을 심사하기 위하여 필요한 서류

※ 외국어로 작성된 증빙서류 등은 국문으로 번역된 요약본을 첨부하여야 하며, 외국에서 작성된 서류는 현지의 공증을 받아야 함

	수수료

「금융소비자 보호에 관한 법률」 제12조 및 같은 법 시행령 제8조에 따라 위와 같이 금융상품판매대리·중개업 등록을 신청합니다.
 	
                                    년   월   일
 	
       신청자(대리인)   (인)
 	
  금융감독원장 귀하
	200,000원

제 5 장

영업행위
규제

개관

　금융소비자보호법의 제정으로 개별 금융업법에 있던 주요 영업행위 규제 사항들이 금융소비자보호법으로 이관되었다. 이에 따라 금융소비자보호법은 금융상품 판매채널이 영업행위 과정에서 금융소비자 보호를 위해 준수해야 할 사항들을 규정하고 있다. 금융소비자보호법은 금융상품 판매채널을 금융상품직접판매업자, 금융상품판매대리·중개업자 및 금융상품자문업자의 3가지 유형으로 나누고 금융상품판매업자등의 영업행위 규제를 3가지 유형의 판매채널 모두에 적용하는 것으로 규정하고 있다. 즉, 금융소비자에 대한 차별금지, 금융소비자보호 내부통제기준, 6대 판매규제, 계약서류 제공의무 등은 3가지 유형의 판매채널 모두에게 적용된다. 아울러, 금융상품판매대리·중개업자와 금융상품자문업자에 대해서만 추가적으로 적용되는 영업행위 규제를 규정하고 있다. 이는 금융소비자가 금융상품을 구입할 때 금융상품직접판매업자가 계약 체결의 상대방임에도 금융상품판매대리·중개업자와 금융상품자문업자로부터 금융상품에 대한 정보를 제공받는 경우가 많아 이들 업자를 계약 체결의 상대방으로 오인할 개연성이 높은 현실을 고려한 것이다. 따라서, 금융소비자보호법은 금융소비자가 계약 체결에 대한 의사를 결정할 때 상당한 영향을 미칠수 있는 금융상품판매대리·중개업자와 금융상품자문업자의 불완전판매로 인한 금융소비자 피해를 예방하기 위하여 판매채널 모두에게 적용되는 공통적 영업규제 이외에 금융상품판매대리·중개업자와 금융상품자문업자에게 추가적인 영업행위 규제를 둔 것으로 보인다.

〈 판매채널별 영업행위 규제 〉

판매채널별		영업행위 규제
금융상품 판매업자등	금융상품직접판매업자	– 영업행위 일반원칙 　(차별금지, 관리책임 등) – 금융소비자보호 내부통제기준 – 6대 판매규제 　(적합성·적정성·설명의무·불공정영업 　행위·부당권유행위·광고규제) – 계약서류 제공의무
	금융상품판매대리·중개업자	
	금융상품자문업자	
금융상품판매대리·중개업자		– 금융상품판매대리·중개업자의 　금지행위 – 금융상품판매대리·중개업자의 　고지의무
금융상품자문업자		– 금융상품자문업자의 영업행위준 　칙(고지의무, 금지행위 등)

금융상품판매업자등에 대한 영업행위 규제

1 영업행위 일반원칙

가. 영업행위 준수사항 해석의 기준

누구든지 금융상품판매업자등의 영업행위 준수사항에 관한 규정을 해석·적용하려는 경우 금융소비자의 권익을 우선적으로 고려하여야 하며, 금융상품 또는 계약관계의 특성 등에 따라 금융상품 유형별 또는 금융상품판매업자등의 업종별로 형평에 맞게 해석·적용되도록 하여야 한다.[1] 금융상품 판매와 관련한 주요 영업행위 규제 사항이 개별 금융업법에서 금융소비자보호법으로 이관되었으나 금융상품 유형별 및 업권별 특성에 따른 규제는 개별 금융업법에 그대로 남아 있는 경우가 있다. 개별 금융업법은 금융회사의 건전성 유지 등을 우선적인 입법목표로 삼는 경우가 많은 반면, 금융소비자보호법은 금융소비자의 권익을 우선적으로 고려하는 법률이

---

[1] 금융소비자보호법 §13

다. 따라서 금융소비자보호법에 규정된 영업행위 규제 관련 조항을 해석할 때는 개별 금융업법의 입법취지와 정책방향 등을 고려하여 금융상품 유형별 또는 금융상품판매업자등의 업종별로 형평에 맞게 해석·적용하여야 하며, 개별 금융업법의 규제 수준 차이에 따른 규제 형평성도 고려하여야 한다.

나. 신의성실 의무

금융상품판매업자등은 금융상품 또는 금융상품자문에 관한 계약의 체결, 권리의 행사 및 의무의 이행을 신의성실의 원칙에 따라 하여야 한다.[2] 민법[3]의 일반원칙인 신의성실의 원칙을 금융소비자보호법에서 다시 규정한 것은 금융상품판매업자등이 영업행위 과정에서 금융소비자의 이익을 위해 최선을 다해야 한다는 선언적 의미를 내포하고 있다. 금융상품 계약의 당사자는 금융상품판매업자등과 금융소비자임에도 금융소비자보호법 상 신의성실 의무가 금융상품판매업자등에게만 부여되어 있는 것은 금융소비자보호법의 제정 취지가 금융소비자 보호에 목적이 있음을 감안한 것으로 보인다. 그러나, 민법의 일반원칙(신의성실)은 계약당사자 양쪽에 같이 적용된다는 것을 고려할 때 금융상품판매업자등과 금융소비자 모두에게 신의성실 의무가 적용된다고 해석함이 타당할 것이다.[4]

다. 공정의무

금융상품판매업자등은 금융상품판매업등을 영위할 때 업무의 내용과 절차를 공정히 하여야 하며, 정당한 사유 없이 금융소비자의 이익을 해치면서 자기가 이익을

---

2) 금융소비자보호법 §14①

3) 민법 §2 ①권리의 행사와 의무의 이행은 신의에 좇아 성실히 하여야 한다.

4) 대법원2019. 7. 11 선고2016다224626 판결, 자본시장법 상 전문투자자에 해당하는 원고와 피고 사이에서 특정금전신탁 계약을 체결하면서 원고가 피고에게 특정신용등급 이상의 기업어음만 신탁재산에 편입하도록 지시한 경우에 피고가 甲회사발행의 기업어음을 매수하여 신탁재산에 편입한 행위를 두고, 편입 당시 해당 기업어음의 신용등급 판단, 피고의 위와 같은 행위가 신탁업자로서의 선관주의 의무등에 위배되는지 여부가 다투어졌는데, 위 기업어음의 신용등급은 원고의 지시범위내인 A2 등급이고, 수익자인 원고가 자본시장법 상 전문투자자라는 이유만으로는 신탁업자인 피고가 부담하는 선관주의 의무와 충실의무의 수준이 완화된다고 보기 어려우며, 특정금전신탁에서 수탁자가 부담하는 선관주의 의무의 내용에 비추어 볼 때 이 사건 피고의 의무위반이 없다고 보아, 원고의 청구를 기각한 원심판단이 결과적으로 정당하다고 하여 원고의 상고를 기각한다.

얻거나 제3자가 이익을 얻도록 해서는 아니된다.[5] 공정성이란 ❶자신이 받기 원하는 것과 동일하게 다른 사람을 대우하는 것으로 ❷금융소비자가 당연하게 기대하는 것을 금융소비자에게 합리적으로 제공하는 것을 뜻한다. 또한 ❸이해관계의 균형을 유지하기 위하여 금융소비자에게 중대한 이해상충(conflict of interest)의 사실을 정직하게 알려야 하는 것을 의미한다.[6] 한편, 자본시장법에서도 신의성실과 공정의무를 규정하고 있는 데, 금융투자업자, 집합투자업자, 신탁업자 및 투자자문사는 신의성실에 따라 공정하게 업무를 영위하도록 의무를 부과받고 있다.[7]

라. 차별금지

금융상품판매업자등은 금융상품 또는 금융상품자문에 관한 계약을 체결하는 경우 정당한 사유 없이 성별·학력·장애·사회적 신분 등을 이유로 계약조건에 관하여 금융소비자를 부당하게 차별해서는 아니된다.[8] 「보험업법」은 보험요율 산출시 보험계약자 간에 부당하게 차별하는 것을 금지하고 있고[9] 「여신전문금융업법」은 신용카드 가맹점의 수수료율을 정할 때 부당하게 차별하는 것을 금지하고 있다.[10] 이에 더하여 금융소비자보호법에서 금융상품등의 계약 체결 과정에서 부당한 차별을 금지함으로써 사실상 금융거래 전반에 걸쳐 금융소비자에 대한 부당한 차별이 금지되

---

5) 금융소비자보호법 §14②

6) 한국FPSB, 재무설계사 직업윤리 p14 참조

7) 자본시장법 §제37(신의성실의무 등) ①금융투자업자는 신의성실의 원칙에 따라 공정하게 금융투자업을 영위하여야 한다.

　자본시장법 §79(선관의무 및 충실의무) ① 집합투자업자는 투자자에 대하여 선량한 관리자의 주의로써 집합투자재산을 운용하여야 한다. ② 집합투자업자는 투자자의 이익을 보호하기 위하여 해당 업무를 충실하게 수행하여야 한다.

　자본시장법 §96(선관의무 및 충실의무) ①투자자문업자는 투자자에 대하여 선량한 관리자의 주의로써 투자자문에 응하여야 하며, 투자일임업자는 투자자에 대하여 선량한 관리자의 주의로써 투자일임재산을 운용하여야 한다.

　자본시장법 §102(선관의무 및 충실의무) ① 신탁업자는 수익자에 대하여 선량한 관리자의 주의로써 신탁재산을 운용하여야 한다. ② 신탁업자는 수익자의 이익을 보호하기 위하여 해당 업무를 충실하게 수행하여야 한다.

　자본시장법 §244(선관주의의무) 집합투자재산을 보관·관리하는 신탁업자는 선량한 관리자의 주의로써 집합투자재산을 보관·관리하여야 하며, 투자자의 이익을 보호하여야 한다.

8) 금융소비자보호법 §15

9) 보험업법 §129(보험요율 산출의 원칙) 보험회사는 보험요율을 산출할 때 객관적이고 합리적인 통계자료를 기초로 대수(大數)의 법칙 및 통계신뢰도를 바탕으로 하여야 하며, 다음 각 호의 사항을 지켜야 한다.

　3. 보험요율이 보험계약자 간에 부당하게 차별적이지 아니할 것

10) 여신전문금융업법 §18조의3(가맹점수수료율의 차별금지 등) ① 신용카드업자는 신용카드가맹점과의 가맹점수수료율을 정함에 있어서 공정하고 합리적으로 정하여야 하며 부당하게 가맹점수수료율을 차별하여서는 아니 된다.

었다. 한편, 금융소비자보호법은 계약조건에 대한 차별만을 금지하는 것으로 명시하고 있는 바, 차별적으로 계약체결을 거절하는 것까지 포함하는 것으로 유권해석할 수 있으나 죄형법정주의 등의 원칙에 따라 차별금지의 범위를 계약체결의 거절까지 확대하는 것으로 관련 조문을 명확히 할 필요가 있다는 의견이 존재한다.[11]

2 금융소비자보호 내부통제기준

가. 금융상품판매업자등의 관리책임

금융상품판매업자등은 소속 임직원과 업무를 위탁받은 금융상품판매대리·중개업자(『보험업법』상 보험중개사[12]는 제외)가 업무를 수행할 때 법령[13]을 준수하고 건전한 거래질서를 해치는 일이 없도록 성실히 관리해야 할 책임이 있으며,[14] 이에 대한 관리책임을 이행하기 위하여 아래와 같이 내부통제기준 마련 의무를 부과받고 있다.[15] 금융상품판매업자등의 소속 임직원과 업무를 위탁받은 금융상품판매대리·중개업자의 행위는 민법상 사용자 책임[16] 및 대리의 법리[17]에 의하여 사용자 또는 본인의 지위에 있는 금융상품판매업자등이 관리책임을 부담하는 것이 민법 상 당연하지만 금융소비자보호법은 주의적 차원에서 금융상품판매업자등에게 관리·감독책임이 있음을 명시하고 있다. 다만, 보험중개사는 업무의 위탁관계가 없이 독립적으로 업무를 수

---

11) 국회입법조사처, 남궁주현 "금융소비자보호법 시행이 금융시장에 미치는 영향 및 입법적 과제" p39 참조

12) 보험업법 §2(정의). 11. "보험중개사"란 독립적으로 보험계약의 체결을 중개하는 자(법인이 아닌 사단과 재단을 포함)로서 제89조에 따라 등록된 자를 말한다.

13) 금융소비자보호법과 개별 금융업법을 포함한 제반 법령을 준수하는 것을 의미한다.

14) 금융소비자보호법 §16①

15) 금융소비자보호법 §16②

16) 어떤 사업을 위하여 타인을 사용하는 자는 피용자가 그 사업의 집행에 관하여 제3자에게 가한 불법행위로 인해 손해를 배상할 책임을 말한다.(민법 §756①본문) 이는 민법이 규정한 특수적 불법행위의 일종인 사용자 배상책임이다. 자기의 과실에 대해서만 책임을 지는 자기책임, 과실책임의 원칙에 반하여 사용자 책임은 자기의 직접적인 과실 없이 책임을 진다고 하는 점에서 책임무능력자의 감독자의 책임, 공작물점유자 등의 책임, 동물점유자의 책임과 함께 예외를 이루고 있다. 다만, 사용자가 책임을 진 때에는 피용자에 대하여 구상권을 사용할 수 있다.

17) 대리행위를 할 수 있는 지위나 자격이 있는 유권대리인이 행한 행위의 효과는 직접 본인에게 귀속된다. 대리권이 없는 대리행위를 무권대리라고 부르며 원칙상 무효이나 본인이 추인을 하면 이로서 대리권이 추완되고 유효하게 된다. 또한 표면상 대리권이 있는 것처럼 보이는 소위 표현대리는 유권대리와 같이 본인이 책임을 부담한다.

행하는 금융상품판매대리·중개업자에 해당되므로 금융상품판매업자등의 관리책임 대상에서 배제하였다. 그러나, 보험중개사도 금융상품판매업자등에 속하므로 그 소속 임직원에 대한 관리책임은 존재한다.

나. 금융소비자보호 내부통제기준

(1) 의의

내부통제란 금융회사의 목표달성을 위하여 소속 임직원이 직무를 수행할 때 준수해야 하는 일련의 통제 과정이다. 내부통제기준은 법령을 준수하고 경영을 건전하게 하며 금융소비자 및 주주 등을 보호하기 위하여 금융회사 임직원이 직무를 수행할 때 준수하여야 할 기준 및 절차이다. 또한, 내부통제체계란 효과적인 내부통제 활동을 수행하기 위한 조직구조, 업무분장 및 승인절차, 의사소통·모니터링·정보시스템 등의 종합적 체계를 말한다. 금융소비자보호법은 금융상품판매업자등에게 소속 임직원 및 금융상품판매대리·중개업자에 대한 관리책임을 이행토록 하기 위하여 그 임직원 및 금융상품판매대리·중개업자가 업무를 수행할 때 준수하여야 할 기준 및 절차에 해당하는 "금융소비자보호 내부통제기준"을 마련하도록 하고 있다.

(2) 금융소비자보호 내부통제기준 마련 대상

금융소비자보호법 상 내부통제기준 마련 의무는 법인인 금융상품판매업자등에만 한정되고 개인인 금융상품판매업자등의 경우에는 그 의무가 없다.[18] 또한 법인인 금융상품판매업자등이라 하더라도 영세한 경우에는 과도한 규제부담이 발생하지 않도록 ❶금융상품직접판매업자 및 금융상품자문업자 중 상시 근로자가 5인 미만인 경우, ❷금융상품판매대리·중개업자 중 하나의 금융상품직접판매업자가 취급하는 금융상품에 관한 계약의 체결만 대리·중개하는 것을

---

18) 금융소비자보호법 §16②

영업으로 하는 경우(1사 전속)와 ❸소속된 개인 금융상품판매대리·중개업자가 5인 미만(전자금융거래 방식만으로 금융상품판매업등을 영위하는 법인은 상시근로자가 3인 미만)[19]인 경우에도 내부통제기준 마련 의무가 없다.[20] 아울러 ❹상호저축은행중앙회, ❺온라인소액투자중개업자[21], ❻대부업자 및 대부중개업자, ❼온라인투자연계금융업자, ❽겸영여신업자 및 겸영금융투자업자도 내부통제기준 마련 의무 대상에서 제외된다.[22] 다만, 외국은행 국내지점은 금융상품직접판매업자에 해당되고 내부통제기준 마련 제외 대상에 해당하지 않으므로 금융소비자보호법상 내부통제기준을 마련해야 한다.[23]

(3) 금융소비자보호 내부통제기준의 주요 내용

① 포함사항

금융소비자보호법 상 금융소비자보호 내부통제기준에 포함되어야 하는 사항에는 종전 금융감독원의 행정지도로 운영된 "금융소비자보호 모범규준"[24]의 내부통제 관련 내용이 대부분 반영되었다. 구체적으로는 ❶업무의 분장 및 조직구조, ❷임직원이 업무를 수행할 때 준수해야 하는 기준 및 절차, ❸내부통제기준의 운영을 위한 조직·인력, ❹내부통제기준 준수 여부에 대한 점검·조치 및 평가, ❺내부통제기준에 따른 직무수행 교육에 관한 사항, ❻업무수행에 대한 보상체계 및 책임확보 방안, ❼내부통제기준의 제정·변경

---

19) 직전 분기의 일평균을 기준으로 한다.

20) 금융소비자보호법 시행령 §10①, 감독규정 §9①

21) 자본시장법 §9, ㉗이 법에서 "온라인소액투자중개업자"란 온라인상에서 누구의 명의로 하든지 타인의 계산으로 다음 각 호의 자가, 대통령령으로 정하는 방법으로 발행하는 채무증권, 지분증권, 투자계약증권의 모집 또는 사모에 관한 중개(이하 "온라인소액투자중개"라 한다)를 영업으로 하는 투자중개업자를 말한다.

　1. 「중소기업창업 지원법」 제2조 제2호에 따른 창업자 중 대통령령으로 정하는 자

　2. 그 밖에 대통령령으로 정하는 요건에 부합하는 자

22) 금융소비자보호법 시행령 §10①, 감독규정 §9①

23) 금융위원회·금융감독원, 금융소비자보호법 FAQ 답변 참조

24) 금융소비자보호 내부통제기준은 금융소비자보호법이 제정되기 이전에 금융감독원의 행정지도인 「금융소비자보호모범규준」에 근거하여 금융회사가 자율적으로 운영하여 왔다.

절차 그리고 ❽그 밖에 금융위원회가 정하여 고시하는 사항으로 「금융소비자보호감독규정」[별표 2]에서 정한 "내부통제기준에 포함되어야 하는 사항"이 해당된다.

한편, 2019년에 해외금리연계 DLF(파생결합펀드)[25], 라임펀드[26], 옵티머스펀드[27]등 다수의 사모펀드[28]에서 대규모 불완전판매 사태가 발생하자 이에 대한 후속조치의 일환으로 "은행 비예금 내부통제 모범규준(전국은행연합회)" 및 "고난도 금융투자상품 제조 및 판매에 관한 표준영업행위준칙(한국금융투자협회)"이 각각 제정되었다.[29] 또한, 금융감독원은 금융소비자보호법 시행(2021.3.25.)에 따른 일선 현장의 어려움을 해소하고 금융소비자보호법의 조기 안착을 위해 2021.6월 "금소법 시행에 따른 내부통제 가이드라인"을 마련하였으며,[30] 전국은행연합회 등 각 금융협회는 동 가이드라인을 참고하여 소속 회원 금융회사들이 공통으로 사용하는 "금융소비자보호에 관한 내부통제 모범규준"을 자율적으로 제정하였다. 이에 따라 금융상품판매업자등은 금융소비자보호 내부통제기준에 "은행 비예금 내부통제 모범규준", "고난도 금융투자상품 제조 및 판매에 관한 표준영업행위준칙", "금소법 시행에 따른 내부통제 가이드라인" 등에서 정하고 있는 사항들도 함께 반영하는 것이 바람직하다.

---

25) 은행 등이 독일, 영국, 미국 등 주요 해외금리 연계 파생결합상품을 권유·판매하면서 환위험상품임에도 원금 손실 가능성 등을 제대로 설명하지 않아 약 2천5백명, 약 7,950억원(2019.8.7일 기준)의 피해가 발생하였다. 이에 금융감독원 금융분쟁조정위원회는 2019년 12월 40~80% 손해배상을 조정 결정을 하였다.

26) 라임자산운용의 4개 모펀드 및 이에 투자한 173개 자펀드에서 약 4천6백명, 약 1조6천억원(2019년 12월 기준)의 피해가 발생하였는데, 고수익을 위해 비시장성 자산에 투자하여 유동성 위험 발생으로 부실화되었다. 금융감독원 금융분쟁조정위원회는 2020년 7월 라임 관련 펀드 중 무역금융펀드에 대해 투자원금 전액의 반환을 조정결정하였다.

27) 옵티머스자산운용의 46개 펀드에서 약 3천명, 약 2,400억원(2020년 7월 기준)의 피해가 발생하였는데, 투자제안서에는 안정자산인 공공기관 매출채권에 투자하는 것으로 기재되었음에도 부동산 등 위험자산에 투자하여 부실화되었다.

28) 소수의 투자자(49명 이하)로부터 사모방식으로 자금을 조성하여 주식, 채권 등에 운용하는 펀드이다. 투자대상, 투자비중 등에 대한 규제가 공모펀드보다 크게 완화되어 있어 주식, 채권, 부동산, 원자재 등에 자유롭게 투자할 수 있다.

29) 자세한 내용은 본 책자 "비예금상품 내부통제 모범규준" 및 "고난도 금융투자상품 제조 및 판매에 관한 표준영업행위준칙" 참조

30) 자세한 내용은 본 책자 "금소법 시행에 따른 내부통제 가이드라인" 참조

내부통제기준에 포함되어야 하는 사항
(규정 제9조제2항 관련)

1. 업무의 분장 및 조직구조

2. 임직원이 업무를 수행할 때 준수해야 하는 기준 및 절차

    가. 금융상품의 개발, 판매 및 사후관리에 관한 정책 수립에 관한 다음의 사항

        1) 민원 또는 금융소비자 의견 등의 반영

        2) 금융상품으로 인해 금융소비자에 발생할 수 있는 잠재적 위험요인에 대한 평가

    나. 광고물 제작 및 광고물 내부 심의에 관한 사항

    다. 권유, 계약 체결 등 금융소비자를 대상으로 하는 직무의 수행에 관한 사항

    라. 금융소비자와의 이해상충 방지에 관한 사항

    마. 금융소비자 보호 관련 교육에 관한 사항

    바. 금융소비자의 신용정보, 개인정보 관리에 관한 사항

    사. 금융상품등에 관한 업무 위탁 및 관련 수수료 지급에 관한 사항

    아. 금융소비자로부터 받는 보수에 관한 사항(금융상품자문업자만 해당한다)

3. 내부통제기준의 운영을 위한 조직 및 인력

    가. 금융소비자 보호에 관한 내부통제를 수행하는데 필요한 의사결정기구(이하 "금융소비자보호 내부통제위원회"라 한다)의 설치 및 운영에 관한 사항

        1) 조정·의결하는 의제에 관한 사항

          가) 금융소비자 보호에 관한 경영방향

          나) 금융소비자 보호 관련 주요 제도 변경사항

          다) 금융상품의 개발, 영업방식 및 관련 정보공시에 관한 사항

          라) 임원·직원의 성과보상체계에 대한 금융소비자 보호 측면에서의 평가

          마) 법 제16조제2항에 따른 내부통제기준 및 법 제32조제3항에 따른 금융소비자보호기준의 적정성·준수실태에 대한 점검·조치 결과

          바) 법 제32조제2항에 따른 평가(이하 "금융소비자보호실태평가"라 한다),

감독(법 제48조제1항에 따른 "감독"을 말한다) 및 검사(법 제50조에 따른 "검사"를 말한다) 결과의 후속조치에 관한 사항

　사) 중요 민원·분쟁에 대한 대응결과

　2) 대표자, 금융소비자 보호를 담당하는 임원 및 사내 임원(「금융회사의 지배구조에 관한 법률」 제2조제2호에 따른 임원을 말한다)으로 구성할 것

　3) 대표자가 주재하는 회의를 매년 반기마다 1회 이상 개최할 것

나. 금융소비자 보호에 관한 내부통제를 금융상품 개발·판매 업무로부터 독립하여 수행하는데 필요한 조직(이하 "금융소비자보호 총괄기관"이라 한다)의 설치 및 운영에 관한 사항

　1) 수행하는 업무에 관한 사항(사)는 금융소비자보호 내부통제위원회를 운영하는 자만 해당한다)

　　가) 금융소비자 보호에 관한 경영방향 수립

　　나) 금융소비자 보호 관련 교육의 기획·운영

　　다) 금융소비자 보호 관련 제도 개선

　　라) 금융상품의 개발, 판매 및 사후관리에 관한 금융소비자 보호 측면에서의 모니터링 및 조치

　　마) 민원·분쟁의 현황 및 조치결과에 대한 관리

　　바) 임원·직원의 성과보상체계에 대한 금융소비자 보호 측면에서의 평가

　　사) 금융소비자보호 내부통제위원회의 운영(가)부터 마)까지의 사항을 금융소비자보호 내부통제위원회에 보고하는 업무를 포함한다)

　2) 대표자 직속으로 설치할 것

　3) 업무수행에 필요한 인력을 갖출 것

다. 금융소비자보호 총괄기관의 업무를 수행하는 임원 및 직원의 임명·자격요건 및 직무 등에 관한 사항

라. 대표이사, 이사 등 법인의 업무집행에 관한 의사결정 권한을 가진 자의 내부통제기준 운영에 관한 권한 및 책임에 관한 사항

마. 내부통제기준 준수에 관한 금융소비자 총괄기관과 그 외 기관 간의 권한 및 책임에 관한 사항(금융소비자 총괄기관과 그 외 기관 간의 금융상품의 개발 및 판매에 관한 사전협의 절차를 포함한다)

바. 그 밖에 금융소비자 보호 및 건전한 거래질서를 위해 필요한 사항

4. 내부통제기준 준수 여부에 대한 점검·조치 및 평가

5. 개별 금융상품에 대해 권유, 계약체결 등 금융소비자를 대상으로 직무를 수행하는 사람이 갖추어야 할 교육수준 또는 자격에 관한 사항

6. 업무수행에 대한 보상체계 및 책임확보 방안: 영업행위를 수행하는 담당 임원·직원과 금융소비자 간에 이해상충이 발생하지 않도록 하는 성과 보상체계의 설계·운영에 관한 사항

7. 내부통제기준의 제정·변경 절차

8. 고령자 및 장애인의 금융거래 편의성 제고 및 재산상 피해 방지에 관한 사항

※ 비고
1. 다음 각 목의 어느 하나에 해당하는 자는 제3호가목을 적용하지 않는다.
　가. 「금융회사의 지배구조에 관한 법률 시행령」 제6조제3항 각 호의 어느 하나에 해당하는 자
　나. 최근 사업연도 말 현재 자산총액이 7천억원 미만인 「신용협동조합법」에 따른 신용협동조합
　다. 자본금의 총액이 10억원 미만인 금융상품자문업자(법 제12조제1항에 따라 등록한 금융상품자문업자를 말한다)
　라. 소속된 개인 금융상품판매대리·중개업자가 500명 미만인 법인 금융상품판매대리·중개업자
2. 제3호다목에 따른 임원은 다음 각 호의 구분에 따른다.
　가. 제1호가목부터 라목까지에 해당하는 자: 준법감시인 또는 이에 준하는 사람
　나. 최근 사업연도 말 현재 자산총액이 5조원 미만인 「상호저축은행법」에 따른 상호저축은행: 준법감시인 또는 이에 준하는 사람

다. 「은행법」 제58조제1항에 따라 인가를 받은 외국은행의 지점 또는 대리점: 준법감시인 또는 이에 준하는 사람

라. 다음의 요건 중 어느 하나에 해당하는 여신전문금융회사: 준법감시인 또는 이에 준하는 사람

  1) 개인인 금융소비자를 대상으로 계약을 체결하지 않을 것

  2) 개인인 금융소비자를 대상으로 체결한 계약에 따른 자산이 전체 자산의 5%를 초과하지 않을 것

마. 그 밖의 경우: 금융소비자보호 총괄기관을 전담하는 사람

② 금융소비자보호 내부통제위원회 설치 및 운영 제외 대상

금융소비자보호 내부통제기준의 마련 의무가 있는 금융상품판매업자등은 금융소비자보호에 관한 내부통제를 수행하는데 필요한 의사결정기구인 금융소비자보호 내부통제위원회를 설치·운영하여야 한다. 다만, 「금융소비자보호감독규정」 [별표 2] 비고 제1호에 따라 금융회사지배구조법 시행령 제6호 제3항 각 호[31]의 어느 하나에 해당하는 ❶최근 사업연도 말 현재 자산총액이 7천억원 미만인 상호저축은행, ❷최근 사업연도 말 현재 자산총액이 5조원 미만인 금융투자업자[32] 또는 종합금융회사, ❸최근 사업연도 말 현재 자산총

---

31) 금융회사지배구조법 시행령 §6, ③ 법 제3조 제3항 각 호 외의 부분에서 "대통령령으로 정하는 금융회사"란 다음 각 호의 어느 하나에 해당하는 자를 말한다. 다만, 해당 금융회사가 주권상장법인(「자본시장과 금융투자업에 관한 법률」 제9조 제15항 제3호에 따른 주권상장법인을 말한다. 이하 같다)으로서 최근 사업연도 말 현재 자산총액이 2조원 이상인 자는 제외한다.

  1. 최근 사업연도 말 현재 자산총액이 7천억원 미만인 「상호저축은행법」에 따른 상호저축은행

  2. 최근 사업연도 말 현재 자산총액이 5조원 미만인 금융투자업자 또는 「자본시장과 금융투자업에 관한 법률」에 따른 종합금융회사(이하 "종합금융회사"라 한다). 다만, 최근 사업연도 말 현재 그 금융투자업자가 운용하는 「자본시장과 금융투자업에 관한 법률」 제9조 제20항에 따른 집합투자재산(이하 "집합투자재산"이라 한다), 같은 법 제85조 제5호에 따른 투자일임재산(이하 "투자일임재산"이라 한다) 및 신탁재산(「자본시장과 금융투자업에 관한 법률」 제3조 제1항 제2호에 따른 관리형신탁의 재산은 제외한다. 이하 같다)의 전체 합계액이 20조원 이상인 경우는 제외한다.

  3. 최근 사업연도 말 현재 자산총액이 5조원 미만인 「보험업법」에 따른 보험회사

  4. 최근 사업연도 말 현재 자산총액이 5조원 미만인 「여신전문금융업법」에 따른 여신전문금융회사

  5. 그 밖에 자산규모, 영위하는 금융업무 등을 고려하여 금융위원회가 정하여 고시하는 자

  * 이 조항은 금융회사지배구조법 제3조 제3항에 의거 자산규모, 영위하는 금융업무 등을 고려하여 지배구조법 상 이사회의 구성 및 운영에 관한 사항 등 일부 조항을 적용하지 아니하는 금융회사에 대하여 규정하고 있다.

액이 5조원 미만인 보험회사 그리고 ❹최근 사업연도 말 현재 자산총액이 5조원 미만인 여신전문금융회사의 경우에는 금융소비자보호 내부통제위원회를 설치·운영하지 않아도 된다. 다만, 해당 금융회사가 주권상장법인으로서 최근 사업연도 말 현재 자산총액이 2조원 이상이라면 금융소비자보호 내부통제위원회를 설치·운용하여야 한다. 또한, ❺최근 사업연도 말 현재 자산총액이 7천억원 미만인 신용협동조합, ❻자본금의 총액이 10억원 미만인 금융상품자문업자[33] 그리고 ❼소속된 개인 금융상품판매대리·중개업자가 500명 미만인 법인 금융상품판매대리·중개업자의 경우에도 금융소비자보호 내부통제위원회의 설치·운영 의무가 없다.[34]

③ 금융소비자보호 총괄기관 담당 임원(CCO)

금융소비자보호 내부통제기준을 마련할 의무가 있는 금융상품판매업자등은 금융소비자보호 총괄기관을 전담하는 사람인 금융소비자보호 담당임원[35]을 임명하여야 한다. 다만, 「금융소비자보호감독규정」 [별표 2] 비고 제2호에 따라 금융회사지배구조법 상 준법감시인[36] 또는 이에 준하는 사람을 금융소비자보호 총괄기관의 업무를 수행하는 임원으로 임명할 수 있는 바, 이를 구체적으로 살펴보면 ⅰ)상기 ❶에서 ❼까지 해당하는 자, ⅱ)최근 사업연도 말 현재 자산총액이 5조원 미만인 상호저축은행, ⅲ)외국은행의 지점 또는 대리점 그리고 ⅳ)여신전문금융회사 중 개인인 금융소비자를 대상으로 계약을 체결하지 않거나 개인인 금융소비자를 대상으로 체결한 계약에 따른 자산이 전체 자산의 5%를 초과하지 않는 경우가 이에 해당된다.

---

32) 다만, 최근 사업연도 말 현재 그 금융투자업자가 운용하는 집합투자재산, 투자일임재산 및 신탁재산(관리형신탁의 재산은 제외)의 전체 합계액이 20조원 이상인 경우는 제외한다.

33) 금융소비자보호법 제12조 제1항에 따라 등록한 금융상품자문업자를 말한다.

34) 금융소비자보호법 감독규정 [별표 2] 비고 1

35) 금융소비자보호 총괄기관의 업무를 수행하는 임원(CCO; Chief Consumer Officer)을 말한다.

36) "준법감시인"이란 내부통제기준의 준수 여부를 점검하고 내부통제기준을 위반하는 경우 이를 조사하는 등 내부통제 관련 업무를 총괄하는 사람으로서 금융회사지배구조법 제25조에 따라 선임된 자를 말한다.

한편, 금융소비자보호 총괄기관을 전담하는 담당임원(CCO)을 별도로 두는 경우 금융소비자보호감독규정 상 금융소비자보호 총괄기관 업무 외에 다른 업무를 수행할 수 있는지 여부가 쟁점이 된다. 금융소비자보호감독규정 [별표 2] 비고 제2호에서는 준법감시인 또는 이에 준하는 사람이 금융소비자보호 총괄기관의 업무를 수행하는 임원을 겸할 수 있는 경우를 제외하고는 원칙적으로 금융소비자보호 총괄기관 담당 임원은 해당 기관의 업무를 전담하도록 규정되어 있다.[37] 그렇지만 금융소비자보호감독규정에 열거된 금융소비자보호 총괄기관의 업무는 예시적인 사항이므로, 그 외 금융상품판매업자등이 금융소비자 보호를 위해 필요하다고 판단한 업무를 추가하는 것도 가능하다.[38]

다. 금융소비자보호 내부통제기준 가이드라인

전술한 바와 같이 금융감독원은 금융소비자보호법의 조기 안착을 위해 2021.6월 "금소법 시행에 따른 내부통제 가이드라인"을 아래와 같이 마련하였고, 각 금융협회는 "금융소비자보호에 관한 내부통제 모범규준"을 자율적으로 제정하였으며, 각 금융회사는 동 모범규준을 내규에 반영하여 시행 중에 있다.

:: 참고자료 ::

금소법 시행에 따른 내부통제 가이드라인(금융감독원)

가. 업무의 분장 및 조직구조

① 이사회

□ 금융소비자보호에 관한 내부통제체계*의 구축 및 운영에 대한 기본 방침을 결정

*효과적인 내부통제 활동을 수행하기 위한 조직구조, 업무분장 및 승인절차, 의사소통·모니터링·정보시스템 등의 종합적 체계를 말함

---

37) 금융소비자보호감독규정」[별표 2] 비고2, 마. 그 밖의 경우 : 금융소비자보호 총괄기관을 전담하는 사람
38) 금융위원회·금융감독원, 금융소비자보호법 FAQ 답변 참조

○내부통제에 영향을 미치는 경영전략 및 정책을 승인

☞ 참고 규정 : 은행권 표준내부통제기준 §6

② 대표자*

　＊ 대표이사, 대표, 최고경영자 등 명칭을 불문하고 해당 법인을 대표하는 자

　□ (역할) 이사회가 결정한 내부통제체계의 구축·운영에 관한 기본방침에 따라 내부통제체계를 구체적으로 구축·운영

　　○내부통제체계가 적절히 구축·운영되도록 내부통제 환경을 조성하고 내부통제체제의 유효성에 대해 재검토

☞ 참고 규정 : 은행권 표준내부통제기준 §7

　□ (업무) 내부통제기준 집행에 있어 의사결정 권한이 있는 대표자의 구체적 업무를 문서화

　　○금소법 감독규정(〈별표2〉 3.라.)에서는 대표자의 내부통제기준 운영에 관한 권한 및 책임에 관한 사항을 규정하도록 명시*

　　　＊ 특별한 사정이 있는 경우 해당 업무를 금융소비자보호 담당임원(CCO)에게 위임할 수 있되, 위임범위를 구체적으로 명시하고 정기적 관리·감독 절차를 마련

〈 내부통제기준 운영을 위한 대표자의 구체적 업무(예시) 〉
① 내부통제기준 위반 방지를 위한 실효성 있는 예방대책 마련
② 내부통제기준 준수 여부에 대한 충실한 점검
③ 내부통제기준 위반 시 위반내용에 상응한 조치방안 및 기준 마련

나. 내부통제기준의 운영을 위한 조직 및 인력

① 금융소비자보호 내부통제위원회*

　＊ 금융소비자 보호에 관한 내부통제를 수행하는데 필요한 의사결정기구

　□ (구성) 대표자, 금융소비자보호 담당임원, 기타 사내임원을 위원회 위원으로 반

드시 포함(금소법 감독규정 〈별표2〉 3.가.2))

○법령 등에 따라 준법감시인*과 위험관리책임자를 두고 있는 경우 해당 준법
감시인 등도 포함**

　*다만 준법감시인이 금융소비자보호 담당임원(CCO)을 겸직하는 경우에는 제외

　**준법감시인과 위험관리책임자의 업무와 무관한 안건의 경우 회의 참석 불요

○내부통제 등 관련 업무를 기 수행 중인 준법감시인과 위험 관리책임자의 참
여를 통해 실효성 있는 회의체 운영을 유도

　☞ 참고 규정 : 은행 비예금상품 내부통제 모범규준 §6

□ (보고 및 기록유지) 위원회 회의결과는 이사회에 보고하고 논의사항은 서면·녹취
등 방식으로 5년간* 기록·유지

　* 금소법 시행령(§26①5호, ②2호), 감독규정(§25①)에 따라 금융상품판매업자등은 내부
통제기준의 제정 및 운영 등에 관한 자료를 5년간 기록·유지해야 함

○회의결과 보고 및 논의사항 기록·유지를 통해 내부통제위원회 구성 위원의
책임감 있는 논의를 유도

　☞ 참고 규정 : 은행 비예금상품 내부통제 모범규준 §7

□ (조정·의결사항 추가) 금소법 감독규정(〈별표2〉 3.가.1))에서 규정한 조정·의결사항
이외 일부 사항을 추가

┌───┐
│　　　　　　　〈 내부통제위원회 조정·의결사항 추가(예시) 〉

① 광고물 제작 및 광고물 내부 심의에 대한 기준 및 절차
② 상품설명서 등 금융상품 계약서류 제·개정안 검토*
　* 준법감시인이 해당 계약서류를 사전 검토하는 경우에는 조정·의결사항에
　　서 제외 가능
③ 금융소비자보호 총괄기관과 금융상품 개발·판매·사후관리 등 관련 부
　서간 협의 필요사항
└───┘

　☞ 참고 규정 : 금융소비자보호 모범규준 §11

② 금융소비자보호 총괄기관*

* 금융소비자 보호에 관한 내부통제를 금융상품 개발·판매 업무로부터 독립하여 수행하는 데 필요한 조직

□ (업무 및 권한) 금융소비자의 권리를 존중하고 민원을 예방하기 위해 시스템을 개발 및 운영

   O 금융소비자보호 및 민원예방을 위해 관련 부서에 제도개선을 요구

   O 금융소비자보호 관련 법령·내규 위반, 중대한 소비자피해 우려 시 자료제출 요구, 출석요청 및 임점조사 권한 부여

   O 금융소비자보호 제도와 관련하여 임직원 교육 및 특정한 조치 필요 시 관련 부서에 협조를 요청

   O 금융상품의 개발·판매 담당 부서와 사전협의 절차를 진행

   ☞ 참고 규정 : 금융소비자보호 모범규준 §8, §9, §12

□ (담당직원의 자격요건 등) 업무수행의 전문성 및 신뢰도 제고를 위해 담당직원의 자격요건 및 최소 근무기간 등을 마련*

* 협회에서 업권 및 회사별로 사정을 고려하여 자격요건 등을 탄력적으로 운영 가능

   O 자격요건 : 입사 후 5년 이상 경력자로서 상품개발·영업·법무·시스템·통계·감사 등 분야에서 2년 이상 근무자

   O 근무기간 : 3년 이상 금융소비자보호 업무를 전담

   O 혜택 : 소비자보호 교육 참여·자격증 취득 등 직무향상 기회제공 및 우수직원 등에 대한 포상(표창, 해외연수) 제도 마련

   ☞ 참고 규정 : 금융소비자보호 모범규준 §10

□ (독립성 확보) 금융소비자보호 총괄기관은 영업부서와 독립된 대표자 직속 조직으로 설치

   O 소비자보호와 영업부서 업무 간의 이해상충 방지 및 조직의 소비자보호 업무역량 제고에 기여

   ☞ 참고 규정 : 금융소비자보호 모범규준 §7

□ (준법감시부서와 관계) 금소법 시행에 따라 신설·강화된 내부통제기준에 관한 사항은 금융소비자보호 총괄기관이 담당하되, 조직·인력 등을 감안하여 준법감시부서에서도 담당 가능

   ○ 다만, 양 부서간 권한 및 책임을 명확히 구분하고 이를 문서화할 것

   ※ 중장기적으로는 금융소비자보호 총괄기관의 역량강화를 통해 금융소비자보호 총괄기관과 준법감시부서 간 합리적으로 역할분담

③ 금융소비자보호 담당임원(CCO)*

   * 금융소비자보호 총괄기관의 업무를 수행하는 임원(Chief Consumer Officer)

□ (결격요건) 금융당국의 일정 수준 이상의 제재조치*를 받은 사람은 금융소비자보호 담당임원으로 선임할 수 없도록 제한

   * 최근 5년간 금융관계법령을 위반하여 금융위 또는 금감원으로부터 받은 문책경고 또는 감봉요구 이상에 해당하는 조치

   ○ 금융소비자보호 총괄기관의 업무 처리결과에 대한 공정성 및 투명성 확보에 기여

    ☞ 참고 규정 : 금융소비자보호 모범규준 §4

□ (보고 및 사후처리) 소비자 권익침해 발생 또는 현저한 우려 발생 시 대표자에게 즉시 보고

   ○ 대표자는 보고사항을 확인하여 필요한 제반사항을 신속하게 수행·지원

    ☞ 참고 규정 : 금융소비자보호 모범규준 §5

□ (독립성 확보) 공정한 직무수행을 위해 업무의 독립성을 보장하고 직무수행과 관련한 부당한 인사상 불이익을 금지

   ○ 금융상품판매업자등의 재무적 경영성과에 연동되지 않는 별도의 공정한 업무평가기준·급여기준을 마련·운영

    ☞ 참고 규정 : ①은행권 표준내부통제기준 §16
             ②금융소비자보호 모범규준 §6

다. 임직원등의 업무수행 시 준수해야 하는 기준 및 절차

① 업무단계별* 준수사항

　* 금융상품의 개발 → 판매 → 사후관리

　□ (부서간 사전협의) 신상품 개발 및 마케팅 정책수립 시 담당 부서와 금융소비자
　　보호 총괄기관 간 주요사항*에 대해 사전 협의**

　　* 금융상품 개발·변경·판매중단, 상품설명서 등 중요서류 제작·변경 등

　　** 금융상품의 위험도·복잡성, 소비자의 특성, 금융상품 발행인의 재무적 건전성, 상품운
　　　용 및 리스크관리 능력 등을 사전협의 시 고려

　　○ 금융소비자보호 총괄기관은 소비자피해 가능성이 있는 경우 담당 부서에
　　　신상품 출시 및 마케팅 중단 등 요구 권한을 행사

　　☞ 참고 규정 : ①금융소비자보호 모범규준 §12
　　　　　　　　　②은행 비예금상품 내부통제 모범규준 §9, §10

　□ (상품개발 체크리스트 및 내부준칙 수립) 금융소비자보호 총괄기관은 신상품 개발
　　시 소비자 리스크 진단을 위한 체크리스트를 마련

　　○ 금융상품판매업자등은 상품개발의 책임성 및 상품판매자에 대한 정보공유
　　　책임의 강화를 위한 내부준칙을 수립·운영

　　☞ 참고 규정 : 금융소비자보호 모범규준 §13

　□ (소비자 의견청취) 신상품 개발시부터 소비자의 불만예방 및 피해의 신속한 구제
　　를 위해 소비자의견이 적극 반영될 수 있도록 업무 프로세스를 구축·운영

　　○ 신상품 출시 이후 모니터링을 지속 실시하고 그 결과 제도 개선 필요 사안
　　　을 즉시 반영할 수 있는 시스템을 구축·운영

　　☞ 참고 규정 : 금융소비자보호 모범규준 §14

　□ (판매과정 관리) 금융소비자보호 총괄기관은 상품판매 과정에서 불완전판매 예
　　방을 위해 담당 부서를 대상으로 판매 전후 프로세스를 구축하고 이에 대한 업
　　무매뉴얼을 마련

○ 소비자의 불만내용과 피해 분석을 통해 소비자불만의 주요원인을 파악하고 이를 관련 부서와 협의하여 개선

☞ 참고 규정 : 금융소비자보호 모범규준 §24

□ (판매이후 소비자 권익보호) 상품판매 이후 상품의 내용·위험성 변경, 대규모 분쟁 발생 우려 시 신속하게 소비자에게 안내*

  * 소비자에게 적시 대응할 수 있는 기회를 보장하는 취지

○ 소비자의 법령상·계약상 권리 청구 시 신속·공정하게 처리될 수 있도록 관련 절차와 기준을 마련

☞ 참고 규정 : 금융소비자보호 모범규준 §28의2

② 영업행위 준수사항

□ (일반원칙) 상품판매 시 영업행위 준수사항을 위반하여 불완전판매가 발생하지 않도록 최선의 노력을 다함

○ 금융상품판매업자등의 귀책사유로 인해 소비자 피해발생 시 신속한 피해구제를 위해 최선의 노력을 다함

☞ 참고 규정 : 은행 비예금상품 내부통제 모범규준 §11

□ (상품별·업무별 판매준칙) 기능별 규제체계의 도입으로 금융상품과 판매채널이 다양하게 분류*된 점을 감안하여 각 금융상품별·판매채널별로 판매준칙을 마련하고 이를 문서화할 것

○ 판매준칙을 제정변경하는 경우 금융소비자보호 총괄기관과 반드시 사전에 협의

  * ① 모든 금융상품은 '예금성·대출성·투자성·보장성 상품'으로 분류

   ② 판매채널은 '직접판매업자, 판매대리중개업자, 자문업자'로 분류

□ (소비자와 이해상충 방지 및 소비자의 정보 관리) 금융상품판매업자등(임직원 등 포함)과 소비자 간 이해상충 발생 방지 시스템 구축

○ 또한, 소비자의 신용정보 및 개인정보를 선량한 관리자의 주의로 관리하고 목적 이외에는 사용 금지

③ 업무위탁시 준수사항

　□ (위탁 범위) 금융상품판매업자등의 판매대리·중개업자에 대한 본질적 업무*의 위탁금지

　　* 「금융기관의 업무위탁 등에 관한 규정」제3조제2항, 〈별표2〉

　　○ 수수료 산정 및 지급방법을 포함한 업무위탁 범위, 업무시 준수사항 등 중요사항을 위탁계약 내용에 포함

　□ (대리·중개업자에 대한 관리) 금융상품판매업자등은 판매대리·중개업자에 대한 체계적 관리를 위해

　　○ 수수료 산정 및 지급기준, 위탁계약의 체결·해지 절차 등에 대한 관리기준을 사전에 마련

〈 대리·중개업자 관리기준 포함사항(예시) 〉

① 대리·중개업자 위탁계약 체결·해지 절차
② 대리·중개업자 영업행위 모니터링 절차 및 보고체계
③ 금융소비자 개인정보 보호(정보접근 제한, 정보유출 방지대책) 대책 및 관련 법규의 준수에 관한 사항
④ 내·외부 감사인의 자료접근권 보장
⑤ 계약서 주요 기재사항(업무 범위, 위탁자의 감사 권한, 업무 위·수탁에 대한 수수료 등, 고객정보의 보호, 감독기관의 검사 수용의무)
⑥ 대리·중개업자 실적 등에 대한 기록관리
⑦ 수수료 산정 및 지급기준
⑧ 교육프로그램, 교육주기, 교육방법 등에 관한 사항

□ (금융상품자문업자의 보수) 소비자로부터 받은 보수금액 및 산정기준을 사전에 정하고 해당 내용을 계약서류에 명시

라. 내부통제기준 준수 여부에 대한 점검·조치 및 평가

□ (점검) 임직원의 내부통제기준 준수 여부를 업무의 중요도 및 위험도 등을 감안하여 주기적으로 점검

☞ 참고 규정 : 은행권 표준내부통제기준 §18

□ (조치) 내부통제기준의 위반 정도, 규모 등을 감안하여 관련 부서 및 임직원에 대한 조치 방안 마련

□ (평가) 내부통제기준 준수 여부에 대한 평가 결과를 대표자 및 내부통제위원회에 보고
※점검·조치·평가주체는 상기 나.②의 "준법감시부서와 관계"를 참고

마. 금융상품 판매직원 대상 교육수준 또는 자격에 관한 사항*
  * 상품숙지의무(내부통제기준에 따른 직무수행 교육을 받지 않은 자로 하여금 계약체결 권유와 관련된 업무를 하게 하는 행위 금지, 금소법 시행령 §16③1호) 관련

□ (판매담당 직원 교육 등) 판매 담당직원을 대상으로 상품의 위험도·복잡성 등 상품 내용과 윤리역량 강화 관련 교육 실시
  ○ 판매 담당직원의 관련법규 및 내규에 따른 판매자격 보유 등을 정기적으로 확인
  ○ 판매자격은 금융상품의 위험도, 소비자의 유형에 따라 구분할 수 있으며, 적절한 보수교육 및 재취득 절차 마련
    ※고위험 금융투자상품의 경우 상품 조사숙지의무 이행을 위한 별도의 세부 절차 마련 필요

☞ 참고 규정 : ① 은행 비예금상품 내부통제 모범규준 §21
② 고난도 금융투자상품 제조 및 판매에 관한 영업행위준칙19.
③ 금융회사의 고위험 금융투자상품에 대한 상품조사숙지의
무 가이드라인

바. 업무수행 보상체계 및 책임확보

□ (일반원칙) 판매담당 부서(임직원)의 성과평가 시 소비자만족도 및 내부통제 항
목을 반영하여 균형 있는 성과보상체계 운영

☞ 참고 규정 : 은행 비예금상품 내부통제 모범규준 §19

□ (성과보상체계) 판매담당 직원의 불판건수, 소비자만족도 조사결과 등을 감안,
실질적 차별화가 있는 성과보상체계를 운영
○ 특정상품 판매 쏠림 현상을 개선하기 위해 특정 상품의 판매실적을 성과지
표로 운영하는 행위를 제한

☞ 참고 규정 : ①금융소비자보호 모범규준 §23, §28
②은행 비예금상품 내부통제 모범규준 §20

□ (성과보상체계 수립절차) 성과보상체계 설정 부서는 금융소비자보호 총괄기관의
의견을 필수적으로 사전에 확인
○ 금융소비자보호 총괄기관은 소비자보호업무 관련 성과보상체계의 적정성
을 검토하고 KPI 조정 등 검토결과를 대표자 및 내부통제위원회에 보고

☞ 참고 규정 : 금융소비자보호 모범규준 §23

사. 내부통제기준의 제정·변경 절차

□ (제정·변경사유) 관련 법령 제·개정, 대규모 소비자 피해, 감독당국의 유권해석,
금융소비자보호 총괄기관 등의 개선 요구 등이 있는 경우

○ 이를 반영하기 위한 내부통제기준의 제정·변경 절차를 진행

□ (금융소비자보호 총괄기관과의 협의) 내부통제기준의 제정·변경을 추진하는 부서는 금융소비자보호 총괄기관과 사전 협의
   ○ 금융소비자보호 총괄기관은 내부통제기준의 제정·변경 필요성을 소비자보호측면에서 검토하고 대표자에게 검토결과를 보고

□ (게시방법) 내부통제기준 제·개정 사실 및 그 이유, 소비자에게 미치는 영향, 적용시점 및 적용대상 등을 구분하여 게시

□ (안내·교육) 내부통제기준 제·개정 사실을 임직원이 확인할 수 있는 방법으로 안내하고, 필요시 교육 실시

아. 고령자 및 장애인 거래 편의성 제고 및 피해 방지

□ (고령자) 상품의 정확한 이해와 적절한 금융거래를 위해 상품개발 시 위험요인을 점검하고 강화된 판매절차를 통해 재산상 피해를 방지
   ☞ 참고 규정 : 금융소비자보호 모범규준 §21

※고령자의 거래 편의성 제고 및 피해 방지를 위한 별도의 세부 절차를 마련할 필요

〈 고령자의 거래 편의성 제고 및 피해방지 방안(예시) 〉

① 상품개발시
   – 신상품 개발시 연령에 따른 불합리한 차별이 발생하지 않도록 연령별 영향분석 실시, 금융소비자보호 총괄기관과 사전 협의
   – 온라인 특판상품 개발시, 이와 동일·유사한 혜택을 보장하는 고령자 전용 대

면거래 상품도 개발

② 상품판매시
- 합리적 사유 없는 연령차별 금지, 고령자 차등이 불가피한 경우 취급거절·가격차별의 명확한 근거 제시
- 고령자에 대한 거래거절시 적절한 자사 및 타사의 금융상품을 안내하는 "대체상품안내제도"(영국의 Sign posting 제도*) 마련
  * 영국 「Sign posting to travel insurance」 제도: 기존 병력으로 여행자보험 가입을 거부할 경우 대체보험회사 안내 의무화
- 고령자의 이해편의성 제고를 위해 가급적 쉬운 용어와 느린 속도로 설명
- 사리분별능력이 부족하다고 판단되는 경우 판매를 자제
- 상품가입시 불이익사항을 우선 설명 및 이해 여부 확인
- 고령자용 상품안내자료 활용하여 상품이해도 제고
- 고령자의 상품가입목적 확인, 판매과정 녹취*, 적정성을 정기적으로 점검
  * '21.5.10일 시행의 자본시장법 시행령상 "고령 투자자 녹취제도" 등 감안
- 일정 상품 가입을 희망하는 경우 지정인(가족 등)에게 계약사실 안내

③ 사후관리
- 연령별 상품취급 실적을 매년 점검, 점검결과를 대외적으로 공개
- 고령자 관련 내부통제기준 준수 여부에 대한 점검 실시 및 조치
- 임직원 대상 고령자 판매절차, 민원사례, 상담 화법 등을 위한 교육 실시
- 고령자 대상 허위·과장된 정보 또는 광고물이 사용되지 않도록 내부통제 강화
- 고령자 관련 민원·불편사항의 정기적 모니터링 실시

④ 금융거래 편의성 제고
- 고령자 전용 상담 창구 운영, 대면창구에 전담 직원 배치
- 고령자의 콜센터 상담 시 전담 상담원과 자동 연결 서비스 제공

□ (장애인) 장애유형별 세부 고객 응대지침을 마련하고 비대면 거래(모바일·인터넷 등)를 통한 이용 편의성을 제고

※ 장애인의 거래 편의성 제고 및 피해 방지를 위한 별도의 세부 절차를 마련할 필요

〈 장애인의 거래 편의성 제고 및 피해방지 방안(예시) 〉

① 상품개발시
　- 신상품 개발시 장애에 따른 불합리한 차별이 발생하지 않도록 주요 장애유형별 영향 분석 실시, 금융소비자보호 총괄기관과 사전 협의

② 상품판매시
　- 장애인 주요거래상품에 대한 상품유형별 구체적인 업무처리 매뉴얼 마련
　- 장애인이 쉽고 편하게 상품을 이해하고 가입할 수 있도록 장애인 주요거래상품에 대하여 AI·동영상 등 다양한 설명 방안 마련
　- 장애인 대상 허위·과장 광고 방지를 위한 협회의 광고심의 강화
　- 장애인을 이유로 부당하게 상품판매 거절 등 장애인 차별 금지

③ 사후관리
　- 장애인 관련 내부통제기준 준수 여부에 대한 점검 실시 및 조치

라. 은행 비예금상품 내부통제 모범규준

2020년 9월 28일 금융감독원과 전국은행연합회는 은행이 판매하는 금융상품 중 원금이 보장되는 상품이 아닌 비예금 상품에 규제를 강화하기 위하여 "비예금상품 내부통제 모범규준"을 제정하였고 각 은행은 이를 자체 내규에 반영하여 시행 중에 있다. 동 모범규준은 2019년 발생한 DLF(파생결합펀드) 등 사모펀드 불완전판매 사태의 재발 방지를 위한 금융위원회의 「고위험 금융상품 투자자 보호 강화를 위한 종합 개선방안」(2019.12.12)에 대한 후속조치로 금융투자협회의 "고난도금융투자상품 제조 및 판매에 관한 표준영업행위준칙"의 제정(2020.6.18.)과 함께 마련되었다. 동 모범규준에는 은행이 개인과 중소기업을 대상으로 판매하는 원금 비보장 금융상품에 관하여 상품심의·판매·사후관리 등 금융상품의 판매 전 과정에 걸쳐 금융소비자 보호를 위해 준수하여야 할 사항을 규율하고 있다. 또한, 특정 비예금상품 판매실적의 성과반영 제한, 고객수익률 반영 등 영업점 성과평가체계(KPI)[39]의 개선을 통해 금융소비자 중심의 영업관행을 정착시키려는 목적도 포함하고 있다.

은행 비예금상품 내부통제 모범규준 주요내용[40]

| 1.적용대상 | 원금손실 위험이 있는 비예금 상품(Non-deposit products) |

☐ 은행이 개인과 중소기업 대상으로 판매하는 각종 펀드·신탁·연금·장외파생상품·변액보험 상품 등을 적용대상으로 규정

　○ 다만, 일부 안전자산으로 운용되는 MMF·MMT 등 원금손실 위험이 낮은 상품은 적용대상에서 제외*

　　* 은행은 자체적으로 이사회 승인을 통해 원금손실 및 불완전판매 위험성이 낮다고 판단되는 상품의 적용을 추가 배제할 수 있음

| 2.상품위원회 | 임원급 협의체인 '상품위원회'가 상품정책을 총괄 |

☐ 리스크관리담당 임원(CRO)·준법감시인·소비자보호담당 임원(CCO) 등을 포함*하는 "비예금 상품위원회(이하 '위원회')"를 구성하여 운영

　* 전문성과 공정성 확보를 위해 필요시 위원회에 외부 전문가(법인 포함)를 포함

　○ 위원회는 상품 기획 및 선정·판매행위·사후관리 등 은행의 비예금상품 판매에 관한 정책을 총괄

　○ 위원회 운영의 객관성, 공정성 제고를 위해 영업담당 임원의 회의주재를 제한하고, 위원회 운영(회의소집 및 주관)은 영업과 관련이 없는 조직이 담당

　○ 소비자보호담당 임원 및 기타 은행이 정하는 위원이 상품판매 반대시(veto) 판매를 보류

　○ 위원회 심의결과는 대표이사 및 이사회에 보고하여야 하며, 관련자료 등은 서면, 녹취 등의 방식으로 10년간 보관

| 3.상품심의 | 상품심의(기획·선정)를 위한 내부통제기준 마련 |

---

39) "성과평가지표(KPI: Key Performance Indicator)"란 상품 판매 등에 따른 재무적 실적달성으로 당해 은행 임직원의 인사평가 및 성과급 지급 등에 영향을 미치는 평가지표를 말한다.

40) 금융감독원·은행연합회 2020.9.28일자 보도자료, "은행 비예금상품 내부통제 모범규준 제정" 참조

□ 위원회는 상품 투자전략, 상품구조, 손실위험성 등을 고려하여 상품 판매여부·판매대상 고객군·판매한도 등을 심의

　○ 위원회는 판매할 상품의 위험도, 복잡성, 판매 직원의 상품 이해도 및 전문성 등을 고려하여 판매채널*을 사전에 지정

　　* 일반 영업점, PB센터, 인터넷홈페이지 등 비대면 채널 등

　○ 제조 금융회사(예 : 자산운용사)의 건전성 및 리스크 관리능력 등 질적요소를 평가하고 평가결과를 상품 심의시 반영

　○ 위원회 운영의 실효성 제고를 위해 위험도가 높지 않은 상품의 경우 상품심의를 하위조직(예 : 부서장 협의체)에 위임* 가능

　　* 고난도 금융상품, 해외대체펀드(기초자산 해외소재), 위험도 중간등급이상(1~3등급) 상품 등은 위원회가 직접 심의하여야 함

| 4.상품판매 | 상품판매시 임직원의 준수(Do)·금지사항(Don't) 명시 |

[판매시 준수사항 (Do)]

① (비예금상품설명서 도입) 비예금상품 판매시 위험내용을 예금상품과 비교·설명하는 '비예금상품설명서' 도입 (〈첨부〉 참조)

　○ 막연한 원본손실 안내에 그치지 않고 고객이 원금 비보장 상품임을 명확히 인지할 수 있도록 Q&A 방식 활용

② (손실위험 안내강화) 다양한 도표·그래프 사용을 통해 고객의 이해가능성을 제고하고,

　○ 특히, 손실이 증가되는 상황을 가정하여 소비자가 최대 손실발생액을 명확히 인지할 수 있도록 설명

③ (정보갱신·동의 의무화) 투자성향 등 소비자의 정보는 매 2년마다 갱신하여 오래된 정보를 활용하지 않도록 하고

　○ 상품 판매시마다 갱신된 정보를 소비자에게 안내·확인(동의) 받도록 의무화

④ (해피콜 강화) 일부 금융투자상품에만 제한적으로 실시하던 해피콜 제도를 비예금 전체 상품으로 확대

　○ 상품판매 후 7영업일까지 해피콜을 실시하여 상품 설명이 적정하게 이루어졌는지 등 불완전판매 여부 확인

⑤ (판매과정 녹취의무 강화) 자본시장법상 의무사항인 부적합 투자자 및 고령자(65세 이상) 뿐만 아니라

  ○ 일반 고객에 대한 고난도 금융상품 판매시에도 판매 과정을 녹취하고 녹취 품질을 주기적으로 검수

[판매시 제한사항 (Don't)]

① (투자권유 방법 제한) 고난도 금융상품 등 비대면으로 상세한 설명이 곤란한 상품에 대해 투자를 권유할 경우

  ○ 정보통신망*을 통해 투자를 권유하지 않도록 제한

  * (예) 전화, 휴대폰 메시지(SMS, LMS, 카카오톡), SNS 등 (홈페이지는 가능)

② (광고·홍보 관련) 비예금 상품에 대한 광고·홍보시 사전에 상품을 판매하는 은행의 준법감시인 심의를 반드시 받도록 하고

  ○ 선정경위·사유 등의 객관적인 근거 없이 비대면채널을 통해 특정상품을 추천상품 등으로 홍보하는 행위를 제한

③ (판매자격 및 창구) 전문성을 갖추지 못한 직원*은 판매를 제한하고 판매자격 도용이 발생하지 않도록 전산상 통제방안 마련

  * (예) 관련 자격증 미보유 직원, 업무숙련도가 낮은 직원, 민원 다수 유발 직원 등

  ○ 표지판 설치 및 명찰패용, 창구분리 등을 통해 비예금 상품을 판매권유하는 직원임을 고객이 명확히 알 수 있도록 인지도 개선

> **5.사후관리** 판매 후 모니터링 및 고객에 대한 정보제공 강화

□ 은행은 상품별 판매현황 및 손익상황, 민원발생 현황, 시장상황 변동* 등을 모니터링하고 필요시 판매중단 등 대책 마련

  * (예) 국제유가 및 주가 급락, 사기사건 발생, 자산운용사 부도 등

  ○ 위원회는 모니터링 결과를 보고받고 심의하여 심의결과는 주기적으로 이사회 또는 감사위원회에 보고

  ○ 해당 상품구조 및 손익추이, 민원발생 및 처리현황 등을 한눈에 알 수 있는 통합 전산시스템 구축

□ 상품 특성 및 정보의 성격을 감안하여 손익상황 등을 고객에게 주기적으로 안내 (SMS 등 활용)

6.성과평가	단기실적 위주의 영업문화 개선을 위한 KPI 개선

□ 단기 실적 위주의 영업문화와 특정상품 판매 쏠림 등의 개선을 위해 영업점 성과평가지표(KPI) 개선사항을 반영

① 특정 비예금 상품 판매실적을 성과지표로 운영하는 행위 제한
② 불완전판매를 성과평가시 감점요소로 반영하고 비중을 확대
③ 고객수익률 등 고객만족도 항목을 성과평가에 반영
④ 불완전 판매 확인시 성과급을 환수할 수 있도록 규정
⑤ 고령자에게 부적합 확인서를 받고 판매시 성과평가에 미반영 또는 반영 축소

〈첨부〉   〈 비예금상품 설명서 〉

본 상품은 가입시 일반 예금상품과 달리 원금의 일부 또는 전부 손실이 발생할 수 있으며, 투자로 인한 손실은 투자자 본인에게 귀속됩니다.	
①	본 상품은 예·적금과는 다른 상품이며, 은행이 판매하는 상품이지만 예금자 보호를 받지 못해 원금 손실 위험이 있습니다. 확인하셨습니까?
⇨	① 예 / ② 아니오
②	본 상품의 원금손실위험이 발생할 가능성에 대해 어떻게 생각하시나요? 답변 후 판매직원의 구체적인 설명을 들어보시기 바랍니다.
⇨	① 원금손실위험이 거의 없다. ② 원금손실위험이 있지만 경미한 수준이다. ③ 원금손실위험이 있지만 높은 수익률을 위해 감수해야 한다.

③	본 상품의 최대 원금손실 규모에 대해 판매직원으로부터 어떻게 설명을 들으셨습니까?
⇨	① 경미한 수준일 것이다. ② 원금의 0%~20%의 손실이 발생할 수 있다. ③ 원금의 20%~100%(원금 전액손실)의 손실이 발생할 수 있다. ④ 시장 상황에 따라 손실이 무한하게 커질 수 있다.
④	원금손실 가능성과 최대 손실가능금액을 정확하게 이해하셨습니까? (이해한 경우) 이러한 위험에도 불구하고 본 상품에 가입하시겠습니까?
⇨	① 예 / ② 아니오

※ 비예금상품 설명서는 은행이 판매하는 비예금상품(펀드, 신탁 등) 중 반드시 확인이 필요한 사항을 안내하고 있습니다.

※ 답변 내용이 향후 민원 분쟁조정시 판단자료로 활용될 수 있으니 질문에 대해 정성껏 답변해 주시기 바랍니다.

마. 고난도 금융투자상품 제조 및 판매에 관한 표준영업행위준칙

금융투자협회는 2020년 6월 18일 고난도 금융투자상품의 설계단계부터 판매 이후 사후관리까지 모든 단계에서 '금융소비자의 이익을 최우선'(the best interest of client)으로 고려하기 위한 세부사항을 규정한 "고난도금융투자상품 제조 및 판매에 관한 표준영업행위준칙"을 제정하였다. 고난도금융투자상품이란 파생결합증권, 파생상품, 운용자산의 가격결정의 방식과 손익의 구조 및 그에 따른 위험을 투자자가 이해하기 어렵다고 인정되는 집합투자증권 등과 같은 금융투자상품 중 최대 원금손실 가능금액이 원금의 100분의 20을 초과하는 것을[41] 말한다.[42] 동 행위준칙은 2019년

---

41) 다만, 거래소시장, 해외 증권시장, 해외 파생상품시장에 상장되어 거래(투자자가 해당 시장에서 직접 매매하는 경우로 한정)되는 상품 또는 전문투자자만을 대상으로 하는 상품은 제외한다.

42) 자본시장법 시행령 §2(7)

발생한 DLF(파생결합펀드) 등 사모펀드 불완전판매 사태의 재발 방지를 위한 금융위원회의 「고위험 금융상품 투자자 보호 강화를 위한 종합 개선방안」(2019.12.12)에 대한 후속조치로 2020.9.28. 제정된 은행권의 "비예금 상품 내부통제 모범규준"과 함께 시행되었다. 또한, 동 행위준칙은 영국 등 유럽[43]에서 시행 중인 금융투자상품 라이프사이클(Life Cycle) 규제체계(Product Governance)를 참고하여 마련되었으며, 금융회사가 고난도금융투자상품을 제조 또는 판매할 경우 상품 전 단계(제조–판매–사후점검 등)에 걸쳐 준수해야 할 사항으로 목표시장 설정, 상품테스트, 상품의 제조 또는 판매 승인절차 구축(이사회 의결 등), 목표시장 내 판매원칙, 제조회사와 판매회사 간 정보교환 등을 규정하고 있다. 금융위원회는 동 준칙의 실효성을 확보하기 위하여 고난도금융투자상품에 대한 법적개념을 자본시장법 시행령[44]에 반영하였고, 고난도금융투자상품의 제조 및 판매 과정에서 금융소비자 보호를 소홀히 한 경우 제제조치를 취할 수 있는 근거[45]도 마련하였다.

:: 참고자료 ::

고난도금융투자상품 제조 및 판매에 관한 표준영업행위준칙 주요내용[46]

주요 제정사항

[1] 총 칙
  □ (대상상품) 고난도 금융투자상품(ELW 등 상장상품 제외)
  □ (대상투자자) 일반·전문투자자의 구분 없이 모든 투자자 대상

[2] 제조회사의 준수사항

1. 상품승인절차 구축
  □ 이사회의 관리·통제 하에서 내부통제기준에 따른 상품승인위원회 설치 등 상품 승인절차를 마련

○ 상품검증조직은 상품검증의 실효성이 담보되도록 전문성을 갖춘 인력으로 구성

2. 복수회사의 상품제조

□ 복수의 제조회사가 하나의 목표시장을 설정하고 제조와 관련 업무 및 책임범위를 설정하도록 함

3. 목표시장 설정

□ 목표고객 군과 출시예정상품의 특성을 종합적으로 고려해 잠재적 목표 시장 설정

○ 제조회사와 판매회사 간 충분한 정보교환을 전제로 판매회사가 목표시장 내에서 판매토록 해 불완전판매 소지 완화

---

43) 독일, 프랑스, 이탈리아 등 25개국이 유럽증권시장감독청(ESMA) 가이드라인을 적용(ESMA Release, '20.2.11)

44) 자본시장법 시행령 §2. 7. "고난도금융투자상품"이란 다음 각 목의 어느 하나에 해당하는 금융투자상품 중 금융위원회가 정하여 고시하는 방법으로 산정한 최대 원금손실 가능금액이 원금의 100분의 20을 초과하는 것을 말한다. 다만, 거래소시장, 해외 증권시장, 해외 파생상품시장(법 제5조 제2항 제2호에 따른 해외 파생상품시장을 말한다. 이하 같다)에 상장되어 거래(투자자가 해당 시장에서 직접 매매하는 경우로 한정한다)되는 상품 또는 전문투자자[법 제9조제5항제1호부터 제3호까지의 어느 하나에 해당하는 자, 이 영 제10조 제3항 제1호부터 제6호까지, 제6호의2, 제7호부터 제14호까지의 어느 하나에 해당하는 자(이에 준하는 외국인을 포함한다) 또는 같은 항 제18호가목부터 다목까지의 어느 하나에 해당하는 자로 한정한다]만을 대상으로 하는 상품은 제외한다.

　가. 파생결합증권(제7조 제2항 제1호에 따른 파생결합증권은 제외한다)

　나. 파생상품

　다. 집합투자증권 중에서 운용자산의 가격결정의 방식, 손익의 구조 및 그에 따른 위험을 투자자가 이해하기 어렵다고 인정되는 것으로서 금융위원회가 정하여 고시하는 집합투자증권

　라. 그 밖에 기초자산의 특성, 가격결정의 방식, 손익의 구조 및 그에 따른 위험을 투자자가 이해하기 어렵다고 인정되는 것으로서 금융위원회가 정하여 고시하는 금융투자상품

8. "고난도투자일임계약"이란 금융위원회가 정하여 고시하는 방법으로 산정한 최대 원금손실 가능금액이 원금의 100분의 20을 초과하는 투자일임계약 중 그 운용방법 및 그에 따른 위험을 투자자가 이해하기 어렵다고 인정되는 것으로서 금융위원회가 정하여 고시하는 기준에 해당하는 투자일임계약을 말한다.

9. "고난도금전신탁계약"이란 금융위원회가 정하여 고시하는 방법으로 산정한 최대 원금손실 가능금액이 원금의 100분의 20을 초과하는 금전신탁계약 중 그 운용방법 및 그에 따른 위험을 투자자가 이해하기 어렵다고 인정되는 것으로서 금융위원회가 정하여 고시하는 기준에 해당하는 금전신탁계약을 말한다.

45) 금융투자업규정 §4-20(불건전 영업행위의 금지) ①영 제68조제5항제14호에서 "금융위원회가 정하여 고시하는 행위"란 다음 각 호의 어느 하나에 해당하는 행위를 말한다.

　15. 이사회의 의결(내부통제기준에 따라 이를 위임한 경우를 포함한다)에 따른 별도의 판매승인을 거치지 않고 영 제2조제7호에 따른 고난도금융투자상품에 대한 판매여부를 결정하는 행위[신설 21.5.10.]

46) 금융투자협회 2020.6.25. 보도자료, "투자자 보호 강화를 위한 고난도금융투자상품 제조 및 판매에 관한 표준영업행위준칙 제정" 참조

4. 상품 테스트

□ 제조회사는 다양한 시나리오 분석을 통해 투자위험요소를 사전에 확인해 이상상황 발생 시 대응능력 강화

5. 판매회사에 대한 정보제공

□ 제조회사는 판매회사가 구체적인 목표시장 설정 및 판매전략 수립에 활용하도록 상품에 대한 충분한 정보 제공

　○ 또한 환매연기, 소송 등 이상상황시 정보를 판매회사에 신속히 제공하도록 해 판매채널 차원의 대응력 제고

6. 사후점검 모니터링

□ 상품출시 후 목표시장에 영향을 미칠 수 있는 사항과 판매현황 등을 주기적으로 점검

　○ 고객의 수익에 영향을 미치는 중대한 사안 발생시 목표시장 재설정 등 적절한 조치로 불완전판매 가능성 완화

[3] 판매회사의 준수사항

1. 상품승인절차 구축

□ 상품판매 전 목표시장에 부합하는지 여부를 이사회 관리 및 통제 하에서 마련된 상품승인절차를 통해 검증

　○ 이사회(사외이사 등)의 공익적 역할로 고객이익 제고 기대

2. 목표시장 설정과 판매규제 준수

□ 판매회사는 제조회사의 잠재적 목표시장을 바탕으로 구체적인 목표시장을 설정

　○ 투자권유 시 고객이 ① 목표시장 범위 내에 포함 여부 확인(목표시장 내 판매 원칙) → ② 적합성·적정성 원칙 적용 등 2단계 검증으로 불완전판매 감소*

　　* 판매회사는 목표시장 설정과 적합성 판단을 별개로 진행해야 함

3. 판매 후 점검

□ 판매회사는 목표시장 설정 및 판매전략 설정 등의 운영 실태를 정기적으로 점검(연 1회 이상)

　ㅇ 목표시장 설정 오류 확인 시 신속히 목표시장을 재설정하고 관련내용을 제조회사에 통보해 적절한 시정조치

　ㅇ 또한 상품을 매수한 고객의 투자판단에 도움을 줄 수 있도록 수익률* 또는 손실률 등 관련 정보**를 수시로 제공

　　* 손실률 10%, 30%, …, 50%마다 휴대폰 메시지, SNS 등을 통해 통지

　　** 수수료 내역, 유사상품 수익률 등을 홈페이지 등을 통해 공시

4. 정보교환체계 구축

□ 목표시장, 판매전략, 및 판매현황 분석자료(목표시장 외 판매현황 포함)등을 제조회사와 판매회사 간에 공유

　ㅇ 공유된 정보를 토대로 제조단계에서 효율적인 상품개선을 추진, 판매단계에서 소비자 이익에 부합하는 상품 판매 등

시행시기

□ 목표시장 및 판매전략 설정, 금융투자상품 테스트, 제조회사와 판매회사 간 정보교류 등은 제정 1개월 후 조기 시행('20.7.19)

　ㅇ 여타 사항은 고난도 금융투자상품을 규정하는 자본시장법 시행령 및 금융투자업규정이 시행되는 날에 동시 시행함

바. 고난도 금융투자상품 영업행위준칙 관련

　금융감독원은 "고난도 금융투자상품 제조 및 판매에 관한 표준영업행위준칙"의 안정적 정착을 위해 2020년 11월 금융투자협회와 금융업계 실무자 등이 참여한 T/F를 통해 "고난도 금융투자상품 영업행위준칙 관련 핸드북"을 작성하여 배포하였다.

고난도금융투자상품 영업행위준칙 관련 핸드북

I. 총 칙

[용어의 정의 및 적용범위 2–①]

◇ 고난도 금전신탁계약과 고난도 투자일임계약(자본시장법 시행령 제2조 8호 및 9호)도 영업행위준칙의 적용대상인지?

□ 영업행위준칙(이하 '준칙')은 금융투자업자(겸영 금융투자업자 포함)가 고난도 금융투자상품을 '제조 또는 판매'하는 경우에 적용
  ○ 금융투자업자가 고난도 금융투자상품을 투자일임이나 신탁계약을 통해 매매하도록 하는 행위는 고난도 금융투자상품을 '판매'하는 경우에 해당되며 영업행위 준칙 적용 대상임(준칙 회사참고사항 2–2)
  ※ 판매회사가 고난도 금융투자상품을 투자일임 또는 금전신탁을 통해 판매할 경우에는 그 편입비율과 무관하게 동 준칙을 적용

[용어의 정의 및 적용범위 2–②]

◇ 자본시장법령상 전문투자자에 대해서도 영업행위준칙이 적용되는지?

□ 금융투자업자가 고난도 금융투자상품을 제조 또는 판매하는 경우 투자자의 구별 없이 준칙이 적용됨
  ○ 다만, 자본시장법상 소정의 전문투자자*만을 대상으로 하는 상품의 경우에는 고난도 금융투자상품에서 제외(자본시장법 시행령 제2조7호 단서)되므로 준칙 적용 대상상품에서 제외됨
  * 법 제9조제5항제1호부터 제3호까지 또는 영 제10조제3항제1호부터 제14호까지의 어느 하나에 해당하는 자(이에 준하는 외국인을 포함)

□ 이에 따라 일반투자자 및 전문투자자 중 주권상장법인, 일반법인·단체, 개인전문
투자자 등의 전부 또는 일부를 그 대상으로 하는 고난도 금융투자상품은 준칙적
용 대상임

  ○ 금융투자업자가 위와 같은 투자자(전문투자자 포함)를 대상으로 하는 고난도 금
  융투자상품을 제조·판매하는 경우 준칙이 적용됨

[용어의 정의 및 적용범위 2-③]

> ◇ 영업행위준칙 시행 이전에 제조하여 판매한 고난도 적립식 집합투자증권의
> 경우에도 준칙 적용대상인지?

□ 영업행위준칙 시행 이전에 제조하거나 판매한 금융투자상품에 대하여도 준칙 시
행일 이후 '추가 제조 또는 판매'하는 경우에는 이 준칙을 적용(부칙 경과규정)함에
따라

  ○ 기 제조·판매된 고난도 적립식 펀드를 준칙 시행 이후에도 계속적으로 제조 또는
  판매하는 경우에는 준칙을 적용 가능한 범위*에서 그대로 적용하는 것이 타당
    * 예) 목표시장 및 판매전략 설정, 판매 후 점검 및 모니터링 등
    – 한편, 기 판매된 상품의 고객이 목표시장 외 고객인 경우에는 고객의 요청
    에 따라 계속적으로 상품을 판매할 수 있으나 이 경우 판매사유를 기록·유
    지하여야 함(준칙 23. 3 참조)

[용어의 정의 및 적용범위 2-④]

> ◇ 고난도 금융투자상품인지 여부가 불분명한 경우에는 영업행위준칙 적용여
> 부를 어떻게 판단하는가?

□ 고난도 금융투자상품 해당여부는 관련 자본시장법령에 따라 1차적으로 금융투
자업자가 판단하고

  ○ 고난도 금융투자상품 해당여부가 불분명한 경우에는 관련규정*에 따라 '협회'

및 '고난도 금융투자상품 판정위원회'에 해석을 의뢰할 수 있으며 이에 따라 준칙 적용여부를 판단함

　*「고난도금융상품 판정위원회 설치 및 운영에 관한 규정안」(금융위 고시)

　※ 금융투자업자는 고난도 금융투자상품 여부가 불명확한 경우 관련 절차에 따라 판단절차를 거친 후 상품 제조 및 판매절차를 진행하는 것이 바람직

II. 제조회사의 준수사항

[금융투자상품 관리체계의 마련 4-①]

　◇ 이사회가 고난도 금융투자상품 제조 관련 의사결정을 대표이사나 상품승인 위원회 등에 위임할 수 있는지?

□ 제조회사는 이사회의 관리, 통제하에 금융투자상품 관리체계(Product Governance)를 구축·운영하여야 함

　○ 이사회는 동 관리체계에 따라 상품제조 관련 의사결정을 대표이사 또는 상품 승인위원회로 위임할 수 있음

　○ 즉, 상품승인위원회 승인 후 이사회 보고, 이사회 위임을 통한 대표이사 전결, 대표이사 보고 후 이사회 승인 등 다양한 절차로 구현 가능하나 이는 '이사회의 관리, 통제'를 전제로 함

　※ 한편, 판매회사의 경우에는 이사회 의결을 거쳐 고난도 금융투자상품의 판매여부를 결정하여야 함(금투업규정 §4-20①15호. 다목 신설 예정)

[금융투자상품 관리체계의 마련 4-②]

　◇ 제조회사가 상품승인절차를 일부 축소 또는 생략할 수 있는 판단기준은?

□ 제조회사는 이미 승인받은 금융투자상품과 동일성*이 인정되고 목표시장이 동일하거나 축소되는 경우 상품승인절차를 일부 축소하거나 생략할 수 있음

○ 금융투자상품의 동일성 여부는 자본시장법령상 동일 증권의 판단기준*(법 §119⑧ 및 영 §129의2)을 참고할 수 있으며

○ 증권의 종류, 자금조달계획의 동일성, 제조시기의 근접도(6월 이내) 등을 종합적으로 고려하며 판단

　* 증권의 기초자산 또는 운용대상자산이 별도로 있는 경우 해당 증권의 기초자산 또는 운용대상자산, 투자위험 및 손익의 구조 등의 유사성 여부를 기준으로 판단

○ 한편, 기 승인된 상품과 동일한 상품으로서 목표시장만을 축소하는 경우에는 상품승인 절차를 생략할 수 있음

[금융투자상품 관리체계의 마련 4-③]

◇ 제조회사와 판매회사 간 금융투자상품 관리체계 등과 관련한 구체적인 정보 교환 방법은?

□ 제조회사와 판매회사 간 원활한 정보교환을 위한 방법은 서면, 이메일 또는 전산시스템 등이 있음

○ 상품 관련 정보보안, 개인정보 보호 등을 위해서는 업계 공통의 안정적인 전산시스템 개발을 통한 정보교환이 바람직

○ 다만, 전산시스템 구축 이전에는 정보보호 등을 전제로 협회와 회원사 간에 활용하고 있는 공인전자주소* 활용 가능

　* 샵(#)메일(온라인 등기우편)로 수·발신 내용증명이 가능

○ 또한, 교류대상 정보에 대한 책임성 확보를 위해 제조회사–판매회사 간 전담 직원을 지정하는 방법을 고려할 수 있음

[복수회사의 금융투자상품 제조 5-①]

◇ 영업행위준칙상 금융투자상품 '공동 제조'의 의미는?

□ 금융투자상품 공동 제조란 제조회사가 다른 회사와 금융투자상품을 협업으로 제조

하는 경우를 말하며

○ 이는 상품 제조회사의 설계, 개발, 발행 등 제조에 관여하는 일체의 행위를 포함하는 넓은 개념임

□ 금융투자상품 공동 제조회사인 경우에는 하나의 목표시장을 설정하고, 상호 업무범위를 설정하여 금융상품 제조관련 책임범위*를 명확히 해야 함

  * 예) 복수의 회사가 금융투자상품 제조에 관여하는 경우 제조책임의 주된 주체는 상품을 제안 및 설계한 회사로 판단할 수 있음

[복수회사의 금융투자상품 제조 5-②]

> ◇ 외국계 회사와의 파생결합증권 백투백(Back-to-Back) 거래를 복수회사의 금융투자상품 제조로 볼 수 있는 경우는?

□ 파생결합증권 백투백 거래의 경우 거래방식에 따라 거래상대방 회사와 복수 제조 여부를 판단할 수 있음

  ① 외국회사(글로벌 IB등)가 파생결합증권의 구조를 디자인하여 국내회사와 목표시장 설정 등에 관한 정보를 공유하고, 국내회사가 그대로 발행해 판매하는 형태는 외국회사와 국내회사가 복수 제조에 해당되는 것으로 판단됨

  ② 다만, 국내회사가 파생결합증권 구조를 자체적으로 설계하여 발행하고 목표시장 설정 등에 대한 정보 공유 없이, 단순 헤지 목적으로 외국회사(글로벌 IB등)와 거래한 경우에는 국내회사와 외국회사의 복수 제조로 판단되지 않음

[복수회사의 금융투자상품 제조 5-③]

> ◇ 판매회사가 제조회사인 집합투자업자의 펀드설정에 관여하는 행위를 준칙상 공동제조로 볼 수 있는지?

□ 판매회사와 제조회사인 집합투자업자의 펀드설정과 관련하여서는 공동 제조의

관계가 아닌 법령상 집합투자재산의 운용과 관련한 강화된 법적규제가 적용되므로 유의하여야 함

□ 즉, 제조회사인 자산운용사가 판매사로부터 "명령·지시·요청" 등을 받아 펀드를 운용하는 행위는 금지(영 §87④6)되므로,

   ㅇ 판매회사는 자산운용사와의 이면계약 등에 따라 펀드 운용에 관한 "명령·지시·요청" 등의 행위를 할 수 없음

   ※ 펀드설정·운용·청산 등 전 과정이 집합투자재산 운용행위에 포함되는 것으로 판단하고, 단순협의를 제외한 모든 행위를 "명령·지시·요청"으로 간주하여 해석·적용 ('고위험 금융상품 투자자 보호 강화를 위한 종합 개선방안', '19.12.12. 참조)

〈 관련 조문 〉
영 제87조(불건전 영업행위의 금지) 제4항 6. 집합투자업자가 운용하는 집합투자기구의 집합투자증권을 판매하는 투자매매업자 또는 투자중개업자와의 이면계약 등에 따라 그 투자매매업자 또는 투자중개업자로부터 명령·지시·요청 등을 받아 집합투자재산을 운용하는 행위

[목표시장 및 판매전략의 설정 6-①]

◇ 목표시장 설정시 고객의 '지식과 경험'은 상호 대체할 수 있는 요소로 볼 수 있는지?

□ 제조회사는 목표시장 설정시 고객유형, 지식과 경험, 손실감내능력, 위험 추구성향 및 투자기간 등을 구체화함

   ㅇ 지식과 경험은 상품 종류·특성·구조에 대한 이해도 및 관련 투자경험으로서 상호 보완 가능한 요소로 볼 수 있음

   ㅇ 즉, 직접적인 투자경험이 부족하더라도 상품관련 이론적 지식이 많을 경우 자 경험 요소를 대체 또는 보완 가능

[목표시장 및 판매전략의 설정 6-②]

◇ 제조회사 목표시장과 판매회사 목표시장의 차이 및 양자간 관계는?

□ 제조회사는 금융투자상품에 대한 이론적 지식과 경험을 바탕으로 '잠재적 목표시장'을 설정하고
  ○ 판매회사는 제조회사로부터 수령한 정보와 판매회사의 고객정보를 바탕으로 구체적 목표시장을 설정함
  ○ 판매회사의 목표시장 설정은 제조회사의 잠재적 목표시장을 실제 이용 가능한 고객정보를 기초로 하여 보다 정교화(refinement)하고 구체화 하는 과정으로 볼 수 있음

[목표시장 및 판매전략의 설정 6-③]

◇ 제조회사의 판매전략 설정시 어떠한 내용이 포함되는지?

□ 제조회사는 판매전략 설정시 금융투자상품이 목표시장에서 판매될 수 있도록 적합한 상품출시 방법(공모 or 사모)과
  ○ 판매채널의 유형(증권사, 은행 등), 판매방식(단순중개, 투자권유, 일임방식 등)등을 설정함
  ○ 또한, 제조회사는 판매채널의 고객성향과 상품의 투자위험을 고려한 판매방식* 등의 적정성을 검증
    * 원금보장 성향이 다수인 은행에서 고위험 상품을 판매하는 것이 적정한지 또는 고위험 상품을 단순중개 방식으로 판매하는 방식이 적정한지 여부 등

[금융투자상품 테스트 7-①]

◇ 제조회사의 상품운용부서가 준칙상 금융투자상품 테스트를 직접 수행해도

되는지?

□ 회사는 시장상황 악화 등 해당 금융투자상품이 직면할 수 있는 다양한 부정적인 시장상황(negative conditions)하에서의 상품에 대한 시나리오 분석 등 테스트*를 실시

    * 예) 시장상황이 악화(주가급락, 환율, 금리의 급등락 등)되는 경우 등에 대한 영향을 평가분석

    ○ 제조회사는 금융투자상품 테스트 결과의 적정성을 보장하는 방법으로 수행하는 것이 바람직하며,

    ○ 이는 상품운영부서가 아닌 독립된 부서에서 수행하거나, 운영부서의 테스트 결과를 독립된 부서에서 교차 확인하는 방법 등이 있음

    ※ 한편, 상품의 특성 및 위험구조와 관련한 시나리오 분석을 하지 않는 경우 불건전 영업행위로서 제재 대상임(금투업규정 §4-20①15호. 가목 신설 예정)

> 〈 관련 조문 〉
> 준칙 7. 1) 제조회사는 금융투자상품의 위험구조와 특성을 감안해 금융시장 요인별로 발생가능한 손실위험에 대한 시나리오 분석을 실시하여야 한다.
> 금융투자업규정 제4-20조(불건전 영업행위의 금지) 제1항 제15호 가목. 상품의 특성 및 위험구조에 대한 분석과 손실위험에 대한 시나리오 분석을 하지 않는 행위

[금융투자상품 테스트 7-②]

◇ 금융투자상품 수수료 점검의무의 구체적인 내용은?

□ 제조회사는 금융투자상품에 부과되는 수수료의 적정성, 투명한 수수료 부과체계 유지여부 등을 점검하여야 함

○ 점검내용에는 판매수수료가 금융투자상품 손익에 미치는 영향, 투자자에게 수수료에 대한 충분한 정보제공* 여부 및 투자자의 수수료 등 비용구조 이해가능성 등이 포함됨

  * 복층 또는 숨은 수수료 존재 여부 확인을 위한 사전 분석 등

○ 한편, '수수료에 관한 사항'은 설명의무 이행의 일환이므로 수수료 점검은 동 의무이행을 위한 전제로서 기능

[금융투자상품 점검 9-①]

◇ 제조회사가 금융투자상품 점검 과정에서 중대한 사항이 발생하는 경우 취해야 하는 구체적인 조치의 내용은?

□ 제조회사는 금융투자상품 출시 후 목표시장에 영향을 미칠 수 있는 사항에 대한 점검과 모니터링을 정기적으로 수행하고

○ 중대한 사안*이 발생하는 경우 기존 목표시장, 판매전략 등을 재설정하는 등 적절한 조치를 신속히 취하여야 함

  * 상품가격의 급락, 발행인의 신용등급 재산정 등 고객의 수익에 영향을 미칠 수 있는 사안으로 회사가 준칙에 따라 자체적으로 판단 가능

  – 동 조치에는 판매회사에 대한 적절한 정보의 제공, 추가적인 상품 제조의 중단, 상품승인 절차의 변경, 감독당국에 대한 통지 등도 포함됨

○ 제조회사와 판매회사 간 중대한 사안에 대한 정보공유는 준칙에 따라 기 구축된 정보교환 체계* 등을 활용할 수 있음

  * 금융투자상품 관리체계의 마련 4-③ 참조

[감독체계 및 임직원 자격요건 11-①]

◇ 금융투자상품 제조회사에서 자격요건을 갖추어야 할 임직원의 범위는?

□ '금융투자상품 제조에 관여하는 임직원'은 해당 상품의 구조와 위험을 이해할 수 있는 자격요건을 갖추어야 함

  ○ (임직원 범위) 제조에 '직접 관여'하는 임직원으로 금융투자상품 제조 업무를 직접 수행하는 직원과 그 책임자

    – 리스크관리, 컴플라이언스 등 제조업무에 부수적으로 참여하는 직원은 제외하며, 그 책임자란 회사의 내부규정상 제조 업무수행 직원의 직상위 책임자*를 의미

      * 상품제조 담당 부서(본부)의 장 및 그 하부 팀장 또는 파트장 등 포함

  ○ (자격요건) 금융공학 등 금융관련 석사 학위 이상, 파생결합증권 등 금융투자상품 설계·개발 경력 2년 이상 또는 회사가 적절하다고 판단하는 관련 자격(예 : CFA, FRM, 투자자산운용사 등)

Ⅲ. 판매회사의 준수사항

[목표시장 및 판매전략 17–①]

◇ 판매회사의 목표시장 설정과 적합성 판단과의 관계는?

□ 판매회사의 목표시장 설정과 금융투자상품 판매단계에서의 적합성 확인은 별개의 구분된 절차임

  ○ 판매회사는 상품의 특성과 위험도 등을 고려하여 판매에 적합한 고객 범위인 목표시장을 설정하며,

    – 설정된 구체적 목표시장 범위내에서 적합한 투자자에게 금융투자상품이 판매될 수 있도록 하여야 함

  ○ 즉, 판매회사는 투자권유에 따른 적합성 판단시 투자자가 목표시장 범위내에 있는지를 추가로 고려하여 판매하게 됨

    ⇨ 이에 따라 제조회사와 판매회사의 목표시장 및 실제 투자자 군의 규모는 잠재적 목표시장 ≥ 구체적 목표시장 ≥ 적합한 투자자 순으로 나타남

[숙려제도 등 판매규제 준수 18-①]

◇ 판매회사는 숙려기간중 투자자의 청약승낙 이전이라도 투자자금을 증권금융에 예치해야 하는지?

□ 자본시장법상 투자매매·중개업자는 투자자예탁금*을 증권금융에 별도 예치하여야 함(법 §74)

* 자본시장법상 투자자로부터 '금융투자상품의 매매, 그 밖의 거래와 관련하여 예탁 받은 금전'으로 정의

ㅇ 투자자가 숙려기간이 부여되는 금융투자상품 거래를 위하여 입금한 자금은 청약 승낙 여부와 관계없이 '금융투자상품의 거래와 관련'하여 예탁한 것이므로 투자자예탁금임

ㅇ 따라서, 투자매매·중개업자(판매회사)는 투자자의 청약승낙 이전이라도 예탁 받은 투자자금을 증권금융에 예치하여야 함

[숙려제도 등 판매규제 준수 18-②]

◇ 투자자로부터 금융투자상품의 매매에 관한 청약 즉시 승낙 의사를 확인 받을 경우 2영업일 이상 숙려기간을 부여하지 않는 것인지?

□ 투자매매·중개업자는 투자자가 금융투자상품의 매매에 관한 청약 또는 주문을 한 날로부터 2영업일 이상의 청약 또는 주문을 취소할 수 있는 숙려기간(영 §68⑤ 2의2)을 부여하여야 함

ㅇ 투자자가 위 기간 동안 청약 또는 주문의 집행을 승낙한다는 의사를 표시하지 않는 경우 해당 청약 또는 주문은 취소됨

□ 숙려기간은 해당 상품의 구조 및 투자위험 등을 충분히 숙지한 후 투자를 결정하도록 투자자에게 부여하는 법정 최소한의 기간임

○ 따라서, 제도의 취지에 비추어 투자자의 청약 즉시 승낙의사를 확인받는 것은 부적절하며 청약 승낙의 의사가 있더라도 숙려기간이 경과한 후 주문을 집행* 하는 것이 타당함

  * 숙려기간(2영업일) 경과 전 청약승낙 의사 취소 가능성 고려

ELS 청약기간 및 숙려기간(예시)

구 분	T	T+1	T+2	T+3	T+4	T+5
비대상 투자자	청약가능·취소가능					발행일
대상 투자자*	청약가능·취소가능			[숙려기간] 신규청약 불가** 취소가능		발행일

  * 부적격투자자, 고령 투자자(65세 이상) 등

  ** 법상 최소한의 숙려기간(2영업일)을 고려하여 신규청약은 불가

[숙려제도 등 판매규제 준수 18-③]

◇ 숙려기간중 청약승낙 의사를 확인한 투자자가 숙려기간 경과 전 청약취소를 요청하는 경우, 취소를 거절하는 행위가 숙려기간을 부여하지 않는 행위인지?

□ 투자매매·중개업자는 숙려기간 중 청약승낙 의사*를 확인한 경우에도 숙려기간 이 경과하기 전에는 주문을 집행할 수 없음

  * 숙려기간 중 '청약승낙의 의사표시'는 숙려기간이 경과할 때까지 취소의 의사표시가 없 을 것을 조건으로 효력이 발생

  ○ 따라서 투자자는 숙려기간 경과 전 기존 승낙의 의사표시를 철회할 수 있으며, 투자매매·중개업자는 이를 거절할 수 없음

□ 한편, 고객이 숙려기간 중 청약승낙 의사를 확인하였다가 이를 취소한 경우 이로 써 해당 거래는 종료된 것으로 봄

○ 다만, 고객이 취소를 다시 번복한 경우 이를 새로운 청약으로 볼 수 있으며 숙려기간 부여 후 거래를 진행할 수 있음*

* 단, 법정의 숙려기간 부여(2영업일 이상)가 가능한 경우에 한정

[숙려제도 등 판매규제 준수 18-④]

◇ 숙려기간 중 청약승낙에 대한 의사를 고객에게 문의하는 경우, 숙려기간 동안 청약 또는 주문의 집행에 대한 승낙을 권유하거나 강요하는 행위에 해당하는지?

□ 투자매매·중개업자는 숙려기간 동안 투자자에게 청약 또는 주문의 집행에 대한 승낙을 권유하거나 강요할 수 없음

○ 숙려기간 중 투자자에게 청약승낙에 대한 의사를 '단순문의'하는 경우*에는 투자자에게 청약 또는 주문의 집행에 대한 승낙을 권유하거나 강요하는 행위를 한 것으로 보기 어려움

* 다만, 이 경우 녹취 등을 통해 투자자에 대한 청약승낙 여부를 단순문의 하는 내용에 대한 입증자료를 기록·유지하는 것이 바람직

□ 한편, 투자매매·중개업자는 숙려기간 동안 투자자가 청약 또는 주문의 집행을 승낙한다는 의사를 표시*하여야 하며(승낙의 의사표시가 없는 경우 해당 청약 또는 주문은 취소됨)

○ 동 기간중 투자에 따르는 위험, 투자원금의 손실가능성, 발생할 수 있는 최대 손실예상금액 등을 고지하여야 함

[감독체계 및 임직원 자격요건 19-①]

◇ 금융투자상품 판매회사에서 자격요건을 갖추어야 할 임직원의 범위는?

□ '금융투자상품 판매에 관여하는 임직원'은 해당 상품의 구조와 위험을 이해할 수 있는 자격요건을 갖추어야 함

○ (임직원 범위) 판매전략을 수립하는 직원과 상품을 직접 판매하는 직원 및 각 책임자*

    – 회사의 내부규정에 따른 판매전략을 수립부서의 책임자와 상품판매직원의 직 상위 책임자*를 의미

       * 상품판매 전략 및 판매 담당 부서(본부)의 장 및 그 하부 팀장 또는 파트장 등 포함

○ (자격요건) 판매전략 및 판매 담당 직원의 경우 금융투자협회의 전문인력 자격 중 해당 상품의 특성에 부합하는 판매 자격요건*

    * 예) 파생결합증권 및 파생상품의 경우 파생상품투자권유자문인력, 집합투자증권의 경우 펀드투자권유자문인력(파생펀드)+파생상품투자권유자문인력 등

    – 상품 판매관련 책임자의 경우에는 회사가 해당 상품 판매에 적합하다고 판단하는 관련 자격요건*을 구비하여야 함

       * 해당 상품 판매경력 2년 이상 또는 금융공학 등 금융관련 석사학위 이상 등

[목표시장 외 판매 23–①]

> ◇ 목표시장 외 고객에게 금융투자상품을 판매할 수 있는지?

□ 판매회사는 원칙적으로 목표시장 외 고객에 대해 금융투자상품을 판매할 수 없으나

  ○ 온라인 등을 통한 직접거래 등으로 고객이 스스로 목표시장을 벗어난 금융투자상품을 거래하고자 하는 경우*에는 준칙적용의 한계로서 목표시장 외 판매가 가능함

    * 자산관리 목적상 투자자가 보유한 포지션에 대한 헤지 목적 거래 여부를 입증하는 경우 포함

    – 다만, 이 경우 판매회사는 해당고객이 목표시장 외 금융투자상품을 거래한다는 사실을 인식할 수 있는 시스템을 구축하여야 함

    – 또한, 판매회사는 목표시장 외 판매가 이루어진 경우 이를 정당화 할 수 있는 사유를 기록·유지하여야 함

    ※ 핸드북 원문에는 각 항목별로 관련 준칙 또는 법규의 조문이 기재되어 있으므로 자세한 내용은 금융감독원 홈페이지에 등재된 원문을 참고할 것

사. 내부통제기준의 제정·변경시 절차

금융상품판매업자등은 내부통제기준을 제정·변경하는 경우 이사회의 승인을 받아야 한다.[47] 다만, ❶법령 또는 관련 규정의 제정·개정에 연동되어 변경해야 하는 사항, ❷이사회가 의결한 사항에 대한 후속조치 중 어느 하나에 해당하는 경미한 사항을 변경하는 경우에는 대표자의 승인으로 갈음할 수 있다.[48] 내부통제기준을 제정·개정한 경우에는 제정·개정 사실 및 주요 현황을 인터넷 홈페이지에 게시하여야 한다.[49]

아. 내부통제기준 위반시 효과

(1) 과태료 부과

금융소비자보호법에서 정하는 내부통제기준을 마련하지 않은 자에 대해서는 1억원 이하의 과태료를 부과한다.[50]

(2) 제재조치

금융소비자보호법에서 정하는 내부통제기준을 마련하지 아니한 경우 해당 금융상품판매업자등 및 소속 임직원은 행정제재 조치를 받을 수 있다.

∷ 참고자료 | 금융소비자보호법 시행령 [별표 1] ∷

금융상품판매업자등 및 그 임직원에 대한 조치 및 조치요구 기준

1. 법 제16조 제2항을 위반하여 내부통제기준을 마련하지 않은 경우

---

47) 금융소비자보호법 시행령 §11③본문
48) 금융소비자보호법 시행령 §11③단서, 감독규정 §9③
49) 금융소비자보호법 시행령 §11④, 감독규정 §9④
50) 금융소비자보호법 §69①(1)

자. 금융회사지배구조법 상 내부통제기준과의 관계

(1) 의의

내부통제기준 마련 의무는 금융회사지배구조법 제24조[51]에도 규정되어 있다. 금융회사지배구조법의 내부통제기준은 금융회사의 일반적인 경영건전성 확보를 위해 소속 임직원에 대한 전반적인 관리책임과 관련된 사항을 규정하고 있는 반면, 금융소비자보호법의 내부통제기준은 소속 임직원과 업무를 위탁한 금융상품판매대리·중개업자에 대한 영업행위 관리책임과 관련된 것이다.

〈 내부통제기준 제도 비교 〉

구 분	금융회사지배구조법	금융소비자보호법
적용대상	금융회사 (금융상품직접판매업자)	금융상품직접판매업자, 금융상품판매대리·중개업자, 금융상품자문업자
규율범위	소속 임직원	소속 임직원 및 업무를 위탁한 금융상품판매대리·중개업자
규율사항	위험관리 등 경영 전반	금융상품의 판매 및 자문 행위

(2) 금융회사지배구조법 상 내부통제기준 적용 대상

금융소비자보호법 상 내부통제기준 마련 의무는 법인인 금융상품판매업자등에게 적용되는 반면, 금융지배구조법 상 내부통제기준 마련 의무가 있는 금융회사로는 은행[52], 금융투자업자, 종합금융회사, 보험회사, 상호저축은행, 여신전

---

51) 금융회사지배구조법 §24(내부통제기준) ① 금융회사는 법령을 준수하고, 경영을 건전하게 하며, 주주 및 이해관계자 등을 보호하기 위하여 금융회사의 임직원이 직무를 수행할 때 준수하여야 할 기준 및 절차(내부통제기준)를 마련하여야 한다.

② 제1항에도 불구하고 금융지주회사가 금융회사인 자회사등의 내부통제기준을 마련하는 경우 그 자회사등은 내부통제기준을 마련하지 아니할 수 있다.

③ 내부통제기준에서 정하여야 할 세부적인 사항과 그 밖에 필요한 사항은 대통령령으로 정한다.

52) 한국산업은행, 중소기업은행, 농협은행, 수협은행을 포함한다.

문금융회사 및 금융지주회사가 해당되는데,[53] 이는 금융소비자보호법 상 금융상품직접판매업자의 범주에 속한다. 따라서, 금융회사지배구조법 상 내부통제기준을 적용받는 금융회사가 금융소비자보호법 상 내부통제기준을 적용받는 금융상품판매업자등에 해당될 경우에는 금융회사지배구조법과 금융소비자보호법의 내부통제기준을 모두 적용받는다.

(3) 금융회사지배구조법 상 내부통제기준에 포함할 사항

금융회사지배구조법 상 내부통제기준에는 금융회사의 내부통제가 실효성 있게 이루어질 수 있도록 ❶업무의 분장 및 조직구조, ❷임직원이 업무를 수행할 때 준수하여야 하는 절차, ❸내부통제와 관련하여 이사회, 임원 및 준법감시인이 수행하여야 하는 역할, ❹내부통제와 관련하여 이를 수행하는 전문성을 갖춘 인력과 지원조직, ❺경영의사결정에 필요한 정보가 효율적으로 전달될 수 있는 체제의 구축, ❻임직원의 내부통제기준 준수 여부를 확인하는 절차·방법과 내부통제기준을 위반한 임직원의 처리, ❼임직원의 금융관계법령 위반행위 등을 방지하기 위한 절차나 기준(임직원의 금융투자상품 거래내용의 보고 등 불공정행위를 방지하기 위한 절차나 기준을 포함), ❽내부통제기준의 제정 또는 변경 절차, ❾

---

53) 금융회사지배구조법 §2(정의) 이 법에서 사용하는 용어의 뜻은 다음과 같다.

　1. "금융회사"란 다음 각 목의 어느 하나에 해당하는 회사를 말한다.

　　가. 「은행법」에 따른 인가를 받아 설립된 은행

　　나. 「자본시장과 금융투자업에 관한 법률」에 따른 금융투자업자 및 종합금융회사

　　다. 「보험업법」에 따른 보험회사

　　라. 「상호저축은행법」에 따른 상호저축은행

　　마. 「여신전문금융업법」에 따른 여신전문금융회사

　　바. 「금융지주회사법」에 따른 금융지주회사

　　사. 그 밖의 법률에 따라 금융업무를 하는 회사로서 대통령령으로 정하는 회사

　금융회사지배구조법 시행령 §2(금융회사의 범위) 「금융회사의 지배구조에 관한 법률」(이하 "법"이라 한다) 제2조 제1호 사목에서 "대통령령으로 정하는 회사"란 다음 각 호의 어느 하나에 해당하는 자를 말한다.

　1. 「한국산업은행법」에 따른 한국산업은행

　2. 「중소기업은행법」에 따른 중소기업은행

　3. 「농업협동조합법」에 따른 농협은행

　4. 「수산업협동조합법」에 따른 수협은행

준법감시인의 임면절차, ❿이해상충을 관리하는 방법 및 절차 등(금융회사가 금융지주회사인 경우는 예외), 상품 또는 서비스에 대한 광고의 제작 및 내용과 관련한 준수사항(금융지주회사만 해당)[54], 금융회사지배구조법 제11조 제1항[55]에 따른 임직원 겸직이 동법 시행령 제11조 제4항 제4호[56] 각 목의 요건을 충족하는지에 대한 평가·관리 그리고 ⓫그 밖에 내부통제기준에서 정하여야 할 세부적인 사항으로서 금융위원회가 정하여 고시하는 사항이 모두 포함되어야 한다.[57]

:: 참고자료 ::

금융회사 지배구조 감독규정 제11조(내부통제기준 등)

① 금융회사는 내부통제기준을 설정·운용함에 있어 별표 2에서 정하는 기준을 준수하여야 한다.

② 금융회사는 다음 각 호의 사항 및 별표 3의 기준에 따른 사항을 내부통제기준에 포함하여야 한다.

  1. 내부고발자 제도의 운영에 관한 다음 각 목의 사항

    가. 내부고발자에 대한 비밀보장

    나. 내부고발자에 대한 불이익 금지 등 보호조치

---

54) 금융지주회사를 제외한 금융상품판매업자등에 대한 광고의 제작 등에 관한 사항은 금융소비자보호법 상 내부통제기준에 해당된다.

55) 금융지배구조법 §11 ① 금융회사는 해당 금융회사의 임직원이 제10조제2항부터 제4항까지의 규정에 따라 다른 회사의 임직원을 겸직하려는 경우에는 이해상충 방지 및 금융회사의 건전성 등에 관하여 대통령령으로 정하는 기준(겸직기준)을 갖추어 미리 금융위원회의 승인을 받아야 한다. 다만, 이해상충 또는 금융회사의 건전성 저해의 우려가 적은 경우로서 대통령령으로 정하는 경우에는 다음 각 호의 사항을 대통령령으로 정하는 방법 및 절차에 따라 금융위원회에 보고하여야 한다.

  1. 겸직하는 회사에서 수행하는 업무의 범위

  2. 겸직하는 업무의 처리에 대한 기록 유지에 관한 사항

  3. 그 밖에 이해상충 방지 또는 금융회사의 건전성 유지를 위하여 필요한 사항으로서 대통령령으로 정하는 사항

56) 금융지배구조법 시행령 §11 ④ 법 제11조제1항 각 호 외의 부분 본문에 따른 겸직 승인을 받으려는 금융회사는 금융위원회가 정하여 고시하는 승인신청서에 다음 각 호의 서류를 첨부하여 금융위원회에 제출하여야 한다.

  4. 임직원의 겸직이 다음 각 목의 요건을 충족한다는 해당 금융회사 준법감시인의 보고서

    가. 금융시장의 안정성을 저해하지 아니할 것

    나. 금융회사의 경영건전성을 저해하지 아니할 것

    다. 고객과의 이해상충을 초래하지 아니할 것

    라. 금융거래질서를 문란하게 하지 아니할 것

    마. 임직원 겸직 운용기준 및 법 제24조제1항에 따른 내부통제기준에 위배되지 아니할 것

57) 금융지배구조법 시행령 §19①

다. 회사에 중대한 영향을 미칠 수 있는 위법·부당한 행위를 인지하고도 회사에 제보하지 않는 사람에 대한 불이익 부과

2. 위법·부당한 행위를 사전에 방지하기 위하여 명령휴가제도 도입 및 그 적용대상, 실시주기, 명령휴가 기간, 적용 예외 등 명령휴가제도 시행에 필요한 사항

3. 사고발생 우려가 높은 단일거래에 대해 복수의 인력 또는 부서가 참여하도록 하는 직무분리기준에 대한 사항

4. 새로운 금융상품 개발 및 금융상품 판매 과정에서 금융소비자 보호 및 시장질서 유지 등을 위하여 준수하여야 할 업무절차에 대한 사항(금융지주회사만 해당한다)

5. 영업점 자체점검의 방법·확인사항·실시 주기 등에 대한 사항

6. 「특정 금융거래정보의 보고 및 이용 등에 관한 법률」 제2조제4호에 따른 자금세탁행위 및 같은 조 제5호에 따른 공중협박자금조달행위(이하 "자금세탁행위등"이라 한다)를 방지하기 위한 다음 각 목의 사항(법 제2조제1호 나목의 금융투자업자 중 투자자문업자는 제외한다)

가. 「특정 금융거래정보의 보고 및 이용 등에 관한 법률」 제2조제2호에 따른 금융거래에 내재된 자금세탁행위 등의 위험을 식별, 분석, 평가하여 위험도에 따라 관리 수준을 차등화하는 자금세탁 위험평가체계의 구축 및 운영

나. 자금세탁행위등의 방지 업무를 수행하는 부서로부터 독립된 부서 또는 외부전문가가 그 업무수행의 적절성, 효과성을 검토·평가하고 이에 따른 문제점을 개선하기 위한 독립적 감사체계의 마련 및 운영

다. 소속 임직원이 자금세탁행위등에 가담하거나 이용되지 않도록 하기 위한 임직원의 신원사항 확인 및 교육·연수

금융회사지배구조감독규정 [별표 2]

내부통제기준의 설정·운영기준(규정 제11조제1항 관련)

1. 금융회사는 내부통제에 관한 이사회, 경영진 및 준법감시인 등의 역할을 명확히

구분하여야 하고, 내부통제업무를 위임할 경우에는 위임받은 자와 그 권한을 위임한 자를 명확히 하여야 하며, 위임한 자는 위임받은 자의 업무를 정기적으로 관리·감독하여야 한다.

2. 금융회사는 준법감시업무가 효과적으로 수행될 수 있도록 충분한 경험과 능력을 갖춘 자를 준법감시인으로 선임하여야 하며, 준법감시인이 자신의 책무를 공정하게 집행할 수 있도록 업무상 독립성을 보장하여야 한다.

3. 금융회사는 준법감시업무가 효과적으로 수행될 수 있도록 충분한 경험과 능력을 갖춘 적절한 수의 인력을 준법감시조직에 배치하고 업무수행에 필요한 물적자원을 배분하여야 한다.

4. 준법감시인은 직무수행에 필요한 경우 장부 등 금융회사(금융지주회사인 경우에는 금융지주회사 및 그 자회사등을 말한다)의 각종 기록에 접근하거나 각종 회의에 직접 참석할 수 있는 권한이 있어야 하며, 대표이사와 감사 또는 감사위원회에 아무런 제한 없이 보고할 수 있어야 한다.

5. 내부통제기준 및 관련 절차는 문서화되어야 하며 법규 등이 개정될 경우 즉각적으로 수정되거나 재검토되어야 한다.

6. 내부통제기준은 금융회사(금융지주회사인 경우에는 금융지주회사 및 그 자회사등을 말한다)의 가능한 모든 업무활동을 포괄할 수 있어야 하며, 업무절차 및 전산시스템은 적절한 단계로 구분하여 집행되도록 설계되어야 한다.

7. 내부통제기준에서의 준수대상 법률은 원칙적으로 「상법」, 법, 영, 금융관계법령 및 금융소비자·투자자 보호와 직접 관련이 있는 법률에 한한다.

8. 금융회사는 금지사항 및 의무사항을 정한 법규의 취지를 임직원이 이해하는데 필요한 교육과정을 수립하고 정기적·비정기적으로 필요한 교육을 실시하여야 한다.

9. 금융회사는 영업과정에서 발생하는 각종 법규관련 의문사항에 대하여 임직원이 상시에 적절한 지원 및 자문을 받을 수 있는 절차를 마련하여야 한다.

10. 금융회사는 중대한 법규위반사항을 사전에 방지하고 내부통제 관련제도의 운영상 나타난 취약점을 조기에 식별하기 위해 법규준수 여부 등을 주기적으로 점검하여야 한다.

11. 금융회사는 법규준수여부에 대한 점검결과 임직원의 위법 행위를 발견한 경우에는 해당 임직원에 대한 제재, 내부통제의 취약부분 개선 등을 통하여 법규위반

사항이 재발하지 않도록 신속하고 효과적인 조치를 취하여야 한다.

12. 금융회사는 고객과의 이해상충, 투자자의 고충사항 및 직원과의 분쟁을 신속하게 처리하기 위하여 적절한 절차를 마련하여야 한다.

13. 금융투자업자는 일반 투자자를 대상으로 장외파생상품을 신규 취급하는 경우 해당 상품 구조의 적정성에 대한 심사 절차를 마련하여야 한다.

14. 금융투자업자가 집합투자업을 겸영하는 경우에는 발생 가능한 이해상충방지를 위해 적정한 수준의 정보교류 차단장치 등을 마련하여야 한다.

15. 금융지주회사는 금융지주회사 및 그 자회사등 전체의 준법감시업무가 효과적이고 체계적으로 수행될 수 있도록 자회사등의 준법감시인이 금융지주회사의 준법감시인에게 정기적으로 보고하게 하는 등 금융지주회사와 자회사등 사이에 준법감시업무 관련 지휘·보고체계를 갖추어야 한다.

16. 금융지주회사는 그 금융지주회사 또는 그 자회사등의 임직원이 다른 자회사등의 임직원을 겸직하거나 그 금융지주회사와 자회사등 간 혹은 그 자회사등이 상호간 업무위탁을 하는 경우 해당 임직원 겸직 또는 업무위탁의 적정성에 대한 평가관리 절차를 마련하여야 한다.

금융회사지배구조감독규정 [별표 3]

내부통제기준에 포함되어야 하는 사항
(규정 제11조제2항 관련)

구분	내부통제기준에 포함해야 하는 사항
1. 해당 금융회사가 금융지주회사인 경우	가. 금융지주회사의 자회사등 사이의 업무위탁이 「금융지주회사법 시행령」 제26조제2항제4호 각 목의 요건을 충족하는지에 대한 평가관리에 관한 사항
2. 해당 금융회사가 보험회사인 경우	가. 「보험업법 시행령」 별표 4에 따른 교육을 이수하지 않은 모집종사자의 관리에 관한 사항

	나. 다음의 보험계리업무와 관련한 업무처리기준 및 세부절차, 관련 기초통계자료의 보관, 내부 검증절차 및 검증기준, 임직원의 권한과 책임에 관한 사항
	1) 상품개발 관련 업무
	2) 최적기초율 산출 관련 업무
	3) 계약자 배당 관련 업무
	4) 실제사업비 배분 관련 업무
	5) 기타 회사가 정하는 계리업무
	다. 보험금 지급업무를 공정하고 투명하게 처리하기 위하여 보험금 지급 관련 소송시 따라야 할 절차와 기준으로서 감독원장이 정하는 사항
	라. 보험사기행위 예방 및 보험리스크 관리를 위해 계약 심사시 따라야 할 절차와 기준
	마. 대출금리의 산정 및 운용시 따라야 할 절차와 기준
3. 해당 금융회사가 「보험업법」에 의한 보험대리점 또는 보험중개인으로 등록하여 보험모집을 하는 경우	가. 제휴보험회사의 선정해지 기준 및 절차에 관한 사항
	나. 판매대상 보험상품 선정기준에 관한 사항
	다. 보험회사와 체결하는 제휴계약서에 포함되어야 할 민원 및 분쟁 처리절차와 책임소재에 관한 사항
	라. 보험회사와의 제휴계약이 종료될 경우 고객보호에 관한 사항
	마. 보험상품판매와 관련한 불공정행위 방지에 관한 사항
4. 해당 금융회사가 금융투자업자인 경우	가. 집합투자재산이나 신탁재산에 속하는 주식에 대한 의결권 행사와 관련된 법규 및 내부지침의 준수 여부에 관한 사항
	나. 집합투자재산이나 신탁재산에 속하는 자산의 매매를 위탁하는 투자중개업자의 선정기준에 관한 사항
	다. 지점, 그 밖의 영업소의 설치 및 각 지점별 영업관리자의 지정 등 그 통제에 관한 사항
	라. 각 지점별 파생상품(파생결합증권 및 법 제93조에서 정한 집합투자기구의 집합투자증권을 포함한다.) 영업관리자의 지정 등 파생상품 투자자 보호에 필요한 절차나 기준에 관한 사항

	마. 투자중개업자의 투자자계좌의 관리·감독에 관한 사항
	바. 매매주문의 처리절차방법이나 기준에 관한 사항
	사. 투자자 예탁재산의 보관·관리방법에 관한 사항
	아. 언론기관 등에 대한 업무관련 정보의 제공 절차나 기준에 관한 사항
	자. 투자자 신용정보의 관리·보호에 관한 사항
	차. 「특정 금융거래정보의 보고 및 이용 등에 관한 법률」 제2조제4호의 자금세탁행위의 효율적 방지체제 구축·운영에 관한 사항
	카. 투자자가 제기한 각종 고충·불만사항 및 투자자와 금융투자업자 사이에 발생한 분쟁의 처리기준 및 절차에 관한 사항
	타. 기업의 자금조달을 위한 대표주관회사 업무 영위시 업무의 공정한 영위 및 이해상충방지 등에 관한 사항. 이 경우 대표주관회사의 담당직원의 적격기준, 기업실사 수행의 최소기간 및 법률·회계전문가 등 참여의무자, 일반적인 조사·검증절차 등에 관한 내용이 포함되어야 한다.
	파. 매도 주문 수탁에 관한 사항
	하. 신탁사업의 시공사 및 용역업체의 선정에 관한 사항
	거. 집합투자업과 다른 금융투자업을 겸영하는 경우 이해상충 방지를 위한 사항
5. 해당 금융회사가 여신전문금융회사인 경우	가. 「여신전문금융업감독규정」 제7조의2제3항 각 호의 요건에 해당하지 않도록 영위하려는 부수업무의 평가관리에 관한 사항

(4) 내부통제위원회 및 내부통제 전담조직

금융회사지배구조법은 금융회사에 대하여 내부통제기준 운영과 관련하여 대표자를 위원장으로 하는 "내부통제위원회"를 설치하고 내부통제 전담조직을 마련할 것을 의무화하였다. 금융소비자보호법은 대표자를 위원장으로 하고 금융소비자 보호에 관한 내부통제를 수행하는데 필요한 의사결정기구인 "금융소비자보호 내부통제위원회"의 설치 및 운영을 의무화하였다. 금융소비자보호법상 "금융소비자보호 내부통제위원회"를 설치하도록 한 취지는 대표자와 주요 임원이 영업행위 전반에 관한 주요 의사결정을 금융소비자보호의 관점에서 논의하도록 하여 소비자보호 중심의 경영을 조직에 체화시키는데 있다. 따라서 이러한 취지에 벗어나지 않는다면 조직의 경영효율성 확보를 위해 필요시 "금융소비자보호 내부통제위원회"를 기존의 금융회사지배구조법에 따른 "내부통제위원회"와 따로 구성하지 않아도 된다.[58]

(5) 준법감시인과 금융소비자보호 총괄기관 담당임원(CCO)

금융회사지배구조법은 내부통제기준의 준수 여부를 점검하고 내부통제기준을 위반한 경우 이를 조사하는 등 내부통제 관련 업무를 총괄하는 사람으로 준법감시인을 두도록 하고 있다. 금융소비자보호법은 금융소비자보호 총괄기관의 업무를 수행하는 임원으로 금융소비자보호 총괄기관 담당임원(CCO)를 임명하여야 한다. 따라서 금융회사지배구조법 상 내부통제기준과 금융소비자보호법 상 내부통제기준을 모두 적용받는 경우에는 원칙적으로 준법감시인과 금융소비자보호 담당임원(CCO)을 각각 두어야 한다. 다만, 최근 사업연도 말 현재 자산총액이 5조원 미만인 상호저축은행 등 금융소비자보호감독규정」 [별표 2] 비고 제2호에 따른 일정 규모 이하 금융상품판매업자등의 경우에는 준법감시인 또는 이에 준하는 사람이 금융소비자보호 총괄기관의 업무를 수행하는 임원을 겸직할 수 있다.(이에 대한 자세한 내용은 본 책자의 "금융소비자보호 총괄기관 담당임원(CCO)"을 참조)

이처럼 금융소비자보호 관련 내부통제기준에 관한 사항은 금융소비자보호 총괄기관이 담당하는 것이 원칙이나 조직·인력 등을 감안하여 준법감시부서에서

---

58) 금융위원회·금융감독원, 금융소비자보호법 FAQ 답변 참조

도 이를 담당할 수 있다. 이 경우 양 부서간 권한 및 책임을 명확히 구분하고 이를 문서화해 두어야 하며, 중장기적으로는 금융소비자보호 총괄기관의 역량강화를 통해 금융소비자보호 총괄기관과 준법감시부서 간 합리적으로 역할을 분담해 나가야 한다. 그리고 금융소비자보호총괄책임자(CCO)가 금융소비자보호법상 내부통제기준의 적정성·준수실태에 대한 점검을 한 경우 금융회사지배구조법상 준법감시인[59]이 이를 2차로 점검해야 할 의무는 없다.[60]

(6) 금융회사지배구조법 상 내부통제기준 위반 시 효과

① 과태료 부과

금융회사지배구조법 제24조 제1항을 위반하여 내부통제기준을 마련하지 않은 자에 대해서는 1억원 이하의 과태료를 부과한다.[61] 동법 시행령 제34조 및 [별표2]에 따른 과태료 부과기준에 의하면 내부통제기준 마련의무 위반의 경우 과태료 상한선이 7,500만원이다.

:: 참고자료 | 금융기관지배구조법 시행령 [별표2] ::

과태료 부과기준(제34조 관련)

1. 일반기준
금융위원회는 위반행위의 정도, 위반행위의 동기와 그 결과 등을 고려하여 제2호에 따른 금액을 감경 또는 면제하거나 2분의 1의 범위에서 늘릴 수 있다. 다만, 늘리는 경우에도 법 제43조 제1항부터 제3항까지의 규정에 따른 과태료 금액의 상한을 넘을 수 있다.

2. 개별기준
허. 법 제24조 제1항을 위반하여 내부통제기준을 마련하지 않은 경우
※근거 법조문: 법 제43조 제1항 제16호 → 과태료 금액: 5,000만원

---

② 제재조치

금융회사지배구조법 [별표]에 따른 '금융회사 및 임직원에 대한 조치(제34조 및 제35조 관련)'의 25. 제24조를 위반하여 내부통제기준과 관련된 의무를 이행하지 아니하는 경우에는 해당 금융회사 및 소속 임직원은 행정제재 조치를 받을 수 있다.

:: 참고자료 ::

금융기관지배구조법

제34조(금융회사에 대한 조치)

① 금융위원회는 금융회사가 별표 각 호의 어느 하나에 해당하는 경우에는 다음 각 호의 어느 하나에 해당하는 조치를 할 수 있다.

　　1. ～ 5. (생략)

제35(임직원에 대한 조치)

① 금융위원회는 금융회사의 임원(업무집행책임자는 제외한다)이 별표 각 호의 어느 하나에 해당하는 경우에는 다음 각 호의 어느 하나에 해당하는 조치를 할 수 있다.

　　1. ～ 5. (생략)

② 금융위원회는 금융회사의 직원(업무집행책임자는 포함한다)이 별표 각 호의 어느 하나에 해당하는 경우에는 다음 각 호의 어느 하나에 해당하는 조치를 할 수 있다.

　　1. ～ 5. (생략)

- -

금융기관지배구조법 [별표]

금융회사 및 임직원에 대한 조치(제34조 및 제35조 관련)

25. 제24조를 위반하여 내부통제기준과 관련된 의무를 이행하지 아니하는 경우

---

59) 금융회사지배구조법 감독규정 §11⑥, 대표이사는 매년 1회 이상 정기적으로 내부통제 체계·운영에 대한 실태를 점검하고 그 결과를 이사회에 보고하여야 한다. 다만, 대표이사는 내부통제 체계·운영에 대한 실태점검 및 이사회 보고의무를 준법감시인에게 위임할 수 있다.

60) 금융위원회·금융감독원, 금융소비자보호법 FAQ 답변 참조

61) 금융회사지배구조법 §43①(16)

3 6대 판매규제

가. 개요

금융소비자보호법은 개별 금융업법에 산재되어 있던 판매행위 규제 중에서 불완전판매 방지를 통한 금융소비자보호 목적의 6대 판매행위 규제[62]와 금융상품판매대리·중개업자 등의 영업시 준수사항 등을 금융소비자보호법으로 이관하여 일원화하였다.[63] 대부분의 판매행위 규제는 위반시 제재 및 벌칙을 수반하고 있어 개별 금융업법과 금융소비자보호법에서 중복적으로 규정하는 것이 불합리하므로 판매행위를 규율하는 금융소비자보호법에서 일괄적으로 규율토록 한 것이다.[64] 또한 금융소비자보호법은 개별 금융업법에서 일부 금융상품에 한정하여 적용하고 있던 6대 판매행위 규제를 원칙적으로 모든 금융상품에 확대하여 적용토록 함으로써 금융소비자보호 공백을 해소하였다.[65] 이에 따라 적합성 원칙은 종전 금융투자상품과 변액보험에서 대출성·예금성·보장성 상품까지, 적정성 원칙은 종전 파생상품, 파생결합증권에서 일부 대출성·보장성 상품까지 규제의 대상 범위가 각각 확대되었다. 설명의무와 불공정영업행위 금지, 부당권유행위 금지 및 광고 규제도 개별 금융업법 상의 규제 내용이 금융소비자보호법으로 대부분 통합되어 금융회사의 판매행위 전반에 대한 기능별 규제체계를 마련하였다.

〈 6대 판매규제 내용 및 주요 위규 사례[66] 〉

판매규제	내용	주요 위규 사례
적합성 원칙 (판매자 권유 있음)	고객정보 파악 및 부적합 상품 권유 금지	▶ 고객으로부터 '부적합 상품을 권유해도 괜찮다'는 동의를 받고 부적합 상품을 권유하는 행위
적정성 원칙 (판매자 권유 없음)	고객정보 파악 및 고객이 청약한 상품이 부적합한 경우 그 사실을 고지	▶ 고객의 개별적 상황을 고려하지 않고 획일화된 투자자성향 점수표에 따라 적합여부를 판단하는 행위

설명의무	상품 권유 시 또는 소비자 요청 시 상품의 중요사항을 이해할 수 있도록 설명	▶ 고객의 이해도와는 관계없이 설명을 이해했다는 서명을 요구하는 행위 ▶ 실제 설명과 다른 내용의 설명서를 교부하는 행위
불공정영업 행위 금지	판매업자의 우월적 지위를 이용한 부당요구(중도상환수수료 부과, 개인연대보증 요구 등) 금지	▶ 신용카드 부가서비스의 일방적 중단 ▶ 금리인하요구권, 청약철회권, 위법계약해지권 등 소비자권리 행사 방해
부당권유 행위 금지	불확실한 사항에 단정적 판단을 제공하는 행위 등	▶ 부적합 상품 판매를 위해 고객에 정보조작 유도 ▶ 고객 사전동의 없이 수시로 대출을 권유하는 행위
광고 규제	광고 내용 필수 포함사항 및 금지 행위	▶ 펀드 광고에 객관적 근거자료 없이 기대수익률을 제시하는 행위 ▶ 실제 판매자가 아닌 광고가 게재된 포털을 판매자로 오인하게끔 하는 행위

나. 적합성 원칙

(1) 의의

금융상품판매업자등은 일반금융소비자의 재산상황, 금융상품 처분·취득 경험 등에 대한 정보를 고려하여 그 일반금융소비자에게 적합하지 아니하다고 인정되는 금융상품의 계약 체결을 권유해서는 아니된다.[67] 적합성 원칙(suitability

---

62) ①적합성 원칙, ②적정성 원칙, ③설명의무, ④불공정영업행위 금지, ⑤부당권유행위 금지, ⑥광고 규제

63) 적합성 원칙과 설명의무, 광고규제는 자본시장법과 보험업법, 불공정영업행위 금지는 은행법, 적정성 원칙 및 부당권유행위 금지는 자본시장법에 각각 규정되어 있었다.

64) 개별 금융업법 상 판매행위 규제 중에서 시장질서 유지를 목적으로 하는 것은 개별 금융업법에서 규제하는 것이 불가피하여 그대로 존치하였다.

65) 금융위원회 2020.3.5.일자 보도참고자료 "금융소비자보호법 국회 본회의 통과" 및 금융위원회 2020.10.27.일자 보도자료 "금융소비자보호법 시행령 제정안 입법예고" 참조

66) 금융위원회 2020.20.28일자 보도자료, "금융소비자보호법 시행령 제정안 입법예고" p14 참조

rules)은 금융상품에 관한 전문성, 소유자산 규모 등에 비추어 금융상품 계약에 따른 위험감수능력이 있는 전문금융소비자에게는 적용되지 않고 위험감수능력이 상대적으로 취약한 일반금융소비자를 대상으로 적용한다. 적합성 원칙은 금융상품에 관한 전문성을 갖춘 금융상품판매업자등으로 하여금 일반금융소비자에게 적합한 금융상품의 계약체결을 권유하도록 유도하는 역할을 한다. 금융거래에 있어서 적합성 원칙은 미국의 자율규제기관인 금융산업규제국[68]이 처음 도입하였고 우리나라는 2009년 2월 4일 자본시장 관련 여러 법률을 통합한 자본시장법이 제정되면서 법제화되었다. 적합성 원칙은 계약체결의 권유가 있는 경우에만 적용되는 것이며, 일반적으로는 적합하지 않다고 판단될 경우에는 그 사실을 경고하는 것만으로 적합성 원칙이 준수된다. 즉 계약의 내용을 금융소비자에게 적합하도록 변경하여 권유하거나 금융소비자의 손실을 제한할 수 있는 다른 거래조건을 모색하고 권유하는 적극적 의무가 아니라 금융소비자의 정보를 확인한 후에 부적합한 금융상품의 계약체결을 권유하지 못하도록 하는 소극적인 의무이다.[69] 금융소비자가 원한다는 이유로 펀드 카탈로그 제공 등의 방법으로 부적합한 금융상품을 권유하고 금융소비자로부터 부적합확인서를 받아 계약하는 행위는 적합성 원칙 위반으로 볼 수 있다.

(2) 권유·광고·자문 등 개념

적합성 원칙은 금융상품판매업자등이 계약 체결의 권유를 할 경우에만 적용되므로 판매과정에서 어떤 행위가 권유에 해당되는지가 쟁점이 된다. 권유에 대한 개념은 상담·소개, 광고, 자문서비스와 그 행위속성은 서로 유사하지만 각각의 행위에 따라 규제 여부가 달라지므로 이에 대한 명확한 개념구분이 필요하다. 그런데, 금융소비자보호법과 자본시장법, 보험업법 등 개별 금융업법에서

---

67) 금융소비자보호법 §17③

68) FINRA(Financial Industry Regulatoy Authority)

69) 한국금융소비자보호재단, 금융소비자보호법 해설 p78~80 참조

이에 대한 구체적인 구분기준을 명확히 정의하고 있지 아니하여 판매현장에 혼란을 줄 우려가 있다.

먼저, "권유"란 특정한 소비자로 하여금 특정 금융상품에 대해 청약의사를 표시하도록 유인하는 행위로 계약체결에 따른 이익을 목적으로 소비자가 계약여부 결정에 필요한 사항을 설명하고 계약체결이 이루어질 수 있도록 힘쓰는 사실행위이다. 이에 대해 대법원은 투자권유인지 여부에 대해 ❶설명의 개별성·구체성, ❷그 설명이 의사결정에 미친 영향, ❸실무처리 관여도, ❹권유에 대한 이익 발생여부 등 제반사정을 종합적으로 고려하도록 판시하고 있다.[70] 중개(모집, 주선 등 포함)란 금융상품판매대리·중개업자가 금융상품직접판매업자를 위해 직접판매업자와 금융소비자 간에 계약이 체결될 수 있도록 힘쓰는 일체의 사실행위로 금융상품직접직판업자를 대신하는 권유에 해당한다. 이에 반해 "광고"란 사업자가 자기 또는 다른 사업자의 상품 또는 용역의 내용, 거래조건, 그 밖에 그 거래에 관한 사항을 신문, 방송, 전기통신 등을 통해 소비자에게 널리 알리거나 제시하는 행위[71]로 불특정 다수의 소비자를 상대로 금융상품의 내용과 거래조건, 그 밖에 소비자의 계약여부 결정에 영향을 미치는 사항을 소비자에게 널리 알리거나 제시하는 것을 말한다. 광고와 권유의 큰 차이는 광고의 경우 불특정 다수 금융소비자를, 권유의 경우 특정한 금융소비자를 대상으로 하는 것이다. 사실상 불특정 다수로 볼 수 있을 정도로 연령이나 특정 소득계층을 기준으로 포괄 분류된 소비자군에 대해 동일한 정보를 알리는 행위는 "광고"에 해당되지만 다양한 정보의 조합을 통해 소비자군을 세분화하여 사실상 특정 소비자에 맞춤형으로 상품정보를 제공한다고 볼 수 있는 경우에는 "권유"로 판단 가능하다.[72] 또한, "자문서비스"는 특정 소비자를 대상으로 이익을 얻을 목적으로 계속적 또는 반복적인 방법으로 금융상품의 가치 또는 취득과 처분결정에 관한

---

70) 대법원 2015.1.29. 선고 2013다217497

71) 표시·광고의 공정화에 관한 법률(약칭 표시광고법)

72) 금융위원회 2020.20.28일자 보도자료 "금융소비자보호법 시행령 제정안 입법예고", 금융위원회·금융감독원, 금융소비자보호법 FAQ 답변 참조

자문에 응하는 것이다.[73] 대법원은 불특정 다수인을 상대로 한 경우가 아니라, 문의자와 상담자 사이에 1:1 상담 혹은 자문이 행해지는 것은 투자자문업에 해당된다고 판시한 바 있다.[74]

한편, 권유, 광고 및 자문서비스는 모두 금융소비자보호법의 규제를 받지만 "상담·소개"는 광고나 권유의 행위 없이 금융상품의 설명 내용에 구체성이 없고 상품명 등에 대해서만 단순히 안내(단순정보제공)하는 것에 불과하므로 금융소비자보호법 상 규제를 받지 아니한다. 예를들어 전화상담 등을 통해 보험약관상 보험계약대출에 관한 사항을 알리는 행위는 단순정보제공에 해당하는 안내로 볼 수 있으므로 금융소비자보호법 상 권유 관계 규제가 적용되지 아니한다. 그렇지만 보험약관에 없는 금리 등의 정보를 알리거나 대출청약을 접수하는 등 적극적인 유인행위가 이루어질 경우에 만약, 상대방이 불특정다수이거나 특정 다수이지만 개별성의 정도가 높지 않다면[75] '광고'로, 특정 1인 또는 개별성의 정도가 높은 특정 다수인 경우에는 '권유'로 각각 볼 수 있다. 또한, 금융상품직접직판업자를 대신하는 권유에 해당하는 중개(모집, 주선 등 포함)는 권유의 개념으로 상담·소개와는 차이가 있다.[76]

〈 권유·자문서비스·광고 개념 비교표 〉

	계약체결 목적	행위 대상	수수료 지급주체
권유	○	특정인	금융상품 직접판매업자
자문서비스	×		금융소비자
광고	△	불특정다수	금융상품 직접판매업자

---

73) 금융소비자보호법 §2(4)

74) 대법원 2006도119

75) 예를 들면 특정 연령대 또는 특정 소득계층만을 기준으로 소비자군을 분류하는 경우를 말한다.

76) 금융위원회 2020.10.28.일자 보도자료, "금융소비자보호법 시행령 제정안 입법예고" 참조

Ⓠ 소비자군을 분류하여 금융상품을 안내하는 행위가 권유에 해당하나요?

Ⓐ 원칙적으로 "권유"란 특정 소비자로 하여금 특정 금융상품에 대해 청약의사를 표시하도록 유인하는 행위를 의미함.

반면 "광고"는 사업자가 자기 또는 다른 사업자의 상품 또는 용역의 내용, 거래조건, 그 밖에 그 거래에 관한 사항을 신문, 방송, 전기통신 등을 통해 소비자에게 널리 알리거나 제시하는 행위임.

☞ 사실상 불특정 다수로 볼 수 있을 정도로 연령이나 특정 소득계층을 기준으로 포괄 분류된 소비자군에 대해 동일한 정보를 알리는 행위는 "광고"에 해당.

그러나, 다양한 정보의 조합을 통해 소비자군을 세분화하여 사실상 특정 소비자에게 맞춤형으로 금융상품을 제공한다고 볼 수 있는 경우에는 "권유"로 판단 가능.

- -

Ⓠ 마케팅 동의 고객 대상으로 대출성 상품 안내를 위한 문자발송 행위는 광고와 권유 중 어디에 해당하나요?

Ⓐ 원칙적으로 "권유"란 특정 소비자로 하여금 특정 금융상품에 대해 청약의사를 표시하도록 유인하는 행위를 의미.

제출 의견상 주어진 사실관계로만 판단할 경우, 1년 내 계약한 소비자 전체에 동일한 상품을 안내하는 행위는 특정 소비자를 유인하는 행위로 보기 어려워 "광고"로 볼 수 있음.

- -

Ⓠ 보험계약대출 관련 제도안내를 불특정 다수에게 문자로 발송한 행위, 계약자별로 받을 수 있는 계약대출 가능금액, 금리 등을 특정하여 문자로 발송하는 행위, 보험해지에 대한 대안으로서의 계약대출 안내 등은 금소법상 광고인가요, 권유인가요?

Ⓐ 우선, 보험계약대출에 대해 보험약관상의 내용을 알리는 행위는 '안내'로 볼 수 있음. 따라서 전화상담 등을 통해 보험약관상 보험계약대출에 관한 사항을 알리는 행위에 대해서는 금소법상 권유 관계 규제가 적용되지 않음.

– 보험약관에 없는 금리 등의 정보를 알리거나 대출청약을 접수하는 등 적극적인

유인행위가 이루어질 경우에 해당 행위는 금소법상 '광고'나 '권유'로 볼 수 있음.

– 만약, 상대방이 불특정 다수이거나 특정 다수이지만 개별성의 정도가 높지 않다면 '광고'로 볼 수 있음.

（예) 특정 연령대 또는 특정 소득계층만을 기준으로 소비자군을 분류하는 경우.

※ 그러나, 특정 1인 또는 개별성의 정도가 높은 특정 다수인 경우에는 "권유"로 볼 수 있을 것.

Ⓠ 고객에 대한 신용정보조회 및 신용점수 안내 등의 행위가 권유에 해당하나요?

Ⓐ 고객에 대한 신용정보조회 및 신용점수 안내는 금소법상 권유 전 고객정보를 파악하는 행위로 법상 권유로 볼 수 없음.

Ⓠ 권유행위인 것과 아닌 것의 구체적 예시를 해주세요.

Ⓐ ① 온라인플랫폼(인터넷, 앱 등)상 상품정보 제공

☞ 구체적인 영업형태에 따라 다르지만 여러 상품에 관한 정보를 제공하는 것만으로는 권유라 보기 어려움. 다만, 금융소비자에게 맞춤형으로 상품을 추천하고 계약체결을 지원하는 경우에는 권유로 볼 수 있음.

② 금융소비자의 금융상품 추천 요청시 판매업자등이 고객 요청정보에 맞춰 추천하는 행위 ☞ 권유에 해당

③ 금융소비자에게 마케팅 광고문자 전송 ☞ 광고에 해당

④ 온라인 광고업자(온라인플랫폼)의 금융상품 소개, 단순 링크 등 게시

☞ 광고에 해당

⑤ 금융소비자가 온라인 등으로 상품을 가입하다 중간에 중단하여 체결이 완료되지 않았을 때 전화를 통해 체결의사 확인 후 체결 희망시 절차 안내 및 계약체결

☞ 소비자의 자발적 의사로 계약을 체결한 것이므로 권유에 미해당

⑥ 기존 계약 만료전 계약관리 차원에서 금융소비자에게 전화로 계약 연장안내 및 계약연장

☞ 기존 계약을 기간만 연장하는 것에 불과하므로 권유에 미해당

⑦ 금융소비자의 자발적 의사로 신용카드를 교체 발급

☞ 금융소비자가 특정상품을 청약하는 경우 권유에 미해당

Ⓠ 아래 예시에서 권유의 범위는 어디까지로 봐야 할까요?

Ⓐ ① 고객이 불특정 다수에게 노출되는 인터넷 배너광고를 보고 클릭하여 당행 홈페이지 대출 신청화면으로 연결된 경우

☞ 인터넷 배너광고 게시는 광고로 볼 수 있음.

② 토스 신용대출 추천 메뉴처럼 고객이 본인의 정보를 입력하고 조회된 각 은행의 대략적인 신용대출 금리 및 한도를 보고 자발적으로 은행을 선택하여 당해 홈페이지 대출 신청화면으로 연결된 경우

☞ 금융소비자가 제공한 정보를 통해 상품정보를 제공하는 행위는 권유에 해당

③ 당행 기존대출 고객의 데이터베이스정보를 활용하여 우수거래 고객에게 대출 증액 가능함을 문자로 안내하는 경우

☞ 권유에 해당

④ 대출 만기도래 고객에게 대출 기간연장하도록 문자로 안내하는 경우

☞ 권유에 미해당

Ⓠ 동일 금융그룹 또는 타 금융그룹의 저축은행 및 캐피탈사에 단순히 소개하는 것이 금소법상 '계약체결의 권유'에 해당하나요?

Ⓐ 금융상품이 아닌 특정 직접판매업자를 소개하는 경우에는 고객정보 제공유무와 관계없이 권유로 보지 않음. 다만, 다른 직접판매업자의 특정 금융상품을 추천한 경우에는 다음의 기준에 따라 개별적으로 판단함.

– 권유란 특정 소비자로 하여금 특정 금융상품에 대해 청약의사를 표시하도록 유인하는 행위를 의미.

– 특정 행위가 권유에 해당하는지는 설명의 정도, 계약체결에 미치는 영향, 실무처리 관여도, 이익발생 여부 등과 같은 계약체결에 관한 제반사정을 종합하여 판단 (참고판례 : 대법원 2015.1.29. 선고 2013다217497)

Ⓠ 근로자퇴직급여보장법에서는 판매자가 퇴직연금 가입자에게 반기마다 위험과 수익구조가 다른 세가지 이상의 상품을 제시하도록 하는데 이는 부적합한 상품 권유를 금지하는 금소법상 적합성 원칙과 충돌 아닌가요?

Ⓐ 근로자퇴직급여보장법상 운용관리기관의 상품제시는 모든 가입자에 동일한 상품 목록이 제공되는 경우에 한하여 금소법상 권유로 보지 않음.

이 경우 상품목록은 운용관리기관의 주관적 기준이 아닌 '가나다 순' 또는 '수익률' 등 객관적 지표 기준으로 제공될 필요.

Ⓠ IRP 계약 체결의 권유가 금소법상 투자권유에 해당하나요?

Ⓐ 근로자퇴직급여보장법에 따른 퇴직연금계약(운용관리계약, 자산관리계약)의 체결 자체에 대해서는 금소법상 규제가 적용되지 않음.

하지만 퇴직연금계좌에 상품을 편입하는 과정 등에서 운용관리업무를 수행하는 자의 권유에 대해서는 금소법상 규제가 준수되어야 함.

Ⓠ 금융회사가 신탁 내 편입 가능한 상품 중의 일부 상품을 선정하여 투자성향 분석전에 특정 사업자에게 제시하는 행위가 권유에 해당되나요?

Ⓐ 근로자퇴직급여보장법상 운용관리기관의 상품제시는 모든 가입자에 동일한 상품 목록이 제공되는 경우에 한하여 금소법상 권유로 보지 않음.

이 경우 상품목록은 운용관리기관의 주관적 기준이 아닌 '가나다 순' 또는 '수익률' 등 객관적 지표 기준으로 제공될 필요.

Ⓠ 신용카드 갱신·교체·대체·재발급 업무가 금소법상 금융상품에 관한 '계약의 체결'에 해당하나요?

Ⓐ 유효기간 연장, 분실 등에 따른 재발급과 같이 사실상 기존계약과 내용이 동일하여 소비자가 새로운 계약내용이 있을 것이라 기대하기 힘든 경우로서 형식적으로 계약체결을 하는 경우는 미해당.

Ⓠ 약관 등에서 정해진 내용에 따라 보험계약의 내용이 변경되는 전환갱신의 경우 실손의료보험 갱신시와 마찬가지로 권유행위가 없다고 볼 수 있나요?

Ⓐ 보험상품의 경우 권유에 해당하는지 여부는 새로운 보험계약 체결을 목적으로 하는지 등을 기준으로 판단할 수 있음.

☞ 제출 의견상 사실관계에 따라 판단하면, 기 체결한 보장성 상품의 약관에 따라 보장내역, 보험료 수준 등과 관련하여 계약내용의 변경이 있더라도, 이를 새로운 계약 체결로 보기는 어렵다고 판단.

Ⓠ 키오스크(비대면)에서 거래되는 예금담보대출 상품은 단일상품으로서 신규 가입하고자 하는 경우 1가지 상품만 제시되는데, 이 경우에도 권유행위가 있다고 봐야 하나요?

Ⓐ "권유"란 특정 소비자로 하여금 특정 금융상품에 대해 청약의사를 표시하도록 유인하는 행위를 의미하므로 단일상품이라는 사유만으로 권유행위가 없다고 단정하기는 어려움이 있음.

　☞ 다만, ATM에서의 카드론 거래와 같이 키오스크에서의 예금담보대출 거래가 사회적 통념으로 형성되어 있다면, 대출을 목적으로 키오스크를 스스로 찾아가 예금담보대출 거래를 하는 행위는 특별한 사정이 없는 한 권유로 보기는 어렵다고 판단됨.

Ⓠ 대면, 비대면 등 채널을 통해 고객에게 맞춤형으로 대출상품을 추천(안내)하는 것이 권유행위에 해당하나요?

Ⓐ 권유란 특정 소비자로 하여금 특정 금융상품에 대해 청약의사를 표시하도록 유인하는 행위를 의미함.

특정 행위가 권유에 해당하는지는 설명의 정도, 계약체결에 미치는 영향, 실무처리 관여도, 이익발생 여부 등과 같은 계약체결에 관한 제반사정을 종합하여 판단. (참고판례 : 대법원 2015.1.29. 선고 2013다217497)

　☞ 고객 맞춤형 금융상품 추천이 모두 권유행위라 할 수는 없으나, 그 고객의 금융상품 계약여부 판단에 상당한 영향을 미칠 수 있기 때문에 통상적으로는 권유행위에 해당된다고 볼 수 있음.

　※ 참고로 콜센터(금융상품판매대리·중개업자가 아닌 금융회사 내부기관인 경우에 한정)에서 고객에게 특정 상품을 안내하는 행위를 권유로 볼 수 있다 하더라도 콜센터 안내단계에서 적합성 원칙이나 설명의무를 반드시 이행해야할 필요는

없음. 은행 내부 역할분담에 따라 콜센터 단계에서 적합성 원칙이 적용되지 않아도 이후 계약체결 담당자가 금소법에 따라 절차를 진행하면 되기 때문임.

Q 금융플랫폼에 은행별 대출한도 및 금리를 나열하고 소비자가 이를 직접 선택하여 개별 은행의 가입으로 연결되는 경우 이를 권유에 해당한다고 볼 수 있나요? 이 경우 적합성 판단 주체는 누구인가요?

A 여러 상품에 관한 정보를 제공하는 것만으로는 권유에 해당한다고 보기는 어려우나, 금융소비자에게 맞춤형으로 상품을 추천하고 계약체결을 지원하는 경우에는 권유로 볼 수 있음.

　☞ 적합성 원칙 준수 당사자는 금융회사와 대리·중개업자의 행위를 종합하여 판단할 필요(관련 위·수탁계약 체결시 상호 책임관계 판단)

Q 다음의 경우 금소법상 어떤 규제가 적용되나요? (광고, 권유 등)

① 보험계약대출 관련 제도안내를 불특정 다수에게 문자로 발송

　(사례1) 계약대출제도를 알아보세요. 기존보험의 해지환급금의 80% 범위내 대출받을 수 있습니다. (이율 : 최저 XX% ～ 최고 XX%)

　(사례2) 계약대출제도를 알아보세요. 금리나 대출가능금액을 알아보려면 문의하세요. XXX–XXX. 홈페이지 접속

② 계약자별로 받을 수 있는 계약대출 가능금액, 금리 등을 특정하여 문자로 발송하는 행위

　(사례) 귀하께서 받을 수 있는 금액은 1,000,000원이며, 지금 대출받으시면 XX%로 대출받을 수 있습니다.

③ 보험해지에 대한 대안으로서의 계약대출 안내

A ① 우선, 보험계약대출에 대해 보험약관상의 내용을 알리는 행위는 '안내'로 볼 수 있음. 따라서 전화상담 등을 통해 보험약관상 보험계약대출에 관한 사항을 알리는 행위에 대해서는 금소법상 권유 관련 규제가 적용되지 않음.

　※ 보험약관에 없던 금리 등의 정보를 알리거나 대출청약을 접수하는 등의 적극적인 유인행위가 이루어질 경우에 해당 행위는 금소법상 '광고'나 '권유'로 볼 수 있음.

② '광고'와 '권유' 중 어디에 해당하는지는 그 행위가 개별 상대방의 특성을 어느 정도 반영하는지에 따라 달라질 수 있음.

- 만약 상대방이 불특정 다수이거나 특정 다수이지만 개별성의 정도가 높지 않다면* '광고'로 볼 수 있음.

    * 예: 특정 연령대 또는 특정 소득계층만을 기준으로 소비자군을 분류하는 경우

- 그러나 특정 1인 또는 개별성의 정도가 높은 특정 다수인 경우에는 '권유'로 볼 수 있을 것.

- -

Ⓠ 퇴직연금 관련한 질문입니다.

① 「근로자퇴직급여 보장법」 상의 운용관리업무 수행자가 금융소비자와의 계약에서 금소법상 규제를 준수한 경우에도 같은 법상 자산관리업무 수행자가 규제를 준수해야 하나요?

② 「근로자퇴직급여 보장법」에서는 판매자가 퇴직연금 가입자에게 반기마다 위험과 수익구조가 다른 세 가지 이상의 상품을 제시하도록 하는데 이는 부적합한 상품권유를 금지하는 금소법상 적합성 원칙과 충돌 아닌가요?

Ⓐ ① 퇴직연금제도의 특성상 실질적으로 소비자에 금융상품을 권유하고 계약을 체결하는 자는 운용관리업무 수행자임.

자산관리업무 수행자는 계약이 체결된 소비자의 재산을 보관·관리하는 역할에 불과하므로 규제를 중복 적용하지 않는 것이 소비자 권익에 부합.

☞ 운용관리업무 수행자가 규제를 준수하는 경우 자산관리업무 수행자는 규제 미적용.

② 「근로자퇴직급여 보장법」상 운용관리기관의 '상품제시'는 모든 가입자에 동일한 상품목록이 제공되는 경우에 한하여 「금융소비자보호법」 상 '권유'로 보지 않음.

☞ 이 경우 상품목록은 운용관리기관의 주관적 기준이 아닌 '가나다순' 또는 '수익률' 등 객관적 지표를 기준으로 제공될 필요.

- -

Ⓠ 금융상품판매업자를 소개하는 행위(온라인 포함)가 법률상 등록해야 할 "금융상품판매대리·중개업"에 해당하나요?

Ⓐ '금융상품판매대리·중개업'이란, 금융상품에 관한 계약의 체결을 대리하거나 중개하는 것을 영업으로 하는 것임(금소법 §2).

특정 사실행위가 "대리·중개"(또는 모집)에 해당하는지는 원칙상 다음의 사항을 종합 고려하여 판단함.

① 법 제13조의 영업행위 준수사항 해석의 기준:

금융소비자의 권익을 우선적으로 고려하며, 금융상품 또는 계약관계의 특성 등에 따라 금융상품 유형별 또는 금융상품판매업자등의 업종별로 형평에 맞게 적용.

② 금융소비자보호법상 "권유행위"가 있는지 여부:

– "권유"란, 특정 소비자로 하여금 특정 금융상품에 대해 청약의사를 표시하도록 유인하는 행위를 의미.

– 특정 행위가 권유에 해당하는지는, 설명의 정도, 계약체결에 미치는 영향, 실무처리 관여도, 이익발생 여부 등과 같은 계약체결에 관한 제반사정을 종합하여 판단할 수 있음. (대법원 판례, 2014도 14924 참조)

☞ 금융상품판매업자 소개(온라인 포함)는 금융상품 권유 이전에 이루어지고, 금융상품 계약체결에 직접적 영향이 있다고 보기 어려운 경우에는 일반적으로 중개에 해당되지 않음.

(3) 일반·전문금융소비자 구별 확인 의무

금융상품판매업자등이 금융상품계약체결등을 하거나 자문업무를 하는 경우에는 상대방인 금융소비자가 일반금융소비자인지 전문금융소비자인지를 확인하여야 한다.[77] 이 경우 "금융상품계약체결등"이란 금융상품에 관한 계약의 체결 또는 계약 체결을 권유하거나 청약을 받는 것을 말하고,[78] "금융상품자문"이란 이익을 얻을 목적으로 계속적 또는 반복적인 방법으로 금융상품의 가치 또는는

---

77) 금융소비자보호법 §17①
78) 금융소비자보호법 §2(8)

취득과 처분결정에 관한 자문에 응하는 것을 말한다.[79] 전문금융소비자는 금융 상품에 관한 전문성, 소유자산규모 등에 비추어 금융상품 계약에 따른 위험감 수능력이 있는 금융소비자를 말하고, 일반금융소비자는 전문금융소비자를 제 외한 금융소비자로 위험감수능력이 취약하다.[80] 금융소비자의 구분에 따라 6대 판매규제에 대한 적용 범위에 차이가 있다. 즉, 위험감수능력이 취약하여 두텁 게 보호할 필요가 있는 일반금융소비자의 경우 적합성 원칙 등 6대 판매규제가 모두 적용되는 반면 위험감수능력이 있는 전문금융소비자의 경우 불공정영업 금지, 부당권유금지 및 광고규제만이 적용된다.

〈 금융소비자 구분에 따른 6대 판매규제 적용 범위 〉

구 분	일반금융소비자	전문금융소비자
적합성 원칙	적 용	미 적 용
적정성 원칙		
설명의무		
불공정영업행위 금지		적 용
부당권유행위 금지		
광고 규제		

(4) 일반금융소비자의 정보 파악, 확인 유지·관리 및 제공

① 의의

금융상품판매업자등은 일반금융소비자에게 금융상품의 계약 체결을 권유 하거나 금융상품의 자문에 응하는 경우에는 ❶면담·질문 등을 통하여 금융

---

79) 금융소비자보호법 §2⑷
80) 금융소비자보호법 §2⑼라목

상품 유형별로 일반금융소비자의 정보를 파악하고 ❷일반금융소비자로부터 서명[81], 기명날인 및 녹취 중에서 하나의 방법[82]으로 이를 확인받아 유지·관리하여야 하며, ❸확인받은 내용을 일반금융소비자에게 지체없이[83] 제공하여야 한다.[84] 일반금융소비자에게 적합성 원칙에 필요한 정보를 확인받아 제공하는 것은 금융소비자로부터 제공받은 정보의 정확성을 해당 금융소비자로부터 재차 검증하기 위함이다. 따라서 개별 금융상품판매업자등의 자체 기준에 따른 적합성 판단결과가 포함된 자료(적합성보고서)까지 금융소비자에게 제공할 필요는 없다.[85]

② 일반금융소비자의 정보 파악이 필요한 금융상품의 범위

일반금융소비자의 정보를 파악해야 하는 금융상품의 범위를 유형별로 살펴보면, 먼저 보장성 상품의 경우 변액보험[86] 및 보험료·공제료의 일부를 금융투자상품의 취득·처분 등에 운용하는 보험·공제[87]가 해당된다. 변액보험은 보험금이 자산운용성과에 따라 변동하는 보험계약으로 원금 손실의 위험이 있고 생명보험과 집합투자증권(펀드)의 성격을 함께 가지고 있어 보험업법과 자본시장법의 일부규정이 동시에 적용된다. 보험료·공제료의 일부를 금융투자상품에 투자하는 보험·공제도 변액보험과 마찬가지로 원금 손실 위

---

81) 전자서명법상 전자서명을 포함한다.

82) 금융소비자보호법 §17②에는 "그 밖에 대통령령으로 정하는 방법"이라 명시되어 있으나 동법 시행령에서 이에 대한 구체적 사례가 규정되지 않았다. 따라서 서명(전자서명 포함), 기명날인 및 녹취의 3가지 방법으로만 확인을 받아야 한다.

83) 통상 법령상 "지체 없이"의 의미는 시간적 즉시성이 강하게 요구되지만 정당하거나 합리적인 이유에 따른 지체는 허용되는 것으로 사정이 허락하는 한 가장 신속하게 처리해야 한다는 뜻이다(법제처 유권해석). 따라서 원칙적으로 즉시 제공하여야 하며, 다만, 정당하거나 합리적 이유가 있는 경우 그 장애사유 해소 후 신속히 제공하여야 한다.

84) 금융소비자보호법 §17②

85) 금융위원회·금융감독원, 금융소비자보호법 FAQ 답변 참조

86) 보험업법 §108(특별계정의 설정·운용) ① 보험회사는 다음 각 호의 어느 하나에 해당하는 계약에 대하여는 대통령령으로 정하는 바에 따라 그 준비금에 상당하는 자산의 전부 또는 일부를 그 밖의 자산과 구별하여 이용하기 위한 계정(이하 "특별계정"이라 한다)을 각각 설정하여 운용할 수 있다.

　1.~2. (생략)

　3. 변액보험계약(보험금이 자산운용의 성과에 따라 변동하는 보험계약을 말한다)

　4. (생략)

87) 보험료·공제료의 일부를 금융투자상품에 투자하는 보험·공제도 변액보험과 마찬가지로 원금 손실 위험이 있는 보장성 상품이다.

험이 있는 보장성 상품이다. 투자성 상품은 온라인소액투자중개(크라우드펀딩)[88]의 대상이 되는 증권(자본시장법 제4조 제1항[89]에 따른 증권을 말함)과 연계투자(P2P투자)[90]를 제외한 모든 투자성 상품이 해당된다. 대출성 상품은 대출, 신용카드, 어음할인, 할부금융 등과 같은 모든 대출성 상품이 해당된다.[91] 한편, 금융소비자보호법 제17조 제2항 제2호에서는 운용 실적에 따라 수익률 등의 변동 가능성이 있는 금융상품으로 대통령령으로 정하는 예금성 상품은 정보 파악 대상 금융상품에 포함되는 것으로 규정하고 있으나 대통령령에서 이에 대한 구체적인 사항을 아직 규정하지 아니하였다. 이는 예금성 상품의 속성상 불완전판매가 발생하더라도 원금을 보장받아 금융소비자의 피해가 크지 않은 것을 고려한 것으로 보인다.

〈 일반금융소비자 대상 정보 파악이 필요한 금융상품의 범위 〉

보장성 상품	투자성 상품	대출성 상품
● 변액보험 ● 보험료 또는 공제료의 일부를 금융투자상품의 취득·처분 등에 운용하는 보험 또는 공제	다음의 상품을 제외한 모든 투자성 상품 ● 온라인소액투자중개 (크라우드펀딩)의 대상이 되는 증권 ● 연계투자(P2P투자)	모든 대출성 상품[주1]

주 1) 대출, 신용카드, 어음할인, 할부금융 등
  2) 예금성 상품은 원금 보장 상품 속성상 정보 파악 대상 대상에서 제외

③ 파악해야 하는 일반금융소비자의 정보 내용

금융상품 유형별로 파악해야 하는 일반금융소비자의 정보 내용을 살펴보면, 먼저 보장성 상품의 경우 연령 및 재산상황(부채를 포함한 자산 및 소득에 관한 사항), 보장성 보험의 체결목적, 금융상품을 취득·처분한 경험, 금융상품에 대한 이해도, 기대이익 및 기대손실 등을 고려한 위험에 대한 태도를 파악하여야 한다. 투자성 상품의 경우 연령 및 재산상황(부채를 포함한 자산

및 소득에 관한 사항), 해당 금융상품 취득 또는 처분 목적, 금융상품을 취득·처분한 경험, 금융상품에 대한 이해도, 기대이익 및 기대손실 등을 고려한 위험 태도를 파악해야 한다. 대출성 상품의 경우 연령 및 재산상황(부채를 포함한 자산 및 소득에 관한 사항), 계약체결의 목적(대출만 해당), 신용[92] 및 변제계획을 파악해야 한다.[93]

〈 금융상품 유형별 파악 정보〉

상품유형	정보 내용[주]
보장성 상품	− 연령 및 재산상황(부채를 포함한 자산 및 소득에 관한 사항) − 보장성 보험의 체결목적 − 금융상품을 취득·처분한 경험 − 금융상품에 대한 이해도 − 기대이익 및 기대손실 등을 고려한 위험 태도

---

88) 자본시장법 §9, ㉗ 이 법에서 "온라인소액투자중개업자"란 온라인상에서 누구의 명의로 하든지 타인의 계산으로 다음 각 호의 자가, 대통령령으로 정하는 방법으로 발행하는 채무증권, 지분증권, 투자계약증권의 모집 또는 사모에 관한 중개(이하 "온라인소액투자중개"라 한다)를 영업으로 하는 투자중개업자를 말한다.

   1. 「중소기업창업 지원법」 제2조 제2호에 따른 창업자 중 대통령령으로 정하는 자

   2. 그 밖에 대통령령으로 정하는 요건에 부합하는 자

89) 자본시장법 §4, ① 이 법에서 "증권"이란 내국인 또는 외국인이 발행한 금융투자상품으로서 투자자가 취득과 동시에 지급한 금전등 외에 어떠한 명목으로든지 추가로 지급의무(투자자가 기초자산에 대한 매매를 성립시킬 수 있는 권리를 행사하게 됨으로써 부담하게 되는 지급의무를 제외)를 부담하지 아니하는 것을 말한다.

   ② 제1항의 증권은 다음 각 호와 같이 구분한다.

   1. 채무증권

   2. 지분증권

   3. 수익증권

   4. 투자계약증권

   5. 파생결합증권

   6. 증권예탁증권

90) 온라인투자연계금융업법 §2(1), "연계투자"란 온라인플랫폼을 통하여 특정 차입자에게 자금을 제공할 목적으로 하는 투자를 말한다.

91) 금융소비자보호법 §17① 각호, 시행령 §11① 각호

92) 금융소비자보호법 시행령 §11, ④ 법 제17조 제4항에 따라 같은 조 제2항제3호나목에 따른 신용의 내용은 「신용정보의 이용 및 보호에 관한 법률」에 따른 신용정보 또는 「자본시장과 금융투자업에 관한 법률」에 따른 신용등급으로 한정한다.

93) 금융소비자보호법 §17①, 시행령 §11②

투자성 상품	– 연령 및 재산상황(부채를 포함한 자산 및 소득에 관한 사항)
	– 해당 금융상품 취득 또는 처분 목적
	– 금융상품을 취득·처분한 경험
	– 금융상품에 대한 이해도
	– 기대이익 및 기대손실 등을 고려한 위험 태도
대출성 상품	– 연령 및 재산상황(부채를 포함한 자산 및 소득에 관한 사항)
	– 계약체결의 목적(대출만 해당)
	– 신용 및 변제계획

주) 금융상품 유형별 파악 정보는 적합성 원칙과 적정성 원칙이 모두 동일하다.

(5) 적합성 판단기준

"적합성 판단기준"은 금융상품판매업자등이 금융상품의 계약 체결을 권유하거나 자문에 응하는 과정에서 해당 금융상품이 일반금융소비자에게 적합한지 여부를 판단할 때 지켜야 할 사항들이다. 그동안 금융투자협회의 자율규제인 '표준투자권유준칙'에서 운영하던 적합성·적정성 평가기준을 금융소비자보호법 시행령에 적합성·적정성 판단기준으로 법제화하고 금융회사 판매직원이 판단기준을 자의적으로 적용하지 않도록 그 판단기준에 대한 평가결과를 문서로 작성할 것을 의무화하였으며, 이를 위반할 경우 과태료(최대 3천만원) 부과 및 신분제재도 가능하다. 적합성 판단기준을 금융상품의 유형별로 살펴보면, 보장성 상품[94]과 투자성 상품[95]의 경우에는 일반금융소비자의 정보를 파악한 결과 손실에 대한 감수능력이 적정한 수준이어야 한다. 일반금융소비자의 손실에 대한 감수능력은 ❶거래목적, ❷계약기간·기대이익·기대손실 등을 고려한 위험에 대한 태도, ❸금융상품에 대한 이해도, ❹재산상황(보유한 자산 중 금융상품의 유형별 비중), ❺투자성 상품을 취득·처분한 경험 그리고 ❻연령과 같은 총 6가지

---

94) 변액보험 및 보험료·공제료의 일부를 금융투자상품의 취득·처분 등에 운용하는 보험·공제에 해당하는 보장성 보험만을 말한다.

95) 온라인소액투자중개(크라우드펀딩)의 대상이 되는 자본시장법 상 증권과 연계투자(P2P투자)를 제외한 모든 투자성 상품을 말한다.

사항을 종합 고려하여 평가한다. 또한, 계약 체결을 권유(자문)하는 금융상품이 적합한지 여부에 대한 판단은 손실에 대한 종합적인 감수능력 평가결과를 권유(자문)하는 해당 금융상품의 위험등급[96]에 관한 정보와 비교하여 평가하여야 한다. 이 경우 해당 금융상품이 다수의 금융상품으로 구성되어 있는 경우에는 각 금융상품의 위험등급을 종합적으로 고려하여 평가할 수 있다.[97] 대출성 상품[98]의 경우에는 일반금융소비자의 정보를 파악한 결과 상환능력이 적정한 수준이어야 한다. 상환능력은 ❶거래목적, ❷원리금 변제계획, ❸신용[99], ❹재산상황(소득·부채·자산) 및 고정지출 그리고 ❺연령과 같은 총 5가지 사항을 종합 고려하여 평가한다.[100] 보장성·투자성·대출성 상품에 대한 적합성 판단기준에 대한 평가결과는 평가근거와 함께 문서로 기록하여야 한다.[101] 한편, ❶신용카드[102], ❷분양된 주택의 계약 또는 주택조합 조합원의 추가 분담금 발생에 따른 중도금 지급을 목적으로 하는 대출, ❸주택 재건축·재개발에 따른 이주비 확보를 목적으로 하는 대출, ❹환매조건부채권 등 원금손실 위험이 현저히 낮은 투자성 상품 그리고 ❺그 밖에 특성상 적합성 판단기준의 적용이 객관적으로 어려운 금융상품은 금융상품판매업자등의 자체기준에 따라 평가할 수 있다.[103]

---

96) 금융소비자보호법 §19①(1)나목3)에 따른 위험등급을 말한다. 금융상품직접판매업자가 금융상품에 대해 위험등급을 정하는 경우에는 자본시장법에 따른 기초자산의 변동성, 자본시장법에 따른 신용등급, 금융상품 구조의 복잡성, 최대 원금손실 가능금액, 금융소비자의 환매나 매매가 용이한지에 관한 사항, 환율의 변동성(외국화폐에 투자하는 경우에 한함), 그 밖에 원금손실 위험에 중요한 영향을 미칠 수 있는 사항을 고려해야 한다. 이에 대한 자세한 내용은 본 책자 "금융상품직접판매업자의 투자성 상품에 대한 위험등급 결정시 고려사항 및 준수사항"을 참고하길 바란다.

97) 금융소비자보호법 시행령 §11③①(1), 감독규정 §10①(1)

98) 대출, 신용카드, 어음할인, 할부금융 등 모든 대출성 상품이 해당된다.

99) 금융소비자보호법 시행령 §11, ④ 법 제17조 제4항에 따라 같은 조 제2항제3호나목에 따른 신용의 내용은 「신용정보의 이용 및 보호에 관한 법률」에 따른 신용정보 또는 「자본시장과 금융투자업에 관한 법률」에 따른 신용등급으로 한정한다.

100) 금융소비자보호법 시행령 §11③①(2), 감독규정 §10①(2)

101) 금융소비자보호법 감독규정 §10①(1)다 및 (2)나

102) 여신전문금융업법에 따른 신용카드를 말한다.

103) 금융소비자보호법 감독규정 §10②

〈 금융상품 유형별 파악 정보〉

보장성 상품	투자성 상품	대출성 상품
− 손실에 대한 감수능력 　다음의 총 6가지 사항을 종합하여 적정한 수준일 것. 다만, 금융소비자 보호를 위해 필요한 경우에는 다음의 사항 중 어느 하나만으로 해당 금융상품이 적합하지 않다고 평가할 수 있음 　• 거래목적 　• 계약기간, 기대이익 및 기대손실 등을 고려한 위험에 대한 태도 　• 금융상품에 대한 이해도 　• 재산상황(보유한 자산 중 금융상품의 유형별 비중) 　• 투자성 상품을 취득·처분한 경험 　• 연령 − 금융상품의 위험등급 정보와 비교평가 　손실에 대한 종합적인 감수능력 평가결과를 권유(자문)하는 해당 금융상품의 위험등급에 관한 정보와 비교하여 평가할 것 　• 해당 금융상품이 다수의 금융상품으로 구성되어 있는 경우에는 각 금융상품의 위험등급을 종합적으로 고려하여 평가할 수 있음		상환능력과 관련하여 다음의 총 5가지 사항을 종합적으로 고려하여 평가할 것 • 거래목적 • 원리금 변제계획 • 신용 • 재산상황(소득·부채·자산) • 고정지출 • 연령

주 1) 평가결과를 평가근거와 함께 문서에 기록하여야 함.

　2) 분양주택이나 주택조합 조합원의 중도금 대출, 주택 재건축·재개발 이주비대출, 원금손실 위험이 현저히 낮은 투자성 상품(환매조건부채권 등) 등과 같이 특성상 적합성 판단기준의 적용이 객관적으로 어려운 금융상품은 자체기준에 따라 평가가능.

　3) 적합성 판단기준은 적정성 판단기준과 동일하다.

(6) 전문투자형 사모펀드의 적합성 원칙 적용 배제

　　금융상품판매업자등이 자본시장법 제249조의2[104]에 따른 전문투자형 사모집합투자기구의 집합투자증권(전문투자형 사모펀드)[105]을 판매하는 경우에는 적합성 원칙을 적용하지 아니한다.[106] 이는 전문투자형 사모펀드가 적격투자자[107]에 한하여 판매되는 점을 감안한 것이다. 다만, 금융상품판매업자등은 전문투자형 사모펀드의 적격투자자 중 일반금융소비자가 서면교부, 우편, 팩스, 전화, 전자우편, 휴대전화 문자메시지 또는 이에 준하는 전자적 의사표시의 방법으로 적합성 원칙의 규정을 적용해 줄 것을 요청할 때에는 적합성 원칙을 적용해야 한다.[108] 이 경우 해당 금융상품판매업자등은 계약 체결의 권유를 하기 전에 일반금융소비자에게 적합성 원칙의 적용을 별도로 요청할 수 있다는 사실 및 요청방법, 그리고 별도로 요청하지 않을 경우에는 그 일반금융소비자에게 적합하지 않은 계약의 체결로 인해 손해에 대해 금융상품판매업자등이 적합성 원칙에 따른 책임을 지지 않는다는 사실을 알려야 한다.[109]

(7) 투자자 적합성 평가 제도 운용지침

투자자 적합성 평가(투자자성향 평가)란 금융소비자보호법 상 적합성 원칙[110]과 관련하여 금융상품판매업자등이 금융소비자로부터 제공받은 정보를 토대로 해당 금융소비자에게 맞지 않은 투자성 상품을 파악하는 절차이다. 금융위원회는 금융소비자보호법 시행(2021.3.5.) 후 현장의견을 수렴한 결과, 투자자성향 평가 관련 금융소비자 불편사례가 있어 관련 판매관행의 개선을 위해 2021. 7. 5. "투자자 적합성 평가 제도 운용지침"을 마련하였다.

---

104) 자본시장법 §249조의2(일반 사모집합투자기구의 투자자) 일반 사모집합투자기구인 투자신탁이나 투자익명조합의 일반 사모집합투자업자 또는 일반 사모집합투자기구인 투자회사등은 다음 각 호의 어느 하나에 해당하는 투자자(이하 이 장에서 "적격투자자"라 한다)에 한정하여 집합투자증권을 발행할 수 있다.

  1. 전문투자자로서 대통령령으로 정하는 투자자

  2. 1억원 이상으로서 대통령령으로 정하는 금액 이상을 투자하는 개인 또는 법인, 그 밖의 단체(「국가재정법」 별표 2에서 정한 법률에 따른 기금과 집합투자기구를 포함한다)

105) 금융상품판매업자등이 전문투자형 사모펀드를 판매하는 경우에는 적합성 원칙, 적정성 원칙 및 광고 규제는 적용되지 않으나 설명의무, 불공정영업행위 금지 및 부당권유행위 금지에 대한 규제는 적용받는다.

106) 금융소비자보호법 §17⑤

107) 자본시장법 §249조의2, 전문투자자(위험감수능력이 있는 투자자), 3억원 이상(부채비율 200% 미초과) 또는 5억원 이상(부채비율 200% 초과)을 일반사모집합투자기구에 투자하는 개인 또는 법인

108) 금융소비자보호법 시행령 §11⑤단서

109) 금융소비자보호감독규정 §10④

110) 금융상품판매업자등은 일반금융소비자의 재산상황, 금융상품 이해도 등을 파악하여 금융상품이 금융소비자의 손실감수능력에 비추어 적합하지 않은 경우 계약 체결의 권유를 하거나 금융상품의 자문에 응하는 것을 할 수 없다.

투자자 적합성평가 제도 운영지침

I. 배경

□ 금소법 시행 후 제도안착을 위해 현장의견을 청취하는 과정에서 투자자성향 평가와 관련하여 다음과 같은 소비자 불편이 제기되어, 기존 판매관행을 개선하고자 운영지침을 마련

[투자자성향 평가 관련 소비자 불편사항(일부 금융회사 사례)]
① 소비자가 비대면 채널을 통해 투자자성향 평가를 받았음에도 영업지점 방문 시 또다시 대면 평가를 받아 금융상품 거래시간이 길어짐
② 일별(日別) 투자자성향 평가횟수(예: 1회) 제한으로 인해 소비자가 착오로 잘못 기재한 사항도 정정하지 못하여 잘못된 평가를 받게됨

II. 행정지도의 내용

1. 투자자성향 평가 일반원칙
1 판매자는 투자자성향 평가 취지를 소비자가 이해하기 쉽게 설명하고, 파악하고자 하는 정보를 소비자에게 명확하게 요구*해야 함
   * [현장의 일부 투자자성향 평가 예] 어려운 용어(보유중인 순자산 규모는?), 불명확한 표현(투자상품의 '구조'를 이해하는지?) 사용 등
2 투자자 성향 평가는 법령상 기준*에 따라 일관되게 실시하여야 함
   * 소비자의 손실감수능력을 소비자 정보를 종합 고려하여 평가하고 그 결과를 금융상품의 위험등급에 관한 정보와 비교할 것(금소법 제17조제3항 후단)
   ○ 소비자 정보를 평가하는 과정에서 소비자가 제공한 정보 간에 모순이 발생하거나, 정보가 유사한 소비자들 간 평가결과에 적지 않은 차이가 발생할 경우

조정이 이루어져야 할 것

③ 평가결과 자료는 반드시 평가근거와 함께 기록·유지하여야 함

　* 관련 규정: 금융소비자보호 감독규정 제10조제1항제1호다목

　ㅇ 이를 토대로 짧은 시간 내 투자자성향 평가결과가 급격히 변동된 사례 등 특이 동향을 주기적으로 파악하고 필요 시 조치를 하는 내부통제가 이루어질 필요

2. 대면 거래 시 비대면 평가결과 활용 관련

□ 영업점을 방문한 소비자가 미리 비대면 평가결과를 받은 경우, 이후 평가기준에 변동이 없다면 추가 평가없이 소비자 정보*에 변동사항이 있는지만 확인하는 것도 가능함

　* 금융소비자보호법 제17조제1항 각 호의 구분에 따른 정보

　ㅇ 소비자 정보에 변동이 없는 경우에는 기존 평가결과를 활용할 수 있으며, 변동이 있는 경우에는 다시 평가를 하여야 함

　※ 이는 비대면 거래 시 대면 투자자성향 평가결과를 활용하는 경우에도 동일하게 적용

3. 일별 투자자성향 평가횟수 제한 관련

① 금융상품 권유 등을 통해 소비자가 자신의 투자자성향 평가 결과를 알기 전인 경우에 판매자는 소비자의 정보 변경 요구를 원칙적으로 허용하여야 함

　ㅇ 소비자가 자신의 정보에 오류가 있어 변경을 요구했음에도 당일 변경을 불허하고 이에 기초하여 투자권유를 하는 행위는 금융소비자보호법 제17조제2항*에 위반될 소지가 있음

　* 금융상품판매업자등은 ～ 정보를 파악하고, 일반금융소비자로부터 서명, 기명날인, 녹취로 확인을 받아 ～ 일반금융소비자에게 지체없이 제공하여야 한다.

② 소비자가 평가결과를 안 후에 판매자는 소비자가 위험등급이 높아 부적합한 금융상품 거래를 위해 의도적으로 자신의 정보를 변경하지 않도록 필요한 조치를 취하는 게 법 취지*에 부합함

　* 금소법 제10조(금융상품판매업자등의 책무) 3. 금융상품으로 인하여 금융소비자에게 재산에 대한 위해가 발생하지 아니하도록 필요한 조치를 강구할 책무

① [대면거래] 소비자 정보 중 금융상품 이해도, 위험에 대한 태도 등 통상 짧은 시간 내 변경되기 어렵고 오류를 객관적으로 확인하기 어려운 정보는 당일 변경을 허용하지 않는 것을 원칙으로 함

    – 단, 객관적 확인이 가능한 소비자의 사실관계 착오, 오기(誤記) 등은 소비자 요청 시 변경을 허용할 것을 권고함

② [비대면거래] 판매자가 소비자의 재평가를 통제하기 어려운 점을 감안하여 재평가횟수를 사전 제한할 것을 권고함

    – 1일 평가 가능횟수는 최대 3회*를 원칙으로 하되, 고객특성(예: 고령자, 장애인), 정보유형(예: 재산상황, 투자경험) 등을 합리적으로 반영하여 마련한 자체 기준에 따라 횟수를 조정할 수 있음

        * 주요 증권사 1일 평균 비대면 투자자성향 평가횟수 중 1~3회가 98% 이상인 점 등 감안

③ 판매자는 재평가를 실시하는 경우 소비자의 재평가 요구사유를 파악하고 그 내용을 기록·유지하여야 함

Ⅲ. 행정지도의 시행일 및 존속기한

□ 공고일(2021.7.5.)부터 시행하며, 시행일부터 1년간 유효

(8) 적합성 원칙 위반시 효과

① 민사적 책임 : 손해배상 및 위법계약 해지

금융상품판매업자등이 고의 또는 과실로 적합성 원칙을 위반한 경우에는 금융소비자보호법 제44조 제1항에 따른 손해배상 및 금융소비자보호법 제47조 제1항에 따른 위법계약 해지의 대상이 된다.(이에 대한 자세한 내용은

본 책자의 관련 내용을 참조)

② 행정적 책임 : 과태료 및 제재조치

❶금융상품판매업자등이 일반금융소비자에게 금융상품 계약 체결을 권유
(자문에 응하는 경우 포함)하는 경우 일반금융소비자의 정보를 파악하지 아니
하거나 이를 유지·관리하지 아니한 자 및 확인받은 내용을 지체없이 제공하
지 아니한 자 그리고 ❷적합성 원칙을 위반하여 부적합한 금융상품의 계약
체결을 권유한 자에 대해서는 3천만원 이하의 과태료를 부과한다.[111]

또한, ❶금융상품판매업자등이 금융상품계약체결등을 하거나 자문업무를
하면서 상대방인 금융소비자가 일반금융소비자인지 전문금융소비자인지를
확인하지 않은 경우, ❷금융상품판매업자등이 일반금융소비자에게 금융상
품 계약 체결을 권유(자문에 응하는 경우 포함)하는 경우 ⅰ)일반금융소비자
의 정보를 파악하지 않거나 ⅱ)일반금융소비자로부터 확인을 받지 않거나
ⅲ)금융소비자로부터 확인을 받고 이를 유지·관리하지 않거나 ⅳ)금융소비
자에게 확인받은 내용을 지체없이 제공하지 않은 경우 그리고 ❸적합성 원
칙을 위반하여 부적합한 금융상품의 계약 체결을 권유한 경우에는 해당 금
융상품판매업자등 및 소속 임직원에 대해 행정제재 조치를 할 수 있다.

∷ 참고자료 | 금융소비자보호법 시행령 [별표 1] ∷

금융상품판매업자등 및 그 임직원에 대한 조치 및 조치요구 기준

2. 법 제17조(적합성 원칙) 제1항을 위반하여 상대방인 금융소비자를 확인하지 않은

---

111) 금융소비자보호법 §69②(1)(2)

경우

3. 법 제17조(적합성 원칙) 제2항을 위반한 경우로서 다음 각 목의 어느 하나 에 해당하는 경우가. 일반금융소비자의 정보를 파악하지 않은 경우

　　나. 일반금융소비자로부터 확인을 받지 않은 경우

　　다. 금융소비자로부터 확인을 받고 이를 유지·관리하지 않은 경우

　　라. 금융소비자에게 확인받은 내용을 지체없이 제공하지 않은 경우

4. 법 제17조(적합성 원칙) 제3항을 위반하여 계약 체결을 권유한 경우

:: 참고자료 ::

적합성 원칙 관련 주요 판례

[대법원 2013.9.26. 선고 2011다53683·53690 전원합의체 판결(키코사건)]
은행은 환헤지 목적을 가진 기업과 통화옵션계약을 체결함에 있어서 해당기 업의 예상외화유입액, 자산 및 매출규모를 포함한 재산상태, 환헤지의 필요 여부, 거래목적, 거래경험, 당해계약에 대한 지식 또는 이해정도, 다른 환헤 지 계약체결 여부등의 경영상황을 미리 파악한 다음, 그에 비추어 해당 기업 에 적합하지 아니한 통화옵션계약의 체결을 권유하여서는 아니된다. 만약 은 행이 이러한 의무를 위반하여 해당 기업의 경영상황에 비추어 과대한 위험 을 초래하는 통화옵션계약을 적극적으로 권유하여 이를 체결하게 한 때에 는, 이러한 권유행위는 이른바 적합성의 원칙을 위반하여 고객에 대한 보호의 무를 저버리는 위법한 것으로서 불법행위를 구성한다고 할 것이다. 특히 장 외파생상품은 고도의 금융공학적 지식을 활용하여 개발된 것으로 예측과 다 른 상황이 발생하였을 경우에는 손실이 과도하게 확대될 위험성이 내재되어 있고, 다른 한편 은행은 그 인가요건, 업무범위, 지배구조 및 감독체계 등 여 러 면에서 투자를 전문으로 하는 금융기관등에 비하여 더 큰 공신력을 가지 고 있어 은행의 권유는 기업의 의사결정에 강한 영향을 미칠 수 있으므로, 은 행으로서는 위와 같이 위험성이 큰 장외파생상품의 거래를 권유할 때에는 다 른 금융기관에 비하여 더 무거운 고객보호의무를 부담한다고 봄이 타당하다.

[대법원 1994.1.11. 선고 93다26205 판결]

증권회사 직원의 투자권유로 투자한 투자자가 손실을 본 경우 불법행위책임이 성립하기 위한 요건과 관련하여, "증권회사의 임직원이 강행규정에 위반된 이익보장으로 투자를 권유하였으나 투자결과 손실을 본 경우에 투자가에 대한 불법행위책임이 성립되기 위하여는, 이익보장 여부에 대한 적극적 기망행위의 존재까지 요구하는 것은 아니라 하더라도, 적어도 거래경위와 거래방법, 고객의투자상황(재산상태, 연령, 사회적 경험정도등), 거래의 위험도 및 이에 관한 설명의 정도등을 종합적으로 고려한 후, 당해 권유행위가 경험이 부족한 일반투자가에게 거래행위에 필연적으로 수반되는 위험성에 관한 올바른 인식형성을 방해하거나 또는 고객의 투자상황에 비추어 과대한 위험성을 수반하는 거래를 적극적으로 권유한 경우에 해당하여, 결국 고객에 대한 보호의무를 저버려 위법성을 띤 행위인 것으로 평가될 수 있는 경우라야 한다."고 판시하여, 우리 법원은 일찍이 적합성 원칙을 사법상 위법성 판단의 기준을 적용한 것이라 할 수 있다.

[대법원 2015.1.29. 선고 2013다217498 판결]

금융투자업자가 과거 거래등을 통하여 자신을 신뢰하고 있는 고객에게 다른 금융투자업자가 취급하는 금융투자상품등을 단순히 소개하는 정도를 넘어 계약체결을 권유함과 아울러 그 상품등에 관하여 구체적으로 설명하는 등 적극적으로 관여하고, 나아가 그러한 설명등을 들은 고객이 해당 금융투자업자에 대한 신뢰를 바탕으로 다른 금융투자업자와 계약체결에 나아가거나 투자여부 결정에 그 권유와 설명을 중요한 판단요소로 삼았다면, 해당 금융투자업자는 자본시장법 제9조 제4항에서 규정하는 '투자권유'를 하였다고 평가할 수 있고 그와 같이 평가되는 경우 해당 금융투자업자는 직접 고객과 사이에 금융투자상품등에 관한 계약을 체결하는 것이 아니라 하더라도 고객에 대하여 해당 금융투자상품에 관한 적합성 원칙의 준수 및 설명의무를 부담한다.

:: 참고자료 ::

금융분쟁조정위원회 조정사례

[2004.7.13. 조정번호 제2004-33호 : 인용]
투자권유자로서 은행이 고수익 고위험의 금융상품을 특정금전신탁으로 판매할 경우, 이를 고객에게 권유하면서 당해 금융상품에 필연적으로 수반되는 위험성에 관한 정당한 인식형성을 방해하거나 일반투자자의 투자상황에 비추어 과대한 위험성을 수반하는 거래를 적극적으로 권유한 경우에는 고객에 대한 보호의무를 저버린 위법행위로 인정될 것임

[2010.9.14. 조정번호 제2010-79호 : 일부인용]
본건 펀드 가입시 '가입신청서' 등을 담당직원이 작성하고 날인하였으며, 투자설명서도 교부하지 않은 점, 본건 펀드는 투자위험 5등급 중 1등급으로 매우 높은 수준의 투자위험을 지닌 상품임에 반하여 신청인은 고령의 성직자로 본건과 같은 파생상품펀드의 특성 및 위험성을 쉽게 이해할 수 있다고 보기 어려운 점 등을 감안시 본건 상품의 위험성에 대한 충분하고 명확한 설명 없이 신청인의 투자목적, 투자상황 등에 비추어 과대한 위험성을 수반하는 거래를 적극적으로 권유하였다고 판단됨

[2010.7.13. 조정번호 제2010-60호 : 일부인용]
선박펀드는 선박사업에 따른 위험과 손익을 잘 알고 있는 투자자에게 적합하고 신탁기간 또한 4년인 폐쇄형 상품으로 장기적으로 자금을 운용하고자 하는 투자자에게 적합한 상품임에 반하여 신청인은 본건 상품 가입 이전에 예금, MMF, 신탁거래 등 비교적 안정한 상품 위주로 거래를 해왔고 본건과 같은 구조의 상품에 투자한 경험이 없으며, 가입당시 80세의 고령으로 본건 상품의 특성 및 위험성을 쉽게 이해할 수 있다고 보기 어려운 점, 본건 펀드 권유시 담당직원이 신청인을 대신하여 관련서류를 대필하거나 기재하지 않은 점 등을 감안시 피신청인이 원본손실 가능성 등 상품의 위험성에 대한 충분하고 적합한 설명이 있었다고 보기 어렵다고 판단됨

[2021.2.23. 조정번호 제2021-1호 : 일부인용]
사모펀드(◆◆ Top2 밸런스 6M 전문투자형 사모투자신탁 33호) 불완전판매로 인한 손

해배상책임 등에 대한 조정사건과 관련하여 피신청인의 책임에 관하여 살펴보건 대, ① 피신청인이 ▽▽▽▽과의 회의, 자체적인 리스크 점검을 통해 이 사건 펀 드의 모펀드 중 하나인 플루토 D-1호 펀드가 투자제안서의 예시와는 달리 운용 되고 있으며 부실화 우려가 있다는 점을 확인하였음에도 이를 투자자에게 알리지 않은 채 이 사건 펀드를 포함한 다수의 펀드를 판매하였고, ② 비자 수익 증대 를 위한 펀드 판매에 매진하면서도 그에 상응하는 적정한 펀드 출시 절차나 시스 템 마련에는 미흡하여 상품위원회를 서면으로 개최하거나 생략하고 소비자보호 와 리스크 점검을 위한 신중한 내부 검토도 이루어지지 않았던 사정에 비추어 불 완전판매에 따른 대규모 피해 발생에 있어 피신청인의 책임이 결코 작다고 할 수 없음. 다만 시력이 매우 좋지 않은 고령의 치매환자로서 정상적인 투자 판단과 투 자자로서의 기본적인 노력을 기대하기 어려웠던 신청인의 특수한 사정과 판매직 원이 원금 보전을 원하는 신청인에게 고령자 보호절차도 실시하지 않은 채 위험 한 상품을 권유한 점을 고려하되, 원칙적으로 투자에 따른 결과는 투자자가 감수 해야 한다는 점과 신청인의 투자경험 등을 종합적으로 감안하여 피신청인의 책임 을 78%로 제한하는 것이 타당함

<hr>

◇◇◇◇◇◇◇◇◇◇◇◇◇◇◇ 금융소비자보호법 Q&A ◇◇◇◇◇◇◇◇◇◇◇◇◇◇◇

Q 장애인·유공자 복지카드 신청시 적합성 원칙 및 설명의무가 제외되나요?

A 장애인·유공자 복지카드는 통상 모집인이 권유하는 방법이 아니라 소비자가 직접 계약을 신청하는 형태이므로 금소법상 '권유' 행위가 없다고 보임.

　　☞ 따라서 금소법상 적합성 원칙은 적용되지 않으며, 금소법상 설명의무의 경우 에도 해당 소비자가 요청하지 않는 한 이행해야 할 의무가 없음.

- -

Q 일반개인은 대출성 상품의 일반금융소비자인데, 개인 대출상품에 있어서 전문소 비자와 일반소비자의 처리절차가 다르지 않음. 그럼에도 불구하고 개인을 대상 으로한 대출(직장인신용대출, 주택담보대출 등) 권유시 고객이 일반소비자인지 아

닌지 확인하는 절차가 필요한가요?

또한, 필요한 경우 고객진술을 기반으로 판단하면 되는지, 다른 절차가 있는지 궁금합니다. 이런 경우 고객으로부터 수집된 정보를 제공하는지에 따라 '계약체결의 권유' 해당 여부에 차이가 발생하나요?

Ⓐ 개인대출의 경우에는 전문금융소비자를 구별할 필요가 없음.

※ 다만, 금소법 제17조 제1항은 판매자에 전문소비자인지에 대해 확인의무를 부과하고 있으며 위반시 행정제재가 부과되므로 판매자가 고객의 진술을 기반으로 전문금융소비자로 판단했으나 해당 소비자가 일반소비자인 경우에는 특별한 사정이 없는 한 확인의무 위반으로 조치 가능.

Ⓠ 비대면으로 거래하는 경우에는 판매업자의 권유가 없다고 보아 적합성 원칙을 적용하지 않아도 되는지요?

Ⓐ ① 비대면 거래에서 소비자가 금소법상 적합성 원칙이 적용되는 금융상품에 대해 권유를 받겠다는 의사를 표시한 이후에, 금융상품판매업자가 금융상품 계약체결을 권유할 경우에는 원칙적으로 적합성 원칙이 적용됨.

② 다음의 경우에는 일반적으로 소비자가 권유를 받겠다는 의사를 표시했다고 할 수 있음.

– 소비자가 맞춤형 상품 추천에 필요한 정보를 제공하는 경우.

– 소비자가 특정기준(거래빈도, 수익률, 이자율, 대출한도 등)을 선택하고 그 기준에 부합하는 상품을 찾는 경우.

※ 소비자가 특정 상품명을 직접 입력하여 검색하는 경우에는 권유를 받겠다는 의사표시로 보기 어려움.

③ 이후에는 소비자가 적합성 원칙 적용에 응하는 경우에 한하여 상품의 추천 및 설명 등의 권유를 진행할 수 있음. 그리고 소비자로부터 "상품권유를 원하지 않는다는 의사" 및 "부적합한 상품계약도 원한다는 의사"를 서명 등으로 확인받고 부적합한 상품을 권유하는 행위는 불가.

Ⓠ 일반소비자가 판매업자 홈페이지나 모바일앱에서 아래와 같이 대출성 상품을 선

택하고 대출을 실행할 경우 판매업자는 적합성 원칙을 이행해야 하나요?

① 판매업자 홈페이지 접속(전체화면) → 신용대출 선택 → 직장인 신용대출 선택
　　 → 대출신청 클릭

② 판매업자 홈페이지 접속(전체화면) → 스탁론* 선택 → 신규대출 클릭

* (예시) 최대 3억(계좌당 3억), 본인자금의 300%까지 대출받아 400% 투자금 운용 가능.

Ⓐ ① 제출 의견상 신용대출은 그 자체는 대출상품 유형으로 볼 수 있으며, 판매자가 금리, 한도 등 구체적인 거래조건을 정한 후에야 개별 금융상품이 된다는 점에서 권유행위가 있는 것으로 판단되므로 적합성 원칙을 이행해야 함.

② 제출 의견상 스탁론의 경우 상품 거래조건이 구체적이어서 특별한 판매자 개입이나 상품 추천 요구 없이 광고를 통해 소비자가 계약체결을 요구할 수 있다는 점에서 권유행위가 있다고 보기 어려우므로 적합성 원칙을 이행하지 않아도 됨.

- -

Ⓠ 대출, 신용카드 상품의 적합성 원칙 적용 시점은?

Ⓐ 대출, 신용카드의 상환능력 심사는 판매사의 수익성에 초점이 있기 때문에 소비자보호를 목적으로 하는 금소법 상 적합성 평가와는 다른 제도임.

금소법에서 상환능력 심사와 적합성 평가를 구별하지 않는 점 및 현행 판매 프로세스 등을 감안할 때, 상환능력 심사를 통해 적합성 평가의 취지 구현이 가능할 경우 다른 절차를 반드시 추가해야 한다고 보기는 어려운 측면이 있음.

☞ 금소법에 위배되지 않는 범위 내에서 상환능력 심사를 적합성 평가 수단으로 활용이 가능함.

- -

Ⓠ 약관 등에서 정해진 내용에 따라 보험계약의 내용이 변경되는 전환갱신의 경우 실손의료보험 갱신시와 마찬가지로 권유행위가 없다고 볼 수 있나요?

Ⓐ 보험상품의 경우 권유에 해당하는지 여부는 새로운 보험계약 체결을 목적으로 하는지 등을 기준으로 판단할 수 있음.

☞ 제출의견상 사실관계에 따라 판단하면, 기체결한 보장성 상품의 약관에 따라 보장내역, 보험료 수준 등과 관련하여 계약내용의 변경이 있더라도, 이를 새로운

계약 체결로 보기는 어렵다고 판단.

Q 신용카드 유효기간 만료에 따른 갱신*, 대체**발급시 적합성 원칙이 적용되나요?

  * 갱신발급: 기존 카드와 동일한 카드를 유효기간을 연장하여 새로 발급하는 것.

  ** 대체발급: 기존 카드의 단종 등으로 불가피한 상황에서 기존 카드와 가장 유사한 카드로 새로 발급하는 것. (전체 발행매수의 변동 없음)

A 카드를 대체발급하는 경우 연회비, 부가서비스 등 주요사항의 변경이 있다면 동일한 상품의 갱신으로 보기 어려움.

따라서, 카드사가 소비자에게 부가서비스 등 주요사항에 변경이 있는 대체카드 발급을 위한 청약 의사를 표시하도록 유인하는 경우 권유행위로 보여지므로 적합성 원칙이 적용되어야 할 것으로 판단.

※ 참고로, 여전법*에서는 대체발급을 갱신과 구별되는 개념으로 사용하고 있기 때문에, 카드 대체발급을 갱신과 구별하여 금소법상 적합성 원칙을 적용하는 것은 여전법과 상충되지 않음.

  * 여전법 제14조제1항 및 관련 시행령은 신용카드 발급절차와 관련하여 갱신·대체발급이 동일하게 적용되는 경우를 열거했을 뿐이므로 그 사실 만으로 대체발급과 갱신이 동일한 개념이라 보기는 어려움.

Q 신용카드의 적합성원칙 이행은 심사절차로 대체할 수 있나요?

〈금소법 이전 신용카드 신청 및 발급 프로세스〉

① 1차 심사(신용조회 등 가심사)

  – 적합 판정 시 → 카드신청

  – 부적합 판정 시 → 발급 프로세스 중단

② (1차 심사 적합자에 한해) 2차 심사(정식 심사)

  – 적합 판정 시 → 카드발급

  – 부적합 판정 시 → 발급 프로세스 중단 + 고객 안내

A 대출, 카드의 상환능력 심사는 판매사의 수익성에 초점이 있기 때문에 소비자보호를 목적으로 하는 금소법상 적합성 평가와는 다른 제도임.

그러나 금소법에서 상환능력 심사와 적합성 평가를 구별하지 않는 점 및 현행 판매 프로세스 등을 감안하면, 상환능력 심사를 통해 적합성 평가의 취지 구현*이 가능할 경우에 다른 절차를 반드시 추가해야 한다고 보기는 어려운 측면.

* 금소법상 적합성 원칙 이행에 필요한 소비자 정보 파악 및 적합성 평가 기준 준수.

☞ 따라서 금소법에 위배되지 않는 범위 내에서 상환능력 심사를 적합성 평가 수단으로 활용 가능.

Q 아래의 경우 적합성의 원칙이 적용되는지요?

① 대출상담 전 부결 (자동거절 대상자, 채무불이행 또는 연체자 등, 상담 이전 거절)

② 대출상담 후 부결 (심사 부적합)

③ 대출상담 중 고객 변심 또는 고객 불만으로 인한 취소

④ 대출상담 후 계약 시

A 금소법상 적합성 원칙은 금융상품 계약 체결을 권유하는 단계에 적용됨.

일반적으로 대출상담은 권유 과정에서 이루어지는 점을 감안하면, 그 계약이 어떤 이유로 부결될지 모르는 상태에서는 대출상담과 관련하여 적합성 원칙을 적용해야 함.

Q 소비자가 카드사 콜센터(카드사 위탁업체 A)에 먼저 전화를 하여 신용카드상품 문의시 콜센터 직원이 상품안내 전 적합성 원칙을 이행하여야 하나요? 다른 계약 체결 담당직원(카드사 위탁업체 B)이 이행해도 될까요?

A 콜센터를 통해 소비자가 특정 신용카드에 대한 가입신청을 요청하여 관련 절차를 진행하는 경우 이는 '권유'로 볼 수 없어 금융소비자보호법상 적합성 원칙을 적용할 필요가 없음.

※ 소비자가 신용카드 추천을 요청하는 경우에는 적합성원칙 적용이 필요함. 다만, 인바운드 콜센터가 적합성 원칙을 적용하지 않는 경우 다른 계약 관계자가 적합성 원칙을 적용하면 되기 때문에 콜센터에서 반드시 적합성 원칙을 적용해야 할 필요는 없음.

Q 약관대출(보험계약대출) 권유를 위하여 고객에게 적합성 원칙 확인토록 하였는데

부적합 고객이 약관대출 지급요청을 할 경우 지급을 하여서는 안 되나요?

Ⓐ 판매자의 권유 없이 소비자가 계약을 요청하는 경우에 대해서는 금소법상 적합성 원칙 미적용.

Ⓠ 적합성·적정성 판단은 대출계약 신규 권유시에 한하나요? 기존 대출계약의 기한 연장거래 때도 추가로 수행해야 하는지 궁금합니다.

Ⓐ 원칙적으로 기존 은행업감독규정(별표6)상 방침에 따라 적용. 즉 대출계약 신규 권유시에 한해 적합성·적정성 판단 실시.

[은행업감독규정 별표6]

라. "신규대출"이라 함은 신규로 취급하는 대출을 말하며 기존 대출의 증액, 재약정, 대환, 채무인수 등을 포함한다. 다만, 대출을 기한연장하는 경우와 금리 또는 만기 조건만 변경되는 재약정·대환 등은 신규대출로 보지 아니한다.

Ⓠ 금융플랫폼에 은행별 대출한도 및 금리를 나열하고 소비자가 이를 직접 선택하여 개별 은행의 가입으로 연결되는 경우, 이를 권유에 해당한다고 볼 수 있을까요? 이 경우 적합성 판단 주체는 누구인가요?

Ⓐ 여러 상품에 관한 정보를 제공하는 것만으로는 권유에 해당한다고 보기는 어려우나, 금융소비자에게 맞춤형으로 상품을 추천하고 계약체결을 지원하는 경우에는 권유로 볼 수 있음.

적합성 원칙 준수 당사자는 금융회사와 대리·중개업자의 행위를 종합하여 판단할 필요. (관련 위·수탁계약 체결 시 상호 책임관계 판단)

Ⓠ 대리·중개업자가 일반소비자에게 상품 권유시 일반소비자로부터 파악한 정보를 직판업자인 대부업자에게 전송하거나 일반소비자를 대부업자에게 연결*해주어 연결된 직판업자가 적합성·적정성 원칙을 적용하는 것이 가능한가요?

* 대부업자가 제공하는 대출신청 URL을 대부중개업자가 고객에게 전송, 고객이 직접 대부업자에게 고객정보 제공.

Ⓐ 금융소비자보호법상 적합성 원칙 관련 소비자 정보 확인주체는 직접판매업자와 판매대리·중개업자가 모두 해당.

해당 업무는 직접판매업자와 판매대리·중개업자가 역할을 분담하여 수행 가능함.

Q 적합성·적정성 원칙에 따라 파악된 고객정보에 대하여 유효기간을 정하고 운영하는 것이 가능한가요?

A 적합성·적정성 원칙에 따라 파악된 고객정보의 유효기간에 대해서는 개별 금융회사가 자율적으로 마련할 수 있음.

Q 소비자에게 적합성 원칙상 확인받은 내용을 제공하도록 규정(§17②)하고 있으나, 제공방법에 대해 법상 별도 규정이 없어 판매업자 자율적으로 제공방식을 결정할 수 있나요?

A 판매업자 자율적으로 제공방식 결정 가능.

　※제공방식에 대한 별도 규정이 없으므로 시행령 제11조 제5항 규정을 준용하여 서면 교부, (전자)우편, 문자메시지 등 판매업자 자율적으로 결정 가능.

Q 적합성 원칙과 관련하여 소비자로부터 확인해야 하는 정보 중 "금융 상품에 대한 이해도"에 대한 판단 방법은?

A 해당 금융상품에 대한 설명을 이해하는 데 필요한 기초지식이 있는지를 객관적인 문항*을 통해 확인할 수 있을 것임.

　* "자신이 충분한 지식을 가지고 있다고 생각하는지?"와 같이 소비자의 주관적 의사에 의존하는 문항은 지양할 것.

Q 국내 거래에 활용하는 외화수표 매입, 결제성 여신, 수요자금융이 적합성 원칙 적용 대상입니까?

A 통상적으로 은행의 권유에 따른 거래의 형태로 보기 어려우므로, 적합성 원칙 적용대상에서 제외됨.

Q '분양주택에 대한 중도금대출, 재건축·재개발 주택에 대한 이주비대출, 추가분담금에 대한 중도금대출'도 적합성 원칙 및 적정성 원칙 적용대상인가요?

Ⓐ 판매업자의 권유가 없다면 적합성 원칙 대상은 아님. 적정성 원칙의 경우에도 적용 대상에서 제외.

Ⓠ 예·적금 담보대출 또는 펀드 담보대출과 같이 즉시 현금화가 가능한 대출의 경우도 적합성 원칙 준수 대상인가요? 또는 별도 예외 적용이 가능한지요?

Ⓐ 법률상 대출성 상품은 적합성 원칙이 모두 적용되므로 예외 인정 불가.

Ⓠ 적정성 및 적합성 판단 기준 중 파악해야 할 '보유자산' 정보의 구체적인 확인 내용은 무엇인가요? 단순 총액이면 충분한가요?

Ⓐ 상환능력 판단에 필요한 범위 내에서 객관적으로 확인 가능한 정보를 말함.

Ⓠ 대리·중개업자를 통한 영업시 적합성·적정성 원칙상 파악해야 하는 소비자정보를 대리·중개업자가 확인하여 판매업자에게 제공하면 되나요?

Ⓐ 적합성 원칙 준수 여부는 금융회사와 대리·중개업자의 행위를 종합하여 판단.
※관련 위·수탁계약 체결시 상호 책임관계를 명확히 할 필요.

Ⓠ 적합성·적정성 원칙상 소비자정보를 파악하기 위한 판매업자의 확인서 관련 질문
① (양식) 정보 확인시 양식은 자율적으로 정할 수 있나요?
② (보유자산) 주요 자산항목(부동산, 자동차, 예금 등)을 체크하는 것으로 대체할 수 있나요?
   (연간소득) 연간소득의 세부 조건 필요
③ (변제계획) 권유하는 대출성 상품이 원리금균등분할상환 방식인 경우 계약기간 및 매월 납입일·금액으로 갈음할 수 있나요?
④ (보관) 확인서 양식도 기록 유지·보관의무에 따라 10년간 보관해야 하나요?

Ⓐ ① (양식) 법령을 준수하는 범위 내에서 자율판단 가능.
② (보유자산) 자동차나 집을 보유한다는 사실만으로 현재 재산상황을 파악할 수 있다고 보기는 어려움.
   (연간소득) 법령을 준수하는 범위 내에서 자율판단 가능.

③ (변제계획) 납입일자를 기입하는 걸로 갈음 가능.

④ (보관) 확인결과를 기록하도록 하고 있으므로 양식은 보관 불필요.

Ⓠ 금융상품 유형별 파악해야 하는 일반소비자 정보 관련 재산상황, 신용 및 변제계획, 소비자 연령 등 적합성 확인시 필요한 정보들을 모두 고객에게 수취해야 하나요?

※적합성 확인 항목 중 연체여부의 경우 고객에게 물어보면 사실과 다르게 대답할 가능성 있으므로, 고객정보 동의 후 신용정보사에서 고객의 연체여부에 대한 사항을 조회해 오는 것이 가장 정확.

Ⓐ 금소법상 적합성 평가는 소비자로부터 제공받은 정보를 토대로 법령에 따라 마련한 적합성 판단기준에 따라 실시.

그 과정에서 적합성 판단의 정확성을 높이기 위해 소비자의 동의를 받아 타 기관으로부터 추가 정보를 받는 등의 조치를 취하는 부분에 대해서는 별도의 제한이 없음.

Ⓠ 부적합(상환능력부족)한 경우 은행은 권유를 중단해야 되는데 그럼에도 불구하고 고객이 대출을 계속 원할 경우 판매할 수 있는 별도의 절차가 있나요? 아니면 판매 자체가 불가한가요?

Ⓐ 부적합한 상품의 판매권유는 법에 따라 금지됨.

Ⓠ 적합성판단확인서는 적합성원칙에 부합하지 않아 거래신청서를 제출하지 않는 소비자에게도 지체없이 제공해야 하나요?

Ⓐ 제공의무 부재.

Ⓠ 적합성원칙(법§17②)상 고객에게 확인받은 소비자정보를 '지체없이' 제공하여야 하는데, 이때 '지체없이'의 허용범위는 어떻게 되나요?

Ⓐ 원칙적으로 즉시 제공하여야 하며, 다만, 정당하거나 합리적 이유가 있는 경우 그 장애사유 해소 후 신속히 제공 필요.

※통상 법령상 "지체없이"의 의미는 시간적 즉시성이 강하게 요구되지만 정당하

거나 합리적인 이유에 따른 지체는 허용되는 것으로 사정이 허락하는 한 가장 신속하게 처리해야 한다는 뜻임. (법제처 유권해석)

Q 적합성의무(법§17②)에 따라 파악한 소비자정보에 대해 '녹취 등'으로 고객확인 받은 내용을 지체 없이 제공하는 경우 법상 허용되는 제공 방법은 무엇인가요?

A 다른 분야에서도 일반적으로 통용되는 방식이면 적용 가능.

　※ 금투업권은 녹취방식의 제공 미활용.

Q 고객의 증빙자료 제시 없이 면담, 질문만을 통해 확실치 않은 정보라도 파악을 하면 되나요? 만일 고객이 제공한 정보가 악의 또는 불명확함으로 인해 사실과 다른 정보인 경우 금융기관은 증빙자료를 요구하여 사실과 다르면 대출을 거부할 수 있나요? 또는 대출계약 체결 후 이를 원인으로 기한이익상실이 가능한지 알려주세요.

A 적합성 원칙은 소비자의 정보를 파악하여 적합한 상품을 권유하라는 원칙으로서 체약단계에서 요구되는 정도의 당사자 제공정보의 정확성에 대한 검증까지 요구되는 것은 아니나, 상환능력 등 제공정보에 대한 합리적 의심이 있는 경우 적합성 원칙 준수를 위한 확인 요구 가능할 것으로 보임.

아울러 고객의 부정확한 자료 제출로 인한 대출 거부 및 기한이익상실 가부는 해당은행의 내부정책 및 약관에 따라 자율적으로 판단할 사항.

Q 고객의 요청에 따라 신용대출을 2건으로 나누어 대출할 경우 서류를 1회만 받아서 사용할 수 있나요?

A 구체적 사실관계에 따라 달라지겠지만, 거래의 특성상 추가로 고객 정보를 확인해야 할 실익이 없다면 가능.

Q 투자상품 포트폴리오에 소비자에 부적합한 고위험 상품이 하나라도 있으면 권유하지 못하나요?

A ① 위험등급 평가 개요
　　– 금소법에 따라 은행, 증권회사 등 금융상품직접판매업자는 펀드 등 투자성

상품의 위험등급을 마련하여 설명서에 기재해야 함.

– 금소법 하위규정에서는 위험등급 마련 시 고려해야할 사항으로 기초자산의 변동성, 최대원금손실 가능금액 등을 규정.

② 다수의 펀드로 구성된 경우 위험등급 설명

금소법상 금융상품의 위험등급에 관하여 설명해야할 사항은 기존 자본시장법에서 규율한 내용과 크게 다르지 않음.

– 다수의 펀드로 구성된 금융상품의 위험은 원칙적으로 구성 펀드의 위험등급 전체를 종합하여 평가.

– 변액보험, ISA(Individual Saving Account)의 경우 계약 시 소비자가 펀드를 선택하는 경우에 선택한 펀드의 위험등급만 설명하면 됨. (선택가능 범위 내 모든 펀드를 설명할 필요가 없음)

- -

Q 투자성향평가 결과는 한 번 정해지면 변경되지 않나요?

A ①적합성 원칙 개요

– 판매자는 고객으로부터 적합성 판단에 필요한 정보를 제공받고 제공된 정보에 이상이 없는지를 고객으로부터 확인받아야 함.

– 판매자는 고객이 제공한 정보를 토대로 판단한 소비자의 손실감수능력 또는 대출 상환능력에 비추어 고객에 적합하지 않은 금융상품을 권유해서는 안 됨. 판매자는 법령에 따라 마련한 적합성 판단기준에 근거하여 해당 금융상품이 고객에 부적합한지를 판단해야 함.

② 주요 이슈에 대한 답변

– 판매자는 소비자로부터 제공받은 정보의 사실여부 확인을 위해 소비자에 증빙자료를 요구해야 할 의무가 없음.

– 금융상품에 대한 소비자의 적합성 판단 결과는 소비자가 제공한 정보에 따라 변경될 수 있음.

※ 금소법령에서는 판매자가 금융상품이 소비자에 부적합한지를 판단하는 경우에 원칙적으로 소비자가 제공한 정보(연령, 재산상황, 금융상품 이해도, 투자경험 등)를 종합 고려하도록 하고 있음.

또한 법령상 적합성 판단기준은 현장의 수용성을 높이기 위해 기존 금융투자협회 "표준투자권유준칙" 등에서 크게 벗어나지 않는 범위 내에서 마련.

Q 투자성 상품 가입을 위한 투자성향분석 시 유효기간 내의 과거 투자성향분석 결과를 재사용 하고자 하는 경우, 동 분석결과를 알리고 재사용 동의 여부만 확인받으면 될까요? 아니면 녹취과정을 통해 모든 설문항목을 다시 설명하고 재사용 동의 여부를 확인받아야 하나요?

A 과거 거래를 했던 소비자가 신규 거래를 하려는 경우에 과거에 소비자로부터 제공받은 정보와 적합성 판단기준에 변경이 없다면 적합성 평가를 해야할 실익이 크지 않을 것임.

☞ 따라서 적합성 판단기준이 동일하면, 소비자 정보의 변경여부를 확인하는 절차로 적합성 평가를 갈음할 수도 있을 것임.

Q 적합성 원칙에 따라 소비자 정보를 확인한 결과 부적합한 금융상품을 소비자가 원할 경우 부적합확인서를 받고 계약할 수 있나요?

A ① 적합성 원칙은 판매자가 소비자 정보를 확인한 후에 소비자에 부적합한 상품은 권유하지 못하도록 규정.

소비자가 원한다는 이유로 펀드 카탈로그 제공 등의 방법으로 부적합한 상품을 권유하고 소비자로부터 부적합확인서를 받아 계약하는 행위는 적합성 원칙 위반으로 볼 수 있음.

② 한편 판매자는 소비자 정보 확인 후 적합한 상품을 권유했으나 소비자가 부적합한 상품을 특정하여 청약하는 경우

– 그 상품이 적정성 원칙 적용대상인 경우에는 부적합하다는 사실을 법령에 따라 알린 후 계약 체결이 가능.

– 적정성 원칙 적용대상이 아닌 경우에는 별도 조치 없이 계약 가능.

Q 적합성원칙과 관련된 사항은 기존의 자본시장법에서 금소법으로 대체로 변화 없이 이관된 바, 현행과 같이 적합성 진단결과 부적합하더라도 고객이 스스로 원할 경우 부적합확인서를 징구한 후 투자성 상품을 판매할 수 있을까요?

Ⓐ 적합성 원칙은 소비자 투자성향에 부적합한 상품을 권유하는 행위를 금지. 따라서 소비자의 선택권 보장을 이유로 부적합한 상품을 권유할 수는 없음.

Ⓠ 상환능력 평가는 「은행업감독규정」 [별표6]에서 정의한 상환능력 평가(DSR, DTI) 등을 의미하는 건가요?

Ⓐ 금소법상 적합성 원칙에서 요구하는 판단기준의 취지는 소비자가 과도한 대출로 피해를 입는 상황을 방지하는 데 있어, 법규에서 특정 기준을 요구하지는 않음. 현재 상환능력 판단기준으로 활용되고 있는 DSR, DTI 제도가 적합성 원칙의 취지에 부합하는 방향으로 운영될 수 있다면 별도 기준을 마련해야 할 필요 없음.

Ⓠ 적합성·적정성 평가에 필요한 소득은 은행업감독규정 별표6, 은행업감독업무시행세칙 별표18, 여신심사 선진화를 위한 모범규준에서 활용하는 증빙소득, 인정소득, 신고소득을 포함하는 의미인가요?

Ⓐ 객관적 자료를 통해 입증 가능하다면 증빙소득, 인정소득, 신고소득도 감독규정상 소득으로 인정.

Ⓠ 적합성·적정성 평가의 고정지출이 의미하는 바는 무엇입니까?

Ⓐ 해당 규정은 의무부과 사항으로 금감원 시행세칙에 규정할 사항은 아니며, 법규로 규정할 경우에는 경직적으로 운영될 수밖에 없는 점을 감안시 시행세칙에서 고정적 지출에 대한 기준 마련 어려움.
☞ 고정지출을 "최근 ○년간 평균 지출"로 정하는 것은 가능할 것으로 사료.

Ⓠ 일반소비자인 개인사업자 또는 5인 미만 법인이 신설기업 또는 지난 회계연도 손익이 적자인 경우 상환능력이 없는 것으로 볼 수 있나요?

Ⓐ 규정에서는 상환능력을 소득, 부채, 신용점수 등을 종합적으로 고려하여 객관적·합리적으로 평가할 것을 요구함.

Ⓠ 적합성(법§17②) 판단시 판단보고서 작성이 필수입니까?

Ⓐ 적합성 판단 결과를 평가근거와 함께 문서에 기록할 것. (규정 §10① ⅰ 다·ⅱ 나)

Ⓠ 금융위 보도자료(21.3.29)에서 적합성보고서는 고객에는 제공하지 않도록 명시되어 있는데, 동 보고서가 적합성 원칙상 파악해야 하는 소비자정보는 소비자로부터 확인받은 서류인가요, 적합성판단 결과 보고서인가요?

Ⓐ 금소법상 적합성 원칙 적용시 소비자에게 적합성 원칙에 필요한 정보를 확인받아 제공하는 것은 소비자로부터 제공받은 정보의 정확성을 소비자로부터 재차 검증하기 위함.

따라서 개별 금융회사의 자체 기준에 따른 적합성 판단결과가 포함된 자료까지 소비자에게 제공할 필요는 없음.

Ⓠ 적합성 판단 기준은 판매업자가 자율적으로 판단하여 기록하면 될까요?

Ⓐ 법령을 준수하는 범위 내에서 자율판단 가능.

Ⓠ 소비자가 부적합한 금융투자상품을 특정하여 청약하는 경우 판매업자는 부적합한 상품에 청약한다는 사실을 법령에 따라 알려야 하는데, 여기서 '특정'의 수준이 어느 정도를 의미하나요?

Ⓐ 해당 상황은 금소법 제18조와 같이 판매자가 소비자에게 계약 체결을 권유하지 아니하고 금융상품 판매 계약을 체결하려는 경우를 말함.

즉 판매자가 별도의 권유를 하지 않고 계약을 체결할 수 있는 수준을 의미.

Ⓠ 고난도일임계약을 체결한 이후에 고난도금융투자상품 편입시마다 청약철회권을 부여하고 금소법령에 따른 적합성·적정성을 평가하여야 하나요?

Ⓐ 투자일임계약이란 소비자로부터 투자성 상품에 대한 처분·취득 등 판단의 전부 또는 일부를 일임받아 운영하는 것(자본시장법§6⑧). 금소법상에서는 적정성 원칙 적용대상으로 고난도금융투자상품과 별도로 고난도투자일임계약을 규정*하고 있음.

* 청약철회에 대해서도 구분하여 규정

☞ 상기 규정 취지를 감안할 때 일임계약 체결 시점에 소비자로부터 운용 대상상

품 및 대상상품 선정기준 등을 정하여 적합성·적정성 평가를 실시하였다면, 해당 운용방법 및 기준이 변경되지 않는 한, 최초 투자일임계약 운용방법에 따라 고난도금융투자상품을 편입할 때마다 적합성·적정성 원칙을 추가로 적용할 필요는 없을 것임.

다. 적정성 원칙

(1) 의의

금융상품판매업자는 적정성 원칙이 적용되는 보장성, 투자성, 대출성 상품에 대하여 일반금융소비자에게 계약 체결을 권유하지 아니하고 금융상품 판매 계약을 체결하려는 경우에는 미리 면담·질문 등을 통하여 일반금융소비자의 재산상황 등 위험감수능력에 대한 정보를 파악하여야 한다.[112] 금융상품판매업자는 파악한 정보를 바탕으로 해당 금융상품이 그 일반금융소비자에게 적당하지 아니하다고 판단되는 경우에는 그 사실을 알리고 그 일반금융소비자로부터 서명, 기명날인, 녹취 등의 방법으로 확인을 받아야 한다.[113] 적합성 원칙이 금융상품판매업자등의 계약체결 권유가 있는 경우에 적용되는데 반하여 적정성 원칙은 금융상품판매업자[114]의 권유행위가 없고 일반금융소비자가 스스로의 신청에 따라 금융상품을 구매하고자 할 때 적용된다. 적합성 원칙과 적정성 원칙은 일반금융소비자의 재산상황 등의 정보를 사전에 파악하여 일반금융소비자가 자신에게 적합한 상품을 구매할 수 있도록 유도하는 원칙이라는 점에서 유사하나 적합성 원칙은 판매자가 적극적으로 구매권유를 하는 경우에 적용되는 반면, 적정성 원칙은 금융소비자가 먼저 자발적으로 구매의사를 밝힌 경우에 적용된다. 따라서 적정성 원칙은 일반금융소비자의 자발적 의사에 의한 거래라 할지라

---

112) 금융소비자보호법 §18①
113) 금융소비자보호법 §18②
114) 금융상품판매업자란 금융상품직접판매업자 및 금융상품판매대리·중개업자를 말한다.

도 일반금융소비자의 거래목적, 재산상황, 위험감수능력, 상환능력 등에 비추어 적정하지 않은 금융상품을 구매하여 위험에 노출되는 것으로부터 보호하기 위한 것이다. 또한, 적합성 원칙은 금융상품판매업자(금융상품직접판매업자+금융상품판매대리·중개업자)와 금융상품자문업자 모두에게 적용되지만 적정성 원칙은 금융상품판매업자(금융상품직접판매업자+금융상품판매대리·중개업자)에게만 적용되고 금융상품자문업자에게는 적용되지 않는다. 금융상품자문업자는 금융소비자에게 금융상품에 대한 자문[115]만을 할 뿐이고 실제 계약체결이 금융상품판매업자와 금융소비자 간에 이루어지므로 금융상품자문업자와 금융소비자 사이에 적정성 원칙이 적용될 여지가 없기 때문이다.[116]

한편, 적정성 원칙은 EU의 "금융상품시장에 관한 지침(MiFID; The Market in Financial Instruments Directive)"에서 처음 도입되었다. 우리나라의 경우 통화옵션상품[일명 "키코(KIKO; Knock-in Knock-out)]의 불완전판매로 800~900여개 수출중소기업들이 약 3조4천억원의 막대한 피해를 입는 사회적 문제가 발생하자 2009년 2월 4일 자본시장 관련 여러 법률을 통합한 자본시장법이 제정되면서 법제화되었다. 보험업법은 적정성 원칙에 대한 직접적인 조문은 없으나 보험업법 제95조의3[117]에 따른 적합성 원칙을 금융소비자가 자발적으로 구매의사를 밝힌 경우에도 적용토록 규정하고 있어 사실상 적정성 원칙을 적용하고 있었다. 금융소비자보호법에 적정성 원칙이 포괄적으로 규정됨에 따라 자본시장법과 보험업법 상 적정성 원칙은 모두 삭제되고 금융소비자보호법으로 이관되었다.[118]

---

115) 금융소비자보호법 §2, 4. "금융상품자문"이란 이익을 얻을 목적으로 계속적 또는 반복적인 방법으로 금융상품의 가치 또는 취득과 처분결정에 관한 자문에 응하는 것을 말한다.

116) 이상복, 금융소비자보호법 p79 참조

117) (금융소비자보호법에 이관되어 삭제) 보험업법 §95조의3(적합성의 원칙)

① 보험회사 또는 보험의 모집에 종사하는 자는 일반보험계약자가 보험계약을 체결하기 전에 면담 또는 질문을 통하여 보험계약자의 연령, 재산상황, 보험가입의 목적 등 대통령령으로 정하는 사항을 파악하고 일반보험계약자의 서명(「전자서명법」 제2조제2호에 따른 전자서명을 포함한다), 기명날인, 녹취, 그 밖에 대통령령으로 정하는 방법으로 확인을 받아 유지·관리하여야 하며, 확인받은 내용은 일반보험계약자에게 지체 없이 제공하여야 한다.

② 보험회사 또는 보험의 모집에 종사하는 자는 일반보험계약자의 연령, 재산상황, 보험가입의 목적 등에 비추어 그 일반보험계약자에게 적합하지 아니하다고 인정되는 보험계약의 체결을 권유하여서는 아니 된다.

③ 제1항 및 제2항을 적용받는 보험상품은 대통령령으로 정한다.

118) 다만, 적정성 원칙의 내용인 중복보험 계약체결 확인 의무는 보험업법(§95조의5)에 그대로 남아있다.

(2) 적정성 원칙 적용 대상 금융상품

보장성 상품, 투자성 상품 및 대출성 상품은 적합성 원칙과 함께 적정성 원칙도 적용된다. 적정성 원칙이 적용되는 금융상품의 범위는 적합성 원칙과 비교할 때 보장성 상품의 경우 동일하지만 투자성 상품과 대출성 상품의 경우 적합성 원칙보다 좁다. 예금성 상품은 원금 보장이 되는 상품 속성을 고려하여 적합성 원칙과 적정성 원칙을 모두 적용하지 않는다. 적정성 원칙을 적용하는 금융상품을 유형별로 살펴보면 다음과 같다.

① 보장성 상품

보장성 상품은 적합성 원칙과 적정성 원칙을 적용하는 상품의 범위가 동일하다. 따라서 보장성 상품 중에서 적합성 원칙이 적용되는 ❶변액보험과 ❷ 보험료·공제료의 일부를 금융투자상품의 취득·처분 등에 운용하는 보험·공제는 적합성 원칙과 적정성 원칙이 모두 적용된다.[119] 변액보험은 보험금이 자산운용성과에 따라 변동하는 보험계약으로 원금 손실의 위험이 있고 생명보험과 집합투자증권(펀드)의 성격을 함께 가지고 있는 경우에는 보험업법과 자본시장법의 일부 규정이 동시에 적용된다. 보험료·공제료의 일부를 금융투자상품에 투자하는 보험·공제도 변액보험과 마찬가지로 원금 손실 위험이 있는 보장성 상품이다.

② 투자성 상품

적합성 원칙은 온라인소액투자중개(크라우드펀딩)[120]의 대상이 되는 증권(자본시장법 제4조 제1항[121]에 따른 증권을 말함)과 연계투자(P2P투자)[122]를 제외한 모든 투자성 상품에 적용된다. 이에 반하여 적정성 원칙은 사실상 손실 위험이 큰 투자성 상품에만 적용된다. 적정성 원칙이 적용되는 투자성 상품은 다음과 같다.

ⅰ) 파생상품 및 파생결합증권

자본시장법에 따른 파생상품[123] 및 파생결합증권[124]은 적정성 원칙이 적용되는 투자성 상품에 해당된다. 다만, 파생결합증권 중에서 자본시장법 시행령 제7조 제2항 각호[125]의 증권에 해당하는 금(金)적립계좌·은(銀)적립계좌와 기초자산이 금(金) 또는 은(銀)이고 금·은적립계좌와 요건이 동일한 파생결합증권은 제외된다.[126] 금(金)적립계좌·은(銀)적립계좌란 투자자가 은행등에

---

119) 금융소비자보호법 시행령 §11①(1)

120) 자본시장법 §9⑳, 이 법에서 "온라인소액투자중개업자"란 온라인상에서 누구의 명의로 하든지 타인의 계산으로 다음 각 호의 자가, 대통령령으로 정하는 방법으로 발행하는 채무증권, 지분증권, 투자계약증권의 모집 또는 사모에 관한 중개(온라인소액투자중개)를 영업으로 하는 투자중개업자를 말한다.

121) 자본시장법 §4①, 이 법에서 "증권"이란 내국인 또는 외국인이 발행한 금융투자상품으로서 투자자가 취득과 동시에 지급한 금전등 외에 어떠한 명목으로든지 추가로 지급의무(투자자가 기초자산에 대한 매매를 성립시킬 수 있는 권리를 행사하게 됨으로써 부담하게 되는 지급의무를 제외)를 부담하지 아니하는 것을 말한다.

② 제1항의 증권은 다음 각 호와 같이 구분한다.

1. 채무증권 2. 지분증권 3. 수익증권 4. 투자계약증권 5. 파생결합증권 6. 증권예탁증권

122) 온라인투자연계금융업법 §2(1), "연계투자"란 온라인플랫폼을 통하여 특정 차입자에게 자금을 제공할 목적으로 하는 투자를 말한다.

123) 자본시장법 §5(파생상품) ① 이 법에서 "파생상품"이란 다음 각 호의 어느 하나에 해당하는 계약상의 권리를 말한다. 다만, 해당 금융투자상품의 유통 가능성, 계약당사자, 발행사유 등을 고려하여 증권으로 규제하는 것이 타당한 것으로서 대통령령으로 정하는 금융투자상품은 그러하지 아니하다.

1. 기초자산이나 기초자산의 가격·이자율·지표·단위 또는 이를 기초로 하는 지수 등에 의하여 산출된 금전등을 장래의 특정 시점에 인도할 것을 약정하는 계약

2. 당사자 어느 한쪽의 의사표시에 의하여 기초자산이나 기초자산의 가격·이자율·지표·단위 또는 이를 기초로 하는 지수 등에 의하여 산출된 금전등을 수수하는 거래를 성립시킬 수 있는 권리를 부여하는 것을 약정하는 계약

3. 장래의 일정기간 동안 미리 정한 가격으로 기초자산이나 기초자산의 가격·이자율·지표·단위 또는 이를 기초로 하는 지수 등에 의하여 산출된 금전등을 교환할 것을 약정하는 계약

4. 제1호부터 제3호까지의 규정에 따른 계약과 유사한 것으로서 대통령령으로 정하는 계약

124) 자본시장법 §4⑦, "파생결합증권"이란 기초자산의 가격·이자율·지표·단위 또는 이를 기초로 하는 지수 등의 변동과 연계하여 미리 정하여진 방법에 따라 지급하거나 회수하는 금전등이 결정되는 권리가 표시된 것을 말한다. 다만, 다음 각 호의 어느 하나에 해당하는 것은 제외한다.

1. 발행과 동시에 투자자가 지급한 금전등에 대한 이자, 그 밖의 과실(果實)에 대하여만 해당 기초자산의 가격·이자율·지표·단위 또는 이를 기초로 하는 지수 등의 변동과 연계된 증권

2. 당사자 어느 한쪽의 의사표시에 의하여 기초자산이나 기초자산의 가격·이자율·지표·단위 또는 이를 기초로 하는 지수 등에 의하여 산출된 금전등을 수수하는 거래를 성립시킬 수 있는 권리를 부여하는 것을 약정하는 계약(옵션)에 따른 계약상의 권리(다만, 금융투자상품의 유통가능성, 계약당사자, 발행사유 등을 고려하여 증권으로 규제하는 것이 타당한 것으로 대통령령에서 정하는 금융투자상품은 제외)

3. 해당 사채의 발행 당시 객관적이고 합리적인 기준에 따라 미리 정하는 사유가 발생하는 경우 주식으로 전환되거나 그 사채의 상환과 이자지급 의무가 감면된다는 조건이 붙은 것으로서 주권상장법인이 발행하는 사채

3의2. 은행이 발행하는 금융채 중 상각형 조건부자본증권, 은행주식 전환형 조건부자본증권 및 은행지주회사주식 전환형 조건부자본증권 3의3. 금융지주회사가 발행하는 금융채 중 상각형 조건부자본증권 또는 전환형 조건부자본증권

4. 상법에 따라 발행하는 교환사채, 전환사채, 신주인수권부사채

금전을 지급하면 기초자산인 금(金) 또는 은(銀)의 가격 등에 따라 현재 또는 장래에 회수하는 금전등이 결정되는 권리가 표시된 파생결합증권을 말한다.

TIP   자본시장법 상 금융투자상품 유형

우리나라 자본시장법은 금융투자상품을 원본까지 손실이 발생할 수 있는 증권[127]과 원본을 초과하여 손실이 발생할 수 있는 파생상품으로 구분한다. 증권은 다시 채무증권[128], 지분증권[129], 수익증권[130], 투자계약증권[131], 파생결합증권 및 증권예탁증권[132]의 6가지로 나눈다. 파생상품은 선도거래[133], 옵션거래[134] 또는 스왑거래[135] 중 어느 하나에 해당하는 계약상의 권리로 거래소 시장에서의 거래 유무에 따라 장내파생상품과 장외파생상품으로 다시 구분한다. 파생결합증권은 기초자산의 가격·이자율·지표·단위 또는 이를 기초로 하는 지수 등의 변동과 연계하여 미리 정

---

125) 자본시장법 시행령 §7조(금융투자업의 적용배제)

② 법 제7조 제1항 제3호에서 "대통령령으로 정하는 계약에 따른 증권"이란 다음 각 호의 어느 하나에 해당하는 것(이하 "금적립계좌등"이라 한다)을 말한다.

1. 제4조 각 호의 어느 하나에 해당하는 자(이하 이 호에서 "은행등"이라 한다)가 투자자와 체결하는 계약에 따라 발행하는 금적립계좌 또는 은적립계좌[투자자가 은행등에 금전을 지급하면 기초자산인 금(金) 또는 은(銀)의 가격 등에 따라 현재 또는 장래에 회수하는 금전등이 결정되는 권리가 표시된 것으로서 금융위원회가 정하여 고시하는 기준에 따른 파생결합증권을 말한다]

2. 그 밖에 증권 및 장외파생상품에 대한 투자매매업의 인가를 받은 자가 투자자와 체결하는 계약에 따라 발행하는 파생결합증권으로서 금융위원회가 투자에 따른 위험과 손익의 구조 등을 고려하여 고시하는 파생결합증권

금융투자업규정 §1-4의3(금융투자업의 적용배제) ② 영 제7조제2항제1호에서 "금융위원회가 정하여 고시하는 기준"이란 다음 각 호의 요건을 모두 충족하는 것을 말한다.

1. 투자자가 금전등을 지급한 날에 파생결합증권이 발행될 것

2. 파생결합증권의 계약기간(계약기간을 따로 정하지 아니한 경우에는 무기한으로 본다. 이하 제3호에서 같다) 동안 매 영업일마다 청약 및 발행이 가능할 것

3. 파생결합증권의 계약기간 동안 매 영업일마다 투자자가 그 파생결합증권을 매도하여 금전 또는 실물로 회수할 수 있을 것

4. 발행인이 파생결합증권의 발행을 통하여 조달한 자금의 일부를 투자자에게 지급할 실물의 매입을 위하여 사용할 것

③ 영 제7조제2항제2호에서 "금융위원회가 투자에 따른 위험과 손익의 구조 등을 고려하여 고시하는 파생결합증권"이란 금융투자업자가 발행한 파생결합증권(기초자산이 금 또는 은인 파생결합증권에 한한다)으로서 제2항 각 호의 요건을 모두 충족하는 파생결합증권을 말한다.

126) 금융소비자보호법 시행령 §12①(2)가목

> 하여진 방법에 따라 지급하거나 회수하는 금전등이 결정되는 권리가 표시된 것을 말하며,[136] 대표적으로 주식연계증권(ELS)이 파생결합증권에 해당된다.

ii) 조건부 지분증권

사채(社債) 중 일정한 사유가 발생하는 경우 주식으로 전환되거나 원리금을 상환해야 하는 의무가 감면될 수 있는 사채(조건부 지분증권)도 적정성 원칙이 적용된다.[137] 다만, 「상법」 제469조 제2항[138], 제513조[139] 또는 제516조의

---

127) 자본시장법 §4①. "증권"이란 내국인 또는 외국인이 발행한 금융투자상품으로서 투자자가 취득과 동시에 지급한 금전등 외에 어떠한 명목으로든지 추가로 지급의무(투자자가 기초자산에 대한 매매를 성립시킬 수 있는 권리를 행사하게 됨으로써 부담하게 되는 지급의무를 제외한다)를 부담하지 아니하는 것

128) 자본시장법 §4③. "채무증권"이란 국채증권, 지방채증권, 특수채증권, 사채권, 기업어음증권, 그 밖에 이와 유사(類似)한 것으로서 지급청구권이 표시된 것

129) 자본시장법 §4④. "지분증권"이란 주권, 신주인수권이 표시된 것, 법률에 의하여 직접 설립된 법인이 발행한 출자증권, 합자회사·유한책임회사·유한회사·합자조합·익명조합의 출자지분, 그 밖에 이와 유사한 것으로서 출자지분 또는 출자지분을 취득할 권리가 표시된 것

130) 자본시장법 §4⑤. "수익증권"이란 신탁업자가 발행한 금전신탁계약에 의한 수익권이 표시된 수익증권, 집합투자업자가 투자신탁의 수익권을 균등하게 분할하여 발행한 수익증권, 그 밖에 이와 유사한 것으로서 신탁의 수익권이 표시된 것

131) 자본시장법 §4⑥. "투자계약증권"이란 특정 투자자가 그 투자자와 타인 간의 공동사업에 금전등을 투자하고 주로 타인이 수행한 공동사업의 결과에 따른 손익을 귀속받는 계약상의 권리가 표시된 것

132) 자본시장법 §4⑧. "증권예탁증권"이란 증권을 예탁받은 자가 그 증권이 발행된 국가 외의 국가에서 발행한 것으로서 그 예탁받은 증권에 관련된 권리가 표시된 것

133) 자본시장법 §5①(1), 기초자산이나 기초자산의 가격·이자율·지표·단위 또는 이를 기초로 하는 지수 등에 의하여 산출된 금전등을 장래의 특정 시점에 인도할 것을 약정하는 계약

134) 자본시장법 §5①(2), 당사자 어느 한쪽의 의사표시에 의하여 기초자산이나 기초자산의 가격·이자율·지표·단위 또는 이를 기초로 하는 지수 등에 의하여 산출된 금전등을 수수하는 거래를 성립시킬 수 있는 권리를 부여하는 것을 약정하는 계약

135) 자본시장법 §5①(3), 장래의 일정기간 동안 미리 정한 가격으로 기초자산이나 기초자산의 가격·이자율·지표·단위 또는 이를 기초로 하는 지수 등에 의하여 산출된 금전등을 교환할 것을 약정하는 계약

136) 자본시장법 §4⑦

137) 금융소비자보호법 시행령 §12①(2)나목

138) 상법 §469조(사채의 발행) ② 제1항의 사채에는 다음 각 호의 사채를 포함한다.

  1. 이익배당에 참가할 수 있는 사채

  2. 주식이나 그 밖의 다른 유가증권으로 교환 또는 상환할 수 있는 사채

  3. 유가증권이나 통화 또는 그 밖에 대통령령으로 정하는 자산이나 지표 등의 변동과 연계하여 미리 정하여진 방법에 따라 상환 또는 지급금액이 결정되는 사채

  상법 시행령 §20(사채의 발행) 법 제469조제2항제3호에서 "대통령령으로 정하는 자산이나 지표"란 「자본시장과 금융투자업에 관한 법률」 제4조제10항에 따른 기초자산의 가격·이자율·지표·단위 또는 이를 기초로 하는 지수를 말한다.

139) 상법 §513(전환사채의 발행) ①회사는 전환사채를 발행할 수 있다.

  ② ~ ④ (생략)

2[140]에 따른 사채에 해당하는 이익참가부사채[141], 교환사채[142], 상환사채[143], 파생결합사채[144], 전환사채[145] 및 신주인수권부사채[146]는 적정성 원칙이 적용되지 아니한다.[147]

iii) 고난도금융투자상품, 고난도투자일임계약 및 고난도금전신탁계약

자본시장법 시행령에 따른 고난도금융투자상품[148], 고난도투자일임계약[149] 및 고난도금전신탁계약[150]도 적정성 원칙이 적용된다.[151] 고난도금융투자상품이란 파생결합증권, 파생상품, 운용자산의 가격결정의 방식과 손익의 구

---

140) 상법 §516의2(신주인수권부사채의 발행) ①회사는 신주인수권부사채를 발행할 수 있다.

② ～ ⑤ (생략)

141) 이익참가부사채(PB)는 사채권자가 그 발행회사의 이익배당에 참가할 수 있는 사채를 말한다.[상법 §469①(1)]

142) 교환사채(EB)는 사채권자가 회사 소유의 주식이나 그 밖의 다른 유가증권으로 교환할 수 있는 사채이다.[상법 §469①(2)]

143) 상환사채는 회사가 그 소유의 주식이나 그 밖의 다른 유가증권으로 상환할 수 있는 사채이다.[상법 §469①(2)]

144) 파생결합사채는 그 상환 또는 지급금액이 다른 기초자산의 가격·이자율·지표·단위 또는 이를 기초로 하는 지수의 변동에 따라 결정되는 사채이다.[상법 §469①(3)]

145) 전환사채(CB)는 일반사채에 사채권자의 전환권을 붙인 것이다.(상법 §513)

146) 신주인수권부사채(BW)는 일반사채에 사채권자의 신주인수권을 붙인 것이다.(상법 §516의2)

147) 금융소비자보호법 시행령 §12①(2)나목

148) 자본시장법 시행령 §2, 7. "고난도금융투자상품"이란 다음 각 목의 어느 하나에 해당하는 금융투자상품 중 금융위원회가 정하여 고시하는 방법으로 산정한 최대 원금손실 가능금액이 원금의 100분의 20을 초과하는 것을 말한다. 다만, 거래소시장, 해외증권시장, 해외 파생상품시장(법 제5조제2항제2호에 따른 해외 파생상품시장을 말한다. 이하 같다)에 상장되어 거래(투자자가 해당 시장에서 직접 매매하는 경우로 한정한다)되는 상품 또는 전문투자자[법 제9조제5항제1호부터 제3호까지의 어느 하나에 해당하는 자, 이 영 제10조제3항제1호부터 제6호까지, 제6호의2, 제7호부터 제14호까지의 어느 하나에 해당하는 자(이에 준하는 외국인을 포함한다) 또는 같은 항 제18호가목부터 다목까지의 어느 하나에 해당하는 자로 한정한다]만을 대상으로 하는 상품은 제외한다.

가. 파생결합증권(제7조제2항제1호에 따른 파생결합증권은 제외한다)

나. 파생상품

다. 집합투자증권 중에서 운용자산의 가격결정의 방식, 손익의 구조 및 그에 따른 위험을 투자자가 이해하기 어렵다고 인정되는 것으로서 금융위원회가 정하여 고시하는 집합투자증권

라. 그 밖에 기초자산의 특성, 가격결정의 방식, 손익의 구조 및 그에 따른 위험을 투자자가 이해하기 어렵다고 인정되는 것으로서 금융위원회가 정하여 고시하는 금융투자상품

149) 자본시장법 시행령 §2, 8. "고난도투자일임계약"이란 금융위원회가 정하여 고시하는 방법으로 산정한 최대 원금손실 가능금액이 원금의 100분의 20을 초과하는 투자일임계약 중 그 운용방법 및 그에 따른 위험을 투자자가 이해하기 어렵다고 인정되는 것으로서 금융위원회가 정하여 고시하는 기준에 해당하는 투자일임계약을 말한다.

150) 자본시장법 시행령 §2, 9. "고난도금전신탁계약"이란 금융위원회가 정하여 고시하는 방법으로 산정한 최대 원금손실 가능금액이 원금의 100분의 20을 초과하는 금전신탁계약 중 그 운용방법 및 그에 따른 위험을 투자자가 이해하기 어렵다고 인정되는 것으로서 금융위원회가 정하여 고시하는 기준에 해당하는 금전신탁계약을 말한다.

151) 금융소비자보호법 시행령 §12①(2)다목

조 및 그에 따른 위험을 투자자가 이해하기 어렵다고 인정되는 집합투자증권 등과 같은 금융투자상품 중 최대 원금손실 가능금액이 원금의 100분의 20을 초과하는 것을[152] 말한다. 고난도투자일임계약이란 최대 원금손실 가능금액이 원금의 20%를 초과하는 투자일임계약 중 그 운용방법 및 그에 따른 위험을 투자자가 이해하기 어렵다고 인정되는 투자일임계약을 말한다. 고난도금전신탁계약은 최대 원금손실 가능금액이 원금의 20%를 초과하는 금전신탁계약 중 그 운용방법 및 그에 따른 위험을 투자자가 이해하기 어렵다고 인정되는 금전신탁계약을 말한다.

TIP 고난도금융투자상품 등에 대한 규제 배경

2019년부터 DLF(파생결합펀드)[153], 라임펀드[154], 옵티머스펀드[155]등 다수의 사모펀드[156]에서 대규모 불완전판매가 연이어 발생하여 약 1만명의 금융소비자가 약 2조6천억원의 피해를 보는 사건이 발생하였다. 이에 금융위원회와 금융감독원은 유사피해 재발을 방지하기 위해 '고위험 금융상품 투자자 보호 강화를 위한 종합 개선방안'(2019.12.12.)을 마련하여 구조가 복잡하고 리스크가 큰 금융투자상품을 고난도 금융투자상품으로 정의하고 여기에 투자

---

152) 다만, 거래소시장, 해외 증권시장, 해외 파생상품시장에 상장되어 거래(투자자가 해당 시장에서 직접 매매하는 경우로 한정)되는 상품 또는 전문투자자만을 대상으로 하는 상품은 제외한다.

153) 은행 등이 독일, 영국, 미국 등 주요 해외금리 연계 파생결합상품을 권유·판매하면서 환위험상품임에도 원금 손실 가능성 등을 제대로 설명하지 않아 약 2천5백명, 약 7,950억원(2019.8.7일 기준)의 피해가 발생하였다. 이에 금융감독원 금융분쟁조정위원회는 2019년 12월 40~80% 손해배상을 조정 결정을 하였다.

154) 라임자산운용의 4개 모펀드 및 이에 투자한 173개 자펀드에서 약 4천6백명, 약 1조6천억원(2019년 12월 기준) 피해가 발생하였는데, 고수익을 위해 비시장성 자산에 투자하여 유동성 위험 발생으로 부실화되었다. 금융감독원 금융분쟁조정위원회는 2020년 7월 라임 관련 펀드 중 무역금융펀드에 대해 투자금 전액의 반환을 조정결정하였다.

155) 옵티머스자산운용의 46개 펀드에서 약 3천명, 약 2,400억원(2020년 7월 기준)의 피해가 발생하였는데, 투자제안서에는 안정자산인 공공기관 매출채권에 투자하는 것으로 기재되었음에도 부동산 등 위험자산에 투자하여 부실화되었다.

156) 소수의 투자자(49명 이하)로부터 사모방식으로 자금을 조성하여 주식, 채권 등에 운용하는 펀드이다. 투자대상, 투자비중 등에 대한 규제가 공모펀드보다 크게 완화되어 있어 주식, 채권, 부동산, 원자재 등에 자유롭게 투자할 수 있다.

하는 투자자에 대한 보호를 강화하였다. 고난도금융투자상품을 판매하거나 고난도투자일임계약·금전신탁계약을 체결할 때에는 판매·계약체결의 과정이 녹취되며, 투자자는 금융회사로부터 녹취파일을 제공받을 수 있게 되었다. 또한, 고난도금융투자상품과 고난도투자일임계약·금전신탁계약을 청약(계약 체결)하는 경우에는 청약 여부를 다시 한번 생각해 볼 수 있도록 2영업일 이상의 숙려기간[157]이 보장되었다.[158] 이러한 내용을 반영하여 자본시장법 시행령(2021.2.9.)과 금융투자업규정(2021.5.10)이 각각 개정되었다.[159]

---

157) (숙려기간 중) 숙려기간 중 투자자는 금융회사로부터 투자위험, 원금손실 가능성, 최대 원금손실 가능금액을 고지받게 되고 (숙려기간 후) 숙려기간이 지난 후에 투자자는 서명, 기명날인, 녹취, 전자우편, 우편, ARS 등으로 청약의사를 다시 한번 표현하는 경우에만 청약·계약체결이 확정되며, 만일 숙려기간이 지난 후에도 투자자가 매매의사를 확정하지 않을 경우 청약은 집행되지 않으며, 투자금을 반환받게 된다. 의도치 않게 매매의사를 확정치 않아 청약이 미집행되지 않도록 주의할 필요가 있다.

158) 자본시장법 시행령 §68(불건전 영업행위의 금지), ⑤ 법 제71조 제7호에서 "대통령령으로 정하는 행위"란 다음 각 호의 어느 하나에 해당하는 행위를 말한다.

　2의2. 개인인 일반투자자 중 「금융소비자 보호에 관한 법률」 제17조 제2항 또는 제18조 제1항에 따라 투자목적·재산상황 및 투자경험 등의 정보를 파악한 결과 판매 상품이 적합하지 않거나 적정하지 않다고 판단되는 사람 또는 65세 이상인 사람을 대상으로 금융투자상품(투자자 보호 및 건전한 거래질서를 해칠 우려가 없는 것으로서 금융위원회가 정하여 고시하는 금융투자상품은 제외한다)을 판매하는 경우 다음 각 목의 어느 하나에 해당하는 행위

　가. 판매과정을 녹취하지 않거나 투자자의 요청에도 불구하고 녹취된 파일을 제공하지 않는 행위

　나. 투자자에게 권유한 금융투자상품의 판매과정에서 금융투자상품의 매매에 관한 청약 또는 주문(이하 "청약등"이라 한다)을 철회할 수 있는 기간(이하 이 호에서 "숙려기간"이라 한다)에 대해 안내하지 않는 행위

　다. 투자권유를 받고 금융투자상품의 청약등을 한 투자자에게 2영업일 이상의 숙려기간을 부여하지 않는 행위

　라. 숙려기간 동안 투자자에게 투자에 따르는 위험, 투자원금의 손실가능성, 최대 원금손실 가능금액 및 그 밖에 금융위원회가 정하여 고시하는 사항을 고지하지 않거나 청약등을 집행하는 행위

　마. 숙려기간이 지난 후 서명, 기명날인, 녹취 또는 그 밖에 금융위원회가 정하여 고시하는 방법으로 금융투자상품의 매매에 관한 청약등의 의사가 확정적임을 확인하지 않고 청약등을 집행하는 행위

　바. 청약등을 집행할 목적으로 투자자에게 그 청약등의 의사가 확정적임을 표시해 줄 것을 권유하거나 강요하는 행위

　2의3. 고난도금융투자상품(투자자 보호 및 건전한 거래질서를 해칠 우려가 없는 것으로서 금융위원회가 정하여 고시하는 고난도금융투자상품은 제외한다)을 판매하는 경우 다음 각 목의 어느 하나에 해당하는 행위

　가. 개인인 일반투자자를 대상으로 하는 제2호의2 각 목의 어느 하나에 해당하는 행위

　나. 개인인 투자자에게 고난도금융투자상품의 내용, 투자에 따르는 위험 및 그 밖에 금융위원회가 정하여 고시하는 사항을 해당 투자자가 쉽게 이해할 수 있도록 요약한 설명서를 내어 주지 않는 행위. 다만, 다음의 어느 하나에 해당하는 경우는 제외한다.

　　1) 투자자가 해당 설명서를 받지 않겠다는 의사를 서면, 전신, 전화, 팩스, 전자우편 또는 그 밖에 금융위원회가 정하여 고시하는 방법으로 표시한 경우

　　2) 집합투자증권의 판매 시 법 제124조 제2항 제3호에 따른 간이투자설명서 또는 법 제249조의4 제2항 전단에 따른 핵심상품설명서를 교부한 경우

iv) 파생상품 매매에 따른 위험평가액이 집합투자기구 자산총액의 10%를 초과하여 투자할 수 있는 집합투자증권

　자본시장법 제93조 제1항[160]에 따른 집합투자기구의 같은 법에 따른 집합투자증권에 해당하는 파생상품 매매에 따른 위험평가액[161]이 집합투자기구 자산총액의 10%를 초과하여 투자할 수 있는 집합투자증권은 적정성 원칙이

---

159) 금융위원회·금융감독원 등 보도자료(2021.5.10.) 참조

160) 자본시장법 §93. ① 집합투자업자는 파생상품 매매에 따른 위험평가액이 집합투자기구 자산총액의 10%를 초과하여 투자할 수 있는 집합투자기구의 집합투자재산을 파생상품에 운용하는 경우에는 계약금액, 위험에 관한 지표를 인터넷 홈페이지 등을 이용하여 공시하여야 한다. 이 경우 그 집합투자기구의 투자설명서에 해당 위험에 관한 지표의 개요 및 위험에 관한 지표가 공시된다는 사실을 기재하여야 한다.

161) 금융투자업규정 §4-54(위험평가액 산정방법) ① 법 제81조제1항제1호마목에 따른 파생상품의 매매에 따른 위험평가액은 장내파생상품 또는 장외파생상품의 거래에 따른 명목계약금액으로 하며, 그 명목계약금액은 다음 각 호의 방법으로 산정하되 승수효과(레버리지)가 있는 경우 이를 감안하여야 한다.

1. 법 제5조제1항제1호의 파생상품 : 기초자산(자산의 가격이나 이를 기초로 하는 지수인 경우에는 지수를 말한다. 이하 이 조에서 같다)의 가격에 거래량(계약수)과 승수를 곱하여 산정한다.

2. 법 제5조제1항제2호의 파생상품(이하 "옵션"이라 한다)은 다음 각 목을 명목계약금액으로 한다.

　가. 옵션매수 : 기초자산 가격에 계약수와 승수 및 델타(기초자산 가격이 1단위 변화하는 경우 옵션가격 변화)를 각각 곱한 금액(이하 "델타위험액")

　나. 옵션매도 : 델타위험액에 추가로 델타 변화에 따른 위험액(이하 "감마위험액")과 기초자산 변동성 변화에 따른 위험액(이하 "베가위험액")을 모두 합산한 금액. 이 경우, "감마위험액" 및 "베가위험액"은 제3-21조 제4항 및 제5항에 따라 금액을 산정한다.

3. 법 제5조제1항제3호의 파생상품(이하 "스왑"이라 한다)은 다음 각목을 명목계약금액으로 한다.

　가. 서로 다른 통화를 교환하는 거래(통화스왑) : 지급하기로 한 통화의 명목원금

　나. 고정금리와 변동금리를 교환하는 거래(금리스왑) : 고정금리를 지급하는 경우 만기까지 지급하기로 한 금전총액, 변동금리를 지급하는 경우 만기까지 지급할 것으로 예상되는 금전총액의 시가평가금액

　다. 준거자산의 신용사건 발생 여부에 따라 금전 등을 교환하는 거래(신용부도스왑) : 보장매수자의 경우 지급하기로 한 금전총액, 보장매도자의 경우 신용사건 발생시 지급하기로 한 명목금액

　라. 준거자산의 수익을 교환하는 거래(총수익스왑) : 수취하기로 한 금전총액이 부(-)의 값을 가지는 경우 지급하기로 한 금전총액과 수취하기로 한 금전총액의 절대값을 더한 금액, 수취하기로 한 금전총액이 양(+)의 값을 가지는 경우 지급하기로 한 금전총액

　마. 가목~라목 외 기초자산의 교환을 포함하는 거래 : 기초자산가격에 거래상대방에게 만기까지 지급하기로 한 금전총액을 더한 금액

　바. 가목~라목 외 기초자산을 제외한 금전만 교환하기로 한 거래 : 거래상대방에게 만기까지 지급하기로 한 금전총액

4. 그 밖의 거래 : 제1호부터 제3호까지의 파생상품거래가 혼합된 경우에는 제1호부터 제3호까지의 방법을 준용하여 산정한다. 다만, 만기손익구조의 최대손실금액이 제한되어 있는 합성거래의 경우에는 그 최대손실금액을 명목계약금액으로 할 수 있다.

5. 제1호부터 제4호까지에 불구하고 장외파생상품 거래시 금융감독원장이 인정하는 경우 거래 당사자간에 거래체결시 합의하는 명목원금으로 산정할 수 있다. 이 경우 기초자산의 가격변화를 감안하여야 한다. 〈개정 2013. 9. 17.〉

6. 제3호에도 불구하고 같은 호 라목의 총수익스왑 또는 이와 유사한 거래를 통해 사실상의 차입과 같은 효과가 있는 경우로서 법 제249조의7제1항제1호에 따른 위험평가액을 산정할 때에는 준거자산의 취득가액을 위험평가액에 포함한다. 〈신설 2021. 3. 18.〉

② ~ ⑥ (생략)

적용된다.[162] 그러나, 아래의 사항에 모두 해당하는 집합투자기구의 집합투자증권 중 상장지수집합투자기구(ETF)[163]가 목표로 하는 지수의 변화에 1배를 초과한 배율[164]로 연동하거나 음의 배율[165]로 연동하여 운용하는 것을 목표로 하는 상장지수집합투자기구[166]의 집합투자증권이 아닌 경우에는 적정성 원칙을 적용하지 아니한다.[167] 즉, 목표로 하는 지수의 변화에 1배의 비율로 연동하는 ETF의 경우에는 적정성 원칙이 적용되지 아니하지만 목표로 하는 지수의 변화에 1배를 초과한 배율로 연동하거나 음의 배율로 연동하여 운영하는 것을 목표로 하는 ETF의 경우에는 적정성 원칙이 적용된다.

❶ 장외파생상품이나 파생결합증권에 투자하지 아니할 것
❷ 기초자산[168]의 가격 또는 기초자산의 종류에 따라 다종목의 가격수준을 종합적으로 표시하는 지수의 변화에 연동하여 운용하는 것을 목표로 하는 집합투자기구

---

162) 금융소비자보호감독규정 §11①

163) 상장지수집합투자기구(ETF; Exchange Traded Fund)란 특정자산의 가격 또는 특정지수의 변화에 연동하여 운용하는 것을 목표로 하는 펀드로서 거래소에 상장되어 주식처럼 거래되는 펀드를 말한다.

164) 레버리지(2×)ETF는 추종지수의 일일 변동폭의 2배수로 움직이는 ETF이다.

165) 인버스ETF는 추종지수 변동폭의 반대로 움직이는 ETF이고 인버스2×ETF는 추종지수 변동폭의 반대로 2배수 수익률을 추종하는 ETF이다.

166) 자본시장법 §234(상장지수집합투자기구) ① 제34조 제1항 제1호·제2호, 제87조 제3항(제186조 제2항에서 준용하는 경우를 포함한다), 제88조, 제147조, 제172조, 제173조 및 제235조부터 제237조까지의 규정은 다음 각 호의 요건을 모두 갖춘 집합투자기구(이하 이 조에서 "상장지수집합투자기구"라 한다)에는 적용하지 아니한다.

　1. 기초자산의 가격 또는 기초자산의 종류에 따라 다수 종목의 가격수준을 종합적으로 표시하는 지수의 변화에 연동하여 운용하는 것을 목표로 할 것. 이 경우 기초자산의 가격 또는 지수는 대통령령으로 정하는 요건을 갖추어야 한다.

　2. 수익증권 또는 투자회사 주식의 환매가 허용될 것

　3. 수익증권 또는 투자회사 주식이 해당 투자신탁의 설정일 또는 투자회사의 설립일부터 30일 이내에 증권시장에 상장될 것

167) 금융소비자보호감독규정 §11①단서

168) 자본시장법 §4, ⑩ 이 법에서 "기초자산"이란 다음 각 호의 어느 하나에 해당하는 것을 말한다.

　1. 금융투자상품

　2. 통화(외국의 통화를 포함한다)

　3. 일반상품(농산물·축산물·수산물·임산물·광산물·에너지에 속하는 물품 및 이 물품을 원료로 하여 제조하거나 가공한 물품, 그 밖에 이와 유사한 것을 말한다)

　4. 신용위험(당사자 또는 제삼자의 신용등급의 변동, 파산 또는 채무재조정 등으로 인한 신용의 변동을 말한다)

　5. 그 밖에 자연적·환경적·경제적 현상 등에 속하는 위험으로서 합리적이고 적정한 방법에 의하여 가격·이자율·지표·단위의 산출이나 평가가 가능한 것

❸ 연동하고자 하는 기초자산의 가격 또는 지수가 자본시장법 시행령 제
246조 각 호[169]에 해당하는 상장지수집합투자기구(ETF)의 요건을 모두
갖출 것

❹ 1좌당 또는 1주당 순자산가치의 변동율과 집합투자기구가 목표로 하는
지수의 변동율의 차이가 10% 이내로 한정될 것

v) 집합투자재산[170]의 50%를 초과하여 파생결합증권에 운용하는 집합투자기
구의 집합투자증권[171]

vi) 다음의 금융상품 중 어느 하나를 취득·처분하는 금전신탁계약[172]의 수익증
권(이와 유사한 것으로서 신탁계약에 따른 수익권이 표시된 것을 포함)

❶ 상기 ④에 해당하는 파생상품 매매에 따른 위험평가액이 집합투자기구
자산총액의 10%를 초과하여 투자할 수 있는 집합투자증권

❷ 상기 ①에 해당하는 파생상품 및 파생결합증권. 다만, 금(金)적립계좌·
은(銀)적립계좌와 기초자산이 금(金) 또는 은(銀)이고 금·은적립계좌와
요건이 동일한 파생결합증권은 제외한다.

❸ 상기 ③에 해당하는 고난도금융투자상품·고난도투자일임계약·고난도금
전신탁계약

---

169) 자본시장법 §246(상장지수집합투자기구의 요건) 법 제234조 제1항 제1호 후단에서 "대통령령으로 정하는 요건"이란 다음 각
호의 요건을 모두 갖춘 경우를 말한다.

　1. 거래소, 외국 거래소 또는 금융위원회가 정하여 고시하는 시장에서 거래되는 종목의 가격 또는 다수 종목의 가격수준을 종
합적으로 표시하는 지수일 것

　2. 제1호의 가격 또는 지수가 같은 호의 시장을 통하여 투자자에게 적절하게 공표될 수 있을 것

　3. 기초자산의 가격의 요건, 지수의 구성종목 및 지수를 구성하는 종목별 비중, 가격 및 지수의 변화에 연동하기 위하여 필요한
운용방법 등에 관하여 금융위원회가 정하여 고시하는 요건을 충족할 것

170) 자본시장법 §9, ㉑ 이 법에서 "집합투자재산"이란 집합투자기구의 재산으로서 투자신탁재산, 투자회사재산, 투자유한회사재
산, 투자합자회사재산, 투자유한책임회사재산, 투자합자조합재산 및 투자익명조합재산을 말한다

171) 금융소비자보호감독규정 §11①(2)

172) 자본시장법 §110①의 금전신탁계약을 말한다. 자본시장법 §110(수익증권) ① 신탁업자는 금전신탁계약에 의한 수익권이 표시
된 수익증권을 발행할 수 있다.

❹ 상기 ②에 해당하는 조건부 지분증권으로 사채(社債) 중 일정한 사유가 발생하는 경우 주식으로 전환되거나 원리금을 상환해야 하는 의무가 감면될 수 있는 사채. 다만, 「상법」제469조 제2항, 제513조 또는 제516조의3에 따른 사채에 해당하는 이익참가부사채, 교환사채, 상환사채, 파생결합사채, 전환사채 및 신주인수권부사채는 제외한다.

③ 대출성 상품

대출성 상품의 경우에는 ❶주택[173]을 담보로 하는 대출, ❷증권 또는 지식재산권을 담보로 계약을 체결하는 대출성 상품에 한하여 적정성 원칙이 적용된다. 즉, 대출성 상품은 주택담보대출과 자산가치 변동이 심한 증권 등을 담보로 하는 대출에 대해서만 적정성 원칙이 적용된다. 주택담보대출은 '주택'이 통상 소비자의 경제생활에 중요한 축이라는 점에서 금융소비자가 보다 신중하게 판단해야할 필요가 있으며, 증권 등 담보대출은 주가하락 등 담보물의 시장가치가 급락할 경우 금융소비자의 대출 상환부담이 당초보다 커질 수 있는 위험성을 가지고 있다. 적정성 원칙은 적합성 원칙과 달리 판매자의 권유 없이 금융소비자가 청약할 경우에 적용하는데 이 경우 금융소비자는 통상 해당 상품의 내용이나 위험 등을 충분히 알고 있을 것이라고 전제할 수 있으므로 적합성 원칙의 경우 모든 대출성 상품에 대해 적용하지만 적정성 원칙의 경우 주택담보대출과 위험성이 높은 증권 등 담보대출에 한하여 적용한다.[174]

---

173) 주택법 §11(2), 주택이란 세대의 구성원이 장기간 독립된 주거생활을 할 수 있는 구조로 된 건축물의 전부 또는 일부 및 그 부속토지를 말하며, 단독주택과 공동주택으로 구분한다.

174) 금융위원회 2020.10.28.일자 보도자료 "금융소비자보호법 시행령 제정안" 입법예고 참조

〈 적합성·적정성 원칙 적용 대상 금융상품 비교 〉

유형별	적합성 원칙	적정성 원칙
보장성 상품	– 변액보험 – 보험료 또는 공제료의 일부를 금융투자상품의 취득·처분 등에 운용하는 보험 또는 공제	좌동
투자성 상품	– 다음의 상품을 제외한 모든 투자성 상품 ● 온라인소액투자중개(크라우드펀딩)의 대상이 되는 증권 ● 연계투자(P2P투자)	– 파생상품 및 파생결합증권[주1] – 조건부 자본증권[주2] – 고난도 금융투자상품·투자일임계약·금전신탁계약 – 파생상품 매매에 따른 위험평가액이 펀드 자산총액의 10%를 초과하여 투자할 수 있는 펀드[주3] – 펀드재산의 50%를 초과하여 파생결합증권에 운용하는 펀드 – 다음의 금융상품 중 어느 하나를 취득·처분하는 금전신탁계약의 수익증권 ● 파생상품 및 파생결합증권 ● 조건부 자본증권 ● 고난도 금융투자상품·투자일임계약·금전신탁계약 ● 파생상품 매매에 따른 위험평가액이 펀드 자산총액의 10%를 초과하여 투자할 수 있는 펀드
대출성 상품	– 모든 대출성 상품	– 주택을 담보로 하는 대출 – 증권 또는 지식재산권을 담보로 계약을 체결하는 대출성 상품
예금성 상품	〈미적용〉	

주1) 금적립계좌, 은적립계좌 및 기초자산이 금 또는 은인 파생결합증권은 제외

 2) 이익참가부사채, 교환사채, 상환사채, 파생결합사채, 전환사채 및 신주인수권부사채는 제외

 3) 다음의 사항에 모두 해당하는 펀드는 제외하며, 이 경우 펀드는 ETF(상장지수펀드)가 목표로 하는 지수의 변화에 1배를 초과한 배율로 연동하거나 음의 배율로 연동하여 운용하는 것을 목표로 하는 ETF가 아닌 경우로 한정

  ① 장외파생상품이나 파생결합증권에 투자하지 아니할 것

  ② 기초자산의 가격 또는 기초자산의 종류에 따라 다수종목의 가격수준을 종합적으로 표시하는 지수의 변화에 연동하여 운용하는 것을 목표로 하는 펀드

  ③ 연동하고자 하는 기초자산의 가격 또는 지수가 상장지수집합투자기구의 요건을 모두 갖출 것

  ④ 1좌당 또는 1주당 순자산가치의 변동율과 집합투자기구가 목표로 하는 지수의 변동율의 차이가 10% 이내로 한정할 것

(3) 일반금융소비자의 정보 파악, 확인 및 제공

① 정보 파악 : 적합성 원칙과 동일

적정성 원칙이 적용되는 보장성 상품, 투자성 상품 및 대출성 상품에 대하여 일반금융소비자에게 계약 체결을 권유하지 아니하고 금융상품의 판매계약을 체결하려는 경우에는 미리 면담·질문 등을 통하여 해당 금융상품 유형별로 일반금융소비자의 정보를 파악하여야 한다. 이때 파악해야 하는 유형별 금융상품의 정보 내용은 적합성 원칙과 동일하다.[175]

〈 금융상품 유형별 파악 정보(적합성·적정성 원칙 동일) 〉

상품유형	정보 내용
보장성 상품	– 연령 및 재산상황(부채를 포함한 자산 및 소득에 관한 사항) – 보장성 보험의 체결목적 – 금융상품을 취득·처분한 경험 – 금융상품에 대한 이해도 – 기대이익 및 기대손실 등을 고려한 위험 태도
투자성 상품	– 연령 및 재산상황(부채를 포함한 자산 및 소득에 관한 사항) – 해당 금융상품 취득 또는 처분 목적 – 금융상품을 취득·처분한 경험 – 금융상품에 대한 이해도 – 기대이익 및 기대손실 등을 고려한 위험 태도
대출성 상품	– 연령 및 재산상황(부채를 포함한 자산 및 소득에 관한 사항) – 계약체결의 목적(대출만 해당) – 신용 및 변제계획

---

175) 금융소비자보호법 §18①

② 적정하지 않은 금융상품의 계약체결 시 고지의무 등

금융상품판매업자는 일반금융소비자로부터 확인한 정보의 내용을 고려하여 계약 체결을 권유하지 아니하고 판매 계약을 체결하려는 금융상품이 그 일반금융소비자에게 적정하지 아니하다고 판단되는 경우에는 그 사실을 알리고 그 일반금융소비자로부터 서명[176], 기명날인 및 녹취 중에서 하나의 방법으로 이를 확인받아야 한다.[177] 해당 금융상품이 일반금융소비자에게 적정하지 않다는 사실을 알리는 경우에는 서면, 우편 또는 전자우편, 전화 또는 팩스, 휴대전화 문자메세지 또는 이에 준하는 전자적 의사표시 중 하나의 방법으로 알려야 하며,[178] 이 경우 금융상품판매업자는 금융상품에 대한 적정성 판단결과 및 그 이유를 기재한 서류와 상품설명서[179]를 함께 제공해야 한다. 적정성 원칙을 적용하기 위하여 일반금융소비자에게 정보를 제공하고 확인받는 절차는 적합성 원칙과 동일하다. 다만, 적합성 원칙의 경우 금융상품판매업자등이 일반금융소비자에게 적합한 금융상품의 계약체결을 권유하였다는 증빙자료를 유지·관리해야 하는 의무가 있는 반면, 적정성 원칙의 경우 일반금융소비자가 계약체결의 권유를 받지 아니하고 적정하지 아니한 금융상품의 계약체결을 할 때에 해당 금융상품에 대한 적정성 판단결과 및 그 이유를 기재한 서류와 상품설명서를 함께 제공해야 하는 의무가 있는 점에서 차이가 있다.

(4) 적정성 판단기준 : 적합성 판단기준과 동일

적정성 판단기준은 "적합성 판단기준"과 동일하다.[180] 적정성 판단기준은 금융상품판매업자가 계약 체결을 권유하지 아니하고 판매 계약을 체결하려는 금융상품

---

176) 전자서명법상 전자서명을 포함한다.
177) 금융소비자보호법 §18②, 적합성 원칙과 동일
178) 금융소비자보호법 시행령 §12④, 적합성 원칙과 동일
179) 금융소비자보호법 §19②에 따른 설명서
180) 금융소비자보호법 시행령 §12③

이 그 일반금융소비자에게 적정한지 여부를 판단할 때 지켜야 할 사항이다. 보장성·투자성·대출성 상품에 대한 적정성 판단기준에 대한 평가결과는 평가근거와 함께 문서로 기록해야 한다.[181] 그동안 금융투자협회의 자율규제인 '표준투자권유준칙'에서 운영하던 적합성·적정성 평가기준을 금융소비자보호법 시행령에 적합성·적정성 판단기준으로 법제화하고 금융회사 판매직원이 판단기준을 자의적으로 적용하지 않도록 그 판단기준에 대한 평가결과를 문서로 작성할 것을 의무화하였다. 이를 위반할 경우 과태료(최대 3천만원) 부과 및 신분제재도 가능하다.

〈 금융상품 유형별 적정성 판단기준(적합성 판단기준과 동일) 〉

보장성 상품	투자성 상품	대출성 상품
− 손실에 대한 감수능력 　● 다음의 총 6가지 사항을 종합하여 적정한 수준일 것. 다만, 금융소비자 보호를 위해 필요한 경우에는 다음의 사항 중 어느 하나만으로 해당 금융상품이 적합하지 않다고 평가할 수 있음 　　· 거래목적 　　· 계약기간, 기대이익 및 기대손실 등을 고려한 위험에 대한 태도 　　· 금융상품에 대한 이해도 　　· 재산상황(보유한 자산 중 금융상품의 유형별 비중) 　　· 투자성 상품을 취득·처분한 경험 　　· 연령 − 금융상품의 위험등급 정보와 비교평가 　● 손실에 대한 종합적인 감수능력 평가결과를 권유(자문)하는 해당 금융상품의 위험등급에 관한 정보와 비교하여 평가할 것 　　· 해당 금융상품이 다수의 금융상품으로 구성되어 있는 경우에는 각 금융상품의 위험등급을 종합적으로 고려하여 평가할 수 있음		− 상환능력과 관련하여 다음의 총 5가지 사항을 종합적으로 고려하여 평가할 것 　· 재산상황 (소득·부채· 자산) 　· 고정지출 　· 연령

주 1) 평가결과를 평가근거와 함께 문서에 기록하여야 함.
　 2) 분양주택이나 주택조합 조합원의 중도금 대출, 주택 재건축·재개발 이주비대출, 원금손실 위험이 현저히 낮은 투자성 상품(환매조건부채권 등)과 같이 특성상 적정성 판단기준의 적용이 객관적으로 어려운 금융상품은 자체기준에 따라 평가할 수 있음.

(5) 전문투자형 사모펀드의 적정성 원칙 적용 배제

적합성 원칙과 마찬가지로 금융상품판매업자가 자본시장법 제249조의2[182]에 따른 전문투자형 사모집합투자기구의 집합투자증권(전문투자형 사모펀드)[183]을 판매하는 경우에는 적정성 원칙을 적용하지 아니한다.[184] 이는 전문투자형 사모펀드가 적격투자자[185]에 한하여 판매되는 점을 감안한 것이다. 다만, 금융상품판매업자는 전문투자형 사모펀드의 적격투자자 중 일반금융소비자가 서면교부, 우편, 팩스, 전화, 전자우편, 휴대전화 문자메시지 또는 이에 준하는 전자적 의사표시의 방법으로 적정성 원칙의 규정을 적용해 줄 것을 요청할 때에는 적정성 원칙을 적용해야 한다. 이 경우 해당 금융상품판매업자는 일반금융소비자에게 적정성 원칙의 적용을 별도로 요청할 수 있다는 사실 및 요청 방법, 그리고 별도로 요청하지 않을 경우에는 그 일반금융소비자에게 적정하지 않은 계약의 체결로 인한 손해에 대해 금융상품판매업자가 적정성 원칙에 따른 책임을 지지 않는다는 사실을 알려야 한다.[186]

(6) 적정성 원칙 위반시 효과

① 민사적 책임 : 손해배상 및 위법계약 해지

금융상품판매업자가 고의 또는 과실로 적정성 원칙을 위반하여 금융소비

---

181) 금융소비자보호법 감독규정 §10①(1)다 및 (2)나

182) 자본시장법 §249조의2(일반 사모집합투자기구의 투자자) 일반 사모집합투자기구인 투자신탁이나 투자익명조합의 일반 사모집합투자업자 또는 일반 사모집합투자기구인 투자회사등은 다음 각 호의 어느 하나에 해당하는 투자자(이하 이 장에서 "적격투자자"라 한다)에 한정하여 집합투자증권을 발행할 수 있다.

   1. 전문투자자로서 대통령령으로 정하는 투자자

   2. 1억원 이상으로서 대통령령으로 정하는 금액 이상을 투자하는 개인 또는 법인, 그 밖의 단체(「국가재정법」 별표 2에서 정한 법률에 따른 기금과 집합투자기구를 포함한다)

183) 금융상품판매업자등이 전문투자형 사모펀드를 판매하는 경우에는 적합성 원칙, 적정성 원칙 및 광고 규제는 적용되지 않으나 설명의무, 불공정영업행위 금지 및 부당권유행위 금지에 대한 규제는 적용받는다.

184) 금융소비자보호법 §18④

185) 자본시장법 §249조의2, 전문투자자(위험감수능력이 있는 투자자), 3억원 이상(부채비율 200% 미초과) 또는 5억원 이상(부채비율 200% 초과)을 일반사모집합투자기구에 투자하는 개인 또는 법인

186) 금융소비자보호법 §18⑤, 시행령 §12⑥

자에게 손해를 입힌 경우에는 금융소비자보호법 제44조 제1항에 따른 손해배상 및 금융소비자보호법 제7조 제1항에 따른 위법계약 해지의 대상이 된다.(이에 대한 자세한 내용은 본 책자의 관련 내용을 참조)

② 행정적 책임 : 과태료 및 제재조치

❶적정성 원칙을 위반하여 정보를 파악하지 아니한 자, ❷적정성 원칙을 위반하여 해당 금융상품이 적정하지 아니하다는 사실을 알리지 아니하거나 확인받지 아니한 자에 대해서는 3천만원 이하의 과태료를 부과한다.[187]

또한, ❶적정성 원칙을 위반하여 정보를 파악하지 않은 경우, ❷적정성 원칙을 위반하여 해당 금융상품이 적정하지 않다는 사실을 알리지 않거나 확인을 받지 않은 경우에는 행정제재 조치를 받을 수 있다.

:: 참고자료 | 금융소비자보호법 시행령 [별표 1] ::

금융상품판매업자등 및 그 임직원에 대한 조치 및 조치요구 기준

15. 법 제18조(적정성 원칙) 제1항을 위반하여 정보를 파악하지 않은 경우

6. 법 제18조(적정성 원칙) 제2항을 위반하여 해당 금융상품이 적정하지 않다는 사실을 알리지 않거나 확인을 받지 않은 경우

◇◇◇◇◇◇◇◇◇◇◇◇◇◇◇◇◇◇◇ **금융소비자보호법 Q&A** ◇◇◇◇◇◇◇◇◇◇◇◇◇◇◇◇◇◇◇

Ⓠ 은행은 은행업감독규정에 따라 위험회피목적의 외환파생상품만 취급하고 있는 바, 계약 체결시 소비자가 위험회피 목적이 있는지 여부 및 실제 위험회피대상 기초자산이 있는지 여부 등을 확인후 계약을 체결하고 있음.

이처럼 은행의 권유 없이 소비자의 필요에 따라 거래하는 위험회피목적 장외파생

---

187) 금융소비자보호법 §69②(3)(4)

상품의 경우 적합성원칙 등을 어떻게 적용하나요?

Ⓐ 권유가 없는 거래의 경우 적합성원칙이 아닌 적정성원칙이 적용됨.

Ⓠ 소비자가 특정상품의 계약체결 요청시 부적합한 금융투자상품 계약을 체결한 후 분쟁발생시 판매업자는 ①소비자가 부적합한 상품을 특정하여 청약했다는 사실과 ②판매업자가 부적합하다는 내용을 고지했다는 사실을 어떻게 입증할 수 있나요? ②와 관련된 법령은 무엇입니까?

Ⓐ (①, ② 입증 방법) 법령에서 별도의 입증방법을 규정하지 않음.

(②와 관련된 법령) 법 제18조(적정성 원칙)이며, 적정성 원칙 적용대상이 아닌 경우에는 ②와 관련된 업무 처리 불요.

Ⓠ 본인확인이 어렵거나 소비자가 본인확인을 원하지 않을 경우 대출상품의 소비자 질의에 대한 단순답변(안내) 시에도 적정성원칙을 적용해야 하나요? 여신상담-신청-심사-승인-계약서 작성 단계 중 계약서 작성 이전 단계까지 이를 이행하면 되는지요?

Ⓐ 고객이 적정성 원칙 준수를 위한 확인에 협조하지 않을 경우 계약체결을 거절할 수 있음.

Ⓠ 적정성 원칙 대상에서 지수 연동 목적 장외파생상품을 제외할 수 있나요?

Ⓐ 적정성 원칙 규제와 고난도 금융투자상품(이하 '고난도 상품') 규제는 대상, 절차 및 내용이 달리 적용되는 별개의 제도임.

한편, 현행 규제체계에서는 일반적으로 적정성 원칙 적용범위가 고난도 상품 인정범위보다 더 넓은 점을 감안하면, 고난도 상품이 아닌 상품이 적정성 원칙을 적용받는 것이 규제체계상 이례적이라 보기도 어려움.

☞ 따라서 고난도 상품에 해당되지 않는다는 이유로 적정성 원칙의 적용대상에서 제외할 수는 없음.

Ⓠ 상품판매 프로세스가 비대면으로 이루어질 경우, 아래와 같이 일반소비자로부터 부적정 사실에 대한 '확인'을 받기가 현실적으로 어려운데 이에 대한 대응방안은

없나요? 이를 위반시 과태료 또는 제재가 부과되나요?

– (온라인·모바일) 부적정 사실 고지 시, 일반소비자 입장에서는 부적정 사실에 대한 전자서명까지 충실히 이행할 유인이 부족하므로, 부적정 통보 시 '확인'하지 않고 종료.

– (이메일·문자메세지) 부적정 사실 고지 시 읽지 않거나 미회신.

– (전화) 전화를 받지 않거나 통화가 되더라도 부적정 내용에 대해 확인을 거부.

Ⓐ 금소법상 적정성 원칙에 따르면 금융상품이 소비자에 부적정한 경우 판매자가 그 사실을 알려야 함.

☞ 소비자가 그 사실을 확인하지 않은 상태에서는 이후 계약체결을 위한 거래절차가 진행되지 않아야 할 것임.

Ⓠ 적정성 판단결과 부적정하여 대출계약을 체결하지 않은 고객에게 부적정하다는 사실을 알리고 확인받아야 하나요?

Ⓐ 적정성 판단 결과 부적정으로 판단되어 계약 미체결 시, 해당 소비자로부터 부적정 사실에 대해 '서명, 기명날인, 녹취 등'의 방식으로 확인 받지 않아도 됨.

Ⓠ 적정성 판단결과 부적정함에도 불구하고 대출을 취급하려는 고객에게 확인받는 방법으로 e-mail이 허용되나요? '적정성 판단 보고서' 등 판단결과를 고객에게 e-mail 등 전자적인 방법으로 제공하는 것이 가능합니까?

Ⓐ 금소법령상 적정성 판단 결과에 대한 소비자 확인방법이 '(전자)서명, 기명날인, 녹취'로 한정되어 있어, 전자우편을 통해 확인하는 방법은 허용되지 않음.

라. 설명의무

(1) 의의

금융상품에 대한 설명의무는 금융상품판매업자등으로 하여금 정보 열위에 있는 일반금융소비자[188]가 스스로 거래결과에 책임을 질 수 있도록 필요한 정보를 제공하는 것으로 6대 판매규제 중 가장 중요한 사항이다. 금융소비자보호법은 모든 금융상품의 유형에 대해 설명의무를 도입하였고 금융상품 유형별로는 설명해야 하는 중요한 사항을 달리 규정하고 있다. 금융상품판매업자가 일반금 융소비자에게 계약체결을 권유하거나 금융상품판매업자가 자문에 응하는 경우 그리고 일반금융소비자가 설명을 요청하는 경우에는 금융상품에 관한 중요사 항(일반금융소비자가 특정 사항에 대한 설명만을 원하는 경우 해당 사항으로 한정)을 일반금융소비자가 이해할 수 있도록 설명하여야 한다.[189] 금융상품판매업자등 에게 설명의무를 부과하는 것은 금융상품에 대한 지식, 경험, 정보가 부족한 일 반금융소비자에게 금융상품에 대한 제대로 된 정보를 제공하여 해당 금융소비 자의 올바른 구매의사 결정을 돕는데 목적이 있다.[190]

한편, 설명의무는 보장성 상품, 투자성 상품, 예금성 상품, 대출성 상품의 모든 금융상품 유형에 적용되고 연계·제휴서비스 및 청약철회권에도 설명의무가 부 과된다. 금융상품판매업자등은 금융상품에 대해 설명을 할 때 일반금융소비자 에게 설명서(금융상품자문에 응하는 경우에는 금융상품자문서를 말함)를 서면등[191]으 로 제공하고 서명등[192]의 방법으로 확인을 받아야 한다.[193] 금융상품판매업자등 은 금융상품에 대해 설명을 할 때 일반금융소비자의 합리적인 판단 또는 금융 상품의 가치에 중대한 영향을 미칠 수 있는 사항을 거짓으로 또는 왜곡하여 설 명하거나 중요한 사항을 빠뜨려서는 아니된다.[194] 왜곡이란 불확실한 사항에 대 하여 단정적 판단을 제공하거나 확실하다고 오인하게 할 소지가 있는 내용을 알리는 행위이다. 자본시장법, 보험업법, 여신전문금융업법 등 개별 금융업법 의 설명의무 관련 규정은 모두 금융소비자보호법으로 이관되었으며,[195] 금융소 비자보호법은 금융상품에 대한 설명의무를 포괄하고 있다.

---

188) 설명의무는 일반금융소비자에게만 적용되고 전문금융소비자에게는 적용되지 않는다.

189) 금융소비자보호법 §19①

190) 이상복, 금융소비자보호법 p88 참조

191) 서면교부, 우편 또는 전자우편, 휴대전화 문자메세지 또는 이에 준하는 전자적 의사표시를 말한다.

192) 서명, 기명날인 및 녹취를 말한다.

193) 금융소비자보호법 §19②, 시행령 §14③

194) 금융소비자보호법 §19③

(2) 설명의무 이행 관련 중요사항

금융상품에 대해 공통적으로 또는 유형별로 설명해야 할 중요한 사항은 아래와 같다.

① 공통사항

금융상품판매업자등은 보장성 상품, 투자성 상품, 대출성 상품, 예금성 상품 및 금융상품자문에 대한 계약 체결을 권유하거나 자문에 응할 경우 ❶민원처리 및 분쟁조정 절차, ❷예금자보호법 등에 따른 보호 여부(대출성 상품 제외)에 관한 사항을 설명하여야 한다.[196]

② 보장성 상품

보장성 상품의 계약 체결을 권유하거나 자문에 응할 경우 금융상품판매업자등이 일반금융소비자에게 설명해야할 중요한 사항으로는 ❶보장성 상품의 내용, ❷보험료(공제료 포함), ❸보험금(공제금 포함) 지급제한 사유 및 지급절차, ❹위험보장의 범위, ❺위험보장 기간, ❻계약의 해지·해제, ❼보험료의 감액 청구, ❽보험금 또는 해약환급금의 손실 발생 가능성 그리고 ❾금융소비자보호감독규정 [별표 3] 제1호 각 목의 구분에 따른 사항이 해당된다.[197]

---

195) 보험업법은 §101조2를 신설하여 보험회사 임직원의 설명의무, 부당권유행위 금지, 광고규제 및 제3자에 대한 모집위탁에 관하여는 금융소비자보호법 관련 조항을 준용하도록 하였다.

　보험업법은 §101조2(「금융소비자 보호에 관한 법률」의 준용) ① 보험회사 임직원의 설명의무 및 부당권유행위 금지에 관하여는 「금융소비자 보호에 관한 법률」 제19조 제1항·제2항 및 제21조를 준용한다. 이 경우 "금융상품판매업자등"은 "보험회사 임직원"으로 본다.

　② 보험회사 임직원의 광고 관련 준수사항에 관하여는 「금융소비자 보호에 관한 법률」 제22조 제2항부터 제7항의 규정을 준용한다. 이 경우 "금융상품판매업자등"은 "보험회사 임직원"으로 본다.

　③ 보험회사 임직원의 제3자에 대한 모집위탁에 관하여는 「금융소비자 보호에 관한 법률」 제25조 제1항 각 호 외의 부분 및 같은 항 제2호를 준용한다. 이 경우 "금융상품판매대리·중개업자는"은 "보험회사 임직원은"으로, "금융상품판매대리·중개업자가 대리·중개하는 업무"는 "보험회사 임직원의 모집 업무"로 한다.

196) 금융소비자보호법 §19①(4), 시행령 §13⑧

197) 금융소비자보호법 §19①(1)가목, 시행령 §13①(1), 감독규정 §12①

설명 사항(규정 제12조제1항 및 제4항 관련)

1. 보장성 상품: 다음 각 목의 사항

 가. 주된 위험보장사항·부수적인 위험보장사항 및 각각의 보험료·보험금

 나. 보험료 납입기간

 다. 해약을 하거나 만기에 이른 경우에 각각 금융소비자에 돌려주어야 하는 금액(이하 "환급금"이라 한다) 및 산출근거. 이 경우 그 금액이 이미 납부한 보험료보다 적거나 없을 수 있다는 사실을 함께 설명해야 한다.

 라. 일반금융소비자 또는 피보험자가 「상법」 제651조에 따른 고지의무 및 같은 법 제652조에 따른 통지의무를 각각 위반한 경우에 금융상품직접판매업자가 계약을 해지할 수 있다는 사실

 마. 보험금(공제금을 포함한다. 이하 같다)을 지급받는 자를 일반금융소비자가 지정할 수 있는지 여부(보험금을 지급받는 자를 지정할 수 있는 경우에는 지정방법을 포함한다)

 바. 다음의 구분에 따른 사항

  1) 영 제11조제1항제1호 각 목의 금융상품[198]

   가) 만기에 일정한 금액 이상을 제공한다는 사실을 보장하는 계약인 경우에도 일반금융소비자가 중도에 해지를 하는 경우에 그 금액을 제공하지 못할 수 있다는 사실

   나) 금융상품의 구조 및 자산운용 방식

  2) 「보험업법 시행령」 제30조제1항에 따른 간단손해보험대리점[199]이 취급하는 보장성 상품: 판매·제공 또는 중개하는 재화 또는 용역의 매매와 별도로 일반금융소비자가 보장성 상품에 관한 계약을 체결 또는 취소할 수 있거나 그 계약의 피보험자가 될 수 있는 권리가 보장된다는 사실

  3) 피보험자가 생존 시 금융상품직접판매업자가 지급하는 보험금의 합계액이

---

198) 변액보험 및 보험료 또는 공제료의 일부를 자본시장법에 따른 금융투자상품의 취득·처분 또는 그 밖의 방법으로 운용할 수 있도록 하는 보험 또는 공제

199) "간단손해보험대리점"이란 재화의 판매, 용역의 제공 또는 사이버몰 통한 재화·용역의 중개를 본업으로 하는 자가 판매·제공·중개하는 재화 또는 용역과 관련 있는 보험상품을 모집하는 손해보험대리점을 말한다. (보험업법 시행령 §30①)

일반금융소비자가 이미 납입한 보험료(공제료를 포함한다. 이하 같다)를 초과하는 보장성 상품: 다음의 사항

가) 일반금융소비자가 적용받을 수 있는 이자율(이하 "적용이율"이라 한다)및 산출기준

나) 보험료 중 사업비(계약을 체결·관리하는 데 사용된 금액을 말한다. 이하 이 조에서 같다) 등을 뺀 일부 금액만 특별계정에서 운영되거나 적용이율이 적용된다는 사실 및 그 사업비 금액(적용이율이 고정되지 않는 계약에 한정한다)

4) 65세 이상을 보장하는 실손의료보험 및 이에 준하는 공제: 65세 시점의 예상보험료 및 보험료의 지속납입에 관한 사항

5) 해약환급금(금융소비자가 계약의 해지를 요구하여 계약이 해지된 경우에 금융상품판매업자가 금융소비자에게 환급해주는 금액을 말한다. 이하 같다)이 지급되지 않는 보장성 상품: 위험보장 내용이 동일하지만 해약환급금이 지급될 수 있는 다른 보장성 상품

6) 일반금융소비자에 배당이 지급되는 보장성 상품: 배당에 관한 사항

7) 계약 종료 이후 금융소비자가 청약에 필요한 사항을 금융상품직접판매업자에 알리지 않고 해당 금융상품에 관한 계약을 다시 체결할 수 있는 보장성 상품: 가입조건 및 보장내용 등의 변경에 관한 사항

사. 그 밖에 보통의 주의력을 가진 일반적인 금융소비자가 오해하기 쉬워 민원이 빈발하는 사항 등 보험금 지급 등 서비스 제공과 관하여 일반금융소비자가 특히 유의해야할 사항

③ 투자성 상품

투자성 상품의 계약 체결을 권유하거나 자문에 응할 경우 금융상품판매업자등이 일반금융소비자에게 설명해야할 중요한 사항으로는 ❶투자성 상품의 내용, ❷투자에 따른 위험, ❸연계투자[200] 및 금전 이외 재산(증권, 금전채권, 동산, 부동산, 무체재산권 등)을 수탁하는 신탁계약[201]을 제외한 투자성 상품의 경우 금융상품직접판매업자가 정하는 위험등급[202], ❹금융소비자가 부

담해야 하는 수수료, ❺계약의 해지·해제, ❻증권의 환매(還買) 및 매매, ❼온라인투자연계금융업법 제22조 제1항 각 호[203]에서 정한 정보(대출예정금액, 대출기간, 대출금리, 상환 일자·일정·금액 등) 그리고 ❽금융소비자보호감독규정 [별표 3] 제2호 각 목의 구분에 따른 사항이 해당된다.[204]

:: 참고자료 ┃ 금융소비자보호감독규정 [별표 3] ::

설명 사항(규정 제12조제1항 및 제4항 관련)

2. 투자성 상품* (연계투자는 제외한다)

   * 21.10.21. 개정 금융투자업규정의 부칙 제4조제1항 참고.

  가. 계약기간

  나. 금융상품의 구조

  다. 기대수익(객관적·합리적인 근거가 있는 경우에 한정한다). 이 경우 객관적·합리적인 근거를 포함하여 설명해야 한다.

---

200) 온라인투자연계금융업법 §2(1), "연계투자"란 온라인플랫폼을 통하여 특정 차입자에게 자금을 제공할 목적으로 하는 투자를 말한다.

201) 자본시장법 §103①(2)~(7)의 규정에 따른 신탁계약을 말한다.

  자본시장법 §103(신탁재산의 제한 등) ① 신탁업자는 다음 각 호의 재산 외의 재산을 수탁할 수 없다.

  1. 금전 2. 증권 3. 금전채권 4. 동산 5. 부동산 6. 지상권, 전세권, 부동산임차권, 부동산소유권 이전등기청구권, 그 밖의 부동산 관련 권리

  7. 무체재산권(지식재산권을 포함한다)

202) 금융상품직접판매업자가 위험등급을 정하는 경우에는 기초자산의 변동성, 자본시장법에 따른 신용등급, 금융상품 구조의 복잡성 그리고 최대원금손실 가능금액을 고려하여야 한다. (금융소비자보호법 시행령 §13③)

203) 온라인투자연계금융업법 §22(투자자에게 제공하는 정보) ① 온라인투자연계금융업자는 투자자에게 다음 각 호에 해당하는 정보를 투자자가 쉽게 이해할 수 있도록 온라인플랫폼을 통하여 제공하여야 한다.

  1. 대출예정금액, 대출기간, 대출금리, 상환 일자·일정·금액 등 연계대출의 내용

  2. 제20조 제1항에 따라 확인한 차입자에 관한 사항

  3. 연계투자에 따른 위험

  4. 수수료·수수료율

  5. 이자소득에 대한 세금·세율

  6. 연계투자 수익률·순수익률

  7. 투자자가 수취할 수 있는 예상 수익률

  8. 담보가 있는 경우에는 담보가치, 담보가치의 평가방법, 담보설정의 방법 등에 관한 사항

  9. 채무불이행 시 추심, 채권매각 등 원리금상환 절차 및 채권추심수수료 등 관련비용에 관한 사항

  10. 연계대출채권 및 차입자 등에 대한 사항에 변경이 있는 경우에는 그 변경된 내용

  11. 그 밖에 투자자 보호를 위하여 필요한 정보로서 금융위원회가 정하여 고시하는 사항

204) 금융소비자보호법 §19①(1)나목, 시행령 §13②③, 감독규정 §12④

라. 손실이 발생할 수 있는 상황(최대 손실이 발생할 수 있는 상황을 포함한다) 및 그에 따른 손실 추정액. 이 경우, 객관적·합리적인 근거를 포함하여 설명해야 한다.

마. 위험등급에 관한 다음의 사항

　　가) 해당 위험등급으로 정해진 이유

　　나) 해당 위험등급의 의미 및 유의사항

바. 계약상 만기에 이르기 전에 일정 요건이 충족되어 계약이 종료되는 금융상품의 경우 그 요건에 관한 사항

◇◇◇◇◇◇◇◇◇◇◇◇◇◇◇◇◇◇◇ 금융소비자보호법 Q&A ◇◇◇◇◇◇◇◇◇◇◇◇◇◇◇◇◇◇◇

Q 신용보증기금의 P–CBO 제도와 관련하여 증권사가 중소기업 사모사채를 인수하고 이를 SPC에 양도하는 것을 투자성 상품(중소기업 사모사채)에 대한 판매행위로 보고 SPC에게 설명서를 제공해야 합니까?

A P–CBO 발행은 증권사와 신용보증기금 간 약정에 따라 이루어지며, 증권사의 사모사채 양도는 그 약정에 따라 이루어지는 과정으로서 해당 행위를 영업행위로 보기는 어렵다고 보임.

☞ 제출의견상 증권사의 사모사채 양도는 금소법상 금융상품판매행위로 볼 수는 없으므로 관련 규제의 적용을 받지 않음.

---

④ 예금성 상품

예금성 상품의 계약 체결을 권유하거나 자문에 응할 경우 금융상품판매업자등이 일반금융소비자에게 설명해야할 중요한 사항으로는 ❶예금성 상품의 내용, ❷이자율(만기 후 적용되는 이자율 포함) 및 산출근거, ❸수익률 및 산출근거, ❹계약의 해지·해제 그리고 ❺이자·수익의 지급시기 및 지급제

한 사유가 해당된다.[205]

⑤ 대출성 상품

대출성 상품의 계약 체결을 권유하거나 자문에 응할 경우 금융상품판매업자등이 일반금융소비자에게 설명해야할 중요한 사항으로는 ❶금리 및 변동 여부, 중도상환수수료[206] 부과 여부·기간 및 수수료율 등 대출성 상품의 내용, ❷상환방법에 따른 상환금액·이자율·시기, ❸저당권 등 담보권 설정에 관한 사항, 담보권 실행사유 및 담보권 실행에 따른 담보목적물의 소유권 상실 등 권리변동에 관한 사항, ❹대출원리금, 수수료 등 금융소비자가 대출계약을 체결하는 경우 부담하여야 하는 금액의 총액, ❺계약의 해지·해제, ❻신용에 미치는 영향, ❼원리금 납부 연체에 따른 연체 이자율 및 그 밖의 불이익, ❽계약기간 및 그 연장에 관한 사항 그리고 ❾이자율의 산출기준이 있다. 또한, ❿신용카드에 한하여 ⅰ)신용카드로 결제한 금액 중 일부 비율만 지불하고 나머지 금액은 이후에 지출하는 서비스[207]의 위험성 및 관련 예시, ⅱ)연회비 등 신용카드의 거래조건 및 연회비 반환에 관한 사항(반환사유, 반환금액 산정방식, 반환금액의 반환기준을 포함)도 설명해야 할 중요한 사항에 해당된다.[208]

⑥ 연계·제휴서비스등

연계·제휴서비스등이란 금융상품과 연계되거나 제휴된 금융상품 또는 서비스등을 말한다. 연계·제휴서비스등의 계약 체결을 권유하거나 자문에 응할 경우 금융상품판매업자등이 일반금융소비자에게 설명해야 할 중요한 사항

---

205) 금융소비자보호법§19①(1)다목, 시행령§13⑤

206) 금융소비자가 대출만기일이 도래하기 전 대출금의 전부 또는 일부를 상환하는 경우에 부과하는 수수료를 의미한다.

207) 일반적으로 신용카드 결제는 약정된 결제일에 일시불로 처리되지만 리볼빙(revolving)제도에 가입하면 약정된 결제일에 일정 금액만 결제하고 나머지 대금은 대출로 이전되어 결제능력이 부족한 카드 이용자도 계속해서 신용카드를 사용할 수 있다. 그러나, 카드사가 높은 수수료와 채무 상환 부담이 가중되는 리볼빙 제도의 부작용을 제대로 설명하지 않아 피해를 보았다는 불완전판매 분쟁이 많이 발생하고 있다.

208) 금융소비자보호법§19①(1)라목, 시행령§13⑥, 감독규정§12⑤

으로는 ❶연계·제휴서비스등의 내용, ❷연계·제휴서비스등의 이행책임에 관한 사항, ❸연계·제휴서비스등의 제공기간, ❹연계·제휴서비스등의 변경·종료에 대한 사전통지 그리고 ❺연계·제휴서비스등을 받을 수 있는 조건이 있다.[209]

⑦ 청약철회권 : 보장성·투자성·대출성 상품 및 금융상품자문

일반금융소비자가 보장성 상품, 투자성 상품, 대출성 상품 및 금융상품자문에 관한 계약의 청약을 할 경우 금융소비자보호법 제46조에 의거 청약철회권을 행사할 수 있는 바, 이 경우 금융상품판매업자등은 일반금융소비자에게 "청약 철회의 기한·행사방법·효과에 관한 사항"을 설명하여야 한다.[210]

〈 금융상품 유형별 설명의무 이행 관련 중요사항 〉

구 분	설명의무 이행이 필요한 중요사항
공통사항	– 민원처리 및 분쟁조정 절차 – 예금자보호법 등에 따른 보호 여부(대출성 상품 제외)
보장성 상품	– 보장성 상품의 내용 – 보험료(공제료 포함) – 보험금(공제금 포함) 지급제한 사유 및 지급절차 – 위험보장의 범위 – 위험보장 기간 – 계약의 해지·해제 – 보험료의 감액 청구 – 보험금 또는 해약환급금의 손실 발생 가능성 – 금융소비자보호감독규정 [별표 3] 제1호 각 목의 사항

---

209) 금융소비자보호법 §19①(2), 시행령 §13⑦, 감독규정 §12⑥
210) 금융소비자보호법 §19①(3)

투자성 상품	– 투자성 상품의 내용 – 투자에 따른 위험 – 금융상품직접판매업자가 정하는 위험등급[주] – 금융소비자가 부담해야 하는 수수료 – 계약의 해지·해제 – 증권의 환매 및 매매 – 온투법 §22①각호에서 정한 정보 – 금융소비자보호감독규정 [별표 3] 제2호 각 목의 사항
예금성 상품	– 예금성 상품의 내용 – 이자율(만기 후 적용되는 이자율 포함) 및 산출근거 – 수익률 및 산출근거 – 계약의 해지·해제 – 이자수익의 지급시기 및 지급제한 사유

대출성 상품	– 금리 및 변동 여부, 중도상환수수료 부과 여부·기간 및 수수료율 등 대출성 상품의 내용
	– 상환방법에 따른 상환금액·이자율·시기
	– 저당권 등 담보권 설정에 관한 사항, 담보권 실행사유 및 담보권 실행에 따른 담보목적물의 소유권 상실 등 권리변동에 관한 사항
	– 대출원리금, 수수료 등 금융소비자가 대출계약을 체결하는 경우 부담하여야 하는 금액의 총액
	– 계약의 해지·해제
	– 신용에 미치는 영향
	– 원리금 납부 연체에 따른 연체 이자율 및 그 밖의 불이익
	– 계약기간 및 그 연장에 관한 사항
	– 이자율의 산출기준
	– 신용카드에 관한 다음 사항
	  ● 리볼빙 서비스의 위험성 및 관련 예시
	  ● 연회비 등 신용카드의 거래조건 및 연회비 반환에 관한 사항
	    (반환사유, 반환금액 산정방식, 반환금액의 반환기준을 포함)

연계·제휴 서비스	– 연계·제휴서비스의 내용

	– 연계·제휴서비스를 받을 수 있는 조건 – 연계·제휴서비스의 이행책임에 관한 사항 – 연계·제휴서비스의 제공기간 – 연계·제휴서비스의 변경·종료에 대한 사전통지
청약철회권	– 청약 철회의 기한·행사방법·효과에 관한 사항

주 : 연계투자 및 금전 이외 재산(증권, 금전채권, 동산, 부동산, 무체재산권 등)을 수탁하는 신탁계약에 해당하는 투자성 상품은 제외

(3) 금융상품직접판매업자의 투자성 상품에 대한 위험등급 결정시 고려사항 및 준수사항

① 고려사항

금융상품직접판매업자가 금융상품에 대해 위험등급을 정하는 경우에는 ❶자본시장법에 따른 기초자산의 변동성, ❷자본시장법에 따른 신용등급, ❸금융상품 구조의 복잡성, ❹최대 원금손실 가능금액, ❺금융소비자의 환매(還買)나 매매가 용이한지에 관한 사항, ❻환율의 변동성(외국화폐에 투자하는 경우에 한정) 그리고 ❼그 밖에 원금손실 위험에 중요한 영향을 미칠 수 있는 사항을 고려해야 한다.[211]

② 준수사항

금융상품직접판매업자가 위험등급을 정하는 경우에 ❶객관적 자료에 근거하여 평가하여야 하고 ❷위험등급은 원금손실 위험(원금 손실발생 가능성 및 손실규모 등을 종합적으로 평가한 결과)에 비례하여 구분하여야 하며, ❸위험등급이 금융상품의 발행인이 정한 위험등급과 다른 경우에는 해당 발행인과 위험등급의 적정성에 대해 협의(금융상품직접판매업자가 해당 금융상품의 발행인이 아닌 경우로 한정)하여야 한다.[212]

(4) 설명서에 포함되어야 할 사항

① 의의

금융상품에 대한 중요한 사항의 설명에 필요한 설명서에는 금융소비자보호법 제19조 제1항 각호의 구분에 따른 사항으로 ❶금융상품의 유형별로 중요사항, ❷연계·제휴서비스 등에 관한 사항, ❸청약 철회의 기한·행사방법·효과에 관한 사항 그리고 ❹기타 금융소비자보호를 위한 사항이 포함되어야 하며, 설명서의 내용이 일반금융소비자가 쉽게 이해할 수 있도록 작성되어야 한다.[213]

② 투자설명서 등 제공 시 해당 내용은 금융소비자보호법 상 설명서에서 제외 가능

다만, 일반금융소비자에게 자본시장법 제123조 제1항[214]에 따른 투자설명서[215] 또는 간이투자설명서[216]를 제공하는 경우에는 해당 내용을 금융소비자보호법에 따른 설명서에서 제외할 수 있다.[217] 즉, 투자설명서 또는 간이투자설명서에 기재된 설명항목이 금융소비자보호법 상 설명서에 포함될 사항과 모두 같다면 금융소비자보호법에 따른 설명서를 별도로 작성하지 아니

---

211) 금융소비자보호법 시행령 §13③, 감독규정 §12③

212) 금융소비자보호감독규정 §12②

213) 금융소비자보호법 시행령 §14①본문

214) 자본시장법 §123(투자설명서의 작성·공시)

① 제119조에 따라 증권을 모집하거나 매출하는 경우 그 발행인은 대통령령으로 정하는 방법에 따라 작성한 투자설명서(이하 "투자설명서"라 한다) 및 제124조 제2항 제3호에 따른 간이투자설명서(모집 또는 매출하는 증권이 집합투자증권인 경우로 한정한다. 이하 이 조에서 같다)를 그 증권신고의 효력이 발생하는 날(제119조 제2항에 따라 일괄신고추가서류를 제출하여야 하는 경우에는 그 일괄신고추가서류를 제출하는 날로 한다)에 금융위원회에 제출하여야 하며, 이를 총리령으로 정하는 장소에 비치하고 일반인이 열람할 수 있도록 하여야 한다.

215) 투자설명서는 증권의 매수청약을 권유하는 경우 일반투자자에게 제공하는 투자권유문서로서 증권신고서의 내용을 보다 알기 쉽고 객관적이며, 간단명료하게 작성하여 일반투자자에게 제공함으로써 합리적인 투자판단을 할 수 있게 해주는 문서이다. 증권신고의 효력이 발생한 후 모집 또는 매출의 조건이 확정된 경우 청약의 권유 및 승낙을 위하여 사용하는 청약권유문서이다.

216) 간이투자설명서는 증권신고서가 수리된 후 신문·방송·잡지 등을 이용한 광고, 안내문·홍보전단 또는 전자전달매체를 통하여 발행인이 청약을 권유하는 경우 투자설명서에 기재하여야 할 사항 중 그 일부를 생략하거나 중요한 사항만을 발췌하여 기재 또는 표시한 문서, 전자문서, 그 밖에 이에 준하는 기재 또는 표시를 말한다. 간이투자설명서에 의해서도 청약의 권유를 할 수 있지만 승낙을 할 수는 없다.

217) 금융소비자보호법 시행령 §14①단서

하여도 되고 만일 일부 사항에 차이가 있다면 차이가 있는 것에 대해서만 금융소비자보호법 상 설명서에 기재할 수 있다. 예를 들어 공모펀드를 발행하면서 금융소비자에게 간이투자설명서를 제공하였고 동 간이투자설명서에 금융소비자보호법에서 설명하도록 규정한 사항이 모두 포함되어 있다면 금융소비자보호법에 따른 설명서를 별도로 작성하지 아니하여도 무방하고 간이투자설명서를 제공한 것으로 금융소비자보호법 상 설명서 제공 의무도 이행한 것으로 해석할 수 있다. 금융소비자보호법에 따라 교부해야 하는 설명서의 명칭이 다르더라도 어떤 형태로든 해당 설명서의 설명항목이 금융소비자에게 전달된다면 그 취지는 이행되었다고 볼 수 있다.[218]

③ 설명자의 서명

설명서에는 일반금융소비자에게 설명한 내용과 실제 설명서의 내용이 같다는 사실에 대해 중요한 사항을 설명한 사람의 서명(전자서명 포함)이 있어야 한다. 다만, ❶예금성 상품 또는 대출성 상품에 관한 계약과 ❷전자금융거래법에 따른 전자적 장치를 이용한 자동화 방식을 통해서만 서비스가 제공되는 계약에 대한 설명서는 설명자의 서명을 제외한다.[219]

④ 설명서 작성 시 준수사항

금융상품판매업자등은 금융소비자보호법 제19조 제2항에 따른 설명서의 내용을 작성하는 경우에는 ❶일반금융소비자가 쉽게 이해할 수 있도록 알기 쉬운 용어를 사용하여 작성할 것, ❷계약 내용 중 일반금융소비자의 선택에 따라 재산상 이익에 상당한 영향을 미칠 수 있는 사항이 있는 경우에는 일반금융소비자가 선택할 수 있는 사항들을 쉽게 비교할 수 있도록 관련 정보를 제공할 것, ❸중요한 내용은 부호, 색채, 굵고 큰 글자 등으로 명확

---

218) 금융위원회·금융감독원, 금융소비자보호법 FAQ 답변 참조
219) 금융소비자보호법 시행령 §14②

하게 표시하여 알아보기 쉽게 작성할 것 그리고 ❹일반금융소비자가 해당 금융상품에 관한 계약으로 받을 수 있는 혜택이 있는 경우 그 혜택 및 혜택을 받는 데 필요한 조건을 함께 알 수 있도록 할 것 등의 사항을 준수하여야 한다.[220] 또한, ❺설명서의 맨 앞에는 일반금융소비자가 계약체결 여부에 대한 판단이나 권익 보호에 중요한 영향을 줄 수 있는 사항들을 요약(핵심설명서)하여 두어야 한다. 다만, 예금성 상품 등 설명서의 내용이 간단하여 요약이 불필요한 금융상품은 생략할 수 있다.[221] 핵심설명서에 포함되어야 하는 사항으로는 유사한 금융상품과 구별되는 특징, 금융상품으로 인해 발생 가능한 불이익에 관한 사항, 민원을 제기하거나 상담을 요청하려는 경우 이용 가능한 연락처가 해당된다.

특히, 금융상품으로 인해 발생 가능한 불이익에 관한 사항의 경우에는 ⅰ)민원·분쟁 또는 상담요청이 빈번하여 일반금융소비자의 숙지가 필요한 사항을 반드시 포함해야 함은 물론 금융상품 유형별로 ⅱ)투자성 상품의 경우 위험등급의 의미 및 유의사항을, ⅲ)보장성 상품의 경우 해약환급금이 이미 납부한 보험료[222]보다 적거나 없을 수 있다는 사실을, ⅳ)대출성 상품의 경우 대출에 대해서는 원리금 연체시 불이익, 신용카드에 대해서는 매월 사용대금 중 일정 비율만 지불하고 나머지 금액은 이후 지불하는 서비스의 위험성 및 관련 예시와 연회비 등 신용카드의 거래조건 및 연회비 반환에 관한 사항[223]을 반드시 포함해야 한다.[224] 아울러 설명서에는 ❻보험의 경우에는 보험료 및 보험금에 대한 일반금융소비자의 이해를 돕기 위한 내용으로서 금융소비자 보호감독규정 [별표 4]에 해당하는 사항을 기재하여야 한다.[225]

---

220) 금융소비자보호감독규정 §13①(1)~(4)
221) 금융소비자보호감독규정 §13①(5)
222) 공제료 포함
223) 반환사유, 반환금액 산정방식, 반환금액의 반환기한을 포함
224) 금융소비자보호감독규정 §13①(5)
225) 금융소비자보호감독규정 §13①(6)

보장성 상품 설명서에 포함되어야 하는 사항
(규정 제13조제1항제6호 관련)

1. 피보험자가 생존 시 보험금의 합계액이 이미 납입된 보험료를 초과하는 보장성 상품의 보험료에 관한 다음 각 목의 사항

   가. 계약을 체결·관리하는데 사용되는 금액

   나. 위험을 보장하는데 사용되는 금액

   다. 특별계정을 설정·운용하는데 사용되는 금액

   라. 중도인출수수료

   마. 주된 위험보장사항·부수적인 위험보장사항 외의 서비스 제공을 위해 사용되는 금액

   바. 계약 해지 시 공제되는 금액

2. 피보험자가 생존 시 보험금의 합계액이 이미 납입된 보험료를 초과하지 않는 보장성 상품에 관한 다음 각 목의 사항. 이 경우, 나목은 「보험업법」에 따른 자동차보험계약에 적용하지 않는다.

   가. 「보험업감독규정」에 따른 보험가격지수[226] 및 보장범위지수[227]에 관한 사항(예시를 포함한다). 다만, 「보험업감독규정」 제1-2조제11호에 따른 일반손해보험은 제외한다.

   나. 「보험업감독규정」제7-46조제1항마목에 따른 계약체결비용지수 및 부가보험료지수(예시를 포함한다). 다만, 다음의 어느 하나에 해당하는 경우는 설명하지 않아도 된다.

   1) 계약을 체결하는데 사용되는 금액(이하 "계약체결비용"이라 한다)이 「보험업감독규정」 별표 14에 따른 표준해약공제액(이하 "표준해약공제액"이라 한다)보다 작거나 같은 경우

   2) 위험보장 기간이 종신이고 사망 위험을 보장하는 보장성 상품의 계약체결비용이 표준해약공제액의 1.4배(사망 외의 위험도 보장하는 보장성 상품인 경 우에는 사망 위험에 한정하여 적용한다) 이내인 경우

3. 다음 각 목의 구분에 따른 사항

   가. 「보험업감독규정」 제1-2조 제8호에 따른 자산연계형보험: 적용이율 산출근

거. 다만, 공시이율을 적용하는 경우는 제외한다.

나. 보험금이 금리 등에 연동되는 상품: 직전 1년간 적용금리의 변동현황

다. 만기 시 자동갱신되는 보장성 상품: 최대 갱신 가능나이 또는 75세 이상을 포함하여 최소 5개 이상 갱신시점의 예상 보험료

(5) 설명서 제공 및 확인의무

① 설명 전(前) 설명서 제공의무

금융상품판매업자등은 설명을 하기 전에 ❶서면 교부, ❷우편 또는 전자우편, ❸휴대전화 문자메세지 또는 이에 준하는 전자적 의사표시[228] 중 하나의 방법으로 일반금융소비자에게 설명서를 제공해야 한다.[229]

② 설명서 확인의무

금융상품판매업자등은 설명한 내용을 일반금융소비자가 이해하였음을 서명, 기명날인, 녹취의 방법으로 확인받아야 한다.[230]

(6) 설명서 제공 의무의 예외

금융소비자 보호 및 건전한 거래질서를 해칠 우려가 없는 경우로서 다음의 경우에는 설명서를 제공하지 아니할 수 있다.[231]

① 금융상품자문업자가 금융소비자 문의에 대해 답변한 경우

---

226) "보험가격지수"란 보험료총액을 참조순보험료(보험금의 지급에 충당되는 보험료) 총액과 보험회사 평균사업비총액을 합한 금액으로 나눈 비율을 말한다.

227) "보장범위지수"란 보험상품공시위원회에서 정하는 표준보장범위의 순보험료와 해당 보험상품의 순보험료를 나눈 비율을 말한다.

228) 전자적 장치(모바일 앱, 태블릿 등)의 화면을 통해 설명서 내용을 보여주는 것도 포함

229) 금융소비자보호법 §19②본문, 시행령 §14③

230) 금융소비자보호법 §19②본문

231) 금융소비자보호법 §19②단서, 시행령 §14④

금융상품자문업자가 해당 금융소비자 문의에 대한 답변 및 그 근거, 자문의 대상이 된 금융상품의 세부정보 확인 방법이 포함된 서류를 일반금융소비자에게 제공한 경우에는 금융소비자보호법 상 설명서를 제공하지 아니할 수 있다.[232]

② 온라인투자연계금융업자가 금융소비자에게 제공·설명한 경우

온라인투자연계금융업자가 일반금융소비자에게 온라인투자연계금융업법 제22조 제1항[233] 각 호의 정보를 모두 제공하거나 같은 법 제24조 제1항 각 호[234]의 사항을 모두 설명한 경우에는 금융소비자보호법 상 설명서를 제공하지 아니할 수 있다.[235]

---

232) 금융소비자보호법 시행령 §14④(1)

233) 온라인투자연계금융업법 §22(투자자에게 제공하는 정보) ① 온라인투자연계금융업자는 투자자에게 다음 각 호에 해당하는 정보를 투자자가 쉽게 이해할 수 있도록 온라인플랫폼을 통하여 제공하여야 한다.

　1. 대출예정금액, 대출기간, 대출금리, 상환 일자·일정·금액 등 연계대출의 내용

　2. 제20조 제1항에 따라 확인한 차입자에 관한 사항

　3. 연계투자에 따른 위험

　4. 수수료·수수료율

　5. 이자소득에 대한 세금·세율

　6. 연계투자 수익률·순수익률

　7. 투자자가 수취할 수 있는 예상 수익률

　8. 담보가 있는 경우에는 담보가치, 담보가치의 평가방법, 담보설정의 방법 등에 관한 사항

　9. 채무불이행 시 추심, 채권매각 등 원리금상환 절차 및 채권추심수수료 등 관련비용에 관한 사항

　10. 연계대출채권 및 차입자 등에 대한 사항에 변경이 있는 경우에는 그 변경된 내용

　11. 그 밖에 투자자 보호를 위하여 필요한 정보로서 금융위원회가 정하여 고시하는 사항

온라인투자연계금융업감독규정 시행세칙 § 11(투자자에게 제공하는 정보)규정 제23조제1항제4호에서 "연계투자상품의 유형에 따라 금융감독원장이 정하는 정보의 세부사항"은 다음 각 호와 같다.

　1. 부동산 개발사업(부동산 프로젝트파이낸싱) 연계대출·투자상품

　　가. 사업 진행상의 리스크관리 및 프로젝트 완료시 사업대상 부동산의 가치평가 등 사업성 평가 자료

　　나. 담보설정내용 및 담보물에 대한 감정평가서 등 담보물의 가치평가에 대한 객관적 자료, 담보처분계획

　　다. 선순위 채권 현황

　　라. 선순위채권 등을 고려한 담보물 회수예상가액

　　마. 사업대상 부동산의 주소, 프로젝트 완료시 소유권보존 및 이전 등 부동산등기에 관한 사항

　　바. 차입자의 상환계획

　　사. 시행사 및 시공사의 명칭, 개황, 사업실적

　　아. 시공사의 책임준공약정의 내용

    자. 가목부터 아목까지의 사항에 대해 회계사·변호사·감정평가사 등 전문가로부터 확인받은 사항

    차. 차입자가 온라인투자연계금융업자(연계대출을 실행하려는 해당 온라인투자연계업자 및 다른 온라인투자연계금융업자를 포함한다. 다만, 2021년 4월 30일까지는 해당 온라인투자연계금융업자로 한정한다)로부터 받은 연계대출 잔액

    카. 과거 온라인투자연계금융업자로부터 온라인투자연계대출을 받은 후 상환한 내역

    타. 해당 온라인투자연계금융업자의 연계대출채권 연체율 및 해당 연계대출이 포함된 연계대출상품 유형의 연체율

2. 부동산 담보 연계대출·투자상품

    가. 담보물에 대한 감정평가서 등 담보물의 가치평가에 대한 객관적 증빙

    나. 선순위 채권 현황

    다. 선순위채권 등을 고려한 담보물 회수예상가액

    라. 담보 부동산의 주소 및 담보설정 등 부동산등기에 관한 사항

    마. 차입자의 상환계획

    바. 담보설정내용 및 담보처분계획

    사. 가목부터 바목까지의 사항에 대해 회계사·변호사·감정평가사 등 전문가로부터 확인받은 사항

    아. 제1호 차목부터 타목까지의 사항

3. 기타 담보 연계대출·투자상품(어음·매출채권 담보 연계대출·투자상품 제외)

    가. 담보물에 대한 감정평가서 등 담보물의 가치평가에 대한 객관적 자료

    나. 선순위 채권 현황

    다. 선순위채권 등을 고려한 담보물 회수예상가액

    라. 차입자의 상환계획

    마. 담보설정내용 및 담보처분계획

    바. 제1호 차목부터 타목까지의 사항

4. 어음·매출채권 담보 연계대출·투자상품

    가. 어음의 내용(어음금액, 만기, 어음채무자의 항변사항 등 어음의 성립 및 행사에 관한 사항), 매출채권의 내용(매출채권 금액, 변제기 등 매출채권의 성립 및 행사에 관한 사항)에 관한 사항

    나. 어음·매출채권의 만기와 연계대출채권의 만기가 불일치하는 경우, 담보권의 실행 및 담보실행가액의 보존·관리에 관한 사항

    다. 차입자의 상환계획

    라. 담보설정 및 담보처분계획

    마. 차입자가 개인인 경우, 차입자에 대한 제5호 각 목의 사항

    바. 차입자가 법인인 경우, 차입자에 대한 제6호 각 목의 사항

    사. 어음의 발행인·매출채권 등의 상환의무자(이하 이 조에서 "상환의무자"라 한다)가 개인인 경우, 상환의무자에 대한 제5호 각 목의 사항

    아. 상환의무자가 법인인 경우, 상환의무자에 대한 제6호 각 목(제6호 가목의 대표자의 신용등급은 제외한다)의 사항

    자. 제1호 차목부터 타목까지의 사항

5. 차입자가 개인인 신용 연계대출·투자상품

    가. 차입자의 신용등급(내부평가기준에 따른 등급인지, 외부 평가기관의 평가등급인지 구분하여 명시할 것)

    나. 최근 1년간 대출 연체기록

    다. 차입목적

    라. 개인파산·개인회생 등 채무불이행 기록 관련 사항

    마. 차입자의 상환계획

    바. 제1호 차목부터 타목까지의 사항

    사. 차입자가 개인사업자인 경우에는 제6호 라목·마목 및 바목의 사항

③ 대부업자 또는 대부중개업자가 설명한 경우

대부업자 또는 대부중개업자가 일반금융소비자에게 대부업법 제6조 제1항 각 호[236]의 사항을 모두 설명한 경우에는 금융소비자보호법 상 설명서를 제공하지 아니할 수 있다.[237]

④ 동일 내용의 계약 갱신의 경우

기존 계약과 동일한 내용으로 계약을 갱신하는 경우에는 설명서를 제공하지 아니할 수 있다.[238]

---

6. 차입자가 법인인 신용 연계대출·투자상품

　가. 차입자 및 대표자의 신용등급(내부평가기준에 따른 등급인지, 외부 평가기관의 평가등급인지 구분하여 명시할 것)

　나. 최근 1년간 대출 연체기록

　다. 차입목적

　라. 차입자의 직전년도 결산 재무제표

　마. 자산 및 부채현황

　바. 매출현황

　사. 연대보증 유무

　아. 차입자의 상환계획

　자. 제1호 차목부터 타목까지의 사항

234) 온라인투자연계금융업법 §24(연계대출계약의 체결 등) ① 온라인투자연계금융업자는 차입자와 연계대출계약을 체결하는 경우에는 다음 각 호의 사항이 포함된 계약서를 차입자에게 교부하여야 한다.

　1. 온라인투자연계금융업자 및 차입자의 명칭 또는 성명 및 주소 또는 소재지

　2. 계약일자

　3. 대출금액

　4. 대출이자율 및 연체이자율

　5. 수수료 등 부대비용

　6. 변제기간 및 변제방법

　7. 손해배상액 또는 강제집행에 관한 약정이 있는 경우에는 그 내용 8. 채무의 조기상환 조건

　8. 채무의 조기상환 조건

　9. 그 밖에 차입자를 보호하기 위하여 필요한 사항으로서 대통령령으로 정하는 사항

　온라인투자연계금융업법 시행령 §22(연계대출계약의 체결 등) ① 법 제24조 제1항 제9호에서 "대통령령으로 정하는 사항"이란 다음 각 호의 사항을 말한다.

　1. 대출원리금의 변제순서에 관한 약정이 있는 경우에는 약정내용에 관한 사항

　2. 채무와 관련된 증명서 발급비용과 발급기한에 관한 사항

　3. 연계대출계약의 변경 및 해제·해지에 관한 사항

　4. 대출채권의 추심절차에 관한 사항

　5. 그 밖에 차입자를 보호하기 위해 필요한 사항으로서 금융위원회가 정하여 고시하는 사항

235) 금융소비자보호법 시행령 §14④(2)

⑤ 계속적·반복적 거래의 경우

기본 계약을 체결하고 그 계약내용에 따라 계속적·반복적으로 거래를 하는 경우에는 설명서를 제공하지 아니할 수 있다.[239]

⑥ 동일한 계약을 반복하여 체결하는 경우

보험업법 시행령 제1조의2 제3항 제2호[240]에 따른 해상보험계약 또는 여객자동차 운수사업법에 따른 여객자동차 운송사업 등 영업을 목적으로 체결하는 보험업법 시행령 제1조의2 제3항 제3호[241]에 따른 자동차보험계약으로서 동일한 계약을 반복하여 체결하는 경우에는 설명서를 제공하지 아니할 수 있다.[242]

---

236) 대부업법 §6(대부계약의 체결 등) ① 대부업자가 그의 거래상대방과 대부계약을 체결하는 경우에는 거래상대방이 본인임을 확인하고 다음 각 호의 사항이 적힌 대부계약서를 거래상대방에게 교부하여야 한다. 〈개정 2010. 1. 25., 2014. 1. 1., 2017. 4. 18.〉

　1. 대부업자(그 영업소를 포함한다) 및 거래상대방의 명칭 또는 성명 및 주소 또는 소재지

　2. 계약일자

　3. 대부금액

　3의2. 제8조 제1항에 따른 최고이자율

　4. 대부이자율(제8조 제2항에 따른 이자율의 세부내역 및 연 이자율로 환산한 것을 포함한다)

　5. 변제기간 및 변제방법

　6. 제5호의 변제방법이 계좌이체 방식인 경우에는 변제를 받기 위한 대부업자 명의의 계좌번호

　7. 해당 거래에 관한 모든 부대비용

　8. 손해배상액 또는 강제집행에 관한 약정이 있는 경우에는 그 내용

　9. 보증계약을 체결한 경우에는 그 내용

　10. 채무의 조기상환수수료율 등 조기상환조건

　11. 연체이자율

　12. 그 밖에 대부업자의 거래상대방을 보호하기 위하여 필요한 사항으로서 대통령령으로 정하는 사항

237) 금융소비자보호법 시행령 §14④(3)
238) 금융소비자보호법 시행령 §14④(4)
239) 금융소비자보호법 시행령 §14④(5), 감독규정 §13②(1)
240) 보험업법 시행령 §1조의2, ③ 법 제2조 제1호 나목에서 "대통령령으로 정하는 계약"이란 다음 각 호의 계약을 말한다.

　2. 해상보험계약(항공·운송보험계약을 포함한다)

241) 보험업법 시행령 §1조의2, ③ 법 제2조 제1호 나목에서 "대통령령으로 정하는 계약"이란 다음 각 호의 계약을 말한다.

　3. 자동차보험계약

242) 금융소비자보호감독규정 §13②(2)

⑦ 여행업자 등에게 설명서를 제공한 경우

관광진흥법에 따라 등록한 여행업자가 여행자를 위하여 일괄 체결하는 보험계약[243]으로서 여행자인 일반금융소비자를 위해 해당 계약을 체결한 여행업자 또는 구성원이 5명 이상인 단체가 그 단체의 구성원을 위해 체결하는 계약으로서 일반금융소비자가 속한 해당 단체 또는 그 단체의 대표자에게 설명서를 제공한 경우에는 설명서를 제공하지 아니할 수 있다.[244]

⑧ 전화를 이용한 모집자의 보장성 상품에 관한 계약의 체결을 대리·중개하는 경우

보험업법 시행령 제43조 제2항[245]에 따른 전화를 이용하여 모집하는 자가 보장성 상품에 관한 계약의 체결을 대리·중개하는 경우에는 설명서를 제공하지 아니할 수 있다.[246]

⑨ 전화권유판매업자[247]가 대출성 상품에 관한 계약의 체결을 대리·중개하는 경우

방문판매법에 따른 전화권유판매업자가 대출성 상품에 관한 계약의 체결을 대리·중개하는 경우 전화로 설명한 내용과 설명서가 일치하고 전화로 설명한 내용을 녹취할 때에는 설명서를 제공하지 아니할 수 있다.[248]

---

243) 보험업법 시행령 §42조의5①(2)에 따른 보험계약을 말한다.

　보험업법 시행령 §42조의5①, 2. 여행 중 발생한 위험을 보장하는 보험계약으로서 다음 각 목의 어느 하나에 해당하는 보험계약

　가. 「관광진흥법」제4조에 따라 등록한 여행업자가 여행자를 위하여 일괄 체결하는 보험계약

　나. 특정 단체가 그 단체의 구성원을 위하여 일괄 체결하는 보험계약

244) 금융소비자보호감독규정 §13②(3)

245) 보험업법 시행령 §43(통신수단을 이용한 모집·철회 및 해지 등 관련 준수사항), ② 법 제96조 제1항에 따른 통신수단 중 전화를 이용하여 모집하는 자는 보험계약의 청약이 있는 경우 보험계약자의 동의를 받아 청약 내용, 보험료의 납입, 보험기간, 고지의무, 약관의 주요 내용 등 보험계약 체결을 위하여 필요한 사항을 질문 또는 설명하고 그에 대한 보험계약자의 답변 및 확인 내용을 음성녹음하는 등 증거자료를 확보·유지하여야 하며, 우편이나 팩스 등을 통하여 지체 없이 보험계약자로부터 청약서에 자필서명을 받아야 한다.

246) 금융소비자보호감독규정 §13②(4)

247) 방문판매법 §2(3)(4), 전화권유판매업자란 전화권유판매를 업으로 하기 위하여 전화권유판매조직을 개설하거나 관리·운용하는 자를 말하고, 전화권유판매란 전화를 이용하여 소비자에게 권유하거나 전화회신을 유도하는 방법으로 판매하는 것을 말한다.

248) 금융소비자보호감독규정 §13②(5)

⑩ 보장성 상품에 관한 중요사항을 청약서에 반영한 경우

보장성 상품에 관한 중요한 사항[249]을 청약서에 반영하고 개인 또는 가계의 일상생활에서 발생 가능한 위험을 보장하면서 위험보장을 받는 사람이 보험료를 모두 부담하는 보험계약으로서 ❶보장기간이 1년 초과 3년 이하인 보장성 상품(자동차손해배상보장법에 따른 책임보험은 제외)으로서 월보험료가 5만원 이하인 계약 또는 연간보험료가 60만원 이하인 계약, ❷여행 중 발생 가능한 위험을 보장하는 보장성 상품 그리고 ❸보장기간이 1년 이하인 계약 중에서 어느 하나에 해당하는 경우에는 설명서를 제공하지 아니할 수 있다.[250]

(7) 설명시 중요사항의 거짓·왜곡 설명 및 누락 금지

금융상품판매업자등은 설명을 할 때 일반금융소비자의 합리적 판단 또는 금융상품의 가치에 중대한 영향[251]을 미칠 수 있는 사항에 대하여 거짓으로 왜곡하여 설명하거나 빠뜨려서는 아니된다. 왜곡이란 불확실한 사항에 대하여 단정적 판단을 제공하거나 확실하다고 오인하게 할 소지가 있는 내용을 알리는 행위를 말한다.[252]

:: 참고자료 ::

설명의무 관련 주요 판례

대법원2010. 11. 11. 선고2008다52369 판결
파생금융상품의 판매회사의 담당직원이 누구도 예측하기 어려운 미래 사실인 파생금융상품의 손실발생 가능성을 스스로 예측하여 고객에게 그 가능성과 범위에 관하여 명확히 설명할 의무가 있다고 보기 어렵다.

---

249) 금융소비자보호법 §19①각호
250) 금융소비자보호감독규정 §13②(6)
251) 금융소비자보호법 §19①각호에서 정한 중요사항을 말한다
252) 금융소비자보호법 §19③, 시행령 §13⑨

대법원2018. 7. 20 선고2016다35352 판결

[1] 금융투자업자가 일반투자자를 상대로 투자권유를 하는 경우에 부담하는 설명
의무의 내용 및 어느 정도의 설명을 하여야 하는지 판단하는 기준

– 금융투자업자가 일반투자자를 상대로 투자권유를 하는 경우에는 금융투자상
품의 내용, 투자에 따르는 위험, 그 밖에 대통령령으로 정하는 사항을 일반투
자자가 이해할 수 있도록 설명하여야 하고, 투자자의 합리적인 투자판단 또는
해당 금융투자상품의 가치에 중대한 영향을 미칠 수 있는 중요사항을 거짓 또
는 왜곡하여 설명하거나 중요사항을 누락하여서는 아니된다[자본시장법 제47
조제1항, 제3항]. 이 경우 금융투자업자가 투자자에게 어느 정도의 설명
을 하여야 하는지는 해당 금융투자상품의 특성 및 위험도의 수준, 투자자
의 투자경험 및 능력 등을 종합적으로 고려하여 판단하여야 한다

금융분쟁조정위원회 조정사례

[2008.3.11. 조정번호 제2008–20호 : 일부인용]
피신청인 직원이 본건 파생상품을 권유함에 있어 투자신탁설명서나 약
관을 교부하지 않은 점이 인정되며, 투자설명확인서 등에 담당직원이 대필
한 점, 간접투자상품을 권유할 경우에는 투자위험에 관한 사항 등을 구체
적으로 명확히 설명하였어야 하나 피신청인이 이를 이행한 것으로 인
정할 증거가 없는 점, 신청인은 만 64세이며, 과거 10여년간 여유자금
을 신탁형 저축상품이나 단순 정기예금 등으로 거래하여 왔으며, 과거 주
식형펀드에 1천만원을 가입한 적은 있으나 소액으로써 본건과 같은 파생
상품에 투자한 경험이 전혀 없는 점 등을 감안시 당해 권유행위가 경험
이 부족한 일반 투자자에게 거래행위에 필연적으로 수반되는 위험성에 관
한 올바른 인식을 방해하거나 또는 고객의 투자성향에 비추어 과대한 위
험성을 수반하는 거래를 적극적으로 권유한 경우에 해당한다고 판단됨

[2008.11.11. 조정번호 제2008–83호 : 일부인용]
피신청인은 Moody's의 등급이 언제라도 변경 및 철회, 보류될 수 있다는

사실을 알 수 있었음에도 불구하고 이를 의도적으로 도외시한 채 무디스의 등급(A3)이 확고불변의 진리인 양 과대포장하여 "대한민국 국가신용등급으로 국고채금리+1.2%의 수익추구" 등의 문구가 기재된 상품안내장을 사용하여 신청인으로 하여금 동 상품을 중도환매만 하지 않는다면 원금 손실이 없는 것으로 오인케 한 점 등 불완전판매로 인한 손해배상책임이 인정되나, 신청인도 본건 금융상품이 정기예금과는 다른 상품인 것을 인식할 수 있었음에도 적극적으로 상품 내용을 알려고 하지 아니한 잘못이 있으므로 피신청인의 책임 비율을 50%로 제한함

[2018.9.18. 조정번호 제2018-13호 : 일부인용]
즉시연금보험계약(상속연금형/만기형)에서 명시·설명의무 위반 여부에 대한 조정사건과 관련하여 피신청인은 산출방법서에서 정한 연금액 산출기준에 관해서 명시·설명할 의무를 위반하여 그 내용을 이 사건 연금보험계약의 내용으로 주장할 수 없으므로, 산출방법서에 따라 이자상당액 중 만기보험금 지급재원을 차감한 나머지 금액을 연금으로 지급해야 한다는 피신청인의 주장은 받아들일 수 없으며, 이 사건 보험약관의 나머지 부분의 해석에 의하면 피신청인은 신청인에게 연금액 지급의 기준금액인 '연금 지급 개시 시의 책임준비금'에 해당 보험년도의 공시이율(계약일로부터 5년 이내에는 연복리 3%, 그 후부터 만기까지는 2.5%의 최저보증이율 적용)을 곱한 금액을 연금으로 지급할 책임이 있음

[2019.12.15. 조정번호 제2019-7호 : 일부인용]
사모 파생결합펀드(DLF) 불완전판매로 인한 손해배상책임 여부에 대한 조정사건과 관련하여 이 사건 사모펀드는 수익은 일정비율로 제한되는 반면 전액에 가까운 손실이 가능한 고위험 상품이고 상품출시 과정에서 각종 위험요인이 지적되었음에도 피신청인은 현장 판매직원의 상품리스크 숙지에 오히려 장애를 일으키는 자료를 배포하는 등 불완전판매의 중요한 요인을 제공하였고, 담당 임원 등에 의하여 조직적 차원의 판매독려와 상품 출시·판매 과정 전반의 심각한 내부통제 부실[253]로 현장 영업점에서의 대규모 불

완전판매를 초래하여 고액·다수 피해자를 양산하였으며, 신청인의 경우, 예금만기로 인한 재예치를 위해 내점했던 것인 데다, 고령, 난청 및 치매증상 있어 최고위험등급인 이 사건 사모펀드에 적합하지 않은 고객임을 손쉽게 알 수 있었음에도 서류 임의기재 등의 방법으로 각종 고령투자자 보호제도를 형해화하면서 가입절차를 진행한 점, 사후 해피콜에서 통화연결이 되지 않아 지점 보완요청을 하였는데 임의로 종결시켜 계약철회 기회도 무산시킨 점 등 피신청인에 대한 비난가능성은 대단히 높다 할 것이다. 다만, 원칙적으로 투자결과는 자기책임 원칙에 따라 투자자가 감수해야 하는 것이고, 비록 치매진단을 받은 상태이기는 하나, 30여년간 은행거래를 해 왔던 신청인으로서는 예적금보다 높은 금리의 상품의 경우 그만큼의 위험도 존재할 수 있음을 알았거나 알 수 있었던 점을 과실상계 요소로 고려하면, 피신청인의 책임범위는 80%로 한정함이 상당함

[2019.12.12. 조정번호 제2019-15호 : 일부인용]
통화옵션계약(KIKO) 불완전판매로 인한 손해배상책임에 대한 조정사건과 관련하여 피신청인들은 달러화에 대한 환헤지를 의도한 신청인의 목적과는예상 달러화 유입액 및 기헤지 물량에 대한 진지한 검토 없이 계약을 권유하여 재무적 리스크를 초래하는 이 사건 오버헤지를 야기한 것으로 보이므로, 피신청인들은 적합성 원칙 위반에 따른 손해배상책임을 면하기 어렵다. 또한, 피신청인들은 이 사건 통화옵션계약 및 오버헤지에 따른 위험성을 명확히 설명하였다고 볼 수 없어 설명의무 위반에 따른 손해배상책임[254] 역시 면하기 어렵다. 피신청인들은 일부 계약들에서 계약기간을 장기로 설정하거나 결제 개시시점을 상당히 늦춤으로서 신청인의 환율관리를 장기간 불확실성에 노출시킨 점에서 비난가능성이 있다. 그러나 신청인이 통화옵션계약에 따른 손실을 입게 된 데에는 당시 미국의 서브프라임 모기지 사태에서 촉발된 세계적인 금융위기가 크게 작용하였으며, 은행들로서도 그와 같은 환율상승을 쉽사리 예측하기 어려웠을 것으로 보이는 점, 통화옵션계약을 체결함에 있어서는 위 계약의 내용이나 구조, 특성, 위험성, 나아가 경제

및 환율의 동향, 특히 향후 유입될 외화와 콜옵션 계약금액 등에 대하여 신중하게 검토한 다음 그 체결여부를 결정하여야 함에도 이를 게을리 한 채 피신청인들의 권유를 그대로 따른 과실이 있는 점, 신청인은 1984년 설립이래 수출업무를 오랫동안 해 왔으므로 환율의 변동성에 대해 인식하고 있었다고 볼 수 있는 점, 기업규모[255]를 감안할 때 환율관리 부분에 있어서도 일반 중소기업보다는 주의를 더 기울였어야 하는 점, 신청인이 다수은행과 거래하면서 통화옵션계약의 기본적인 내용과 구조, 손실발생 가능성을 어느 정도는 이해할 기회를 가졌던 점 등은 공통적인 과실상계요소로 고려할 필요가 있다. 이러한 사정을 종합적으로 고려하여 각 계약별로 OO은행의 책임 범위는 13~19%, △△은행은 8~14%, ◇◇은행은 9~15%로 각 한정하기로 함

(8) 금융상품 설명의무의 합리적 이행을 위한 가이드라인

금융위원회와 금융감독원은 금융소비자보호법 제정으로 금융상품판매업자등의 설명의무 이행책임이 커짐에 따라, 일선 현장에서의 설명의무 이행실태를 점검하였다. 그 결과, 일부 투자성 상품의 경우 판매 시 금융소비자보호법 상 설명서 이외에 자본시장법 상 설명자료 등[256]도 중복으로 제공되고 있고 위법·

---

253) 피신청인에 대한 DLF 사태 관련 검사 및 민원 사실조사 결과 영업현장에서도 판매직원들이 고객 본인이 작성해야 할 투자자정보 확인서류를 대신 작성하고 동 과정에서 사실과 다른 내용을 기재하여 고객들의 투자성향이 실제보다 상향조정되도록 하는 행위가 만연된 사실이 확인되었다.

254) 이 사건 불법행위에 대한 손해배상책임의 민법상 소멸시효와 관련하여서는, 이른바 키코사태가 계약체결 권유당시 은행 측의 환율전망과 달리 2008년 글로벌 금융위기라는 예상치 못한 환율급등에 의해 발생한 것으로 은행도 손실 일부를 분담하는 것이 공평 측면에 부합하는 점, 키코손실로 신용등급이 악화되었고 특히 신청인의 경우에는 채권단 공동관리 절차 ('10.7.5.~'15.8.27.)도 진행되었던 상황에서 기업이 거래은행을 상대로 한 소송제기는 사실상 곤란하였던 것으로 보이는 점, 2008년 금융위기로 인해 유사한 피해가 발생한 외국의 경우 감독당국 또는 분쟁조정기구가 판매은행과 협의하여 제소기간(시효)과 관계없이 적극적으로 자율적 배상을 추진한 사례가 있는 점 등을 종합적으로 고려하여, 금융분쟁조정위원회는 은행의 불법행위가 인정되는 경우 양 당사자에게 조정안을 제시하여 공평타당한 책임분배를 도모하고 은행의 고객보호의무 이행을 권고함으로써 금융소비자 보호기구로서의 책무를 다하는 것이 필요하다고 판단하였다.

255) 신청인은 당시 종업원 수 511명, 자본금 88억원으로 중소기업기본법 상 중소기업에 해당하지 않음(2005.12.27. 개정 중소기업 기본법 별표 1.에 따르면 제조업종의 경우 상시근로자 수 300인 미만 또는 자본금 80억원 이하의 경우 중소기업으로 간주)

256) 공모펀드의 경우 제공되는 설명자료(은행)에는 ①간이투자설명서, ②금소법 상 설명서, ③비예금상품 설명서(비예금상품 내부통제 모범규준, 자율규제)가 있다.

제재 또는 민원·분쟁에 대한 우려로 인해 법령에서 정한 중요 설명사항 이외의 내용도 설명서나 설명 스크립트에 누적하여 반영해 왔다. 최근에는 고난도 상품 판매과정 녹취의무 도입(자본시장법) 등으로 통상 스크립트를 읽으면서 설명하고 있기 때문에 스크립트 양이 과도하게 늘어나 설명시간도 길어지고 있는 등 문제점이 지적되었다. 이에 금융위원회와 금융감독원은 2021년 7월 14일 "금융상품 설명의무의 합리적 이행을 위한 가이드라인"을 마련하였다.

:: 참고자료 ::

금융상품 설명의무의 합리적 이행을 위한 가이드라인

Ⅰ. 금융소비자보호법상 설명의무 개요

▢ 설명의무(금융소비자보호법 §19)는 판매업자가 금융소비자보호법상 일반금융소비자에 금융상품을 권유하거나 일반금융소비자가 설명을 요청하는 경우에 적용

▢ 설명의무의 내용은 다음과 같이 구분 가능

① 소비자의 이해를 돕기 위해 설명 전 설명서를 제공

　– 설명서 제공의 예외는 법령상 열거된 경우*에 한해 인정

　　* 금융소비자보호법 제19조제2항 단서에 해당하는 경우

　– 설명서는 법령에서 정하는 바에 따라 직접판매업자가 작성

　– 판매직원은 설명내용이 설명서와 동일하다는 사실에 대해 설명서에 서명해야 함(예외: 예금성 상품, 대출성 상품, 온라인 판매)

② 법령상 열거된 중요사항*을 소비자가 이해할 수 있게 설명

　　* 금융소비자보호법 제19조제1항 각 호의 사항

　– 중요사항을 거짓 또는 왜곡하여 설명하거나 누락하지 않을 것

③ 소비자로부터 설명을 이해했다는 사실에 대한 확인*을 받을 것

　　* 확인방법: 서명(전자서명 포함), 기명날인, 녹취

▢ 판매대리·중개업자(모집인)의 전화권유 시 설명의무 관련 특칙

　○ (보장성 상품) 표준상품설명대본에 따라 설명하고, 보험회사 등 직접판매업자는 설명내용이 녹취된 파일을 보관

○ (대출성 상품) 전화 설명내용은 녹취해야 하며, 설명서와 일치해야 함

※ 설명 전 설명서를 소비자에 제공하지 않는 경우에 한정

□ 설명의무 위반의 고의·과실 입증책임은 판매업자에 부과(법§44②)

○ 설명의무 위반여부에 대한 입증책임은 명문화되지 않음

Ⅱ. 현장의 설명의무 이행실태

1 일부 투자성 상품의 경우 판매 시 금융소비자보호법상 설명서 외 자본시장법상 설명자료 등*도 별도로 제공되고 있는 상황 → 중복되는 내용에 대한 통합 규율 필요

* 공모펀드의 경우 제공되는 설명자료(은행): ①간이투자설명서, ②금소법상 설명서, ③비예금상품 설명서(비예금상품 내부통제 모범규준, 자율규제)

☞ [참고1] 투자성 상품 판매 시 제공되는 설명자료

2 위법·제재 또는 민원·분쟁에 대한 우려로 인해 판매업자는 법령에서 정한 중요 설명사항 이외의 내용도 설명서나 설명 스크립트에 누적하여 반영*

* 주요 금융회사에서 판매직원이 금융상품 설명 시 사용하는 스크립트 분석결과, 금융상품에 대한 이해와 관련성이 낮은 정보(예: 투자자 적합성 평가결과, 소비자보호 제도 등)가 스크립트에서 적지 않은 비중을 차지

○ 최근 고난도 상품 판매과정 녹취의무 도입(자본시장법) 등으로 통상 스크립트를 읽으면서 설명하고 있기 때문에 설명사항이 증가할수록 스크립트도 길어짐 → 설명방식의 효율화 필요

3 현장에서는 해당 금융상품 관련 소비자의 거래경험, 이해도 수준 등*에 따라 달리 설명하고자 하나, 법령상 근거가 불명확하여 이행이 어렵다는 의견 → 명확한 방침 필요

* 동일 소비자에게 2~3개의 금융상품을 함께 권유하는 경우에 해당 금융상품들 간에 차이가 없는 내용(예: 원금손실 가능성, 예금자보호 여부 등)을 상품별로 반복해서 설명

4 설명서상의 설명내용이 전반적으로 업계 전문용어로 구성되는 등 소비자 이해보다는 판매업자 편의에 치중*된 경향* → 소비자 친화적 개선 필요

* 소비자가 실제 유의해야할 사항을 이해시키려 하기보다는 법령에 따라 설명해야 할 사

항을 단편적으로 전달하는 데 급급한 경향

☞ [참고2] ETF 설명 스크립트 중 위험에 관한 내용 발췌

| 참고1 | 투자성 상품 판매 시 제공되는 설명자료 |

구분		설명서		설명서 요약자료			
				고난도 상품	그 외 상품		
					공통	은행	
공모	집합투자증권 외	투자설명서[주1] (금소법 시행령§14①, 자본시장법§123①)	금소법상 설명서	고난도 상품에 대한 요약설명서 (자본시장법시행령 §68⑤2의3)	금소법상 핵심설명서 (금소법 감독규정 §13①5.)	비예금상품설명서 (비예금상품 내부통제 모범규준)	
	(작성 주체)	(발행자)	(판매자)	(판매자)			
	집합투자증권	투자설명서 또는 간이투자설명서[주1] (금소법 시행령§14①, 자본시장법§123①)	금소법상 설명서	― [주2]			
	(작성 주체)	(발행자)	(판매자)				
사모/신탁/일임	사모펀드[주3]	사모펀드 핵심상품설명서 (자본시장법§249의4②~④)	금소법상 설명서				
	(작성 주체)	(발행자)	(판매자)				
	사모펀드 외	금소법상 설명서 (금소법 시행령§14①)		고난도 상품에 대한 요약설명서			
	(작성 주체)	(판매자)					

주1) 금소법상 설명사항 중 자본시장법상 투자설명서 또는 간이투자설명서에 기재된 내용은 금소법상 설명서에서 제외 가능
  2) 공모펀드의 경우 간이투자설명서 교부 시 또는 사모펀드의 경우 핵심상품설명서 제공 시, 고난도 상품 요약설명서는 별도 제공하지 않아도 됨
  3) 사모펀드 핵심상품설명서는 개정 자본시장법 시행('21.10.21) 시 적용

참고2	ETF 설명 스크립트 중 위험에 관한 내용 발췌

투자원본 손실위험에 대하여 설명드리겠습니다.

해당 상품은 운용실적에 따라 손익이 결정되는 실적배당상품으로 예금자보호법에 따라 예금보험공사가 보호하지 않으며 원본을 보장하지 않습니다. 따라서 투자원본의 전부 또는 일부에 대한 손실의 위험이 존재하며 투자금액의 손실 내지, 감소의 위험은 전적으로 투자자가 부담하며 최대손실가능금액은 원본전액입니다. 예를 들어 2018년 연간 ETF의 추적대상지수는 -22.8% 하락하였으며, 이와 같이 추적대상지수 하락시 ETF가격 하락으로 동 상품에서 손실이 발생할 수 있습니다.

지수 추적오차 위험에 대하여 설명드리겠습니다.
ETF는 지수추적 괴리, 운용 관련 비용 발생 등으로 기초지수 수익률을 제대로 추적하지 못할 수 있으며, 추적오차로 인해 예상하지 못한 손실이 발생할 수도 있습니다.

시장위험 및 개별 위험에 대하여 설명드리겠습니다.

이 상품이 투자하는 ETF는 운용상 주식, 채권, 집합투자증권 및 주식관련 파생상품 등에 투자함으로써 투자대상자산의 가격변동, 이자율 등 기타 거시경제 지표의 변화에 따른 시장위험 및 개별 위험에 노출됩니다.

ETF의 유동성 위험에 대하여 설명드리겠습니다. ETF의 시장가격은 순자산가치 및 유통시장의 수요와 공급에 따라 변동되며 이에 따라 매수 시 시장가격보다 높은 가격으로, 매도 시 시장가격보다 낮은 가격으로 체결될 수 있습니다.

이 외에도 지수산출방식의 대폭 변경 또는 중단 위험, LP 증권사의 유동성 공급 불이행 위험, 상장폐지 위험, 집중투자에 따른 위험, 과세제도 변경위험 등이 발생할 수 있으며, 이와 관련하여 직원에게 추가 설명을 요청하시면 자세하게 설명드리도록 하겠습니다.

지금까지 설명드린 원금손실 가능성과 최대 손실가능금액 등 투자위험을 정확하게 이해하셨다면 "네"로 답변 부탁드립니다.

1. 설명의무 이행범위 관련

① 금융소비자보호법 및 자본시장법상 설명사항을 통합·정리한 설명서를 제공
   ※ [참고3] 투자성 상품의 설명항목 통합 예시
   ○ 법령에 따라 교부해야 하는 설명서의 명칭이 다르더라도 어떤 형태로든 해당 설명서의 설명항목이 소비자에 전달된다면 그 취지는 이행되었다고 볼 수 있음
   ○ 과도한 자료는 소비자의 합리적 의사결정을 저해할 수 있는 만큼 유사한 설명서를 산발적으로 제공하는 행위는 지양

> [유의사항]
> □ 법령상 소비자가 이해하기 쉽게 중요한 사항을 설명해야 할 의무와 설명서 제공의무 간의 차이를 이해할 필요
>   ○ 투자성 상품의 경우 설명의무는 금융소비자보호법에만 있으며, 자본시장법에서는 설명서 제공의무를 다수 규정
>   ➡ 설명서 중 금융소비자보호법에서 설명하도록 열거된 중요 사항이 아닌 내용에 대해서는 동법상 설명의무가 적용되지 않음

   ※ 금소법 제정 전 만들어진 「영업행위 윤리준칙*」상 설명에 관한 사항 및 「비예금상품 모범규준**」상 일반금융소비자에 대한 금융상품 설명서에 관한 사항은 금소법과 거의 동일하므로, 해당 사항은 금소법상 설명의무 준수로 갈음
   * 6개 협회(은행연합회, 금융투자협회, 생명보험협회, 손해보험협회, 여신금융협회, 저축은행중앙회)가 소비자보호에 관한 사항을 자율규제로 마련('17)
   ** 은행연합회가 원금미보장 금융상품 소비자보호 관련 자율규제로 마련('20)

② 판매업자가 금융소비자보호법령에 따라 일반금융소비자에게 설명해야할 사항은 법령에서 정하는 사항으로 한정*

　* 다만, 판매업자가 스스로 소비자보호를 위해 법령에서 정한 사항 외의 내용을 설명하는 행위까지 제한하지는 않음

　○ 법령에서 정하지 않은 사항은 판매업자가 설명여부를 자율적으로 판단하여, 소비자의 정보 수용능력*(capacity)을 고려할 필요

　　* 판매업자가 설명의무 이행에 대한 책임 회피를 위해 소비자의 수용능력을 고려하지 않고 판매 시점에 과도한 정보를 전달하려는 행태 지양

　　– 판매업자는 설명서 및 설명 스크립트에 반영되는 내용에 대해 법적근거 등 반영사유를 내부적으로 기록·관리할 것

[법령상 설명사항이 아님에도 설명 스크립트에 포함된 사항 예시]

• 특정금전신탁 권유 시 2개 이상의 금융상품을 추천하는 내용

• 변액보험 권유 시 펀드 가입시점의 기준가격

• 보험료 대체납입제도 안내

※ 일부 스크립트에서 발췌한 예시로, 이 예시 외에도 법령에서 중요 설명사항으로 정하지 않은 사항은 설명서 및 설명 스크립트에서 제외 가능

---

③ 「약관규제법」상 설명의무*는 금융소비자보호법과 별개로 적용

　* 제3조(약관의 작성 및 설명의무 등) ③ 사업자는 약관에 정하여져 있는 중요한 내용을 고객이 이해할 수 있도록 설명하여야 한다. 다만, 계약의 성질상 설명하는 것이 현저하게 곤란한 경우에는 그러하지 아니하다.

　○ 금융소비자보호법상 중요 설명사항으로 열거되지 않더라도 약관상 중요한 내용*은 소비자가 이해하기 쉽게 설명해야 함

　　* 금소법상 설명의무 위반에 따른 제재대상은 아님

　○ 분쟁조정 등 사후구제 과정에서 약관상 중요한 내용에 해당하는지 여부는 판례 (예: 대법원 2016다276177)를 기준으로 개별 판단

참고3　투자성 상품의 설명항목 통합 예시

금융소비자보호법	자본시장법령상 고난도 상품 요약서 (펀드 제외)
• 유사한 금융상품과 구별되는 특징 (상품내용 및 투자위험 포함)	
• 발생 가능한 불이익에 관한 사항 – 민원·분쟁 또는 상담요청이 빈번하여 소비자의 숙지가 필요한 사항 – 위험등급의 의미 및 유의사항	
	• 손실이 발생할 수 있는 상황(최대 손실 포함) 및 그에 따른 손실추정액(객관적·합리적 근거 포함)
	• 목표시장의 내용 및 설정근거
• 민원 또는 상담요청 연락처	

[공모펀드]

금융소비자보호법	자본시장법상 간이투자설명서
	• 자본시장법상 간이투자설명서 항목 (자본시장법 시행령 §134①)
• 기대수익 (객관적·합리적 근거가 있는 경우에 한정)	
• 손실이 발생할 수 있는 상황(최대 손실 포함) 및 그에 따른 손실추정액(객관적·합리적 근거 포함)	

금융소비자보호법	자본시장법상 핵심상품설명서
• 판매업자가 정한 위험등급(정해진 이유, 그 의미 및 유의사항)	
• 민원처리 및 분쟁조정 절차	
• 종료 요건(일정 요건이 충족되어 만기전 계약이 종료될 수 있는 금융상품만 해당)	
• 계약의 해지·해제 (위법계약해지권 포함)	
• 계약의 해지·해제 (위법계약해지권 포함)	

[사모펀드]

금융소비자보호법	자본시장법상 핵심상품설명서
	• 자본시장법상 핵심상품설명서 항목
• 판매업자가 정한 위험등급(정해진 이유, 그 의미 및 유의사항)	
• 예금자보호 여부	
• 민원처리 및 분쟁조정 절차	
• 종료 요건(일정 요건이 충족되어 만기전 계약이 종료될 수 있는 금융상품만 해당)	
• 계약의 해지·해제 (위법계약해지권 포함)	
• 연계·제휴 서비스	

[특정금전신탁]

금융소비자보호법	특정금전신탁 업무처리 모범규준 (금소법상 설명항목에 해당하는 사항)
• 투자성 상품의 내용	• 운용자산의 종류 또는 종목명
• 투자성 상품의 구조	• 운용방법 또는 운용제한에 관한 사항
	• 운용방법 또는 특정종목에 관한 구조·성격
• 수수료	• 신탁보수, 비용 및 수수료 등의 사항
• 계약의 해지·해제(위법계약해지권 포함)	• 조기·중도·만기상환 조건이 있는 경우 그에 관한 사항
	• 신탁계약의 해지·해제에 관한 사항
• 투자위험 및 위험등급	• 운용방법 또는 특정종목에 대한 일반적·구체적 위험요인에 관한 사항
	• 분산투자규정이 없을 수 있어 수익률의 변동성이 집합투자기구 등에 비해 더 커질 수 있다는 사실
	• 성과보수로 인해 발생 가능한 잠재 위험
• 청약철회권	
• 예금자보호 여부	
• 민원처리 및 분쟁조정 절차	
• 종료 요건(일정 요건이 충족되어 만기 전 계약이 종료될 수 있는 금융상품만 해당)	
• 연계·제휴 서비스	

참고4 │ 약관상 중요한 내용 관련 판례(대법원 2016다276177)

설명의무의 대상이 되는 '중요한 내용'은 사회통념에 비추어 고객이 계약체결의 여부나 대가를 결정하는 데 직접적인 영향을 미칠 수 있는 사항을 말한다. 사업자에게 약관의 명시·설명의무를 요구하는 것은 어디까지나 고객이 알지 못하는 가운데 약관의 중요한 사항이 계약 내용으로 되어 고객이 예측하지 못한 불이익을 받게 되는 것을 피하고자 하는 데 근거가 있다. 따라서 약관에 정하여진 사항이라고 하더라도 거래상 일반적이고 공통된 것이어서 고객이 별도의 설명 없이도 충분히 예상할 수 있었던 사항이거나 이미 법령에 의하여 정하여진 것을 되풀이하거나 부연하는 정도에 불과한 사항이라면, 그러한 사항에 대하여서까지 사업자에게 설명의무가 있다고 할 수는 없다.

사업자의 설명의무를 면제하는 사유로서 '거래상 일반적이고 공통된 것'이라는 요건은 해당 약관 조항이 거래계에서 일반적으로 통용되고 있는지의 측면에서, '고객이 별도의 설명 없이도 충분히 예상할 수 있는 사항'인지는 소송당사자인 특정 고객에 따라 개별적으로 예측가능성이 있었는지의 측면에서 각 판단되어야 한다.

다음으로 약관에 정하여진 사항이 '이미 법령에 의하여 정하여진 것을 되풀이하거나 부연하는 정도에 불과한지'는 약관과 법령의 규정 내용, 법령의 형식 및 목적과 취지, 해당 약관이 고객에게 미치는 영향 등 여러 가지 사정을 종합적으로 고려하여 판단하여야 한다. 여기에서 말하는 '법령'은 일반적인 의미에서의 법령, 즉 법률과 그 밖의 법규명령으로서의 대통령령, 총리령, 부령 등을 의미하고, (중략) 대외적 구속력이 인정되지 않는 행정규칙으로서의 고시는 (중략) 사업자의 설명의무가 면제된다고 할 수 없다.

2. 설명의 효율성 제고 관련

[기본 방향]

□ 상품설명에 소요되는 시간이 다소 길더라도 충실하게 설명하고 제대로

이해하는 것이 판매업자와 소비자 모두에 도움이 됨

    ○ 판매자가 소비자에게 금융상품에 대한 "자기책임원칙"을 요구하려면 정보를 성실·정확하게 제공해야 하며,

    ○ 소비자도 스스로의 권익증진을 위해 필요한 지식과 정보를 습득해야 할 의무(금소법 §8②)가 있음

□ 금소법상 설명의무는 금융상품을 권유하는 경우와 권유는 없지만 소비자가 설명을 요청하는 경우를 달리 적용

    ○ (권유 시) 법령상 열거된 중요사항을 모두 설명

    ○ (권유가 없는 경우) 소비자가 특정사항에 대한 설명만을 원하는 경우 해당 사항에 한정

□ 금융상품을 권유하는 경우 중요사항을 모두 설명하더라도 설명의무의 합리적 이행을 위해 설명의 정도(depth), 방식 등은 자체 기준을 마련하여 조정 가능

    ○ 자체 기준은 설명의무의 취지*에 부합하도록 마련해야 하며, 직접판매업자의 내부통제기준에 반영할 필요

    * 금융상품 판매업자로 하여금 정보열위에 있는 소비자가 거래결과에 스스로 책임질 수 있도록 필요한 정보를 제공하는데 취지가 있음

      → 직원 및 대리·중개업자는 직접판매업자의 내부통제기준을 준수

---

1 (설명의 정도) 설명사항의 중요도, 난이도 및 소비자 상황 등을 고려, "소비자가 상세설명 여부를 선택할 수 있는 범위"를 조정 가능

① 설명서의 요약자료인 "핵심설명서*"는 반드시 설명

    * 소비자의 계약 체결여부에 대한 판단이나 권익보호에 중요한 영향을 줄 수 있는 사항을 요약하여 설명서 맨 앞에 배치한 자료(금융소비자보호 감독규정 §13①5호)

② 핵심설명서 외의 사항 중 일부는 자체 기준에 따라 "소비자가 설명 간소화를 선택할 수 있는 사항"으로 분류 가능

    → "소비자가 설명 간소화를 선택할 수 있는 사항"의 경우 판매업자는 해당 정보의 목록 및 설명서상의 위치를 알리고, 소비자가 각각의 내용을 확인한 후에 이해했는지 확인받을 것*

* 금융소비자보호법 제19조 제2항 본문에 따른 확인 절차

〈 "소비자가 설명 간소화를 선택할 수 있는 사항" 분류 원칙 〉

ⅰ) 정보의 객관적인 난이도가 낮아 소비자가 설명서에서 해당 내용을 확인하면 스스로 이해가 가능한 사항*

　* (예) 예금자보호, 청약철회권 등 소비자권리, 연계제휴서비스, 분쟁조정민원 절차 등

ⅱ) 그 밖의 사항은 권유하고자 하는 금융상품 및 해당 소비자의 거래 경험·시기, 지식수준 등을 종합 고려하여 기준 마련

　－ 예컨대 최근 거래했던 금융상품과 유사한 상품을 권유하는 경우에 그 상품과 공통된 사항*은 설명 간소화 가능

　　* 유사한 예로 단일 거래에서 다수의 금융상품을 권유하는 경우에 해당 상품들 간 공통된 사항은 소비자가 설명여부 선택 가능

　－ 판매업자는 소비자가 설명 간소화를 선택할 수 있다고 판단한 근거로서 객관적 증빙자료를 기록·보관할 필요

[유의사항]

□ 일부 금융회사에서 판매직원들이 사용하는 구두설명 스크립트를 분석해 본 결과, 금융상품에 대한 이해와 관련없는 사항에 대한 설명으로 인해 설명시간이 과도하게 길어지는 사례가 있음

　○ 예컨대 금융상품의 적합성 평가 단계에서 소비자에 "소비자 정보 확인서" 및 "적합성 평가 결과"를 제공하면서 그 내용을 일일이 읽고 있는 사례

□ 자본시장법상의 녹취의무는 판매 시 제공되는 서류상의 내용을 모두 읽으라는 취지가 아님

　→ 앞으로 "소비자 정보 확인서", "적합성 평가 결과" 등을 스크립트에 포함시켜 읽는 행위는 지양할 필요*

　　* 다만, 소비자가 자신의 적합성 평가결과에 대한 설명을 요청하는 경우에 해당 설명까지 제한하는 취지는 아님

② (설명방식) 소비자의 이해를 돕는 데 있어 구두설명보다 동영상, AI* 등의 활용이 효과적인 경우에는 이를 적극 활용

　　* 법령에서 전화모집 절차를 규율하고 있는 보험의 경우, 전화모집시 AI 활용을 허용하기 위해 보험업감독규정 개정 추진중(『비대면·디지털 모집규제 개선방안(5.17일)』)

　ㅇ 금융상품에 공통 적용되는 소비자보호 제도 일반* 및 표준화하여 제시 가능한 범용성이 있는 정보는 가급적 동영상 활용

　　　* 청약철회권·위법계약해지권 행사에 관한 사항, 분쟁조정 절차 등

　　－ 고난도 금융상품과 같이 녹취의무가 있는 경우에도 소비자가 동영상을 정상적으로 제공받았다는 사실만 입증 가능하다면 해당 내용을 일일이 녹취할 필요가 없음

　ㅇ 전화권유 판매 시 모집인의 고지사항*은 구두전달보다 문자메시지 등을 통해 소비자가 확인하도록 할 필요

　　　* 소속 법인 명칭, 자신이 계약체결 권한이 없다는 사실, 손해배상책임에 관한 사항 등

　　－ 또한 설명내용 중 보험료 세부내역 등 시각적으로 전달하는 게 효과적인 사항은 모바일 등을 통해 실시간으로 전달하고 이해여부를 확인(소비자 질의에도 대응)하는 방식도 가능

3. 설명서 이해도 제고 관련

① 금융소비자보호 감독규정상 설명서 작성 시 준수사항(§13①)은 설명서의 취지를 벗어나지 않는 범위 내에서 자율적으로 이행)

〈 설명서 작성 관련 유의사항 〉

① 거래 시 소비자의 행태에 대한 실증자료 및 민원·분쟁 분석자료 등을 토대로 자체적인 설명서 작성기준을 마련할 것

② 핵심설명서는 일반적으로 발생하는 민원·분쟁을 방지하는 데 초점을 두고 다음의 사항을 유의하여 마련

　　ⅰ) 주의 환기를 위해 "설명을 제대로 이해하지 못한 상태에서 설명을 이해했다는 서명을 하거나 녹취기록을 남길 경우 추후 권리구제가 어려울 수 있다"는

경고문구를 상단에 제시

ii) 법령상 중요 설명사항 중 민원·분쟁 또는 상담요청이 빈번*한 사항은 사례제시, FAQ 형식 등을 활용

    * 일부 예외적 사례를 열거하지 말고, 적시성·중요성이 높은 사례만 포함시킬 것

    ‒ 판매업자 내부 소비자보호 총괄기관은 관련 내용의 업데이트 필요여부를 주기적으로 검토할 것

iii) 금융상품 위험등급, 대출 연체 등 재산상 손실이 발생할 수 있는 사항에 관한 설명 시 단순히 유의문구만 기술하기보다 체감도를 높일 수 있도록 구체적인 손실금액을 예시로 제시

    ※ [참고4] 소비자의 재산상 손실 관련 사항 작성 예시

iv) 소비자 이해를 돕기 위해 금융상품의 주요 특징을 소비자가 일반적으로 아는 다른 금융상품과 비교하는 방식으로 설명*

    * 금융소비자 보호 감독규정 제13조제5항가목("유사한 금융상품과 구별되는 특징")

    ‒ 수익률 등 계약을 유도하기 위한 정보가 아니라 투자 위험, 수수료, 해지 시 불이익 등 유의해야할 정보 위주로 제시

2 설명내용에 대한 소비자의 이해여부 확인*의 실효성 확보를 위해 설명내용에 대한 이해여부 확인과 관련한 질의사항을 소비자에게 중요내용을 환기시킬 수 있는 방향으로 제시

  * 금융소비자보호법 제19조 제2항 본문에 따른 절차

[소비자 이해여부 확인 질의 예시(투자성 상품)]

※ 참고예시이며, 금융상품, 판매여건 등에 따라 다양하게 실시할 수 있음

①	본 상품은 예·적금과는 다른 상품이며, 은행이 판매하는 상품이지만 예금자 보호를 받지 못해 원금 손실 위험이 있습니다. 확인하셨습니까
⇨	① 예 / ② 아니오

②	본 상품의 원금손실 위험이 발생할 가능성에 대해 어떻게 생각하시나요?
⇨	① 원금손실위험이 거의 없다. ② 원금손실위험이 있지만 경미한 수준이다. ③ 원금손실위험이 있지만 높은 수익률을 위해 감수해야 한다.
③	본 상품의 최대 원금손실 규모에 대해 판매직원으로부터 어떻게 설명을 들으셨습니까? (설명서에서 해당 페이지는 p.00입니다. 필요하시면 다시 확인해보시기 바랍니다.)
⇨	① 경미한 수준일 것이다. ② 원금의 0%~20%의 손실이 발생할 수 있다. ③ 원금의 20%~100%(원금 전액손실)의 손실이 발생할 수 있다. ④ 시장 상황에 따라 손실이 무한하게 커질 수 있다.
④	원금손실 가능성과 최대 손실가능금액을 정확하게 이해하셨습니까? (이해한 경우) 이러한 위험에도 불구하고 본 상품에 가입하시겠습니까?
⇨	① 예 / ② 아니오

참고4   소비자의 재산상 손실 관련 사항 작성 예시

[대출 예시]

1개월 이상 원리금 연체시 대출 원금에 연체이자가 적용됩니다.

원금 1.2억원에 1개월 이상 연체시 연체이자율(예 : 8%) 적용 시 월 연체이자 80만원(1.2억원x8%x1/12)을 납부하셔야 합니다.

[보험 예시]

중도해지 시 지급되는 해지환급금은 납입 보험료보다 적거나 없을 수 있습니다.

5년간 납입한 보험계약 중도해지시 총 납입보험료 1,536만원 중 사업비 등을 제외한 금액에 공시이율(예 : 2.25%)을 적용한 698만원을 해지환급금으로 받게 됩니다. (기준 : 40세 남자, 종신, 20년납, 월납, 가입금액 1억원)

(☞ 자세한 사항은 설명서 7. 해지환급금 예시표를 확인하세요.)

※ 상기 예시의 금액은 특정 조건하에서 산출된 금액으로 향후 금리변동 등 여건변화에 따라 달라질 수 있습니다.

[파생결합증권 예시]

만기상환 시 OO주식의 최종기준가격이 최초 기준가격보다 하락한 경우 원금 손실(최대 15%)이 발생할 수 있습니다.
[만기상환금액=원금X(최종기준가격/최초기준가격)*]
* 85% 미만인 경우 85% 적용

자동조기상환 조건을 충족하지 않은 상황에서 만기에 ㅇㅇ주식의 최종 기준가격이 최초 기준가격의 92%인 경우 원금의 8%의 손실(예 :원금 1억시 8백만원)이 발생합니다. (다만, 최대손실율은 15%(원금 1억 가정시 15백만원 손실)로 제한됩니다.)
(☞ 자세한 사항은 설명서 II. 1. (3) 손실구조 설명 예시를 확인하세요.)

[신용카드 예시]

리볼빙 서비스는 실질적인 대출상품으로 상대적으로 높은 수수료(최고 ㅇㅇ%)가 부과되며, 이용 시 신용도에 영향을 줄 수 있습니다.

지난 달 이월금액 50만원, 이번달 30만원(일시불) 이용시 약정결제비율(50%), 수수료율(연 17%)로 가정했을 때 청구되는 금액은 총 406,989억원(①+②)이며, 다음달로 이월되는 잔액은 40만원(③)입니다.

① 리볼빙 수수료 : 6,986원(전월 잔액(50만원)x수수료율(17%)x30일/365일)

② 청구되는 원금 : 40만원([50만원(이월금액) + 30만원(당월 이용액)]x50%)

③ 이월잔액 : 40만원 [80만원(이월금액+당월 이용액)-40만원(청구원금)]

Ⅳ. 주요 질의·답변

1. 설명의무 이행범위 관련

> **① 금융상품 계약과 관련하여 모집인이 법령상 설명해야할 사항 중 일부만 설명해도 되는지?**

- 설명의무 이행여부는 계약의 전 과정을 토대로 판단하기 때문에 중개 단계에서 반드시 모든 설명이 이루어져야 하는 것은 아님
  - → 중개업자가 해당 금융상품에 대해 법령에 따라 설명해야할 사항 중 일부만 설명했지만, 직접판매업자가 나머지를 설명했다면 설명의무를 이행했다고 볼 수 있음
- 다만, 직접판매업자와 모집인 간 설명의무 이행범위에 대한 기준을 내부통제기준에 반영해야 함

> **② 자본시장법상 증권신고서 작성의무가 면제되는 금융상품의 경우 설명서 제공의무의 예외에 해당하는지?**

- 금소법 제19조제2항 단서에 따라 하위규정에 열거된 경우를 제외하고는 설명서 제공의무의 예외가 인정되지 않음
  - → 자본시장법상 증권신고서 작성의무가 면제되는 금융상품이라도 설명서 제공의무의 예외에 해당하지 않음

2. 설명서 제공 관련

> **① 설명의무 이행 시 설명서를 전자문서로만 제공해도 되는지?**

- 판매업자는 금소법 시행령 제14조 제3항 각 호의 방법* 중 하나의 방법을 선택하여 설명서 제공이 가능함
  - * 서면(전자문서법상 '서면'으로 볼 수 있는 경우 포함), 우편 또는 전자우편, 휴대전화 문자메시지 또는 이에 준하는 전자적 의사표시

2 모바일 앱, 태블릿 등 전자기기를 통해 설명서를 화면에 표시하는 행위 도 설명서 제공으로 볼 수 있는지?

▢ 계약체결 당시 제공된 설명서와 동일한 내용(위·변조가 없을 것)의 설명서에 한해 소비자가 해당 전자문서*를 전자기기를 통해 상시조회할 수 있는 경우에는 설명 서 제공으로 볼 수 있음

　* 1) 전자문서의 내용을 열람할 수 있고, 2) 전자문서가 작성·변환되거나 송신·수신 또는 저 장된 때의 형태 또는 그와 같이 재현될 수 있는 형태로 보존될 것

3 설명의무 이행 없이 계약서류로서 설명서를 제공하는 경우에도 판매직 원의 서명이 필요한지?

▢ 설명의무 이행 대상이 아니라 계약서류로서 설명서를 제공하는 경우에는 금소법 시행령 제14조 제2항에 따른 판매직원의 서명의무가 적용되지 않습니다.

4 판매직원이 설명서에 "설명내용과 설명서가 동일하다는 사실"에 대한 서명을 해야 하는 의무 관련
　가. 설명서를 전자문서로 제공하는 경우에도 해야 하는지?
　나. 반드시 설명이 종료된 후에 해야 하는지?

가. 설명서를 전자문서로 제공하는 경우에도 해야 하는지?

▢ 금소법 시행령 제14조 제2항 각 호*의 어느 하나에 해당하는 경우를 제외하고는 예외가 없음

　* ① 예금성 상품 또는 대출성 상품에 관한 계약

　　② 「전자금융거래법」에 따른 전자적 장치를 이용한 자동화 방식을 통해서만 서비스가 제공되는 계약

　→ 금소법에서는 「전자서명법」 제2조 제2호에 따른 전자서명*도 서명으로 인정

　* 2. "전자서명"이란 다음 각 목의 사항을 나타내는 데 이용하기 위하여 전자문서에 첨부 되거나 논리적으로 결합된 전자적 형태의 정보를 말한다.

> 가. 서명자의 신원
>
> 나. 서명자가 해당 전자문서에 서명하였다는 사실
>
> 나. 반드시 설명이 종료된 후에 해야 하는지?
>
> ▫ 판매직원이 설명서에 서명하도록 요구하는 이유는 설명내용에 대한 판매직원의 책임 확보를 위함임
>
> → 제도의 취지를 벗어나지 않는 범위 내에서 설명 전 제공 가능

(9) 온라인 설명의무 가이드라인

금융위원회와 금융감독원은 현장의 설명의무 이행실태를 점검하고, 영업관행 개선이 필요한 사항에 대해 2021년 7월 14일 '금융상품 설명의무의 합리적 이행을 위한 가이드라인'을 마련하였다. 그러나, 디지털 금융의 확산으로 그간 '대면' 중심이었던 금융상품시장이 '비대면'으로 빠르게 전환되고 있다(A은행의 신용대출 비대면 판매비중: 2019년 28.8% → 2020년 55.9% → 2021년 68.5%). 비대면 판매채널에서 일부 금융회사는 설명서를 단순 게시하는 것으로 설명의무를 이행하고, 소비자도 중요사항에 대한 충분한 이해 없이 가입하고 있는 등 금융회사의 책임은 줄어드는 반면, 금융소비자의 책임은 커진다는 우려가 존재하고 있다.

이에 금융당국은 2022년 8월 10일 '온라인 설명의무 가이드라인'을 마련하여 비대면 판매채널에서의 금융소비자보호를 위한 설명의무 이행을 강화하였다(금융위원회 2022.8.12.일자 보도자료, "온라인 판매에 효과적인 금융상품 설명방안 마련"). 따라서, 2021년 7월에 발표된 '금융상품 설명의무의 합리적 이행을 위한 가이드라인'은 대면, 온라인 등 모든 판매경로에 적용되는 것이며, '온라인 설명의무 가이드라인'은 설명의무의 합리적 이행을 위해 온라인 판매의 특성을 고려하여 추가적으로 적용되는 것이다.

온라인 설명의무 가이드라인

파트 1. 금융상품 설명화면 구성

원칙 ❶ 금융상품의 중요한 사항을 금융소비자가 명확하게 인식할 수 있도록 제시한다.

1. 원칙의 내용

☐ 금융상품판매업자등은 금융소비자가 금융소비자보호법 제19조제1항에 따른 금융상품의 중요한 사항을 명확하게 인식할 수 있도록 제시합니다.

 ○ 금융소비자가 금융상품의 중요한 사항을 설명받고 있다고 인식할 수 있도록 화면에 명확하게 표시합니다.

 ○ 금융소비자의 합리적인 금융상품 구매결정에 도움이 되는 사항을 우선하여 제공합니다.

2. 원칙의 필요성

☐ 금융소비자가 온라인 화면에서 인식하는 금융상품에 관한 정보가 금융소비자보호법에 따른 중요한 정보인지 명확하게 인식하기 어렵습니다.

☐ 금융소비자보호법상 설명의무는 중요한 사항을 설명하도록 규정하고 있을 뿐 설명할 내용의 우선순위에 대해서는 별도 규제가 없습니다.

 ○ 특히, 대면거래의 경우 금융소비자가 실시간 대화를 통해 설명 듣고자 하는 사항을 선택할 수 있으나, 온라인 환경에서는 불가능합니다.

3. 원칙 준수방안

☐ 금융상품판매업자등은 온라인 화면에서 보는 금융상품에 관한 정보가 금융소비자보호법 제19조제1항에서 규정하고 있는 중요한 사항이라는 것을 명확하게 표시합니다.

 ○ 금융소비자보호법상 중요한 사항이라는 점을 금융상품 설명화면에 명시합니다.

□ 금융상품판매업자등은 금융소비자보호법 제19조제1항1호 각 목에서 명시한 금융상품 유형별 중요한 사항을 우선하여 설명합니다.

  ㅇ 금융상품 유형별 우선하여 설명하여야 하는 중요한 사항은 다음과 같습니다.

    – 보장성 상품 : 보험료, 보험금 지급제한 사유 및 지급절차, 위험보장의 범위

    – 투자성 상품 : 투자대상, 투자에 따른 위험, 위험등급, 수수료

    – 대출성 상품 : 금리 및 변동여부, 중도상환수수료, 상환금액 · 이자율 · 시기, 담보물에 관한 사항, 금융소비자 부담금액

    – 예금성 상품 : 이자율, 수익률

  ※ 금융상품별 특성에 따른 유사항목으로 대체하여 설명할 수 있습니다.

    예) 신용카드 : 연회비, 이용한도, 연체금리, 주된 혜택

원칙 ❷ 금융소비자에게 불이익이 발생할 수 있는 사항과 권리사항을 강조하여 표시한다.

1. 원칙의 내용

□ 금융상품판매업자등은 금융상품 계약 체결 후 금융소비자에게 불이익이 발생할 수 있는 사항과 법에 따라 금융소비자가 행사할 수 있는 권리를 강조하여 표시합니다.

2. 원칙의 필요성

□ 금융소비자보호법상 금융소비자에게 불이익이 발생할 수 있는 사항에 대해서는 금융상품 설명화면 등에서는 작게 또는 마지막 부분에 표시되어 있는 경우가 있습니다.

□ 금융소비자보호법상 신설된 청약철회권, 위법계약해지권 등이 대면 판매에서는 금융소비자에게 직접 설명되지만, 온라인에서 해당 권리내용이 별도 안내되지 않는 경우 금융소비자가 인식하기 어려울 수 있습니다.

3. 원칙 준수방안

□ 금융상품판매업자등은 금융상품별로 금융소비자에게 불이익이 발생할 수 있는

사항*과 금융소비자권리에 관한 사항은 온라인에서 금융소비자가 인지하기 쉽게 강조**하여 표시합니다.

* 금융소비자에게 불이익이 발생할 수 있는 사항의 예시

- 보장성 상품 : 보험료 미납, 고지의무, 통지의무 위반에 따른 불이익, 중도 해약에 따른 불이익 등
- 투자성 상품 : 계약 변경 또는 해지(환매)로 발생하는 불이익(수수료 등), 계약 변경 또는 해지 처리 소요일(영업일 기준), 손실 발생 가능성(원금전액손실가능 등) 등
- 대출성 상품 : 부수거래 등 실적 미충족에 따른 금리감면 및 연계혜택 등 변경, 연체 기간에 따른 누적적 불이익, 중도 해지에 따른 불이익 등
- 예금성 상품 : 중도 해지에 따른 불이익, 금리변동가능성 등

** 예) 다른 글자색과 보색관계에 있는 색을 사용하여 표시, 텍스트 콘텐츠와 배경 간 명도 대비, 별도 확인창 팝업 등

4. 적용사례

※ 적용사례는 참고예시일 뿐이며, 온라인 판매여건·금융상품 등을 종합적으로 고려하여 다양한 화면구성 방법을 활용할 수 있습니다.

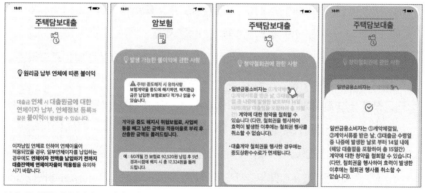

사례 1 글자색을 달리하거나, 글자크기를 확대

사례 2 텍스트 콘텐츠와 배경 간 명도 대비

사례 3 클릭 후, 별도 확인창 팝업

원칙 ❸ 금융소비자가 쉽게 이해할 수 있도록 화면을 구성한다.

1. 원칙의 내용

□ 금융상품판매업자등은 금융소비자가 금융상품의 중요사항을 쉽게 이해할 수 있도록 금융상품 설명화면을 구성합니다.

2. 원칙의 필요성

□ 온라인 금융거래 시 PC나 모바일 기기가 활용되고 있는데, 화면구성이 기기 화면에 적합하지 않으면 금융소비자가 금융상품에 대한 정보를 읽는 데에 어려움이 발생할 수 있습니다.

□ 텍스트 중심으로 구성된 설명화면은 금융소비자가 해당 내용을 이해하기 어려운 점*이 있습니다.

　* 설문조사 등의 결과에 비추어 보면 금융상품설명서의 내용이 너무 많아서 읽기 어려울 뿐만 아니라 이해하기 어렵다는 응답이 많음

3. 원칙 준수방안

□ 금융상품판매업자등은 PC 또는 모바일 기기(태블릿, 스마트폰 등)의 화면 크기를 고려하여 금융상품 설명화면을 구성*합니다.

　* 예1) 설명화면이 다수의 페이지로 구성될 경우, 페이지별 적절한 제목과 진행, 단계를 표시하여 금융소비자가 쉽게 따라가면서 읽을 수 있도록 함

　예2) 글꼴 크기 확대, 화면 확대 설정 등의 기능을 제공

　O 온라인 판매채널에서 상품설명서를 단순 게시하거나 파일을 다운로드하는 방법으로만 설명의무를 이행하는 것은 지양합니다.

□ 금융상품 설명화면에 텍스트뿐만 아니라 그림 및 그래프 등을 포함하거나 보완자료를 제공하는 방식 등*을 활용할 수 있습니다.

　* 예) 투자성 상품 위험등급을 색깔, 숫자를 이용하여 표시할 경우, 소비자들은 초록(낮은 위험)-빨강(높은 위험) 배합과 숫자가 작을수록 위험도가 높은 방식을 선호하는 것으로 나타남

4. 적용사례

　※ 적용사례는 참고예시일 뿐이며, 온라인 판매여건·금융상품 등을 종합적으로 고려하여

다양한 화면구성 방법을 활용할 수 있습니다.

사례 1 위험등급 표시(색깔, 숫자, 그림 활용)

사례 2 보험상품 주요특징 안내 (아이콘 이용)

사례 3 청약철회 행사기간 안내 (표 활용)

사례 4 지급사유별 금액 안내 (표, 그림 활용)

사례 5 페이지별 제목과 진행 단계 표시(개선 전)

페이지별 제목과 진행단계 표시(개선 후)

파트 2. 금융소비자의 이해 지원

원칙 ❹ 금융소비자를 위한 상담채널의 접근성과 편의성을 제고한다.

1. 원칙의 내용

□ 금융상품판매업자등은 금융소비자가 금융상품 및 금융소비자권리 등에 대한 궁금한 사항을 시의적절하게 해소할 수 있도록 상담채널의 접근성 및 편의성을 제고합니다.

2. 원칙의 필요성

□ 금융상품판매업자등의 상담채널이 금융소비자가 조회하고 있는 금융상품 설명 단계 등과 연계되지 않는 경우, 금융소비자가 편리하고 시의적절하게 상담채널의 도움을 받기 어렵습니다.

3. 원칙 준수방안

□ 금융상품판매업자등은 금융소비자의 이용 목적, 설명단계 등을 고려한 온라인 상담채널 설계*를 통해 온라인상 상담채널의 접근성과 편의성을 제고합니다.

* 예) 온라인상 금융소비자가 조회하는 상품의 설명단계에 맞추어 상담채널을 지원(설명 단계별 주요 FAQ 제공 등)

○ 전화 등 직원에게 직접 문의할 수 있는 상담채널의 경우에는 안내화면이나 배너를 금융소비자가 쉽게 찾을 수 있는 곳에 배치합니다.

4. 적용사례

※ 적용사례는 참고예시일 뿐이며, 온라인 판매여건·금융상품 등을 종합적으로 고려하여 다양한 화면구성 방법을 활용할 수 있습니다.

사례 1 쉽게 찾을 수 있는 곳에 상담채널 배치

사례 2 상담신청 배너

원칙 ❺ 금융소비자에게 정보탐색 도구를 제공한다.

1. 원칙의 내용

▫ 금융상품판매업자등은 금융소비자의 금융상품에 관한 설명사항 이해를 돕기 위해 적절한 보조수단을 제공합니다.

   ○ 금융상품판매업자등이 제공하는 금융상품 설명 보조수단은 금융소비자가 쉽고 편리하게 접근하고 이용할 수 있도록 합니다.

2. 원칙의 필요성

▫ 금융소비자가 금융상품에 관한 설명내용에 대해서 이해하지 못하는 용어 및 수식 등이 있음에도 적절한 정보탐색도구 등이 제공되지 않아, 이해하지 못했음에도 불구하고 계약체결을 위해 무시하고 넘어가는 경우가 있습니다.

▫ 금융소비자가 외부 검색포털 등을 통해 금융상품에 관한 정보를 직접 탐색하는 경우가 있는데, 해당 금융상품판매업자등의 정보와 직접 탐색한 정보가 다를 경우 금융소비자가 해당 상품에 대해 오인할 수 있습니다.

3. 원칙 준수방안

▫ 금융상품판매업자등은 일반적인 금융소비자가 쉽게 이해할 수 있는 알기 쉬운 용어를 사용하고, 금융소비자가 금융상품에 대한 보다 정확한 정보를 탐색할 수 있도록 정보탐색 도구를 온라인 판매채널에서 제공*합니다.

  * 예) 금리 및 수수료 등 금융계산기, 금융용어사전, 금융상품별 기초가이드 등을 링크

4. 적용사례

  ※ 적용사례는 참고예시일 뿐이며, 온라인 판매여건·금융상품 등을 종합적으로 고려하여 다양한 화면구성 방법을 활용할 수 있습니다.

| 사례 1 금융계산기 | 사례 2 금융용어사전 | 사례 3 금융상품별 기초가이드 |

파트 3. 금융소비자의 이해여부 확인

원칙 ❻ 금융소비자가 설명화면을 충분히 읽을 수 있도록 화면을 구성한다.

1. 원칙의 내용

□ 금융상품판매업자등은 금융소비자가 금융상품 설명화면을 충분히 읽을 수 있는
환경을 구축합니다.

ㅇ 금융소비자가 단순 스크롤만으로 설명화면을 건너뜔 수 있는 방식 등은 지양
합니다.

2. 원칙의 필요성

□ 온라인 거래시 금융소비자는 금융상품 설명화면을 충분히 읽지 않고도 계약체결
단계로 바로 진입할 수 있습니다.

ㅇ 아울러 온라인 상에서 금융소비자가 설명내용을 인지 및 이해할 수 있는 시간
을 확보하도록 하는 장치가 부족합니다.

3. 원칙 준수방안

□ 금융상품판매업자등은 온라인상 금융소비자가 설명화면을 읽지 않고 계약체결 단계로 진입하는 행태를 방지할 수 있는 화면을 구성*합니다.

   * 예) 설명화면 건너뛰기 방지, 일정시간 경과 후 다음 버튼 활성화, 설명화면 중간체크 방식 등

4. 적용사례

   ※ 적용사례는 참고예시일 뿐이며, 온라인 판매여건·금융상품 등을 종합적으로 고려하여 다양한 화면구성 방법을 활용할 수 있습니다.

사례 1 설명화면 건너뛰기 방지　　사례 2 일정시간 경과 후 다음 버튼 활성화　　사례 3 설명화면 중간 체크 방식

원칙 ❼ 금융상품에 대한 설명 이해여부 확인방식의 실효성을 제고한다.

1. 원칙의 내용

□ 금융상품판매업자등은 금융소비자가 금융상품의 중요한 사항을 이해하였는지를 실효성 있게 확인합니다.

2. 원칙의 필요성

□ 금융소비자보호법상 설명의무는 중요한 사항 설명, 설명한 사항에 대한 이해 여부 확인으로 이루어집니다.

○ 금융소비자가 중요한 사항에 대해 충분한 이해 없이 확인하는 경우 금융소비자에게 불리하게 작용할 수 있습니다.

3. 원칙 준수방안

☐ 금융상품판매업자등은 온라인 판매채널에서 금융소비자가 중요한 사항에 대한 설명을 이해하였는지 여부를 독립적인 화면에서 확인할 수 있도록 다른 화면과 분리합니다.

○ 중요사항 이해여부 확인 과정에서 "금융소비자가 충분한 이해 없이 확인했다고 답변할 경우 추후 소송이나 분쟁에서 소비자에게 불리하게 작용할 수 있다"는 점에 대해 강조합니다.

☐ "예/아니오"로 답변이 가능한 질문을 통해 금융소비자의 이해 여부를 확인시 "예"를 기본값으로 설정하는 것을 지양합니다.

4. 적용사례

※ 적용사례는 참고예시일 뿐이며, 온라인 판매여건·금융상품 등을 종합적으로 고려하여 다양한 화면구성 방법을 활용할 수 있습니다.

사례 1 개선 전   개선 후

주요 질의·답변

1. '21.7월에 발표된 '금융상품 설명의무의 합리적 이행을 위한 가이드라인'과 '온라인 설명의무 가이드라인'의 관계는?

▢ 금융당국은 현장의 설명의무 이행실태를 점검하고, 영업관행 개선이 필요한 사항에 대해 '금융상품 설명의무의 합리적 이행을 위한 가이드라인'을 마련('21.7월) 하였습니다.

　○ 동 가이드라인의 실효성 확보를 위해, 우선 온라인 판매과정에서의 효과적인 설명의무 이행방안으로 '온라인 설명의무 가이드라인'을 마련하였습니다.

▢ 따라서, '21.7월에 발표된 '금융상품 설명의무의 합리적 이행을 위한 가이드라인' 은 대면, 온라인 등 모든 판매경로에 적용되는 것입니다.

　○ '온라인 설명의무 가이드라인'은 설명의무의 합리적 이행을 위해 온라인 판매 의 특성을 고려하여 추가적으로 적용됩니다.

2. 온라인 판매과정 중 화상으로 금융상품 중요사항을 설명하는 경우 '온라인 설명의무 가이드라인'을 적용하여야 하는지?

▢ '온라인 설명의무 가이드라인'은 원칙적으로 전자적 장치를 이용한 자동화 방식을 통해서만 금융상품을 판매하는 거래에 적용됩니다.

　○ 따라서, 금융상품판매업자등의 임직원이 화상으로 직접 금융소비자보호법 제 19조에 따른 설명의무를 이행하는 경우, '온라인 설명의무 가이드라인'을 적용 할 필요는 없습니다.

3. 원칙 1의 준수방안에서 열거된 '우선하여 설명하여야 하는 중요한 사항' 에 '금융소비자에게 중요'하다고 판단되는 사항을 포함하여 설명할 수 있는지?

▢ 원칙 1의 준수방안에 열거된 '우선하여 설명하여야 하는 중요한 사항'은 온라인 설명의무 이행시 먼저 설명이 이루어져야 하는 사항입니다.

　○ 이외의 사항 중 자체 기준 등에 따라 '금융소비자에게 중요'하다고 판단하는

사항*이 있는 경우에는 '우선하여 설명하여야 하는 중요한 사항'에 포함하여 설명할 수 있습니다.

* 민원빈발 사항 등

4. 원칙 1에 따른 '우선하여 설명하여야 하는 중요한 사항' 이외의 사항에 대해, 설명사항과 상품설명서의 위치를 알리는 방법으로 온라인 설명의무를 이행할 수 있는지?

□ 온라인 매체의 특성 상, 금융상품 중요사항을 모두 화면으로 제공할 경우, 금융소비자의 이해도 제고에 오히려 역효과가 발생할 수도 있습니다.

□ 원칙 1에 따른 '우선하여 설명하여야 하는 중요한 사항' 이외의 사항 중 일부는 요약하여 화면으로 제공합니다.

   ○ 구체적인 내용이 기재된 상품설명서의 위치를 안내하는 방법으로 설명의무를 이행할 수 있습니다.

   ○ 이 경우, 해당 설명사항에 대한 이해여부는 다른 설명사항 이해여부와 함께 확인할 수 있습니다.

5. 원칙 2에 따른 금융소비자권리에 관한 사항의 구체적인 예시는?

□ 원칙 2에 따른 금융소비자권리에 관한 사항은 청약철회권, 위법계약해지권 등을 의미합니다.

   ○ 청약철회권 같이 특정 금융상품에 해당하는 사항은 금융상품 설명화면에 행사방법 등을 표시합니다.

   ○ 위법계약해지권 등과 같이 일반적인 권리인 경우에는 금융상품 설명화면에서 설명하거나 해당 정보에 접근할 수 있는 링크를 제공하는 방식으로 원칙 2를 이행할 수 있습니다.

6. 원칙 5에 따라 금융소비자에게 제공하는 정보탐색 도구에 금융상품 유형별로 구체적인 기준이 있는지?

☐ 원칙 5에 따른 정보탐색 도구는 금융소비자가 쉽게 이용할 수 있도록 금융상품별 특성에 맞게 시의적절하게 제공되는 것이 필요합니다.

   ○ 예를 들어, 대출상품의 경우 월 이자납입액 및 총 이자액 등이 자동적으로 산출되는 방식으로 금리계산기를 제공하는 것이 바람직합니다.

7. 원칙 6에서 제시하고 있는 '일정 시간 이후 다음 버튼 활성화' 방법에서 '일정 시간'에 대해 정해진 기준이 있는지?

☐ 원칙 6의 준수방안 및 적용사례에서 제시하고 있는 '일정시간 경과 후 다음 버튼 활성화'는 금융소비자가 금융상품 설명화면을 충분히 읽을 수 있는 화면의 예시를 제공하는 것입니다.

   ○ 구체적인 이행방법은 원칙 6의 취지 내에서 개별 금융회사가 자율적으로 운영할 수 있습니다.

8. 원칙 7에 따라 설명 이해여부를 독립적인 화면으로 구성시 시각적인 효과로만 구분(예 : 구분선 삽입, 음영색 변경 등)해도 되는지?

☐ 원칙 7의 취지를 감안할 때 금융소비자의 설명 이해여부 확인 화면을 시각적인 효과만 추가하여 구분하는 것은 바람직하지 않은 것으로 판단됩니다.

   ○ 이는 온라인상 금융상품 거래시 필요한 동의(예: 신용정보제공 등) 등이 설명 이해여부 확인과 동일한 단계에서 이루어지는 경우

   ○ 금융소비자가 무엇에 동의하는지 명확하게 인지하기 어렵고, 금융소비자보호법상 중요한 사항에 대해 충분한 이해없이 형식적으로 확인할 가능성이 있기 때문입니다.

(10) 설명의무 위반시 효과

① 민사적 책임 : 손해배상(입증책임 전환) 및 위법계약 해지

금융상품판매업자등이 고의 또는 과실로 금융소비자보호법을 위반하여 금융소비자에게 손해를 발생시킨 경우 금융소비자보호법 제44조 제1항에 따른 손해배상 및 금융소비자보호법 제47조 제1항에 따른 위법계약 해지의 대상이 된다. 특히, 설명의무 위반과 관련하여서는 금융소비자보호법 제44조 제2항에 따라 고의 또는 과실에 상관없이 설명의무를 위반하였다는 사실만으로도 금융상품판매업자등에게 손해를 배상할 책임을 부과하는 별도 조문을 두고 있다. 통상적으로 손해배상의 경우 손해를 입었다고 주장하는 쪽에서 그 손해를 입은 사실을 입증해야 할 책임이 있으나 금융소비자보호법 상 설명의무를 위반한 경우에는 금융상품판매업자등에게 고의 및 과실이 없음을 입증하도록 책임이 전환되어 금융소비자 보호가 한층 강화되었다. 따라서 금융상품판매업자등이 고의 및 과실이 없음을 입증한 때에는 손해배상 책임을 면할 수 있다.

② 행정적 책임 : 과징금, 과태료 및 제재조치

금융위원회는 금융상품직접판매업자 또는 금융상품자문업자가 ❶금융소비자보호법 제19조 제1항을 위반하여 중요한 사항을 설명하지 아니하거나 ❷금융소비자보호법 제19조 제2항을 위반하여 설명서를 제공하지 아니하거나 확인을 받지 아니한 경우에는 그 위반행위와 관련된 계약으로 얻은 수입 또는 이에 준하는 금액('수입등'이라 함)의 50% 이내에서 과징금을 부과할 수 있다.[257] 또한, 금융상품계약의 체결 또는 자문하는 과정에서 ❶금융소비자보호법 제19조 제1항을 위반하여 중요한 사항을 설명하지 아니하거나 ❷금융소비자보호법 제19조 제2항을 위반하여 설명서를 제공하지 아니하거나 확인을 받지 아니한 자는 1억원 이하의 과태료를 부과한다.[258] 금융상품판

매업자등 및 그 임직원이 ❶중요사항의 설명의무와 ❷설명서 제공의무 및 설명내용 확인의무를 위반하거나 ❸거짓 또는 왜곡하여 설명하거나 중요한 사항을 빠뜨린 경우에는 행정제재 조치를 받을 수 있다.

: : 참고자료 | 금융소비자보호법 시행령 [별표 1] : :

금융상품판매업자등 및 그 임직원에 대한 조치 및 조치요구 기준

7. 법 제19조(설명의무) 제1항을 위반하여 중요한 사항을 설명하지 않은 경우
8. 법 제19조(설명의무) 제2항을 위반하여 설명서를 제공하지 않거나 확인을 받지 않은 경우
9. 법 제19조(설명의무) 제3항을 위반하여 거짓 또는 왜곡하여 설명하거나 중요한 사항을 빠뜨린 경우

◇◇◇◇◇◇◇◇◇◇◇◇◇◇◇◇ **금융소비자보호법 Q&A** ◇◇◇◇◇◇◇◇◇◇◇◇◇◇◇◇

Ⓠ 전문금융소비자에게 설명의무를 이행해야 합니까?

Ⓐ 전문금융소비자에는 적용되지 않음.

　다만, 개별법*상 설명의무를 부과한 경우 해당 법에 따른 설명의무는 이행해야 함.

　* 약관규제법(§3), 금융실명법(§6), 예금자보호법(§29)

- -

Ⓠ 자본시장법상 증권신고서 작성의무가 면제되는 금융상품의 경우 설명서 제공의무의 예외에 해당하나요?

Ⓐ 금소법 제19조제2항 단서에 따라 하위규정에 열거된 경우를 제외하고는 설명서 제공의무의 예외가 인정되지 않음.
　☞ 자본시장법상 증권신고서 작성의무가 면제되는 금융상품이라도 설명서 제공의무의 예외에 해당하지 않음.

---

257) 금융소비자보호법 §57①본문
258) 금융소비자보호법 §69①(1)

Ⓠ 금융상품 계약과 관련하여 모집인이 법령상 설명해야 할 사항 중 일부만 설명해도 되는지요?

Ⓐ 설명의무 이행여부는 계약의 전 과정을 토대로 판단하기 때문에 중개 단계에서 반드시 모든 설명이 이루어져야 하는 것은 아님.

☞ 중개업자가 해당 금융상품에 대해 법령에 따라 설명해야 할 사항 중 일부만 설명했지만, 직접판매업자가 나머지를 설명했다면 설명의무를 이행했다고 볼 수 있음. 다만, 직접판매업자와 모집인 간 설명의무 이행범위에 대한 기준을 내부통제기준에 반영해야 함.

Ⓠ 학교장 등 단체의 대표자*(대리인)에게 예금성 상품 계약 체결 권한이 부여된 경우 동 대리인에게 설명의무를 이행했다면(법§19①), 본인(단체 구성원)에게 설명의무를 이행한 것으로 볼 수 있나요?

   * 금융실명법 유권해석에 따라 학교장 등(대리인)은 본인(종업원·학생 등)의 입출금계좌 개설 동의를 받아 단체계좌 일괄개설 가능.

Ⓐ 민법상 법리에 따라 판단 가능.

※대리인에게 설명의무 이행시 본인에게 설명의무를 이행한 것임. (민법§114)

Ⓠ 공모펀드는 운용사에서 금감원 가이드라인에 따라 위험등급을 부여하고 있고, 금융소비자보호법에 따라 판매사도 위험등급을 산정하므로 이중규제로 이해되는데, 공모펀드에 한해 위험등급 산정 및 설명의무를 적용하지 않을 수 있을까요?

Ⓐ 해당 규정의 취지는 금융상품의 위험등급에 대한 판매사의 책임을 강화하는 데 있으며, 판매사가 자산운용사와 달리 위험등급을 정해야 한다는 등의 불필요한 행정부담을 부과하지 않음.
또한 현행 금소법령 및 관련 지침에서 위험등급에 대해 다른 관련 법령이나 금감원의 공모펀드 위험등급 관련 가이드라인과 상이하게 규율하고 있지도 않은 만큼 이중규제 적용 문제가 발생한다고 보기는 어렵다고 판단됨.

Q 직접판매업자가 자산운용사 등이 공시한 (간이)투자설명서의 위험등급 산정기준을 사전검증 후 자산운용사가 공시한 위험등급을 사용하는 등의 간소화 절차를 거치는 것이 금소법 위반에 해당하나요?

A 직판업자가 자산운용사의 위험등급을 사용하여 위험등급을 정하는 방법을 제한하지는 않음. 다만, 금소법에 따라 해당 위험등급은 직판업자가 마련한 것으로 봄.

Q 발행인이 위험등급을 정하지 않는 금융상품에 대해서 직판업자의 위험등급 협의 의무를 어떻게 이행해야 하나요?

A 해당 규정은 판매자가 정한 위험등급과 발행인이 정한 위험등급에 차이가 있는 경우에 적용되므로 발행인이 정한 위험등급이 없다면 미적용.

Q 금소법상 설명서에 기대수익을 기재하는 행위가 자본시장법(§55)상 금지하는 투자성 상품의 손실보전·이익보장 등 행위와 상충되지 않나요?

A 기대수익은 객관적·합리적 근거가 있는 경우에 한해 설명서에 기재하여 설명하는 것으로 근거가 없는 경우 기재 불가.

그리고 기대수익을 기재하는 행위 자체가 손실을 보전하거나 이익을 보장하기로 약속하는 것은 아니므로 자본시장법과 상충되지 않음.

Q 설명사항인 '연계·제휴서비스등의 이행책임에 관한 사항'(법§19①ⅱ나)은 무엇을 의미합니까?

A 연계·제휴서비스등을 부당하게 축소하거나 변경하지 않고, 불가피하게 축소·변경하더라도 그에 상응하는 다른 연계·제휴서비스를 제공하는 것을 의미(법§20①ⅴ).

Q 은행은 부수업무로 전기통신서비스(리브모바일 알뜰폰)를 운영중이며, 해당 은행의 특정 금융상품 가입시 동 통신서비스 가입자들에게 할인혜택을 제공하는 경우 이러한 혜택이 연계·제휴서비스에 해당하나요?

A 통신서비스 할인혜택이 금융상품의 일부를 구성하여 소비자의 거래 의사결정에 영향을 미칠 수 있다면 연계제휴서비스로 볼 수 있음.

Ⓠ 금융소비자가 보험금 대신 선택하는 보험상품의 현물급부 담보*는 보험상품의 주된 계약의 내용으로 약관에 기재되어 있는데 동 담보서비스가 연계·제휴서비스에 해당할까요?

　　* 보험수익자는 보험사고 발생 시 보험금(현금) 또는 서비스(간병인 지원 서비스, 장례서비스등)를 선택.

Ⓐ 제출의견과 같이 보장성 상품 약관에 포함되어 보험료, 보장내용 등 상품의 중요 내용에 해당되는 것이라면 이는 보장성 상품을 구성하는 요소로서 금소법상 연계·제휴서비스로 보기 어려움.

- -

Ⓠ 계약이 체결되지 않았으나, 계약체결 권유를 한 경우 설명서를 제공해야 하나요?

Ⓐ 금소법상 설명서 제공은 계약이 체결되기 전 금융상품을 권유하는 단계에서 준수해야 할 사항으로, 해당 금융상품에 대한 계약이 실제로 체결되었는지 여부와는 직접적인 관련성이 없음.

- -

Ⓠ 설명서 제공대상은 상품을 선택하기로 한 고객인가요? 아니면 설명 후 아직 마음을 정하지 못한 모든 고객인가요?

Ⓐ 별도의 규정 없음.

- -

Ⓠ 한 명의 고객이 여러 채널로 대출상담을 요청했을 경우 각기 다른 상담직원이 응대하게 되는데 상담직원이 다르면 설명서를 각각 제공해야 하나요? 동일한 직원이 오늘 상담 후 며칠 뒤 다시 상담을 하는 경우도 설명서를 1회만 제공해도 되는지요?

Ⓐ 동일한 자료는 1회 제공으로 충분.

- -

Ⓠ 공모펀드의 경우 소비자에 간이투자설명서를 제공하면 금소법상 설명서를 제공하지 않아도 됩니까?

Ⓐ 금소법에서 설명하도록 규정한 사항이 금소법 감독규정(§13①)에서 정하는 바에 따라 모두 간이투자설명서에 작성되어 있다면 별도의 금소법상 설명서 제공은

불필요함.

※ 법령에 따라 교부해야 하는 설명서의 명칭이 다르다 하더라도 어떤 형태로든 해당 설명서의 설명항목이 소비자에 전달된다면 그 취지는 이행되었다고 볼 수 있음. (설명의무 가이드라인 참조)

Ⓠ 신탁업자(직접판매업자)는 현재 특정금전신탁에 편입된 금융투자상품의 투자설명서를 요약하여 '특정금전신탁 설명서*' 및 '운용상품설명서*' 등을 직접 작성해 이미 고객에게 교부하고 있는데, 이 경우에도 금소법상 별도의 설명서·핵심설명서를 추가로 작성·교부해야 합니까?

＊「특정금전신탁 업무처리 모범규준」(금투협)에 따른 설명서

Ⓐ 기존 설명서에 금소법상 설명해야 할 사항이 모두 포함되어 있는 경우에는 추가로 만들 필요는 없음. 다만, 금소법상 설명서 작성방식은 준수할 필요.

※ 법령에 따라 교부해야 하는 설명서의 명칭이 다르더라도 어떤 형태로든 해당 설명서의 설명항목이 소비자에 전달된다면 그 취지는 이행되었다고 볼 수 있음. (설명의무 가이드라인 참조)

Ⓠ 신탁업자(직접판매업자)가 특정금전신탁을 통해 집합투자증권을 판매할 경우 '집합투자증권 발행인이 작성한 투자설명서·간이투자설명서 내용을 검증하여 검증된 사항은 신탁업자가 직접 작성하는 설명서·핵심설명서에 작성하지 않아도 되나요?

Ⓐ 투자설명서 또는 간이투자설명서를 통해 제공된 내용은 금소법상 설명서에 중복하여 기재할 필요가 없음.

※ 법령에 따라 교부해야 하는 설명서의 명칭이 다르더라도 어떤 형태로든 해당 설명서의 설명항목이 소비자에 전달된다면 그 취지는 이행되었다고 볼 수 있음. (설명의무 가이드라인 참조)

Ⓠ 금소법상 설명서 교부를 (간이)투자설명서로 갈음하는 경우, (간이)투자설명서에 금소법상 설명의무에 포함이 안 된 사항은 별도의 설명서에 반영하지 않아도 됩니까?

Ⓐ 금소법상 설명서 교부를 (간이)투자설명서로 갈음(교부)하는 경우 (간이)투자설명서에 금소법상 설명의무에 포함이 안 된 사항은 별도의 설명서를 교부해야 함(시행령§14①ⅳ).

※ 법령에 따라 교부해야 하는 설명서의 명칭이 다르더라도 어떤 형태로든 해당 설명서의 설명항목이 소비자에 전달된다면 그 취지는 이행되었다고 볼 수 있음(설명의무 가이드라인 참조)

Ⓠ 설명의무 이행 없이 계약서류로서 설명서를 제공하는 경우에도 판매직원의 서명이 필요합니까?

Ⓐ 설명의무 이행 대상이 아니어서 계약서류로서 설명서를 제공하는 경우에는 금소법 시행령 제14조 제2항에 따른 판매직원의 서명의무가 적용되지 않음.

Ⓠ 판매직원이 설명서에 "설명내용과 설명서가 동일하다는 사실"에 대한 서명을 해야 하는 의무 관련 설명서를 전자문서로 제공하는 경우에도 해야 하나요? 반드시 설명이 종료된 후에 해야 하나요?

Ⓐ 금소법 시행령 제14조 제2항 각 호*의 어느 하나에 해당하는 경우를 제외하고는 예외가 없음.

* ① 예금성 상품 또는 대출성 상품에 관한 계약

② 「전자금융거래법」에 따른 전자적 장치를 이용한 자동화 방식을 통해서만 서비스가 제공되는 계약

금소법에서는 「전자서명법」 제2조 제2호에 따른 전자서명*도 서명으로 인정.

* 2. "전자서명"이란 다음 각 목의 사항을 나타내는 데 이용하기 위하여 전자문서에 첨부되거나 논리적으로s 결합된 전자적 형태의 정보를 말한다.

가. 서명자의 신원

나. 서명자가 해당 전자문서에 서명하였다는 사실

☞ 판매직원이 설명서에 서명하도록 요구하는 이유는 설명내용에 대한 판매직원의 책임 확보를 위함임. 그러므로 제도의 취지를 벗어나지 않는 범위 내에서 설명 전 제공 가능.

Ⓠ TM(Tele Marketing)으로 상품 권유시 녹취로 상품과 설명이 동일함을 안내하고 상담사가 전산상 서명란에 본인 서명을 이미지로 기입하면 상품설명서 발송 시 해당 내용과 서명이 함께 발송되는데 이러한 행위가 설명서상 직원 서명행위로 갈음되나요?

Ⓐ 금소법 시행령 제22조제1항에 따라 제공하는 "설명서"의 작성 방식에 대해서는 같은 영 제14조에서 규정하고 있으며, TM 모집시 금소법 시행령 제14조제2항에 따라 설명서에 서명* 또는 전자서명**을 해야 함.

* 「서명확인법」 제2조제1호에 따른 "서명"으로 '본인 고유의 필체로 자신의 성명을 제3자 가 알아볼 수 있도록 기재하는 것'

** 「전자서명법」 제2조제2호에 따른 전자서명

Ⓠ 설명서를 반드시 서면으로 제공해야 합니까?

Ⓐ 가. 설명의무 개요
  – 판매자는 권유 시 또는 일반금융소비자가 요청하는 경우에 원칙상 설명서를 제공하여 설명해야 함.
  – 또한 설명한 내용을 소비자가 이해하였음을 서명(전자서명 포함), 기명날인, 녹취를 통해 확인받아야 함.
  나. 설명서 제공방법
  – 금소법 시행령(§14③)에서는 상품 설명서 제공방법을 서면교부, 우편(전자우편 포함), 문자메시지 등 전자적 의사표시로 규정.
  – 전자적 의사표시에는 전자적 장치(모바일 앱, 태블릿 등)의 화면을 통해 설명서 내용을 보여주는 것도 포함.

Ⓠ 설명의무 이행시 설명서를 전자문서로만 제공해도 되나요?

Ⓐ 판매업자는 금소법 시행령 제14조 제3항 각 호의 방법* 중 하나를 선택하여 설명 서 제공이 가능함.

* 서면(전자문서법상 '서면'으로 볼 수 있는 경우 포함), 우편 또는 전자우편, 휴대전화 문 자메시지 또는 이에 준하는 전자적 의사표시.

Ⓠ 비대면으로 계약체결시 설명서 다운 버튼을 클릭해야 다음 절차 진행되도록 한 경우 설명서 제공의무를 이행한 것으로 보나요?

Ⓐ 설명서 제공의무 이행한 것으로 간주 가능.

- -

Ⓠ 모바일 앱, 태블릿 등 전자기기를 통해 설명서를 화면에 표시하는 행위도 설명서 제공으로 볼 수 있나요?

Ⓐ 계약체결 당시 제공된 설명서와 동일한 내용(위·변조가 없을 것)의 설명서에 한해 소비자가 해당 전자문서*를 전자기기를 통해 상시조회할 수 있는 경우에는 설명서 제공으로 볼 수 있음.

> * 1) 전자문서의 내용을 열람할 수 있고, 2) 전자문서가 작성·변환되거나 송신·수신 또는 저장된 때의 형태 또는 그와 같이 재현될 수 있는 형태로 보존될 것.

- -

Ⓠ 설명서 제공방법에 카카오톡 메시지가 포함되나요?

Ⓐ 카카오톡 메시지도 문자메시지와 같이 전자적 방식에 의한 의사표시로 볼 수 있음.

- -

Ⓠ 외환파생상품의 경우 동일상품 내 거래금액·베리어환율·목표환율이익 등 거래조건 일부 변경시 "기존 계약을 같은 내용으로 갱신하는 경우"에 포함되어 설명서를 제공하지 않아도 되나요?

Ⓐ 거래조건 변경으로 계약내용이 같지 않아 예외 어려움.

다만, 금융상품 특성 등에 따라 형평에 맞게 해석 적용가능하도록 한 해석기준(법 §13)상 감안시 탄력적 적용은 가능.

- -

Ⓠ 법령에 핵심설명서에 대한 구체적 규정이 있습니까?

Ⓐ 가. 핵심설명서 개요

소비자가 두꺼운 설명서 내용을 충분히 파악하기 힘든 어려움을 해소하기 위해 금소법 감독규정(§13①5호)에서는 설명서 맨 앞에 중요 사항을 요약한 내용을 두도록 규정(9.25일 시행).

나. 핵심설명서 작성사항

금소법 감독규정(§13①5호)에서는 핵심설명서에 포함시켜야 할 사항을 다음과 같이 규정함.

– 유사한 금융상품과 차별화되는 특징.

– 계약 후 발생가능한 불이익에 관한 사항(위험등급, 원리금 연체 시 불이익, 민원·분쟁이 빈번하여 소비자 숙지가 필요한 사항 등).

– 민원을 제기하거나 상담을 요청하려는 경우 이용가능한 연락처.

Ⓠ 현재의 여신에서 사용하고 있는 "가계대출 상품설명서" 양식에는 고객 서명 란과 주요 내용을 기재하도록 되어 있는데, 고객 서명은 고객이 하되, 주요 내용은 "판매자"가 직접 기재해야 한다는 말인가요?

Ⓐ 소비자가 기재하도록 하는 내용은 소비자가 그 내용을 인지하였음을 확인하는 수단이므로 금융회사의 설명서 작성 의무와는 무관.

Ⓠ 설명서 제공 예외사유와 관련하여 설명한 고객에게 필수로 설명서를 제공해야 하나요? 아니면 고객이 선택하도록 하나요? (거부 고객에게 제공시 민원 예상)

Ⓐ 제공 거부 의사를 표시한 고객에게도 필수 제공(설명서 제공 예외사유로 미규정).

Ⓠ 기본 계약을 체결하고 그 계약내용에 따라 계속적·반복적 거래를 하는 경우에는 설명서 제공의무가 면제되는데, 어떤 사례가 있나요?

Ⓐ 금융소비자보호 감독규정 제13조제2항제1호에는 과거 자본시장법 제59조제1항에 따른 계약서류 교부의무의 예외 중 동법 시행령 제61조제1항제1호*에 해당하는 사례가 포함.

* 매매거래계좌를 설정하는 등 금융투자상품을 거래하기 위한 기본 계약을 체결하고 그 계약내용에 따라 계속적·반복적으로 거래를 하는 경우.

Ⓠ 소비자보호법 감독규정 제13조 제2항 제1호의 설명서 제공의무의 예외인 '기본계약' 관련, 장외파생상품거래시 표준적으로 사용되는 'ISDA Master Agreement' 이외의 '외환거래약정서', 'German Master Agreement' 등도 위 규정의 '기본계약'에 해당합니까?

Ⓐ '외환거래약정서', 'German Master Agreement'가 채무자회생법 제120조 제3
항의 '기본계약'에 해당한다면 기본계약으로 볼 수 있음.

마. 불공정영업행위 금지

(1) 의의

금융상품판매업자등은 금융소비자에 비해 금융상품에 대한 많은 정보와 지식
을 갖고 있어 이들 사이에 정보의 비대칭성이 존재한다. 또한, 은행 등으로부
터 자금을 빌려야 하는 금융소비자는 약자의 입장에 서 있어 예금·보험 등의 가
입을 강요 당하는 등 부당한 대우를 받을 수도 있다. 이에 금융소비자보호법은
금융상품판매업자등이 우월적 지위를 이용하여 금융소비자의 권익을 침해하는
행위를 '불공정영업행위'로 규정하고 이를 금지하고 있다.[259] 불공정영업행위에
대한 규제는 일반금융소비자와 전문금융소비자를 구별하지 않고 모두에게 적
용된다. 은행, 보험, 금융투자 등 개별 금융업법별로 적용하던 불공정영업행위
에 대한 규제는 금융소비자보호법으로 모두 이관되어 일원화되었다.

(2) 구속성 금융상품 계약의 체결 금지

대출성 상품에 관한 계약체결과 관련하여 금융소비자의 의사에 반하여 다른 금
융상품의 계약체결을 강요하는 행위(은행 실무상 "꺾기"라 함)는 금지된다.[260] 꺾
기와 관련된 불공정영업행위의 구체적인 유형 또는 기준은 다음과 같다.

가) 금융소비자에게 제3자 명의로 다른 금융상품의 계약 체결을 강요하는 행위[261]

---

259) 금융소비자보호법 §20①
260) 금융소비자보호법 §20①(1)
261) 금융소비자보호법 시행령 §15④(1)가목

나) 금융소비자에게 다른 금융상품직접판매업자를 통해 다른 금융상품의 계약 체결을 강요하는 행위[262]

다) 중소기업의 대표자·관계인에게 다른 금융상품의 계약 체결을 강요하는 행위[263]
금융소비자가 중소기업[264]인 경우 그 대표자 또는 관계인에게 다른 금융상품의 계약체결을 강요하는 행위는 불공정영업행위로 금지된다. 이 경우 대표자 또는 관계인이란 통계청장이 고시하는 '한국표준산업분류'에 따른 금융업, 보험 및 연금업, 금융 및 보험 관련 서비스업을 영위하는 중소기업과 은행법에 따른 주채무계열에 속하는 중소기업에 해당하지 아니하는 중소기업의 대표자·임원·직원 및 그 가족인 배우자와 직계혈족을 말한다.[265]

라) 대출성 상품에 관한 계약 체결 전후 각각 1개월 내에 다른 보장성·투자성·예금성 상품의 계약 체결 행위[266]
대출성 상품에 관한 계약(금전제공계약)을 체결하고 계약이 최초로 이행된 날 전·후 각각 1개월 내에 금융소비자의 의사에 반하여 아래과 같이 다른 금융상품의 계약을 체결하는 행위는 불공정영업행위로 금지된다.

〈 구속성 행위 적용기준 〉

| | 취약차주 | 취약차주 외 | |
	중소기업 및 그 대표자, 신용평점 하위 10% 개인, 피성년·피한정후견인	법인	개인
예금성	월지급액이 제공받는 금액의 1% 이내일 때 가입 가능	제한 없음	제한 없음
보장성	가입 불가	월지급액이 제공받는 금액의 1% 이내일 때 가입 가능	월지급액이 제공받는 금액의 1% 이내일 때 가입 가능

| 투자성 주1) | 가입 불가 | 제한 없음 | 월지급액이 제공받는 금액의 1% 이내일 때 가입 가능 |

주1) 집합투자증권, 금전에 대한 신탁계약, 자본시장법 상 투자일임계약 및 온라인투자연계금융업법 상 연계투자에 관한 계약으로 한정

2) 지급보증, 보험약관대출, 신용카드, 자본시장법 상 신용공여 등 차주는 제외

① 보장성 또는 투자성 상품(집합투자증권, 금전에 대한 신탁계약, 자본시장법 상 투자일임계약 및 온라인투자연계금융업법 상 연계투자에 관한 계약으로 한정)에 관한 계약

ⅰ) 취약차주에 해당하는 경우

중소기업 및 그 기업의 대표자, 개인신용평점이 하위 10%에 해당하는 사람, 피성년후견인 또는 피한정후견인[267] 중 어느 하나에 해당하는 취약차주[268]인 금융소비자와의 계약을 체결하는 것은 금지된다.[269]

ⅱ) 취약차주에 해당하지 않는 경우[270]

취약차주에 해당하지 않는 금융소비자(투자성 상품인 경우 개인인 금융소비자에 한정)[271]가 계약에 따라 매월 금융상품직접판매업자에 지급해야 하는 금액[272]이 금전제공계약에 따라 금융소비자에게 제공받거나 받을 금액의 1%를 초과하는 경우는 금지된다.[273]

---

262) 금융소비자보호법 시행령 §15④(1)나목

263) 금융소비자보호법 시행령 §15④(1)다목

264) 중소기업기본법에 따른 중소기업을 말한다.

265) 금융소비자보호감독규정 §14③

266) 금융소비자보호감독규정 §14④

267) 피성년후견인 및 피한정후견은 금융소비자보호법 제정으로 구속성 금융상품 계약 체결의 금지 대상자에 새롭게 포함되었다.

268) 실무상으로 구속성 금융상품 규제의 적용을 받는 "취약차주"라 부른다.

269) 금융소비자보호감독규정 §14④(1)가목

270) 중소기업 및 그 기업의 대표자, 개인신용평점이 하위 10%에 해당하는 사람, 피성년후견인 또는 피한정후견인 중 어느 하나에 해당하는 금융소비자가 대출을 받은 경우에는 대출금이 입금된 날 전·후 각각 1개월 내에 납입금액에 상관없이 보장성 상품 또는 투자성 상품의 계약이 금지되지만 그 밖의 금융소비자의 경우 납입금액이 대출금액의 1%를 초과하는 경우에만 규제된다.

271) 금융소비자보호법 제정으로 취약차주 외 개인 차주의 구속성 상품 범위에 투자성 상품이 신설되었다.

272) 금융감독원장이 정한 바에 따라 산출한 금액으로서 월 단위로 지급하는 방식이 아닌 경우에는 월 단위로 환산한 금액(월지급액)을 말한다.

273) 금융소비자보호감독규정 §14④(1)나목

금융소비자보호감독규정 시행세칙 제3조
(구속성 판매 간주행위)

금융소비자보호감독규정 제14조 제4항 제1호 나목에서 "금융감독원장이 정한 바에 따라 산출한 금액"이란 다음 각 호를 의미한다. 이 경우 금융소비자가 2개 이상의 계약을 체결한 경우에는 이를 합산한다.

1. 월납입식 계약인 경우에는 월 납입금액
2. 정기납입식 계약인 경우에는 월납 기준으로 환산한 금액. 다만 정기납 주기가 1년 이상인 경우에는 초회 납입금액을 제4호에 따른 일시납 계약의 일시에 수취하는 금액으로 간주하여 계산한다.
3. 자유적립식 계약의 경우 금전제공일 1개월 전부터 금전제공일까지 납입된 금액과 금전제공일 후 1개월 이내에 납입된 금액 중 큰 금액
4. 일시납 계약의 경우 만기 또는 유효기간이 정해진 상품은 일시에 수취하는 금액을 만기 또는 유효기간까지의 개월수로 나눈 금액. 다만, 다음 각 목의 어느 하나에 해당하는 경우에는 일시납 금액을 12개월로 하여 나눈 금액을 적용한다.
   가. 만기 또는 유효기간이 1년 이상인 계약
   나. 만기 또는 유효기간이 정하여지지 않은 계약
5. 일시납과 정기납 등이 혼합된 계약의 경우에는 제1호부터 제4호의 기준에 따라 각각 계산한 후 합산한다.

② 예금성 상품에 관한 계약

예금성 상품(금융소비자가 입금과 출금을 수시로 할 수 있는 금융상품은 제외)에 관한 계약으로서 취약차주에 해당하는 금융소비자의 월지급액[274]이 금전제공계약에 따라 금융소비자가 제공받거나 받을 금액의 1%를 초과하는 경우에는 불공정영업행위에 해당하여 금지된다.[275]

③ 불공정영업행위에 해당되지 않는 경우

상기의 ①에서 ②까지에도 불구하고 다음의 어느 하나에 해당하는 경우에는 불공정영업행위로 보지 않는다.[276]

 ⅰ) 금전제공계약이 지급보증, 보험약관대출, 신용카드회원에 대한 자금의 융통, 자본시장법에 따른 신용공여 중 하나에 해당하는 금융상품에 관한 계약인 경우

 ⅱ) 주택담보노후연금보증[277]에 의한 대출과 연계하여 상해보험·질병보험 또는 간병보험에 관한 계약[278]을 체결한 경우

 ⅲ) 중소기업이 아닌 기업과 '근로자퇴직급여보장법'에 따른 자산관리업무[279]에 관한 계약, '근로자퇴직급여보장법'에 따른 퇴직보험[280] 또는 종업원의 복리후생을 목적으로 하는 보장성 보험[281]에 관한 계약

 ⅳ) 보장성 보험에 관한 계약을 체결하는 경우로 단체가 그 단체의 구성원을 위하여 체결하는 보장성 보험(단체의 구성원이 보험료를 납입하는 경우에 한정), 일반손해보험[282] 그리고 장기손해보험[283]으로서 채권확보 및 자산보호를 목적으로 담보물건가액 기준에 의해 산정되는 장기화재보험 등 재물보험 중 하나에 해당되는 경우

 ⅴ) 금전제공계약이 최초로 이행된 날 전·후 1개월 이내 해지한 예금성 상품에

---

274) 월지급액이 10만원 이하인 경우와 계약에 따라 금융상품직접판매업자에 지급하는 금액이 총 100만원 이하인 경우에는 제외된다.

275) 금융소비자보호감독규정 §14④(2)

276) 금융소비자보호감독규정 §14⑤

277) 한국주택금융공사법 §2(8의2), "주택담보노후연금보증"이란 주택소유자가 주택에 저당권 설정 또는 주택소유자와 공사가 체결하는 신탁계약에 따른 신탁을 등기하고 금융기관으로부터 대통령령으로 정하는 연금방식으로 노후생활자금을 대출받음으로써 부담하는 금전채무를 공사가 계정의 부담으로 보증하는 행위를 말한다.

278) 보험업법 §4①(3)

279) 근로자퇴직급여보장법 §29①, 퇴직연금제도를 설정한 사용자 또는 가입자는 계좌의 설정 및 관리, 부담금의 수령, 적립금의 보관 및 관리, 운용관리업무를 수행하는 퇴직연금사업자가 전달하는 적립금 운용지시의 이행, 급여의 지급 등 업무의 수행을 내용으로 하는 계약을 퇴직연금사업자와 체결하여야 한다.

280) 근로자퇴직급여보장법 부칙 §2, 사용자가 근로자를 피보험자 또는 수익자로 하여 퇴직보험 또는 퇴직일시금신탁에 가입하여 근로자의 퇴직시에 일시금 또는 연금으로 수령하게 하는 경우에는 퇴직금제도를 설정한 것으로 본다.

281) 해당 보험료가 법인세법에 따른 복리후생비로 인정되는 경우에 한정한다.

282) 보험업감독규정 §1-2(11), '일반손해보험'이란 보험료 산출시에 할인율을 적용하지 아니하고 순보험료가 위험보험료만으로 구성된 손해보험을 말한다.

283) 보험업감독규정 §1-2(12), '장기손해보험'이란 일반손해보험을 제외한 손해보험을 말한다.

대하여 해지 전의 금액 범위 내에서 다시 계약을 체결한 경우

vi) 사회통념상 불공정영업행위로 보기 어렵거나 그러한 행위에 해당되지 않는
다는 사실이 명백한 경우(그 사실을 금융소비자가 서명, 기명날인, 녹취 각각에 준
하여 안정성·신뢰성이 확보될 수 있는 전자적 확인방식으로 확인한 경우는 제외)[284]

(3) 대출성 상품에 대한 부당한 담보 및 보증요구 금지

금융상품판매업자등은 대출성 상품에 관한 계약 체결과 관련하여 담보 또는
보증이 필요 없음에도 부당하게 담보 또는 보증을 요구하는 행위를 하지 말아
야 한다. 또한, 대출성 상품의 계약 체결에 통상적으로 요구되는 일반적인 담
보 또는 보증 범위보다 많은 담보 또는 보증을 요구하는 행위도 금지된다.[285]

(4) 업무와 관련하여 편익 요구 및 제공받는 행위 금지

금융상품판매업자등 또는 그 임직원이 업무와 관련하여 편익을 요구하거나 제
공받는 행위는 금지된다.[286]

(5) 대출성 상품 취급시 금지사항

대출성 상품의 경우 다음의 어느 하나에 해당하는 행위는 금지된다.[287]

가) 자기 또는 제3자의 이익을 위하여 금융소비자에게 특정 대출 상환방식을
강요하는 행위[288]

---

284) 과거 일부 금융회사에서 구속성 금융상품 적용을 회피하기 위하여 일종의 "확인서"를 받는 잘못된 관행이 있었는 바, 금융소비
자보호법은 금융소비자가 구속성 상품 가입이 아니라는 확인서를 서명 등의 방법으로 작성하더라도 불공정영업행위의 적용
예외사유로 보지 않겠다는 의미이다.

285) 금융소비자보호법 §20①(2), 동법 시행령 §15④(2)

286) 금융소비자보호법 §20①(3)

287) 금융소비자보호법 §20①(4)

288) 금융소비자보호법 §20①(4)가목

나) 수수료, 위약금 또는 그 밖에 어떤 명목이든 중도상환수수료를 부과하는 행위.[289] 다만, ❶대출계약이 성립한 날부터 3년 이내에 상환하는 경우, ❷ 다른 법령에 따라 중도상환수수료 부과가 허용되는 경우 그리고 ❸금융소비자가 여신전문금융업법에 따른 시설대여, 연불판매 또는 할부금융에 관한 계약을 해지한 경우로서 계약에 따른 재화를 인도받지 못하였거나 인도받은 재화에 하자가 있어 정상적 사용이 어려운 경우에 해당하는 경우에는 중도상환수수료를 부과할 수 있다.

다) 개인인 금융소비자에 대한 대출에 제3자의 연대보증을 요구하는 경우.[290] 다만, ❶사업자등록증 상 대표자의 지위에서 대출을 받는 경우 해당 사업자등록증에 기재된 다른 대표자, ❷「건축물의 분양에 관한 법률」에 따른 분양대금을 지급하기 위해 대출을 받는 경우 같은 법에 따른 분양사업자 및 해당 건축물의 시공사에 대해서는 연대보증을 요구할 수 있다.

라) 법인인 금융소비자에 대한 대출에 제3자의 연대보증을 요구하는 경우.[291] 다만, ❶해당 법인의 대표이사 또는 무한책임사원, ❷해당 법인에서 가장 많은 지분을 보유한 자, ❸해당 법인의 의결권 있는 발행 주식 총수의 30%[292]를 초과하여 보유한 자, ❹금융소비자와 같은 기업집단[293]에 속한 회사, ❺자본시장법에 따른 프로젝트금융(대출로 한정) 또는 이와 유사한 구조의 금융상품에 관한 계약을 체결하는 경우에 그 프로젝트금융의 대상이 되는 사업에 따른 이익을 금융소비자와 공유하는 법인 그리고 ❻「건축물의 분양에 관한 법률」에 따른 분양대금을 지급하기 위해 대출을 받는 경우 같

---

289) 금융소비자보호법 §20①(4)나목, 동법 시행령 §15①
290) 금융소비자보호법 §20①(4)다목, 동법 시행령 §15②(1)
291) 금융소비자보호법 §20①(4)다목, 시행령 §15②(2), 감독규정 §14①
292) 배우자, 4촌 이내 혈족 및 인척이 보유한 의결권 있는 발행 주식을 합산한다.
293) 독점규제 및 공정거래에 관한 법률 §2(2)에 따른 기업집단을 말한다.

은 법에 따른 분양사업자 및 해당 건축물의 시공사에 대해서는 연대보증을 요구할 수 있다.

마) 조합·단체인 금융소비자에 대한 대출에 제3자의 연대보증을 요구하는 경우.[294] 다만, 해당 조합·단체의 대표자에 대해서는 연대보증을 요구할 수 있다.

(6) 연계·제휴서비스등의 부당 축소·변경 행위 금지

연계·제휴서비스등[295]이 있는 경우 연계·제휴서비스등을 부당하게 축소하거나 변경하는 행위로서 다음의 어느 하나에 해당하는 행위는 금지된다. 다만, 연계·제휴서비스등을 불가피하게 축소하거나 변경하더라도 금융소비자에게 그에 상응하는 다른 연계·제휴서비스등을 제공하는 경우와 금융상품판매업자등의 휴업·파산·경영상의 위기 등에 따른 불가피한 경우는 제외한다.[296]

가) 연계·제휴서비스등을 축소·변경한다는 사실을 미리 알리지 않고 축소하거나 변경하는 행위[297]

연계·제휴서비스등이 축소·변경된다는 사실에 대한 고지는 서면 교부, 우편 또는 전자우편, 전화 또는 팩스, 휴대전화 문자메세지 또는 이에 준하는 전자적 의사표시 중 2개 이상의 방법으로 축소·변경하기 6개월 전부터 매월 고지해야 한다. 다만, 휴업·파산·경영상의 위기 또는 연계·제휴서비스등을 제공하는 자의 일방적인 연계·제휴서비스등 제공 중단 등을 6개월 전부터 고지하기 어려운 불가피한 사유가 있는 경우에는 해당 상황이 발생하는 즉시 고지해야 한다.

---

294) 금융소비자보호법 §20①(4)다목, 시행령 §15②(3)

295) 금융상품과 연계되거나 제휴된 금융상품 또는 서비스 등을 말한다.

296) 금융소비자보호법 §20①(5)

297) 금융소비자보호법 시행령 §15③(1), 감독규정 §14②

나) 연계·제휴서비스등을 정당한 이유 없이 금융소비자에게 불리하게 축소하
거나 변경하는 행위.[298]

다만, 연계·제휴서비스등이 3년 이상 제공된 후 그 연계·제휴서비스등으로
인해 해당 금융상품의 수익성이 현저히 낮아진 경우는 제외한다.

(7) 기타 우월적 지위 이용 행위 금지

그 밖에 금융상품판매업자등이 우월적 지위를 이용하여 금융소비자의 권익을
침해하는 다음과 같은 행위는 금지된다.[299]

가) 금융소비자의 계약의 변경·해지 요구 또는 계약의 변경·해지에 대한 정당
한 사유 없이 금전을 요구하거나 그 밖의 불이익을 부과하는 행위[300]

나) 계약 또는 법령에 따른 금융소비자의 이자율·보험료 인하 요구에 대해 정
당한 사유 없이 이를 거절하거나 그 처리를 지연하는 행위[301]

다) 적합성 원칙에 따라 확인한 금융소비자의 정보를 이자율이나 대출한도 등
에 정당한 사유 없이 반영하지 않는 행위[302]

라) 금융상품직접판매업자가 계약이 최초로 이행된 날 전·후 각각 1개월 내에
❶「중소기업협동조합법」에 따른 공제상품, ❷「중소기업 인력지원 특별법」
에 따른 공제상품, ❸상품권[303] 중 어느 하나의 상품에 관한 계약을 체결하

---

298) 금융소비자보호법 시행령 §15③(2)

299) 금융소비자보호법 §20①(6)

300) 금융소비자보호법 시행령 §15④(3)가목

301) 금융소비자보호법 시행령 §15④(3)나목

302) 금융소비자보호법 시행령 §15④(3)다목

303) 권면금액에 상당하는 물품 또는 용역을 제공받을 수 있는 유가증권을 말한다. 다만, '전통시장 및 상점가 육성을 위한 특별법'에
따른 온누리상품권 및 지방자치단체가 발행한 상품권은 제외한다.

는 행위.[304] 다만, 상기 ❶ 및 ❷의 공제상품의 경우에는 금융소비자가 중소기업인 경우로서 금융소비자의 월지급액이 금전제공계약에 따라 금융소비자가 제공받거나 받을 금액의 1%를 초과하는 경우로 한정한다.

마) 금융상품판매업자가 보장성 보험(신용생명보험[305]은 제외)에 관한 계약 체결을 위해 금융소비자에 금융상품에 관한 계약 체결과 관련하여 이자율 우대 등 특혜를 제공하는 행위[306]

바) 금융상품판매업자 또는 그 임원·직원이 업무와 관련하여 직접적·간접적으로 금융소비자 또는 이해관계자로부터 금전, 물품 또는 편익 등을 부당하게 요구하거나 제공받는 행위[307]

사) 금전제공계약을 체결한 자의 의사에 반하여 보험에 관한 계약조건 등을 변경하는 행위(은행만 해당)[308]

아) 금융소비자가 계약 해지를 요구하는 경우에 계약 해지를 막기 위해 재산상 이익의 제공, 다른 금융상품으로의 대체 권유 또는 해지시 불이익에 대한 과장된 설명을 하는 행위[309]

자) 금융소비자가 금융소비자보호법 상 청약철회권을 행사하였다는 이유로 금융상품에 관한 계약에 불이익을 부과하는 행위.[310] 다만, 같은 금융상품직

---

304) 금융소비자보호감독규정 §14⑥(1)

305) 보험업법 시행령 [별표5] 제1호, '신용생명보험'이란 금융회사로부터 대출을 받은 피보험자가 사망하였을 때 미상환액을 보상하는 보험을 말한다.

306) 금융소비자보호감독규정 §14⑥(2)

307) 금융소비자보호감독규정 §14⑥(3)

308) 금융소비자보호감독규정 §14⑥(4)

309) 금융소비자보호감독규정 §14⑥(5)

접판매업자에게 같은 유형의 금융상품에 관한 계약에 대하여 1개월 내 2번 이상 청약의 철회의사를 표시한 경우는 제외한다.

차) 금융소비자가 금융상품에 관한 계약에 따라 예치한 금액을 돌려받으려 하는 경우에 그 금액을 정당한 사유 없이 지급하지 않는 행위[311]

카) 금융소비자 또는 제3자로부터 담보 또는 보증을 취득하는 계약과 관련하여 ❶해당 계약서에 그 담보 또는 보증의 대상이 되는 채무를 특정하지 않는 행위 또는 ❷해당 계약서상의 담보 또는 보증이 장래 다른 채무에도 적용된다는 내용으로 계약을 하는 행위[312, 313]

하) 대출에 관한 계약(기존계약)을 체결했던 금융소비자와 기존 계약을 해지하고 그 계약과 사실상 동일한 계약(신규계약)[314]을 체결한 후에 기존 계약의 유지기간과 신규 계약의 유지기간을 합하여 3년이 넘었음에도 기존 계약이 대출계약의 성립일로부터 3년 이내에 상환하는 것에 해당한다[315]는 이유로 금융소비자의 계약해지에 대해 중도상환수수료를 부과하는 행위 등 계약의 변경·해지를 이유로 금융소비자에 수수료 등 금전의 지급을 부당하게 요구하는 행위[316]

거) 근저당권이 설정된 금전제공계약의 금융소비자가 채무를 모두 변제한 경우

---

310) 금융소비자보호감독규정 §14⑥(6)

311) 금융소비자보호감독규정 §14⑥(7)

312) 금융소비자보호감독규정 §14⑥(8)

313) "보증인 보호를 위한 특별법"에서는 보증인에 대한 보호조치로 포괄근보증만 금지되어 있으나 금융소비자보호법 제정으로 포괄근보증 및 포괄근담보 모두가 금지되었다.

314) 기존 계약에 따라 금융소비자에 지급된 금전등을 상환받는 계약(신규계약)을 말한다.

315) 금융소비자보호법 §20①(4)나목1)

316) 금융소비자보호감독규정 §14⑥(9)

에 해당 담보를 제공한 자에게 근저당 설정을 유지할 것인지를 확인하지 않는 행위[317, 318]

너) 「수표법」에 따른 지급제시기간 내 같은 법에 따라 발행된 자기앞수표에 도난, 분실 등 사고가 발생했다는 신고가 접수되었음에도 불구하고 그 날부터 5영업일 이내에 신고를 한 자가 아닌 자기앞수표를 제시한 자에게 해당 금액을 지급하는 행위.[319] 다만, 해당 기간 내 신고한 자가 '민법' 제521조에 따른 공시최고의 절차를 신청하였다는 사실을 입증하는 서류를 제출하지 않은 경우는 제외한다.[320]

(8) 불공정영업행위 금지규정 위반시 효과

가) 민사적 책임 : 손해배상 및 위법계약 해지

금융상품판매업자등이 고의 또는 과실로 불공정영업행위 금지를 위반하여 금융소비자에게 손해를 발생시킨 경우 금융소비자보호법 제44조 제1항에 따른 손해배상 및 금융소비자보호법 제47조 제1항에 따른 위법계약 해지의 대상이 된다.

나) 행정적 책임 : 과징금, 과태료 및 제재조치

금융위원회는 금융상품직접판매업자 또는 금융상품자문업자가 불공정영

---

317) 금융소비자보호감독규정 §14⑥(10)

318) 채무가 완제되었음에도 근저당 설정을 해지해 주지 않는 것은 금융소비자의 재산권을 침해할 수 있으나 근저당을 해지하지 않고 유지했다가 새로운 대출계약을 위한 근저당으로 활용할 경우 다시 설정비를 부담하지 않아도 되어 금융소비자에게 이익이 될 수 있다. 따라서, 금융소비자보호법은 채무 완제 후 근저당을 유지할 것인지 여부를 확인하는 않는 것만을 불공정영업행위로 규정하였다.

319) 금융소비자보호감독규정 §14⑥(11)

320) 자기앞 수표를 도난당하거나 분실한 금융소비자는 지방법원에 공시최고를 신청하고 신청증명서 등과 같은 증명서류를 제출하여야 한다(한국금융소비자보호재단, 금융소비자보호법 해설 p128 참조)

업행위 금지를 위반한 경우에는 그 위반행위와 관련된 계약으로 얻은 수입 또는 이에 준하는 금액('수입등'이라 함)의 50% 이내에서 과징금을 부과할 수 있다. 또한 불공정영업행위 금지를 위반한 자는 1억원 이하의 과태료가 부과되며, 금융상품판매업자등 및 그 임직원이 불공정영업행위 금지를 위반하는 행위를 한 경우에는 행정제재 조치를 받을 수 있다.

:: 참고자료 | 금융소비자보호법 시행령 [별표 1] ::

금융상품판매업자등 및 그 임직원에 대한 조치 및 조치요구 기준

10. 법 제20조(불공정영업행위 금지) 제1항 각 호의 어느 하나에 해당하는 행위를 한 경우

◇◇◇◇◇◇◇◇◇◇◇◇◇◇◇◇◇◇◇◇ 금융소비자보호법 Q&A ◇◇◇◇◇◇◇◇◇◇◇◇◇◇◇◇◇◇◇◇

Ⓠ '대출계약 성립일'로부터 3년 이후 상환시 중도상환수수료를 부과하지 못하도록 한 규정(법§20①ⅳ나))과 관련하여 '대출계약 성립일'의 해석기준은?

Ⓐ '대출계약 성립일'은 일반적으로 '대출실행일'로 볼 수 있음.

   ※ 성립일은 소비자의 청약에 대해 은행이 승낙의 의사표시를 한 때로 보아야 한다는 점, 소비자가 은행의 승낙에 대한 의사표시를 인지하는 때는 통상 은행으로부터 대출금을 받는 때로 볼 수 있는 점을 감안하여 "대출계약이 성립한 날"은 일반적으로 "대출실행일"로 볼 수 있음.

- -

Ⓠ 금소법 제20조(불공정영업행위의 금지) "대출성 상품 중도상환수수료 3년이내 부과" 조항이 보험회사의 PF대출(기업대출 포함)에도 적용되는지?

Ⓐ 보험회사가 대출을 취급하는 경우 금소법상 대출성 상품에 해당. (감독규정 제2조 제1항제2호)

   ※ PF대출도 불공정영업행위 규제 적용대상.

- -

Ⓠ 불공정영업행위 중(中) 사실상 동일계약을 체결한 후에 기존 계약의 유지기간과 신규계약의 유지기간을 합하여 3년이 넘었음에도 중도상환수수료 부과행위를

금지하는 규제와 관련하여 아래의 경우가 이에 해당하나요?

(사례1) 기존 대출 1억 → 금번 기존 대출 1억 상환조건으로 동일 금액을 대출

(사례2) 기존 대출 1억 → 금번 기존 대출 1억 상환 + 신규 추가금액 2천만원 지급조건으로 1.2억 대출(추가금액은 고객에게 지급)

Ⓐ 금소법 감독규정 제14조제6항제9호의 취지는 중도상환수수료 부과기한(3년) 규제를 회피하기 위해 금리나 대출금 등 계약의 주요내용이 동일한 계약을 새로 체결하는 행태를 방지하는 데 있음.

따라서 '사실상 동일한 계약'은 구체적인 사실관계에 따라 계약의 주요내용이 동일한지 여부에 따라 달리 해석하여야 할 것.

☞ 제출의견상 주어진 사실관계로만 판단하면, 사례1의 경우 계약의 주요내용이 변경되지 않았으므로 "사실상 동일한 계약"에 해당함.

사례2의 경우는 기존 계약보다 신규 계약의 대출금액이 큰 경우로서 계약의 주요내용이 변경되었기에 '사실상 동일한 계약'으로 보기 어려움.

Ⓠ 중도상환수수료 부과금지와 관련해, 사실상 동일한 계약의 정의를 해주세요. 신규계약의 대출금액이 기존 계약의 최초 대출금액보다 큰 경우에도 신규계약을 기존 계약과 사실상 동일한 계약으로 간주하여 기존 계약과 신규계약의 유지기간을 합하여 3년 이내 계약해지 시 중도상환수수료를 부과할 수 없나요? 해당 감독규정이 적용되는 시점은?

Ⓐ 금소법 감독규정 제14조제6항제9호의 취지는 중도상환수수료 부과기한(3년) 규제를 회피하기 위해 금리나 대출금 등 계약의 주요내용이 동일한 계약을 새로 체결하는 행태를 방지하는 데 있음.

따라서 '사실상 동일한 계약'은 구체적인 사실관계에 따라 계약의 주요내용이 동일한지 여부에 따라 달리 해석하여야 할 것.

– 기존 계약보다 신규 계약의 대출금액이 큰 경우에는 계약의 주요내용이 변경된 것으로 '사실상 동일한 계약'으로 보기 어려움.

– 동 규정의 적용시점은 '기존 계약'이 금소법 시행 이후 체결된 계약부터 적용된다고 할 것.

Q '기존 계약을 해지하고 그 계약과 사실상 동일한 계약을 체결한 경우'에 '중도금 대출을 잔금대출로 전환하는 경우'도 해당되나요?

A 금소법 감독규정 제14조제6항제9호의 취지는 중도상환수수료 부과기한(3년) 규제를 회피하기 위해 금리나 대출금 등 계약의 주요내용이 동일한 계약을 새로 체결하는 행태를 방지하는 데 있음.

따라서 '사실상 동일한 계약'은 구체적인 사실관계에 따라 계약의 주요내용이 동일한지 여부에 따라 달리 해석하여야 할 것임.

☞ 제출의견 상 중도금대출과 잔금대출은 담보, 대출기간, 상환방식 등이 상이하므로 '사실상 동일한 계약'으로 보기 어려움.

Q 다음 사례가 '사실상 동일한 계약(감독규정 §14⑥ⅸ)'에 해당합니까?

① 한도거래를 개별거래로 재대출 또는 대환하는 경우

② 정책자금대출 등 외부차입자금으로 취급된 대출을 은행자금대출로 재대출 또는 대환하는 경우

③ 다수의 기존 계약을 해지하고 하나의 신규계약으로 체결하는 경우

④ 중도상환수수료가 부과되지 않는 기존계약을 중도상환수수료가 부과되는 계약으로 신규 체결하는 경우

A 각 항목에 대한 다음의 판단은 주어진 내용만으로 판단한 것으로, "사실상 동일계약"인지는 규정취지를 감안하여 구체적 사실관계에 따라 판단해야할 사항임.

※ 규정의 취지는 중도상환수수료 부과기한(3년) 규제를 회피하기 위해 금리나 대출금 등 계약의 주요내용이 동일한 계약을 새로 체결하는 행태를 방지하는 데 있음.

① 한도거래 시 한도약정수수료나 한도미사용수수료를 받고 있는 만큼 사실상 동일 계약으로 볼 필요.

② 계약의 주요내용이 변경되는 게 아니라 은행의 자금조달방식에 변경이 있는 것으로 사실상 동일한 계약에 해당.

③ 기존 개별 계약과 신규계약 간 계약의 주요내용에 변경이 있다면 사실상 동일한 계약이 아님.

④ 중도상환수수료는 계약체결 의사결정에 비교적 중요한 사항 중 하나이므로

사실상 동일한 계약 아님.

Q '감독규정 §14⑥ix'와 관련하여 기존 계약을 3년 이내에 중도상환하고, 동일한 신규 계약을 체결하는 경우 기존계약의 중도상환시에 중도상환수수료를 부과할 수 있나요?

　*예시 ('20. 01. 01.) A 대출 실행(5년 만기)

　　　('21. 06. 30.) A 대출 상환 후 동일한 성격의 B대출 계약

　　　→ ('21. 06. 30.) A대출 상환 시(계약 유지 기간 1.5년) 중도상환수수료 부과

　　　가능 여부

A 중도상환수수료 부과 가능.

Q 다음 각 경우가 자기 또는 제3자의 이익을 위하여 금융소비자에게 특정 대출 상환방식을 강요하는 행위(법§20①iv)에 해당하나요?

　① 개인 채무자의 연체 발생 또는 연체 장기화를 방지하기 위해 만기도래시 연체 우려가 있는 대출을 장기분할 상환방식의 대출로 전환해주면서 특정 분할상환방식(원리금분할상환)을 받도록 권유하는 경우

　② 상환방식이 한 종류(원리금분할상환)만 있는 상품을 파는 경우

A "특정 상환방식 강요행위"(금소법 제20조제1항제4호가목)는 원칙적으로 소비자의 재산상황 및 변제계획, 소비자 상환부담의 경감여부 등을 종합 고려하여 판단해야할 사항으로 보임.

　다만, 법령, 정부의 행정지도 등으로 불가피하게 상환방식을 한 종류로만 제한해야 하는 경우는 "강요행위"로 보지 않음.

Q 금융당국의 행정지도 및 은행권 모범규준을 통한 주택담보대출의 비거치식 분할상환 방식 이행이 금소법에서 금지하는 "자기 또는 제3자의 이익을 위해 금융소비자에게 특정 대출 상환방식을 강요하는 행위"에 해당하나요?

A 법령 또는 행정지도에 따른 경우에는 위반으로 볼 수 없음.

Q 아래의 행위는 '자기 또는 제3자의 이익을 위하여 금융소비자에게 특정 대출 상

환방식을 강요하는 행위'(법§20①iv가)에 해당하지 않나요?

① 외부기관 협약 대출 등과 같이 상환방식이 제한적인 경우로 특정 상환방식으로 계약을 체결토록 하는 행위

② 대출 연장 시 신용도 미흡, 유효담보 부족 등을 사유로 특정 상환방식을 권유하는 행위

③ 대출기간과 고객의 연령을 합하여 일정 연령 이상이면 원(리)금분할 상환방식으로만 대출을 취급하는 행위

④ 상환방식에 대한 은행과 고객 간 의견 불일치로 대출 계약이 체결되지 않는 경우

Ⓐ 공정위 예규인 「불공정거래행위 심사지침」 거래상 지위의 남용 위법성 판단 일반기준(제6호⑷)을 참고하여 구체적 사실관계에 따라 판단.

- -

Ⓠ 연대보증을 대신하여 실무상 운영하는 자금보충, 조건부채무인수약정이 '연대보증금지'에 위반되지 않는지요?

Ⓐ 금소법상 연대보증이란, 그 형식이나 명칭에 관계없이 채무자가 채권자에 대한 금전채무를 이행하지 아니하는 경우, 보증인이 그 채무를 이행하기로 하는 채권자와 보증인 사이의 계약 중에, 민법 제437조* 본문에 따른 최고·검색의 항변권 및 민법 제439조**에 따른 분별의 이익이 배제되는 계약을 의미.

* 제437조(보증인의 최고, 검색의 항변) 채권자가 보증인에게 채무의 이행을 청구한 때에는 보증인은 주채무자의 변제자력이 있는 사실 및 그 집행이 용이할 것을 증명하여 먼저 주채무자에게 청구할 것과 그 재산에 대하여 집행할 것을 항변할 수 있다. 그러나 보증인이 주채무자와 연대하여 채무를 부담한 때에는 그러하지 아니하다.

** 제439조(공동보증의 분별의 이익) 수인의 보증인이 각자의 행위로 보증채무를 부담한 경우에도 제408조의 규정을 적용한다.

- -

Ⓠ 금소법 시행 이전 체결한 대출 계약에 연대보증이 있는 경우 금소법 위반인가요?

Ⓐ 법 시행일 이후에 체결된 계약부터 금소법 적용.

☞ 만약, 법 시행일 이전 소비자가 대출 청약을 하고 해당 청약에 대한 금융회사의 승낙이 법 시행일 이후에 이루어진 경우에는 승낙이 이루어진 시점을 기준

으로 위반여부를 판단.

Q 법 시행전 연대보증된 대출계약이 법 시행후 만기연장·재약정되는 경우, '연대보증금지' 관련 조항이 적용되나요?

A 소급 적용되지 않으므로 미적용. 또한, 최초 계약과 동일한 내용으로 만기연장, 재약정되는 경우까지 적용된다고 보기 어려움.

Q 은행이 주택도시보증공사·한국주택금융공사(이하 "보증기관")와 관련한 보증부대출 취급과정에서 제3자에게 연대보증을 요구*하는 경우, 은행의 아래 업무처리가 불공정영업행위(연대보증 요구, 법§20①iv다)에 해당합니까?

* (예시) 아파트 수분양자가 공동명의로 중도금보증·대출을 진행하는 경우, 채권보전을 위해 주채무자 외에 공동명의자에 대해 연대보증 입보.

① 은행이 보증의뢰인(차주)의 이해관계인으로부터 신용보증서 발급에 필요한 연대보증 입보서류를 보증기관을 대신하여 징구한 경우

※ 가계 보증부대출의 경우, 은행·보증기관 간 업무위탁 협약에 따라 보증 관련 서류를 은행이 보증기관을 대신하여 징구하는 것이 일반적.

② 은행이 보증기관에서 보증한 대출상품을 취급 시, 대출금액 중 비보증 부분에 대해 차주의 이해관계인*에게 연대보증을 입보한 경우

* (예) 아파트 공동수분양자 등

A 주택도시보증공사·한국주택금융공사 보증부대출은 금소법 적용대상이며, 금소법 하위규정상 연대보증 허용범위에 포함되지 않는 경우에는 연대보증이 불가.

① 주택도시보증공사·한국주택금융공사의 보증서비스는 금소법 적용대상이 아니므로 해당 기관의 연대보증 입보서류를 은행이 대신 받는 행위는 불공정영업행위에 해당하지 않음.

② 차주의 이해관계인이 금소법 하위규정상 연대보증 허용범위에 포함되지 않으면 해당 이해관계인에 대한 연대보증은 불공정영업행위에 해당.

Q '13.4월 금융위원회 제2금융권 연대보증 폐지 방안에 대한 보도자료 관련, 아래 사항이 금소법 시행 이후에도 유효한가요?

① 장애인·생업을 위한 차량 구입 시에 한하여 개인 및 개인사업자에게 특정근보증 허용

② 기타 특수한 유형의 대출

　－ 담보 대출 등에 있어 법적인 채권 행사를 위해 필요한 경우

　－ 채무자와 공동으로 사업을 수행하면서 이익을 공유하는 경우

　－ 법인은 형식적인 채무자에 불과하고, 그 구성원이 실질적인 채무자인 경우 등

　－ 또한, 차주가 법인인 경우 1) 고용임원이 아닌 공동대표이사 2인 이상의 보증 가능 여부 2) 다수 연대보증 입보* 가능 여부

　　* 예) 차주(법인)의 관계사와 차주(법인)의 대표이사 입보

　※ 단, 상기 경우 모두 연대보증인의 근보증금액 합계는 채권최고액을 넘지 않음.

Ⓐ 금소법상 연대보증이란, 그 형식이나 명칭에 관계없이 채무자가 채권자에 대한 금전채무를 이행하지 아니하는 경우에 보증인이 그 채무를 이행하기로 하는 채권자와 보증인 사이의 계약 중에, 민법 제437조 본문에ㄴ 따른 최고·검색의 항변권 및 민법 제439조에 따른 분별의 이익*이 배제되는 계약을 의미. 즉 금소법상 연대보증은 법규상 허용된 경우에 한하여 가능.

* 각 보증인이 채무에 대해 보증인의 수에 따라 균등비율로 분할하여 그 책임을 분담하는 이익.

☞ 제출의견에서 제시해주신 사례가 법규상 허용된 경우에 해당하는지는 개별적 사실관계에 따라 판단해야 할 것으로 판단됨.

다만, 현행 규정에서 연대보증인의 수를 제한하고 있지는 않으므로 연대보증인이 다수라는 이유만으로 불공정영업으로 보지 않음.

- -

Ⓠ 법인을 대상으로 한 분양사업(예: 아파트형 공장 등) 관련 집단대출의 경우에도 개인과 같이 시공사 연대보증이 가능합니까?

Ⓐ 법인 집단대출의 성격이 개인 집단대출과 거의 동일함.

개인에 허용되는 사항을 법인에 허용하지 않을 경우 법인의 연대보증 범위가 오히려 개인보다 좁아지는 상황이 발생하는 점 등을 감안하여 법인*에도 집단대출 연대보증을 허용.

* 조합·단체도 이에 준하여 판단.

- -

Q 건축물분양법에 따른 분양대금을 지급하기 위한 대출 취급시 같은 법에 따른 분양사업자 및 시공사의 연대보증이 허용되는데(영§15②i나), 아파트·지식산업센터 등 건축물분양법의 적용을 받지 않는 건축물*에 대한 분양자금 대출 취급 시에도 동 규정이 적용되는지요?

　* 건축물분양법(§3②)은 주택, 지식산업센터 등의 건축물을 법률의 적용범위에서 제외.

A 아파트·지식산업센터 등 건축물분양법의 적용을 받지 않는 건축물에도 동 조항의 적용이 배제되지 않음.

　※ 건축물분양법의 개념을 차용한 취지는 연대보증을 입보할 수 있는 '대출종류'(분양대금을 지급하기 위한 것)와 '연대보증인'(분양사업자)의 범위를 보다 명확히 하기 위한 것임.

Q 은행권은 프랜차이즈 가맹점(개인사업자)에 대한 대출시 프랜차이즈 본사의 연대보증을 통해 해당 가맹점에 자금을 지원하는 형태의 협약대출을 운용하고 있는데 동 연대보증이 허용되는 건가요?

A 금소법상 연대보증이란, 그 형식이나 명칭에 관계없이 채무자가 채권자에 대한 금전채무를 이행하지 아니하는 경우에 보증인이 그 채무를 이행하기로 하는 채권자와 보증인 사이의 계약 중에, 민법 제437조 본문에 따른 최고·검색의 항변권 및 민법 제439조에 따른 분별의 이익이 배제되는 계약을 의미.

　– 금소법상 하위법령에서 열거된 예외적인 사유에 한하여만 연대보증을 허용하고 있어 현행 법령상 프랜차이즈 본사의 연대보증을 허용된다고 판단하기에는 어려움이 있어 보임.

　– 또한, 금융소비자와 사업에 따른 이익을 공유하는 법인에 대한 연대보증은 자본시장법상 프로젝트금융에 한하여 인정되므로 프랜차이즈 본사에 대해 동 예외조항을 적용하기에도 어려움이 있음.

　☞ 금소법상 연대보증이 아닌 일반 보증은 허용되므로 필요시 일반 보증을 활용할 수 있을 것임.

Q 부동산 프로젝트금융의 경우 해당 사업 차주인 법인에 대해 시공사가 연대보증을 할 수 있나요?

Ⓐ 시공사는 금융소비자보호 감독규정(§14①2호)에 따라 연대보증이 허용되는 '프로젝트금융사업*에 따른 이익을 차주와 공유하는 법인'으로 보아 연대보증을 할 수 있음.

 * 차주가 특수목적법인(SPC)인 경우로 한정하지 않음.

Ⓠ 금소법 시행 후 다수의 은행, 증권, 보험사 등 금융기관에서 법인대출의 경우에도 '주택도시보증공사(HUG)*'가 연대보증을 할 수 있나요?

 * 부동산(주택) PF 대출의 경우 상당수가 각종 보증업무 및 정책사업 수행과 기금의 효율적 운용, 관리를 위해 설립된 주택도시보증공사(HUG) 연대보증에 의존. (HUG 설립목적 : 주택도시기금법 제1조 및 제16조)

Ⓐ 주택도시보증공사의 보증은 근거법률인 주택도시기금법에 따라 제공되는 공공서비스로 금소법 제20조제1항제4호다목의 취지상 해당 규정에 따른 연대보증으로 보기는 어렵다고 판단됨.

Ⓠ 차주이자 연대보증대상이 일반 시행법인이나 특수목적법인이 아닌 지역주택조합등의 조합인 경우에도 시공사의 연대보증을 허용하나요?

Ⓐ 「금융소비자 보호에 관한 법률 시행령」 제15조제2항제3호에서는 조합·단체가 차주인 경우 연대보증이 가능한 자를 해당 조합·단체의 대표자로 한정하고 있음.

Ⓠ 연대보증과 관련하여, 아래 사례가 허용됩니까?

① 대표이사 개인이 대출성 상품에 대한 계약을 체결할 경우 해당 대표이사의 법인(대표이사가 지분 보유)을 연대보증인으로 요구할 수 있나요?*

 * 예) 대표이사가 개인대출을 활용하여 법인 영업에 필요한 화물차를 구입하는 경우(차량보험 가입 시 법인 차량 사고율이 높기 때문에 보험 가입이 안 되거나 수가가 너무 높음).

② 개인이 화물차 구입 시s 업무와 연관 있는 법인을 연대보증인으로 입보 가능한지요?*

 * 예) 용역을 제공하는 법인을 믿고 화물차를 구입하는 개인이 해당 법인을 연대보증인

으로 요구하는 경우.

③ A법인을 연대보증인으로 요구할 수 없을 경우에는 B법인에 대한 대출이 어려워지므로 A 법인이 "대위변제확인서*"를 금융회사에 제출하고자 하는 경우 대위변제확인서가 묵시적 연대보증으로 해석될 가능성이 있나요?

* 예) B 법인의 채무 발생시 A 법인이 대위변제하기로 함.

(사례) 신규 법인인 B법인이 금융회사와 대출계약을 체결하며, A법인을 연대보증인으로 하는 경우

　－ A법인의 지분권 있는 대표자가 수익창출 목적으로 지인을 대표이사로 하여 B법인을 신규 설립

　－ A법인 대표자는 B법인에 대한 지분권이 없으나, B법인에 일감(물량)을 주어 B법인 수익 창출에 도움을 제공

　　(A법인 대표자는 공정거래법 시행령 제3조제2호 나목에 의한 실질적인 지배자이며, 동 라목의 용역 등의 거래를 제공하는 자)

🅐 ① 금소법상 개인인 금융소비자에 대한 대출인 경우 시행령 제15조 제2항 제1호 각 목의 제3자*에 대해서만 연대보증을 요구할 수 있음.

　* 사업자등록증 상 대표자의 지위에서 대출을 받는 경우 해당 사업자등록증에 기재된 다른 대표자, 「건축물의 분양에 관한 법률」에 따른 분양대금을 지급하기 위해 대출을 받는 경우 같은 법에 따른 분양사업자 및 해당 건축물의 시공사.

　☞ 제출 의견 상, 사례에 대해서는 법인을 연대보증인으로 입보할 수는 없음.

② 금소법상 법인인 금융소비자에 대한 대출인 경우 금융소비자와 같은 기업집단*에 속한 회사는 연대보증이 가능하다고 규정.

　* 「독점규제 및 공정거래에 관한 법률(이하 '공정거래법')」제2조제2호에 따른 기업집단.

　☞ 제출 의견 상, 사례 내용이 공정거래법상 기업집단에 해당하는지는 공정위를 통해 확인해야 함.

③ 금소법상 연대보증은 그 형식이나 명칭에 관계없이 채무자가 채권자에 대한 금전채무를 이행하지 아니하는 경우에 보증인이 그 채무를 이행하기로 하는 채권자와 보증인 사이의 계약 중, 민법 제437조 본문에 따른 최고·검색의 항변권 및 민법 제439조에 따른 분별의 이익이 배제되는 계약을 의미함.

☞ 대위변제확인서가 상기 요건에 해당하는 경우 금소법상 연대보증에 해당한다고 볼 수 있음.

Ⓠ 연계·제휴서비스(보이스피싱 보험 등)의 선택여부가 금리 등 거래조건에 영향을 미치지 않으며 무료로 제공된 경우에도 해당 서비스 변경·축소행위가 불공정영업행위(영§15③)에 해당하나요?

Ⓐ 연계·제휴서비스의 대가 여부 불문하고 소비자의 계약체결 의사결정에 영향을 미칠 수 있는 연계·제휴서비스는 규제대상.

Ⓠ 금융상품의 고객 유치를 위해서 커피 쿠폰, 온라인 적립금 등을 일회성으로 제공하는 것도 금소법 상 연계·제휴서비스에 해당하여 설명의무, 불공정영업행위 등을 준수해야 하나요?

　－ 은행은 모바일 앱, SNS플랫폼 등 판매채널 활성화를 위해 일정기간 동안 특정채널에서 가입하는 경우 어느 상품을 가입하더라도 커피 쿠폰 등의 다양한 리워드를 일회성으로 제공.

　－ 대면창구에서도 영업 프로모션을 위해 특정 기간 동안 금융상품에 가입한 고객에게 달력, 치약, 수세미 등 다양한 사은품을 제공.

Ⓐ 금소법에서는 연계·제휴서비스를 금융상품과 연계되거나 제휴된 금융상품 또는 서비스로 규정함.

금소법에서 연계·제휴서비스를 규율하는 취지는, 금융상품판매업자 또는 금융상품자문업자가 계약을 체결한 금융상품·서비스에 부가하여 제공하기로 한 서비스로 인한 소비자 피해*를 방지하는 데 있음.

* 예: 계약 시 약정한 부가서비스를 부당하게 축소하거나 변경.

　☞ 금융상품 가입 시 일회적으로 제공되는 쿠폰, 사은품은 금융상품 계약내용의 일부를 구성한다고 보기 어려우므로 금소법상 연계·제휴서비스로 보기 어려움.

Ⓠ 가계대출에 대한 우대금리 적용기준으로 당행계좌를 결제계좌로 한 신용카드 이용실적을 적용한 경우* 금소법(§20①ⅴ) 상 '연계·제휴서비스등'에 해당하나요?

* 예: 결제계좌가 당행인 당행 자회사 개인신용카드 이용 실적이 최근 3개월간 50만원 이상인 경우 0.1%p 우대금리 적용.

🅐 금소법에서는 연계·제휴서비스를 금융상품과 연계되거나 제휴된 금융상품 또는 서비스로 규정함.

금소법에서 연계·제휴서비스를 규율하는 취지는, 금융상품판매업자 또는 금융상품자문업자가 계약을 체결한 금융상품·서비스에 부가하여 제공하기로 한 서비스로 인한 소비자 피해*를 방지하는 데 있음.

* 예: 계약 시 약정한 부가서비스를 부당하게 축소하거나 변경.

☞ "신용카드 결제실적에 따른 대출금리 우대"는 금소법상 연계·제휴서비스로 보기 어려움. 금리우대는 '대출'에 부가하여 제공되는 서비스가 아니라 해당 금융상품의 주된 계약내용(금리, 대출한도 등)에 해당하기 때문임.

- -

🇶 '제휴업체의 휴업·도산·경영위기'가 연계·제휴서비스를 변경·축소할 수 있는 정당한 이유에 해당하나요?

🅐 제휴업체가 휴업·도산·경영위기로 인해 일방적으로 연계·제휴서비스등을 축소·변경함에 따라 불가피하게 연계·제휴서비스등을 변경·축소한 경우임.

☞ 다른 제휴업체를 통해 동종의 유사한 연계·제휴서비스등의 제공이 전혀 불가능한 경우라면 금소법 제20조 제1항 제5호 단서에 따른 "불가피한 경우"에 포섭될 수 있다고 판단됨.

- -

🇶 감독규정§14④에서 '금전제공계약을 체결하고 계약이 최초로 이행된 날'과 '금전제공계약에 따라 금융소비자가 제공받거나 받을 금액'의 의미는 무엇인가요?

🅐 일반적인 개별여신의 경우 당해 여신실행일과 여신금액 기준, 한도거래여신*, 분할여신**, 일괄여신***과 같이 '금전을 제공한 날'과 '금전제공계약에 따라 금융소비자가 제공받은 금액'을 특정하기 어려운 경우에는 최초 한도약정일과 한도약정금액이 기준.

* 마이너스 통장, 할인어음 한도 약정 등 여신의 한도를 약정한 후 약정한도 내에서 고객의 필요에 따라 동일과목의 여신을 인출 및 상환하며, 필요에 따라 회전기간을 둘 수 있는 여신

** 시설자금대출 등과 같이 여신한도를 약정한 후 금융소비자의 자금소요 시기에 맞춰 대출금을 분할 지급하는 여신

*** 여신한도를 약정한 후 약정한도 내에서 금융소비자의 필요에 따라 대출과목, 금액 등을 변경할 수 있는 여신

Ⓠ 대출계약의 만기일 연장 후 1개월 이내에 가입한 금융상품에 대해 구속행위 간주규제가 적용되나요?

Ⓐ 대출 기한연장은 계약체결로 보지 않기 때문에 구속행위 간주규제가 적용되지 않음.

Ⓠ 수협중앙회 등 상호금융업권에서 판매하는 공제상품에 대해 구속행위 규제가 적용되나요?

Ⓐ 수협 공제상품은 금융소비자보호 감독규정 제14조제4항제1호에 따른 보장성 상품에 해당하지 않음.

다만, 그동안 은행업감독규정에 따라 동일한 규제가 적용되어 왔기 때문에 관련 판매관행이 정착되어 온 걸로 알고 있으며, 현재 상호금융 관계부처가 함께 신협뿐만 아니라 다른 상호금융기관에도 금소법을 적용하는 방안을 추진 중*인 점을 감안해야 할 것으로 생각됨.

* 금융위·금감원 보도자료 「금융소비자보호법 관련 10문 10답」('21.3.24.) 참고.

☞ 따라서 구속성 판매행위와 관련하여 추후 불필요한 혼란이 발생하지 않도록 하기 위해서는 현재와 같이 관련 규제에 따라 영업을 하는 것이 바람직할 것으로 보임.

Ⓠ 금소법상 금융상품판매업의 범위에서 제외된 업종*을 영위하는 자가 취급하는 금융상품**에 대해 구속행위 규제가 적용됩니까?

* 서민의 주거안정을 위해 주택도시보증공사·한국주택금융공사가 「국가재정법」 별표2에 따른 법률에 따라 설치된 기금을 통해 지원하는 대출을 취급하는 업. (감독규정§2②ⅲ다목)

** 국민주택기금계정대출, 주택금융공사계정대출 등 서민지원 가계대출.

Ⓐ − 감독규정 제14조제4항에서 금지하는 행위는 동 규정 "제2조제2항제3호 각 목의 금융상품 판매행위"가 아니라, 금소법상 대출성 상품 계약을 체결한 차주에

게 "보장성 상품 등 다른 금소법상 금융상품을 판매하는 행위"임.

– 감독규정 "제2조제2항제3호다목의 금융상품 판매행위"는 금소법 영업규제 적용을 받지 않음. 하지만 제2조제2항제3호다목의 금융상품은 금소법상 대출성 상품에 해당.

☞ 따라서 감독규정 제2조제2항제3호다목의 금융상품 계약을 체결한 차주에게 감독규정 제14조제4항에서 금지하는 행위를 한 경우는 금소법상 불공정영업행위에 해당

Ⓠ 감독규정§14④과 관련하여 피성년후견인 또는 피한정후견인에 대한 내용이 신설되는데, 피성년후견인 또는 피한정후견인을 신설한 취지와 전산제어를 위한 등록된 후견인 전체를 확인할 수 있는 방법(고객이 정보제공을 하지 않는 이상 모를 수 있음)에는 무엇이 있나요?

예) 여신거래의 경우 후견인에 의한, 대리계약이 필요한 경우 창구에서 확인할 수 있을 것으로 판단되나 수신 등 기타 거래 시에 확인이 불가할 수 있음.

Ⓐ 신용정보원을 통한 후견 관련 정보 공유를 추진해나갈 계획.

Ⓠ 감독규정 제14조제6항제1호 본문의 '계약이 최초로 이행된 날'에서의 계약은 대출성 상품에 관한 계약만을 의미하나요?

Ⓐ 금소법 감독규정 제14조제6항제1호 전단의 "계약이 최초로 이행된 날" 중에는 "계약"의 범위가 명시되어 있지 않음.

– 동 규정은 중소기업협동조합법상 공제상품 등에 대한 구속행위("꺾기") 규제 일환으로 마련된 것.

– 동 규정 후단에 "이 경우, 가목 및 나목은 금융소비자가 중소기업의 경우로서 금융소비자의 월지급액이 금전제공계약에 따라 금융소비자가 제공받거나 받을 금액의 1000분의 10을 초과하는 경우"라고 규정하고 있는 점을 감안.

☞ 상기 "계약"의 범위는 금소법 감독규정 제14조제4항상 "금전제공계약"을 의미하는 "대출성 상품에 관한 계약"이라 할 것임.

Ⓠ 구속행위 간주규제의 예외로 인정되는 지급보증의 범위가 궁금합니다.

Ⓐ 지급보증이란, 은행이 거래처의 위탁에 따라 그 거래처가 제3자에 대해 부담하는 채무를 보증하는 거래를 의미함.

지급보증의 특성상, 비금융기업 등 소비자가 일반적으로 주거래은행이 아닌 은행으로부터 지급보증을 받을 것이라 기대하기 어렵다는 점을 감안해야 함.

☞ 구체적 사실관계에 대한 고려 없이 지급보증 거래 1개월 전 다른 금융상품 거래가 있었다는 이유만으로 지급보증을 제한하기는 어려운 점을 감안하여 '지급보증'을 구속행위 간주규제 적용대상에서 제외함.

- -

Ⓠ 감독규정은 신용카드 및 「여신전문금융업법」 제13조제1항제1호에 따른 신용카드회원에 대한 자금의 융통을 구속성 판매 간주행위의 예외로 규정하는 바, 동 범위에 카드론 상품도 포함되나요?

Ⓐ 카드론은 「여신전문금융업법」 제13조제1항제1호에 따른 신용카드회원에 대한 자금의 융통에 해당하므로 구속행위 적용대상에서 제외.

- -

Ⓠ 중소기업이 아닌 법인이 금전제공계약 체결 전·후 1개월 내 상품권에 관한 계약 체결을 할 수 있나요?

Ⓐ 기업의 상품권 구매가 명백히 구속행위로 보기 어려운 경우에는 금융소비자 보호에 관한 감독규정 제14조 제5항 제6호*에 따라 예외 인정이 가능함.

* 그 밖에 해당 계약을 사회통념상 법 제20조제1항제1호에 따른 행위로 보기 어렵거나 그러한 행위에 해당하지 않는다는 사실이 명백한 경우(그 사실을 금융소비자가 서명, 기명날인, 녹취 각각에 준하여 안정성·신뢰성이 확보될 수 있는 전자적 확인방식으로 확인한 경우는 제외한다.)

- -

Ⓠ 초단기금전신탁(MMT), 초단기금융집합투자신탁(MMF) 등 입출금을 수시로 할 수 있는 투자성 상품 계약은 구속성 판매 간주행위 적용 예외 대상입니까?

Ⓐ 입출금을 수시로 할 수 있는 금융상품 가입의 경우, 금융소비자의 자금 사용을 구속한다고 보기 어렵고, 금융소비자에 대한 보호에 문제가 발생할 우려가 적으므로 구속성 판매 간주행위 적용 예외 대상으로 보는 것이 적절(감독규정§14⑤vi).

- -

Ⓠ 상품 해지금액 범위 내에서 재예치하는 경우 구속성 간주행위의 예외대상으로 인정될까요? 기존 은행법상 예외로 인정되던 상품의 범위가 대폭 축소(은행상품 →예금성 상품)되었습니다.

Ⓐ ① 감독규정 제14조제5항(구속행위 간주규제의 예외)의 취지는 사실관계에 대한 구체적 판단 없이 구속행위로 간주할 경우 특정상품의 판매가 곤란해지거나 제3자 피해가 발생하는 상황의 방지 등에 있음.

　　※ 같은 항 제6호에서는 일의적 규정은 어렵지만 구속행위 간주로 인해 소비자의 선택권이 부득이하게 침해될 수 있는 상황 등을 방지하기 위해 포괄적 예외규정을 두고 있음.

② 감독규정 제14조제5항제5호는 예금의 자동갱신, 예금담보대출 등에 따른 소비자의 어려움을 감안하여 규정.

　　※ 예금성 상품 외의 다른 금융상품은 해지 당시 금액 범위 내에서 다시 다른 금융상품에 가입한다는 이유만으로는 구속행위가 아니라고 일의적으로 판단하기 어려운 점*이 있음.

　　　* 예컨대 대출 시점에 펀드·신탁을 중도에 해지한 사람은 통상 자금에 여유가 있다고 보기 어려우므로 재가입을 구속행위가 아니라고 일의적으로 보기는 어려움.

③ 감독규정 제14조제4항(구속행위 간주규제)로 인해 소비자가 예금성 상품 외 다른 금융상품에 재가입하는 데 어려움을 겪을 수 있는 경우에는 같은 조 제5항제6호에 따라 재가입이 가능.
다만 이 경우 판매자는 제14조제5항제6호에 해당한다는 사실을 입증할 수 있어야 할 것임.

- -

Ⓠ 다음의 경우를 감독규정 제14조제5항제6호의 '사회통념상 법 제20조제1항제1호에 따른 행위로 보기 어렵거나 그러한 행위에 해당하지 않는다는 사실이 명백한 경우'로 볼 수 있을까요?

① 정부의 유동성지원프로그램(Fast-Track Program)에 따라 파생상품(KIKO)의 결제 목적으로 지원되는 외화대출

② 은행 내부 신용등급(또는 평점)과 개인신용평가회사의 신용평점이 없는 대출*

　* 중도금대출, 이주비대출 등 대출조건에 차별이 없는 단체성 협약대출

③ 금융상품에 가입하는 것이 법령상 불가피*한 경우

  * 퇴직연금가입자가 개인형퇴직연금제도의 계정등을 지정하지 아니하는 경우에는 가입자명의의 개인형퇴직연금제도의 계정으로 이전(퇴직급여법§17⑤).

④ 영업활동을 위한 대금 결제 또는 담보물 교체를 위해 금융상품에 가입하는 등 금융거래상 필요*한 경우

  * 구매기업이 본인 자금을 재원으로 하여 판매기업(차주) 명의로 가입한 예금, 담보교체를 위해 기존 담보금액 범위 내에서 가입한 예금 등

⑤ 구속행위 간주규제 적용으로 금융상품 해지 시 원금손실·계약불이행 발생 등 차주의 불이익이 명백히 우려되는 경우

⑥ 구속행위 간주규제 적용으로 IRP·ISA 계좌의 개설·해지 시 세제상 불리함이 발생하는 등 차주의 불이익이 명백히 우려되는 경우

⑦ 퇴직연금의 동일금융회사 내 동일금액 이내에서 이전*되는 경우(계좌이동 방식 포함)

  * 회사의 합병·양수도·분할·제도전환, 근로자의 계열사이전(근무회사 변경) 등에 따른 이전(DB→DB, DC→DC, DB→DC), 가입자 수 증가에 따른 퇴직연금제도 전환(기업형 IRP→DC), 퇴직신탁에서 퇴직연금으로의 제도 전환.

⑧ 개인(개인사업자 포함)이 본인 명의로 가입한 임의단체의 예금

Ⓐ 제출의견에 언급된 각 상황도 금융소비자 보호에 관한 감독규정 제14조 제5항 제6호에 해당할 수 있음.

※ 이 경우 개별 금융회사는 자체적으로(필요한 경우 협회와 함께) 제출 의견에 언급된 각 상황이 구속행위에 해당하기 어렵다는 사실과 관련하여 세부적인 근거자료를 마련해야 할 것임.

- -

Ⓠ 대출계약체결일 이전 판매된 금융상품을 담보로 하고 그 담보가능금액 범위 내에서 대출계약을 체결하는 경우를 감독규정 제14조제5항제6호의 '사회통념상 법 제20조제1항제1호에 따른 행위로 보기 어렵거나 그러한 행위에 해당하지 않는다는 사실이 명백한 경우'로 볼 수 있나요?

Ⓐ 예치된 금액을 담보로 하여 그 금액 범위 내에서 대출을 하는 경우 사실상 판매자가 대출을 제한할 유인이 크지 않다는 점을 감안하면, 특별한 사유가 없는 한 예치

금 범위 내에서의 금융상품 담보대출은 감독규정 제14조 제5항제6호에 해당한다고 볼 수 있을 것.

Q 금소법 시행일 이전에 체결한 금전제공계약 및 금융상품 계약에 대해서는 기존 「은행업감독규정」의 구속행위 관련 규제를 적용합니까?

A 구속행위 규제의 대상이 되는 금융상품의 계약체결일 당시의 규정을 적용함

〈 날짜에 따른 구속성 판매 간주행위 적용 예시 〉

대상 : 고신용 개인 금융소비자

(사례1)

① '21.3.24.(금융소비자보호법 시행 전) 투자성 상품 신규 가입

② '21.3.25.(금융소비자보호법 시행 후) 금전제공계약 체결

→ 금액에 상관없이 금전제공계약 체결 가능 (은행업감독규정의 규제 적용)

(사례2)

① '21.3.24.(금융소비자보호법 시행 전) 금전제공계약 체결

② '21.3.25.(금융소비자보호법 시행 후) 투자성 상품 신규 가입

→ ②의 투자성 상품 계약에 따른 월지급액이 ①의 금전제공계약에 따라 제 공받은 금액의 1000분의 10 이하인 경우에만 가입 가능(금융소비자 보호에 관한 감독규정의 규제 적용)

(사례3)

① '21.3.25.(금융소비자보호법 시행 후) 금전제공계약 체결

② '21.3.26.(금융소비자보호법 시행 후) 투자성 상품 신규 가입

→ ②의 투자성 상품 계약에 따른 월지급액이 ①의 금전제공계약에 따라 제 공받은 금액의 1000분의 10 이하인 경우에만 가입 가능(금융소비자 보호에 관한 감독규정의 규제 적용)

Q 선불전자지급수단·선불카드 등 금소법상 금융상품이 아닌 상품에 구속행위 간주규제가 적용되나요?

Ⓐ 「여신전문금융업법」에 따른 선불카드, 「전자금융거래법」에 따른 선불전자지급수단은 금융소비자보호에 관한 감독규정 제14조 제6항 제1호 다목에 따른 "상품권"에 포섭됨.

- -

Ⓠ 금융소비자보호법 제20조 1항 4호 다목 관련, 금융회사와 대출협약을 통해 불특정 개인에게 연대보증할 것을 사전에 약정한 경우 그 협약에 근거하여 신청인 회사가 추천하는 개인에게 대출을 실행하는 경우, 제3자가 아닌 당사자로 해석하여 연대보증을 할 수 있나요?

금융회사와 대출업무 협약을 체결하면서, 소비자(채무자) 부실에 따른 자산 재매입 및 대위변제를 하기로 약정한 경우, 금융기관이 각 소비자에게 대출을 실행하면서 협약의 당사자에게 '은행 지급보증서'를 요구하는 행위가 금융소비자보호에 관한 법률 시행령 제15조 4항 2호 가목 "담보 또는 보증이 필요 없음에도 이를 요구하는 행위"에 해당되지 않는지 궁금합니다.

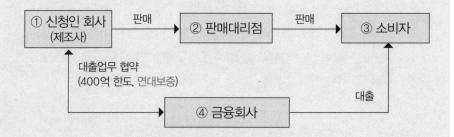

Ⓐ 현행 규정상 귀사와 같은 경우를 연대보증 금지의 예외로 인정할 수 있는 법적근거는 없음.

다만, 주어진 사실관계만으로 판단하건대 귀사가 체결한 대출업무 협약상 보증이 연대보증이 아닌 민법 제428조의3에 따른 근보증으로 볼 수 있다고 판단되는 바 해당 보증이 금융소비자보호법상 연대보증에 해당하는지에 대한 판단이 선결되어야 한다고 보임.

※ 은행이 지급보증을 요구하는 대상이 대출계약을 체결하고자 하는 소비자가 아닌 경우에는 금소법 시행령 제15조제4항제2호가목이 적용되지 않음.

그러나 지급보증을 소비자에게 요구하는 경우라면, 해당 규정이 적용되는지에 대해서는 연대보증을 제공하는 자의 신용 등 사실관계에 대해 추가적으로 확인한 후에 검토가 가능할 것으로 보임.

〈 법령해석 회신문(210104) 〉

Ⓠ 채무자가 연체(기한이익 상실 전)하는 경우 채무 상환방식의 변경(자유상환→원리금균등상환 or 원금일부상환) 등 계약과 상이한 내용을 채무자에게 요구하는 행위가 금소법 시행령 제15조제4항제3호가목 '계약의 변경에 대해 정당한 사유 없이 불이익을 부과하는 행위'에 해당되나요?

Ⓐ "채무자의 원리금 연체"를 계약의 변경으로 볼 수 없으므로, 원리금 연체를 이유로 계약과 상이한 내용을 채무자에게 요구하는 행위가 금소법 시행령 제15조제4항제3호가목 위반은 아닌 것으로 보임.

※ 다만, 제출의견에서 언급된 '채무 상환방식의 변경'은 그 구체적 사실관계에 따라 금소법 제20조제1항제4호가목에 따른 '특정 대출 상환방식을 강요하는 행위'에 해당할 수 있음.

Ⓠ 기존보험 계약자가 신규로 부동산담보대출을 받을 때 우대금리를 적용하는 행위가 불공정영업행위에 해당하나요?

Ⓐ 금소법 감독규정 제14조 제6항 제2호에서는 보장성상품 계약 체결을 위해 다른 금융상품의 계약 체결과 관련한 이자율우대 등 특혜를 제공하는 행위를 금지함. 따라서 상기 규정에 해당하기 위해서는 보장성 상품 계약 체결과 특혜 제공행위 간 인과관계가 인정되어야 할 것.

☞ 제출 의견 상 인과관계 인정여부를 판단하기 어려우나, 기존 보험계약 체결시기, 특혜제공 사유 등의 추가 사실관계를 감안하여 판단하여야 할 것.

Ⓠ 금융소비자가 1개월 내 두 번 이상 청약의 철회의사를 표시한 경우 금융상품에 관한 계약에 불이익을 부과하더라도 불공정영업행위로 보지 않는데(규정§14⑥ⅵ), 아

래의 경우 이에 해당하는지요?

① 금융소비자의 추가적인 철회권 행사를 제한

② 신규 대출취급 시 대출거절·한도축소·금리우대 제한 등

③ 기존 대출에 대한 만기연장 거부·금리우대 축소 등

Ⓐ ① 철회권 행사를 제한할 수 없음.

※ 법에서 철회권 행사의 '제한'에 대해 시행령에 위임하지 않았으므로 시행령에서 철회권 행사를 제한하는 것은 위임범위 일탈에 해당하여 불가.

②·③ 법령상 제한 없으므로 일반적으로는 가능.

Ⓠ 감독규정 제14조제6항제2호 "금융상품판매업자가 보장성 상품(「보험업법 시행령」 별표 5 제호에 따른 신용생명보험은 제외한다)에 관한 계약 체결을 위해 금융소비자에 예금성 상품 또는 대출성 상품에 관한 계약 체결과 관련하여 이자율 우대등 특혜를 제공하는 행위" 규정에 대하여 법률 시행일인 2021년 3월 25일 이전에 당사와 기 체결된 대출계약건에도 동 규정이 적용됩니까?

Ⓐ 금소법 감독규정 제14조제6항제2호는 시행일 이후 체결되는 금융상품에 대하여 적용되므로, 금소법 시행 이전에 이미 체결되어 확정된 계약에 대해서는 적용되지 않음.

Ⓠ 금융소비자가 근저당이 설정된 채무를 모두 변제한 경우 담보제공자에게 근저당권 유지 여부를 확인해야 하나, 제3자가 담보를 제공하거나 차주가 직접 상환하지 않는 경우 금융회사가 담보제공자에게 근저당권 유지의사를 확인하는* 것이 현실적으로 어렵습니다.

부득이한 경우 LMS, 이메일 등 전자적 방식에 의해 담보제공자에게 근저당 유지의사를 확인 요청하고 일정기간 경과시까지 회신이 없는 경우에는 말소 예정 의사로 간주하여 전산적으로만 관리해도 될까요?

* 전화 통화시 담보제공자 본인 진위여부 확인이 필요하거나 고객 연락두절 등.

Ⓐ 금소법 감독규정 제14조제6항제10호에서는 "근저당이 설정된 금전제공계약의 금융소비자가 채무를 모두 변제한 경우에 해당 담보를 제공한 자에게 근저당권 설정을 유지할 것인지를 확인하지 않는 행위"를 불공정영업행위로 금지하고 있음.

이에 금융상품판매업자등은 근저당권의 피담보채무가 모두 변제된 경우 담보제공자에게 근저당권 유지의사를 확인하여야 함.

- 휴대폰 문자메세지, 이메일 등 전자적 방식을 통해 담보제공자에게 근저당권 유지의사를 요청하고 일정 기간까지 회신이 없는 경우에 말소예정 의사가 있는 것으로 간주하여 전산적으로 관리하는 것만으로는 담보제공자에게 근저당권 유지의사를 확인한 것으로 보기 곤란할 것임.
- 다만, 금융상품판매업자등이 채무를 변제한 금융소비자 또는 근저당권설정계약서를 통해 담보제공자의 연락 가능한 전화번호 등을 확인할 수 없는 등 특별한 사정이 있는 경우에는 담보제공자의 근저당권 유지의사를 확인할 수 없는 경우로, 별도로 전산 관리하고 주기적으로 채무를 변제한 금융소비자 등을 통해 담보제공자의 근저당권 유지의사를 확인할 필요가 있음.

바. 부당권유행위 금지

(1) 의의

금융상품판매업자(금융상품직접판매업자 및 금융상품판매대리·중개업자)가 금융상품의 계약 체결을 권유하거나 금융상품자문업자가 금융상품에 대한 자문에 응하는 과정에서 금융소비자가 오인할 우려가 있는 허위 사실 등을 알리는 행위는 부당권유행위로 보아 금지된다.[321] 부당권유행위의 금지는 금융상품판매업자등이 올바르게 계약체결을 권유하거나 자문에 응하도록 유도하여 부당권유에 따른 금융소비자의 피해를 방지하는데 목적이 있다. 부당권유행위 금지에 대한 규제는 일반금융소비자와 전문금융소비자 모두에게 적용되고 모든 금융상품에 대해 적용되는 사항과 보장성 상품과 투자성 상품에만 적용되는 사항으로 크게 구별된다.

(2) 모든 금융상품에 적용되는 부당권유행위 금지 사항

예금성·대출성·보장성·투자성 상품 모두에 적용되는 부당권유행위 금지 사항은 아래와 같다.

가) 불확실한 사항에 대하여 단정적 판단을 제공하거나 확실하다고 오인하게 할 소지가 있는 내용을 알리는 행위[322]

나) 금융상품의 내용을 사실과 다르게 알리는 행위[323]

다) 금융상품의 가치에 중대한 영향을 미치는 사항을 미리 알고 있으면서 금융소비자에게 알리지 아니하는 행위[324]

라) 금융상품 내용의 일부에 대하여 비교대상 및 기준을 밝히지 아니하거나 객관적인 근거 없이 다른 금융상품과 비교하여 해당 금융상품이 우수하거나 유리하다고 알리는 행위[325]

마) 내부통제기준에 따른 직무수행 교육을 받지 않은 자로 하여금 계약체결 권유와 관련된 업무를 하게 하는 행위[326]

바) 금융소비자보호법 제17조(적합성 원칙) 제2항[327]에 따른 일반금융소비자의 정보를 조작하여 권유하는 행위[328]

---

321) 금융소비자보호법 §21본문
322) 금융소비자보호법 §21(1)
323) 금융소비자보호법 §21(2)
324) 금융소비자보호법 §21(3)
325) 금융소비자보호법 §21(4)
326) 금융소비자보호법 시행령 §16③(1)
327) 금융소비자보호법 §17, ② 금융상품판매업자등은 일반금융소비자에게 다음 각 호의 금융상품 계약 체결을 권유(금융상품자문업자가 자문에 응하는 경우를 포함한다. 이하 이 조에서 같다)하는 경우에는 면담·질문 등을 통하여 다음 각 호의 구분에 따른 정보를 파악하고, 일반금융소비자로부터 서명(「전자서명법」제2조 제2호에 따른 전자서명을 포함한다. 이하 같다), 기명날인, 녹취 또는 그 밖에 대통령령으로 정하는 방법으로 확인을 받아 이를 유지·관리하여야 하며, 확인받은 내용을 일반금융소비자에게 지체 없이 제공하여야 한다. 1.~4. (생략)
328) 금융소비자보호법 시행령 §16③(2)

사) 금융소비자보호법 제17조(적합성 원칙)를 적용받지 않고 권유하기 위해 일반
　　금융소비자로부터 계약 체결의 권유를 원하지 않는다는 의사를 서면 등으로
　　받는 행위[329]

:: 참고자료 ::

부당권유행위금지 관련 주요 판례

대법원 2018. 9. 28. 선고 2015다69853 판결

－ 자본시장과 금융투자업에 관한 법률 제49조 제2호는 금융투자업자가 투
　자권유를 할 때 '불확실한 사항에 대하여 단정적 판단을 제공하거나 확실
　하다고 오인하게 할 소지가 있는 내용을 알리는 행위'를 금지하고 있다.
　여기서 '불확실한 사항에 대하여 단정적 판단을 제공하거나 확실하다고
　오인하게 할 소지가 있는 내용을 알리는 행위'란 투자자의 합리적인 투자
　판단 또는 해당 금융투자상품의 가치에 영향을 미칠 수 있는 사항 중 객
　관적으로 진위가 분명히 판명될 수 없는 사항에 대하여 진위를 명확히
　판단해주거나 투자자에게 그 진위가 명확하다고 잘못 생각하게 할 가능
　성이 있는 내용을 알리는 행위를 말한다. 나아가 어떠한 행위가 단정적
　판단 제공등의 행위에 해당하는지는 통상의 주의력을 가진 평균적 투자
　자를 기준으로 금융투자업자가 사용한 표현은 물론 투자에 관련된 제반
　상황을 종합적으로 고려하여 객관적·규범적으로 판단하여야 한다.
－ 피고들이 이 사건 투자의 손실가능성 등 투자수익에 관한 정보를 제대로
　설명하지 아니한 채 연 12%대 수익의 확실성만을 강조한 사실을 인정한
　다면, 피고들이 일반투자자인 원고들을 상대로 투자권유를 할 때 투자의
　위험요소등에 관하여 필요한 정보를 제대로 제공하지 않거나 필요한 설
　명을 제대로 하지 아니하였음을 이유로, 투자금 500억 가운데 손해배상
　으로 각 200억원(=투자원금 500억원×40%) 배상책임 인정

---

329) 금융소비자보호감독규정§15④(5)

(3) 금융상품 유형별 부당권유행위 금지사항

가) 보장성 상품

① 금융소비자(해당 보장성 상품의 계약에 따른 보장을 받는 자를 포함)가 보장성 상품 계약의 중요한 사항을 금융상품직접판매업자에게 알리는 것을 방해하거나 알리지 아니할 것을 권유하는 행위[330]

② 금융소비자(해당 보장성 상품의 계약에 따른 보장을 받는 자를 포함)가 보장성 상품 계약의 중요한 사항에 대하여 부실하게 금융상품직접판매업자에게 알릴 것을 권유하는 행위[331]

나) 투자성 상품

① 금융소비자로부터 계약의 체결권유를 해줄 것을 요청받지 아니하고 방문·전화 등 실시간 대화의 방법을 이용하는 행위.[332] 다만, 증권[333] 또는 자본시장법에 따른 장내파생상품[334]은 금융소비자로부터 요청받지 않아도 실시간 대화의 방법으로 체결권유를 할 수 있다.[335]

② 계약의 체결권유를 받은 금융소비자가 이를 거부하는 취지의 의사를 표시하였는데도 계약의 체결권유를 계속하는 행위.[336] 다만, 거부하는 취지의 의사를 표시하더라도 다른 금융상품에 대해서는 계약의 체결 권유를 계속할 수 있다.[337] 이 경우 자본시장법상 ❶금융투자상품[338], ❷신탁계약[339],

---

330) 금융소비자보호법 §21(5)가목
331) 금융소비자보호법 §21(5)나목
332) 금융소비자보호법 §21(6)가목
333) 자본시장법 §4①
334) 자본시장법 §4②
335) 금융소비자보호법 시행령 §16①(1)
336) 금융소비자보호법 §21(6)나목

❸투자자문계약·투자일임계약[340]에 따라 구분하여 각각 다른 유형의 금융상품으로 보며,[341] 이 경우 기초자산의 종류가 다른 장외파생상품, 금융상품의 구조(선도, 옵션, 스왑을 말함)가 다른 장외파생상품 중 어느 하나에 해당하는 금융상품은 다른 유형의 금융상품으로 본다.[342] 또한, 거부하는 취지의 의사를 표시하더라도 1개월이 지난 경우에 해당 금융상품에 대하여 계약의 체결권유를 계속할 수 있다.[343]

③ 투자성 상품에 관한 계약의 체결을 권유하면서 일반금융소비자가 요청하지 않은 다른 대출성 상품을 안내하거나 관련 정보를 제공하는 행위[344]

④ 투자성 상품의 가치에 중대한 영향을 미치는 사항을 알면서 그 사실을 금융소비자에게 알리지 않고 그 금융상품의 매수 또는 매도를 권유하는 행위[345]

⑤ 자기 또는 제3자가 소유한 투자성 상품의 가치를 높이기 위해 금융소비자에게 해당 투자성 상품의 취득을 권유하는 행위[346]

⑥ 금융소비자가 자본시장법상 '미공개 중요정보 이용행위 금지'[347], '시세조정행위 등의 금지'[348] 및 '부정거래행위 등의 금지'[349]에 위반되는 매매, 그 밖의

---

337) 금융소비자보호법 시행령 §16①(2)

338) 수익증권, 장내파생상품, 장외파생상품, 증권예탁증권, 지분증권, 채무증권, 투자계약증권, 파생결합증권으로 나눈다.

339) 자본시장법 제103조 제1항 제1호의 신탁재산(금전)에 대한 신탁계약, 자본시장법 제103조 제1항 제2호부터 제7호까지의 신탁재산(증권, 금전채권, 동산, 부동산, 지상권 등 부동산 관련 권리, 지식재산권을 포함한 무체재산권)에 대한 신탁계약으로 나눈다.

340) 장내파생상품에 관한 계약, 장외파생상품에 관한 계약, 증권에 관한 계약으로 나눈다.

341) 금융소비자보호감독규정 §15①

342) 금융소비자보호감독규정 §15②

343) 금융소비자보호법 시행령 §16①(3), 감독규정 §15③

344) 금융소비자보호법 시행령 §16③(3)

345) 금융소비자보호감독규정 §15④(1)

346) 금융소비자보호감독규정 §15④(2)

347) 자본시장법 §174

거래를 하고자 한다는 사실을 알고 그 매매, 그밖의 거래를 권유하는 행위[350]

다) 신용카드

신용카드 회원의 사전 동의 없이 신용카드를 사용하도록 유도하거나 다른 대출성 상품을 권유하는 행위[351]

(4) 부당권유행위 금지와 설명의무와의 관계

설명의무와 관련하여 금융소비자보호법 제19조 제3항의 "설명 시 중요사항의 거짓·왜곡 설명 및 누락 금지"[352]에 대한 부분과 부당권유행위 관련 금지사항 중에서 ❶불확실한 사항에 대하여 단정적 판단을 제공하거나 확실하다고 오인하게 할 소지가 있는 내용을 알리는 행위[353], ❷금융상품의 내용을 사실과 다르게 알리는 행위[354], ❸금융상품의 가치에 중대한 영향을 미치는 사항을 미리 알고 있으면서 금융소비자에게 알리지 아니하는 행위[355]는 그 내용이 중복된다. 다만, 금융소비자보호법 제19조 제3항의 "설명 시 중요사항의 거짓·왜곡 설명 및 누락 금지"를 위반하더라도 과징금과 과태료 부과 대상이 되지는 않는[356] 반면, 상기 ❶부터 ❸까지의 부당권유행위 금지 조항을 위반할 경우 과징금과 과태료 부과 대상이 된다는 차이점이 있다.[357]

---

348) 자본시장법 §176

349) 자본시장법 §178

350) 금융소비자보호감독규정 §15④(3)

351) 금융소비자보호감독규정 §15④(4)

352) 금융상품판매업자등은 금융상품에 대해 설명을 할 때에는 일반금융소비자의 합리적 판단 또는 금융상품의 가치에 중대한 영향을 미칠 수 있는 사항에 대하여 거짓으로 왜곡(확실한 사항에 대하여 단정적 판단을 제공하거나 확실하다고 오인하게 할 소지가 있는 내용을 알리는 행위)하여 설명하거나 빠뜨려서는 아니된다.

353) 금융소비자보호법 §21(1)

354) 금융소비자보호법 §21(2)

355) 금융소비자보호법 §21(3)

356) 설명의무 위반과 관련하여서는 금융소비자보호법 §19 ① 및 ②에 대해서만 과징금 및 과태료 부과 대상이 된다.

357) 양쪽 모두 "금융상품판매업자등 및 그 임직원에 대한 조치 및 조치요구 기준"에는 해당된다.

(5) 부당권유행위 금지 위반시 효과

가) 민사적 책임 : 손해배상 및 위법계약 해지

금융상품판매업자등이 고의 또는 과실로 부당권유행위 금지를 위반하여 금융소비자에게 손해를 발생시킨 경우 금융소비자보호법 제44조 제1항에 따른 손해배상 및 금융소비자보호법 제47조 제1항에 따른 위법계약 해지의 대상이 된다.

나) 행정적 책임 : 과징금, 과태료 및 제재조치

금융위원회는 금융상품직접판매업자 또는 금융상품자문업자가 부당권유행위 금지를 위반한 경우에는 그 위반행위와 관련된 계약으로 얻은 수입 또는 이에 준하는 금액('수입등'이라 함)의 50% 이내에서 과징금을 부과할 수 있다.[358] 또한, 부당권유행위 금지를 위반한 자는 1억원 이하의 과태료를 부과하며,[359] 금융상품판매업자등 및 그 임직원이 부당권유행위 금지를 위반한 경우에는 행정제재 조치를 받을 수 있다.[360]

:: 참고자료 ㅣ 금융소비자보호법 시행령 [별표 1] ::

금융상품판매업자등 및 그 임직원에 대한 조치 및 조치요구 기준

11. 법 제21조(부당권유행위 금지) 각 호의 어느 하나에 해당하는 행위를 한 경우

---

358) 금융소비자보호법 §57①본문
359) 금융소비자보호법 §69①(3)
360) 금융소비자보호법 §51~52

Q 대출모집인은 은행의 전체 대출성 상품 중 일부만 취급하는데, 대출모집인이 금
융소비자에게 본인이 취급할 수 있는 대출성 상품만 권유*하는 것은 법 제21조
에 따른 부당권유행위에 해당하나요?

* (예) 디딤돌대출 대상이 되는 금융소비자가 디딤돌대출 취급이 불가한 대출모집인을 통
해 다른 주택담보대출 상품을 권유받게 되는 경우.

A 대출모집인이 본인이 취급할 수 있는 대출 상품의 범위 내에서 금융소비자에게
가장 적합한 대출성 상품을 권유하였다면 부당권유행위로 볼 수 없음.

Q 상품숙지의무의 이행에 대한 구체적 가이드라인에 대해 알려주세요.

A 가. 상품숙지의무 개요

금소법 시행령(§16③)에서는 "내부통제기준에 따른 직무수행 교육을 받지 않
은 자로 하여금 계약체결 권유와 관련된 업무를 하게 하는 행위"를 부당권유
행위의 하나로 규정하고 있음.

나. 이행기준

– 상품숙지의무 이행여부에 대한 판단은 금융사가 개별 금융상품에 필요한
직무교육 사항을 내규로 정하여 이행했는지를 기준으로 판단할 수 있을 것

– 개별 금융상품에 필요한 직무교육 사항은 금융사가 상품의 내용, 소비자보
호 정책 등을 고려하여 자율적으로 정하면 됨

Q 보험대리점 소속 설계사에 대한 상품숙지의무 이행을 위한 교육 등 관리책임(내
부통제기준 마련)의 주체는 해당 보험대리점인지, 해당 보험대리점에 업무를 위탁
한 보험회사인지요? 또 구체적인 이행방안은 무엇인가요?

A 상품숙지의무는 직접판매업자뿐만 아니라 판매대리·중개업자에도 적용되며, 해
당 의무이행을 위한 내부통제기준은 각각 마련해야 함.

※ 직접판매업자는 내부통제기준 또는 위탁계약 등을 통해 판매대리중개업자의
상품숙지의무 이행에 관한 사항을 자율적으로 관리 가능.

사. 광고 규제

(1) 금융상품의 광고규제 관련 법규체계

가) 표시·광고의 공정화에 관한 법률

우리나라의 모든 상품 및 용역(서비스)에 대한 광고는 「표시·광고의 공정화에 관한 법률(본 서에서는 '표시광고법'이라 함)」을 적용 받는다. 표시광고법 제2조 제2호에 따르면 광고란 "사업자가 자기 또는 다른 사업자의 상품 또는 용역의 내용, 거래조건, 그 밖에 그 거래에 관한 사항을 신문, 방송, 전기통신 등을 통해 소비자에게 널리 알리거나 제시하는 행위"이다. 표시광고법은 거짓·과장광고[361], 기만적인 광고[362], 부당하게 비교하는 광고[363] 및 비방적인 광고[364]를 금지하고 있다. 따라서 금융상품에 관한 광고도 표시광고법에서 정한 광고에 해당하므로 표시광고법 제4조 제1항[365]에 따른 표시·광고사항이 있는 경우에는 표시광고법에서 정하는 바를 따라야 한다.[366] 또한, 표시광고법의 소관 정부부처인 공정거래위원회는 「금융상품 등의 표시·광고에 관한

---

361) 표시광고법 시행령 §3①. 거짓·왜곡광고란 사실과 다르게 광고하거나 사실을 지나치게 부풀려 광고하는 것을 말한다.

362) 표시광고법 시행령 §3②. 기만적인 광고란 사실을 은폐하거나 축소하는 등의 광고를 말한다.

363) 표시광고법 시행령 §3③. 부당하게 비교하는 광고는 비교 대상 및 기준을 분명하게 밝히지 아니하거나 객관적인 근거 없이 자기 또는 자기의 상품이나 용역을 다른 사업자 또는 사업자단체나 다른 사업자등의 상품등과 비교하여 우량 또는 유리하다고 광고하는 것을 말한다.

364) 표시광고법 시행령 §3④. 비방적인 광고란 다른 사업자등 또는 다른 사업자등의 상품등에 관하여 객관적인 근거가 없는 내용으로 광고하여 비방하거나 불리한 사실만을 광고하여 비방하는 것을 말한다.

365) 표시광고법 §4(중요정보의 고시 및 통합공고) ① 공정거래위원회는 상품등이나 거래 분야의 성질에 비추어 소비자 보호 또는 공정한 거래질서 유지를 위하여 필요한 사항으로서 다음 각 호의 어느 하나에 해당하는 사항인 경우에는 사업자등이 표시·광고에 포함하여야 하는 사항(이하 "중요정보"라 한다)과 표시·광고의 방법을 고시(인터넷 게재를 포함한다. 이하 같다)할 수 있다. 다만, 다른 법령에서 표시·광고를 하도록 한 사항은 제외한다.

1. 표시·광고를 하지 아니하여 소비자 피해가 자주 발생하는 사항

2. 표시·광고를 하지 아니하면 다음 각 목의 어느 하나에 해당하는 경우가 생길 우려가 있는 사항

　　가. 소비자가 상품등의 중대한 결함이나 기능상의 한계 등을 정확히 알지 못하여 구매 선택을 하는 데에 결정적인 영향을 미치게 되는 경우

　　나. 소비자의 생명·신체 또는 재산에 위해(危害)를 끼칠 가능성이 있는 경우

　　다. 그 밖에 소비자의 합리적인 선택을 현저히 그르칠 가능성이 있거나 공정한 거래질서를 현저히 해치는 경우

366) 금융소비자보호법 §22⑤

심사지침」[367]을 마련하여 금융상품의 광고에 대한 별도의 심사기준을 운용하고 있다. 동 심사기준의 적용을 받는 금융상품에는 저축상품[368], 신탁상품[369], 대출상품[370] 및 보험상품[371]이 있으며, 국내에서 저축상품, 신탁상품, 대출상품을 취급하는 금융회사[372], 인보험 및 손해보험 사업을 영위하는 생명보험회사 및 손해보험회사 그리고 보험대리점과 보험중개사가 동 심사기준의 적용 대상이 된다. 한편, 표시광고법 상 금지된 거짓·과장광고, 기만적인 광고, 부당하게 비교하는 광고 및 비방적인 광고를 한 경우에는 관련 매출액[373]의 2% 범위 내에서 과징금을 부과할 수 있다.[374] 거짓·과장광고 등 부당한 광고행위로 피해를 입은 자가 있는 경우 금융회사등[375]은 그 피해자에 대하여 손해배상의 책임을 지며,[376] 부당한 광고로 손해가 발생된 사실은 인정되나 그 손해액을 증명하는 것이 사안의 성질상 곤란한 경우 법원은 변론 전체의 취지와 증거조사의 결과에 기초하여 상당한 손해액을 인정할 수 있다.[377] 부당한 광고행위를 하거나 다른 사업자등으로 하여금 하게 한 사업자등은 2년 이하의 징역 또는 1억5천만원 이하의 벌금에 처한다.[378]

---

367) 공정위원회 예규 제273호, 2016.12.23. 제정

368) 금융상품 등의 표시·광고에 관한 심사지침 III(2)가목, "저축상품"이란 예금, 적금(상호부금을 포함), 유가증권 및 채무증서 등 은행 등이 소비자에게 판매하는 저축 또는 결제수단을 말한다.

369) 금융상품 등의 표시·광고에 관한 심사지침 III(2)나목, "신탁상품"이란 은행 등이 신탁계정을 통하여 소비자에게 판매하는 실적 배당상품과 확정배당상품을 말한다.

370) 금융상품 등의 표시·광고에 관한 심사지침 III(2)다목, "대출상품"이란 은행 등이 소비자에게 공여하는 대출 또는 신용수단을 말한다.

371) 금융상품 등의 표시·광고에 관한 심사지침 III(2)라목, "보험상품"이란 장래 위험이나 사고 발생시 그 피해를 보상해주는 것을 주된 내용으로 하는 상품으로서 보장성 보험과 저축성 보험을 말한다.

372) 국내에 소재하는 있는 외국금융회사 및 그 지점을 포함한다.

373) 표시광고법 시행령 §12①, 위반기간 동안 판매하거나 매입한 관련 상품등의 매출액이나 매입액 또는 그 밖에 이에 준하는 금액을 말한다.

374) 표시광고법 §9①단서, 위반행위를 한 자가 매출액이 없거나 매출액을 산정하기 어려운 경우에는 5억원을 초과하지 않는 범위 내에서 과징금을 부과할 수 있다.

375) 금융회사 및 그 금융회사의 단체를 말한다.

376) 표시광고법 §10①

377) 표시광고법 §11

378) 표시광고법 §19, 법인(법인격 없는 단체 포함)의 대표자나 법인 또는 개인의 대리인, 사용인, 그 밖의 종업원이 그 법인 또는 개인의 업무에 관하여 부당한 광고로 표시광고법을 위반하면 그 행위자를 벌하는 외에 그 법인 또는 개인에게도 해당 조문의 벌금형을 과(科)한다. 다만, 법인 또는 개인이 그 위반행위를 방지하기 위하여 해당 업무에 관하여 상당한 주의와 감독을 게을리하지 아니한 경우에는 그러하지 아니한다.

금융상품 등의 표시·광고에 관한 심사지침 주요내용

1 (일반원칙) 금융상품 등에 관한 표시·광고는 사실에 부합하여야 함

〈부당한 표시·광고 예시〉

① 확정되지 않은 사항을 확정적으로 표현하는 경우

② 객관적 근거 없이 동격 상품대비 비교우위가 있다고 표현하는 경우

③ 혜택이 부여되는 조건이 있음에도 불구하고 제한 없이 혜택이 주어지는 것처럼 오인시키는 경우

④ 금융상품의 거래조건이 변동될 수 있음에도 변동가능성에 대한 표기를 누락하는 경우

---

2 (세부심사지침) 5가지 유형별 부당한 표시·광고 사례

① 이자율·수익률에 관한 표시·광고중 부당사례	② 보험상품에 관한 표시·광고중 부당사례
– 타 상품보다 상대적으로 높은 수익률을 제공할 수 없음에도 제공하는 것처럼 표시 – 대출시 일반적으로 미적용하는 우대금리 적용 – 실제보다 이자율(수익률)을 높게 기재하거나 최근 하락하였음에도 이전 수익률을 안내 – 금융상품의 이자율(수익률)이 타 금융사 포함 모든 상품보다 유리한 것처럼 표시 – 수익률(이자율) 표기시 '세전' '세후' 구분 누락 – 실적배당신탁상품 수익률의 변동가능성 누락	– 보험료산출기준을 적절하게 표기하지 않는 경우 – 주계약보험료만으로 특약보장내용까지 혜택을 받는 것처럼 표시 – 보장내용에 관한 사항을 사실과 다르게 밝히거나 제한사항을 밝히지 않는 경우 – 보험금 지급액의 산출기준을 밝히지 않거나 모호하게 표기 – 특약 가입 없이 특약보장사항에 대하여 보장을 받을 수 있는 것처럼 표시 – 중도해약시 해약환급금이 적게 지급되거나 지급되지 않는 사실을 숨기거나 허위로 표기

– 근거 없이 자사 신탁상품 배당률이 사실과 다르게 상승하고 있다고 표시	
③ 이자수익 산정방법에 관한 표시·광고중 부당사례 – 일·월복리 등 구분하여 표기하지 않고 단순히 '복리식'으로 표시 – 중도해지 구분없이 항상 복리로 지급하는것처럼 표시	④ 대출상품에 대한 표시·광고중 부당 사례 – 대출가능 대상이나 자격, 담보제공 등 제한조건을 표기하지 않는 경우 – 일부계정(신탁)에 대한 '대출세일'을 모든 대출에 적용하는 것처럼 표시
⑤ 부수적 혜택에 관한 표시·광고중 부당 사례 – 세금우대혜택시 제한 사항(세대당 1통장)을 알리지 않은 경우 – 특별금리 저축상품에 경품성격의 금전을 지급하는 것처럼 표시 – 저축성 보험상품의 보험차익 비과세 혜택이 언제나 가능한 것처럼 표시	

나) 금융소비자보호법 시행 전 : 개별 금융업법에 따라 각 업권별로 규제

금융상품에 대한 광고는 금융소비자보호법이 시행(2021.3.25.)되기 이전에는 개별 금융업법에 따라 각 업권별로 규제되어 왔다. 은행법에서는 은행이 취급하는 예금, 대출상품의 광고와 관련한 규제를, 자본시장법에서는 금융투자업자의 광고표시 준수사항 및 표시금지 사항과 금융투자업자 이외의 자의 투자광고 제한에 대하여 규제를 각각 담고 있었다. 보험업법은 보험회사 및 보험모집 종사자의 광고표시 준수사항 및 광고표시 금지사항 관련 규제를, 여신전문업법에서는 여신금융상품의 광고와 관련한 규제를, 상호저축은행법에서는 저축은행 상품의 광고와 관련한 규제를 각각 정하고 있었다. 전국은행연합회를 제외한 금융협회[379]는 소속 회원 금융회사에 대해 금융상

품 광고 관련 자율규제 기능을 수행하였다. 다만, 상호금융기관[380] 및 대부업·대부중개업에 대해서는 금융소비자보호법 제정 이전까지 금융상품 광고에 대한 별도의 규제가 없었다.

〈 금소법 시행 전 : 개별 금융업법 상 금융상품 광고규제 체계 〉

구 분	근거규정	광고규제 주요 내용
은행	은행법 제52조의3	– 은행이 취급하는 상품 광고시 은행 명칭, 상품내용, 거래조건 포함 – 은행이용자가 오해하지 아니하도록 이자율의 범위 및 산정방법, 이자의 지급 및 부과시기, 부수적 혜택 및 비용을 명확히 표시
금융투자	자본시장법 제57조	– 광고표시 준수사항 : 투자업자 명칭, 투자상품 내용 등 표시 – 광고표시 금지사항 • 손실보장, 이익보장으로 오인하게 하는 표시 금지 • 운용실적이 좋은 기간의 수익률만을 표시 • 명확한 근거없는 부당비교 – 광고제한 : 금융투자업자 등 외 투자광고 금지 – 자율규제 : 협회의 광고기준 수립 및 광고심사
보험	보험업법 제95조의4	– 광고표시 준수사항 : 상품설명서, 약관 읽어볼 것 등을 권유 – 광고표시 금지사항 • 중요사항 부실, 미고지 • 허위, 과장, 기만, 부당비교 • 보험료 일할표시, 보험료 산출기준 부실설명 등 – 자율규제 : 협회의 광고기준 수립 및 광고심사
여신전문	여신전문 금융업법 제50조의9 제50조의10	– 여신금융상품 광고시 금융회사 명칭, 상품내용, 경고문구 등 포함 – 광고표시 금지사항 • 허위, 과장, 기만, 부당비교 – 자율규제 : 협회의 광고 자율심의 및 규정위반 광고의 시정 등 요구

저축은행	상호저축 은행법 제18조의5 제18조의6	– 저축은행이 취급하는 상품 광고시 은행 명칭, 상품내용, 거래조건 등 포함 – 저축은행 이용자가 오해하지 아니하도록 예금보험관계 성립 여부, 이자의 지급 및 부과시기 등을 명확히 표시 – 자율규제 : 중앙회의 광고 자율심의 및 규정위반 광고의 시정 등 요구

다) 금융소비자보호법 시행 후

금융소비자보호법의 시행(2021.3.25)으로 개별 금융업법 상 금융상품에 대한 광고규제는 모두 금융소비자보호법으로 이관되어 일원화되었다. 원래 개별 금융업법 상 광고 규제가 없었던 상호금융기관 중 신용협동조합과 대부업 및 대부중개업도 금융소비자보호법 상 광고규제의 대상이 되었다.[381] 또한, 종전 금융상품 광고 관련 자율규제 기능이 없었던 전국은행연합회, 신용협동조합중앙회 및 대부업·대부중개업협회는 금융소비자보호법 시행령에 따라 소속 회원사에 대한 금융상품 광고 관련 자율규제 기능이 부여되었다. 금융소비자보호법은 금융상품판매업자등이 금융상품 또는 업무에 관한 광고를 할 때 필수 포함사항과 금지사항을 규정하고 있다. 또한, 금융소비자보호법은 금융상품등의 광고 주체를 제한하고 광고시 준수사항을 규정하여 허위·과장광고로부터 일반금융소비자 및 전문금융소비자 모두를 보호하고 있다.

---

379) 한국금융투자협회, 생명보험협회·손해보험협회, 여신전문업협회 및 상호저축은행중앙회를 말한다.

380) 신용협동조합, 새마을금고, 농업협동조합, 수산업협동조합 및 산림조합 등을 말한다.

381) 상호금융기관 중 신용협동조합을 제외한 농협협동조합, 수산업협동조합, 산림조합 및 새마을금고에서 취급하는 금융상품은 금융소비자보호법 상 금융상품의 범위에 속하지 아니하므로 금융소비자보호법의 적용을 받지 않는다. 상호금융기관의 경우 신용사업의 건전성은 금융위원회가 감독하지만 법규위반에 대한 조치는 신용협동조합을 제외하고는 소관 주무부처가 하는 체제로 운영되고 있는 반면, 금융소비자보호법은 법 적용대상 금융회사에 대한 감독·조치 권한이 모두 금융위원회에 있어 원활한 집행이 어려운 측면을 감안하여 금융소비자보호법 시행령 제정시 반영되지 않았다. 다만, 농협협동조합, 수산업협동조합, 산림조합, 새마을금고 및 우체국이 자본시장법 상 겸영금융투자업자 또는 여신전문금융업법 상 겸영여신업자에 해당하는 경우에는 금융소비자보호법의 적용을 받는다.(금융위원회 2020.10.28.일자 보도자료, "금융소비자보호법 시행령 제정안 입법예고" 참조)

(2) 명확·공정하게 금융상품의 광고를 할 의무

금융상품판매업자등[382]은 금융상품등에 관한 광고를 하는 경우에는 금융소비 자가 금융상품의 내용을 오해하지 않도록 명확하고 공정하게 전달하여야 한 다.[383]

(3) 업무광고와 금융상품광고로 구분

금융소비자보호법은 금융상품등에 관한 광고를 금융상품판매업자등의 업무 에 관한 광고(업무광고)와 금융상품에 관한 광고(금융상품광고)로 각각 구분한 다.[384] 이 경우 '업무'란 경영관리 및 그에 부수한 업무 등으로 금융상품의 계약 체결 또는 자문을 유인할 목적이 아닌 것을 말한다. 따라서, 업무광고란 금융 상품의 계약체결 또는 자문을 유인할 목적을 가지지 않고 금융상품판매업자 등의 경영관리 및 그에 부수한 업무 등을 불특정 다수를 대상으로 널리 알리 거나 제시하는 것을 말한다. 이에 반해, 금융상품광고란 금융상품판매업자등 이 불특정 다수의 금융소비자를 대상으로 금융상품의 계약체결 또는 자문을 유인할 목적을 가지고 금융상품의 내용과 거래조건, 그 밖에 소비자의 계약여 부 결정에 영향을 미치는 사항을 소비자에게 널리 알리거나 제시하는 것을 말 한다.

TIP **금융상품등에 관한 광고 관련 쟁점사항**

1. 이미지광고는 금소법상 업무광고 OR 금융상품광고에 해당할까?[385]

---

382) 한국금융투자협회, 생명보험협회, 손해보험협회, 상호저축은행중앙회, 여신전문금융업협회, 대부업 및 대부중개업 협회, 전국 은행연합회 및 신용협동조합중앙회를 포함한다.
383) 금융소비자보호법 §22②
384) 금융소비자보호법 §22①
385) 금융감독원, 금융광고규제 가이드라인

- 이미지광고는 회사 지명도를 높이기 위해 금융회사의 기본정보 또는 이미지 등을 알리는 활동으로 금융상품 판매 및 서비스 제공에 대한 정보를 담고 있지 않기 때문에 원칙적으로 금융소비자보호법 상 규제 대상인 금융상품광고 또는 업무광고에 해당되지 않음.

- 그러나, 이미지광고도 간접적으로 금융회사에서 판매하는 상품 내지 제공하는 서비스의 판매증진을 목적으로 하고 있으므로 금융소비자 보호 강화를 위해 금융소비자보호법 상 광고규제 적용 대상으로 편입해야 한다는 주장도 있음.

- 특히, 금융상품광고와 이미지광고의 중간개념인 '금융상품 이미지광고*'도 많고 유튜브 짤방 등 노출시간이 매우 짧은 광고의 경우 이미지광고와 금융상품광고의 엄격한 구분이 어려우므로 이에 대한 보완이 필요.

  * (예) 보험료·보험금에 대한 구체적 예시 없이 보험상품의 이미지만을 노출하는 광고.

2. 권유 vs. 자문 vs. 광고

구체적인 사항은 본 책자의 적합성 원칙에 기술된 관련 내용을 참고.

3. 카카오페이에서 고객의 보험거래정보를 분석한 결과를 GA와 소비자에 제공하면서 GA로부터 광고 명목으로 수수료를 받고 있는데 카카오페이가 소비자에 보험거래정보 분석결과를 제공하는 행위가 광고에 해당할까?[386]

- 금소법령에서 광고에 대해 별도의 정의를 하고 있지 않음.

  금소법(§22⑤)에서 「표시광고법」이 정하는 사항에 대해서는 그 법이 정하는 바에 따른다고 규정하고 있는 만큼, 「표시광고법」상 "광고"의 정의를 차용하는 것이 적절할 것임.

– 카카오페이의 사업형태와 관련해서는 그 사실관계를 구체적으로 확인해봐야 함. 고객에 보험거래정보 분석결과를 제공한다는 사실관계만으로는 해당 행위가 GA의 상품이나 업무를 알리는 광고로 보기는 어렵다고 생각됨.

(4) 금융상품등에 관한 광고를 할 수 없는 경우

가) 금융상품판매업자등(금융상품직접판매업자, 금융상품판매대리·중개업자 및 금융상품자문업자)이 아닌 자는 금융상품등에 관한 광고를 할 수 없다.[387]

나) 투자성 상품을 취급하는 금융상품판매대리·중개업자는 금융상품판매업자등의 업무에 관한 광고(업무광고) 및 금융상품에 관한 광고를 모두 할 수 없다.[388]

다) 보장성·예금성·대출성 상품을 취급하는 금융상품판매대리·중개업자는 업무광고는 할 수 있으나 금융상품에 대한 광고(금융상품광고)를 해서는 아니된다.[389] 다만, 금융상품직접판매업자가 상기 금융상품판매대리·중개업자에게 금융상품에 관한 광고를 허용한 경우는 제외한다.[390] 이때 금융상품직접판매업자는 광고를 허용하기 전에 그 광고가 법령에 위배되는지를 확인해야 한다.[391]

---

386) 금융위원회 2020.10.28.일자 보도자료, "금융소비자보호법 시행령 제정안 입법예고" 참조
387) 금융소비자보호법 §22①
388) 금융소비자보호법 §22①본문, 시행령 §17①(1),(2)단서
389) 금융소비자보호법 §22①본문, 시행령 §17①(2)본문
390) 금융소비자보호법 §22①본문, 시행령 §17①(2)단서

라) 독립금융상품판매업자[392]는 특정 금융상품판매업자 또는 특정 금융상품을 광고하는 행위를 할 수 없다.[393]

마) 투자중개업자에 해당하는 금융상품직접판매업자

자본시장법상 투자중개업자는 금융소비자보호법 상 금융상품직접판매업자에 해당된다. 증권회사의 위탁매매업, 선물회사의 선물거래업, 은행 또는 증권회사 등의 펀드 판매가 대표적인 경우이다. 따라서, 투자중개업을 영위하는 금융상품직접판매업자는 업무광고 및 금융상품광고를 모두 할 수 있다.

(4) 금융상품등에 관한 광고를 할 수 있는 금융협회 등

다음에 해당하는 자는 금융상품등에 관한 광고를 할 수 있다.[394]

가) 한국금융투자협회, 생명보험협회·손해보험협회, 여신전문금융업협회, 상호저축은행중앙회, 전국은행연합회, 신용협동조합중앙회 및 대부업·대부중개업협회[395]

나) 금융상품판매업자등을 자회사 또는 손자회사로 하는 금융지주회사[396]

다) 집합투자업자, 자본시장법에 따른 증권의 발행인 또는 매출인[397], 주택도시보증공사 및 한국주택금융공사[398]

---

391) 금융소비자보호감독규정 §16

392) 금융소비자보호법 제12조 제2항에 따라 등록된 금융상품자문업자는 금융상품판매업자와 이해관계를 갖지 않는 독립금융상품자문업자만 해당된다.

393) 금융소비자보호법 §27④(2), 시행령 §25⑤①(3)

394) 금융소비자보호법 §22①단서

395) 금융소비자보호법 §22①단서, 시행령 §17③

396) 금융소비자보호법 §22①단서, 시행령 §17②

397) 해당 증권에 대한 광고로 한정한다.

398) 금융소비자보호법 §22①단서, 시행령 §17②

〈 금융상품등에 관한 광고를 할 수 있는 대상 〉

구분			업무광고	금융상품광고
금융상품 판매업자	금융상품직접판매업자		가능	가능
	금융상품판매 대리·중개업자	투자성 취급	불가능	불가능
		그 밖에	가능	원칙 불가능 단, 직판업자 허용시 가능
금융상품자문업자	독립금융상품 자문업자[주1]		특정 금융상품판매업자 또는 특정 금융상품에 대한 광고는 금지	
	그 밖에		가능	가능
금융협회, 금융지주회사, 집합투자업자, 증권 발행인·매출인[주2], 주택도시보증공사, 한국주택금융공사			가능	가능

주1) 금융소비자보호법에 따라 등록된 금융상품자문업자
 2) 해당 증권에 대한 광고로 한정

> **TIP** 투자권유대행인은 광고를 전면 금지하는 이유[399]
>
> 자본시장법에서 투자권유대행인의 광고가 금지되어 있는 바, 이는 취급하는 상품이 원금 손실 가능성이 있는 금융투자상품이어서 투자자 피해를 방지하기 위해 도입된 것으로 보인다. 이에 기존 제도를 변경할 만한 특별한 사정 변경이 없어 금융소비자보호법에서도 그대로 존치되었다.

(5) 금융상품등에 관한 광고 시 필수 포함사항

금융상품판매업자등[400]이 하는 금융상품등에 관한 광고에는 아래의 내용이 포함되어야 한다.[401] 다만, 금융상품판매업자등이 자본시장법에 따른 전문투자형 사모집합투자기구의 집합투자증권(전문투자형 사모펀드)[402]을 판매하는 경우에는 광고규제를 적용하지 아니한다.[403]

가) 금융상품에 관한 계약을 체결하기 전에 금융상품 설명서 및 약관을 읽어 볼 것을 권유하는 내용

나) 금융상품판매업자등의 명칭, 금융상품의 내용

금융상품의 내용은 ❶금융상품의 명칭, ❷이자율[404], ❸수수료, ❹그 밖에 일반금융소비자가 해당 금융상품을 이해하는데 필요하다고 금융위원회가 정하여 고시한 아래의 사항이 해당된다.[405]

① 보장성 상품은 보험금 지급제한 사유, 이자율의 범위 및 산출기준[406]

② 투자성 상품은 연계투자계약의 경우에는 온라인투자연계금융법 제19조 제4항[407]에 따른 연계투자상품의 내용, 그 밖의 경우에는 이자·수익의

---

399) 금융위원회 2020.10.28.일자 보도자료, "금융소비자보호법 시행령 제정안 입법예고" 참조

400) 금융 관련협회, 금융지주회사, 집합투자업자 등 금융상품등에 관한 광고를 할 수 있는 자를 포함한다.

401) 금융소비자보호법 §22③본문, 시행령 §18, 감독규정 §17

402) 금융상품판매업자등이 전문투자형 사모펀드를 판매하는 경우에는 적합성 원칙, 적정성 원칙 및 광고 규제는 적용되지 않으나 설명의무, 불공정영업행위 금지 및 부당권유행위 금지에 대한 규제는 적용받는다.

403) 금융소비자보호법 §22③단서

404) 대부업법 제9조 제1항에 따른 대부이자율 및 연체이자율을 포함한다.

405) 금융소비자보호법 시행령 §18①(1), 감독규정 §17①

406) 피보험자가 생존 시 금융상품직접판매업자가 지급하는 보험금의 합계액이 일반금융소비자가 이미 납입한 보험료를 초과하는 보장성 상품으로서 일반금융소비자가 적용받을 수 있는 이자율이 고정되지 않는 계약에 한정한다.

407) 온라인투자연계금융법 §19(광고), ④ 온라인투자연계금융업자는 특정 연계투자 상품 또는 연계투자 조건에 관한 광고를 하는 경우에는 자신의 명칭, 연계투자 상품의 내용, 연계투자에 따른 위험, 그 밖에 대통령령으로 정하는 사항이 포함되도록 하여야 한다. 다만, 다른 매체를 이용하여 광고하는 경우에는 해당 연계투자 상품을 해당 매체의 운영자가 제공하는 것으로 오인하지 않도록 대통령령으로 정하는 사항을 준수하여야 한다.

지급시기 및 지급제한 사유

③ 예금성 상품은 이자율·수익률 각각의 범위 및 산출기간, 이자·수익의 지급시기 및 지급제한 사유

④ 대출성 상품은 신용카드의 경우에는 연회비와 연체율, 시설대여·연불판매·할부금융의 경우에는 연체율, 수수료, 금융소비자가 계약기간 중 금전·재화를 상환하는 경우 적용받는 조건, 그 밖의 대출상품의 경우에는 이자율(연체이자율 포함)의 범위 및 산출기준, 이자 부과시기, 금융소비자가 계약기간 중 금전·재화를 상환하는 경우 적용받는 조건

다) 보장성 상품

기존에 체결했던 계약을 해지하고 다른 계약을 체결하는 경우에는 계약체결의 거부 또는 보험료 등 금융소비자의 지급비용(보험료등)이 인상되거나 보장내용이 변경될 수 있다는 사항

라) 투자성 상품

투자에 따른 위험(원금 손실 발생 가능성과 원금 손실에 대한 소비자의 책임), 과거 운용실적을 포함하여 광고를 하는 경우에는 그 운용실적이 미래의 수익률을 보장하는 것이 아니라는 사항

마) 기초자산의 가치에 따라 수익이 변동하는 예금성 상품

만기지급금 등을 예시하여 광고하는 경우에는 해당 예시된 지급금 등이 미래의 수익을 보장하는 것이 아니라는 사항

바) 대출성 상품

대출조건에 대한 것으로 갖추어야 할 신용 수준에 관한 사항, 원리금 상환방법이 포함된다.

사) 그 밖에 금융소비자 보호를 위한 사항(기타 필수 포함사항)

그 밖에 금융소비자 보호를 위한 사항으로는 ❶금융상품에 대한 설명을 받을 수 있는 권리, ❷법령 및 내부통제기준에 따른 광고 관련 절차의 준수에 관한 사항, ❸예금자보호법 등 다른 법률에 따른 금융소비자의 보호 내용(대출성 상품은 제외), ❹금융상품판매대리·중개업자의 고지의무 등에 관한 사항[408](금융상품판매대리·중개업자의 광고만 해당), ❺금융상품자문업자의 영업행위준칙 등에 관한사항[409](금융상품자문업자의 광고만 해당) 그리고 ❻그 밖에 금융소비자의 계약 체결이나 권리·의무에 중요한 영향을 미치는 사항으로서 금융소비자보호감독규정 [별표 5]에서 규정한 "광고에 포함해야 하는 사항"이 있다.

:: 참고자료 | 금융소비자보호감독규정 [별표 5] ::

광고에 포함해야 하는 사항(제17조제2항 관련)

1. 모든 금융상품 및 관련 업무: 다음 각 목의 사항

　가. 광고의 유효기간이 있는 경우 해당 유효기간

---

408) 금융소비자보호법 §26(금융상품판매·대리중개업자의 고지의무 등) ①금융상품판매대리·중개업자는 금융상품판매·대리 업무를 수행할 때 금융소비자에게 다음 각호의 사항 모두를 미리 알려야 한다.

　1. 금융상품판매·대리중개업자가 대리·중개하는 금융상품직접판매업자의 명칭 및 업무 내용

　2. 하나의 금융상품직접판매업자만을 대리하거나 중개하는 금융상품판매대리·중개업자인지 여부

　3. 금융상품직접판매업자로부터 금융상품 계약체결권을 부여받지 아니한 금융상품판매대리·중개업자의 경우 자신이 금융상품계약을 체결할 권한이 없다는 사실

409) 금융소비자보호법 §27(금융상품자문업자의 영업행위준칙 등) ③금융상품자문업자는 자문업무를 수행하는 과정에서 다음 각 호의 사항을 금융소비자에게 알려야 하며, 자신이 금융상품자문업자라는 사실을 나타내는 표지를 게시하거나 증표를 금융소비자에게 내보여야 한다.

　1. 제12조제2항제6호 각 목의 요건을 갖춘 자(독립금융상품자문업자)인지 여부

　2. 금융상품판매업자로부터 자문과 관련한 재산상 이익을 제공받는 경우 그 재산상 이익의 종류 및 규모, 다만, 경미한 재산상 이익으로 대통령령으로 정하는 경우는 제외한다.

　3. 금융상품판매업을 겸영하는 경우 자신과 금융상품계약체결등 업무의 위탁관계에 있는 금융상품판매업자의 명칭 및 위탁내용

　4. 자문업무를 제공하는 금융상품의 범위

나. 통계수치나 도표 등을 인용하는 경우 해당 자료의 출처

다. 연계·제휴서비스 등 부수되는 서비스를 받기 위해 충족해야할 요건

　　(연계·제휴서비스 등 부수되는 서비스를 광고하는 경우만 해당)

2. 보장성 상품 및 관련 업무: 다음 각 목의 사항

가. 보험료 중 일부를 금융투자상품을 취득·처분하는 데 사용하거나 그 밖의 방법으로 운용한 결과에 따라 보험금 또는 해약환급금에 손실이 발생할 수 있다는 사실(영 제11조제1항제1호 각 목의 금융상품만 해당)

나. 보험료·보험금에 관한 다음의 사항(보험료·보험금 각각의 예시를 광고에 포함하는 경우만 해당)

　　1) 주된 위험보장사항·부수적인 위험보장사항 및 각각의 보험료·보험금 예시

　　2) 특정 시점(계약체결 후 1년, 3년 및 5년을 말한다)에 해약을 하거나 만기에 이른 경우의 환급금 예시 및 산출근거

　　3) 해약환급금이 이미 납부한 보험료보다 적거나 없을 수 있다는 사실

3. 투자성 상품 및 관련 업무: 다음 각 목의 구분에 따른 사항(투자성 상품 관련 업무는 가목1)만 해당)

가. 투자성 상품(연계투자는 제외한다)

　　1) 수수료 부과기준 및 절차

　　2) 손실이 발생할 수 있는 상황(최대 손실이 발생할 수 있는 상황을 포함한다) 및 그에 따른 손실 추정액. 이 경우, 객관적·합리적인 근거를 포함해야 한다.

　　3) 다른 기관·단체로부터 수상, 선정, 인증, 특허 등(이하 이 호에서 "수상등"이라 한다)을 받은 내용을 표기하는 경우 그 기관·단체의 명칭, 수상등의 시기 및 내용

　　4) 과거의 재무상태 또는 영업실적을 표기하는 경우 투자광고 시점(또는 기간) 및 미래에는 이와 다를 수 있다는 내용

　　5) 최소비용을 표기하는 경우 그 최대비용과 최대수익을 표기하는 경우 그 최소수익

　　6) 세제(稅制) 변경 등 새로운 제도가 시행되기 전에 그 제도와 관련된 금융상품을 광고하는 경우에는 그 제도의 시행 시점 및 금융소비자가 알아야 할 제도 관련 중요사항

나. 연계투자: 「온라인투자연계금융업 및 이용자 보호에 관한 법률」 제19조제4항에 따른 연계투자에 따른 위험

4. 대출성 상품 및 관련 업무: 다음 각 목의 사항 및 관련 경고문구

　　가. 상환능력에 비해 대출금, 신용카드 사용액이 과도할 경우 개인신용평점이 하락할 수 있다는 사실

　　나. 개인신용평점 하락으로 금융거래와 관련된 불이익이 발생할 수 있다는 사실

　　다. 일정 기간 납부해야할 원리금이 연체될 경우에 계약만료 기한이 도래하기 전에 모든 원리금을 변제해야할 의무가 발생할 수 있다는 사실

5. 금융상품판매대리 · 중개업자: 다음 각 목의 사항

　　가. 법 제26조제1항제1호부터 제3호까지의 사항

　　나. 법 제2조제3호에 따른 금융관계법률에 따라 등록되어 있다는 사실

6. 금융상품자문업자: 법 제27조제3항제1호부터 제4호까지의 사항

(6) 광고시간 제약 등으로 기타 필수 포함사항의 내용 중 일부를 제외할 때 준수사항

상기 "(5) 금융상품등에 관한 광고시 필수 포함사항" 중에서 "사) 그 밖에 금융소비자 보호를 위한 사항(기타 필수 포함사항)"에 해당하는 내용을 광고의 목적, 광고매체의 특성, 광고시간의 제약 등에 따라 금융상품등에 관한 광고에 모두 포함시키기 곤란하다고 인정하는 경우에는 일부 내용을 제외할 수 있다. 즉, 광고 시 필수 포함사항의 내용 중에서 광고시간 제약 등으로 일부 내용을 제외할 수 있는 것은 기타 필수 포함사항의 내용만 해당되고 나머지 필수 포함사항의 내용은 광고시 모두 포함해야 한다. 그리고 금융상품판매업자등은 광고시 기타 필수 포함사항의 내용 중 일부를 제외할 때에는 아래의 사항을 준수해야 한다.[410]

---

410) 금융소비자보호법 시행령 §18④, 감독규정 §17③

가) 보장성 상품에 관한 광고

① ❶금융상품의 편익, ❷금융상품에 적합한 금융소비자의 특성 또는 가입 요건, ❸금융상품의 특성 그리고 ❹판매채널의 특징 및 상담 연락처에 대한 사항을 전부 또는 일부만을 개괄적으로 알릴 것

② 영상 또는 음성을 활용하는 광고인 경우에는 광고시간이 2분 이내일 것

나) 그 밖의 금융상품에 관한 광고

그 광고에 상기 마의 사)에 해당하는 기타 필수 포함사항의 내용 중 일부를 제외함으로 인해 금융소비자의 합리적 의사결정이 저해되거나 건전한 시장질서가 훼손될 우려가 없을 것

(7) 광고 시 금지행위

금융상품판매업자등이 금융상품등에 관한 광고를 하는 경우 금융상품의 유형 별로 다음의 행위를 해서는 아니된다.[411]

가) 보장성 상품

보장성 상품에 관한 광고를 하는 경우에는 ❶보장한도, 보장 제한조건, 면책사항 또는 감액지급 사항 등을 빠뜨리거나 충분히 고지하지 아니하여 제한 없이 보장을 받을 수 있는 것으로 오인하게 하는 행위, ❷보험금이 큰 특정 내용만을 강조하거나 고액 보장 사례 등을 소개하여 보장내용이 큰 것으로 오인하게 하는 행위, ❸보험료를 일(日) 단위로 표시하거나 보험료의 산출기준을 불충분하게 설명하는 등 보험료등이 저렴한 것으로 오인 또는 금융소비자의 경제적 부담이 작아 보이도록 하거나 계약체결에 따른 이익을

---

411) 금융소비자보호법 §22④, 시행령 §20, 감독규정 §19

크게 인지하도록 하여 금융상품을 오인하게끔 표현하는 행위, ❹만기시 자동갱신되는 보장성 상품의 갱신시 보험료등이 인상될 수 있음을 금융소비자가 인지할 수 있도록 충분히 고지하지 아니하는 행위, ❺금리(이자율) 및 투자실적에 따라 만기환급금이 변동될 수 있는 보장성 상품의 경우 만기환급금이 보장성 상품의 만기일에 확정적으로 지급되는 것으로 오인하게 하는 행위, ❻비교대상 및 기준을 분명하게 밝히지 않거나 객관적인 근거 없이 다른 금융상품등과 비교하는 행위, ❼불확실한 사항에 대해 단정적 판단을 제공하거나 확실하다고 오인하게 할 소지가 있는 내용을 알리는 행위, ❽계약 체결 여부나 금융소비자의 권리·의무에 중대한 영향을 미치는 사항을 사실과 다르게 알리거나 분명하지 않게 표현하는 행위, ❾금융소비자에 따라 달라질 수 있는 거래조건을 누구에게나 적용될 수 있는 것처럼 오인하게 하는 행위, ❿보험금 지급사유나 지급시점이 다름에도 불구하고 각각의 보험금이 한꺼번에 지급되는 것처럼 오인하게 하는 행위, ⓫금융상품에 관한 광고에 연계하여 보험계약 체결 시부터 최초 1년간 납입되는 보험료의 10%와 3만원 중 적은금액[412]을 초과하는 금품을 금융소비자에게 제공하는 행위, ⓬보장성 상품의 광고와 관련하여 기타 필수 포함사항의 내용 중 일부를 제외할 수 있는 기준[413]을 충족하는 광고로서 ⅰ)광고시 보장성 상품의 가격, 보장내용 및 만기에 지급받는 환급금 등의 특징과 이에 대한 이행조건을 안내하는 방법[414]이 동일하지 않는 경우와 ⅱ)광고시 금융상품의 주요 특징을 유사한 단어로 3회 이상 연속 또는 반복하여 음성으로 안내하는 경우 그리고 ⓭광고에서 금융상품과 관련하여 해당 광고매체 또는 금융상품 판매대리·중개업자의 상호를 부각시키는 등 금융소비자가 금융상품직접판매업자를 올바르게 인식하는 것을 방해하는 행위는 모두 금지된다.

---

412) 보험업법 시행령 §46①
413) 금융소비자보호감독규정 §17③(1)
414) 음성 또는 자막 등을 말한다.

나) 투자성 상품

투자성 상품에 관한 광고를 하는 경우에는 ❶손실보전(損失補塡) 또는 이익보장이 되는 것으로 오인하게 하는 행위[415], ❷집합투자증권의 광고[416]와 관련하여 ⅰ)집합투자증권을 발행한 자의 명칭·소재지·연락처, ⅱ)집합투자재산의 조직·운용인력, ⅲ)집합투자재산의 운용실적, ⅳ)집합투자증권의 환매, ⅴ)설명의무와 관련된 중요한 사항[417], ⅵ)집합투자재산[418]은 신탁업자의 고유재산과 분리하여 안전하게 보관·관리된다는 사실, ⅶ)준법감시인[419] 및 감사인[420]이 집합투자재산이 적법하게 운용되는지를 감시한다는 사실, ⅷ)집합투자기구의 투자목적에 적합한 금융소비자에 관한 사항, ⅸ)집합투자기구의 수익구조, ⅹ)집합투자기구평가회사 등의 평가결과, ⅺ)일반적인 경제상황에 대한 정보, ⅻ)투자금의 한도 및 적립방법, Ⅰ)비교하는 방식의 광고를 하는 경우에는 그 비교의 대상이 되는 다른 집합투자업자 및 집합투자기구의 유형·운용기간·운용실적 및 그 밖에 비교의 기준일자 등에 관한 사항, Ⅱ)광고의 특성상 필요한 표제·부제에 대한 사항 이외의 사항을 광고에 사용하는 행위, ❸수익률이나 운용실적을 표시하는 경우 수익률이나 운용실적이 좋은 기간의 수익률이나 운용실적만을 표시하는 행위는 모두 금지된다.

또한 투자성 상품의 광고 시에는 ❹금융소비자의 경제적 부담이 작아 보이도록 하거나 계약체결에 따른 이익을 크게 인지하도록 하여 금융상품을 오인하게끔 표현하는 행위, ❺비교대상 및 기준을 분명하게 밝히지 않거나 객

---

415) 다만, 자본시장법 시행령 제104조 제1항 단서에 따라 연금이나 퇴직금의 지급을 목적으로 하는 신탁으로서 금융위원회가 정하여 고시하는 경우엔 손실을 보전이나 이익의 보장을 할 수 있다.

416) 집합투자증권의 광고는 ②에서 예시한 사항만을 광고의 내용으로 사용해야 하고 그 이외에는 광고에 사용할 수 없다.

417) 금융소비자보호법 §19①각호

418) 자본시장법 §9⑳에 따른 집합투자재산(집합투자기구의 재산)으로 투자신탁재산 투자회사재산, 투자유한회사재산, 투자합자회사재산, 투자유한책임회사재산, 투자합자조합재산 및 투자익명조합재산을 말한다.

419) 금융회사지배구조법에 따른 준법감시인을 말한다.

420) 주식회사 등의 외부감사에 관한 법률에 따른 감사인을 말한다.

관적인 근거 없이 다른 금융상품등과 비교하는 행위, ❻불확실한 사항에 대해 단정적 판단을 제공하거나 확실하다고 오인하게 할 소지가 있는 내용을 알리는 행위, ❼계약 체결 여부나 금융소비자의 권리·의무에 중대한 영향을 미치는 사항을 사실과 다르게 알리거나 분명하지 않게 표현하는 행위, ❽금융소비자에 따라 달라질 수 있는 거래조건을 누구에게나 적용될 수 있는 것처럼 오인하게 하는 행위 그리고 ❾자본시장법에 따른 경영실태 및 위험에 대한 평가[421]의 결과[422]를 다른 금융상품직접판매업자와 비교하여 광고하는 행위도 모두 금지된다.

다) 예금성 상품

예금성 상품에 관한 광고를 하는 경우에는 ❶이자율의 범위·산정방법, 이자의 지급·부과 시기 및 부수적 혜택·비용을 명확히 표시하지 않아 금융소비자가 오인하게 하는 행위, ❷수익률이나 운용실적을 표시하는 경우 수익률이나 운용실적이 좋은 기간의 것만을 표시하는 행위, ❸금융소비자의 경제적 부담이 작아 보이도록 하거나 계약체결에 따른 이익을 크게 인지하도록 하여 금융상품을 오인하게 하는 행위, ❹비교대상 및 기준을 분명하게 밝히지 않거나 객관적인 근거 없이 다른 금융상품등과 비교하는 행위, ❺불확실한 사항에 대해 단정적 판단을 제공하거나 확실하다고 오인하게 할 소지가 있는 내용을 알리는 행위, ❻계약 체결 여부나 금융소비자의 권리·의무에 중대한 영향을 미치는 사항을 사실과 다르게 알리거나 분명하지 않게 표현하는 행위 그리고 ❼금융소비자에 따라 달라질 수 있는 거래조건을 누구에게나 적용될 수 있는 것처럼 오인하게 하는 행위는 모두 금지된다.

라) 대출성 상품

---

421) 자본시장법 §31③
422) 그 세부내용을 포함한다.

대출성 상품에 관한 광고를 하는 경우에는 ❶대출이자율의 범위·산정방법, 대출이자의 지급·부과 시기 및 부수적 혜택·비용을 명확히 표시하지 않아 금융소비자가 오인하게 하는 행위, ❷대출이자를 일 단위로 표시하여 대출이자가 저렴한 것으로 오인하게 하는 행위, ❸금융소비자의 경제적 부담이 작아 보이도록 하거나 계약체결에 따른 이익을 크게 인지하도록 하여 금융상품을 오인하게 하는 행위, ❹비교대상 및 기준을 분명하게 밝히지 않거나 객관적인 근거 없이 다른 금융상품등과 비교하는 행위, ❺불확실한 사항에 대해 단정적 판단을 제공하거나 확실하다고 오인하게 할 소지가 있는 내용을 알리는 행위, ❻계약 체결 여부나 금융소비자의 권리·의무에 중대한 영향을 미치는 사항을 사실과 다르게 알리거나 분명하지 않게 표현하는 행위 그리고 ❼금융소비자에 따라 달라질 수 있는 거래조건을 누구에게나 적용될 수 있는 것처럼 오인하게 하는 행위도 모두 금지된다.

(8) 광고의 방법 및 절차

가) 광고의 방법

금융상품판매업자등이 금융상품등에 관한 광고를 하는 경우에는 금융소비자가 광고의 내용을 쉽게 이해할 수 있도록 광고의 글자색깔·크기 또는 음성의 속도·크기 등이 해당 금융상품으로 인해 금융소비자가 받을 수 있는 혜택과 불이익을 균형있게 전달할 수 있어야 한다.[423]

나) 준법감시인의 심의

금융상품판매업자등이 금융상품등에 관한 광고를 하는 경우에는 준법감시인[424](준법감시인이 없는 경우에는 감사)의 심의를 받아야 한다.[425]

다) 광고기준 준수여부에 대한 금융협회의 확인

① 금융협회의 광고심의

금융소비자보호법은 금융소비자 보호를 위해 금융협회에 금융상품등에 관한 확인 권한을 부여하고 있다. 금융협회는 소속 회원사인 금융상품판매업자등을 대상으로 금융상품등에 관한 광고 관련 기준을 준수하였는지를 확인(광고심의)하고 그 결과에 대한 의견을 해당 금융상품판매업자등에게 통보할 수 있다.[426] 또한, 금융상품판매업자와 위탁계약을 체결한 금융상품판매대리·중개업자도 금융협회의 광고심의 대상에 포함된다.[427] 광고심의를 수행하는 금융협회로는 전국은행연합회, 상호저축은행중앙회, 여신전문금융업협회[428], 한국금융투자협회[429], 생명보험협회, 손해보험협회, 대부업 및 대부중개업협회, 신용협동조합중앙회가 있다.[430] 여신전문금융업협회가 광고심의를 할 수 있는 대상은 여신전문금융회사(겸영여신업자 포함) 및 여신전문금융회사가 취급하는 대출성 상품에 관한 금융상품판매대리·중개업을 영위하는 자의 광고이다.[431] 한국금융투자협회가 광고심의를 할 수 있는 대상은 금융투자업자(겸영금융투자업자 포함)의 광고이다.[432] 여신전문금융업협회와 한국금융투자협회를 제외한 금융협회는 광고심의 대상에 대한 구체적 규정이 없으나 소속 회원사인 금융상품판매업자등이 판매하는 금융상품으로 해석하는 것이 타당하다.

---

423) 금융소비자보호법 시행령 §19①, 감독규정 §18

424) 금융회사의 지배구조에 관한 법률 상 준법감시인을 말한다.

425) 금융소비자보호법 시행령 §19②

426) 금융소비자보호법 §22⑥

427) 금융소비자보호법 시행령 §21①

428) 여신전문금융업협회가 광고심의를 할 수 있는 대상은 여신전문금융회사(겸영여신업자 포함) 및 여신전문금융회사가 취급하는 대출성 상품에 관한 금융상품판매대리·중개업을 영위하는 자의 광고이다.[금융소비자보호감독규정 §20①(1)]

429) 한국금융투자협회가 광고심의를 할 수 있는 대상은 금융투자업자(겸영금융투자업자 포함)의 광고이다.[금융소비자보호감독규정 §20①(2)]

430) 금융소비자보호법 §22①단서, 시행령 §17③

431) 금융소비자보호감독규정 §20①(1)

432) 금융소비자보호감독규정 §20①(2)

② 금융협회 광고심의 시 확인사항

금융협회가 광고심의를 할 때에는 ❶보통의 주의력을 가진 일반적인 금융소비자의 관점에서 광고 관련 기준이 지켜졌는지를 확인하고 ❷광고심의 대상을 선정하는 기준은 금융상품의 특성 및 민원빈도, 광고매체의 파급효과 등을 종합적으로 고려하여야 한다.[433]

③ 금융협회의 광고심의 시 준수사항

금융협회가 광고심의를 하는 경우에는 ❶광고가 이루어지기 전에 확인(다만, 광고가 생방송으로 이루어지는 경우에는 금융협회가 달리 정할 수 있음)해야 하고 ❷광고심의가 종료된 후에 그 결과(광고에 수정이 필요한 경우에는 그 구체적인 사유를 포함)를 지체 없이 금융상품판매업자[434]에게 문서로 통보하여야 하며[435], ❸광고심의 결과에 대한 이의신청 절차를 마련하여야 한다.[436]

④ 관련기관 등에 대한 자료·의견 제출 요청

금융협회는 금융상품판매업자등의 광고심의에 필요한 경우에는 관련 기관·단체 또는 전문가 등에게 자료 또는 의견의 제출을 요청할 수 있다.[437]

⑤ 금융협회의 광고심의에 관한 기준 및 절차

각 금융협회는 금융소비자보호감독규정에 근거하여 광고심의에 관한 기준 및 절차를 정할 수 있다.[438] 이에 따라 한국금융투자협회는 "금융투

---

433) 금융소비자보호감독규정 §20②

434) 금융상품판매대리·중개업자가 하나의 금융상품직접판매업자가 취급하는 금융상품에 관한 계약의 체결만 대리·중개하는 것을 영업으로 하는 경우에는 해당 금융상품직접판매업자를 말한다.

435) 금융협회는 광고심의 과정에서 금융상품판매업자등의 법 위반사실이 있는 때에는 그 사실을 금융위원회에 알릴 수 있다(금융소비자보호법 시행령 §21③)

436) 금융소비자보호감독규정 §20③

437) 금융소비자보호법 시행령 §21②

자협회의 광고심의에 관한 기준 및 절차"를, 생명보험협회 및 손해보험협회는 각각 "광고·선전에 관한 기준"을 정하고 있고 여타 금융협회도 자체적인 광고심의 기준을 정하고 있다.

(9) 광고 규제 위반시 효과

가) 민사적 책임 : 손해배상

금융상품판매업자등이 고의 또는 과실로 광고 규제를 위반하여 금융소비자에게 손해를 발생시킨 경우 금융소비자보호법 제44조 제1항에 따른 손해배상의 대상이 된다. 그러나, 광고 규제를 위반하더라도 금융소비자보호법 제47조 제1항에 따른 위법계약의 해지 관련 조항은 적용되지 않는다.

나) 행정적 책임 : 과징금, 과태료 및 제재조치

금융위원회는 금융상품직접판매업자 또는 금융상품자문업자가 금융상품등에 관한 광고 시 필수 포함사항 및 금지사항을 위반한 경우에는 그 위반행위와 관련된 계약으로 얻은 수입 또는 이에 준하는 금액의 50% 이내에서 과징금을 부과할 수 있다.[439] 또한, 금융상품등에 관한 광고를 할 수 없는 자가 광고를 하거나 광고시 필수 포함사항 및 금지사항을 위반하여 금융상품등에 관한 광고를 한 자는 1억원 이하의 과태료를 부과하며,[440] 금융상품판매업자등 및 그 임직원이 금융상품등에 관한 광고를 할 수 없음에도 광고를 하거나 광고 시 필수 포함사항 및 금지사항을 위반하여 금융상품등에 관한 광고를 하여 허위·과장광고 금지를 위반한 경우에는 행정제재 조치를 받을 수 있다.

---

438) 금융소비자보호감독규정 §20④
439) 금융소비자보호법 §57①본문
440) 금융소비자보호법 §69①(5)

금융상품판매업자등 및 그 임직원에 대한 조치 및 조치요구 기준

10. 법 제20조(불공정영업행위 금지) 제1항 각 호의 어느 하나에 해당하는 행위를 한
경우

(10) 금융광고규제 가이드라인

금융위원회·금융감독원 및 각 금융협회는 2021년 6월 8일 금융소비자보호법
에서 규정하고 있는 금융상품 광고규제 관련 일선 현장의견에 대한 설명자료
로 "금융광고규제 가이드라인"을 마련하였다.

:: 참고자료 ::

금융광고규제 가이드라인 주요내용[441]

1. 광고규제의 범위 관련
   □ 금소법상 광고는 '금융상품에 관한 광고'와 '금융상품판매업자·금융상품자문업
     자의 업무에 관한 광고'로 구분
     ○ 금소법상 광고는 금융상품이나 업무에 관한 사항을 소비자에 널리 알리거
       나 제시하는 행위를 의미(「표시광고법」 적용)
       – 예컨대 금융상품·업무에 관한 광고성 보도자료가 홈페이지 등 대중에 공
         개된 공간에 게시된다면 광고로 볼 수 있음
     ○ 한편, 금융회사 등 사업자의 이미지 광고는 규제대상이 아님
   □ 금융정보 제공 방송도 금소법상 광고에 해당할 수 있음
     ○ 특정 금융상품판매업자의 금융상품에 관한 정보를 직·간접적으로 제공하는
       방송은 "금융상품 광고"로 볼 수 있음
       – 다만, 판매의도 없이 소비자가 금융상품이나 판매업자를 쉽게 유추할 수
         없도록 조치(예: "A사", "B상품" 등 익명처리)하여 정보를 제공하는 경우에
         는 금융상품 광고로 보기 어려움

○ 특정 금융상품판매업자·금융상품자문업자의 서비스를 소개하여 금융거래를 유인하는 방송*은 "업무광고"에 해당

　* 예: 대출모집인 또는 보험설계사가 금융정보를 제공하면서 '필요 시 상담을 제공하겠다'는 의미의 메시지와 함께 연락처를 제공

－ 특정 서비스를 명시적으로 소개하지 않아도 특정 업체의 영업을 촉진시키도록 설계된 방송*은 업무광고로 볼 수 있음

　* 예: 특정 모집법인 소속 보험설계사가 전문가로 출연하고, 시청자가 상담 연락 시 해당 모집법인으로 연결되는 경우

□ 금융상품판매업자가 겸영하거나 부수적으로 영위하는 업무라도 해당 업무가 금융상품 또는 금융서비스에 관한 사항이 아닌 경우*에는 금소법상 광고규제를 적용받지 않음

　* 예: 신용카드 회사의 중고차 거래 플랫폼 광고, 보험사의 헬스케어 광고

2. 광고의 주체 및 절차 관련

□ 금소법(§22①)에서는 금융상품판매업자등*이 아닌 자의 광고를 엄격히 제한**하고 있음

　* 금융상품직접판매업자, 금융상품판매대리·중개업자, 금융상품자문업자

　** 광고할 수 있는 자를 법령에 열거(예: 금융지주회사, 집합투자업자, 증권 발행인 등)

○ 온라인 포털, 핀테크 업체는 그 역할이 '광고 매체'가 아니라 판매과정에 적극 개입하는 '광고 주체'에 해당하는 경우에는 반드시 금융상품판매업자로 등록해야 함

> 〈 광고주체 해당여부에 대한 판단 관련 참고판례(대법원 2003두8296) 〉
> "사이버몰 운영자가 입점업체의 광고행위에 대해 ∼ 행정적 책임을 지는지 여부는 사이버몰 운영자와 입점업체 간 거래약정 내용, 사이버몰 이용약관 내용, 문제된 광고에 관하여 사이버몰 운영자와 입점업체가 수행한 역할과 관여정도, 광고행위 주체에 대한 소비자 오인가능성, 광고 내용 등을 종합하여 판단해야 ∼"

---

441) 금융위원회·금융감독원 2021.6.8.일자 보도자료, "금융소비자의 광고 피해가 없도록 금융업권 협회와 함께 블로거·유튜버의 뒷광고(hidden ad)까지도 확인하겠습니다" 참조

□ 금융상품판매업자등은 광고 시 ①내부심의를 반드시 거쳐야 하며, 업권에 따라 서는 필요 시 ②협회의 사전심의도 받아야 함

　　* 준법감시인 심의를 원칙으로 하며, 준법감시인이 없는 경우 감사가 수행

　　○ 법령에서 인정한 금융업권 협회는 사전 광고심의가 가능하며, 심의대상·심의 기준은 협회가 자율적으로 정할 수 있음

□ 금융상품판매대리·중개업자는 금융상품에 관한 광고를 할 경우 해당 금융상품의 직접판매업자*로부터 확인을 받아야 함

　　* 만약 직접판매업자가 다른 2개 이상의 금융상품이 포함된 광고인 경우, 해당 직접판매 업자 모두로부터 확인을 받아야 함

　　○ 블로그, 유튜브 등 온라인 매체를 통해 광고를 하는 경우에도 광고에 직접판 매업자의 확인을 받았다는 표시를 해야 함

　　※ 업무광고는 직접판매업자의 확인을 요하지 않음

3. 광고의 내용 및 방법 관련

□ 광고 시 금소법뿐만 아니라 표시광고법, 방송법, 대부업법 등 다른 법령에 위배 되는 사항이 있는지도 꼼꼼히 확인해야* 함

　　* 금소법 제6조(다른 법률과의 관계) 금융소비자 보호에 관하여 다른 법률에서 특별히 정한 경우를 제외하고는 이 법에서 정하는 바에 따름

　　○ 특히 유튜브, 블로그 등 온라인 매체를 통한 광고 시 뒷광고*(hidden ad) 이슈 가 발생하지 않도록 최근 공정위에서 개정한 「추천·보증 등에 관한 표시·광고 심사지침」을 준수해야 할 것임

　　　* 유명인이 광고를 하면서 광고주와의 경제적 이해관계를 표시하지 않는 경우 등

□ 금소법령상 광고 내용에 포함시키도록 열거된 사항은 광고의 목적, 광고매체의 특성 등을 감안하여 규제취지*를 형해화하지 않는 범위 내에서 탄력적으로 운영 할 수 있음

　　* 계약단계가 아닌 만큼 설명의무와 같이 상품을 상세히 설명할 필요는 없으나 자의적인 정보 제외로 인해 상품에 대한 소비자의 오인이 발생하지 않도록 할 것

　　○ 예컨대 온라인 배너·팝업광고는 광고면적이 협소한 점을 감안, 연결되는 웹페 이지에 광고 내용을 나누어 게시하는 것도 가능함

　　○ 금소법령상 광고에 포함시키도록 규정된 사항 중 법률(금소법)에 규정된 사

항*은 광고에서 제외할 수 없음을 유의해야 함

* 금소법 제22조제3항제1호부터 제3호까지의 사항

▫ 금소법령에서는 글자, 영상, 음성 등 광고 방법에 대해 자율성을 광범위하게 허용하되, 그 한계를 정하고 있음

　○ 금소법령에서는 광고 시 글자의 색깔·크기 또는 음성의 속도·크기 등을 해당 금융상품으로 인해 소비자가 받을 수 있는 혜택과 불이익을 균형있게 전달할 수 있도록 구성할 것을 요구

　○ 금융상품판매업자등은 협회 심의기준 및 지적사례 등을 참고하여 광고 관련 자체기준을 내부통제기준에 반영해야 함

▫ 각 금융업권 협회는 사전심의 시 광고의 내용·방법 등에서 법령 위반이 발견된 경우에는 금융위에 그 사실을 알릴 수 있음

◇◇◇◇◇◇◇◇◇◇◇◇◇◇◇◇◇◇◇◇ 금융소비자보호법 Q&A ◇◇◇◇◇◇◇◇◇◇◇◇◇◇◇◇◇◇◇◇

Q 협회의 금융상품 정보 비교공시 서비스가 금소법상 광고에 해당하나요?

A 협회의 금융상품 정보 비교공시 서비스는 금소법에 따라 공익 목적으로 제공된다는 점에서 광고로 보기 어려움.

- -

Q 금융정보 제공 방송도 금소법상 광고에 해당하나요?

A ① 특정 금융상품판매업자의 금융상품에 관한 정보를 직·간접적으로 제공하는 방송은 "금융상품 광고"로 볼 수 있음.

　※ 다만, 판매의도 없이 소비자가 금융상품판매업자나 금융상품을 쉽게 유추할 수 없도록 조치(예: "A사"로 익명처리)하여 금융정보를 제공하는 경우에는 광고로 보기 어려움.

② 특정 금융상품판매업자·금융상품자문업자의 서비스를 소개하여 금융거래를 유인하는 방송*은 "업무광고"에 해당.

* 예: 대출모집인 또는 보험설계사가 금융정보를 제공하면서 '필요 시 상담을 제공하겠다'는 의미의 메시지와 함께 연락처를 제공.

③ 특정 서비스를 명시적으로 소개하지 않아도 특정 업체의 판매를 촉진시키도록 설계된 방송*은 업무광고로 볼 수 있음.

* 예: 특정 모집법인 소속 보험설계사가 전문가로 출연하고, 시청자가 상담 연락 시 해당 모집법인으로 연결되는 경우.

Ⓠ 금융상품판매업자가 자사 금융상품 가입 시 경품을 제공한다는 내용의 이벤트를 광고하는 경우에 해당 광고를 금융상품 광고로 보나요?

Ⓐ 특정 금융상품이 아닌 금융상품 일반에 대한 이벤트 광고는 금소법상 '업무광고'에 해당.

Ⓠ 금융상품판매업자가 자사 신용카드의 현금서비스, 리볼빙 서비스를 광고하는 경우, 이는 금융상품 광고로 봐야 하나요?

Ⓐ 신용카드 현금서비스, 리볼빙 서비스는 금융상품이 아니며, 신용카드에 일반적으로 제공되는 서비스에 해당하므로 관련 광고는 "업무광고"에 해당.

Ⓠ 아파트 입주 전 입주자를 대상으로 은행이 배포하는 집단대출 안내문*은 금소법상 광고에 해당하나요?

* 주요 내용

1. 대출상품 취급 은행 및 관련 대출모집인 명칭

2. 대출상담을 진행하는 은행직원 또는 대출모집인의 연락처

3. 대출 신청 시 구비서류

4. 대출 자필서명을 받는 장소

Ⓐ 대출상담사의 대출상담 및 대출서류 작성 지원은 금소법상 금융상품판매대리·중개업에 해당하므로 관련 정보를 알리는 행위는 같은 법상 '업무광고'에 해당.

Ⓠ 금융상품자문서비스 온라인 플랫폼에 특정 금융상품판매업자나 금융상품에 관한 광고를 해도 되나요?

Ⓐ 금소법 시행령 제25조제5항에 따르면 자문업자는 특정 금융상품 또는 특정 금융상품판매업자 광고를 할 수 없음.

Ⓠ 광고하는 금융상품 판매실적에 따라 대가를 받는 경우에도 해당 업체를 광고매체로 볼 수 있습니까?

Ⓐ 해당 업체가 광고에 대해 법적 책임을 지는 광고주체인지를 확인하기 위해서는, 광고대가 지급방식 외에도 광고내용에의 관여정도, 광고행위 주체에 대한 소비자 오인가능성 등에 대해 개별적이고 구체적으로 검토해야 할 것으로 보임.

> 〈 광고주체 해당여부에 대한 판단 관련 참고판례(대법원 2003두8296) 〉
> "사이버몰 운영자가 입점업체의 광고행위에 대해 ~ 행정적 책임을 지는지 여부는 사이버몰 운영자와 입점업체 간 거래약정 내용, 사이버몰 이용약관 내용, 문제된 광고에 관하여 사이버몰 운영자와 입점업체가 수행한 역할과 관여정도, 광고행위 주체에 대한 소비자 오인가능성, 광고 내용 등을 종합하여 판단해야~"

Ⓠ 광고에 대해 내부심의나 협회심의를 받은 경우 어떤 방식으로 표기해야 하나요?

Ⓐ 금융상품판매업자나 자문업자는 광고에 대해 법령에 따라 내부심의나 협회심의를 받은 경우에 해당 절차를 거쳤다는 사실을 광고에 표기해야 함.

☞ 그 표기방식에 대해 법령에서 별도로 정한 사항은 없으므로, 규제취지를 벗어나지 않는 범위 내에서 소비자가 이해하기 쉽게 해당 사실을 표기.

Ⓠ 준법감시인, 상임감사가 모두 없는 경우 광고심의의 주체는?

Ⓐ 준법감시인, 상임감사가 모두 없는 경우에는 금융소비자 총괄기관 책임자 또는 대표이사가 광고심의를 수행 가능.

Ⓠ 대출상품 광고 시 "이자율의 범위 및 산출기준"을 포함해야 하는데, 현행과 같이 '변동금리', '금리변동 가능' 등으로 기재해도 됩니까?

Ⓐ 금융소비자보호 감독규정 제17조제1항제4호다목1)에 따른 "이자율의 범위 및 산출기준"이란, 소비자가 대출상품의 핵심 거래조건인 이자율에 대해 오인하지 않

도록 하기 위해 규정되었음.

☞ 따라서 '변동금리', '금리변동 가능'과 같은 표현은 해당되지 않음.

Q 금소법상 대출성 상품 광고 필수 포함사항 중 '갖춰야 할 신용 수준'에 대한 이행 방법에 대해 알려주세요. '내부 심사에 따라 대출 가능여부가 달라진다'라고 표기 하면 될까요?

A 개인신용평점 등 소비자가 대출성 상품 거래가능 여부를 판단하는 데 필요한 기준을 제시해야 함.

☞ 따라서 '내부 심사에 따라 대출 가능여부가 달라진다'는 표기는 대출성 상품 거래가능 여부를 판단하는 기준으로 부적합함. 광고에 포함되어야 하는 '대출 조건'의 구체적 내용에 해당하지 않기 때문.

Q GA 대리점 전단지에 대하여

① GA 대리점의 상품교육을 목적으로 만든 전단지* 형태의 자료를 금소법상 광고로 판단할 수 있을까요?

* 전단지의 상단 하단에 [판매자 교육용], [본 자료는 판매자 교육용으로 고객님께 상품 설명 자료로 활용하는 등의 다른 목적으로 사용할 수 없습니다.]라는 경고 문구 포함.

② GA 대리점 혹은 모집자가 교육용 전단지를 수정하여 고객에게 상품을 설명 하고 판매한 경우 보험회사에 책임을 물을 수 있나요?

A ① 판매자 교육을 위해 만들어진 자료는 교육에 활용되는 한 광고로 보지 않음.

② 소비자는 광고규제 위반에 따른 피해에 대해 보험모집인뿐만 아니라 보험회 사에도 손해배상 청구가 가능.

※ 다만, 보험회사가 업무 감독에 대하여 적절한 주의를 하였고 손해를 방지하기 위해 노력한 경우에는 손해배상 책임이 있다고 보기 어려움.

Q 신축입주아파트 사전점검일에 은행의 집단입주잔금대출* 관련 광고성 안내장을 배포**하는데, 동 행위가 단순 안내에 해당하나요, 광고에 해당하나요?

* 신축아파트 등 입주자가 잔금 지급시에 가입할 수 있는 주택담보대출.

** 사전점검일에 입주하게 될 아파트의 하자 여부를 확인하러 방문하는 입주자 고객들을 대상으로 사전점검안내문 등 배포시에 배포.

일반적으로 사전점검일*에는 대출금리, 한도 등이 확정되지 않아 안내장에 내용을 포함하기 어려우며, 현재 동 안내장 사용을 금지한 상태로 입주자들이 사전점검일에 잔금대출 안내를 받지 못하는 불편 발생.

* 통상 입주예정일로부터 3～5주 전.

※ 금소법 시행 전에 사용되던 사전점검안내문의 광고성 안내장 주요 기재내용

    1. 업무를 위탁하는 금융상품직접판매업자의 명칭

    2. 업무를 위탁받은 금융상품판매대리·중개업자의 명칭, 주소, 연락처

    3. 대출상담을 진행하는 은행직원 또는 대출상담사의 연락처

    4. 집단입주잔금대출을 신청하고자 하는 고객의 구비서류

    5. 대출자서를 받는 장소에 대한 안내(지도 등)

🅐 주어진 사실관계에 따르면 사전점검안내문은 입주자를 대상으로 대출상담사의 대출상담 및 대출서류 작성지원(소위, "대출자서") 서비스 관련 정보를 알린다고 판단됨.

  – 대출상담사의 대출상담 및 대출서류 작성 지원은 금융소비자보호법상 금융상품판매대리·중개업에 해당하므로 관련 정보를 알리는 행위는 같은 법상 '업무광고'에 해당됨.

  – 따라서 대출상담사의 대출상담 및 대출서류 작성 지원 관련 정보가 사전점검안내문에 포함되는 경우에는 금융소비자보호법상 광고규제를 적용받음.

- -

🆀 사전점검안내문은 상품내용 확정전 배포되며, 상품 내용이 확정된 후에는 준법감시인의 승인을 받은 상품안내장을 활용하여 광고하는 점 감안시 금융상품명, 대출한도, 이자율, 신용수준, 원리금상환방법 등을 사전점검안내문에 포함하지 않아도 되나요?

🅐 사전점검 안내문이 대출상담사의 대출상담 및 대출서류 작성 지원 서비스 등을 알리는 업무광고에 해당할 경우, 아직 확정되지 않은 금융상품의 내용은 광고에서 생략 가능.

- -

Ⓠ 보험업법 제95조에 따른 보험안내자료의 경우, 광고에 해당하지 않는데, 이를 불특정 다수가 확인할 수 있는 온라인 상에 게재하면 광고로 볼 수 있을까요?

Ⓐ 안내자료의 제공 방법 또는 명칭에 관계없이, 모집을 목적으로 하는 자가 불특정 다수에게 금융상품의 내용을 알리는 행위는 광고에 해당.

Ⓠ 아래의 경우들은 광고로 볼 수 있나요?

① 법규에 따라 작성된 자료를 제공하거나, 관련법규에 따른 의무를 이행하기 위하여 자료를 공시하는 행위

② 다음 어느 하나에 해당하는 단순한 정보를 제공하는 행위

ⅰ. 회사의 명칭, 로고, 주소·연락처, 인터넷 홈페이지 주소, 시스템 이용방법, 업무절차 등에 관한 정보

ⅱ. 설명회·세미나 개최 안내

ⅲ. 유인문구나 구체적인 상품명이 포함되지 않는 시황·업황의 분석 및 전망

ⅳ. 회사가 운용 또는 판매중인 전체 상품 또는 회사의 전체 영위업무에 관한 목록·편람으로서 유인 문구를 포함하지 않은 것

ⅴ. 관계법규 제정 및 개정 등에 따른 제도의 변경 안내

③ 회사 등에 관한 이미지를 표현하는 등 단순히 회사의 지명도를 높일 목적으로 실시하거나, 회사명 또는 상품명만을 노출하는 행위

④ 개별 금융소비자의 요청에 의한 상담과정에서 발생하는 상품정보의 제공행위, 인터넷 홈페이지 등에서 개별 금융소비자의 질의에 대한 답변 등(광고 형태로 운영되는 FAQ 등은 제외)

⑤ 다수 금융상품에 대하여 명칭, 각종 요율 등을 표로 단순하게 나열하는 경우

Ⓐ ②ⅳ, ④, ⑤를 제외하고 모두 광고에 해당되지 않음.

– ②ⅳ, ⑤ : 상품정보를 알리는 경우 유인목적이 없다고 할 수 없어 광고에 해당.

– ④ : 구체적 사실관계에 따라 판단해야 함. (일반적으로는 개별 금융소비자의 요청에 따라 맞춤형 상품정보를 제공할 경우 자문 또는 권유로 봄)

Ⓠ 소비자 유인목적이 없는 업무를 광고 규제대상에서 제외하는 바, 소비자 유인목적이 없는 상품안내의 경우에도 규제대상에서 제외되나요?

Ⓐ 상품정보 제공은 원칙적으로 유인목적이 없다고 할 수 없으며, 구체적 사실관계에 따라 제외 대상인지 판단 가능.

Ⓠ 금융회사의 비대면 채널에서 상품가입시 접속하게 되는 안내화면이 광고에 해당하나요?

Ⓐ 온라인 금융상품몰에서 불특정 다수를 대상으로 상품을 알리는 경우 해당 웹페이지는 금융소비자보호법상 광고에 해당.

Ⓠ 인터넷뱅킹 홈페이지가 아닌 은행 일반 홈페이지에 게시된 상품 관련 보도자료도 광고성 보도자료에 해당될까요?

Ⓐ 은행 일반 홈페이지는 불특정 다수가 열람할 수 있는 공간인 만큼 게시된 자료들 중 금융상품에 관한 사항은 광고에 해당.

Ⓠ 금융상품판매업자등의 "업무"에 관한 광고의 범위가 궁금합니다.

Ⓐ 업무광고 규제의 취지는 금융소비자가 업무광고로 인해 관련 금융상품을 오인하는 상황을 방지하는 데 있음. 업무광고는 다음과 같이 2개 유형으로 구분 가능.
① 금융상품자문업자의 자문서비스에 관한 광고
② 금융상품판매업자가 금융상품 계약체결을 유인할 목적으로 소비자에 제공하는 서비스*에 관한 광고
* 예: 비대면 계약 이벤트 광고, 개인 재무설계 서비스 광고 등

Ⓠ 구체적 상품내용 언급 없이 특정 상품의 명칭만 알리는 광고는 상품광고와 업무광고 중 어디에 해당하나요?

Ⓐ 상품판매를 목적으로 상품에 관한 사항을 알리는 행위는 상품광고에 해당함. 상품광고 시 상품명칭뿐만 아니라 금소법상 광고에 포함시켜야 하는 사항은 반드시 광고내용에 포함해야 함.

Ⓠ 금융상품판매업자가 자사 금융상품 가입 시 경품을 제공한다는 내용의 이벤트를

광고하는 경우에 해당 광고를 금융상품 광고로 보나요?

Ⓐ 특정 금융상품이 아닌 금융상품 일반에 대한 이벤트 광고는 금소법상 '업무광고'
에 해당.

- -

Ⓠ 금융상품자문서비스 온라인 플랫폼에 특정 금융상품판매업자나 금융상품에 관
한 광고를 해도 됩니까?

Ⓐ 금소법 시행령 제25조제5항에 따르면 자문업자는 특정 금융상품 또는 특정 금
융상품판매업자 광고를 할 수 없음.

4 계약서류 제공의무

가. 의의

금융상품의 계약서류는 금융회사와 금융소비자 간 금융상품 계약에 따른 권리와
의무관계를 증명할 수 있는 중요한 서류이다. 금융소비자가 금융회사와 금융상품의
계약체결 시 관련 서류를 스스로 챙겨받는 것이 쉽지 않고 설령 제공받았더라도 장
기 금융상품의 경우 제대로 보관하지 못한 경우가 많다. 이에 따라 금융소비자보호
법은 금융회사에 대해 금융상품 계약서류를 금융소비자에게 제공하도록 의무를 부
과함으로써, 금융거래의 상대적 약자인 금융소비자가 향후 분쟁 발생 시 필요한 증
빙자료를 용이하게 확보할 수 있도록 하였다. 계약서류 제공의무는 일반금융소비자
와 전문금융소비자 모두에게 적용된다.

나. 금융상품 유형별 계약서류 제공 의무

금융상품 계약서류의 제공 의무는 금융상품직접판매업자와 금융상품자문업자로
한정하고 계약 체결의 당사자가 아닌 금융상품판매대리·중개업자는 제외되며, 계약
서류 제공 의무는 일반금융소비자와 전문금융소비자 모두에게 적용된다. 따라서 금

융상품직접판매업자 및 금융상품자문업자는 금융소비자(일반금융소비자+전문금융소비자)와 금융상품 또는 금융상품자문에 관한 계약을 체결하는 경우 금융상품의 유형별로 계약서류를 금융소비자에게 지체없이 제공하여야 한다.[442] 이 경우 계약서류에는 ❶금융상품 계약서[443], ❷금융상품의 약관, ❸금융상품 설명서(금융상품직접판매업자만 해당) 그리고 ❹보험증권(보장성 상품 중 보험만 해당)이 해당된다.[444]

다. 계약서류 제공 입증 책임

금융상품 유형별 계약서류의 제공 사실에 관하여 금융소비자와 다툼이 있는 경우에는 금융상품직접판매업자 및 금융상품자문업자가 이를 증명하여야 한다.[445] 이는 계약서류를 체계적으로 관리·보관하고 있는 금융회사가 계약서류의 발급 사실을 입증하는 것이 용이한 여건을 반영한 것으로 해석된다.

라. 계약서류 제공 의무의 예외

계약내용 등이 금융소비자 보호를 해칠 우려가 없는 경우로서 ❶대부업법, 자본시장법(온라인소액투자중개업자만 해당) 및 온라인투자연계금융업법에 따라 계약서류가 제공된 경우에는 계약서류를 제공하지 아니할 수 있다.[446] 또한, 그 밖에 계약 내용이나 금융상품의 특성을 고려할 때 계약서류를 제공하지 않아도 금융소비자 보호를 저해할 우려가 없는 경우로서 ❷기본 계약을 체결하고 그 계약내용에 따라 계속적·반복적으로 거래를 하는 경우, ❸기존 계약과 동일한 내용으로 계약을 갱신하는 경우, ❹법인인 전문금융소비자[447]와 계약을 체결하는 경우(금융상품 설명서만 해당)

---

442) 금융소비자보호법 §23①

443) 계약 당사자가 서명날인한 계약서뿐만 아니라 계약서에 갈음할 수 있는 서류(통장, 증서, 보험증권 등)도 계약서로 간주된다.

444) 금융소비자보호법 시행령 §22①

445) 금융소비자보호법 §23②

446) 금융소비자보호법 §23①단서, 시행령 §22②(1)

447) 금융소비자보호법 §19에 따른 설명의무는 전문금융소비자에게 적용되지 않으므로 설명의무 이행을 위해 전문금융소비자에게 설명서를 제공할 의무는 없다. 그러나 전문금융소비자가 법인이 아닌 경우에는 계약서류 제공 의무가 면제되지 않으므로 계약서류의 일종인 설명서를 제공할 의무가 있다. 다만, '법인인 전문금융소비자'는 금융상품에 대한 이해 역량 등을 감안하여 계약서류로서 설명서 제공의 예외를 인정하고 있다.

에는 계약서류를 제공하지 아니할 수 있다.[448] 한편, 금융소비자가 계약서류 수령을 거부한다는 의사를 서면으로 표시한 경우 계약서류 제공의무가 존재하는지가 쟁점이 될 수 있다. 금융소비자보호법은 계약서류 제공의무의 예외 사항으로 금융소비자의 수령 거부 의사를 정하고 있지 않으므로 설령 금융소비자가 계약서류의 수령을 거부하더라도 금융상품직접판매업자와 금융상품자문업자는 금융소비자에게 계약서류를 제공할 의무가 있다는 것으로 해석함이 타당하다.

마. 계약서류 제공 방법 및 절차

금융상품직접판매업자 및 금융상품자문업자가 계약서류를 제공하는 때에는 ❶서면교부, ❷우편 또는 전자우편 그리고 ❸휴대폰 문자메세지 또는 이에 준하는 전자적 의사표시와 같은 방법으로 제공한다. 다만, 금융소비자가 이 중에서 특정 방법으로 제공해 줄 것을 요청하는 경우에는 그 방법으로 제공해야 한다.[449] 또한, 금융상품직접판매업자 및 금융상품자문업자가 계약서류를 전자우편 또는 이에 준하는 전자적 의사표시로 교부하는 경우에 금융소비자가 「전자금융거래법」에 따른 전자적 장치를 통해 계약서류를 확인하는데 필요한 소프트웨어 및 안내자료를 제공해야 한다.[450]

바. 계약서류 제공 시 준수사항

금융상품직접판매업자 및 금융상품자문업자가 계약서류를 제공하는 때에는 ❶해당 계약서류가 법령 및 내부통제기준에 따른 절차를 거쳐 제공된다는 사실을 해당 계약서류에 기재하고 ❷계약서류를 전자우편, 휴대폰 문자메세지 또는 이에 준하는 전자적 의사표시에 따른 방법으로 제공하는 경우에는 해당 계약서류가 위조·변조되지 않도록 기술적 조치를 취하여야 한다.[451]

---

448) 금융소비자보호법 §23①단서, 시행령 §22②(2), 감독규정 §21②
449) 금융소비자보호법 시행령 §22③
450) 금융소비자보호감독규정 §21①
451) 금융소비자보호법 시행령 §22④

사. 계약서류 제공의무 위반 시 효과

(1) 민사적 책임 : 손해배상

금융상품직접판매업자 및 금융상품자문업자가 고의 또는 과실로 계약서류 제
공의무를 위반하여 금융소비자에게 손해를 발생시킨 경우 금융소비자보호법
제44조 제1항에 따른 손해배상의 대상이 된다.[452] 그러나, 계약서류 제공의무
를 위반하더라도 금융소비자보호법 제47조에 따른 위법계약의 해지 관련 조항
은 적용되지 않는다.

(2) 행정적 책임 : 과태료 및 제재조치

계약서류 제공의무를 위반하여 금융소비자에게 계약서류를 제공하지 아니한
자는 1억원 이하의 과태료를 부과한다.[453] 또한, 금융상품판매업자등 및 그 임
직원이 계약서류 제공 의무를 위반하여 계약서류를 제공하지 아니한 경우에는
행정제재 조치를 받을 수 있다.[454]

:: 참고자료 | 금융소비자보호법 시행령 [별표 1] ::

금융상품판매업자등 및 그 임직원에 대한 조치 및 조치요구 기준

13. 법 제23조(계약서류 제공의무) 제1항을 위반하여 계약서류를 제공하지 않은 경우

:: 참고자료 ::

금융분쟁조정위원회 조정사례

[2008.10.16. 조정번호 제2008-81호 : 인용]
일반적으로 은행은 통화옵션계약을 체결할 때 거래상대방으로부터 파생금융상품

---

452) 금융소비자보호법 §44①
453) 금융소비자보호법 §69①(7)
454) 금융소비자보호법 §51~52

거래의향서를 사전에 제출받은 후 계약내용을 확정할 때 이를 증거하기 위해 계약내용을 녹취하거나 거래확정 직후에 거래내용이 반영된 통화옵션거래확인서에 상대방의 자서날인을 받고 있는데, 본건의 경우 피신청인은 구두로 계약이 체결되었다고 주장만 할 뿐 달리 이를 입증할 수 있는 객관적 증거자료가 없는 점에 비추어 볼 때 당사자 간에 본건 통화옵션계약이 유효하게 성립되었다고 보기는 어려운 것으로 판단됨

◇◇◇◇◇◇◇◇◇◇◇◇◇◇◇◇◇◇ 금융소비자보호법 Q&A ◇◇◇◇◇◇◇◇◇◇◇◇◇◇◇◇◇◇

ⓠ 계약서류 교부시 전문금융소비자에게 설명서를 반드시 교부해야 하나요?

ⓐ – 금소법 제19조상 설명의무는 전문금융소비자에게 적용되지 않으므로 설명의무 이행을 위해 전문금융소비자에게 설명서를 제공할 의무는 없음.

– 금소법 제23조상 계약서류 제공의무는 전문금융소비자에게도 적용되는 바, 계약서류 제공 의무가 면제되는 사유가 없는 한 전문금융소비자에게 계약서류의 일종인 설명서를 제공할 의무가 있다고 할 것.

※ 다만, '법인인 전문금융소비자'는 금융상품에 대한 이해 역량 등을 감안하여 설명서 제공의 예외를 인정.

- -

ⓠ 비대면 거래에서 '서면교부'를 이행하는 방법은 무엇입니까?

ⓐ 금소법 시행령 제22조 제3항 제1호에 따른 "서면교부"는 전자문서법에 따라 서면으로 인정되는 전자문서뿐만 아니라 일반 서면도 포함되기 때문에 소비자 요구 시 계약서류를 일반서면으로도 제공할 수 있어야 함.

※ 다만, 거래특성상 계약서류를 소비자에게 직접 교부할 수 없는 비대면 거래의 경우에는 계약서류를 전자문서로 제공*시 금소법 시행령 제22조 제3항 제1호에 따른 "서면교부"를 이행했다고 볼 수 있음.

* 전자문서법 제4조의2 각 호의 서면요건 충족.

- -

Ⓠ 금융소비자와 금융상품에 관한 계약을 체결하는 경우 계약서, 상품설명서 등을 금융소비자에게 제공하여야 하는데(법§23·영§22), 기존 대출을 만기연장하는 경우에도 동 조항이 적용되나요?

Ⓐ 은행업 감독규정에 따라 대출의 만기연장은 신규계약으로 보지 않으므로 계약서류를 제공하지 않아도 됨

- -

Ⓠ 퇴직연금 운용관리계약에 따라 가입자가 별도 지시를 하지 않으면 기존에 운용 중이던 상품으로 재예치하는데, 판매업자가 소비자에게 변경된 금리를 안내(문자메시지, URL 등)한 경우 별도의 계약서류를 제공해야 하나요?

Ⓐ 금소법 제23조의 계약서류 제공의무는 금융상품 또는 금융상품자문에 관한 계약을 체결하는 경우에 발생.

이미 체결되어 있는 금융상품등에 관한 계약의 내용에 따라 기존에 운용 중이던 금융상품을 재예치하는 경우에 해당한다면 금소법 제23조의 계약서류 제공의무 적용대상이 아님.

- -

Ⓠ 금융소비자보호 관계법령에 따라 기존 계약을 같은 내용으로 갱신(매년 보험료를 갱신하는 실손의료보험 등)하는 경우에도 갱신시마다 계약서류를 제공해야 하나요?

Ⓐ 실손의료보험의 갱신이 새로운 계약체결 없이 이루어진다면 계약 갱신 시 계약서류를 제공할 필요는 없음.

- -

Ⓠ 금융회사가 대출 한도거래*를 할 경우, 최초 약정 이후 한도 내에서 반복적으로 건별 계약이 체결되는데, 이 경우 설명서를 제공해야 할까요?

 * 대출거래방식의 하나로, 약정을 체결한 일정 한도 내에서 자유롭게 상환 또는 재대출할 수 있는 거래방식.

Ⓐ 금소법 제23조의 계약서류 제공의무는 금융상품 또는 금융상품자문에 관한 계약을 체결하는 경우에 발생함.

이미 체결되어 있는 금융상품등에 관한 계약의 내용에 따라 기존 한도대출 범위에서 수시 상환 및 대출을 하는 경우는 금소법 제23조의 계약서류 제공의무 적용대상이 아님.

Ⓠ 금소법 23조 관련하여 보험계약대출의 경우 건별로 계약서류를 제공해야 하나요? 보험계약대출을 '금융상품 등에 관한 계약의 내용에 따라 기존 한도대출 범위에서 수시 상환 및 대출을 하는 경우'와 유사하게 보아 금소법 제23조에 따른 계약서류 제공의무 적용대상이 아닌 것으로 해석할 수도 있을까요?

Ⓐ 보험계약대출 계약은 보험계약과 별도로 체결되기 때문에 보험계약을 한도대출계약*으로 보기는 어려움. 따라서 보험계약대출은 한도대출 계약과 달리 계약체결 건별로 소비자에 계약서류를 제공해야 함.

    * 대출거래방식의 하나로, 약정을 체결한 일정 한도 내에서 자유롭게 상환 또는 재대출할 수 있는 거래방식.

    ※ 다만, 계약서류 중 설명서, 약관은 그 내용이 과거 소비자가 계약을 체결한 보험계약대출과 동일하고 당시 해당 자료가 소비자에 제공된 경우에는 추가로 제공하지 않아도 됨.

Ⓠ 판매업자가 비대면 영업시 계약체결 후 계약내용을 제공하는 전자문서*가 계약서에 해당할까요?

    * 정보처리시스템에 의하여 전자적 형태로 작성·변환되거나 송신·수신 또는 저장된 정보.

Ⓐ 「전자문서 및 전자거래 기본법」에 따른 전자문서로서 계약의 성립을 증명할 수 있는 경우에는 계약서로 인정 가능.

    다만, 해당 전자문서가 ⅰ) 열람 가능하고, ⅱ) 작성·변환되거나 송신·수신 또는 저장된 때의 형태 또는 그와 같이 재현될 수 있는 형태로 보존되어 있는 경우로 한정.

Ⓠ 대면에서 계약체결하고 전자문서 또는 전자적 의사표시의 방법으로 계약서를 제공할 때 반드시 고객의 서명이 있는 문서사본을 제공해야 하는지요?

Ⓐ 계약서는 계약의 성립을 증명하는 문서로서 법령상 그 형식이나 내용에 별도의 제한을 두지 않음.

    예컨대 소비자의 청약 후에 판매업자가 승낙을 하는 방식의 계약인 경우, 계약서가 판매업자의 소비자의 청약에 대한 승낙사실을 증명*할 수 있다면 반드시 소비자의 서명을 필요로 하지는 않음.

* (예시) 승낙서에 아래와 같이 승낙사실 기재 가능

"○○은행과 □□□님은 상기와 같은 계약사항에 동의하여 계약이 성립되었음을 알려 드립니다."

ⓠ 개인(신용)정보 동의서는 계약서인가요?

ⓐ 계약의 성립을 증빙하는 문서만 해당하며, 개인(신용)정보동의서는 계약서에 미포함.

ⓠ 계약체결 시 금융소비자에게 금융상품 계약서를 제공하여야 하는데(영§22①ⅰ), 아래 서류가 이에 해당하나요?

　① 대출거래약정서 : 대출성 상품에 대한 기본적인 사항(대출한도·금액·이자율·중도 상환해약금 등)을 약정

　② 추가약정서 : 개별 대출성 상품에 대한 추가적인 사항(우대금리 요건·기존주택 처분 조건[주택담보대출] 등) 및 조건변경 사항(한도변경·금리변경·기한연장 등)등을 약정

　③ 담보·보증계약서 : 대출성 상품과 관련한 인적·물적담보 설정에 관한 사항을 약정(근저당권설정계약서·근질권설정계약서·근보증서)

ⓐ 금소법 시행령 제22조 제1항 제1호의 계약서는 계약의 성립을 증명하는 문서로서 법령상 그 형식이나 내용에 별도의 제한을 두지 않음.

　☞ 다만, 제출의견에서 언급된 "담보·보증계약서"는 대출성 상품과는 별도로 체결되는 담보·보증 계약에 대한 계약서이므로, 금소법 시행령 제22조 제1항 제1호의 "금융상품 계약서"에 해당하지 않는다고 판단됨.

ⓠ 집합투자증권(펀드) 판매시 제공 필요한 계약서류에 '운용사와 신탁사 간의 집합투자규약'도 제공대상에 포함되나요?

ⓐ 운용사와 수탁사 간의 계약인 집합투자규약은 제공 불필요.

ⓠ 계약서류 제공시 기본약관은 홈페이지, 영업점 등에서 고객이 직접 확인하는 것이 가능합니까?

Ⓐ 홈페이지 공시(소비자의 개인 메뉴에서 계약별로 상시조회되는 경우는 제외) 및 영업점 비치는 계약서류 제공의무 이행으로 보기 어려움.

Ⓠ 금융상품 계약을 체결시 소비자에게 '지체 없이' 계약서류를 제공해야 하는데 우편발송 소요기간(2~3일)에 대해 '지체 없이' 제공한 것으로 볼 수 있을까요?

Ⓐ 부득이한 경우이므로 허용 가능. 정당하거나 합리적 이유가 있는 경우 그 장애사유 해소 후 신속히 제공 필요.

※ 발송수단별 소요되는 통상 기간 이내라면 '지체 없이' 발송한 것으로 이해.

Ⓠ 비대면 거래 시 계약완료 후 모든 고객에게 먼저 이메일로 계약서류를 제공하고, 이후 계약관리 메뉴 등에서 고객이 다른 방법으로 계약서류를 제공해 달라고 요청하는 경우 해당 방법으로 계약서류를 제공하는 것이 가능합니까?

Ⓐ 금소법 제23조에 따른 계약서류 제공의무의 취지는 소비자가 해당 거래와 관련하여 자신의 권익 보호에 필요한 자료를 판매업자에 요구할 수 있는 권리를 보장하는 데 있음.

또한 동법 시행령 제22조 제3항 단서에서는 계약서류 수령방법에 대한 소비자 선택권을 보장함.

☞ 제출의견과 같이 비대면 거래 시 계약서류 수령방법에 대한 소비자 선택과 관계없이 우선 이메일로 계약서류를 제공하더라도, 고객이 계약서류를 수령할 수 있는 다른 방법을 안내하고 고객이 요청하면 지체 없이 대응함으로써 소비자의 선택권을 보장한다면 관련 제도의 취지를 벗어난다고 보기는 어렵다고 판단함.

Ⓠ 이메일, LMS로 계약서류를 제공한 경우 제공의무를 이행한 것인가요?

Ⓐ 이메일 등 전자적 제공방식 허용(영§22③).

Ⓠ 대면거래 시 고객이 계약서류를 전자문서 또는 전자적 의사표시의 방법으로 제공받기를 원하는 경우 모바일 앱 등 상시 조회서비스를 통해 제공하는 것이 가

능합니까?

Ⓐ 계약체결 당시 제공된 계약서류와 동일한 내용(위·변조가 없을 것)의 계약서류에 한해 소비자가 해당 전자문서*를 모바일 앱 등 전자기기를 통해 상시 조회할 수 있는 경우에는 설명서 제공으로 볼 수 있음

　　* 1) 전자문서의 내용을 열람할 수 있고, 2) 전자문서가 작성·변환되거나 송신·수신 또는 저장된 때의 형태 또는 그와 같이 재현될 수 있는 형태로 보존될 것.

Ⓠ 보험계약자에게 보험약관을 제공하는 방법으로서 기존의 보험업감독규정 제7-45조의2(전자적 방법에 의한 보험약관 등의 교부 및 수령 기준) 제1항에서 규정하였던 "광기록 매체 등 전자적 방법" 또는 USB 메모리 등으로 교부할 수 있습니까?

Ⓐ 광기록매체, USB 메모리 등 디지털 기록매체로서 교부되는 전자문서가 「전자문서법」제4조의2 각 호의 요건을 충족하는 경우에는 금소법 시행령 제22조제3항 제1호에 따른 서면교부로 볼 수 있음.

Ⓠ 위변조가 불가능한 파일은 pdf 형식을 의미하나요?

Ⓐ 파일 형식을 특정하지는 않음.

Ⓠ 비대면 설명 후 실제 영업점을 방문하여 계약서를 작성하고 계약서 사본을 수령하게 되거나, 또는 비대면의 방법으로 계약 체결 후 이메일 등으로 계약서를 받게 되는 경우에는 같은 설명서를 2번 받게 되는데 이러한 경우에도 설명 후 즉시 설명서를 발송해야 하나요?

Ⓐ 동일한 자료는 1회 제공으로 충분.

Ⓠ 금소법령상 계약서류*에 법령 및 내부통제기준에 따른 절차를 거쳐 제공된다는 사실에 대한 안내 의무화에 대하여 준법심의필로 대체할 수 없는가요?

　　* 계약서, 보험약관, 상품설명서, 보험증권

Ⓐ 상기 규정의 취지는 소비자에게 제공하는 계약서류가 적법한 절차에 따라 제공하는 것임을 보장하려는 것으로서, 구체적인 이행 방법은 법 취지 내에서 개별 금융

회사가 자율적으로 운영 가능.

Q 시행령 제22조 제4항의 위·변조되지 않는 기술적 조치는 어떤 의미인가요?

A 금소법 시행령 제22조 제4항의 취지는 소비자의 권익이 저해되지 않도록 계약서류가 보존되어야 한다는 데 있음. 이러한 제도의 취지에 벗어나지 않는 한 "위·변조되지 않는 기술적 조치"는 자율적으로 운영이 가능.

5 자료의 기록 및 유지·관리 등

가. 자료 기록 및 유지·관리 의무

금융상품판매업자등은 금융상품판매업등의 업무와 관련한 자료로서 ❶계약체결에 관한 자료, ❷계약의 이행에 관한 자료, ❸금융상품등에 관한 광고자료, ❹금융소비자의 권리행사에 관한 ⅰ)금융소비자의 자료 열람 연기·제한 및 거절에 관한 자료 ⅱ)청약 철회에 관한 자료 ⅲ)위법계약의 해지에 관한 자료, ❺내부통제기준의 제정 및 운영에 관한 자료 그리고 ❻업무위탁에 관한 자료를 기록하여야 한다.[455] 또한, 금융상품판매업자등은 금융상품판매업등의 업무와 관련한 자료의 종류별로 10년 동안 유지·관리하여야 한다. 다만, 보장기간이 10년을 초과하는 보장성 상품의 ❶계약체결에 관한 자료 및 ❷계약의 이행에 관한 자료의 경우 해당 보장성 상품의 보장기간 동안 유지·관리하여야 하며, ❸내부통제기준의 제정 및 운영에 관한 자료의 경우 5년 동안 유지·관리하여야 한다.[456] 아울러 금융상품판매업자등은 기록 및 유지·관리하여야 하는 자료가 멸실 또는 위조되거나 변조되지 않도록 적절한 대책을 수립·시행하여야 한다.[457]

나. 금융소비자의 자료열람 요구권

(1) 주요 내용

금융소비자는 분쟁조정 또는 소송의 수행 등 권리구제를 위한 목적으로 금융상품판매업자등이 기록 및 유지·관리하는 자료의 열람(사본의 제공 또는 청취를 포함)을 요구할 수 있다. 금융소비자보호법은 금융소비자의 권리구제가 용이하도록 금융상품판매업자등의 보관자료에 대한 금융소비자의 접근권을 규정하고 있다. 다만, 접근권 남용을 막기 위하여 분쟁조정 또는 소송의 수행 등 권리구제 목적으로 제한하였다.[458]

(2) 열람요구서 제출

금융소비자가 자료의 열람을 요구하는 경우에는 열람요구서[459]를 금융상품판매업자등에게 제출하여야 한다.[460] 금융상품판매업자등은 금융소비자로부터 자료의 열람을 요구받았을 때에는 해당 자료의 유형에 따라 요구받은 날로부터 8일 이내에 금융소비자가 해당 자료를 열람할 수 있도록 해야 한다. 이 경우 8일 이내에 열람할 수 없는 정당한 사유가 있을 때에는 금융소비자에게 그 사유를 알리고 열람을 연기할 수 있으며, 그 사유가 소멸하면 지체없이 열람하게 하여야 한다.[461]

(3) 자료열람의 제한

금융상품판매업자등은 ❶법령에 따라 열람을 제한하거나 거절할 수 있는 경우, ❷다른 사람의 생명·신체를 해칠 우려가 있거나 다른 사람의 재산과 그 밖

---

455) 금융소비자보호법 §28①, 시행령 §26①
456) 금융소비자보호법 §28①, 시행령 §26②, 감독규정 §25①
457) 금융소비자보호법 §28②
458) 이상복, 금융소비자보호법 p163 참조
459) 금융소비자보호감독규정 §25②, 열람요구서란 ①열람의 목적(분쟁조정 신청내역 또는 소송제기 내역), ②열람의 범위(열람하고자 하는 자료의 내용 및 해당 자료와 열람의 목적과의 관계), ③열람의 방법에 대한 사항이 포함된 서류를 말한다.
460) 금융소비자보호법 §28③
461) 금융소비자보호법 §28④, 시행령 §26④

의 이익을 부당하게 침해할 우려가 있는 경우, ❸영업비밀[462]을 현저히 침해할 우려가 있는 경우, ❹개인정보의 공개로 인해 사생활의 비밀 또는 자유를 부당하게 침해할 우려가 있는 경우 그리고 ❺열람하려는 자료가 열람목적과 관련이 없다는 사실이 명백한 경우 중 어느 하나에 해당하는 경우에는 금융소비자에게 그 사유를 알리고 열람을 제한하거나 거절할 수 있다.[463]

(4) 열람자료의 통보

금융상품판매업자등은 금융소비자에게 자료의 열람, 열람의 연기 및 열람의 제한·거절을 알리는 경우에는 문서로 해야 하며, 해당 문서에는 ❶열람이 가능한 경우 ⅰ)열람이 가능한 자료의 목록 ⅱ)열람이 가능한 날짜 및 시간 ⅲ)열람 방법을, ❷열람을 요구한 자료 중 일부만 열람이 가능한 경우 ⅰ)열람이 가능한 자료의 목록 ⅱ)열람이 가능한 날짜 및 시간 ⅲ)열람 방법 ⅳ)열람을 요구한 자료 중 일부만 열람이 가능한 이유 ⅴ)이의제기 방법을, ❸열람이 불가능한 경우 ⅰ)열람이 불가능한 사유 ⅱ)이의제기 방법을 각각 기재하여야 한다.[464] 다만, 금융소비자에게 열람을 알리는 경우에는 전화, 팩스, 전자우편 또는 휴대전화 문자메시지 등의 방법을 이용할 수 있다.[465] 금융상품판매업자등은 금융소비자가 자료의 열람을 요구하는 경우 금융소비자에게 실비를 기준으로 수수료 또는 우송료[466]를 청구할 수 있다. 이 경우 열람업무의 효율적 운영을 위해 필요한 경우에는 미리 수수료 또는 우송료를 청구할 수 있다.[467]

다. 자료의 기록 및 유지·관리 등 위반시 효과

---

462) 부정경쟁방지 및 영업비밀보호에 관한 법률 §2(2)
463) 금융소비자보호법 §28⑤, 시행령 §26⑥
464) 금융소비자보호법 시행령 §26⑤, 감독규정 §25③
465) 금융소비자보호법 시행령 §26⑤단서
466) 사본의 우송을 청구하는 경우만 해당
467) 금융소비자보호법 §28⑥, 시행령 §26⑦

(1) 민사적 책임 : 손해배상

금융상품판매업자등이 고의 또는 과실로 자료의 기록 및 유지·관리 등을 위반하여 금융소비자에게 손해를 발생시킨 경우에는 금융소비자보호법 제44조 제1항에 따른 손해배상의 대상이 된다. 그러나, 자료의 기록 및 유지·관리 등을 위반하더라도 금융소비자보호법 제47조 제1항에 따른 위법계약의 해지 관련 조항은 적용되지 않는다.

(2) 행정적 책임 : 과태료 및 제재

자료를 기록하지 않거나 자료의 종류별로 유지·관리하지 않은 자는 1억원 이하의 과태료를 부과한다.[468] 또한, 금융상품판매업자등 및 그 임직원이 ❶자료를 기록하지 아니하거나 자료의 종류별로 유지·관리하지 않은 경우, ❷기록 및 유지·관리하여야 할 자료가 멸실 또는 위조되거나 변조되지 않도록 적절한 대책을 수립·시행하지 않은 경우, ❸정당한 사유 없이 열람하도록 하지 않은 경우에는 제재조치를 받을 수 있다.[469]

:: 참고자료 | 금융소비자보호법 시행령 [별표 1] ::

금융상품판매업자등 및 그 임직원에 대한 조치 및 조치요구 기준

22. 법 제28조(자료의 기록 및 유지관리 등) 제1항을 위반하여 자료를 기록하지 않거나 자료의 종류별로 유지·관리하지 않은 경우
23. 법 제28조 제2항을 위반하여 대책을 수립·시행하지 않은 경우
21. 법 제28조 제4항을 위반하여 열람하도록 하지 않은 경우

---

468) 금융소비자보호법 §69①(12)
469) 금융소비자보호법 §51~52

Ⓠ 금소법상 자료 유지관리 의무와 신용정보법에 따른 개인(신용)정보 파기관련 규정의 적용 관계와 신용정보법에 따라 파기했을 경우 금융소비자의 자료요구를 거절할 수 있는 사유에 해당하나요?

Ⓐ 신용정보법에서도 "다른 법률 이행을 위한 경우"에는 개인신용정보 보유기간의 예외로 규정하고 있음.

※ 금소법상 자료 기록·유지의무는 금융소비자의 권리 구제를 위한 것으로 신용정보법과 그 취지를 달리한다는 점에서 금소법상 자료 기록·유지의무 기간은 준수하여야 할 것임.

Ⓠ 소비자의 열람요청 서류가 자본시장법(금융투자업규정§4-13)상 제공의무 있는 서류에 해당하는 경우 어느 법을 따라야 할까요?

Ⓐ 금융투자업 관련 자료인 경우 자본시장법에 따라 (6영업일 내) 제공.

Ⓠ 자료기록·유지·관리와 관련하여 대부업법 제6조제5항(계약서 및 계약관계서류를 채무변제일 이후 2년 되는 날까지 보관)과 금융소비자보호법 제28조 경합시 어떤 법이 우선하나요?

Ⓐ 금융소비자보호법 제6조에서는 금융소비자 보호에 관하여 다른 법률에서 특별히 정한 경우를 제외하고는 이 법에서 정하는 바에 따른다고 규정하고 있음.

따라서 대부업자의 계약서류 보관에 관한 사항을 규정하는 대부업법 제6조제5항을 금소법 제6조에 우선하여 적용.

Ⓠ 판매업자등이 법 제28조 제1항에 의하여 기록 및 유지·관리하여야 하는 자료는 원본이 아닌 사본으로 대체가 가능한가요?

Ⓐ 전자문서 및 전자거래기본법 제5조 제2항의 요건을 갖춘 경우라면 원본이 아닌 전자화문서로 보관 가능.

※ 다만, 다른 법령에서 원본 보관의무를 부여하는 등 보관방법에 대한 특별한 규정이 있는 경우라면 해당 법령상 의무를 준수하여야 할 것.

Ⓠ 기록 및 유지·관리의무가 있는 자료(적합성 진단결과 등)에 계약을 체결하지 아니한 소비자에 대한 자료가 포함되나요?

Ⓐ 금소법 시행령 제26조 제1항 각 호에서는 계약체결이 되지 않은 경우에 관한 자료를 규정하지 않고 있으므로 해당 자료의 유지·관리 의무는 없음.

Ⓠ 금소법 시행령 제26조 제1항 제1호, 제2호 사항에 대하여 보험대리점에서 유지·관리해야 하는 자료에 청약서, 보험상품 비교확인서(보험업감독규정 별표5-6에 의거), 증권 등도 해당됩니까?

Ⓐ 금소법 시행령 제23조제3항제1호에서는 금융상품판매대리·중개업자가 소비자와 계약을 체결하는 행위를 금지함.*

관련하여 금소법 시행령 제24조제1항제3호에서 "소비자가 제공한 개인정보 또는 신용정보 등을 보유·관리할 수 없다"고 규정하고 있음.

* 보험대리점은 예외적으로 보험회사가 위탁한 경우에 계약체결 가능.

☞ 이러한 법체계를 감안하여 판단하건대, 금융상품판매대리·중개업자는 예외적으로 계약을 체결하는 경우가 아닌 한, 계약체결에 관한 자료 및 계약의 이행에 관한 자료를 보관·유지할 의무가 없음.

Ⓠ 시행령 제26조의 '자료의 기록 및 유지·관리' 및 감독규정 별표2의 '내부통제기준에 포함되어야 하는 사항'의 '업무 위탁'의 경우 금융상품판매대리·중개업으로서의 금융상품 계약체결의 위탁을 의미하는 것입니까?

Ⓐ 금소법상 자료기록 및 유지·관리의무 대상인 업무 위탁에 관한 자료에서 '업무'란 금융상품 계약체결과 관련된 업무를 의미(금소법 제2조 제2호 참조)함.

– 내부통제기준상 관련 규정도 대리·중개업자가 상기 '업무' 수행시 관리업무를 이행하기 위한 기준 및 절차를 의미함.

– 금소법상 '업무 위탁'은 금융상품 계약체결과 관련된 업무를 위탁하는 것을 의미하며, 제출 의견 상 예시로 나열된 업무 등은 금소법상 '업무 위탁'에 포함되지 않음.

Q 시행령 제26조제1항 각호의 자료 생성일*이 기산점입니까?

　　* (예) 계약체결 관련 자료 → 계약체결일 / 계약 이행 자료 → 대출 상환일 등

A 현행 금소법령상 자료 유지·관리의 기산점에 대해 별도의 규정(예: 상거래관계 종료 시점)이 없는 만큼 기산점은 해당 자료 생성일로 보아야 함.

- -

Q 계약체결에 관한 자료와 계약이행에 관한 자료 관련해, '계약체결에 관한 자료'는 '계약서'를 의미하나요?

또한 아래 예시가 신용카드의 계약이행 관련 자료에 해당됩니까?

① 신용카드 거래가 이루어진 승인자료, 매입자료

② 금융소비자가 이행한 내역인 결제내역 : 추심이체, 선결제, 가상계좌 납부내역 등

③ 각종 거래조건(거래정지, 재발급, 한도변경) 변경 내역

④ 고객 정보(주소, 전화번호) 변경 내역

⑤ 명의도용발급, 보이스피싱, 부정사용 등에 대한 이의제기 녹취자료* 자체도 관리자료에 포함되나요?

　　* 금융상품 계약체결, 계약의 이행, 단순 상담내용(개인정보 포함 가능) 고객 원장 정보가 기록 유지·관리할 자료인가요?

A '계약체결에 관한 자료'란, 계약이 적법하게 체결되었다는 사실을 입증할 수 있는 자료로서 적합성 원칙, 설명의무 등 계약 이전 금소법상 규제준수에 관한 자료를 포함.

　– 제출의견상의 예시(①~⑤) 중 ②와 ③은 '신용카드 계약이행에 관한 자료'에 해당함.

　– '녹취' 자료도 유지·관리 대상에 해당. (단순 상담은 일반적으로 계약 체결·이행에 관한 자료로 보기 어려우므로 유지·관리 대상이 아님)

　– 고객원장 정보는 계약 체결·이행 등에 관한 정보를 포함하고 있는 만큼 유지·관리 대상에 해당.

- -

Q 적합성의무(법§17②)에 따라 수집한 정보를 유지·관리하여야 하는데, 그 기간은 어떻게 되나요?

A 원칙적으로 10년.

- -

Ⓠ 상품판매업등의 업무와 관련된 자료를 '대통령으로 정하는 기간(10년/5년)' 동안 유지·관리토록 하고 있는데 이때 유지·관리 기간'의 기산일은 언제인가요?

Ⓐ 시행일 이후 금융상품에 관한 계약체결을 권유하거나 계약을 체결하는 시점부터 생성되는 유지·관리의무 있는 자료의 생성일자로부터 기산.

Ⓠ '21.3.25일부터 규제가 시행되는 광고, 청약철회 자료 등의 경우 언제부터 해당 자료를 유지 관리해야 합니까?

Ⓐ 2021.9.25일부터 기록·유지·관리하면 됨.

금융상품판매대리·중개업자 및 금융상품자문업자에 대한 영업규제

1 의의

금융소비자보호법은 금융소비자 보호 및 건전한 거래질서 유지를 위해 금융상품 직접판매업자, 금융상품판매대리·중개업자 및 금융상품자문업자 모두에게 적용되는 일반적인 행위규제 이외에 금융상품판매대리·중개업자 및 금융상품자문업자에 대해서만 별도의 영업규제를 추가로 부과하였다. 이는 금융상품의 최일선 판매채널로 금융소비자의 금융상품에 대한 계약 체결 의사표시에 상당한 영향을 미치고 있는 금융상품판매대리·중개업자 및 금융상품자문업자가 금융상품의 판매대리·중개업무 또는 자문업무 과정에서 이해상충 행위 등 금융소비자의 권익을 침해하는 행위를 하지 못하도록 미연에 방지하여 금융소비자를 보호하는데 그 목적이 있다.

2 미등록자를 통한 금융상품판매 대리·중개 금지

금융상품판매업자[470]는 금융상품판매대리·중개업자가 아닌 자에게 금융상품에 관한 계약의 체결 또는 계약 체결의 권유를 하거나 청약을 받는 것(금융상품계약체결등)을 대리하거나 중개하게 해서는 아니된다.[471] 이 조항에 따라 금융소비자보호법 제11조[472] 및 제12조 제1항[473]에 따라 등록 또는 인허가 등을 받지 아니한 미등록자에 대해 금융상품판매업등을 영위할 수 없도록 한 규정과는 별도로 금융상품판매업자가 금융상품판매대리·중개업자가 아닌 자에게 금융상품의 계약체결등을 대리하거나 중개하게 하는 것도 금지하였다. 이는 미등록자에 의한 금융상품 판매행위에 따른 금융소비자 피해방지의 실효성을 제고하기 위해 미등록자 본인(금융상품판매업자등)의 판매행위 뿐만아니라 미등록 금융상품판매대리·중개업자로 하여금 대리·중개하게 하는 것도 금지한 것이다. 미등록자가 금융상품판매업등을 영위하거나 미등록 금융상품판매대리·중개업자에게 금융상품계약체결등을 대리하거나 중개하게 한 자는 5년 이하의 징역 또는 2억원 이하의 벌금에 처한다.[474]

3 금융상품판매대리·중개업자에 대한 영업규제

가. 금융상품판매대리·중개업자의 금지사항

---

470) 금융상품직접판매업자 및 금융상품판매대리·중개업자를 말한다.

471) 금융소비자보호법 §24

472) 금융소비자보호법 §11(금융상품판매업자등을 제외한 영업행위 금지) 누구든지 이 법에 따른 금융상품판매업자등을 제외하고는 금융상품판매업등을 영위해서는 아니 된다.

473) 금융소비자보호법 §12(금융상품판매업자등의 등록) ① 금융상품판매업등을 영위하려는 자는 금융상품직접판매업자, 금융상품판매대리·중개업자 또는 금융상품자문업자별로 제3조에 따른 예금성 상품, 대출성 상품, 투자성 상품 및 보장성 상품 중 취급할 상품의 범위를 정하여 금융위원회에 등록하여야 한다. 다만, 다음 각 호의 어느 하나에 해당하는 경우에는 등록을 하지아니하고 금융상품판매업등을 영위할 수 있다.

　1. 금융관계법률에서 금융상품판매업등에 해당하는 업무에 대하여 인허가를 받거나 등록을 하도록 규정한 경우

　2. 금융관계법률에서 금융상품판매업등에 해당하는 업무에 대하여 해당 법률에 따른 인허가를 받거나 등록을 하지 아니하여도 업무를 영위할 수 있도록 규정한 경우

474) 금융소비자보호법 §67

금융상품판매대리·중개업자는 금융상품직접판매업자로부터 위임·위탁을 받아 업무를 영위하는 특성을 감안하여 금융상품직접판매업자, 금융상품판매대리·중개업자 및 금융상품자문업자 모두에게 적용되는 일반적인 행위규제 이외에 금융상품판매대리·중개업자에게 적용되는 추가적인 금지의무가 부과된다.

(1) 급부수취 금지

금융상품판매대리·중개업자는 금융소비자로부터 투자금, 보험료 등 계약의 이행으로서 급부를 받는 행위를 해서는 아니된다.[475] 금융상품판매대리·중개업자로 하여금 금융소비자로부터 급부수취를 금지하는 이유는 금융상품에 대한 계약체결 권한을 갖는 자는 금융상품직접판매업자인데, 금융상품판매대리·중개업자가 계약의 이행으로서 급부를 받는 경우 계약체결의 상대방으로 오인되어 금융소비자의 피해가 발생할 우려가 있기 때문이다.[476] 다만, 금융상품직접판매업자로부터 급부 수령에 관한 권한을 부여받은 경우로서 보장성 상품에 관한 계약과 관련하여 보험료 또는 공제료를 수령하는 행위는 제외한다.[477]

(2) 재위탁 금지

금융상품판매대리·중개업자는 금융상품판매대리·중개업자가 대리·중개하는 업무를 제3자에게 하게 하거나 그러한 행위에 관하여 수수료·보수나 그 밖의 대가를 지급하는 행위를 해서는 아니된다.[478] 다만, 금융상품직접판매업자의 이익과 상충되지 아니하고 금융소비자 보호를 해치지 아니하는 경우로서 ❶ ⅰ)보험설계사가 같은 보험회사·보험대리점 또는 보험중개사에 소속된 다른 보험설계사와 위탁계약을 체결한 경우, ⅱ)보험대리점이 소속 보험설계사 또는 같은 보험회사의 다른 보험대리점과 위탁계약을 체결한 경우(같은 보험회사

---

475) 금융소비자보호법 §25①(1)본문
476) 이상복, 금융소비자보호법 p145 참조
477) 금융소비자보호법 §25①(1)단서, 시행령 §23①
478) 금융소비자보호법 §25①(2)본문

의 다른 보험대리점과 위탁계약을 체결하는 경우에는 금융상품직접판매업자로부터 그 계약의 내용에 대해 사전동의를 받아야 함), iii)보험중개사가 소속 보험설계사 또는 다른 보험중개사와 위탁계약을 체결한 경우에 각각 해당하는 것으로 수탁자로 하여금 보장성 상품에 관한 계약의 체결을 대리·중개하는 업무를 하게 하거나 그러한 행위에 관하여 위탁자가 수수료·보수나 그 밖의 대가를 지급하는 행위, ❷법인인 금융상품판매대리·중개업자가 개인인 금융상품판매대리·중개업자에게 예금성 상품 또는 대출성 상품에 관한 계약의 체결을 대리·중개하는 업무를 하게 하거나 그러한 행위에 관하여 수수료·보수나 그 밖의 대가를 지급하는 행위에 대해서는 제외한다.[479]

(3) 이해상충행위 금지

금융상품판매대리·중개업자는 금융소비자 보호 또는 건전한 거래질서를 해칠 우려가 있는 행위로서 ❶금융상품직접판매업자를 대신하여 계약을 체결하는 행위(보험대리점이 해당 금융상품직접판매업자로부터 계약에 관한 의사표시를 할 수 있는 권한을 받은 경우는 제외), ❷금융소비자를 대신하여 계약을 체결하는 행위, ❸금융소비자로 하여금 금융상품직접판매업자 또는 금융상품자문업자로 오인할 수 있는 상호를 광고나 영업에 사용하는 행위, ❹금융상품직접판매업자에게 자신에게만 대리·중개 업무를 위탁하거나 다른 금융상품판매대리·중개업자에게 위탁하지 않도록 강요하는 행위, ❺다른 금융상품판매대리·중개업자의 명의를 사용하거나 다른 금융상품판매대리·중개업자가 자신의 명의를 사용하도록 하는 행위, ❻(1사 전속의무) 같은 상품유형의 금융상품에 대하여 둘 이상의 금융상품직접판매업자를 위해 금융상품에 관한 계약의 체결을 대리·중개하는 행위(동일인이 다수의 금융상품판매대리·중개업자에 각각 사실상 영향력을 행사하는 경우에 해당 법인들은 모두 하나의 금융상품판매대리·중개업자로 봄)[480], ❼대

---

479) 금융소비자보호법 §25①(2)단서, 시행령 §23②

출성 상품에 관한 계약의 체결을 대리하거나 중개하는 자가 ⅰ)대부업·대부중개업[481](다만, 대출성 상품에 관한 금융상품판매대리·중개업을 전자금융거래 방식으로만 영위하는 법인이 「대부업등 감독규정」에 따른 서민금융 우수 대부업자의 대출성 상품을 판매대리·중개하는 경우는 제외)·ⅱ)다단계판매업[482]·ⅲ)사행산업[483]·ⅳ)단란주점영업 및 유흥주점영업[484]을 하는 행위, ❽투자성 상품에 관한 계약의 체결을 대리하거나 중개하는 행위로서 ⅰ)자본시장법 상 투자일임재산이나 신탁재산을 각각의 금융소비자별 또는 재산별로 운용하지 않고 모아서 운용하는 것처럼 투자일임계약이나 신탁계약의 계약체결등[485]을 대리·중개하거나 광고하는 행위, ⅱ)금융소비자로부터 금융투자상품을 매매할 수 있는 권한을 위임받는 행위, ⅲ)투자성 상품에 관한 계약의 체결과 관련하여 제3자가 금융소비자에 금전을 대여하도록 대리·중개하는 행위, ⅳ)보험설계사가 위탁계약을 체결하지 않은 보험회사의 투자성 상품에 관한 계약의 체결을 대리·중개하는 행위, ❾업무수행 과정에서 알게 된 금융소비자의 정보를 자기 또는 제3자의 이익을

---

480) 다만, 다음 각 행위는 제외한다.

　가. 보장성 상품을 취급하는 금융상품판매대리·중개업자가 둘 이상의 금융상품직접판매업자를 위해 보장성 상품에 관한 계약의 체결을 대리·중개하는 행위

　나. 대출성 상품을 취급하는 금융상품직접판매업자가 다른 금융상품직접판매업자의 대출성 상품에 관한 계약의 체결을 대리·중개하는 행위

　다. 신용카드, 시설대여, 연불판매 또는 할부계약에 관한 계약의 체결을 대리·중개하는 자가 다른 하나의 금융상품직접판매업자를 위해 대출 계약의 체결을 대리·중개하는 행위

　라. 시설대여, 연불판매 또는 할부계약에 관한 계약의 체결을 대리·중개하는 자가 다른 하나의 금융상품직접판매업자를 위해 신용카드에 관한 계약의 체결을 대리·중개하는 행위

　마. 다음의 자가 둘 이상의 둘 이상의 금융상품직접판매업자를 위해 대출성 상품에 관한 계약의 체결을 대리·중개하는 행위

　　1) 대부중개업자

　　2) 대출성 상품에 관한 금융상품판매대리·중개업을 전자금융거래 방식으로만 영위하는 법인

　　3) 신용협동조합이 취급하는 대출성 상품에 관한 계약의 체결만 대리·중개하는 금융상품판매대리·중개업자

　바. 시설대여·연불판매·할부금융 또는 이와 유사한 금융상품에 관한 계약의 체결을 대리·중개하는 행위

　사. 「방문판매 등에 관한 법률」에 따른 전화권유판매로만 대출성 상품에 관한 계약의 체결을 대리·중개하는 행위

481) 대부업자 및 대부중개업자에는 적용하지 않는다.

482) 방문판매등에 관한 법률에 따른 다단계판매업을 말한다.

483) 사행산업통합감독위원회법에 따른 사행산업을 말한다.

484) 식품위생법 시행령에 따른 단란주점영업 및 유흥주점영업을 말한다.

485) 계약의 체결 또는 계약 체결의 권유하거나 청약을 받는 것을 말한다.

위해 이용하는 행위, ❿위탁 계약을 체결한 금융상품직접판매업자가 발행한 주식의 매수 또는 매도를 권유하는 행위, ⓫「방송법」제9조 제5항의 단서에 따라 상품소개와 판매에 관한 전문편성을 행하는 방송채널사용사업을 승인받은 금융상품판매대리·중개업자(보장성 상품을 취급하는 자에 한정)가 보장성 상품에 관한 금융상품판매대리·중개업을 영위할 수 없는 개인으로 하여금 같은 법 제2조 제1호에 따른 방송을 통해 그 금융상품을 설명하게 하는 행위, ⓬보장성 상품을 취급하는 금융상품대리·중개업자(전화 및 사이버몰을 이용하여 모집하는 자는 제외)가 일반금융소비자와 만나지 않고 금융상품등에 대한 설명을 하는 행위(다만, 표준상품설명대본에 따라 설명하거나 해당 금융상품을 취급하는 금융상품직접판매업자가 표준상품설명대본에 따른 설명내용이 녹취된 전자파일을 통해 해당 설명내용이 표준상품설명대본과 일치하는지를 확인하고 그 전자파일을 보관할 경우는 제외)와 같은 각각의 이해상충행위를 할 수 없다.[486]

(4) 정해진 수수료 이외 재산상 이익 요구 금지

금융상품판매대리·중개업자는 금융상품판매 대리·중개 업무를 수행할 때 금융상품직접판매업자로부터 정해진 수수료 이외의 ❶금전을 요구하거나 ❷금전 등의 지급 또는 대여, ❸금융상품판매대리·중개업 수행 시 발생하는 비용 또는 손해의 보전 그리고 ❹금융상품직접판매업자가 취급하는 금융상품에 대한 계약 체결 시 우대 혜택과 같은 재산상 이익을 요구해서는 아니된다.[487]

(5) 위반시 효과

① 민사적 책임 : 손해배상

고의 또는 과실로 금융상품판매대리·중개업자의 금지사항을 위반하여 금융소비자에게 손해를 발생시킨 경우에는 금융소비자보호법 제44조 제1항에

---

486) 금융소비자보호법 §25①(3), 시행령 §23①, 감독규정§22
487) 금융소비자보호법 §23②, 시행령 §23④

따른 손해배상의 대상이 된다.[488] 그러나, 금융상품판매대리·중개업자의 금지사항 위반시 금융소비자보호법 제47조 제1항에 따른 위법계약의 해지 관련 조항은 적용되지 않는다.

② 행정적 책임 : 과태료 및 제재조치

금융상품판매대리·중개업자의 금지행위[489] 중 어느 하나에 해당하는 행위를 한 자는 3천만원 이하의 과태료를 부과한다.[490] 금융상품판매대리·중개업자 및 그 임직원이 대리·중개업자의 금지행위를 위반한 경우에는 제재조치를 받을 수 있다.[491]

:: 참고자료 | 금융소비자보호법 시행령 [별표 1] ::

금융상품판매업자등 및 그 임직원에 대한 조치 및 조치요구 기준

15. 법 제25조(금융상품판매대리·중개업자의 금지행위) 제1항 각 호의 어느 하나에 해당하는 행위를 한 경우

나. 금융상품판매대리·중개업자의 고지의무 등

금융소비자보호법은 금융상품판매대리·중개업자에 대해 고지의무를 부과하였다. 제19조에 따른 설명의무 이외에 별도로 고지의무를 인정하는 것은 금융상품에 대한 계약을 체결하기 이전에 정보제공 기능을 강화하고 계약의 상대방이 누구인지 명확히 하여 금융상품판매대리·중개업자와 금융소비자 간 다툼을 미연에 방지하기 위함이다.[492]

(1) 고지의무 주요 내용

---

488) 금융소비자보호법§44①
489) 금융소비자보호법§25①
490) 금융소비자보호법§69②(5)
491) 금융소비자보호법§51~52

금융상품판매대리·중개업자는 금융상품판매 대리·중개 업무를 수행할 때 금융소비자에게 다음의 사항 모두를 미리 알려야 한다.[493]

가) 금융상품판매대리·중개업자가 대리·중개하는 금융상품직접판매업자의 명칭 및 업무 내용

나) 하나의 금융상품직접판매업자만을 대리하거나 중개하는 1사 전속의 금융상품판매대리·중개업자인지 여부

다) 금융상품직접판매업자로부터 금융상품 계약체결권을 부여받지 아니한 금융상품판매대리·중개업자의 경우 자신이 금융상품을 체결할 권한이 없다는 사실

라) 금융소비자보호법 제44조[494]와 제45조[495]에 따른 손해배상책임에 관한 사항

마) 금융소비자보호법 제25조 제1항 제1호 본문[496]에 따라 금융소비자로부터 투자금, 보험료 등 계약의 이행으로 급부를 받을 수 있는지 여부

---

492) 이상복, 금융소비자보호법 p154 참조

493) 금융소비자보호법§26①, 시행령§24①, 감독규정§23

494) 금융소비자보호법§44(금융상품판매업자등의 손해배상책임) ① 금융상품판매업자등이 고의 또는 과실로 이 법을 위반하여 금융소비자에게 손해를 발생시킨 경우에는 그 손해를 배상할 책임이 있다.

② 금융상품판매업자등이 제19조를 위반하여 금융소비자에게 손해를 발생시킨 경우에는 그 손해를 배상할 책임을 진다. 다만, 그 금융상품판매업자등이 고의 및 과실이 없음을 입증한 경우에는 그러하지 아니하다.

495) 금융소비자보호법§45(금융상품직접판매업자의 손해배상책임) ① 금융상품직접판매업자는 금융상품계약체결등의 업무를 대리·중개한 금융상품판매대리·중개업자(제25조 제1항 제2호 단서에서 정하는 바에 따라 대리·중개하는 제3자를 포함하고, 「보험업법」 제2조 제11호에 따른 보험중개사는 제외한다) 또는 「보험업법」 제83조 제1항 제4호에 해당하는 임원 또는 직원(이하 이 조에서 "금융상품판매대리·중개업자등"이라 한다)이 대리·중개 업무를 할 때 금융소비자에게 손해를 발생시킨 경우에는 그 손해를 배상할 책임이 있다. 다만, 금융상품직접판매업자가 금융상품판매대리·중개업자등의 선임과 그 업무 감독에 대하여 적절한 주의를 하였고 손해를 방지하기 위하여 노력한 경우에는 그러하지 아니하다.

② 제1항 본문에 따른 금융상품직접판매업자의 손해배상책임은 금융상품판매대리·중개업자등에 대한 금융상품직접판매업자의 구상권 행사를 방해하지 아니한다.

바) 금융소비자보호법 시행령 제23조 제2항 제1호 각 목[497]에 따른 위탁계약을 체결한 보험설계사 등의 경우 그 업무를 위탁한 금융상품판매대리·중개업자의 명의와 위탁받은 업무 내용

사) 금융소비자가 제공한 신용정보 또는 개인정보 등은 금융상품직접판매업자가 보유·관리한다는 사실(보험중개사의 경우는 제외)

아) 투자성 상품을 대리·중개하는 경우 금융소비자의 금융상품 매매를 대신할 수 없다는 사실

자) 보장성 상품 중 보험을 대리·중개하는 경우 ❶보험설계사의 이력(위탁계약을 체결했던 법인 및 그 법인과의 계약기간을 포함), ❷ ⅰ「보험업법」에 따른 영업정지·등록취소·과태료 처분, ⅱ「보험사기방지 특별법」에 따른 보험사기행위에 대한 3개월 이상의 업무정지 및 ⅲ「보험업감독규정」제9-4조의2 제7호에 따른 불완전판매비율 및 계약유지율에 대한 조치를 받은 경우 그 이력에 대한 사항을 전자적 장치로 확인할 수 있다는 사실 및 확인방법[498]

---

496) 금융소비자보호법 §25(금융상품판매대리·중개업자의 금지행위) ① 금융상품판매대리·중개업자는 다음 각 호의 어느 하나에 해당하는 행위를 해서는 아니 된다.

  1. 금융소비자로부터 투자금, 보험료 등 계약의 이행으로서 급부를 받는 행위. 다만, 금융상품직접판매업자로부터 급부 수령에 관한 권한을 부여받은 경우로서 대통령령으로 정하는 행위는 제외한다.

497) 금융소비자보호법 시행령§23(금융상품판매대리·중개업자의 금지행위) ② 법 제25조 제1항 제2호 단서에서 "대통령령으로 정하는 행위"란 다음 각 호의 행위를 말한다.

  1. 다음 각 목의 위탁계약을 체결한 경우 수탁자로 하여금 보장성 상품에 관한 계약의 체결을 대리·중개하는 업무를 하게 하거나 그러한 행위에 관하여 위탁자가 수수료·보수나 그 밖의 대가를 지급하는 행위

    가. 보험설계사가 같은 보험회사·보험대리점 또는 보험중개사에 소속된 다른 보험설계사와 위탁계약을 체결한 경우

    나. 보험대리점이 소속 보험설계사 또는 같은 보험회사의 다른 보험대리점과 위탁계약을 체결한 경우. 다만, 같은 보험회사의 다른 보험대리점과 위탁계약을 체결하는 경우에는 금융상품직접판매업자로부터 그 계약의 내용에 대해 사전동의를 받아야 한다.

    다. 보험중개사가 소속 보험설계사 또는 다른 보험중개사와 위탁계약을 체결한 경우

498) 금융감독원 금융소비자보호포탈(FINE)에서 e-클린보험서비스를 통해 보험설계사의 이력 등을 확인할 수 있다.

(2) 표지 게시 또는 증표 제시

금융상품판매대리·중개업자는 금융상품판매 대리·중개 업무를 수행할 때 금융상품판매대리·중개업자라는 사실을 나타내는 표지를 게시하거나 증표를 금융소비자에게 보여 주어야 한다.[499] 이 경우 권한 있는 기관이 발급한 표지나 증표를 사용해야 하며, 표지는 사업장 및 홈페이지(홈페이지가 있는 경우만 해당)에 항상 게시해야 한다.[500]

(3) 위반시 효과

① 민사적 책임 : 손해배상

금융상품판매대리·중개업자가 고의 또는 과실로 대리·중개업자의 고지의무, 표지 게시 또는 증표 제시를 위반하여 금융소비자에게 손해를 발생시킨 경우에는 금융소비자보호법 제44조 제1항에 따른 손해배상의 대상이 된다.[501] 그러나, 금융상품판매대리·중개업자의 고지의무 등 위반시 금융소비자보호법 제47조 제1항에 따른 위법계약의 해지 관련 조항은 적용되지 않는다.

② 행정적 책임 : 과태료 및 제재조치

금융상품판매대리·중개업자의 고지의무를 위반한 ㉣ 또는 금융상품판매대리·중개업자의 표지 게시 또는 증표 제시를 위반한 자는 3천만원이하의 과태료를 부과한다.[502] 금융상품판매대리·중개업자 및 그 임직원이 고지의무를 위반한 경우 또는 표지를 게시하지 않거나 증표를 내보이지 않은 경우에는 제재조치를 받을 수 있다.[503]

---

499) 금융소비자보호법 §26②
500) 금융소비자보호법 시행령 §24②
501) 금융소비자보호법 §44①
502) 금융소비자보호법 §69②(7)
503) 금융소비자보호법 §51~52

4 금융상품자문업자의 영업행위준칙 등

가. 배경

금융소비자 보호 및 건전한 거래질서 유지를 위해 금융상품자문업자에 대해서도 금융상품판매대리·중개업자와 같이 추가적인 영업규제를 부과하였다. 금융상품판매업자등(금융상품직접판매업자+대리·중개업자+자문업자) 모두에게 적용되는 영업 규제 이외에 금융상품자문업자에게 별도로 영업규제를 적용하는 것은 금융상품에 대한 계약을 체결하기 이전에 정보제공 기능을 강화하고 계약의 상대방이 누구인지 명확히 하여 금융상품자문업자와 금융소비자 간 다툼을 미연에 방지하기 위함이다.[504] 특히, 금융소비자보호법 상 금융상품자문업자는 금융상품판매업자[505]와 이해관계를 갖지 않고 독립되어 중립적 지위에서 금융상품 자문서비스를 제공하는 독립금융상품자문업자에 해당하는 바, 금융상품직접판매업자, 금융상품판매대리·중개업자 및 금융상품자문업자 모두에게 적용되는 일반적인 영업규제와는 별도로 금융상품자문업자는 선관의무 및 충실의무, 고지의무, 금지사항 등에 대한 추가적인 영업규제를 준수하여야 한다.

---

504) 이상복, 금융소비자보호법 p154 참조
505) 금융상품직접판매업자와 금융상품판매대리·중개업자를 말한다.

나. 금융상품자문업자의 선관의무 및 충실의무

금융상품자문업자는 금융소비자에 대하여 선량한 관리자의 주의로 자문에 응하여야 한다.[506] 또한 금융상품자문업자는 금융소비자의 이익을 보호하기 위하여 자문업무를 충실하게 수행하여야 한다.[507] 이 조항은 금융소비자보호법 제14조[508]에서 규정한 금융상품직접판매업자, 금융상품판매대리·중개업자 및 금융상품자문업자 모두에게 적용되는 신의성실의무 등과 사실상 같은 내용이나 금융상품판매업자와 이해관계를 갖지 않고 중립적 지위에서 자문서비스를 제공하는 독립금융상품자문업자의 선관의무 및 충실의무를 다시 한번 강조한 것이다.

다. 금융상품자문업자의 고지의무

금융상품자문업자는 자문업무를 수행하는 과정에서 다음의 사항을 금융소비자에게 알려야 한다.[509]

(1) 금융소비자보호법 제12조 제2항 제6호 각 목[510]의 요건을 갖춘 독립금융상품자문업자인지 여부

---

506) 금융소비자보호법§27①

507) 금융소비자보호법§27②

508) 금융소비자보호법§14(신의성실의무 등) ① 금융상품판매업자등은 금융상품 또는 금융상품자문에 관한 계약의 체결, 권리의 행사 및 의무의 이행을 신의성실의 원칙에 따라 하여야 한다.

　② 금융상품판매업자등은 금융상품판매업등을 영위할 때 업무의 내용과 절차를 공정히 하여야 하며, 정당한 사유 없이 금융소비자의 이익을 해치면서 자기가 이익을 얻거나 제3자가 이익을 얻도록 해서는 아니 된다.

509) 금융소비자보호법§27①, 시행령§25②

510) 금융소비자보호법§12(금융상품판매업자등의 등록) ② 제1항에 따라 금융상품직접판매업자 또는 금융상품자문업자로 등록하려는 자는 다음 각 호의 요건을 모두 갖추어야 한다. 다만, 금융상품직접판매업자에게는 제6호의 요건을 적용하지 아니한다.

　6. 금융상품판매업자와 이해관계를 갖지 않는 자로서 다음 각 목의 요건을 갖출 것

　　가. 금융상품판매업(「자본시장과 금융투자업에 관한 법률」 제6조 제8항에 따른 투자일임업은 제외한다)과 그 밖에 대통령령으로 정하는 금융업을 겸영하지 아니할 것

　　나. 금융상품판매업자(「자본시장과 금융투자업에 관한 법률」 제8조 제6항에 따른 투자일임업자는 제외한다. 이하 이 항에서 같다)와 「독점규제 및 공정거래에 관한 법률」 제2조 제12호에 따른 계열회사 또는 대통령령으로 정하는 관계가 있는 회사(이하 "계열회사등"이라 한다)가 아닐 것

　　다. 임직원이 금융상품판매업자의 임직원 직위를 겸직하거나 그로부터 파견받은 자가 아닐 것

　　라. 그 밖에 금융소비자와의 이해 상충 방지를 위하여 대통령령으로 정하는 요건

(2) 금융상품판매업자로부터 자문과 관련한 재산상 이익을 제공받는 경우 그 재산상 이익의 종류 및 규모. 다만, 20만원 이내의 경미한 재산상 이익을 제공받는 경우는 제외한다.

(3) 금융상품판매업을 겸영하는 경우 자신과 금융상품계약체결등 업무의 위탁관계에 있는 금융상품판매업자의 명칭 및 위탁 내용

(4) 자문업무를 제공하는 금융상품의 범위

(5) 자문업무의 제공 절차

(6) 자문업무에 따른 보수 및 그 결정 기준

(7) 자문업무에 따른 보수 외에 추가로 금전등을 요구하지 않는다는 사실

(8) 금융소비자의 금융상품 취득·처분에 따른 손실에 대해 책임을 지지 않는다는 사실

라. 금융상품자문업자의 표지 게시 또는 증표 제시

금융상품자문업자는 자문업무를 수행하는 과정에서 자신이 금융상품자문업자라는 사실을 나타내는 표지를 게시하거나 증표를 금융소비자에게 내보여야 한다.[511] 금융상품판매대리·중개업자의 경우 표지 게시 및 증표 제시에 대한 기준[512]이 규정되어 있는 반면, 금융상품자문업자의 경우에는 이에 대한 기준이 별도로 규정되어 있지 않으나 금융상품판매대리·중개업자의 기준을 준용함이 타당하다.

마. 독립금융상품자문업자 아닌 자의 독립문자 사용 금지

독립금융상품자문업자가 아닌 자는 "독립"이라는 문자 또는 이와 같은 의미를 가지고 있는 외국어 문자를 명칭이나 광고에 사용할 수 없다. 이 경우 외국어 문자란 영어, 프랑스어, 스페인어, 일본어, 중국어로 쓰여진 문자를 말한다.[513]

바. 독립금융상품자문업자의 금지사항

독립금융상품자문업자는 금융소비자와의 이해상충이 있는 다음의 사항에 해당하는 각각의 행위를 해서는 아니된다.[514]

(1) 금융소비자의 자문에 대한 응답과 관련하여 금융상품판매업자(임직원을 포함)로부터 재산상 이익을 받는 행위. 다만, 금융상품직접판매업자의 자문에 응하여 그 대가를 받는 경우는 제외한다. 즉, 독립금융상품자문업자는 금융소비자에게 자문을 하는 경우 금융소비자에게서만 자문보수를 받아야 하고 금융상품판매업자로부터는 재산상 이익을 받을 수 없지만 금융상품직접판매업자에게 자문을 한 경우라면 해당 직접판매업자로부터 자문보수를 받을 수 있다.

(2) 특정 금융상품직접판매업자의 금융상품으로 한정하여 자문에 응하는 행위

(3) 금융소비자의 개인정보 또는 신용정보 등을 자신 또는 제3자의 이익을 위해 사용하는 행위

(4) 특정 금융상품판매업자 또는 특정 금융상품을 광고하는 행위

---

511) 금융소비자보호법§27③

512) 제24조(금융상품판매대리·중개업자의 고지의무 등) ② 법 제26조 제2항에 따른 표지 게시 및 증표 제시는 다음 각 호의 기준에 따른다.
    1. 권한 있는 기관이 발급한 표지나 증표를 사용할 것
    2. 표지는 사업장 및 인터넷 홈페이지(홈페이지가 있는 경우만 해당한다)에 항상 게시할 것

513) 금융소비자보호법§27④, 시행령§25③

514) 금융소비자보호법§27⑤, 시행령§25④⑤, 감독규정 §24

(5) 자문업무에 대한 계약을 체결한 이후에 그 금융소비자의 동의 없이 자문업무를 제3자에게 위탁하는 행위

(6) 임원·직원이 자본시장법 제63조제1항 각 호[515]의 방법을 준수하지 않고 자기의 계산으로 자본시장법 시행령 제64조 제2항 각 호[516]의 어느 하나에 해당하는 금융상품을 매매하는 행위

(7) 분기별로 임원·직원의 투자성 상품을 매매한 내역을 확인하는 경우에 자본시장법 제63조 제2항[517]에 따른 기준 및 절차를 준수하지 않는 행위

---

515) 자본시장법 §63(임직원의 금융투자상품 매매) ① 금융투자업자의 임직원(겸영금융투자업자 중 대통령령으로 정하는 금융투자업자의 경우에는 금융투자업의 직무를 수행하는 임직원에 한한다. 이하 이 조에서 같다)은 자기의 계산으로 대통령령으로 정하는 금융투자상품을 매매하는 경우에는 다음 각 호의 방법에 따라야 한다.

　1. 자기의 명의로 매매할 것

　2. 투자중개업자 중 하나의 회사(투자중개업자의 임직원의 경우에는 그가 소속된 투자중개업자에 한하되, 그 투자중개업자가 그 임직원이 매매하려는 금융투자상품을 취급하지 아니하는 경우에는 다른 투자중개업자를 이용할 수 있다)를 선택하여 하나의 계좌를 통하여 매매할 것. 다만, 금융투자상품의 종류, 계좌의 성격 등을 고려하여 대통령령으로 정하는 경우에는 둘 이상의 회사 또는 둘 이상의 계좌를 통하여 매매할 수 있다.

　3. 매매명세를 분기별(투자권유자문인력, 제286조 제1항 제3호 나목의 조사분석인력 및 투자운용인력의 경우에는 월별로 한다. 이하 이 조에서 같다)로 소속 금융투자업자에게 통지할 것

　4. 그 밖에 불공정행위의 방지 또는 투자자와의 이해상충의 방지를 위하여 대통령령으로 정하는 방법 및 절차를 준수할 것

516) 자본시장법 시행령 §64(임직원의 금융투자상품 매매) ② 법 제63조 제1항에 따라 다음 각 호의 어느 하나에 해당하는 금융투자상품을 매매하는 경우에는 법 제63조 제1항 각 호의 방법에 따라야 한다. 다만, 다음 각 호의 금융투자상품이 법 제9조 제4항에 따른 투자일임계약에 따라 매매되는 경우에는 법 제63조 제1항 제3호를 적용하지 아니한다.

　1. 증권시장에 상장된 지분증권(제178조 제1항 제1호에 따른 장외거래 방법에 의하여 매매가 이루어지는 주권을 포함한다). 다만, 다음 각 목의 어느 하나에 해당하는 것은 제외한다.

　　가. 법 제9조 제18항 제2호에 따른 투자회사(이하 "투자회사"라 한다)의 주권과 투자유한회사·투자합자회사·투자유한책임회사·투자합자조합·투자익명조합의 지분증권

　　나. 「근로복지기본법」 제33조에 따라 설립된 우리사주조합 명의로 취득하는 우리사주조합이 설립된 회사의 주식

　2. 증권시장에 상장된 증권예탁증권(제1호에 따른 지분증권과 관련된 증권예탁증권만 해당한다. 이하 이 항에서 같다)

　3. 주권 관련 사채권(제68조 제4항에 따른 주권 관련 사채권을 말한다. 이하 같다)으로서 제1호에 따른 지분증권이나 제2호에 따른 증권예탁증권과 관련된 것

　4. 제1호에 따른 지분증권, 제2호에 따른 증권예탁증권이나 이들을 기초로 하는 지수의 변동과 연계된 파생결합증권. 다만, 불공정행위 또는 투자자와의 이해상충 가능성이 크지 아니한 경우로서 금융위원회가 정하여 고시하는 파생결합증권은 제외한다.

　5. 장내파생상품

　6. 제1호에 따른 지분증권, 제2호에 따른 증권예탁증권이나 이들을 기초로 하는 지수의 변동과 연계된 장외파생상품

(8) 금융투자상품의 가격에 중대한 영향을 미칠 수 있는 투자판단에 관한 자문에 응한 후 그 금융투자상품을 자기의 계산으로 매매하거나 제3자에게 매매를 권유하는 행위로서 자본시장법 제98조 제1항 제5호[518]에 해당하는 행위. 다만, 투자자 보호 및 건전한 거래질서를 해할 우려가 없는 경우로서 자본시장법 시행령 제99조 제1항[519]에서 정하는 경우에는 금지사항에 해당되지 않는다.

(9) 자문과 관련한 투자결과와 연동된 성과보수를 받는 행위로서 자본시장법 제98조의2 제1항[520]에 해당하는 행위. 다만, 투자자 보호 및 건전한 거래질서를 해할 우려가 없는 경우로서 자본시장법 시행령 제99조의2 제1항[521]에서 정하는 경우에는 금지사항에 해당되지 않는다.

사. 위반시 효과

---

517) 자본시장법 §63(임직원의 금융투자상품 매매)

② 금융투자업자는 그 임직원의 자기계산에 의한 금융투자상품 매매와 관련하여 불공정행위의 방지 또는 투자자와의 이해상충의 방지를 위하여 그 금융투자업자의 임직원이 따라야 할 적절한 기준 및 절차를 정하여야 한다.

③ 금융투자업자는 분기별로 임직원의 금융투자상품의 매매명세를 제2항의 기준 및 절차에 따라 확인하여야 한다.

518) 자본시장법 §98(불건전 영업행위의 금지) ① 투자자문업자 또는 투자일임업자는 다음 각 호의 어느 하나에 해당하는 행위를 하여서는 아니 된다. 다만, 투자자 보호 및 건전한 거래질서를 해할 우려가 없는 경우로서 대통령령으로 정하는 경우에는 이를 할 수 있다.

5. 투자자문에 응하거나 투자일임재산을 운용하는 경우 금융투자상품등의 가격에 중대한 영향을 미칠 수 있는 투자판단에 관한 자문 또는 매매 의사를 결정한 후 이를 실행하기 전에 그 금융투자상품등을 자기의 계산으로 매매하거나 제삼자에게 매매를 권유하는 행위

519) 자본시장법 시행령 §99(불건전 영업행위의 금지) ① 법 제98조 제1항 각 호 외의 부분 단서에서 "대통령령으로 정하는 경우"란 다음 각 호의 경우를 말한다.

1. 법 제98조 제1항 제1호 및 제2호를 적용할 때 투자자문업자 또는 투자일임업자가 다른 금융투자업, 그 밖의 금융업을 겸영하는 경우로서 그 겸영과 관련된 해당 법령에서 법 제98조 제1항 제1호 및 제2호에 따른 행위를 금지하지 아니하는 경우

1의2. 법 제98조 제1항 제3호를 적용할 때 전자적 투자조언장치를 활용하여 일반투자자를 대상으로 투자자문업 또는 투자일임업을 수행하는 경우

2. 법 제98조 제1항 제5호를 적용할 때 다음 각 목의 어느 하나에 해당하는 경우

가. 투자자문 또는 투자일임재산의 운용과 관련한 정보를 이용하지 아니하였음을 증명하는 경우

나. 차익거래 등 투자자문 또는 투자일임재산의 운용과 관련한 정보를 의도적으로 이용하지 아니하였다는 사실이 객관적으로 명백한 경우

520) 자본시장법 §98의2(성과보수의 제한) ① 투자자문업자 또는 투자일임업자는 투자자문과 관련한 투자결과 또는 투자일임재산의 운용실적과 연동된 성과보수를 받아서는 아니 된다. 다만, 투자자 보호 및 건전한 거래질서를 해할 우려가 없는 경우로서 대통령령으로 정하는 경우에는 성과보수를 받을 수 있다.

(1) 민사적 책임 : 손해배상

금융상품자문업자가 고의 또는 과실로 자문업자의 영업행위준칙 등을 위반하여 금융소비자에게 손해를 발생시킨 경우에는 금융소비자보호법 제44조 제1항에 따른 손해배상의 대상이 된다. 그러나, 금융상품자문업자의 영업행위준칙 등 위반시 금융소비자보호법 제47조 제1항에 따른 위법계약의 해지 관련 조항은 적용되지 않는다.

(2) 행정적 책임 : 과태료 및 제재조치

❶금융상품자문업자의 고지의무를 위반한 자, ❷금융상품자문업자의 표지 게시 또는 증표 제시를 위반한 자, ❸독립금융상품자문업자가 아닌 자가 독립문자를 명칭에 사용하거나 광고에 사용한 경우, ❹금융상품자문업자의 금지사항을 위반한 자는 1억원 이하의 과태료를 부과한다.[522] 또한, 금융상품자문업자 및 그 임직원이 ❶금융상품자문업자의 고지의무를 위반하거나 ❷금융상품자문업자의 표지 게시 또는 증표 제시를 위반하거나 ❸독립금융상품자문업자가 아님에도 독립문자를 명칭에 사용하거나 광고에 사용하거나 ❹금융상품자문업자의 금지사항을 위반한 경우에는 제재조치를 받을 수 있다.[523]

---

521) 자본시장법 시행령 §99의2(성과보수의 제한 등) ① 법 제98조의2 제1항 단서에서 "대통령령으로 정하는 경우"란 다음 각 호의 어느 하나에 해당하는 경우를 말한다.

   1. 투자자가 전문투자자인 경우

   2. 투자자가 일반투자자인 경우에는 다음 각 목의 요건을 모두 충족하는 경우

     가. 성과보수가 금융위원회가 정하여 고시하는 요건을 갖춘 기준지표 또는 투자자와 합의에 의하여 정한 기준수익률(이하 이 조에서 "기준지표등"이라 한다)에 연동하여 산정될 것

     나. 운용성과(투자자문과 관련한 투자결과 또는 투자일임재산의 운용실적을 말한다. 이하 이 항에서 같다)가 기준지표등의 성과보다 낮은 경우에는 성과보수를 적용하지 아니하는 경우보다 적은 운용보수를 받게 되는 보수체계를 갖출 것

     다. 운용성과가 기준지표등의 성과를 초과하더라도 그 운용성과가 부(負)의 수익률을 나타내거나 또는 금융위원회가 정하여 고시하는 기준에 미달하는 경우에는 성과보수를 받지 아니하도록 할 것

     라. 그 밖에 성과보수의 산정방식, 지급시기 등에 관하여 금융위원회가 정하여 고시하는 요건을 충족할 것

522) 금융소비자보호법 §69①(9)~(11)

523) 금융소비자보호법 §51~52

금융상품판매업자등 및 그 임직원에 대한 조치 및 조치요구 기준

19. 법 제27조(금융상품자문업자의 영업행위준칙 등) 제3항을 위반하여 같은 항 각 호의 어느 하나에 해당하는 사항을 금융소비자에게 알리지 않은 경우 또는 표지를 게시하지 않거나 증표를 내보이지 않은 경우

20. 법 제27조제4항을 위반하여 독립문자를 명칭에 사용하거나 광고에 사용한 경우

21. 법 제27조제5항 각 호의 어느 하나에 해당하는 행위를 한 경우

◇◇◇◇◇◇◇◇◇◇◇◇◇ 금융소비자보호법 Q&A ◇◇◇◇◇◇◇◇◇◇◇◇◇

Q 법 시행 전 금융상품판매대리·중개업자가 재위탁 계약에 따라 위탁한 업무의 경우 법 시행 후에는 금지되나요?

A 금소법상 대리중개업무 재위탁 금지대상에 해당된다면 법 시행 전 재위탁 계약이 법 시행 후에 유효하더라도 재위탁은 금지됨.

　※ 다만, 법 시행 전 계약에 대한 거래당사자 간 신뢰보호 등을 감안하여 해당 계약의 유효기간(최장 2년) 동안에는 재위탁 금지규정의 적용을 유예함.

- -

Q 금융상품판매대리·중개업자가 금지행위(법§25)를 위반하거나 금융회사·금융소비자에게 손해를 입히는 등 건전한 거래질서를 해치는 행위를 할 경우, 금융회사는 이를 근거로 위탁계약 해지 및 위탁계약 거절을 할 수 있나요?

A 별도 규율이 없으므로 가능함.

- -

Q 온라인 대출모집법인이 온라인에서 고객에게 금융상품 정보를 제공하고 중개한 후, 고객의 본인확인·서류작성·필요서류 징구 등을 위해 오프라인 대출모집인과 업무위탁계약을 체결하고 동 업무를 대리하게 하거나 대리행위에 대하여 수수료·보수등 대가를 지급하는 행위가 금지됩니까?

A 금융소비자보호법상 「전자금융거래법」에 따른 전자적 장치를 이용한 자동화 방식

을 통해서만 금융상품판매대리·중개업을 영위하는 법인은 자동화 방식을 통해서만 서비스를 제공해야 한다는 특성상 오프라인 모집인에 업무를 위탁할 수 없음.

- 금융소비자보호법 제25조제1항제2호에서는 금융상품판매대리·중개업자의 재위탁을 금지하며, 같은 호 단서에서 그 예외를 시행령에 위임하고 있음.

- 금융소비자보호법 시행령 제23조제2항제2호에서는 '법인인 금융상품판매대리·중개업자가 개인인 금융상품판매대리·중개업자에게 대출성 상품에 관한 계약의 체결을 대리·중개하는 업무를 하게 하거나 그러한 행위에 관하여 수수료·보수나 그밖의 대가를 지급하는 행위'를 금융소비자보호법 제25조제1항제2호 본문의 예외로 규정함.

  ※ 따라서 개인인 금융상품판매대리·중개업자에게 대출성 상품에 관한 금융상품매대리·중개업을 재위탁하는 행위는 가능.

- 그러나 금융소비자보호법상 「전자금융거래법」에 따른 전자적 장치를 이용한 자동화 방식을 통해서만 금융상품판매대리·중개업을 영위하는 법인은 자동화 방식을 통해서만 서비스를 제공해야 한다는 특성상 오프라인 모집인에 업무를 위탁할 수 없음.

Ⓠ 소비자를 대리하는 계약 체결이 금지되는데(영§23③ⅱ) 소비자의 대리권한을 정당하게 위임받아 체결하는 행위*도 금지되나요?

* 소비자의 대출 신청을 위한 예금 계좌 대리 개설 등.

Ⓐ 대리권 부여의 정당성을 불문하고 금지.

Ⓠ 금융소비자보호법시행령 제23조(금융상품판매대리·중개업자의금지행위)제3항제4호의 금지행위와 관련한 질문입니다.

① 보험대리점이 보험상품을 기획·구상하여 보험회사에 상품개발을 요청하고, 상호협의 하에 만들어진 보험상품을 일정기간 동안 동 보험대리점만 독점 판매할 수 있도록 보험대리점이 보험회사에 요구하는 것도 금지행위에 해당하나요?

② 보험대리점이 보험상품을 기획·구상하여 보험회사에 상품개발을 요청하고, 상호협의 하에 만들어진 보험상품을 보험회사와 보험대리점간 협의에 의하여 일

정기간 동안 동 보험대리점만 독점 판매하는 것도 금지행위에 해당하나요?

Ⓐ 금융소비자보호법 시행령 제23조제3항제4호에서는 '금융상품판매대리·중개업자가 직접판매업자에게 자신에게만 대리·중개 업무를 위탁하거나 다른 금융상품판매대리·중개업자에게 위탁하도록 강요하는 행위'를 금지.

 – 보험회사가 보험대리점의 제안을 토대로 보험상품을 개발했다는 이유만으로는 해당 규정에 대한 예외가 적용되지는 않음.

 – 주어진 사실관계만으로는 금융소비자보호법 시행령 제23조제3항제4호 위반 여부를 일의적으로 판단하기 어려움.

Ⓠ 대출성 상품 판매대리·중개업자가 다른 하나의 금융상품직접판매업자를 위해 신용카드, 시설대여, 연불판매 또는 할부 계약에 관한 계약의 체결을 대리·중개하는 행위가 가능합니까?

Ⓐ 감독규정(§22 ix 다)상 가능.

Ⓠ 은행이 대출모집인과 위수탁 계약 체결 시, 계약서에 신용카드, 시설대여, 연불판매 또는 할부계약에 관한 계약 체결을 대리·중개 하는 업무를 겸업할 수 없도록 명시*하는 것이 가능한가요?

 * A은행과 대출모집인이 위수탁 계약 체결시, 위수탁 계약서에 타 금융회사의 금융상품 모집을 금지한다는 조항을 삽입하는 경우.

Ⓐ 계약서에 해당 내용 명시를 통해 다른 금융상품의 판매대리·중개를 금지시키는 것은 법적으로 제어할 문제가 아님.

Ⓠ 증표제시를 사원증 형태로 제작*하여 보여주거나 상품설명서에 반영하여 안내하고, 금융소비자의 확인을 받는 방법 등을 고지의무를 이행한 것으로 볼 수 있을까요?

 * 사원증 형태 제작(안)

  – 앞면은 회사 사원증 형태 : 성명, 소속 기재

  – 뒷면은 주민번호, 등록번호, 등록일자, 발급일, 손해보험협회장 직인 캡처

Ⓐ 금소법에서는 판매대리·중개업자가 소비자에 고지해야 하는 사항을 전달해야할 의무를 부과하며, 그 이행방법에 대해서는 특별한 제한을 두지 않음.

- -

Ⓠ TM(Tele Marketing)으로 상품 권유시 증표를 제시하기 어려워 녹취 및 청약 서류에 모집인의 고유번호를 안내할 수 있나요?

Ⓐ 금융상품판매대리·중개업자 고지의무의 취지는 자격 없는 자의 모집행위 또는 판매자에 대한 정보부족으로 인한 소비자 피해를 방지하는 데 있음.

고지 방법은 자율적으로 운영이 가능하며, 예를 들어 모바일 기기를 통해 자세한 사항을 알리는 방법도 가능.

※ 다만, 금소법 시행령 제24조 제2항에서는 권한 있는 기관이 발급한 표지나 증표를 사용하도록 규정하고 있기 때문에 청약서류에는 해당 표지나 증표를 포함해야 할 것.

또한 해당 표지나 증표에서 고지의무의 취지와 관계없는 모집인의 개인정보 는 제외해야 할 것.

제 6 장

금융소비자
권익보호

금융교육

1 금융소비자 정책 수립

금융위원회는 금융소비자의 권익 보호와 금융상품판매업자등[1] 의 건전한 시장질서 구축을 위하여 금융소비자정책을 수립하고 금융소비자의 권익 증진, 건전한 금융생활 지원 및 금융소비자의 금융역량 향상을 위하여 노력하여야 한다.[2] 이 조항은 공정거래위원회가 「소비자기본법」[3]에 근거하여 수립·시행하는 소비자정책업무와 중복되는 측면이 있으나 일반적인 소비자정책과 분리하여 금융정책당국인 금융위원회가 금융소비자에게 맞는 별도의 정책을 수립·시행하도록 금융소비자에 대한 기본법적 성격을 가지고 있는 금융소비자보호법에 명문화하였다.

---

1) 금융상품판매업자(금융상품직접판매업자, 금융상품판매대리·중개업자) 및 금융상품자문업자를 말한다.

2) 금융소비자보호법 §29①②

3) 소비자기본법 §2, 국가 및 지방자치단체는 제4조의 규정에 따른 소비자의 기본적 권리가 실현되도록 하기 위하여 다음 각 호의 책무를 진다.
   3. 필요한 시책의 수립 및 실시
   4. 소비자의 건전하고 자주적인 조직활동의 지원·육성

2 금융교육의 법제화

가. 의의

금융산업의 글로벌화 및 겸업화가 진전되고 금융상품의 복잡·다기화로 내재 리스크가 증가하여 예기치 못한 손실의 확대 가능성이 높아져 KIKO 사태, 저축은행 후순위채 사태, 사모펀드 사태 등 대규모 금융피해 사례가 계속 발생하고 있다. 이는 금융소비자와 금융회사 간의 정보 불균형과 금융회사의 불완전판매에 그 원인이 있지만 금융소비자의 금융에 대한 오해와 지식 부족[4]도 금융피해를 확대시키고 있다는 지적이 있다. 앨런 그린스펀 전 미국 연방준비제도이사회 의장은 "문맹은 생활을 불편하게 하지만 금융문맹은 생존을 불가능하게 한다"라는 유명한 말을 남겼는데, 국민의 금융역량을 제고하기 위한 금융교육은 선택이 아닌 생존에 필수적이라는 뜻이다. 그동안 금융감독원과 금융권은 자율적인 협업을 통해 초중고 학생을 대상으로 한 1사(社)1교(校)[5] 금융교육을 실시하고 전국의 대학교에 "실용금융"[6] 정규강좌를 개설하였으며, 일반성인 대상 금융특강과 금융취약계층[7] 대상 맞춤형 금융교육 등 다양한 형태의 금융교육을 통해 국민들의 금융역량 향상을 위해 노력해 왔다. 금융소비자보호법은 그동안의 자율적인 금융교육의 성과를 국민의 금융복지 향상을 위한 국가차원의 교육으로 전환하는 법적 근거를 마련하였다. 이에 따라 금융위원회는 금융교육을 통하여 금융소비자가 금융에 관한 높은 이해력을 바탕으로 합리적인 의사결정을 내리고 이를 기반으로 하여 장기적으로 금융복지를 누릴 수 있도록 노력할 법적 의무를 부여받게 되었으며 예산의 범위에서 이에 필요한 지원을 할 수 있게 되었다.[8]

---

4) 투자와 투기의 개념을 혼돈하고 금융상품에 대한 이해도가 부족한 금융소비자가 많다.

5) 금융회사와 전국 초중고 학교가 1:1로 협약을 맺고 실시하는 초중고 학생 대상 금융교육(1~2시간, 금융지식+보드게임)이다. 2020년 한 해 동안 전국 3,336개 학교에서 139,156명이 금융교육을 받았다.

6) 2022년 1학기 기준으로 전국 88개 대학에 98개 강좌를 개설하였으며, 대학생의 기초 금융역량 강화를 위해 실생활에 필수적인 금융지식을 교육하는 대학 정규과목이다.

7) 고령층, 군인, 다문화가정, 북이탈주민(새터민), 재소자, 장애인, 불우청소년 등

8) 금융소비자보호법 §30①

나. 금융교육시책 수립·시행

금융위원회는 금융환경 변화에 따라 금융소비자의 금융역량 향상을 위한 교육프로그램을 개발하여야 한다.[9] 또한, 금융위원회는 금융교육과 학교교육·평생교육을 연계하여 금융교육의 효과를 높이기 위한 시책을 수립·시행하여야 하며,[10] 매년 금융소비자의 금융역량에 관한 조사를 하고 그 결과를 금융교육에 관한 정책 수립에 반영하여야 한다.[11]

다. 금융교육에 대한 업무위탁

금융위원회는 금융교육에 관한 업무를 금융감독원장 또는 금융교육 관련 기관·단체에 위탁할 수 있다.[12] 금융위원회가 업무위탁을 할 수 있는 금융교육 관련 범위에는 ❶금융교육 프로그램 개발, ❷금융교육과 학교교육·평생교육을 연계하여 금융교육의 효과를 높이기 위한 시책의 시행, ❸금융역량 조사에 대한 사항이 있으며,[13] 이 3가지 사항은 모두 금융감독원장에게 위탁되어 있다.[14] 금융위원회는 교육교육에 관한 업무를 위탁한 경우에는 그 수탁자 및 수탁내용 등에 관한 사항을 금융위원회 인터넷 홈페이지에 게시해야 한다.[15] 금융위원회로부터 금융교육 관련 업무위탁을 받아 수행하는 자는 ❶연간 위탁업무 수행계획의 경우 직전연도 12월말까지, ❷위탁업무 수행계획 연간실적의 경우 다음연도 6월말까지, ❸연간 위탁업무 수행계획 중 개별 업무의 수행결과의 경우 해당 업무가 종료되는 즉시[16] 금융교육협의회를 거쳐 금융위원회에 보고해야 한다.[17]

---

9) 금융소비자보호법 §30②
10) 금융소비자보호법 §30③
11) 금융소비자보호법 §30④
12) 금융소비자보호법 §30⑤
13) 금융소비자보호법 시행령 §27①
14) 금융소비자보호감독규정 §26①
15) 금융소비자보호법 시행령 §27②
16) 금융위원회가 수행결과에 대한 보고를 요청한 경우만 해당된다.
17) 금융소비자보호감독규정 §26②

라. 금융교육협의회

금융교육협의회는 금융소비자보호법이 제정되기 이전부터 금융감독원 주관하에 금융교육의 체계적 수행을 위해 금융회사, 교육유관기관 등과 함께 임의적으로 운영되어 왔으며, 금융소비자보호법의 제정으로 확대·개편되어 금융교육에 대한 정책을 심의·의결하는 법적기구로 금융위원회에 설치되었다.[18]

(1) 금융교육협의회의 구성

금융교육협의회는 금융위원회 부위원장을 의장으로 하고 의장을 포함하여 25명 이내의 위원으로 구성하며, 협의회 위원은 금융위원회·공정거래위원회·기획재정부·교육부·행정안전부·보건복지부·고용노동부·여성가족부의 고위공무원단에 속하는 공무원으로서 소속 기관의 장이 지명하는 사람과 금융소비자보호 업무를 담당하는 금융감독원의 부원장이 된다.[19]

(2) 금융교육협의회의 심의·의결사항

금융교육협의회는 매년 2회의 정기회의를 개최하고 의장이 필요하다고 인정하는 경우에 임시회의를 개최할 수 있다.[20] 협의회의 회의는 위원 과반수의 출석으로 개의하고 출석 의원 과반수의 찬성으로 의결하며, 위원을 소집할 수 없는 불가피한 사정이 있는 때에는 서면으로 의결할 수 있다.[21] 금융교육협의회는 ❶금융교육의 종합적 추진에 관한 사항, ❷금융소비자 교육과 관련한 평가, 제도개선 및 부처 간 협력에 관한 사항, ❸그 밖에 의장이 금융소비자의 금융역량 강화를 위하여 토의에 부치는 사항을 심의·의결한다.[22] 협의회는 심의·의결을 위하여 필요한 경우 관련 자료의 제출을 금융위원회, 공정거래위원회, 기획

---

18) 금융소비자보호법 §31①
19) 금융소비자보호법 §31③~⑤, 시행령 §28①
20) 금융소비자보호법 시행령 §28②
21) 금융소비자보호법 시행령 §28③
22) 금융소비자보호법 §31②

재정부, 교육부, 행정안전부, 보건복지부, 고용노동부, 여성가족부 및 금융감독원에 요구할 수 있다.[23] 또한, 협의회는 안건의 효율적인 심의를 위해 필요하다고 인정하는 경우에는 관계 기관·단체 및 전문가 등을 회의에 참석시켜 의견을 듣거나 자료제출을 요구할 수 있다.[24] 협의회의 운영에 필요한 세부 사항은 협의회의 의결을 거쳐 의장이 정한다.[25]

TIP 　**금융교육 관련 금융감독원의 역할**

금융감독원은 금융소비자보호법에 따른 "금융교육 정책집행 전담기구"로서 금융교육협의회가 수립한 정책을 이행하고 금융역량조사 등의 수탁업무를 담당하고 있다. 구체적 업무는 금융교육 프로그램 개발 및 운영, 동영상·교재 등의 콘텐츠 개발, 교육인력 양성 등이다.

제1차 금융교육협의회(2021.5.25.)는 금융감독원에 금융교육의 중복이나 사각지대를 해소하기 위해 금융교육기관을 총괄·조정하는 역할을 부여하였다.

---

23) 금융소비자보호법 §31⑥
24) 금융소비자보호법 시행령 §28④
25) 금융소비자보호법 시행령 §28⑤

금융상품
비교공시

1 의의

금융소비자가 합리적으로 금융상품을 선택하기 위해서는 개별 금융회사뿐만 아니라 여러 금융회사의 금융상품을 알기 쉽게 비교할 수 있는 다양한 정보를 제공받는 것이 필요하다. 금융상품 비교공시는 정보 비대칭을 해소하여 금융소비자의 금융상품 선택권을 강화하고 금융회사들 간의 경쟁을 유도하기 위한 목적을 가지고 있다.[26] 그동안 은행법, 보험업법 등을 근거로 운영되어 왔던 금융상품 비교공시제도는 금융소비자보호법의 제정으로 일원화되었다.

2 비교공시의 주요내용

---

26) 이상복, 금융소비자보호법 p172 참조

가. 대상 금융상품의 범위

금융위원회는 금융소비자가 금융상품의 주요 내용을 알기 쉽게 비교할 수 있도록 금융상품의 유형별로 금융상품의 주요 내용을 비교하여 공시할 수 있다.[27] 비교공시할 수 있는 금융상품의 범위로는 ❶예금성 상품 중 예금 및 적금, ❷대출성 상품 중 대출, ❸투자성 상품 중 집합투자증권, ❹보장성 상품 중 보험, ❺연금저축계좌,[28] ❻퇴직연금제도[29]가 해당된다.[30]

나. 비교공시 내용에 포함할 사항

(1) 원칙

금융상품의 비교공시에는 일반금융소비자가 계약 체결 여부를 판단할 때 필요한 정보로서 ❶이자율, ❷보험료, ❸수수료, ❹중도상환수수료·위험등급 등 금융소비자가 유의해야할 사항, ❺해당 정보를 제공한 금융상품직접판매업자의 담당부서 및 연락처, ❻비교공시 시점이 포함되어야 한다.[31] 또한, 금융감독원장은 금융상품직접판매업자의 판매비중, 금융소비자 입장에서의 정보 효율성, 비교공시 용이성 등을 고려하여 비교공시 내용에 포함할 사항을 정할 수 있으며,[32] 금융소비자에게 유용하다고 판단하는 추가적인 정보를 비교공시 항목에 포함할 수 있다.[33]

(2) 개별 금융상품별

개별 금융상품별로 비교공시 내용에 포함할 사항은 아래와 같다.[34]

---

27) 금융소비자보호법 §32①

28) 소득세법 시행령 §40①(1)에 의한 연금저축신탁(20181.1. 신규가입 중단), 연금저축펀드 및 연금저축펀드를 말한다.

29) 근로자퇴직급여보장법 §2에 따른 퇴직연금제도로 확정급여형퇴직연금제도(DB형), 확정기여형퇴직연금제도(DC형) 및 개인형퇴직연금제도(IRP)가 있다.

30) 금융소비자보호법 시행령 §29①, 감독규정 §27①

31) 금융소비자보호법 시행령 §29②, 감독규정 §27②

32) 금융소비자보호감독규정 시행세칙 §4②

33) 금융소비자보호감독규정 시행세칙 §4④

34) 금융소비자보호감독규정 시행세칙 §4①

① 예금은 계약기간별 이자율, 이자 계산방식, 만기 후 이자율, 가입방법, 우대조건 등

② 적금은 적립유형, 계약기간별 이자율, 이자 계산방식, 만기 후 이자율, 가입방법, 우대조건 등

③ 대출 중 주택담보대출의 경우 주택종류, 상환방식, 이자 계산방식, 이자율 구간, 전월취급 평균이자율, 대출부대비용, 중도상환수수료, 연체이자율, 대출한도, 가입방법 등

④ 대출 중 전세자금대출의 경우 이자 계산방식, 상환방식, 이자율 구간, 전월취급 평균이자율, 대출부대비용, 중도상환수수료, 연체이자율, 대출한도, 가입방법 등

⑤ 대출 중 개인신용대출의 경우 개인신용평점구간별 이자율 및 평균이자율 등

⑥ 연금저축계좌는 판매개시일 또는 설정일, 공시이율·최저보증이율(연금저축보험에 한함), 수수료율, 납입원금, 적립금, 그 밖의 연금저축상품정보 등

⑦ 퇴직연금제도는 「퇴직연금감독규정시행세칙」 제7조[35]에서 정하는 바에 따름

다. 비교공시 내용의 갖춰야 할 조건

---

35) 퇴직연금감독규정시행세칙 §7(비교공시)
  ① 규정 제23조제3항에 따라 퇴직연금사업자는 다음 각호의 사항을 협회 인터넷 홈페이지에 비교공시하여야 하며, 이에 필요한 정보를 각 협회에 제공하여야 한다.
    1. 퇴직연금제도별 원리금 보장상품과 원리금 비보장상품의 적립금 운용금액
    2. 퇴직연금제도별 원리금 보장상품과 원리금 비보장상품의 최근 1년, 3년, 5년, 7년, 10년간 적립금 운용수익률
    3. 총비용 부담률
    4. 퇴직연금 수수료율
    5. 퇴직연금사업자가 제시하는 원리금 보장상품
    6. 다른 퇴직연금사업자에 대한 원리금보장상품 제공 현황
  ② 제1항각호의 공시항목 작성기준은 별표 2와 같이 정한다.
  ③ 제1항각호의 공시시기는 다음 각호와 같다. 〈개정 2019. 10. 24.〉
    1. 매월1일부터 5영업일 이내 : 제1항제5호
    2. 매분기말부터 10영업일 이내 : 제1항제1호의 적립금 운용금액, 제1항제2호 중 최근 1년간 적립금 운용수익률, 제1항제6호
    3. 매연도말부터 1개월 이내 : 제1항제2호 중 최근 3년, 5년, 7년, 10년간 적립금 운용수익률 및 제1항제3호
    4. 변경 후 5영업일 이내 : 제1항제4호

비교공시의 내용은 ❶금융소비자가 필요로 하는 정보를 간단명료하게 전달할 것, ❷보통의 주의력을 가진 일반적인 금융소비자가 알기 쉽도록 할 것, ❸내용의 정확성·중립성·적시성을 유지할 것, ❹일관되고 통일된 기준에 따라 산출된 정보일 것, ❺협회등의 공시 내용과 차이가 없을 것과 같은 사항들을 갖춰야 한다.[36]

라. 비교공시 자료의 제출

금융위원회는 비교공시의 효율적 운영을 위해 필요하다고 인정하는 경우 관계 중앙행정기관, 지방자치단체, 금융 관련 기관·단체 또는 전문가의 의견을 듣거나 자료의 제출을 요청할 수 있다.[37] 금융위원회는 금융관련협회에 비교공시에 필요한 자료를 주기적으로 제출할 것을 요청할 수 있으며, 이 경우 ❶비교공시를 위해 금융관련협회가 금융감독원장에 제출할 필요가 있는 자료, ❷자료의 제출 시기 및 제출방법, ❸자료의 작성방법, ❹자료의 작성방법과 관련하여 금융관련협회 또는 금융상품직접판매업자의 협조가 필요한 사항[38]에 대하여 금융관련협회와 사전에 협의해야 한다.[39] 금융감독원장은 금융관련협회가 비교공시를 하기 위해 운영하는 전산처리 시스템에 연결하여 비교공시 관련 정보를 제공할 수 있다.[40]

마. 비교공시 방법

금융위원회가 비교공시를 하는 때에는 금융위원회 인터넷 홈페이지 또는 금융위원회가 정하여 고시하는 방법에 따라 그 내용을 게시한다.[41]

---

36) 금융소비자보호감독규정 §27③

37) 금융소비자보호법 시행령 §29③

38) 금융소비자보호감독규정 시행세칙 §5 규정 제27조 제4항 제4호에서 "협회등 또는 금융상품판매업자의 협조가 필요한 사항"이란 다음 각 호의 사항을 말한다.
   1. 협회등이 운영하는 전산처리시스템의 세부내역 및 비교항목 작성방법
   2. 협회등이 운영하는 전산처리시스템의 운영절차
   3. 비교공시 대상 금융상품 및 비교항목의 정합성 확인 방법
   4. 전산처리시스템의 개선 필요사항
   5. 기타 금융감독원장이 협회등과 협의가 필요하다고 인정한 사항

39) 금융소비자보호감독규정 §27④

40) 금융소비자보호감독규정 시행세칙 §4③

바. 비교공시 소비자 만족도 조사

금융감독원장은 매년 금융감독원 및 금융관련협회가 운용하는 '비교공시 전산처리시스템'이 제공하는 공시정보에 대한 일반금융소비자의 만족도를 조사해야 하고 그 조사 결과에 따라 금융소비자의 편익을 제고하기 위해 개선이 필요한 사항은 지체없이 조치해야 하며, 소비자만족도 조사결과 및 개선 필요사항의 조치결과를 홈페이지에 게시해야 한다.[42] 소비자 만족도 조사는 2022년 1월 1일부터 적용된다.

TIP ── 금융상품 한눈에(비교공시) 현황

금융감독원은 금융업권별로 비교가능성이 높은 예·적금, 대출, 연금저축을 '금융상품 한눈에'에서 직접 비교공시하고 있다.

퇴직연금의 경우, 금융감독원 '통합연금포털'로 연결되고, 펀드, 실손보험과 자동차보험은 보험협회의 관련 사이트(펀드다모아, 보험다모아)로 연결되므로 직접 비교해볼 수 있다.

금융권역	금융상품		금융권역	비교공시정보
금관원 통합 비교공시 (여러 권역)	정기예금		은행, 저축은행	저축기간별 이자율, 우대조건 등
	적금			저축기간별 이자율 등
	대출	주택담보	은행, 저축은행, 보험, 여신전문	금리구간, 중도상환수수료, 대출한도 등
		전세자금		상환·금리 방식, 중도상환수수료 등
		개인신용		신용등급별 대출금리 및 평균금리
	연금저축		은행, 보험 금융투자	연평균수익률, 월 예상연금액 등
	퇴직연금			총비용부담률, 연평균수익률 등

협회비교공시 (특정 권역)	펀드	금융투자	펀드수익률, 위험등급 등
	실손보험	보험	가입연령별 보험료, 담보내역 등
	자동차보험		

---

41) 금융소비자보호법 시행령 §29④
42) 금융소비자보호감독규정 §27⑤~⑦

03

금융소비자보호
실태평가

1 의의

　금융소비자보호 실태평가는 금융회사의 금융소비자 보호체계 구축 및 기능 강화를 유도하기 위해 행정지도인 「금융소비자보호모범규준」에 근거하여 시행되어 왔는데, 금융소비자보호법 제정으로 법제화되었다.[43] 금융소비자보호 실태평가는 금융회사가 금융상품의 제조, 판매 및 사후관리 전 과정에 걸쳐 금융소비자 보호의무 등 관련 법규를 준수하였는지 여부를 평가하는 제도이다. 금융감독원은 실태평가를 통해 금융회사의 금융소비자보호 내부통제시스템이 정상 작동하고 있는지를 점검하여 미흡한 부분을 보완, 개선하도록 지도하고 있다. 또한, 실태평가 결과를 공개하여 금융회사에게 경각심을 주고 금융소비자가 금융회사의 선택이나 금융거래에 참고하도록 하고 있다.

---

43) 금융소비자보호법 §32②

2 실태평가 대상 선정기준

가. 원칙

금융감독원장은 ❶영업의 규모 및 시장점유율, ❷취급하는 금융상품의 종류 및 성격, ❸금융위원회의 감독 및 금융감독원의 검사결과, ❹해당 금융상품에 대한 민원 및 분쟁 현황, ❺자율진단[44] 결과, 그리고 ❻실태평가 결과에 따른 금융상품판매업자등의 개선계획 또는 조치내용 등을 고려하여 매년 금융소비자보호 실태평가를 실시하는 금융상품판매업자등을 지정한다.[45]

나. 실태평가 대상 선정 시 준수사항

금융감독원장은 실태평가의 대상을 지정하는 경우에는 ❶실태평가의 대상을 지정하기 위해 필요한 기준 및 절차를 마련할 것, ❷금융상품판매업자등의 실태평가 주기를 사전에 금융위원회와 협의하여 정하고 그 주기에 따라 실태평가를 실시할 것 그리고 ❸ⅰ)직전연도 실태평가를 받은 자 및 ⅱ)해당연도에 금융감독원장의 요청으로 자율진단을 실시하고 그 결과를 금융감독원장에 제공한 자[46]는 실태평가에서 제외할 것과 같은 사항을 지켜야 한다.[47]

다. 실태평가 평가대상 및 자율진단 요청 대상 선정

금융감독원장은 금융상품판매업자등에 대하여 동일 업종내 영업규모 및 민원 비중, 자산규모(최근 사업연도 말 또는 분기말 현재 자산총액), 자율진단 결과, 실태평가 결과에 따른 금융상품판매업자등의 개선계획 또는 조치내용 등을 고려하여 금융소비자보호 실태평가대상 및 자율진단 요청 대상을 지정할 수 있다. 다만, ❶최초 영업을 개시한 후 2년이 경과하지 않은 자, ❷「채무자 회생 및 파산에 관한 법률」에서

---

44) 금융상품판매업자등이 금융감독원장이 정하는 바에 따라 스스로 실시하는 금융소비자보호 실태평가를 말한다.
45) 금융소비자보호법 시행령 §30①, 감독규정 §28②
46) 금융감독원장은 ❶과 ❷에 따라 자율진단 대상을 정하여 자율진단을 요청해야 한다.
47) 금융소비자보호감독규정 §28①

정하는 회생절차개시 신청이나 파산신청을 한 자, ❸그 밖에 금융소비자보호 실태평가의 실익이 적은 자로 금융감독원장이 정하는 자는 각각 예외로 한다.[48] 금융감독원장은 자율진단 대상이 신청하는 경우 전년도 자율진단 결과를 고려하여 실태평가 대상에 포함할 수 있다.[49]

:: 참고자료 | 금융소비자보호감독규정 시행세칙 [별표 3] ::

영업규모 산정방식
(시행세칙 제6조제4항 관련)

대상	산정방식 및 평가지표
「은행법」상 은행(법제2조제6호가목에 따른 은행을 모두 포함)	O 평가지표 : '고객수'로서 최근 2개 결산시점(매년 12월 말) 수치의 평균값 1. 고객수 – 업무보고서 B1104(기구현황) 상의 고객수
「여신전문금융업법」에 따른 여신전문금융회사	1. 신용카드업자 O 평가지표 : '회원수'로서 최근 2개 결산시점(매년 12월 말) 수치의 평균값 　가. 회원수(법인 제외) 　　– 업무보고서 (전업사 AC247(카드회원수 현황_합계), AC261(직불카드 이용현황_합계))상의 회원수 　　※ (산식) 월말 신용카드 개인 회원수(A) + 월말 직불(체크) 개인 회원수(B) – 직불(체크) 회원 중 신용카드를 가진 개인 회원수(C*) 　　　* C = B – 순수 직불(체크)카드 보유 개인 회원 　　※ 겸영은행의 경우 B2801상의 회원수(법인 제외)

---

48) 금융소비자보호감독규정 시행세칙 §6①
49) 금융소비자보호감독규정 시행세칙 §6②

	2. 신용카드업자 이외 ○ 평가지표 : '계약건수'로서 최근 2개 결산시점(매년 12월 말) 수치의 평균값 가. 계약건수 　－ 업무보고서 AC280(업종별 리스실행 및 잔액현황)상의 취급건수 및 AC282(할부금융 취급잔액)상 건수 합계
「상호저축은행법」에 따른 상호저축은행	○ 평가지표 : '고객수'로 최근 2개 결산시점(매년 12월 말)수치의 평균값 1. 고객수 － 업무보고서 AE101(회사 개황) 상의 고객수
「보험업법」에 따른 생명보험사	○ 평가지표 : '보유계약건수'로서 최근 2개 12월 말 수치의 평균값 1. 보유계약건수 　－ 업무보고서 AH069(보험계약성적표)상의 '일반계정과 특별계정' 합계
「보험업법」에 따른 손해보험사	○ 평가지표 : '보유계약건수'로서 최근 2개 12월 말 수치의 평균값 1. 보유계약건수 가. 업무보고서 AI059(사업실적표)상의 (일반계정 + 특별계정Ⅰ) － (일반계정 3.자동차) + (특별계정Ⅱ 35.퇴직유배당) +(특별계정Ⅱ 36.퇴직무배당) 나. 업무보고서 AI060(자동차보험사업실적표)상의 자배책보험 ⇒ 위 두가지를 합산 (가+나)
「자본시장과 금융투자업에 관한 법률」에 따른 금융투자업자	○ 평가지표 : '활동계좌수'로 최근 2개 12월 말 수치의 평균값 1. 활동계좌수 　－ 업무보고서 GA022(고객계좌현황)에서 계좌수 합산 ※ 활동계좌 정의 : 금융투자회사의 영업 및 업무에 관한 규정(금투협 규정) 제3-2조, 제3-3조

3 실태평가 평가항목 및 평가지표

가. 원칙

금융소비자보호 실태평가의 내용에는 ❶내부통제기준의 운영에 관한 사항 및 ❷금융소비자보호기준[50]의 운영에 관한 사항이 포함된다.[51] 금융감독원장은 금융소비자 보호실태를 평가하는 경우 ❶신뢰성과 타당성이 있는 평가지표를 사용할 것, ❷금융상품의 유형별 특성을 반영할 것, ❸평가결과에 대한 객관적인 근거를 확보할 것 그리고 ❹평가 대상자의 의견을 확인할 것과 같은 사항을 지켜야 한다.[52]

나. 평가항목 및 평가지표

금융소비자보호실태평가 평가항목 및 항목별 평가지표는 「금융소비자보호감독규정 시행세칙」 별표4와 같다.[53] 금융감독원장은 금융시장상황 및 금융상품판매업자 등의 영업형태 등을 고려하여 일부 평가항목 및 평가지표 적용이 불합리하다고 판단되는 경우에는 이를 조정하여 적용할 수 있다.[54]

---

50) 금융소비자보호법 §32③에 따른 금융소비자보호기준을 말한다.
51) 금융소비자보호법 시행령 §30②
52) 금융소비자보호법 시행령 §30④
53) 금융소비자보호감독규정 시행세칙 §8①
54) 금융소비자보호감독규정 시행세칙 §8②

금융소비자보호실태평가 평가항목 및 평가지표
(시행세칙 제8조제1항 관련)

구분	평가항목	평가지표
계량 지표	민원 사전예방 에 관련 사항	− 금융상품에 대한 민원·분쟁의 발생건수 − 금융상품에 대한 민원·분쟁의 증감률
	민원 처리노력 및 금융소비자 대상 소송 관련 사항	− 평균 민원처리 기간 − 자율조정처리 의뢰된 민원건중 조정성립된 민원건수비율 − 소송건중 패소율 및 분쟁조정 중 금융회사의 소송제기 건수
비계량 지표	금융소비자보 호를 전담하는 조직 관련 사항	− 금융소비자보호 내부통제위원회, 금융소비자보호 총괄기관의 설치·권한 및 운영현황 등 − 금융소비자보호 총괄기관의 업무를 수행하는 임직원의 임명·자격요건·권한·직무 현황 및 성과 보상체계 설계·운영 등 − 금융소비자보호 업무계획 수립 및 유관 부서의 소비자보호 노력에 대한 성과 보상체계 설계·운영 등
	금융상품 개발 과정의 소비자 보호 체계 구축 및 운영	− 금융상품 개발 단계에서 부서간 정보공유, 금융소비자에 대한 잠재적 위험 평가 관련 절차방법·기준 및 운영현황 등 − 외부 전문가금융소비자 등 의견 반영 관련 절차방법·기준 및 운영현황 등
	금융상품 판매 과정의 소비자 보호 체계 구축 및 운영	− 금융상품 판매 관련 절차·방법·기준 및 운영현황 등 − 영업 담당 임직원의 자격요건, 교육 및 소비자보호 관련 성과 보상체계의 운영 현황 등 − 금융상품 판매 후 프로세스(미스터리 쇼핑 등) 운영 현황 등

민원 관리시스템 및 소비자정보 공시 관련 사항	– 민원 접수채널, 규정·매뉴얼 및 전산시스템 운영 현황 등 – 민원 모니터링, 사전예방 프로그램 및 인력운영 현황 등 – 홈페이지, ARS 등을 통한 소비자정보 접근성 – 금융상품 설명 등 관련 공시, 안내 현황
기타 소비자보호 관련 사항	– 고령자, 장애인의 편의성 제고 및 소비자 피해 예방을 위한 절차방법 및 기준 현황 등 – 임직원 대상 교육 프로그램 운영 현황 등 – 금융당국의 소비자보호 정책 등에 대한 참여 및 이행 – 그 밖에 금융회사의 내부통제기준, 소비자보호 기준에서 소비자보호 관련 기타 사항

4 실태평가 절차

금융감독원장은 금융소비자보호 실태를 평가하는 경우 해당 금융상품판매업자등에게 평가 기간, 방법, 내용 및 평가 책임자 등에 관한 사항을 미리 서면으로 알려야 한다.[55] 금융감독원장은 금융소비자 보호실태의 평가·공표를 위해 필요하다고 인정하는 경우 금융 관련 기관·단체 또는 전문가의 의견을 듣거나 자료의 제출을 요청할 수 있다.[56] 금융소비자보호실태평가는 현장평가를 원칙으로 하며, 국가적 재난상황 등 현장평가가 곤란한 경우에는 서면평가 등 다른 평가방식으로 변경할 수 있다. 금융감독원장은 현장평가를 실시하는 경우 실시 1개월 전까지 평가대상에 평가기간, 평가일정, 평가방식, 평가항목, 평가담당자를 서면, 전자문서, 전자우편, 팩스 등을

---

55) 금융소비자보호법 시행령 §30⑤
56) 금융소비자보호법 시행령 §30⑥

통해 알려야 한다. 또한, 금융감독원장은 평가대상에게 금융소비자보호실태평가를 위해 필요한 자료의 제출을 요구할 수 있다. 금융감독원장은 매년 평가대상, 평가시기, 평가대상기간, 평가방법, 평가인원 등이 포함된 금융소비자보호실태평가 실시계획을 수립할 수 있다.[57]

5 실태평가 평가결과

금융소비자보호실태평가 평가결과는 부문평가결과와 종합평가결과로 구분하며, 부문평가결과는 평가항목별 평가한 결과를, 종합평가결과는 부문평가결과를 감안하여 평가한 결과를 말한다.[58] 부문평가결과와 종합평가결과는 1등급(우수), 2등급(양호), 3등급(보통), 4등급(미흡), 5등급(취약) 등 5단계 등급으로 구분된다.[59] 자율진단의 경우는 적정, 미흡 등 2단계 등급으로 구분한다. 다만, 평가대상에 ❶소비자보호와 관련한 금융관계법령 위반으로 기관경고 및 임원 문책경고 이상의 조치가 확정된 경우, ❷소비자보호와 관련한 중대한 금융사고가 발생하거나 사회적 물의를 야기한 경우 그리고 ❸금융소비자보호 실태평가를 정당한 사유 없이 거부·방해하거나, 허위의 부실자료를 제출한 경우와 같은 사유가 발생한 때에는 금융감독원장은 종합등급을 하향조정할 수 있다.[60]

---

57) 금융소비자보호감독규정 시행세칙 §7④
58) 금융소비자보호감독규정 시행세칙 §9①~②
59) 금융소비자보호감독규정 시행세칙 §7③
60) 금융소비자보호감독규정 시행세칙 §7④

금융소비자보호실태평가 평가등급별 정의
(시행세칙 제9조제3항 관련)

1. 평가대상의 경우

등 급	평가등급 정의
우 수	내부통제기준, 금융소비자보호기준이 요구하는 수준을 상회하는 수준의 소비자보호 경영관리를 수행하고 있어 매우 높은 수준의 소비자보호 달성 가능
양 호	금융소비자보호 체계·조직·제도가 유기적으로 연계되어 소비자보호 경영관리를 수행하고 있어 양호한 수준의 소비자보호 달성 가능
보 통	내부통제기준, 금융소비자보호기준이 요구하는 소비자보호 수준을 대체로 이행하고 있으나, 부분적으로는 소비자보호 체계·조직·제도와 실제 운영간 연계성이 부족
미 흡	내부통제기준, 금융소비자보호기준이 요구하는 소비자보호 수준을 부분적 또는 형식적으로 이행하고 있어 소비자피해 예방에 부분적 결함이 존재
취 약	내부통제기준, 금융소비자보호기준이 요구하는 소비자보호 수준을 미이행하고 있어 소비자피해 예방에 심각한 결함 존재

2. 자율진단의 경우

등 급	평가등급 정의
적 정	내부통제기준, 금융소비자보호기준이 요구하는 소비자보호 수준을 대체로 이행하고 있어 소비자보호 수준이 적정함
미 흡	내부통제기준, 금융소비자보호기준이 요구하는 소비자보호 수준을 부분적 또는 형식적으로 이행하고 있어 소비자피해 예방에 부분적 결함이 존재

6 실태평가 평가결과 공개

가. 평가대상 금융상품판매업자등 및 금융관련협회

금융소비자보호 실태평가 대상이 된 금융상품판매업자등은 부문평가결과와 종합평가결과를 평가대상 금융상품판매업자등이 운영·관리하는 인터넷 홈페이지에 게시하고, 관련 협회등 홈페이지에 연동하여 함께 공시될 수 있도록 하여야 한다.[61] 또한, 금융관련협회는 홈페이지에서 평가대상 금융상품판매업자등의 부문평가결과와 종합평가결과를 모두 조회할 수 있도록 공시하여야 한다.[62] 평가대상 금융상품판매업자등 및 금융관련협회는 평가등급 및 평가등급 정의를 금융소비자가 명확하게 알 수 있도록 작성하여 공표하여야 한다.[63]

나. 금융감독원

금융감독원장은 매년 금융소비자 보호실태를 평가·공표해야 한다. 다만, 금융소비자 보호 및 건전한 거래질서를 위해 필요하다고 인정하는 경우에는 수시로 평가·공표할 수 있다.[64] 금융감독원장은 금융소비자 보호실태의 평가결과를 공표하는 경우에는 금융감독원 및 관련 협회등의 인터넷 홈페이지에 지체없이 이를 게시해야 한다.[65]

7 실태평가 평가결과의 사후처리

가. 평가대상 금융상품판매업자등

---

61) 금융소비자보호감독규정 시행세칙 §11①
62) 금융소비자보호감독규정 시행세칙 §11②
63) 금융소비자보호감독규정 시행세칙 §11③
64) 금융소비자보호법 시행령 §30③
65) 금융소비자보호법 시행령 §30⑦

평가대상 금융상품판매업자등은 금융소비자보호 실태평가의 평가결과를 이사회 또는 대표이사를 포함한 회사 내부의 부문별 업무집행임원이 참석하는 내부 의사결 정기구인 경영위원회(명칭 불문) 등에 보고하여야 한다.[66] 부문평가결과 및 종합평가 결과가 미흡 이하인 평가대상 금융상품판매업자등은 평가결과를 통지받은 후 2개월 이내에 구체적인 개선계획을 이사회 또는 경영위원회 등에 보고한 후 금융감독원장 에게 제출하여야 한다.[67]

나. 금융감독원

금융감독원장은 금융소비자보호 실태평가의 실효성 확보를 위해 실태평가 종료 후 2개월 이내에 실태평가 결과에 따라 부문평가결과 및 종합평가결과가 미흡 이하 인 평가대상 금융상품판매업자등이 제출한 개선계획을 확인해야 하며, 만일 그 개 선계획이 부적정 또는 미흡한 경우 적절한 기한을 정하여 개선계획을 다시 요구할 수 있다. 또한 금융감독원장은 동 개선계획을 확인한 후 1년 이내에 해당 금융상품 판매업자등의 개선계획에 따른 조치결과를 확인해야 한다.[68]

---

66) 금융소비자보호감독규정 시행세칙 §10①~②
67) 금융소비자보호감독규정 시행세칙 §10③
68) 금융소비자보호감독규정§28③, 시행세칙 §10③

금융소비자보호기준

1 의의

금융소비자보호기준이란 금융상품판매업자등이 금융소비자의 불만 예방 및 신속한 구제를 통하여 금융소비자를 보호하기 위하여 그 임직원이 직무를 수행할 때 준수하여야 할 기본적인 절차와 기준을 말한다.[69] 이는 금융소비자보호법 제16조에 따른 금융소비자보호 내부통제기준과 유사하나, 금융소비자보호기준은 금융상품판매업자등의 임직원만을 대상으로 적용되는 반면, 금융소비자보호 내부통제기준은 금융상품판매업자등의 임직원 이외에도 업무를 위탁한 금융상품판매대리·중개업자까지 적용된다. 또한, 금융소비자보호 내부통제기준은 금융소비자보호를 위한 효과적인 내부통제 활동을 수행하기 위한 조직구조, 업무분장 및 승인절차, 의사소통·모니터링·정보시스템 등의 종합적인 내부통제체계를 구축하는 것을 목적으로 하고 있으

---

69) 금융소비자보호법 §32③

나 금융소비자보호기준은 금융소비자의 권리, 금융소비자보호기준의 운영을 위한 조직·인력, 민원·분쟁 발생 시 업무처리 절차 등 금융소비자 보호와 연계된 직무로 한정된다는 점에서 차이가 있다. 금융소비자보호기준은 금융소비자보호 내부통제기준과 마찬가지로 그동안 행정지도인 「금융소비자보호모범규준」에 근거하여 운영되어 오다가 금융소비자보호법의 제정으로 그 법적 근거가 마련되었다

2 금융소비자보호기준의 제정 의무 대상

금융소비자보호 내부통제기준과 금융소비자보호기준을 마련해야 하는 금융상품판매업자등의 범위는 동일하다. 금융소비자보호기준의 제정 의무 대상은 금융소비자보호 내부통제기준과 마찬가지로 법인인 금융상품판매업자등으로 한정되며, 개인인 금융상품판매업자등은 의무가 없다. 또한, 법인인 금융상품판매업자등 중에서 제정 금융소비자보호 내부통제기준 제정의무가 면제되는 대상은 금융소비자보호기준 제정 의무도 없다.[70]

3 금융소비자보호기준에 포함할 사항

금융소비자보호기준에 포함되어야 하는 사항으로는 ❶금융소비자의 권리, ❷민원·분쟁 발생 시 업무처리 절차, ❸금융소비자보호기준의 운영을 위한 조직·인력, ❹금융소비자보호기준 준수 여부에 대한 점검·조치 및 평가, ❺민원·분쟁 대응 관련 교육훈련, ❻금융소비자보호기준의 제정·변경 절차, ❼ⅰ)금융소비자의 민원 상황 및 처리결과와 ⅱ)금융소비자와의 분쟁조정·소송 진행상황 및 결과를 효율적·체계적으

---

70) 금융소비자보호법 시행령 §31①

로 관리하기 위한 전산처리시스템의 구축, ❽금융소비자의 자료열람 요구[71]에 대한 대응, ❾일반금융소비자의 청약 철회[72]에 대한 대응, ❿계약의 해지 요구[73]에 대한 대응, ⓫법령 및 약관상 금융소비자의 권리를 안내하는 방법 그리고 ⓬계약 체결 후 금융소비자 보호를 위해 필요한 사항 점검 및 관련 제도 개선에 관한 사항이 해당된다.[74]

4 금융소비자보호기준의 제정·변경 절차

금융소비자보호기준의 제정·변경 절차는 금융소비자보호 내부통제기준의 제정·변경 절차를 준용한다.[75] 금융소비자보호기준을 제정·변경하는 경우 이사회의 승인을 받아야 한다. 다만, 경미한 사항[76]을 변경하는 경우에는 대표자의 승인으로 갈음할 수 있다. 금융소비자보호기준을 제정·개정한 경우에 제정·개정 사실 및 주요 현황을 인터넷 홈페이지에 게시해야 한다.[77]

5 금융소비자보호기준 가이드라인

금융감독원은 금융소비자보호법 시행(2021.3.25.)에 따른 일선 현장의 어려움을 해소하고 금융소비자보호법의 조기 안착을 위해 2021년 6월 "금소법 시행에 따른 내부통제·금융소비자보호기준 가이드라인"을 마련하였다. 또한 은행연합회 등 각 금융협회는 금융감독원의 내부통제·금융소비자기준 가이드라인을 참고하여 소속

---

71) 금융소비자보호법 §28③에 따른 자료열람 요구권을 말한다.
72) 금융소비자보호법 §46①에 따른 청약 철회권을 말한다.
73) 금융소비자보호법 §47①에 따른 계약해지 요구권을 말한다.
74) 금융소비자보호법 시행령 §31②, 감독규정 §29
75) 금융소비자보호법 시행령 §31③
76) 법령 또는 관련 규정의 제정·개정에 연동되어 변경해야 하는 사항, 이사회가 의결한 사항에 대한 후속조치 등
77) 금융소비자보호법 시행령 §11③~④, 감독규정 §9③~④

회원 금융회사들이 공통으로 사용하는 "금융소비자보호에 관한 내부통제 모범규준"을 자율적으로 제정하였고 각 금융회사는 동 모범규준을 내규에 반영하여 시행 중에 있다.

:: 참고자료 ::

금소법 시행에 따른 금융소비자보호기준 가이드라인(금융감독원)

가. 운영조직·인력, 제정·변경절차, 준수여부 점검·조치·평가

□ "내부통제기준 가이드라인" 내용을 준용

    ○ 금융소비자보호 총괄기관 업무에 민원·분쟁 현황 및 결과 관리, 금융소비자보호기준 점검결과 보고 등이 포함되어 있는 점을 감안

    ☞ 근거 규정 : 금소법 시행령 §31③, 감독규정 [별표2]

나. 민원·분쟁 업무처리절차 관련

□ 업무처리매뉴얼 민원·분쟁업무 처리가 효율적으로 실행되도록 민원·분쟁 처리에 필요한 중요 사항*이 포함된 매뉴얼 마련

    * ❶주요 소비자 권리, ❷민원·분쟁 진행절차 및 소요기간, ❸민원·분쟁 사례 및 관련 판례, ❹민원·분쟁 사례별 응대요령, ❺민원·분쟁예방 체크리스트, ❻업무자료집 접속방법, ❼주요업무 Q&A, ❽업무담당자 연락처

    ☞ 참고 규정 : 금융소비자보호 모범규준 §25

□ 전산처리시스템 민원·분쟁·소송 진행상황 및 처리결과를 효율적·체계적으로 관리하기 위한 전산처리시스템 구축

    ○ 전산처리시스템은 진행상황 단계별로 구분되어야 하며, 각 단계별 소요기간, 업무담당자를 명시

    ○ 민원·분쟁 진행상황 및 처리결과의 주요내용은 소비자가 요청하는 방법으로 안내·통지할 수 있는 방법 마련

☞ 참고 규정 : 금융소비자보호 모범규준 §26

□ 교육·훈련 임직원에 대한 업무처리매뉴얼 및 전산처리시스템 활용에 대한 교육
  과정 진행하고, 정기·수시 보수교육 실시
    ○ 불완전판매 유발 임직원 지정 기준 및 관리방안을 마련
    ○ 민원·분쟁 대응 임직원의 업무 난이도 등을 감안하여 근무연한, 순환배치, 인센
      티브 부여 등 보상체계 마련

☞ 참고 규정 : 금융소비자보호 모범규준 §8

다. 금소법상 신규 권리에 대한 대응체계
□ 대응체계 금소법상 신규 도입되는 소비자 권리(자료열람요구권, 청약철회권, 위
  법계약해지권) 보장을 위한 대응체계 마련
    ○ 권리 행사방법 및 절차, 거부사유 유형, 관련 대응요령 및 주요 대응사례 등에
      대한 매뉴얼을 마련하고, 이에 대한 임직원 교육 및 소비자 안내 방안 마련

☞ 근거 규정 : 금소법 감독규정 §29

라. 금융소비자 권리 안내 관련
□ 안내방법 금융상품과 관련한 법령·계약상 권리 및 기타 소비자에게 부담이 되는
  정보에 대한 안내방법 마련
    ○ 소비자보호 및 시의성 등을 고려하여 안내시기·내용에 대한 매뉴얼을 정하고,
      안내수단은 소비자에게 선택권을 부여

☞ 참고 규정 : 금융소비자보호 모범규준 §28의2, §30, §30의2

마. 판매 이후 제도개선 관련
□ 제도개선시스템 금융소비자보호 총괄기관은 금융상품 및 민원·분쟁 관련 제도개
  선사항을 도출하고, 관련부서에 제도개선 요구
    ○ 금융소비자보호 총괄기관은 관련부서로부터 개선계획 및 결과를 보고받고, 개선
      계획 진행상황 및 그 결과를 대표자 및 내부통제위원회에 보고하는 절차를 마련

☞ 참고 규정 : 금융소비자보호 모범규준 §27

◇◇◇◇◇◇◇◇◇◇◇◇◇◇◇◇◇◇◇◇ 금융소비자보호법 Q&A ◇◇◇◇◇◇◇◇◇◇◇◇◇◇◇◇◇◇◇◇

Ⓠ 외국은행의 국내지점(은행법§58)도 소비자보호기준(법§32③)을 마련해야 하나요?

Ⓐ 외국은행 국내지점도 소비자보호기준 마련해야 함.

05

금융분쟁조정제도

1 의의

금융소비자는 금융거래 과정에서 금융회사의 위법·부당한 업무처리로 피해를 당할 수 있다. 이 경우 금융소비자는 해당 금융회사에 직접 피해보상을 요구하거나 법원에 소송을 제기하는 등의 방법으로 피해구제를 받을 수 있다. 그러나, 금융소비자가 금융에 대한 전문지식과 정보가 부족하여 방대한 조직과 전문성을 갖춘 금융회사를 상대로 대등한 지위에서 교섭하기는 쉽지 않다. 또한, 소송을 통한 해결방법도 시간과 비용이 많이 드는 부담이 있다. 이에 금융감독원은 금융소비자와 금융회사 사이에 발생한 금융업무와 관련된 권리·의무 등에 대한 분쟁조정 신청을 받아 당사자의 주장과 사실관계를 조사·확인하고 이에 대한 합리적인 분쟁 해결방안을 제시하여 당사자의 원만한 합의를 유도하는 금융분쟁조정제도를 운영하고 있다. 1987년 12월 구(旧) 은행감독원 내에 금융분쟁조정위원회가 설치되는 등 각 금융업권의 감독기관별로 운영되어 왔던 금융분쟁조정제도는 1999년 1월 1일 금융감독원의 출범[78]

에 따라 「금융위원회의 설치 등에 관한 법률」에 근거하여 금융감독원 내의 금융분쟁 조정위원회로 통합되었다. 현행 금융분쟁조정제도는 2021년 3월 25일 금융소비자보호법이 시행됨에 따라 동 법률에 근거하여 운영되고 있다.

금융분쟁조정제도는 소송을 통하지 않고 분쟁을 원만히 해결하는 '자주적 분쟁해결방식'[79]의 하나이다. 금융분쟁 발생 시 금융소비자는 금융감독원을 직접 방문상담하거나 우편, 인터넷 등 다양한 방법으로 비용 없이 신속하고 간편하게 조정을 신청할 수 있다. 소송을 통한 분쟁해결에 소요되는 비용 및 시간과 번거로운 절차 등으로 인한 금융소비자의 경제적·정신적 부담을 경감함은 물론 사회의 모든 분쟁이 사법부에 집중되는 것을 완화시켜 사회 전체적인 분쟁해결 비용도 크게 절감하고 있다. 또한, 전문적인 검사능력과 감독경험을 가진 금융감독원 직원이 분쟁사건의 사실관계 조사과정에서 금융소비자가 알지 못하는 증거나 불공정한 거래내용, 잘못된 관행까지도 적극적으로 찾아내어 금융소비자의 교섭력를 제고하기도 한다. 법조계·소비자단체·금융계·학계 등 다양한 분야의 전문가들이 금융분쟁의 조정에 참여하고 있어 분쟁해결의 공정성이 담보된다.[80]

2 금융분쟁의 정의

금융분쟁이란 조정대상기관, 금융소비자 및 그 밖의 이해관계인이 조정대상기관의 금융업무 등과 관련하여 권리의무 또는 이해관계가 발생함에 따라 조정대상기관을 상대로 제기하는 분쟁을 말한다.[81] 이 경우 조정대상기관이란 「금융위원회의 설

---

78) 각 업권별 감독기관인 은행감독원·증권감독권·보험감독원·신용관리기금은 1999년 1월 1일 금융감독원으로 통합되었다.
79) 자주적인 분쟁해결방식에는 당사자가 서로 양보하여 조리에 맞게 타협하는 평화적 분쟁해결방식으로 화해, 조정, 중재 등이 있는데, 화해는 별도의 절차 없이 당사자가 합의하는 행위를, 조정은 법관 내지 조정자가 분쟁당사자에게 권고하여 화해가 성립되도록 원조·협력하는 행위를, 중재는 당사자가 제3자인 중재자에게 분쟁에 대한 해결을 맡겨 중재자의 판정에 복종할 것을 사전 약정하는 방식으로 국가 간·외국회사 간 국제분쟁에서 많이 이용된다.
80) 금융감독원, 금융감독개론 2021년 개정판 p462 및 금융분쟁조정 업무편람 참조
81) 금융분쟁조정세칙 §3(5)

치 등에 관한 법률」 제38조[82]에 따라 금융감독원의 검사를 받는 기관을 말하고,[83] 금융소비자란 금융소비자보호법 상 일반금융소비자와 전문금융소비자가 모두 해당된다. 그 밖의 이해관계인에 대해서는 금융소비자보호법 상 명확한 정의가 없지만 금융소비자 이외에 조정대상기관과 금융분쟁이 발생한 자로 해석함이 타당하다.

TIP 　금융분쟁 vs. 금융민원

금융감독원은 금융분쟁 이외에도 금융민원을 조사 및 처리하고 있다. 아래의 차이점을 알아두어서 혼동하지 말자.

금융민원: 금융기관의 업무와 관련하여 금융수요자 및 기타 이해관계인으로부터 제기되는 질의, 건의, 요청, 이의신청, 정보, 고발 등에 관한 사무[84]를 말함. 금융민원은 민원처리에 관한 법률에 근거해 처리됨.

금융분쟁: 금융소비자와 금융회사의 사이에 금융업무와 관련된 권리·의무 또는 이해관계를 조정하는 것으로 본질적으로 금융민원과 차이가 있음. 금융분쟁은 금융소비자보호법에 근거해 처리됨.

---

82) 금융위원회의 설치 등에 관한 법률 §38(검사 대상 기관) 금융감독원의 검사를 받는 기관은 다음 각 호와 같다.
　　1. 「은행법」에 따른 인가를 받아 설립된 은행
　　2. 「자본시장과 금융투자업에 관한 법률」에 따른 금융투자업자, 증권금융회사, 종합금융회사 및 명의개서대행회사(名義改書代行會社)
　　3. 「보험업법」에 따른 보험회사
　　4. 「상호저축은행법」에 따른 상호저축은행과 그 중앙회
　　5. 「신용협동조합법」에 따른 신용협동조합 및 그 중앙회
　　6. 「여신전문금융업법」에 따른 여신전문금융회사 및 겸영여신업자(兼營與信業者)
　　7. 「농업협동조합법」에 따른 농협은행
　　8. 「수산업협동조합법」에 따른 수협은행
　　9. 다른 법령에서 금융감독원이 검사를 하도록 규정한 기관
　　10. 그 밖에 금융업 및 금융 관련 업무를 하는 자로서 대통령령으로 정하는 자
83) 금융분쟁조정세칙 §3(3)

3 금융분쟁조정위원회

가. 설치목적

조정대상기관, 금융소비자 및 그 밖의 이해관계인 사이에 발생하는 금융관련 분쟁의 조정에 관한 사항을 심의·의결하기 위하여 금융감독원에 금융분쟁조정위원회를 둔다.[85]

나. 위원장과 위원

금융분쟁조정위원회는 위원장 1명을 포함하여 35명 이내의 위원으로 구성하며,[86] 위원장은 금융감독원장이 소속 부원장 중에서 지명한다.[87] 조정위원회 위원은 금융감독원장이 소속 부원장보 중에서 지명하는 사람(내부위원)과 금융감독원장이 위촉하는 외부위원으로 구성된다.[88] 위원장과 금융감독원장이 그 소속 부원장보 중에서 지명하는 위원의 임기는 해당 직에 재직하는 기간으로 하고,[89] 금융감독원장이 위촉한 조정위원회 위원의 임기는 2년으로 하되 1회에 한하여 연임이 가능하다.[90] 위원장은 조정위원회를 대표하며 조정위원회의 회의를 주재하고 사무를 통할한다.[91] 조정위원회 위원장이 부득이한 사유로 직무를 수행할 수 없을 때에는 금융감독원장이 지명[92]하는 조정위원회 위원이 직무를 대행한다.[93] 조정위원 위원 중 공무원이 아닌 위원은 「형법」제129조부터 제132조까지의 규정을 적용할 때에는 공무원으로 본다.[94]

---

84) 민원처리규정 §2(5)

85) 금융소비자보호법 §33

86) 금융소비자보호법 §34①

87) 금융소비자보호법 §34②

88) 금융소비자보호법 §34③

89) 금융소비자보호법 §34④, 금융분쟁조정세칙 §5(1)

90) 금융소비자보호법 §34④, 금융분쟁조정세칙 §5(2)

91) 금융분쟁조정세칙 §6①

92) 금융분쟁조정세칙 §6②에 의거 위원장이 부득이한 사유로 직무를 수행할 수 없는 때에는 조정위원회 위원 중 분쟁조정 담당 부원장보인 위원이 위원장의 직무를 대행한다.

93) 금융소비자보호법 §34⑤

다. 위원의 자격

금융감독원장이 위촉하는 외부위원은 ❶판사·검사 또는 변호사 자격이 있는 사람, ❷「소비자기본법」에 따른 한국소비자원 및 같은 법에 따라 등록한 소비자단체의 임원, 임원으로 재직하였던 사람 또는 15년 이상 근무한 경력이 있는 사람, ❸조정대상기관 또는 금융 관계 기관·단체에서 15년 이상 근무한 경력이 있는 사람, ❹금융 또는 소비자 분야에 관한 학식과 경험이 있는 사람, ❺전문의(專門醫) 자격이 있는 의사 그리고 ❻그 밖에 분쟁조정과 관련하여 금융감독원장이 필요하다고 인정하는 사람의 어느 하나에 해당하는 사람 중에서 성별을 고려하여 금융감독원장이 위촉한 사람으로 한다.[95]

라. 위원의 추천

금융감독원장이 조정위원회의 위원을 위촉하려는 경우 ❶판사·검사 또는 변호사 자격이 있는 사람의 경우 법무부, 법원행정처, 대한법률구조공단 및 대한변호사협회의 장으로부터, ❷「소비자기본법」에 따른 한국소비자원 및 같은 법에 따라 등록한 소비자단체의 임원, 임원으로 재직하였던 사람 또는 15년 이상 근무한 경력이 있는 사람의 경우 서민금융진흥원 또는 신용회복위원회, 한국소비자원 및 공정거래위원회에 등록된 전국적 규모의 소비자단체의 장으로부터, ❸조정대상기관 또는 금융 관계 기관·단체에서 15년 이상 근무한 경력이 있는 사람의 경우 금융관련협회의 장으로부터, ❹금융 또는 소비자 분야에 관한 학식과 경험이 있는 사람의 경우 한국소비자원과 금융관련협회의 장으로부터, ❺전문의(專門醫) 자격이 있는 의사의 경우 의사회 및 대한민국의학한림원의 장으로부터 각각 위촉하려는 인원의 2배수 이상을 추천받아야 한다.[96]

---

94) 금융소비자보호법 §34⑥
95) 금융소비자보호법 §34③
96) 금융소비자보호법 시행령 §32

마. 조정위원회의 회의

조정위원회의 회의는 위원장과 위원장이 회의마다 지명하는 6명 이상 10명 이하의 조정위원회 위원으로 구성하며, 회의는 위원장이 소집한다.[97] 위원장은 조정위원회의 회의를 구성하는 경우 상기 ❷의 「소비자기본법」에 따른 한국소비자원 및 같은 법에 따라 등록한 소비자단체의 임원, 임원으로 재직하였던 사람 또는 15년 이상 근무한 경력이 있는 사람에 해당하는 위원과 상기 ❸의 조정대상기관 또는 금융관계 기관·단체에서 15년 이상 근무한 경력이 있는 사람에 해당하는 위원을 각각 1명 이상의 같은 수로 지명해야 한다.[98] 조정위원회는 지명된 위원에게 회의 개최일 1주일 전까지 회의의 일시·장소 및 안건을 문서로 알려야 한다. 다만, 위원장이 긴급하다고 인정하는 경우에는 회의 개최 전날까지 알릴 수 있다.[99] 조정위원회의 회의는 보험 분야 또는 비보험 분야(은행, 증권, 비은행 등)별로 매월 첫째주(첫째주 화요일이 없는 경우는 셋째주) 화요일과 셋째주(첫째주 화요일이 없는 경우는 다섯째주) 화요일에 소집함을 원칙으로 하되 위원장이 필요하다고 인정하는 때에는 수시로 소집할 수 있다.[100] 조정위원회는 구성원 과반수의 출석과 출석위원 과반수의 찬성으로 의결한다.[101]

바. 위원의 지명철회·위촉해제

금융감독원장은 조정위원회 위원이 ❶심신장애로 인하여 직무를 수행할 수 없게 된 경우, ❷직무와 관련된 비위사실이 있는 경우, ❸직무태만, 품위손상이나 그 밖의 사유로 위원에 적합하지 아니하다고 인정되는 경우, ❹위원의 제척사유[102]에 해당함에도 불구하고 회피하지 아니한 경우 그리고 ❺위원 스스로 직무를 수행하기 어렵다는 의사를 밝히는 경우 중 어느 하나에 해당하는 경우에는 해당 위원의 지명을

---

97) 금융소비자보호법 §37①
98) 금융소비자보호법 시행령 §34①
99) 금융소비자보호법 시행령 §34①
100) 금융분쟁조정세칙 §7①~②
101) 금융소비자보호법 §37②
102) 금융소비자보호법 §38①에 따른 제척사유를 말한다.

철회하거나 해당 위원의 위촉을 해제할 수 있다.[103]

사. 위원의 제척·기피 및 회피

조정위원회 위원은 ❶위원이나 그 배우자 또는 배우자였던 사람이 해당 사건의 당사자[104]가 되거나 그 사건의 당사자와 공동권리자 또는 공동의무자인 경우, ❷위원이 해당 사건의 당사자와 친족이거나 친족이었던 경우,[105] ❸위원이 해당 사건의 당사자인 법인 또는 단체[106]에 속하거나 조정신청일 전 최근 5년 이내에 속하였던 경우, ❹위원 또는 위원이 속한 법인 또는 단체, 사무소가 해당 사건에 관하여 증언·법률자문 또는 손해사정 등을 한 경우 그리고 ❺위원 또는 위원이 속한 법인 또는 단체, 사무소가 해당 사건에 관하여 당사자의 대리인으로서 관여하거나 관여하였던 경우 중 어느 하나에 해당하는 경우에는 그 분쟁조정신청사건의 심의·의결에서 제척(除斥)[107]된다.[108] 당사자는 위원에게 공정한 심의·의결을 기대하기 어려운 사정이 있는 경우에는 조정위원회 위원장에게 기피(忌避)[109]신청을 할 수 있으며, 조정위원회 위원장은 기피신청이 타당하다고 인정할 때에는 기피의 결정을 한다.[110] 또한, 위원이 위원의 제척 사유[111]에 해당하는 경우에는 스스로 그 사건의 심의·의결에서 회피(回避)[112]하여야 한다.[113]

아. 전문위원 자문제도

금융감독원장은 조정업무와 관련하여 금융감독원장 또는 조정위원회의 자문에

---

103) 금융소비자보호법 §35

104) 당사자가 법인·단체 등인 경우에는 그 임원을 포함한다.

105) 배우자 여부 및 친족관계의 범위는 민법에 의하여 정해지며, 배우자의 경우 법률혼이 아닌 사실혼관계에 있는 배우자는 당연제 척사유가 아닌 기피신청의 대상으로 해석된다.

106) 계열회사등을 포함한다.

107) 제척이라 함은 세칙에서 정한 특수한 관계에 있는 때에 당연히 의결에 관여할 수 없는 경우로 제척원인 있는 위원이 의결에 참여한 경우에는 본질적인 절차상의 하자로서 조정결정은 무효가 된다.

108) 금융소비자보호법 §38①

109) 기피라 함은 세칙에서 정한 제척원인 외에 조정의 공정성을 기대하기 어려운 사정이 있는 경우에 당사자의 기피신청을 기다려 의결에 참여하는 것을 배제시키는 경우로 기피사유를 고려하여 배제여부를 결정할 수 있다.

110) 금융소비자보호법 §38②

응하는 전문위원을 위촉할 수 있다. 전문위원은 ❶변호사의 자격이 있는 자, ❷대학이나 공인된 연구기관에서 조교수 이상 또는 이에 상당한 직에 있는 자 그리고 ❸전문의의 자격이 있는 의사 등 기타 금융감독원장이 필요하다고 인정하는 자로 한다. 금융감독원장은 접수된 사건 및 조정위원회에 회부된 사건의 처리를 위하여 필요하다고 인정할 때에는 전문위원 및 전문위원 외 전문가 등에게 자문을 의뢰할 수 있다. 전문위원의 임기는 2년으로 하되 연임할 수 있다.[114]

자. 전문소위원회

법률 또는 의료사항 등 고도의 전문적 판단이 필요한 사건의 효율적 처리를 위하여 전문소위원회를 둔다. 전문소위원회의 구성 및 운영에 관하여는 금융감독원장이 정하는 바에 의한다.[115]

4 금융분쟁 조정절차

가. 조정신청

조정대상기관, 금융소비자 및 그 밖의 이해관계인은 금융과 관련하여 분쟁이 있을 때에는 금융감독원장에게 분쟁조정을 신청할 수 있다.[116] 통상적으로 금융분쟁의

---

111) 금융소비자보호법 §38(위원의 제척·기피 및 회피) ① 조정위원회 위원은 다음 각 호의 어느 하나에 해당하는 경우에는 그 분쟁조정신청사건(이하 "사건"이라 한다)의 심의·의결에서 제척(除斥)된다.

　　1. 위원이나 그 배우자 또는 배우자였던 사람이 해당 사건의 당사자(당사자가 법인·단체 등인 경우에는 그 임원을 포함한다. 이하 이 호 및 제2호에서 같다)가 되거나 그 사건의 당사자와 공동권리자 또는 공동의무자인 경우

　　2. 위원이 해당 사건의 당사자와 친족이거나 친족이었던 경우

　　3. 위원이 해당 사건의 당사자인 법인 또는 단체(계열회사등을 포함한다. 이하 이 항에서 같다)에 속하거나 조정신청일 전 최근 5년 이내에 속하였던 경우

　　4. 위원 또는 위원이 속한 법인 또는 단체, 사무소가 해당 사건에 관하여 증언·법률자문 또는 손해사정 등을 한 경우

　　5. 위원 또는 위원이 속한 법인 또는 단체, 사무소가 해당 사건에 관하여 당사자의 대리인으로서 관여하거나 관여하였던 경우

112) 회피라 함은 위원이 스스로 제척 또는 기피 사유가 있다고 인정하여 자발적으로 의결에 참여하는 것을 피하는 것을 말한다.

113) 금융소비자보호법 §38③

114) 금융분쟁조정세칙 §10

115) 금융분쟁조정세칙 §11

조정은 금융소비자 또는 그 밖의 이해관계인이 신청하고 있지만 조정대상기관도 법적으로 분쟁조정을 신청할 수 있다. 다수의 신청인이 공동으로 분쟁조정을 신청하는 경우에는 신청인 중 3명 이내의 대표자를 선정[117]할 수 있다.[118] 선정된 대표자는 이를 선임한 신청인들을 위하여 분쟁조정사건에 관한 모든 행위를 할 수 있다. 다만, 조정신청의 취하, 조정대상기관과의 합의 또는 조정결정서의 수락은 다른 신청인의 동의를 얻어야 하며, 이 경우 동의를 얻은 사실을 서면으로 증명하여야 한다.[119] 당사자는 변호사, 기타 제3자를 대리인으로 선임할 수 있으며, 이 경우 그 선임사실을 서면으로 증명하여야 한다.[120] 한편, 금융감독원장은 분쟁조정의 신청을 받은 경우 그 사건의 처리에 앞서 조정신청한 금융소비자 등과 조정대상기관이 자율적인 조정절차를 거치도록 할 수 있다.[121] 또한, 금융감독원장은 분쟁조정사건의 내용·성격 등이 금융·보험거래와 무관하거나 금융감독원이 직접 처리하기 어렵다고 판단되는 경우 금융감독원장이 별도로 정하는 기관 등에서 자율조정에 대한 검토를 거치도록 할 수 있다.[122]

나. 합의권고

금융감독원장은 분쟁조정 신청을 받았을 때에는 관계 당사자에게 그 내용을 통지하고 합의를 권고할 수 있다.[123] 금융감독원장은 합의를 권고하기 위해 필요하다고 인정하는 경우에는 당사자(대리인을 포함)에게 의견의 진술 또는 자료의 제출을 요구할 수 있다.[124] 다만, ❶신청한 내용이 분쟁조정대상으로서 적합하지 아니하다고 금융감독원장이 인정하는 경우, ❷신청한 내용이 관련 법령 또는 객관적인 증명자료

---

116) 금융소비자보호법 §36①
117) 대표자를 선정한 경우에는 그 선임사실을 서면으로 증명하여야 한다.
118) 금융소비자보호법 시행령 §33①
119) 금융분쟁조정세칙 §12⑤
120) 금융분쟁조정세칙 §13
121) 금융분쟁조정세칙 §11①
122) 금융분쟁조정세칙 §11②
123) 금융소비자보호법 §36②본문
124) 금융소비자보호법 시행령 §33②

등에 따라 합의권고절차 또는 조정절차를 진행할 실익이 없는 경우, ❸조정위원회에 회부되기 전에 소가 제기된 경우, ❹신청 내용의 보완을 2회 이상 요구하였으나 이에 응하지 않은 경우 그리고 ❺신청 내용이 신청인과 직접적인 이해관계가 없는 경우 중에서 어느 하나에 해당하는 경우에는 합의를 권고하지 아니하거나 금융분쟁 조정위원회에의 회부를 하지 아니할 수 있으며,[125] 이 경우 관계 당사자에게 합의권고를 하지 않거나 조정위원회에 회부하지 않는 사유를 서면으로 통지하여야 한다.[126]

다. 조정위원회 회부

금융감독원장은 분쟁조정 신청을 받은 날부터 30일 이내[127]에 합의권고에 따른 합의가 이루어지지 아니할 때에는 지체 없이 금융분쟁조정위원회에 회부하여야 한다.[128] 조정위원회는 특별한 사유가 없는 한 당사자가 회의에 참석하여 진술을 할 수 있도록 해야 한다.[129]

라. 조정안 작성

조정위원회는 조정을 회부받았을 때에는 이를 심의하여 조정안을 60일 이내에 작성하여야 한다.[130]

마. 조정안 수락 권고

금융감독원장은 조정위원회가 조정안을 작성하였을 때에는 신청인과 관계 당사자에게 제시하고 수락을 권고할 수 있다.[131] 조정위원회는 당사자가 조정안을 수락을

---

125) 금융소비자보호법 §36②단서, 시행령 §33②
126) 금융소비자보호법 §36③, 시행령 §33④
127) 조정신청의 보완에 소요되는 기간, 사건에 대하여 사실조사 및 조회 등에 부득이하게 소요되는 기간, 공휴일 및 토요일은 조정신청의 처리기간에 산입하지 아니한다.
128) 금융소비자보호법 §36④
129) 금융소비자보호법 시행령 §34③
130) 금융소비자보호법 §36⑤
131) 금융소비자보호법 §36⑥

한 경우에는 조정에 참가한 위원과 분쟁당사자가 기명날인하거나 서명한 조정조서를 작성한다.[132] 신청인과 관계 당사자가 조정안을 제시받은 날부터 20일 이내에 조정안을 수락하지 아니한 경우에는 조정안을 수락하지 아니한 것으로 본다.[133]

〈 금융분쟁조정 처리절차 〉

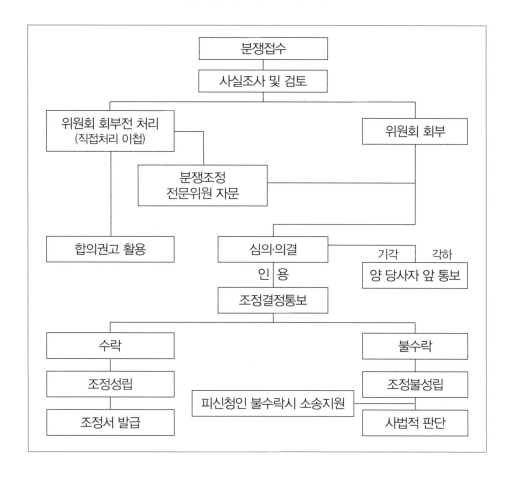

바. 재조정 신청

분쟁조정 신청사건의 당사자는 금융분쟁조정세칙 제31조[134]에 해당하는 사유가 있

---

132) 금융소비자보호법 시행령 §33⑤
133) 금융소비자보호법 §36⑦

는 때에는 금융분쟁조정위원회의 결정에 대하여 재조정을 신청할 수 있다. 다만, 당사자가 당초 조정신청을 할 때에 그 사유를 주장하였거나 이를 알면서 주장하지 아니한 경우에는 그러하지 아니한다. 재조정신청은 당사자가 조정결정 또는 각하결정을 통지받은 날로부터 1개월 이내에 하여야 한다.[135]

5 금융분쟁 조정의 효력

가. 양 당사자 수락 시 재판상 화해와 동일한 효력

조정은 당사자간에 발생하는 분쟁에 대해 중립적 제3자 즉 조정인에게 문제의 해결을 의뢰하는 점에서는 중재와 유사하지만, 조정인이 분쟁해결을 위해 판정이나 판결을 내리는 것이 아니라 당사자들이 스스로 분쟁해결을 할 수 있도록 조정안이나 권고안을 작성하게 된다. 조정인이 내놓는 조정안이나 권고안은 법률상 당사자를 구속하는 것이 아니라는 점에서 중재와 차이가 있다. 금융감독원의 분쟁조정도 일반 분쟁조정과 같이 법률상 당사자를 구속하지는 않음이 원칙이나, 금융소비자보호법에 의하여 금융분쟁조정위원회에서 심의·의결된 조정안에 대하여 양 분쟁당사자가 수락할 경우 재판상의 화해[136]와 동일한 효력을 갖는다.[137] 다만, 양 분쟁당사자 중 어느 일방이라도 수락하지 않는 경우에는 조정은 성립되지 않는다. 따라서 수락 여부는 전적으로 분쟁당사자의 자유의사에 있다 할 것이며, 금융감독원은 당해 분

---

134) 금융분쟁조정세칙 §31(재조정신청) ① 당사자는 다음 각 호의 1에 해당하는 사유가 있는 때에는 조정위원회의 결정에 대하여 재조정을 신청할 수 있다. 다만, 당사자가 당초 조정신청을 할 때에 그 사유를 주장하였거나 이를 알면서 주장하지 아니한 경우에는 그러하지 아니한다.

   1. 조정 당시에는 제출되지 아니한 것으로서 조정의 결과에 중대한 영향을 미치는 새로운 사실이 나타난 경우

   2. 조정의 증거로 된 문서, 증인의 증언, 참고인의 진술 등의 자료가 위조 또는 변조된 것이거나 허위임이 밝혀진 경우

   3. 조정의 기초가 된 법률, 판결 등이 변경된 경우

   4. 조정에 영향을 미칠 중요한 사항에 관하여 조정위원회가 판단하지 아니한 경우

135) 금융분쟁조정세칙 §31

136) 재판상의 화해에는 제소전의 화해와 소송상의 화해가 있으며, 제소전의 화해는 분쟁당사자 일방이 지방법원 단독판사에 화해신청을 하는 방법을, 소송상의 화해는 소송계속 중 법원의 화해권고결정 또는 당사자 쌍방의 자율적인 양보에 의하여 법원에 진술된 것으로 조서화되는 경우를 말하고, 이는 민사소송법 제220조에 의하여 확정판결과 동일한 효력을 갖는다.

137) 금융소비자보호법 §39

쟁의 제3자의 위치에 있으므로 조정안을 수락하도록 피신청인인 금융회사에 강요할 수는 없다. 단지 분쟁처리과정에서 약자적 위치에 있는 금융소비자의 보호를 위해 분쟁의 원만한 해결을 권유할 수 있다.

나. 시효의 중단

분쟁조정의 신청은 시효중단의 효력이 있으며,[138] 중단된 시효는 ❶양 당사자가 조정안을 수락한 경우, ❷분쟁조정이 이루어지지 아니하고 조정절차가 종료된 경우 중 어느 하나에 해당하는 때부터 새로이 진행한다.[139] 다만, 금융감독원이 합의권고를 하지 아니하거나 금융분쟁조정위원회에 회부하지 아니할 때에는 시효중단의 효력이 없으나 이 경우 1개월 이내에 재판상의 청구, 파산절차 참가, 압류 또는 가압류, 가처분을 한 때에는 시효는 최초의 분쟁조정의 신청으로 인하여 중단된 것으로 본다.[140]

다. 소송과의 관계

조정이 신청된 사건에 대하여 신청 전 또는 신청 후 소가 제기되어 소송이 진행 중일 때에는 수소법원(受訴法院)[141]은 조정이 있을 때까지 소송절차를 중지할 수 있다.[142] 이 경우 수소법원이 소송절차를 중지하지 아니하는 경우에는 조정위원회는 해당 사건의 조정절차를 중지하여야 하고[143] 금융감독원장은 지체 없이 그 사실을 당사자에 알려야 한다.[144] 또한, 조정위원회는 조정이 신청된 사건과 동일한 원인으로 다수인이 관련되는 동종·유사 사건에 대한 소송이 진행 중인 경우에는 조정위원회의 결정으로 조정절차를 중지할 수 있으며,[145] 이 경우 금융감독원장은 지체 없이 그 사실을

---

138) 금융소비자보호법 §40①본문
139) 금융소비자보호법 §40③
140) 금융소비자보호법 §40②
141) 어떤 사건에 관한 판결절차가 과거에 계속되었거나 현재 계속하고 있거나 장차 계속할 법원을 말한다.
142) 금융소비자보호법 §41①
143) 금융소비자보호법 §41②
144) 금융소비자보호법 시행령 §35③
145) 금융소비자보호법 §41③

당사자에 알려야 한다.[146] 한편, 분쟁조정사건의 당사자는 금융분쟁조정위원회에 회부되기 전에 소가 제기된 경우 지체 없이 그 사실을 금융감독원장에게 알려야 한다.[147]

라. 소액분쟁사건에 관한 특례(소송이탈금지제도)

조정대상기관은 소액분쟁사건에 대하여 조정절차가 개시된 경우에는 금융분쟁조정위원회의 조정안을 제시받기 전에는 소를 제기할 수 없다. 소액분쟁사건이란 ❶일반금융소비자가 신청한 사건일 것, ❷조정을 통하여 주장하는 권리나 이익의 가액이 2천만원 이하일 것을 모두 충족한 분쟁사건을 말한다. 다만, 소액분쟁사건이라 하더라도 금융감독원장으로부터 합의권고를 하지 않는다거나 금융분쟁조정위원회에의 회부를 하지 아니한다는 서면통지를 받거나 금융분쟁조정위원회로부터 조정위원회에 회부된 때로부터 60일 이내에 조정안을 제시받지 못한 경우에는 소를 제기할 수 있다.[148]

6 소송지원제도

금융감독원장은 ❶조정위원회에서 신청인의 청구를 인용하는 것으로 조정결정된 사건, ❷조정위원회에서 조정결정이 있기 전 사건으로서 조정위원회의 조정선례 또는 법원의 판례 등에 비추어 신청인의 청구를 인용하는 것으로 조정결정될 것이 명백한 사건에 해당하는 사건으로서 피신청인의 조치가 현저히 부당하다고 조정위원회가 인정하여 소송지원을 요청하는 경우 신청인을 위한 소송지원을 할 수 있다(2020년 9월 말 현재 즉시연금 관련 분쟁 사건으로 총 4건을 소송지원하고 있음). 다만, 소송지원이 실익이 없거나 공익목적상 부적절하다고 인정되는 경우에는 그러하지 아니한다. 금융감독원장은 소송지원 결정 이후 ❶신청인이 특별한 사정 없이 소송당사자로서의 의무를 다하지 아니하는 경우, ❷신청인이 소송지원 신청시 제출한 자료나 진술 등이 허위로 판명된 경우 그리고 ❸소송지원 과정에서 새로이 발견된 사실로 인해 당해 소송지원이 실익이 없게 되거나 공익목적상 부적절하게 된 경우에는 소송지원을 중단할 수 있다.[149]

◇◇◇◇◇◇◇◇◇◇◇◇◇◇◇◇ 금융소비자보호법 Q&A ◇◇◇◇◇◇◇◇◇◇◇◇◇◇◇◇

Q 소액분쟁조정의 판단기준은 뭔가요?

A ① 소액분쟁조정 이탈금지제도

금소법은 금융사가 분쟁조정을 회피하려고 소를 제기함으로 인해 일반금융소비자(금융소비자보호법상 전문금융소비자가 아닌 자)가 분쟁조정을 통한 사후구제에 어려움을 겪지 않을 수 있도록 하기 위함. 분쟁조정가액이 2천만원 이하인 분쟁조정이 진행중인 경우에는 금융사의 소 제기를 금지함.

② 소액분쟁조정 해당여부 판단기준

금소법(제42조제2호)에서는 분쟁조정가액을 "(조정을 신청한 일반금융소비자가) 조정을 통하여 주장하는 권리나 이익의 가액이 2천만원 이내일 것"이라 규정.

☞ 법 문언상 소액분쟁조정 해당여부와 관련하여 분쟁조정가액은 소비자가 분쟁조정 신청시 주장하는 금액으로 판단.

- -

Q 금소법 제42조의 소제기 금지가 되는 시점인 '조정절차가 개시된 경우'란 어떤 의미인가요?

A 금소법 제42조에 따른 "조정절차의 개시"는 타 입법례*를 감안하면 통상 조정신청 후 이루어지는 절차를 의미.

＊ (소비자기본법 §65②) 조정위원회는 제58조 또는 제1항의 규정에 따라 분쟁조정을 신청받은 경우에는 대통령령이 정하는 바에 따라 지체 없이 분쟁조정절차를 개시하여야 한다.

☞ 무엇보다 조정절차는 조정 당사자 확인 없이 진행되기 어려운 점을 감안하면, 금소법 제42조에 따른 "조정절차가 개시된 경우"는 신청인 외 당사자가 조정절차 개시 사실을 인지한 후로 볼 수 있음.

---

146) 금융소비자보호법 시행령 §35③
147) 금융소비자보호법 시행령 §35①
148) 금융소비자보호법 §42, 시행령 §36
149) 금융분쟁조정세칙 §32의2

06

손해배상책임

1 의의

금융소비자보호법은 금융소비자에게 피해가 발생한 경우 누가 그 피해를 보상할 것인지에 대해 규정하고 있다. 금융상품판매업자등[150]이 자신의 고의 또는 과실로 피해를 준 경우라면 해당 금융상품판매업자등이 자기책임의 원칙에 따라 금융소비자에게 손해배상 책임을 지게 된다. 만일 금융상품직접판매업자로부터 업무를 위탁받은 금융상품판매대리·중개업자가 위탁업무 과정에서 고의 또는 과실로 피해를 준 경우라면 해당 금융상품판매대리·중개업자가 자기책임의 원칙에 따라 금융소비자에게 손해배상 책임을 지는 것과 동시에 업무를 위탁한 금융상품직접판매업자도 사용자 책임[151]의 법리에 따라 금융소비자에게 배상책임을 부담하게 된다. 금융소비자보호법은 금융소비자를 두텁게 보호하기 위해 금융상품직접판매업자와 금융상품판매대리·중개업자 사이에 고용 관계가 없지만 사실상 사용·피용 관계로 보아 사용자 책임의 원칙을 인정하고 있다. 사용자 책임은 민법 상 배상책임의 대원칙인 자기책임 원칙의 예외로서 사용자에 대해 배상책임을 부과하는 것이나 사용자가 주의의무를 다한 것을 입증하는 경우에는 배상책임이 면제되므로 무과실 책임을 인정하는 것은 아니다.

한편, 고의 또는 과실로 금융소비자보호법을 위반하여 금융소비자에게 손해를 발생시킨 경우 누구에게 입증책임이 있는지와 관련하여 금융소비자보호법은 특별한 규정을 두고 있다. 일반적으로 민사소송법 상 손해배상 소송 시 원고(금융소비자)에게 입증책임이 있으나 금융소비자보호법 상 설명의무를 위반한 경우에 한정하여 그 입증책임을 금융회사로 전환하였다.[152] 금융상품의 복잡성 등에 따른 정보 비대칭성을 감안하여 소송 수행 과정에서 금융소비자의 입증부담을 완화하여 피해구제를 강화한 것이다.

TIP	손해배상액의 추정

금융소비자보호법에는 손해배상액의 추정 관련 조항이 규정되어 있지 않다. 당초 금융소비자보호법 제정안에는 "투자성 상품을 일반금융소비자에게 판매 시 설명의무를 위반한 경우, 해당 투자성 상품의 원금손실분을 손해액으로 추정"하는 조항이 포함되었다.

그러나 자본시장법 제48조 제2항에 따른 손해액 추정에 대한 규정을 활용하기로 하고 최종 정부안에서 제외되었다.

---

150) 금융상품직접판매업자, 금융상품판매대리·중개업자 및 금융상품자문업자를 말한다.

151) 민법 §756(사용자의 배상책임) ①타인을 사용하여 어느 사무에 종사하게 한 자는 피용자가 그 사무집행에 관하여 제삼자에게 가한 손해를 배상할 책임이 있다. 그러나 사용자가 피용자의 선임 및 그 사무감독에 상당한 주의를 한 때 또는 상당한 주의를 하여도 손해가 있을 경우에는 그러하지 아니하다.

②사용자에 갈음하여 그 사무를 감독하는 자도 전항의 책임이 있다.

③전2항의 경우에 사용자 또는 감독자는 피용자에 대하여 구상권을 행사할 수 있다.

152) 당초 금융소비자보호법 최종 정부안에는 적합성 원칙, 적정성 원칙 및 설명의무에 해당하는 3가지 위반에 대해서 금융회사에게 입증책임을 부여하였으나 국회 논의 과정에서 설명의무에 한해서만 입증책임을 전환하는 것으로 결정되었다.

한편, 자본시장법 제48조 제1항에 따라 금융투자업자는 금융소비자보호법 상 설명의무를 위반한 경우 이로 인하여 발생한 일반 일반투자자의 손해를 배상할 책임이 있다. 이 경우 동 조 제2항에 따라 금융투자상품의 취득으로 인하여 일반투자자가 지급하였거나 지급하여야 할 금전등의 총액에서 그 금융투자상품의 처분, 그 밖의 방법으로 그 일반투자자가 회수하였거나 회수할 수 있는 금전등의 총액을 뺀 금액을 제1항에 따른 손해액으로 추정한다.

2 금융상품판매업자등의 손해배상책임

가. 설명의무 위반 시 : 입증책임 전환

금융상품판매업자등이 금융소비자보호법 제19조의 설명의무를 위반하여 금융소비자(일반금융소비자+전문금융소비자)에게 손해를 발생시킨 경우에는 그 손해를 배상할 책임을 진다. 다만, 그 금융상품판매업자등이 고의 및 과실이 없음을 입증한 경우에는 그러하지 아니하다.[153] 즉, 설명의무를 위반하여 금융소비자에게 손해를 발생시킨 경우 금융상품판매업자등이 고의 또는 과실이 없음을 입증하지 못한 때에는 그 손해를 배상할 책임을 지도록 하여 입증책임에 대한 부담을 금융상품판매업자등에게 전환하고 금융소비자의 입증부담을 완화하였다. 일반적으로 민사소송법 상 손해배상 소송 시 금융소비자(원고)가 ❶위법성, ❷금융회사의 고의 또는 과실, ❸손해액, ❹위법성과 손해와의 인과관계 등을 입증하여야 하나, 금융소비자보호법 상 설명의무 위반에 한정하여 입증책임을 금융회사로 전환함으로써 금융소비자의 피해

---

153) 금융소비자보호법 §44②

구제를 강화하였다. 이에 따라 금융소비자는 설명의무 위반과 관련하여서는 금융상품판매업자등의 고의 또는 과실을 제외한 나머지 손해배상책임의 발생요건만을 입증하면 되고 금융상품판매업자등은 자신의 고의 또는 과실이 없음을 입증하여야 손해배상책임을 면할 수 있다. 이는 금융상품의 복잡성 등으로 금융소비자가 금융상품판매업자등을 상대로 설명의무의 위반 사실을 입증하는 것이 쉽지 않은 현실을 고려한 것이다.[154]

나. 설명의무 외 위반 시

금융상품판매업자등이 고의 또는 과실로 금융소비자보호법을 위반하여 금융소비자(일반금융소비자+전문금융소비자)에게 손해를 발생시킨 경우에는 그 손해를 배상할 책임이 있다.[155] 설명의무 이외의 금융소비자보호법을 위반한 경우에는 일반적으로 민사소송법 상 손해배상 소송 시 금융소비자(원고)가 ❶위법성, ❷금융회사의 고의 또는 과실, ❸손해액, ❹위법성과 손해와의 인과관계 등을 입증해야 하는 것과 마찬가지로 금융상품판매업자등의 손해배상책임의 발생요건을 금융소비자가 모두 입증하여야 한다.

3 금융상품직접판매업자의 손해배상책임

금융상품직접판매업자는 금융상품계약체결등[156]의 업무를 대리·중개한 금융상품판매대리·중개업자[157] 또는 보험업법 제83조 제1항 제4호[158]에 해당하는 임원 또는 직원에 해당하는 금융상품판매대리·중개업자등이 대리·중개 업무를 할 때 금융소비자(일반금융소비자+전문금융소비자)에게 손해를 발생시킨 경우에는 그 손해를 배상할

---

154) 이상복, 금융소비자보호법 p225~226 참조
155) 금융소비자보호법 §44①
156) 금융상품에 관한 계약의 체결 또는 계약 체결의 권유를 하거나 청약을 받는 것을 말한다.

책임이 있다. 다만, 금융상품직접판매업자가 금융상품판매대리·중개업자등의 선임과 그 업무 감독에 대하여 적절한 주의를 하였고 손해를 방지하기 위하여 노력한 경우에는 그러하지 아니한다.[159] 금융소비자보호법은 금융상품판매대리·중개업자등이 대리·중개업무를 수행하는 과정에서 위법행위로 금융소비자에게 손해를 발생시킨 경우 대리·중개업자에게 업무를 위탁[160]한 금융상품직접판매업자에게 민법상 "사용자 책임"의 법리에 따라 배상책임을 부담하게 하고 있다. "사용자 책임"은 민법상 배상책임의 대원칙인 "자기책임" 원칙의 예외로서, 자기와 사용관계에 있는 피용자가 제3자에게 손해를 끼친 경우 사용자가 직접 피해자에게 배상책임을 부담하되 상당한 주의의무를 다한 것을 입증하는 경우에는 면책된다. 금융소비자는 금융상품을 금융상품판매대리·중개업자등으로부터 구입하는 경우가 많지만 대리·중개업자등의 위법행위로 인해 손해가 발생할 경우 대리중개업자등의 배상능력 부족으로 손해배상을 제대로 받기 어려운 측면이 있다. 이에 금융소비자보호법은 상대적으로 배상능력이 충분한 금융상품직접판매업자가 손해배상책임을 부담하도록 하여 금융소비자 보호를 강화하였다. 이 경우 금융상품직접판매업자의 손해배상책임은 금융상품판매대리·중개업자등에 대한 금융상품직접판매업자의 구상권 행사를 방해하지 아니한다.[161]

---

157) 금융소비자보호법 제25조 제1항 제2호 단서에서 정하는 바에 따라 대리·중개하는 제3자를 포함하고 보험중개사는 제외한다.

　금융소비자보호법 시행령 §25, ②법 제25조 제1항 제2호 단서에서 "대통령령으로 정하는 행위"란 다음 각 호의 행위를 말한다.

　1. 다음 각 목의 위탁계약을 체결한 경우 수탁자로 하여금 보장성 상품에 관한 계약의 체결을 대리·중개하는 업무를 하게 하거나 그러한 행위에 관하여 위탁자가 수수료·보수나 그 밖의 대가를 지급하는 행위

　　가. 보험설계사가 같은 보험회사·보험대리점 또는 보험중개사에 소속된 다른 보험설계사와 위탁계약을 체결한 경우

　　나. 보험대리점이 소속 보험설계사 또는 같은 보험회사의 다른 보험대리점과 위탁계약을 체결한 경우 다만, 같은 보험회사의 다른 보험대리점과 위탁계약을 체결하는 경우에는 금융상품직접판매업자로부터 그 계약의 내용에 대해 사전동의를 받아야 한다.

　　다. 보험중개사가 소속 보험설계사 또는 다른 보험중개사와 위탁계약을 체결한 경우

　2. 법인인 금융상품판매대리·중개업자가 개인인 금융상품판매대리·중개업자에게 예금성 상품 또는 대출성 상품에 관한 계약의 체결을 대리·중개하는 업무를 하게 하거나 그러한 행위에 관하여 수수료·보수나 그 밖의 대가를 지급하는 행위

158) 보험업법 §83(모집할 수 있는 자) ① 모집을 할 수 있는 자는 다음 각 호의 어느 하나에 해당하는 자이어야 한다.

　1. 보험설계사 2. 보험대리점 3. 보험중개사

　4. 보험회사의 임원(대표이사·사외이사·감사 및 감사위원은 제외한다. 이하 이 장에서 같다) 또는 직원

159) 금융소비자보호법 §45①

160) 금융상품직접판매업자와 업무의 위탁관계가 없이 독립적 지위에서 업무를 수행하는 금융상품판매대리·중개업자(예 : 보험중개사)의 위법행위에 대해서는 금융상품직접판매업자의 손해배상 책임이 없다.

161) 금융소비자보호법 §45②

손해배상 관련 주요 판례

대법원2018. 7. 20 선고2016다35352 판결

[1] 위법행위 시점과 손해의 발생시점에 시간적 간격이 있는 경우, 불법행위로 인한 손해배상 책임이 성립하는 시기(=손해의발생시점) 및 여기서 '손해'와 '손해의 발생 시점'의 의미 및 현실적으로 손해가 발생하였는지 판단하는 방법

  − 불법행위로 인한 손해배상 책임은 원칙적으로 위법행위시에 성립하지만 위법 행위 시점과 손해발생 시점 사이에 시간적 간격이 있는 경우에는 손해가 발생 한 때에 성립한다. 손해란 위법한 가해행위로 인하여 발생한 재산상의 불이익, 즉 그 위법행위가 없었더라면 존재하였을 재산상태와 그 위법행위가 있은 후 의 재산상태의 차이를 말한다. 또한 손해의 발생시점이란 이러한 손해가 현실 적으로 발생한 시점을 의미하는데, 현실적으로 손해가 발생하였는지 여부는 사 회통념에 비추어 객관적이고 합리적으로 판단하여야 한다.

[2] 금융투자업자가 투자권유를 할 때 설명의무를 위반하여 일반투자자에게 손해가 발생한 경우, 손해액은 금융투자상품의 취득으로 지급하였거나 지급하여야 할 금전등의 총액에서 그 상품의 처분등으로 회수하였거나 회수할 수 있는 금전등 의 총액을 뺀 금액으로 추정되는지 여부(적극) 및 그 손해액 산정의 기준이 되는 시기(=미회수 금액의 발생이 확정된 시점)

  − 금융투자업자가 일반투자자를 상대로 투자권유를 할 때 설명의무를 위반하 여 일반투자자에게 손해가 발생한 경우 그 손해액은 금융투자상품의 취득으 로 인하여 일반투자자가 지급하였거나 지급하여야 할 금전, 그 밖의 재산적 가 치가 있는 것의 총액에서 그 금융투자상품의 처분, 그 밖의 방법으로 그 일반 투자자가 회수하였거나 회수할 수 있는 금전등의 총액을 뺀 금액(이하 '미회수 금액'이라고 한다)으로 추정된다(자본시장법 제48조 제2항, 제1항). 이와 같이 금 융투자업자가 설명의무를 위반함에 따른 일반투자자의 손해는 미회수 금액의 발생이 확정된 시점에 현실적으로 발생하고, 그 손해액 역시 위 시점을 기준으 로 산정하여야 한다.

07

청약철회권

1 의의

금융상품의 계약은 금융소비자의 청약과 금융회사의 승낙으로 성립된다. 금융상품 계약의 청약이란 금융소비자가 금융회사에 대하여 일정한 금융상품계약을 체결할 것을 목적으로 하는 의사표시로서 이를 금융회사가 승낙하면 계약이 성립된다. 금융상품계약을 청약하는 방법은 원칙적으로 특별한 방식이 요구되지 않는다. 금융상품은 일반적인 제조상품에 비해 계약을 체결하고자 하는 자(금융소비자)와 금융회사 간 정보의 비대칭성이 높고, 보험·연금 등과 같이 계약기간이 장기이거나 원금손실 또는 원금을 초과하는 손실을 볼 수 있는 금융투자상품도 있어 계약을 체결할 때에는 일반적인 상품에 비해 신중할 필요가 있다. 이러한 이유로 금융소비자보호법은 계약체결 후에도 금융상품에 대한 위험감수능력이 상대적으로 취약한 일반금융소비자를 대상으로 청약한 계약에 대해 청약과정 등에 하자가 없음에도 단순변심 등의 사유라도 일방적으로 청약을 철회할 수 있는 권리를 부여하여 금융소비자를 두텁게 보호하고 있다. 일정기간 내 일반금융소비자가 금융상품 계약을 철회하는 경우 금융상품판매업자는 이미 받은 금전·재화 등을 반환하여야 한다. 다만, 청약철회기간을 장기화하는 것은 계약의 안전성과 신뢰성에 반할 수 있어 청약철회기간을 일정 기간내로 한정하고 있다.[162]

〈 청약철회권의 주요 내용 〉

구분	청약철회권 대상 상품	철회가능기간	철회효과 발생
보장성 상품	아래를 제외한 모든 보장성 상품 • 타인을 위한 보증보험(제3자 동의시 제외) • 자동차보험(동종 다른 책임보험 가입시 제외) • 단기(90일)보험상품 • 법률 가입의무 보험 (동종 다른 보험 가입시 제외) • 건강진단지원보험	보험증권 수령일로부터 15일과 청약일로부터 30일 중 먼저 도래한 기간	철회 의사표시를 발송한 때
투자성 상품	아래의 투자성 상품만 해당 단, 청약기간 이내에 투자 동의시 제외 • 고난도금융투자상품 (모집기간 종료후 투자 실시하는 펀드에 한함) • 고난도투자일임계약 • 고난도금전신탁계약 • 신탁계약(금전신탁 제외)	계약서류 제공일 또는 계약체결일로부터 7일	
자문계약	모든 금융상품자문		
대출성 상품	아래를 제외한 모든 대출성 상품 • 시설대여·연불판매·할부금융 (소비자가 재화 미수령시 제외) • 연계대출 • 신용카드 • 자본시장법 상 신용대출(담보증권처분 한함) • 지급보증(제3자 동의시 제외)	계약서류 제공일, 계약체결일 또는 계약에 따른 금전·재화등 제공일로부터 14일	철회 의사표시를 발송하고 원금·이자·부대비용을 반환한 때

주 : 청약철회권은 일반금융소비자만 적용

2 청약철회권의 적용 범위

가. 일반금융소비자만 대상

금융상품에 대한 청약철회권은 금융소비자 중 전문금융소비자를 제외하고 보호의 필요성이 큰 일반금융소비자만을 대상으로 한다.[163] 금융소비자보호법 제46조 제1항에서 청약철회권의 행사주체를 "~ 청약을 한 일반금융소비자는 ~ 청약을 철회할 수 있다"고 규정하고 있으므로 금융소비자가 청약을 한 시점을 기준으로 일반금융소비자인지 여부를 판단하는 것이 타당하다. 따라서, 전문금융소비자가 계약을 체결한 이후에 금융상품판매업자등에게 일반금융소비자와 같은 대우를 받겠다는 의사를 표시한 경우에는 해당 금융소비자는 청약을 한 시점에 전문금융소비자의 지위에 있었기 때문에 청약 철회권의 행사대상에서 제외된다.[164]

나. 보장성·투자성·대출성 상품 및 금융상품자문에 대한 계약

그동안에는 투자자문과 일부 보험상품에만 청약철회권이 적용[165]되었으나 금융소비자보호법의 제정으로 보장성·대출성·투자성 상품 및 금융상품자문까지 청약철회권의 대상이 확대되었다. 금융상품판매업자등과 보장성 상품, 투자성 상품 및 대출성 상품 또는 금융상품자문에 관한 계약의 청약을 한 일반금융소비자는 금융소비자보호법에서 정한 일정한 기간 내에 청약을 철회할 수 있으며, 거래 당사자 사이에 법에서 정한 청약철회권 행사기간보다 긴 기간으로 약정한 경우에는 그 기간으로 한다.[166] 원금이 보장되는 예금성 상품은 상품계약에 따른 피해 가능성이 미미하여 청약철회권을 적용할 실익이 적으므로 대상에서 제외된다. 청약철회기간을 산정할 때에는 초일을 산입하지 않고 영업일이 아닌 달력날짜를 기준으로 계약체결일 등의

---

162) 생명보험협회, 생명보험이란 무엇인가(2014) p37~38 참조
163) 금융소비자보호법 §46①
164) 금융위원회·금융감독원, 금융소비자보호법 FAQ 답변 참조
165) 투자자문은 자본시장법에서, 보험상품은 보험업법에서 각각 청약철회권이 규정되어 있었다.
166) 금융소비자보호법 §46

다음날부터 기산한다.[167] 금융상품 유형별로 청약철회권 대상은 다음과 같다.

(1) 보장성 상품

다음의 상품을 제외한 모든 보장성 상품은 청약철회권이 적용된다.[168]

① 「보험업법」에 따른 보증보험 중 청약의 철회를 위해 제3자의 동의가 필요한 보증보험

② 「자동차손해배상보장법」에 따른 책임보험. 다만, 일반금융소비자가 동종의 다른 책임보험에 가입한 경우는 제외

③ 해당 금융상품에 대한 보장기간이 90일 이내인 보험상품

④ 그 밖에 청약의 철회가 건전한 시장질서를 해칠 우려가 높은 것으로서 ❶법률에 따라 가입의무가 부과되고 그 해제·해지도 해당 법률에 따라 가능한 보장성 상품(다만, 일반금융소비자가 동종의 다른 보험에 가입한 경우는 제외) 및 ❷금융상품판매업자가 계약을 체결하기 전에 일반금융소비자의 건강상태 진단을 지원하는 보장성 상품

(2) 투자성 상품

투자성 상품은 다음의 상품에 대해서만 청약철회권이 적용된다.[169] 다만, 일반금융소비자가 금융소비자보호법 제46조 제1항 제2호에 따른 청약철회권 행사기간(계약서류를 제공받은 날 또는 계약체결일로부터 7일) 이내에 예탁한 금전등을 운용하는 데 동의한 경우는 청약철회권 대상에서 제외한다. 즉, 판매자가 금융소비자로부터 투자금을 받고 그 자금을 즉시 운영해야 할 필요성이 낮고, 위험성이 높아 소비자의 숙려 필요성이 큰 투자성 상품에 대해서만 청약철회권을 제한적으로 적용한다. 투자성 상품에 대해 청약철회권을 제한적으로 인정하는

---

167) 민법 §157(기간의 기산점) 기간을 일, 주, 월 또는 연으로 정한 때에는 기간의 초일은 산입하지 아니한다. 그러나 그 기간이 오전 영시로부터 시작하는 때에는 그러하지 아니하다.
168) 금융소비자보호법 §46, 시행령 §37①(1), 감독규정 §30①~②
169) 금융소비자보호법 §46, 시행령 §37①(2)

이유는 투자성 상품의 경우 원본 손실 가능성이 있어 소비자가 청약철회권을 행사하더라도 판매자가 원본을 돌려주지 못할 수 있는 상황에 빠질 수 있기 때문이다.[170]

① 자본시장법 시행령에 따른 고난도금융투자상품[171]으로 일정 기간에만 금융소비자를 모집하고 그 기간이 종료된 후에 금융소비자가 지급한 금전등으로 자본시장법에 따른 집합투자를 실시하는 것만 해당
② 자본시장법 시행령에 따른 고난도투자일임계약[172]
③ 신탁계약(자본시장법에 따른 금전신탁을 제외)
④ 자본시장법 시행령에 따른 고난도금전신탁계약[173]

(3) 대출성 상품

다음의 상품을 제외한 모든 대출성 상품은 청약철회권이 적용되며,[174] 소액대출과 외부기관 위탁대출도 해당된다.
① 「여신전문금융업법」에 따른 시설대여·할부금융·연불판매[금융소비자보호법 제46조 제1항 제3호에 따른 대출성 상품의 청약철회권 행사기간(계약서류를 제공받은 날 또는 계약체결일로부터 14일) 이내에 해당 계약에 따른 재화를 제공받은 경우만 해당]
② 「온라인투자연계금융업 및 이용자 보호에 관한 법률」에 따른 연계대출
③ 자본시장법 제72조 제1항175에 따른 신용공여[금융소비자보호법 제46조 제1항 제3호에 따른 대출성 상품의 청약철회권 행사기간(계약서류를 제공받은 날 또는 계약체결일로부터 14일) 이내에 담보로 제공된 증권을 처분한 경우만 해당]
④ 그 밖에 청약의 철회가 건전한 시장질서를 해칠 우려가 높은 것으로서 ❶지급보증(청약의 철회에 대해 제3자의 동의를 받은 경우는 제외) 및 ❷신용카드

(4) 금융상품자문

금융상품자문에 대한 계약은 모두 청약철회권이 적용된다.[176]

3 청약철회권의 행사기간

청약철회권의 행사기간은 금융상품의 유형별로 다음과 같다.[177] 행사기간은 영업일이 아닌 달력상 기간을 말한다.[178]

가. 보장성 상품

일반금융소비자가 「상법」제640조[179]에 따른 보험증권을 받은 날로부터 15일과 청약을 한 날로부터 30일 중 먼저 도래한 기간

나. 투자성 상품 및 금융상품자문

계약서류를 제공받은 날 또는 계약체결일에 해당하는 날 중 어느 하나에 해당하는 날로부터 7일

---

170) 금융위원회 2020.10.28.일자 보도자료, "금융소비자보호법 시행령 제정안 입법예고" 참조

171) 자본시장법 시행령 §2(7)

172) 자본시장법 시행령 §2(8)

173) 자본시장법 시행령 §2(9)

174) 금융소비자보호법 §46, 시행령 §37①(3), 감독규정 §30③

175) 자본시장법 §72(신용공여) ①투자매매업자 또는 투자중개업자는 증권과 관련하여 금전의 융자 또는 증권의 대여의 방법으로 투자자에게 신용을 공여할 수 있다. 다만, 투자매매업자는 증권의 인수일로부터 3개월 이내에 투자자에게 그 증권을 매수하게 하기 위하여 그 투자자에게 금전의 융자, 그 밖의 신용공여를 하여서는 아니된다.

176) 금융소비자보호법 §46①

177) 금융소비자보호법 §46①

178) 자본시장법 상 투자자숙려기간은 최대 2영업일(달력상 기간이 아님)이다.

179) 상법 §640(보험증권의 교부) ①보험자는 보험계약이 성립한 때에는 지체없이 보험증권을 작성하여 보험계약자에게 교부하여야 한다. 그러나 보험계약자가 보험료의 전부 또는 최초의 보험료를 지급하지 아니한 때에는 그러하지 아니하다.

② 기존의 보험계약을 연장하거나 변경한 경우에는 보험자는 그 보험증권에 그 사실을 기재함으로써 보험증권의 교부에 갈음할 수 있다.

청약철회기간 부여 예시									
구분	T	T+1	T+2	T+3	T+4	T+5	T+6	T+7	T+8
적용	신규 가능	신규 가능 (청약철회 가능)							발행일
비적용	신규가능(청약철회 불가)								발행일

다. 대출성 상품

계약서류를 제공받은 날 또는 계약체결일에 해당하는 날 중 어느 하나에 해당하는 날(이 날보다 계약에 따른 금전·재화·용역의 지급이 늦게 이루어지는 경우에는 그 지급일)로부터 14일

4 청약철회권의 효력 발생시점

청약철회권의 효력이 발생하는 시점은 금융상품의 유형별로 다음과 같다.[180]

가. 보장성 상품, 투자성 상품 및 금융상품자문

일반금융소비자가 청약의 철회의사를 표시하기 위하여 서면, 전자우편, 휴대폰 문자메세지 또는 이에 준하는 전자적 의사표시를 발송한 때

나. 대출성 상품

일반금융소비자가 청약의 철회의사를 표시하기 위하여 서면, 전자우편, 휴대폰 문자메세지 또는 이에 준하는 전자적 의사표시를 발송하고 ❶이미 공급받은 금전·재화등[181], ❷이미 공급받은 금전과 관련하여 일반금융소비자가 금융상품판매업자등으로부터 금전을 지급받은 날로부터 금전을 돌려준 날까지의 기간에 대해 해당 금융

---

180) 금융소비자보호법 §46②, 시행령 §37②
181) 이미 제공된 용역은 제외하며, 일정한 시설을 이용하거나 용역을 제공받을 수 있는 권리를 포함한다.

상품의 계약에서 정해진 이자율을 적용하여 산출한 이자 그리고 ❸해당 계약과 관련하여 금융상품판매업자등이 제3자에게 이미 지급한 수수료 등 비용[182]을 반환한 때

5 청약철회권 행사 시 금전등 반환방법

청약철회권의 행사로 청약이 철회된 경우 금융상품판매업자등이 일반금융소비자로부터 받은 금전·재화등을 반환하는 방법은 금융상품의 유형별로 다음과 같다.[183]

가. 보장성 상품

금융상품판매업자등은 청약의 철회를 접수한 날부터 3영업일 이내에 이미 받은 금전·재화등을 반환하여야 한다. 또한, 보장성 상품에 관한 계약에 따라 보험료를 신용카드로 납부해왔던 일반금융소비자가 청약의 철회의사를 표시한 경우에 금융상품판매업자는 철회의사를 접수한 날부터 3영업일 이내에 해당 신용카드를 일반금융소비자에게 발급한 금융상품직접판매업자로 하여금 보험료 납입 관련 대금 청구를 하지 않도록 해야 하며, 이 경우 이미 받은 금전·재화등을 반환한 것으로 본다.[184]

나. 투자성 상품, 금융상품자문

금융상품판매업자등은 청약의 철회를 접수한 날부터 3영업일 이내에 이미 받은 금전·재화등을 반환하여야 한다.

다. 대출성 상품

금융상품판매업자등은 일반금융소비자로부터 이미 공급받은 금전·재화등, 이자

---

182) 인지세 등 제세공과금, 저당권 설정 등에 따른 등기비용 등을 말한다.
183) 금융소비자보호법 §46③
184) 금융소비자보호감독규정 §30④

및 수수료를 반환받은 날부터 3영업일 이내에 일반금융소비자에게 해당 대출과 관련된 일반금융소비자로부터 받은 수수료를 포함하여 이미 받은 금전·재화등을 반환하여야 한다.[185]

라. 공통사항

(1) 금전등의 반환이 늦어진 경우

만일, 금전·재화등의 반환이 늦어진 기간에 대해서는 해당 금융상품의 계약에서 정해진 연체이자율을 금전·재화·용역의 대금에 곱한 금액을 일 단위로 계산하여 지급한다.

(2) 금전등 반환 시 입금계좌

청약철회권 행사에 따라 금융상품판매업자등이 일반금융소비자에게 금전(이자 및 수수료 포함)을 반환하는 경우에는 해당 일반금융소비자가 지정한 계좌로 입금해야 한다.[186]

6 청약철회 불이익 금지

금융소비자보호법은 청약철회권을 행사한 일반금융소비자에게 일방적으로 청약을 철회할 수 있는 권리를 부여하고 있다. 따라서, 청약이 철회된 경우 금융상품판매업자등은 일반금융소비자에 대하여 청약의 철회에 따른 손해배상 또는 위약금 등 금전의 지급을 청구할 수 없다.[187] 또한, 금융소비자보호법 상 청약철회권에 대한 규정에 반하는 특약으로서 일반금융소비자에게 불리한 것은 무효로 한다.[188] 또한, 금

---

185) 금융소비자보호법 §46③(3)
186) 금융소비자보호법 시행령 §37⑥
187) 금융소비자보호법 §46④
188) 금융소비자보호법 §46⑥

융소비자보호법 상 청약 철회 횟수를 제한하는 규정은 없으며,[189] 금융소비자가 청약 철회권을 행사하였다는 이유로 금융상품에 관한 계약에 불이익을 부과하는 것을 불공정영업행위로 규정하고 있다.[190] 다만, 철회권 오남용을 방지하고자 "같은 금융상품직접판매업자에 같은 유형의 금융상품에 관한 계약에 대하여 1개월 내 2번 이상 청약의 철회의사를 표시한 경우"는 불공정영업행위의 예외로 인정하고 있다.[191]

7 보장성 상품에 대한 청약 철회의 특례

보장성 상품의 경우 청약이 철회된 당시 이미 보험금의 지급사유가 발생한 경우에는 청약 철회의 효력은 발생하지 아니한다. 즉, 설령 청약의 철회를 했더라도 이미 보험사고가 발생한 때에는 청약의 철회가 무효화되어 일반금융소비자는 보험금을 받을 수 있다. 다만, 일반금융소비자가 보험금의 지급사유가 발생했음을 알면서 청약을 철회한 경우에는 청약 철회의 효력이 발생하여 당초 체결된 보험계약이 무효화되므로 보험금을 받을 수 없다.[192]

8 청약철회권과 투자자숙려제도와의 관계

2019년 발생한 DLF 등 사모펀드의 대규모 불완전판매 사태의 재발방지를 위해 고난도 금융투자상품에 투자하는 만 65세 미만 일반투자자와 모든 금융투자상품에 투자하는 만 65세 이상 일반투자자 및 부적합 투자자에 대해 녹취·숙려제도가 강화되었다.[193] 투자자숙려제도란 투자자에게 권유한 금융투자상품의 판매과정에서 금융

---

189) 현재 신용정보원에서는 각 금융회사를 통해서 청약철회 횟수를 집중하고 있다.
190) 금융소비자보호감독규정 §14⑥(6)본문
191) 금융소비자보호감독규정 §14⑥(6)단서
192) 금융소비자보호법 §46⑤

투자상품의 매매에 관한 청약 또는 주문을 철회할 수 있는 기간을 말한다. 금융소비자보호법 상 청약철회권과 자본시장법 상 '투자자숙려제도'가 모두 적용되는 경우에 일반금융소비자는 청약 후 사실상 최대 9일까지 청약철회권 행사가 가능하다. 즉, 계약체결 전에는 자본시장법에 따라 청약일 다음 날부터 최대 2영업일(달력상 기간이 아님)까지 청약 여부를 확정할 수 있는 숙려기간이 보장되며, 계약체결 후에는 금융소비자보호법에 따라 그 계약체결일(또는 계약서류 수령일) 다음날부터 최대 7일(달력상 기간임)까지 계약을 철회할 수 있으므로 모두 합하여 최대 9일까지 청약철회권을 행사할 수 있다.

⬦⬦⬦⬦⬦⬦⬦⬦⬦⬦⬦⬦⬦⬦⬦⬦ **금융소비자보호법 Q&A** ⬦⬦⬦⬦⬦⬦⬦⬦⬦⬦⬦⬦⬦⬦⬦⬦

Ⓠ 소비자가 청약철회권을 행사할 수 있는 일반소비자인지 여부는 언제를 기준으로 판단해야 하나요?

---

193) 자본시장법 시행령 §68, 2의2. 개인인 일반투자자 중 「금융소비자 보호에 관한 법률」 제17조 제2항 또는 제18조 제1항에 따라 투자목적·재산상황 및 투자경험 등의 정보를 파악한 결과 판매 상품이 적합하지 않거나 적정하지 않다고 판단되는 사람 또는 65세 이상인 사람을 대상으로 금융투자상품(투자자 보호 및 건전한 거래질서를 해칠 우려가 없는 것으로서 금융위원회가 정하여 고시하는 금융투자상품은 제외한다)을 판매하는 경우 다음 각 목의 어느 하나에 해당하는 행위

가. 판매과정을 녹취하지 않거나 투자자의 요청에도 불구하고 녹취된 파일을 제공하지 않는 행위

나. 투자자에게 권유한 금융투자상품의 판매과정에서 금융투자상품의 매매에 관한 청약 또는 주문(이하 "청약등"이라 한다)을 철회할 수 있는 기간(이하 이 호에서 "숙려기간"이라 한다)에 대해 안내하지 않는 행위

다. 투자권유를 받고 금융투자상품의 청약등을 한 투자자에게 2영업일 이상의 숙려기간을 부여하지 않는 행위

라.~바. (생략)

자본시장법 시행령 §68, 2의3. 고난도금융투자상품(투자자 보호 및 건전한 거래질서를 해칠 우려가 없는 것으로서 금융위원회가 정하여 고시하는 고난도금융투자상품은 제외한다)을 판매하는 경우 다음 각 목의 어느 하나에 해당하는 행위

가. 개인인 일반투자자를 대상으로 하는 제2호의2 각 목의 어느 하나에 해당하는 행위

나. 개인인 투자자에게 고난도금융투자상품의 내용, 투자에 따르는 위험 및 그 밖에 금융위원회가 정하여 고시하는 사항을 해당 투자자가 쉽게 이해할 수 있도록 요약한 설명서를 내어 주지 않는 행위. 다만, 다음의 어느 하나에 해당하는 경우는 제외한다.

1) 투자자가 해당 설명서를 받지 않겠다는 의사를 서면, 전신, 전화, 팩스, 전자우편 또는 그 밖에 금융위원회가 정하여 고시하는 방법으로 표시한 경우

2) 집합투자증권의 판매 시 법 제124조 제2항 제3호에 따른 간이투자설명서 또는 법 제249조의4 제2항 전단에 따른 핵심상품설명서를 교부한 경우

🅐 금소법 제46조제1항에서 청약철회권의 행사주체를 "~ 청약을 한 일반금융소비자는 ~ 청약을 철회할 수 있다"고 규정하므로 소비자가 청약을 한 시점을 기준으로 판단함.

🆀 전문소비자가 계약체결 후에 은행에게 일반소비자와 같은 대우를 받겠다는 의사를 표시(법§2ⅸ)한 경우, 해당 금융소비자는 청약 철회권의 행사대상에서 제외되나요?

🅐 판단은 계약체결 시점을 기준으로 하므로 행사대상에서 제외.

🆀 근로자퇴직급여보장법 시행령에서 정하고 있는 원리금보장상품 중 보장성 상품*이 청약철회 대상에 포함되나요?

  * 근로자퇴직급여보장법 시행령 제26조제1항제1호나목(GIC)

🅐 퇴직연금 보험상품은 금소법 하위규정상 청약철회의 예외에 해당하지 않으므로 금소법상 일반금융소비자에 청약철회권 보장 필요.

🆀 청약철회권과 자본시장법령상 투자자 숙려제도 간의 관계는?

🅐 투자성 상품에 대한 청약철회는 계약체결일 또는 계약서류 수령일부터 7일내 가능
청약철회가 가능한 투자성 상품(일반금융소비자에만 적용되며, 청약 시 소비자가 철회 가능 기간 내에 판매자가 금전 등을 운용하는 데 동의한 경우는 예외로 함)

 – 비금전신탁계약

 – 고난도 금융투자상품(일정기간에만 소비자를 모집하고 그 기간이 종료된 후에 집합투자를 실시하는 펀드만 해당)

 – 고난도 금전신탁계약 및 고난도 투자일임계약

 ☞ 청약철회권 및 자본시장법 시행령상 투자자 숙려제도가 함께 적용되는 투자성 상품의 경우:
   청약일 다음날부터 숙려기간인 2영업일이 지난 후 계약이 체결되면 그 계약체결일(또는 계약서류 수령일) 다음날부터 7일(영업일 아님) 이내 철회권 행사가 가능.

🆀 투자성 상품의 청약철회 및 자본시장법상 '투자자숙려제도'와 관련하여 아래와 같

이 업무를 처리하는 것의 타당성에 대하여

① 숙려기간이 종료되어 소비자에게 확정의사를 확인할 때 소비자가 '예탁한 금전등을 즉시 운용하는 데 동의'했다면 판매업자가 청약철회권 행사를 제한할 수 있나요?

② 청약철회기간(7일)에 초일은 산입하지 않는 것이 타당한가요?

　(예) 계약 체결일 : '21.4.5.(월), 청약철회 가능일 : ~'21.4.12.(월)

Ⓐ ① 제한 가능.

② 계약체결일 다음날부터 7일.

※ 민법 제157조(기간의 기산점) 기간을 일, 주, 월 또는 연으로 정한 때에는 기간의 초일은 산입하지 아니한다. 그러나 그 기간이 오전 영시로부터 시작하는 때에는 그러하지 아니하다.

Ⓠ 자본시장법 시행일(2021.5.10) 이전에 고난도 금융투자상품에 대한 금소법상 청약철회(시행령§37①ⅱ)를 적용하지 않은 것이 위법한가요?

Ⓐ 21년 5월 10일 이전에 고난도금융투자상품에 대한 청약철회를 적용하지 않은 것은 금소법 위반 아님.

Ⓠ 자본시장법 시행령상 숙려기간(2영업일)이 적용되는 "고난도금융투자상품 ELS"의 금소법상 청약철회권 효력은 언제부터 발생하나요?

Ⓐ 우선 청약철회권이 적용되는 투자성 상품(일반금융소비자와의 계약에 한정)은 다음과 같음(다만, 소비자가 철회가능기간 내에 금전 등을 운용하는 데 동의한 경우는 예외로 함).

－ 비금전신탁계약

－ 고난도 금융투자상품(일정기간에만 소비자를 모집하고 그 기간이 종료된 후에 소비자가 지급한 금전 등으로 집합투자를 실시하는 펀드만 해당)

－ 고난도 금전신탁계약

－ 고난도 투자일임계약

☞ 문의한 ELS는 금소법상 청약철회권 적용대상이 아님.

Q 고난도일임계약을 체결한 이후에 고난도금융투자상품 편입시 마다 청약철회권을 부여하고 금소법령에 따른 적합성·적정성을 평가하여야 하나요?

A 투자일임계약이란 소비자로부터 투자성 상품에 대한 처분·취득 등 판단의 전부 또는 일부를 일임받아 운영하는 것(자본시장법§6⑧).

금소법상에서는 적정성 원칙 적용대상으로 고난도금융투자상품과 별도로 고난도투자일임계약을 규정(청약철회에 대해서도 구분하여 규정)하고 있음.

상기 규정 취지를 감안할 때 일임계약 체결 시점에 소비자로부터 운용 대상상품 및 대상상품 선정기준 등을 정하여 적합성·적정성 평가를 실시한 경우:

☞ 해당 운용방법 및 기준이 변경되지 않는 한, 최초 투자일임계약 운용방법에 따라 고난도금융투자상품을 편입할 때마다 적합성·적정성 원칙을 추가로 적용할 필요는 없을 것임.

- -

Q 청약철회권 미사용을 전제로 발행일이 얼마 남지 않은 상품의 판매에 대하여

(사례)

A 상품의 발행일을 T일이라고 할 때, 소비자에게 청약철회권을 부여하기 위해서는 T−8일에 모집을 마감해야 함. (청약철회 기간: T−7일 ~ T−1일)

만일 소비자가 A 상품의 조건이 유리하다고 판단하여 T−3일에 즉시 운용에 동의함을 전제로 해당상품의 가입을 요구하는 경우 판매회사가 별도의 청약철회권을 부여하지 않고 상품을 판매해도 되나요?

A 금소법 시행령 제37조제1항제2호 단서상 고난도펀드 등 투자성 상품에 해당하여도 금융소비자가 청약 철회 기간* 이내에 예약한 금전등을 운용하는 데 동의한 경우에는 청약철회 대상에서 제외한다고 규정하고 있음.

* 계약서류 제공일 또는 계약체결일로부터 7일 이내.

동 규정은 금융소비자가 청약 철회 기간의 기산일 이전에 예약한 금전등을 운용하는 데 동의하는 경우뿐만 아니라, 동 기산일 이후에 이를 동의하는 경우도 적용될 수 있다고 할 것.

☞ 따라서 청약철회 대상 투자성 상품의 모집 마감 이후에(즉, 청약 철회 기간 중), 예약한 금전등을 운용하는 데 동의하는 금융소비자에게 해당 상품을 판매할 수 있음.

단, 자본시장법 시행령(제68조제5항제2호의3)상 "고난도금융투자상품" 등에 대한 "투자자숙려제도"는 준수하여야 할 것임.

Q 장외 외환파생상품(자본시장법상 파생상품)은 청약철회 대상인가요?

A 철회대상에 미해당.

Q 외화대출에 대해서도 청약 철회권 행사가 가능한가요?

A 금소법상 청약철회권은 원칙적으로 일부 상품을 제외*한 모든 대출성 상품에 적용되므로 규정상 적용제외 대상이 아닌 외화대출의 경우에는 청약철회권이 보장될 필요가 있다고 할 것임.

 * 여전법상 시설대여·할부금융·연불판매, 온라인투자연계금융법상 연계대출, 자본시장법 제72조제1항의 신용공여, 지급보증, 신용카드

다만, 청약철회권은 차주가 일반금융소비자인 경우에만 인정되고, 상시근로자 5인 이상 법인 등 전문금융소비자인 경우에는 인정되지 않으므로 외화대출의 차주에 따라 달리 판단되어야 할 것.

Q 보험계약대출은 청약철회 대상인가요?

A 보험계약대출은 보험계약과 별도의 계약에 해당하는 만큼 금소법에서는 보험과는 다른 금융상품으로 보고 있음.

 ☞ 제출의견만으로는 보험계약대출을 청약철회권의 예외로 인정할 만한 특별한 사유*가 있다고 보기 어렵다고 판단됨.

 * 철회권 행사로 인한 제3자 피해 우려, 소비자가 납부한 금전 등의 반환상 어려움 등.

Q 보험계약대출의 청약철회 관련하여, 기존의 보험계약대출이 있는 고객이 추가 대출 후 2차(추가) 대출 건을 철회한 경우, 소비자가 반환해야할 원금과 이자를 어떻게 계산하나요?

또 5천만원 초과의 보험계약대출을 철회할 경우, 회사가 인지세법에 의하여 계약자와 균등하게 부담한 인지세를 고객에게 반환받을 수 있을까요?

Ⓐ 제출의견상 추가대출은 이전대출과는 별개로 체결된 계약이기 때문에 추가대출에 대한 청약철회 시 반환금에 관한 사항은 해당 계약에 한정하여 판단 필요. 대출계약과 관련하여 금융상품판매업자등이 부담한 인지세가 있다면 해당 금액은 소비자가 반환 필요.

Ⓠ 신용보증기금, 서울보증보험 등 보증기관이 취급하는 보증상품은 청약 철회권 대상 금융상품에서 제외되나요?

Ⓐ 보증기관은 금융상품의 취급기관(영§2①ⅲ)으로 명시되어 있지 않으므로 보증상품은 금융상품에 해당하지 않으며, 청약 철회 대상에도 해당하지 않음.

Ⓠ 기존 대출에 대한 기한연장·한도증액이 청약 철회권의 대상(법§46①)에서 제외되는지요?

Ⓐ 신규대출에 해당하는 경우 청약철회권의 대상이 됨.

　※은행업감독규정에 따라 기한연장은 신규대출이 아니며, 한도증액은 신규대출에 해당.

Ⓠ 재산신탁이 여신의 담보·신용 보강 목적으로 활용될 경우 금소법상 대출청약철회권(법§46①ⅲ) 대상에 해당하나요?

Ⓐ 대출과 재산신탁은 별개의 계약으로서 각각 판단.

Ⓠ 증권사 신용거래의 청약철회권 행사 기산점은 약정체결 기준인가요, 대출금 지급 기준인가요?

Ⓐ 대출성 상품의 경우 금소법 제46조제1항제3호에 따른 청약철회권 행사 기산점은 원칙적으로 계약서류를 받은 날임.

　-계약서류를 받지 않은 경우에는 계약체결일이 기준.

　-계약에 따른 금전 등이 늦게 지급된 경우에는 그 지급일이 기준.

　☞ 제출의견상 신용거래*는 계약체결 후 금전지급일이 소비자의 선택에 따라 달라지는 특성이 있어, 금소법 제46조제1항제3호 각 목 외 부분의 "금전 등의 지급이 늦게 이루어진 경우"가 적용되기 어려움.

따라서 증권사 신용거래의 청약철회권 행사 기산점은 계약서류를 받은 날 또는 계약체결일로 볼 수 있음.

* 자본시장법 제72조제1항에 따른 신용공여.

Ⓠ 청약철회 의사표시의 방법 관련하여, 기존 철회수단인 콜센터(전화) 및 홈페이지(인증서 활용) 등을 통해 청약철회 의사표시를 수령하는 것은 불가능한가요?

청약철회 의사표시 방법(수단)으로 전자우편이나 문자메시지의 방법을 만들어 두어야 하나요?

또한 전자우편이나 문자메시지의 방법을 공지하지 않고 콜센터를 통해 요청하는 경우 콜센터를 통해 업무처리를 해주는 것이 위법한가요?

Ⓐ 제출 의견 상 인증서를 활용한 홈페이지 신청방법은 금소법 시행령 제37조제2항 제2호에 따른 "전자적 의사표시"에 해당 가능.

기존 철회수단인 콜센터의 경우 녹취를 통해 소비자가 철회 의사표시를 한 때를 명확히 입증할 수 있는 경우에 한하여 허용 가능.

※청약 철회수단으로서 콜센터를 인정하는 것이 소비자 권익에 부합하기 때문임.

다만, 콜센터의 경우 금소법 시행령 제37조제2항 각 호에 해당하지는 않음.

따라서 콜센터 외에도 금소법 시행령 제37조제2항 각 호의 방법 중 어느 하나를 소비자가 선택할 수 있어야 함.

Ⓠ 주택담보대출의 청약철회시 일반소비자가 반환해야 하는 금액에 판매업자등이 제3자인 법무사에게 저당권 설정과 관련하여 지급한 수수료(법무사 비용) 비용의 포함되나요?

Ⓐ 금소법 제46조제2항제2호다목에서는 청약철회권 행사시 소비자가 반환하여야 할 금전으로서 '금융회사가 제3자에게 이미 지급한 수수료 등 대통령령으로 정하는 비용'을 규정하고 있음.

☞ 제출의견 상 법무사 비용(수수료)은 '금융회사가 제3자에게 이미 지급한 수수료 등 대통령령으로 정하는 비용' 중 하나인 담보권 설정 등을 위한 등기 비용에 포함 가능.

Q 주택담보취급 시 담보물건의 권리조사의 일환으로 발생하는 권원보험료 비용을 철회 행사 시 반환받을 수 있나요?

A 제출의견 상의 권원보험료는 금융소비자보호법령상 소비자가 청약철회 시 직접 판매업자에 지급해야 하는 비용에 해당하지 않음.

- -

Q 고객의 청약철회권 행사 시 본인확인 등 보정절차가 필요한 경우(영업점에 전화, 우편, 팩스로 청약철회 요청 등) 금전·재화등의 반환기간(현재 3영업일 내 반환하지 않을 경우 연체이자율 부과)을 연장하여 줄 수 있나요?

A 법상 예외사유에 해당하지 않으므로 연장불가.

- -

Q 현 금소법 및 시행령, 감독규정, 시행세칙 상 대출성 상품의 철회횟수 제한에 대한 내용이 없습니다. 그러므로 명확하게 횟수제한 없이 수시로 철회가 가능한가요?

※ 현재 신용정보원에서는 각 금융사를 통해서 철회횟수에 대한 정보를 집중받고 있고, 금소법 시행이후에도 지속적으로 정보집중을 요청하고 있는 상태.

A 금소법상 청약철회 횟수를 제한하는 규정은 없음.

다만, 금소법 감독규정 제14조제6항제6호에서 청약철회를 하였다는 이유로 금융상품에 관한 계약에 불이익을 부과하는 행위를 불공정영업행위로 규정함.

☞ 철회권 오남용을 방지하고자 같은 호 단서에서 "같은 금융상품직접판매업자에 같은 유형의 금융상품에 관한 계약에 대하여 1개월 내 2번 이상 청약의 철회의사를 표시한 경우"는 예외를 인정하고 있음.

- -

Q 고객이 예탁한 금전등을 지체없이 운용하는 것에 동의하는 것을 전제로 투자성 상품을 판매할 경우 '일반소비자에게 불리한 특약(법§46⑥)'에 해당해 무효인가요?

A '고객이 예탁한 금전등을 지체없이 운용하는 것에 동의'는 금소법 시행령 제37조 제1항 제2호 단서에 해당하는 경우로 불리한 특약에 해당하지 않음.

08

위법계약 해지권

1 의의

금융소비자보호법은 판매행위 규제를 위반한 위법한 계약에 대해 금융소비자에게 일정기간 내에 해당 계약을 해지할 수 있는 권리를 부여하였다. 따라서 금융소비자는 계약해지에 따른 재산상 불이익[194]을 입지 않고 위법한 계약으로부터 탈퇴할 수 있는 기회를 제공받음으로써 위법계약 해지 후 더 나은 조건의 새로운 금융상품을 구매할 수 있게 되었다. 민법상 계약의 해지는 채무불이행 등 계약에 따른 책임을 이행하지 않은 경우에 인정되는데 반해, 금융소비자보호법 상 위법계약 해지권은 적합성 원칙, 설명의무 등 계약체결 당시의 판매규제 위반에 대한 책임이므로 민법의 예외에 해당된다. 또한, 계약의 해제는 계약 자체가 처음부터 체결되지 않은 것으로 소급하여 무효로 하는 데 반해 계약의 해지는 장래를 향해 발생하기 때문에 해

---

194) 계약해지에 따른 수수료 또는 위약금을 말한다.

지 시점부터 해당 계약이 무효로 된다. 따라서, 금융소비자보호법은 위법한 계약이더라도 소급하여 계약을 취소할 경우 법률관계의 과도한 변동을 가져올 수 있는 점을 감안하여 계약의 해제가 아닌 계약의 해지에 대한 권리를 금융소비자에게 부여한 것으로 보인다.

2 위법계약 해지권의 요구 대상

가. 대상 위반 행위

금융소비자는 금융상품판매업자등이 금융소비자보호법 제17조 제3항[195]의 적합성 원칙, 제18조 제2항[196]의 적정성 원칙, 제19조 제1항·제3항[197]의 설명의무, 제20조 제1항[198]의 불공정영업행위 금지 또는 제21조[199]의 부당권유행위 금지를 위반하여 금융상품에 관한 계약을 체결한 경우에 일정한 기간내에 서면등으로 위법계약 해지권을 행사할 수 있다. 이 경우 서면등이란 서면, 전자우편, 휴대폰 문자메세지 또는 이에 준하는 전자적 의사표시를 말한다. 위법계약 해지권은 6대 판매규제 중에서 광고

---

195) 금융소비자보호법 §17(적합성원칙), ③ 금융상품판매업자등은 제2항 각 호의 구분에 따른 정보를 고려하여 그 일반금융소비자에게 적합하지 아니하다고 인정되는 계약 체결을 권유해서는 아니 된다. 이 경우 적합성 판단 기준은 제2항 각 호의 구분에 따라 대통령령으로 정한다.

196) 금융소비자보호법 §18(적정성원칙), ② 금융상품판매업자는 제1항 각 호의 구분에 따라 확인한 사항을 고려하여 해당 금융상품이 그 일반금융소비자에게 적정하지 아니하다고 판단되는 경우에는 대통령령으로 정하는 바에 따라 그 사실을 알리고, 그 일반금융소비자로부터 서명, 기명날인, 녹취, 그 밖에 대통령령으로 정하는 방법으로 확인을 받아야 한다. 이 경우 적정성 판단 기준은 제1항 각 호의 구분에 따라 대통령령으로 정한다.

197) 금융소비자보호법 §19(설명의무)

① 금융상품판매업자등은 일반금융소비자에게 계약 체결을 권유(금융상품자문업자가 자문에 응하는 것을 포함한다)하는 경우 및 일반금융소비자가 설명을 요청하는 경우에는 다음 각 호의 금융상품에 관한 중요한 사항(일반금융소비자가 특정 사항에 대한 설명만을 원하는 경우 해당 사항으로 한정한다)을 일반금융소비자가 이해할 수 있도록 설명하여야 한다.

    1. ~ 4. (생략)

③ 금융상품판매업자등은 제1항에 따른 설명을 할 때 일반금융소비자의 합리적인 판단 또는 금융상품의 가치에 중대한 영향을 미칠 수 있는 사항으로서 대통령령으로 정하는 사항을 거짓으로 또는 왜곡(불확실한 사항에 대하여 단정적 판단을 제공하거나 확실하다고 오인하게 할 소지가 있는 내용을 알리는 행위를 말한다)하여 설명하거나 대통령령으로 정하는 중요한 사항을 빠뜨려서는 아니 된다.

198) 금융소비자보호법 §20(불공정영업행위의 금지) ① 금융상품판매업자등은 우월적 지위를 이용하여 금융소비자의 권익을 침해하는 다음 각 호의 어느 하나에 해당하는 행위(이하 "불공정영업행위"라 한다)를 해서는 아니 된다.

    1. ~ 6. (생략)

규제[200]를 제외한 5가지 판매규제를 위반한 경우에 일반금융소비자와 전문금융소비자 모두에게 적용된다.[201]

나. 대상 금융상품

위법계약 해지권을 요구할 수 있는 금융상품이란 금융소비자와 금융상품직접판매업자 또는 금융상품자문업자 간 계속적 거래(자본시장법 제9조 제22항[202]에 따른 집합투자규약이 적용되는 경우에는 그 적용기간을 포함)가 이루어지고 금융소비자가 해지시 재산상 불이익이 발생하는 금융상품 중에서 ❶온라인투자연계금융업자[203]와 체결하는 계약, ❷자본시장법에 따른 원화로 표시된 양도성 예금증서, ❸자본시장법 시행령에 따른 표지어음 그리고 ❹그 밖에 ❶~❸과 유사한 금융상품을 제외한 것을 말한다.[204]

---

199) 금융소비자보호법 §21(부당권유행위 금지) 금융상품판매업자등은 계약 체결을 권유(금융상품자문업자가 자문에 응하는 것을 포함한다. 이하 이 조에서 같다)하는 경우에 다음 각 호의 어느 하나에 해당하는 행위를 해서는 아니 된다. 다만, 금융소비자 보호 및 건전한 거래질서를 해칠 우려가 없는 행위로서 대통령령으로 정하는 행위는 제외한다.

  1. 불확실한 사항에 대하여 단정적 판단을 제공하거나 확실하다고 오인하게 할 소지가 있는 내용을 알리는 행위

  2. 금융상품의 내용을 사실과 다르게 알리는 행위

  3. 금융상품의 가치에 중대한 영향을 미치는 사항을 미리 알고 있으면서 금융소비자에게 알리지 아니하는 행위

  4. 금융상품 내용의 일부에 대하여 비교대상 및 기준을 밝히지 아니하거나 객관적인 근거 없이 다른 금융상품과 비교하여 해당 금융상품이 우수하거나 유리하다고 알리는 행위

  5. 보장성 상품의 경우 다음 각 목의 어느 하나에 해당하는 행위

    가. 금융소비자(이해관계인으로서 대통령령으로 정하는 자를 포함한다. 이하 이 호에서 같다)가 보장성 상품 계약의 중요한 사항을 금융상품직접판매업자에게 알리는 것을 방해하거나 알리지 아니할 것을 권유하는 행위

    나. 금융소비자가 보장성 상품 계약의 중요한 사항에 대하여 부실하게 금융상품직접판매업자에게 알릴 것을 권유하는 행위

  6. 투자성 상품의 경우 다음 각 목의 어느 하나에 해당하는 행위

    가. 금융소비자로부터 계약의 체결권유를 해줄 것을 요청받지 아니하고 방문·전화 등 실시간 대화의 방법을 이용하는 행위

    나. 계약의 체결권유를 받은 금융소비자가 이를 거부하는 취지의 의사를 표시하였는데도 계약의 체결권유를 계속하는 행위

  7. 그 밖에 금융소비자 보호 또는 건전한 거래질서를 해칠 우려가 있는 행위로서 대통령령으로 정하는 행위

200) 금융소비자보호법 §22(금융상품등에 관한 광고 관련 준수사항)

201) 금융소비자보호법 §47①

202) 자본시장법 §9, 이 법에서 "집합투자규약"이란 집합투자기구의 조직, 운영 및 투자자의 권리·의무를 정하는 것으로서 투자신탁의 신탁계약, 투자회사·투자유한회사·투자합자회사·투자유한책임회사의 정관 및 투자합자조합·투자익명조합의 조합계약을 말한다.

203) 온라인투자연계금융업 및 이용자 보호에 관한 법률에 따른 온라인투자연계금융업자를 말한다.

204) 금융소비자보호법 시행령 §47①, 감독규정 §31①

다. 위법계약 해지요구 기간

금융소비자는 계약체결에 대한 위법사항을 안 날로부터 1년 이내의 기간에 해당 계약의 해지를 요구할 수 있다. 이 경우 해당 기간은 계약체결일로부터 5년 이내의 범위에 있어야 한다.[205]

3 위법계약 해지권의 행사 절차

가. 금융소비자의 계약해지요구서 제출

금융소비자는 계약의 해지를 요구하려는 경우 계약해지요구서에 위반사항을 증명하는 서류를 첨부하여 금융상품직접판매업자 또는 금융상품자문업자에게 제출해야 한다.[206] 금융상품판매대리·중개업자는 계약 체결의 직접적인 당사자가 아니므로 계약해지 요구권의 상대방이 아니다. 계약해지요구서란 금융상품의 명칭, 법 위반 사실을 기재작성한 문서를 말한다.[207] 이 경우 「자동차손해배상보장법」에 따른 책임보험에 대해 해지를 요구할 때에는 동종의 다른 책임보험을 가입하여야 한다.[208] 역시 법률에 따라 가입의무가 부과되고 그 해제·해지도 해당 법률에 따라 가능한 보장성 상품에 대해 계약의 해지를 요구하려는 경우에는 동종의 다른 보험에 가입되어 있어야 한다.[209]

나. 금융상품판매업자등의 계약해지 여부 통보

금융상품판매업자등은 금융소비자로부터 위법계약의 해지를 요구받은 날부터 10일 이내에 금융소비자에게 수락여부를 통지하여야 하며, 거절할 때에는 거절사유를 함

---

205) 금융소비자보호법 §47①, 시행령 §38②
206) 금융소비자보호법 시행령 §38③
207) 금융소비자보호감독규정 §31②
208) 금융소비자보호법 시행령 §38③
209) 금융소비자보호감독규정 §31③

께 통지하여야 한다.[210]

다. 금융소비자의 강제 계약해지권 행사

금융소비자는 금융상품판매업자등이 정당한 사유 없이 위법계약해지의 요구에 따르지 않는 경우 해당 계약을 해지할 수 있다.[211]

라. 금융상품판매업자등의 계약해지권 요구 거절사유

금융상품판매업자등이 금융소비자의 계약해지권 행사를 거부할 수 있는 정당한 사유는 다음과 같다.[212]

(1) 위반사실에 대한 근거를 제시하지 않거나 거짓으로 제시한 경우

(2) 계약 체결 당시에는 위반사항이 없었으나 금융소비자가 계약 체결 이후의 사정변경에 따라 위반사항을 주장하는 경우

(3) 금융소비자의 동의를 받아 위반사항을 시정한 경우

(4) 금융상품판매업자등이 계약의 해지 요구를 받은 날부터 10일 이내에 법 위반사실이 없음을 확인하는 데 필요한 객관적·합리적인 근거자료를 금융소비자에게 제시한 경우. 다만, 10일 이내에 금융소비자에게 제시하기 어려운 경우에는 ❶계약의 해지를 요구한 금융소비자의 연락처나 소재지를 확인할 수 없거나 이와 유사한 사유로 통지기간 내 연락이 곤란한 때는 해당 사유가 해소된 후 지체 없이 알리거나 ❷법 위반사실 관련 자료 확인을 이유로 금융소비자의 동

---

210) 금융소비자보호법 §47①
211) 금융소비자보호법 §47②
212) 금융소비자보호법 시행령 §38④, 금융소비자보호감독규정 §31③

의를 받아 통지기한을 연장한 때는 연장된 기한까지 알려야 한다.

(5) 금융소비자가 금융상품판매업자등의 행위에 법 위반사실이 있다는 사실을 계
약을 체결하기 전에 알았다고 볼 수 있는 명백한 사유가 있는 경우

4 위법계약 해지권의 효과

금융상품판매업자등이 금융소비자의 계약의 해지 요구를 수락하거나 금융소비자
가 금융소비자보호법에 따라 위법계약을 해지하는 경우 해당 계약은 장래에 대하
여 효력이 상실되고 금융상품판매업자등의 원상회복 의무는 없다. 금융소비자의 위
법계약 해지권 행사에 따라 계약이 해지된 경우 금융상품판매업자등은 수수료, 위
약금 등 계약의 해지와 관련된 비용을 금융소비자에게 요구할 수 없다.[213] 계약의 해
제는 계약 자체가 처음부터 체결되지 않은 것으로 소급하여 무효로 하는 데 반해 계
약의 해지는 장래를 향해 발생하기 때문에 해지 시점부터 해당 계약은 무효가 된다.
민법 등 현행 법률로는 소송 등을 통해 계약의 위법성이 인정되어 손해배상 책임을
지울 수 있지만 관련 계약 자체는 유효하므로 금융소비자는 장래 손실이 예상되더
라도 해지 수수료 등 부담, 일정기간 해지불가 약정 등의 이유로 계약해지가 곤란
한 경우가 발생할 수 있다. 반면 금융소비자보호법 상 위법계약 해지권은 금융소비
자가 계약해지에 따른 재산상 불이익[214]을 입지 않고 위법한 계약으로부터 탈퇴할 수
있는 기회를 제공받을 수 있다는 점에서 의미가 있다.

---

213) 금융소비자보호법 §47③
214) 계약해지에 따른 수수료 또는 위약금을 말한다.

Q 만기·해약·해지(중도해지도 포함)인 경우 위법계약 해지 요구를 거부할 수 있는 사유에 해당되나요?

　※ 보험료 미납 또는 개인 사유로 해지 등 위법계약해지권 요구.

A 위법계약 해지권 행사대상 금융상품은 계속적 거래가 이루어지고 있을 것을 요건으로 함. 따라서 이미 계약의 효력이 완전히 상실되었다면 금소법상 위법계약 해지권을 행사할 수 없을 것임.

- -

Q 폐쇄형 사모펀드의 경우 중도 환매가 불가한데 위법계약 해지권 행사가 가능한가요?

A 폐쇄형 사모펀드의 경우 소비자가 위법계약 해지권을 행사하면 금융상품직접판매업자가 고유재산으로 해당 집합투자증권을 매입해야 함.
소비자보호 조치인 만큼 자본시장법상 손실보전행위(제55조제2호·제4호) 및 불건전영업행위(제68조제5항제10호)에 해당되지 않음.

- -

Q 장외외환파생상품은 보통 ①기본계약을 체결하면서 선물환, 통화옵션, FX스왑 등 거래가능한 각각의 파생상품 구조에 대한 설명이 진행되며, ②이후 전화주문 등을 통해 실제 거래가 반복적으로 체결·정산되며 이때 시장 상황에 따라 계약단위·계약환율·포지션 등을 결정하는데, 위법계약해지를 적용할 때에는 아래 두 선택지 중 어떠한 거래가 대상인가요?
① 기본계약후 체결·청산된 모든 거래.
② 위법계약 해지 요청시 기체결되었으나 아직 청산·종료되지 않은 잔여거래.

A 두 거래 중 ② 위법계약 해지 요청 당시 아직 청산·종료되지 않은 잔여거래에 한해 위법계약해지권 적용.

- -

Q 위법계약 해지요구로 대출 계약이 해지(법§47)되려면 소비자의 미납 대출 잔액 및 이자 상환이 선행되어야 하나요?
미납 대출잔액 및 이자상환이 선행될 필요가 없다면 위법계약 해지요구에 따른 계약 해지 후 소비자 상환지체시 지체기간에 해당하는 지연배상금 수취 등 연체와 동일하게 처리하면 되는 것인가요?

🅐 민법상 법리에 따라 처리가능.

　※대출계약상 해지 및 지연배상 조항으로 처리 가능. 단, 중도상환수수료 등 계약 해지와 관련된 비용 요구 불가(법§47③).

🆀 ETF를 편입한 특정금전신탁의 위법계약해지권 행사 이행시에도 반드시 해지일 다음날 장 시작 전(8:40~9:00) 단일가 경쟁매매로 결정된 시가에 일괄 처분이 강제되나요? 아니면 금융투자업자가 다른 방법을 정하여 처분할 수도 있나요?

　※(사례) 해지일 다음날 장 시작 전 충분한 거래량이 확보되지 않아 일괄 처분이 불가한 경우, 장 시작 후 시장가 거래 또는 종가로 처분 등.

🅐 위법계약 해지시 해당 계약은 '해지시점' 이후부터 무효가 되기 때문에 원칙적으로 금융회사는 해지 이후 지체없이 소비자에게 금전을 반환해야 함.

금융소비자보호법 관련 10문 10답(금융위/금감원 보도참고자료, '21.3.25.)은 펀드해지 이후 금융소비자에게 반환해야 하는 금전범위 판단을 돕기 위해 객관적인 시가 평가 기준을 제시하고 있다.

　☞ 금융투자업자가 이와 달리 일반금융소비자의 권익을 해치지 않는 범위내에서 사전에 정해진 방법에 따라 처분하는 것도 가능하다 볼 수 있으나, 그 방법은 객관적이고 명확해야 할 것임.

🆀 소비자가 위법계약 해지권 행사 시 판매자의 금전반환 범위는 어떠한가요?

🅐 〈 위법계약 해지권 개요 〉

　① 위법계약 해지권이란 금융사가 판매규제*를 위반한 경우 소비자가 그 규제 위반을 이유로 계약을 중도에 해지할 수 있는 권리.

　해지 시, 판매자가 소비자에 해지를 이유로 수수료, 위약금 등 해지와 관련된 비용을 요구하는 행위를 금지.

　　* 적합성 원칙, 적정성 원칙, 설명의무, 불공정영업금지, 부당권유금지.

　② 위법계약해지권의 취지는 위법한 계약에 대해 소비자가 해지에 따른 재산상 불이익을 해지시점 이후부터 받지 않도록 하는 데 있음. 위법한 계약에 따른

손해배상을 요구하는 손해배상청구권과는 성격이 다르다는 점을 유의할 필요.

〈 해지권 행사시 금전반환범위 〉

① 위법계약 해지의 효과는 장래를 향해 발생하기 때문에 해당 계약은 '해지시점' 이후부터 무효.

따라서 계약 체결 후 해지시점까지의 계약에 따른 서비스 제공 과정에서 발생한 비용등*은 원칙적으로 계약해지 후 소비자에게 지급해야할 금전의 범위에 포함되지 않음.

　* 예: 대출 이자, 카드 연회비, 펀드 수수료·보수, 투자손실, 위험보험료 등

② 통상 소비자가 계약해지 시 수수료(중도상환수수료, 환매수수료 등), 위약금 등을 부담하고 있으나, 위법한 계약의 경우에는 판매자가 해지와 관련된 비용을 소비자에 부과할 수 없음.

〈 금융상품별 예시 〉

[예금]

중도해지 시 이자율이 만기 시 이자율보다 낮은 경우에는 만기 시 이자율(만기 시 우대이자율은 제외)을 적용.

[대출·리스·할부금융]

중도상환수수료를 부과할 수 없으며, 소비자가 기지급한 이자는 환급되지 않음.

대출한도 약정 대출인 경우에는 해지 후 남은 계약기간에 대한 "한도약정수수료*"를 부과할 수 없음.

* 한도대출에 따른 충당금 적립 부담 및 자금보유 기회비용 보전을 위해 한도 설정금액에 대해 수수료를 요구. (산식: 약정액×수수료율×약정기간/365)

[펀드]

중도환매수수료를 부과할 수 없으며, 해지시점 전 거래와 관련하여 소비자가 지급한 수수료, 보수는 환급되지 않음. 환매 관련 기준은 다음과 같이 상품유형에 따라 판단할 수 있음.

〈위법계약 해지 시 환매 관련 기준〉
- 일반적으로 해지일 다음날을 기준으로 집합투자규약, 투자설명서에서 정한 방법에 따라 환매대금을 산정.
- ETF(Exchange Traded Fund)와 같은 거래에서 상장 상품은 해지일 다음날 거래소 장(場) 시작 전(8:40~9:00) 단일가 경쟁매매로 결정된 시가에 따라 일괄 처분.
- 폐쇄형 펀드는 해지일 다음날에 가장 근접한 기준가격(자본시장법 상 집합투자재산평가위원회가 평가)에 따름.

[보험]

보험사는 계약해지에 따른 해지수수료, 위약금을 부과할 수 없으며, 소비자에 환급해야할 보험료의 범위는 다음과 같음.

납입보험료 중에서 해지시점 전까지 위험보장, 계약의 체결·유지관리 등에 대한 비용(위험보험료 + 부가보험료)을 제외한 나머지 금액*은 환급해야 함.

* (해지시점 이후에) 소비자에게 보험금을 지급하기 위해 (해지시점 이전까지) 적립해 둔 금액 및 그에 대한 이자.

위험보장, 계약의 체결·유지관리 등에 대한 비용(위험보험료 + 부가보험료)은 전 계약기간에 걸쳐 안분하여 "해지시점 이전에 해당하는 금액"만 비용으로 인정.

Ⓠ 금융소비자의 위법계약해지 요구에 대해 금융상품판매업자가 수락한 경우 해지금액의 반환은 언제까지 이루어져야 하나요?

Ⓐ 위법계약 해지 시 해당 계약은 '해지시점' 이후부터 무효가 되므로 이후 해지금액을 반환하지 않는 경우 그 금액은 민법상 부당이득에 해당된다고 판단됨.

따라서 해지금액 반환시점과 관련하여 해당 금액을 소비자의 지급이행 청구 이후 지체없이 반환하지 않을 경우에는 지급 지체에 따른 민사상 책임이 부과될 수 있는 점을 감안해야 할 것임.

제 7 장

감독 및
처분

금융상품판매업자등에 대한 감독

1 금융위원회의 감독권

금융위원회는 금융소비자의 권익을 보호하고 건전한 거래질서를 위하여 금융상품직접판매업자, 금융상품판매대리·중개업자 및 금융상품자문업자가 금융소비자보호법과 금융소비자보호법에 따른 명령이나 처분을 적절히 준수하는지를 감독하여야 한다.[1]

2 금융상품자문업자의 분기별 업무보고서 제출 의무

금융소비자보호법 제12조에 따라 등록을 한 금융상품자문업자(독립금융상품자문

---

1) 금융소비자보호법 §48①

업자)는 매 사업연도 개시일부터 3개월간6개월간9개월간 및 12개월간의 업무보고서를 작성하여 각각의 기간 경과 후 45일 내에 업무보고서를 금융위원회에 제출하여야 한다.[2] 동 업무보고서의 서식, 작성방법 및 첨부서류 등에 관하여 필요한 사항은 금융감독원장이 정한다.[3] 또한, 동 업무보고서에는 ❶명칭 및 소재지, ❷인력 및 재무현황, ❸자문대상 금융상품의 범위, ❹자문업무의 제공 절차, ❺내부통제기준 및 금융소비자보호기준, ❻보수 및 그 결정기준, ❼임원 결격요건[4] 해당 여부에 관한 사항, ❽금융상품판매업자로부터 자문과 관련하여 대가 등 재산상 이익을 제공받은 경우 그 재산상 이익의 종류 및 규모, ❾업무 위탁·제휴 관계에 있는 금융상품판매업자의 명칭 및 위탁·제휴 내용, ❿「금융회사의 지배구조에 관한 법률 시행령」 제5조에 따른 법령, 「독점규제 및 공정거래에 관한 법률」 또는 「조세범 처벌법」을 위반하여 제재 또는 형벌을 받은 경우 그 사실, ⓫자문대상 금융상품 중 대주주·특수관계인이 발행하거나 취급하는 금융상품에 관한 사항, ⓬겸영하는 업무에 관한 사항(다른 업무를 겸영하는 경우에 한정) 그리고 ⓭영업 관련 계약 및 수수료 수입 내역이 포함되어야 한다.[5]

---

2) 금융소비자보호법 §48②

3) 금융소비자보호감독규정 §32②(1)

4) 금융소비자보호법 §12, ④다음 각 호의 구분에 따라 해당 호 각 목의 어느 하나에 해당하는 사람은 제1항에 따른 등록을 한 금융상품직접판매업자, 금융상품자문업자 또는 법인인 금융상품판매대리·중개업자의 임원이 될 수 없다.

  1. 금융상품직접판매업자 또는 금융상품자문업자의 경우

    가. 미성년자, 피성년후견인 또는 피한정후견인

    나. 파산선고를 받고 복권되지 아니한 사람

    다. 금고 이상의 실형을 선고받고 그 집행이 끝나거나(집행이 끝난 것으로 보는 경우를 포함한다) 집행이 면제된 날부터 5년이 지나지 아니한 사람

    라. 금고 이상의 형의 집행유예를 선고받고 그 유예기간 중에 있는 사람

    마. 이 법, 대통령령으로 정하는 금융 관련 법률 또는 외국 금융 관련 법령에 따라 벌금 이상의 형을 선고받고 그 집행이 끝나거나(집행이 끝난 것으로 보는 경우를 포함한다) 집행이 면제된 날부터 5년이 지나지 아니한 사람

    바. 이 법 또는 대통령령으로 정하는 금융 관련 법률에 따라 임직원 제재조치(퇴임 또는 퇴직한 임직원의 경우 해당 조치에 상응하는 통보를 포함한다)를 받은 사람으로서 그 조치의 종류별로 5년을 초과하지 아니하는 범위에서 대통령령으로 정하는 기간이 지나지 아니한 사람

    사. 금융소비자 보호 및 건전한 거래질서를 해칠 우려가 있는 경우로서 대통령령으로 정하는 사람

5) 금융소비자보호법 시행령 §39②, 감독규정 §32①

3 금융상품판매업자등의 변동사항 보고의무

금융소비자보호법 제12조에 따른 요건을 갖추어 등록한 금융상품판매업자등은 등록요건[6]에 관한 사항 중에 변경이 있는 경우 1개월 이내에 그 변동사항을 금융위원회에 보고하여야 한다.[7] 이 경우 금융상품판매업자등은 변경보고서에 그 변경사항을 증명하는 서류를 첨부하여 금융위원회에 제출해야 한다.[8] 동 변경보고서의 서식, 작성방법 및 첨부서류 등에 관하여 필요한 사항은 금융상품자문업자의 경우 금융감독원장이, 금융상품판매대리·중개업자의 경우 해당 금융상품판매대리·중개업자에 대한 등록 업무를 위탁받은 자가 각각 정한다.[9] 한편, 금융소비자보호법 제12조에 따른 요건을 갖추어 등록한 금융상품판매업자등이 등록요건에 대한 변동사항을 보고하지 아니한 자에게는 1천만원 이하의 과태료를 부과한다.[10]

---

6) 금융소비자보호법 §12②~④의 규정에 따른 등록요건에 관한 사항을 말한다.
7) 금융소비자보호법 §48③④, 시행령 §39③
8) 금융소비자보호법 §39④
9) 금융소비자보호감독규정 §32②(2)
10) 금융소비자보호법 §69③

금융위원회의 명령권

1 의의

금융위원회는 금융상품의 판매 또는 자문 과정에서 금융소비자의 권익 보호 및 건전한 거래질서를 확립하고 금융소비자의 피해가 가시화되거나 확대되는 것을 미연에 방지하기 위하여 시정·중지 또는 판매제한·금지 명령권을 발동할 수 있다. 현행 개별 금융업법에도 금융당국의 일반적 명령권[1]이 있지만 금융상품 판매와 관련한 명령권의 근거로 보기에는 부족하여 금융소비자보호법에 금융상품 판매와 관련한 금융위원회의 명령권을 별도로 규정한 것으로 보인다.

2 금융상품판매업자등에 대한 시정·중지 명령

가. 발동요건

금융위원회는 금융소비자의 권익 보호 및 건전한 거래질서를 위하여 필요하다고 인정하는 경우에는 금융상품판매업자등에게 시정·중지 등 필요한 조치를 명할 수 있다.[12]

나. 조치내용

금융위원회가 시정·중지 명령권을 통해 조치할 수 있는 사항으로는 ❶금융상품판매업자등의 경영 및 업무개선에 관한 사항, ❷영업의 질서유지에 관한 사항, ❸영업방법에 관한 사항, ❹금융상품에 대하여 투자금 등 금융소비자가 부담하는 급부의 최소 또는 최대한도 설정에 관한 사항, ❺내부통제기준 및 금융소비자보호기준에 관한 사항 그리고 ❻수수료 및 보수에 관한 사항이 있다.[13]

다. 적용 대상

---

11) 은행법 §46(예금지급불능 등에 대한 조치) 금융위원회는 은행의 파산 또는 예금지급불능의 우려 등 예금자의 이익을 크게 해칠 우려가 있다고 인정할 때에는 예금 수입(受入) 및 여신(與信)의 제한, 예금의 전부 또는 일부의 지급정지, 그 밖에 필요한 조치를 명할 수 있다.

자본시장법 §416(금융위원회의 조치명령권) 금융위원회는 투자자를 보호하고 건전한 거래질서를 유지하기 위하여 금융투자업자에게 다음 각 호의 사항에 관하여 필요한 조치를 명할 수 있다. 다만, 제7호의 장내파생상품의 거래규모의 제한에 관한 사항에 관하여는 위탁자에게도 필요한 조치를 명할 수 있다.

1. 금융투자업자의 고유재산 운용에 관한 사항
2. 투자자 재산의 보관·관리에 관한 사항
3. 금융투자업자의 경영 및 업무개선에 관한 사항
4. 각종 공시에 관한 사항
5. 영업의 질서유지에 관한 사항
6. 영업방법에 관한 사항
7. 장내파생상품 및 장외파생상품의 거래규모의 제한에 관한 사항
8. 그 밖에 투자자 보호 또는 건전한 거래질서를 위하여 필요한 사항으로서 대통령령으로 정하는 사항

보험업법 §131(금융위원회의 명령권) ① 금융위원회는 보험회사의 업무운영이 적정하지 아니하거나 자산상황이 불량하여 보험계약자 및 피보험자 등의 권익을 해칠 우려가 있다고 인정되는 경우에는 다음 각 호의 어느 하나에 해당하는 조치를 명할 수 있다.

1. 업무집행방법의 변경
2. 금융위원회가 지정하는 기관에의 자산 예탁
3. 자산의 장부가격 변경
4. 불건전한 자산에 대한 적립금의 보유
5. 가치가 없다고 인정되는 자산의 손실처리
6. 그 밖에 대통령령으로 정하는 필요한 조치

12) 금융소비자보호법 §49①.
13) 금융소비자보호법 §49①, 시행령 §40①

금융위원회의 시정·중지 명령권은 금융상품판매업자(금융상품직접판매업자 및 금융상품판매대리·중개업자)와 금융상품자문업자를 대상으로 적용된다.[14]

3 금융상품판매업자에 대한 판매제한·금지 명령

가. 발동요건

금융위원회는 투자성 상품, 보장성 상품 또는 대출성 상품에 관한 계약 체결 및 그 이행으로 인해 금융소비자의 재산에 현저한 피해가 발생할 우려가 있다고 명백히 인정되는 경우 그 금융상품을 판매하는 금융상품판매업자에 대하여 해당 금융상품 계약 체결의 권유 금지 또는 계약 체결의 제한·금지를 명할 수 있다.[15] 금융상품자문에 대한 계약은 판매제한·금지 명령의 대상이 아니다.

나. 적용 대상

금융위원회의 판매제한·금지 명령권은 금융상품의 판매에 관련된 금융상품판매업자(금융상품직접판매업자 및 금융상품판매대리·중개업자)만을 대상으로 적용되며, 금융상품의 자문업무만을 수행하는 금융상품자문업자의 경우 그 대상에서 제외된다.[16]

다. 발동 전 준수사항

금융위원회는 판매제한·금지명령을 조치하기 전에 ❶판매제한·금지명령 대상자에 ⅰ)판매제한·금지명령의 필요성 및 판단근거, ⅱ)판매제한·금지명령 절차 및 예상시기 그리고 ⅲ)의견제출 방법에 대한 사항을 알려야 한다. 또한, ❷판매제한·금지명령 대상자가 해당 조치에 대한 의견(근거자료를 포함)을 제출할 수 있는 충분한

---

14) 금융소비자보호법 §49①.
15) 금융소비자보호법 §49②, 시행령 §40②
16) 금융소비자보호법 §49②

기간을 보장해야 하며, 이 경우 ⅰ)판매제한·금지명령의 시급성, ⅱ)판매제한·금지명령 대상자가 해당 조치로 입는 경영상 불이익, ⅲ)그 밖에 판매제한·금지명령 대상자가 의견제출과 관련하여 자료 수집·분석 등을 하는 데 불가피하게 소요되는 기간에 대한 사항을 고려해야 한다.[17] 다만, 금융소비자 피해 확산 방지를 위해 긴급하게 조치를 해야 하는 경우로서 발동 전 준수해야 할 사항과 절차를 이행할 여유가 없을 때에는 필요한 범위 내에서 상기의 ❶ 또는 ❷에 따른 준수사항을 생략하거나 그 기간을 단축할 수 있다.[18]

라. 발동 시 홈페이지 게시

금융위원회는 판매제한·금지명령을 발동한 경우 지체 없이 홈페이지에 게시해야 한다. 이 경우 게시 내용에는 ❶해당 금융상품 및 그 금융상품의 과거 판매기간, ❷관련 금융상품판매업자의 명칭, ❸판매제한·금지명령의 내용·유효기간 및 사유[19], ❹판매제한·금지명령이 그 발동시점 이전에 체결된 해당 금융상품에 관한 계약의 효력에 영향을 미치지 않는다는 사실, ❺판매제한·금지명령 이후 그 조치의 이행현황을 주기적으로 확인한다는 사실, ❻그 밖에 ⅰ)금융소비자 보호 및 ⅱ)공시로 인해 판매제한·금지명령 대상자가 입을 수 있는 불이익(금융소비자 보호와 관계없는 경우에 한정)에 대한 사항을 고려하여 공시가 필요하다고 금융위원회가 인정한 사항을 포함하여야 한다.[20]

마. 판매제한·금지명령 중단

금융위원회는 ❶판매제한·금지명령을 받은 자가 판매제한·금지명령 대상인 금융상품과 관련하여 금융소비자의 재산상 현저한 피해가 발생할 우려를 없애거나 그

---

17) 금융소비자보호감독규정 §33①본문(1)(2)

18) 금융소비자보호감독규정 §33①단서

19) 이 경우, 그 명령이 해당 금융상품판매업자의 금융 관련 법령 위반과 관계없는 경우에는 그 사실을 알려야 한다.

20) 금융소비자보호감독규정 §33②

금융상품에 관한 계약 체결을 중단한 경우, ❷그 밖에 ⅰ)판매제한·금지명령의 필요성 및 판단근거[21] 및 ⅱ)판매제한·금지명령 대상자가 해당 조치로 입는 경영상 불이익에 관한 사항을 고려하여 판매제한·금지명령을 중단해야할 필요성을 금융위원회가 인정한 경우에는 판매제한·금지명령을 중단할 수 있다. 이 경우, 그 사실을 지체 없이 판매제한·금지명령 대상자에게 알리고 그 사실을 홈페이지에 게시해야 한다.[22]

---

21) 금융소비자보호감독규정 §33①(1)가목
22) 금융소비자보호감독규정 §33③

03

금융상품판매업자등에 대한 검사

1 의의

　금융소비자보호법은 금융상품판매업자등에 대한 금융감독원장의 검사권을 규정하고 있다. 「금융위원회의 설치 등에 관한 법률」 제24조 및 제37조 그리고 은행법 등 개별 금융업법마다 해당 금융업권에 속하는 금융회사에 대한 금융감독원장의 검사권을 각각 규정하고 있음에도 금융소비자보호법에서 금융감독원장의 검사권 관련 조항을 별도로 두고 있는 것은 개별 금융업법이 아닌 금융소비자보호법에 근거하여 등록한 금융회사가 존재하기 때문이다.[23] 또한, 개별 금융업법에 산재해 있던 6대 판매규제 등 금융소비자 보호 관련 규정들이 금융소비자보호법으로 이관됨에 따라 금융소비자보호법이 금융상품판매업자등의 업법으로서의 성격도 갖고 있어 금융상품판매업자등의 영업행위 전반에 대해 금융감독원장이 검사를 실시할 수 있는 근거를

---

23) 독립금융상품자문업자, 신협 공제사업모집인, 대출모집인은 금융소비자보호법 제12조 제1항에 따라 등록한다.

금융소비자보호법에 명시한 것으로 보인다.

2 업무와 재산상황 검사

금융상품판매업자등은 그 업무와 재산상황에 관하여 금융감독원장의 검사를 받아야 한다. 금융감독원장은 검사를 할 때 필요하다고 인정하는 경우에는 금융상품판매업자등에게 업무 또는 재산에 관한 보고, 자료의 제출, 관계인의 출석 및 의견진술을 요구하거나 금융감독원 소속 직원으로 하여금 금융상품판매업자등의 사무소나 사업장에 출입하여 업무상황이나 장부·서류·시설 또는 그 밖에 필요한 물건을 검사하게 할 수 있다. 검사를 하는 사람은 그 권한을 표시하는 증표를 지니고 관계인에게 보여 주어야 한다. 금융감독원장은 검사를 한 경우에는 그 결과를 금융위원회에 보고하여야 한다. 이 경우 이 법 또는 이 법에 따른 명령이나 처분을 위반한 사실이 있을 때에는 그 처리에 관한 의견서를 첨부하여야 한다. 또한, 금융감독원장은 「주식회사 등의 외부감사에 관한 법률」에 따라 금융상품판매업자등이 선임한 외부감사인에게 해당 금융상품판매업자등을 감사한 결과 알게 된 정보, 그 밖에 영업행위와 관련되는 자료의 제출을 사용목적에 필요한 최소한의 범위에서 서면으로 요구할 수 있다.[24]

한편, 금융감독원의 검사업무에 대한 일반적인 원칙과 절차는 "금융기관 검사 및 제재에 관한 규정(금융위원회 규정)" 및 동 "시행세칙(금융감독원 규정)"에서 세부적인 내용을 정하고 있다. 금융소비자보호법에 따른 검사업무도 동 규정과 동 시행세칙에 따라 운영된다.

검사는 운영방식에 따라 정기검사와 수시검사로, 검사 실시방법에 따라 현장검사와 서면검사로 구분할 수 있다. 정기검사는 금융기관의 규모, 시장에 미치는 영향

---

24) 금융소비자보호법§50

력 등을 감안하여 일정 주기에 따라 정기적으로 실시하는 검사를 말하고, 수시검사는 금융사고 예방, 금융질서 확립, 기타 금융감독정책상의 필요에 따라 수시로 실시하는 검사를 말한다. 현장검사는 검사원이 금융기관을 방문하여 실시하는 검사이고 서면검사는 검사원이 금융기관으로부터 자료를 제출받아 검토하는 방법으로 실시하는 검사이며, 현장검사나 서면검사는 모두 결과의 처리가 동일하게 이루어진다.[25] 금융감독원이 실시하는 금융상품판매업자등에 대한 검사를 정당한 사유 없이 거부·방해 또는 기피한 자에게는 1억원 이하의 과태료를 부과한다.[26]

---

25) 금융감독원, 금융감독개론(2021년 개정판) p434~437 참조
26) 금융소비자보호법 §69①(13)

금융상품판매업자등에 대한 처분 등

1 금융상품판매업자등의 등록 취소

가. 등록취소 당연사유

금융위원회는 금융소비자보호법 제12조에 따라 등록을 한 금융상품판매업자등[27]
이 거짓이나 그 밖의 부정한 방법으로 등록을 한 경우 그 등록을 취소하여야 한다.[28]

나. 등록취소 가능사유

(1) 주요 내용

금융위원회는 금융소비자보호법 제12조에 따라 등록을 한 금융상품판매업자
등이 아래의 사항 중 어느 하나에 해당하는 경우에는 금융상품판매업등의 등
록을 취소할 수 있다.[29]

---

27) 독립금융상품자문업자, 신협 공제사업모집인, 대출모집인은 금융소비자보호법 제12조 제1항에 따라 등록한다.
28) 금융소비자보호법 §51①단서(1)

① 금융소비자보호법 제12조 제2항[30] 또는 제3항[31]에 따른 등록요건을 유지하지 아니하는 경우

② 업무의 정지기간 중에 업무를 한 경우

③ 금융위원회의 시정명령 또는 중지명령을 받고 금융위원회가 정한 기간 내에 시정하거나 중지하지 아니한 경우

④ 금융소비자보호법 제49조 제2항[32]에 따른 금융상품에 대한 판매제한·금지명령에 따르지 않은 경우

⑤ 1년 이상 계속하여 정당한 사유 없이 영업을 하지 않는 경우

⑥ 업무와 관련하여 제3자로부터 부정한 방법으로 금전등을 받거나 금융소비자에게 지급해야 할 금전등을 받는 경우

⑦ 금융소비자보호법 제51조 제2항[33]에 따라 금융위원회로부터 업무정지 등 조치를 받은 날부터 3년 이내에 3회 이상 동일한 위반행위를 반복한 경우

(2) 일시적 등록요건 미유지 시

---

29) 금융소비자보호법 §51①본문(2)~(5), 시행령 §41②, 감독규정 §34②

30) 금융소비자보호법 §12, ② 제1항에 따라 금융상품직접판매업자 또는 금융상품자문업자로 등록하려는 자는 다음 각 호의 요건을 모두 갖추어야 한다. 다만, 금융상품직접판매업자에게는 제6호의 요건을 적용하지 아니한다.

31) 금융소비자보호법 §12, ③ 제1항에 따라 금융상품판매대리·중개업자로 등록하려는 자는 다음 각 호의 요건을 모두 갖추어야 한다.

32) 금융소비자보호법 §49, ② 금융위원회는 금융상품으로 인하여 금융소비자의 재산상 현저한 피해가 발생할 우려가 있다고 명백히 인정되는 경우로서 대통령령으로 정하는 경우에는 그 금융상품을 판매하는 금융상품판매업자에 대하여 해당 금융상품 계약 체결의 권유 금지 또는 계약 체결의 제한·금지를 명할 수 있다.

33) 금융소비자보호법 §51, ② 금융위원회는 금융상품판매업자등이 제1항제2호부터 제5호까지의 어느 하나에 해당하거나 이 법 또는 이 법에 따른 명령을 위반하여 건전한 금융상품판매업등을 영위하지 못할 우려가 있다고 인정되는 경우로서 대통령령으로 정하는 경우에는 대통령령으로 정하는 바에 따라 다음 각 호의 어느 하나에 해당하는 조치를 할 수 있다. 다만, 제1호의 조치는 금융상품판매업자등 중 제12조에 따른 등록을 한 금융상품판매업자등에 한정한다.

1. 6개월 이내의 업무의 전부 또는 일부의 정지

2. 위법행위에 대한 시정명령

3. 위법행위에 대한 중지명령

4. 위법행위로 인하여 조치를 받았다는 사실의 공표명령 또는 게시명령

5. 기관경고

6. 기관주의

7. 그 밖에 위법행위를 시정하거나 방지하기 위하여 필요한 조치로서 대통령령으로 정하는 조치

다만, 상기❶과 관련하여 일시적으로 등록요건을 유지하지 못했더라도 다음과 같이 해당 요건을 다시 갖춘 경우에는 등록취소 가능사유에서 제외한다.[34]

① 임원의 퇴임 또는 직원의 퇴직으로 금융소비자보호법 제12조 제2항 제1호[35] 또는 같은 조 제3항 제3호[36]에 따른 인력요건을 갖추지 못하게 된 경우로서 그 요건을 갖추지 못하게 된 날부터 60일 이내에 해당 인력 요건을 다시 갖춘 경우

② 임원이 금융소비자보호법 제12조 제2항 제4호[37] 또는 같은 조 제3항 제2호[38]에 따른 결격요건을 갖추게 된 경우로서 그 결격요건을 갖추게 된 날부터 6개월 이내에 해당 임원을 개임(改任)한 경우[39]

---

34) 금융소비자보호법 §51①(2)단서, 시행령 §41①, 감독규정 §34①

35) 금융소비자보호법 §12, ② 제1항에 따라 금융상품직접판매업자 또는 금융상품자문업자로 등록하려는 자는 다음 각 호의 요건을 모두 갖추어야 한다. 다만, 금융상품직접판매업자에게는 제6호의 요건을 적용하지 아니한다.
  1. 금융소비자 보호 및 업무 수행이 가능하도록 대통령령으로 정하는 인력과 전산 설비, 그 밖의 물적 설비를 갖출 것

36) 금융소비자보호법 §12, ③ 제1항에 따라 금융상품판매대리 · 중개업자로 등록하려는 자는 다음 각 호의 요건을 모두 갖추어야 한다.
  3. 그 밖에 금융소비자 권익 보호 및 건전한 거래질서를 위하여 필요한 사항으로서 금융상품판매대리 · 중개업자의 업무 수행기준, 필요한 인력의 보유 등 대통령령으로 정하는 요건을 갖출 것

37) 금융소비자보호법 §12, ② 제1항에 따라 금융상품직접판매업자 또는 금융상품자문업자로 등록하려는 자는 다음 각 호의 요건을 모두 갖추어야 한다. 다만, 금융상품직접판매업자에게는 제6호의 요건을 적용하지 아니한다.
  4. 임원이 제4항제1호 각 목의 어느 하나에 해당하지 아니할 것
  ④ 다음 각 호의 구분에 따라 해당 호 각 목의 어느 하나에 해당하는 사람은 제1항에 따른 등록을 한 금융상품직접판매업자, 금융상품자문업자 또는 법인인 금융상품판매대리 · 중개업자의 임원이 될 수 없다.
  1. 금융상품직접판매업자 또는 금융상품자문업자의 경우
    가. 미성년자, 피성년후견인 또는 피한정후견인
    나. 파산선고를 받고 복권되지 아니한 사람
    다. 금고 이상의 실형을 선고받고 그 집행이 끝나거나(집행이 끝난 것으로 보는 경우를 포함한다) 집행이 면제된 날부터 5년이 지나지 아니한 사람
    라. 금고 이상의 형의 집행유예를 선고받고 그 유예기간 중에 있는 사람
    마. 이 법, 대통령령으로 정하는 금융 관련 법률 또는 외국 금융 관련 법령에 따라 벌금 이상의 형을 선고받고 그 집행이 끝나거나(집행이 끝난 것으로 보는 경우를 포함한다) 집행이 면제된 날부터 5년이 지나지 아니한 사람
    바. 이 법 또는 대통령령으로 정하는 금융 관련 법률에 따라 임직원 제재조치(퇴임 또는 퇴직한 임직원의 경우 해당 조치에 상응하는 통보를 포함한다)를 받은 사람으로서 그 조치의 종류별로 5년을 초과하지 아니하는 범위에서 대통령령으로 정하는 기간이 지나지 아니한 사람
    사. 금융소비자 보호 및 건전한 거래질서를 해칠 우려가 있는 경우로서 대통령령으로 정하는 사람

③ 금융상품판매업자등이 본인의 귀책사유 없이 금융소비자보호법 제12조 제2항 제1호[39]에 따른 전산설비 및 물적설비 요건(인력 요건은 제외) 또는 자기자본 요건을 갖추지 못하게 된 경우로서 그 요건을 갖추지 못하게 된 날부터 6개월 이내에 해당 요건을 다시 갖춘 경우

2 금융상품판매업자등에 대한 조치

가. 조치 사유

금융위원회는 금융상품판매업자등이 금융소비자보호법 제51조 제1항 제2호부터 제5호까지의 등록취소 가능사유 중에서 어느 하나에 해당하거나 금융소비자보호법 또는 금융소비자보호법에 따른 명령을 위반하여 건전한 금융상품판매업등을 영위하지 못할 우려가 있다고 금융소비자보호법 시행령 [별표 1] "금융상품판매업자등 및 그 임직원에 대한 조치 또는 조치요구 기준"에 따라 인정되는 경우에는 해당 금융상품판매업자등에 대해 조치를 할 수 있다.[40]

---

38) 금융소비자보호법 §12.

　③ 제1항에 따라 금융상품판매대리 · 중개업자로 등록하려는 자는 다음 각 호의 요건을 모두 갖추어야 한다.

　　2. 제4항제2호 각 목의 어느 하나에 해당하지 아니할 것(금융상품판매대리 · 중개업자로 등록하려는 법인의 경우에는 임원이 제4항제2호 각 목의 어느 하나에 해당하지 아니할 것)

　④ 다음 각 호의 구분에 따라 해당 호 각 목의 어느 하나에 해당하는 사람은 제1항에 따른 등록을 한 금융상품직접판매업자, 금융상품자문업자 또는 법인인 금융상품판매대리 · 중개업자의 임원이 될 수 없다.

　　2. 법인인 금융상품판매대리 · 중개업자의 경우

　　가. 제1호가목 · 나목 및 라목 중 어느 하나에 해당하는 사람

　　나. 금고 이상의 실형을 선고받고 그 집행이 끝나거나(집행이 끝난 것으로 보는 경우를 포함한다) 집행이 면제된 날부터 2년이 지나지 아니한 사람

　　다. 이 법, 대통령령으로 정하는 금융 관련 법률 또는 외국 금융 관련 법령에 따라 벌금 이상의 형을 선고받고 그 집행이 끝나거나(집행이 끝난 것으로 보는 경우를 포함한다) 집행이 면제된 날부터 2년이 지나지 아니한 사람

39) 금융소비자보호법 §12. ② 제1항에 따라 금융상품직접판매업자 또는 금융상품자문업자로 등록하려는 자는 다음 각 호의 요건을 모두 갖추어야 한다. 다만, 금융상품직접판매업자에게는 제6호의 요건을 적용하지 아니한다.

　　1. 금융소비자 보호 및 업무 수행이 가능하도록 대통령령으로 정하는 인력과 전산 설비, 그 밖의 물적 설비를 갖출 것

40) 금융소비자보호법 §51②, 시행령 §41③

금융상품판매업자등 및 그 임직원에 대한 조치 및 조치요구 기준

1. 법 제16조제2항을 위반하여 내부통제기준을 마련하지 않은 경우

2. 법 제17조제1항을 위반하여 상대방인 금융소비자를 확인하지 않는 경우

3. 법 제17조제2항을 위반한 경우로서 다음 각 목의 어느 하나에 해당하는 경우

　　가. 일반금융소비자의 정보를 파악하지 않은 경우

　　나. 일반금융소비자로부터 확인을 받지 않은 경우

　　다. 금융소비자로부터 확인을 받고 이를 유지·관리하지 않은 경우

　　라. 금융소비자에게 확인받은 내용을 지체 없이 제공하지 않은 경우

4. 법 제17조제3항을 위반하여 계약 체결을 권유한 경우

5. 법 제18조제1항을 위반하여 정보를 파악하지 않은 경우

6. 법 제18조제2항을 위반하여 해당 금융상품이 적정하지 않다는 사실을 알리지 않
　거나 확인을 받지 않은 경우

1. 법 제16조제2항을 위반하여 내부통제기준을 마련하지 않은 경우

2. 법 제17조제1항을 위반하여 상대방인 금융소비자를 확인하지 않는 경우

3. 법 제17조제2항을 위반한 경우로서 다음 각 목의 어느 하나에 해당하는 경우

　　가. 일반금융소비자의 정보를 파악하지 않은 경우

　　나. 일반금융소비자로부터 확인을 받지 않은 경우

　　다. 금융소비자로부터 확인을 받고 이를 유지·관리하지 않은 경우

　　라. 금융소비자에게 확인받은 내용을 지체 없이 제공하지 않은 경우

4. 법 제17조제3항을 위반하여 계약 체결을 권유한 경우

5. 법 제18조제1항을 위반하여 정보를 파악하지 않은 경우

6. 법 제18조제2항을 위반하여 해당 금융상품이 적정하지 않다는 사실을 알리지 않
　거나 확인을 받지 않은 경우

7. 법 제19조제1항을 위반하여 중요한 사항을 설명하지 않은 경우

8. 법 제19조제2항을 위반하여 설명서를 제공하지 않거나 확인을 받지 않은 경우

9. 법 제19조제3항을 위반하여 거짓 또는 왜곡하여 설명하거나 중요한 사항을 빠뜨
　린 경우

10. 법 제20조제1항 각 호의 어느 하나에 해당하는 행위를 한 경우

11. 법 제21조 각 호의 어느 하나에 해당하는 행위를 한 경우

12. 법 제22조제1항·제3항 또는 제4항을 위반하여 금융상품등에 관한 광고를 한 경우

13. 법 제23조제1항을 위반하여 계약서류를 제공하지 않은 경우

14. 법 제24조를 위반하여 금융상품판매대리·중개업자가 아닌 자에게 법 제2조제8호에 따른 금융상품계약체결등을 대리하거나 중개하게 한 경우

15. 법 제25조제1항 각 호의 어느 하나에 해당하는 행위를 한 경우

16. 법 제25조제2항을 위반하여 수수료 외의 금품, 그 밖의 재산상 이익을 요구하거나 받은 경우

17. 법 제26조제1항을 위반하여 같은 항 각 호의 어느 하나에 해당하는 사항을 미리 금융소비자에게 알리지 않은 경우

18. 법 제26조제2항을 위반하여 표지를 게시하지 않거나 증표를 보여 주지 않은 경우

19. 법 제27조제3항을 위반하여 같은 항 각 호의 어느 하나에 해당하는 사항을 금융소비자에게 알리지 않은 경우 또는 표지를 게시하지 않거나 증표를 내보이지 않은 경우

20. 법 제27조제4항을 위반하여 독립문자를 명칭에 사용하거나 광고에 사용한 경우

21. 법 제27조제5항 각 호의 어느 하나에 해당하는 행위를 한 경우

22. 법 제28조제1항을 위반하여 자료를 기록하지 않거나 자료의 종류별로 유지·관리하지 않은 경우

23. 법 제28조제2항을 위반하여 대책을 수립·시행하지 않은 경우

24. 법 제28조제4항을 위반하여 열람하도록 하지 않은 경우

25. 법 제46조제3항을 위반하여 같은 항 각 호의 어느 하나의 방법으로 반환하지 않은 경우

26. 법 제46조제4항을 위반하여 금전의 지급을 청구한 경우

27. 법 제47조제1항 후단을 위반하여 수락 여부를 통지하지 않거나 거절사유를 함께 통지하지 않은 경우

28. 법 제47조제3항을 위반하여 계약의 해지에 관련된 비용을 요구한 경우

29. 법 제48조제2항을 위반하여 업무보고서를 제출하지 않은 경우

30. 법 제48조제3항을 위반하여 등록요건에 대한 변동사항을 보고하지 않은 경우

31. 법 제49조에 따른 금융위원회의 명령에 따르지 않은 경우

나. 조치 내용

금융위원회는 상기의 조치사유에 해당하는 금융상품판매업자등에 대하여 ❶6개월 이내의 업무의 전부 또는 일부의 정지, ❷위법행위에 대한 시정명령, ❸위법행위에 대한 중지명령, ❹위법행위로 인하여 조치를 받았다는 사실의 공표 또는 게시명령, ❺기관경고, ❻기관주의, ❼영업소의 전부 또는 일부 폐쇄, ❽수사기관에의 통보, ❾다른 행정기관에의 행정처분 요구 그리고 ❿경영이나 업무에 대한 개선 요구중에서 어느 하나에 해당하는 조치를 할 수 있다.[41] 다만, 상기❶에 해당하는 6개월 이내의 업무의 전부 또는 일부의 정지에 대한 조치는 금융소비자보호법 제12조에 따라 등록을 한 금융상품판매업자등에 한정한다.[42] 금융위원회 또는 금융감독원장은 금융상품판매업자등에 대해 등록의 취소를 하거나 조치를 하는 경우 그 사실 및 사유를 서면으로 알려야 한다.[43]

다. 은행, 보험회사 및 여신전문금융회사 등에 대한 조치 시 특례[44]

(1) 은행 등

금융위원회는 「은행법」에 따른 은행[45]에 해당하는 금융상품판매업자등에 대해서는 금융감독원장의 건의에 따라 상기의 ❷위법행위에 대한 시정명령, ❹위법행위로 인하여 조치를 받았다는 사실의 공표 또는 게시명령, ❻영업소의 전부또는 일부 폐쇄, ❼수사기관에의 통보, ❽다른 행정기관에의 행정처분 요구 그리고 ❾경영이나 업무에 대한 개선 요구 중에서 어느 하나에 해당하는 조치를할 수 있다. 또한, 금융위원회는 「은행법」에 따른 은행에 해당하는 금융상품판매업자등에 대해서는 금융감독원장으로 하여금 상기의 ❸위법행위에 대한 중지명령, ❺기관경고 및 ❻기관주의에 해당하는 조치를 하게 할 수 있다.[46]

(2) 보험회사 및 여신전문금융회사 등

금융위원회는 「보험업법」에 따른 보험회사[47], 보험대리점 및 보험중개사와 「여신전문금융업법」에 따른 여신전문금융회사 및 겸영여신업자에 해당하는 금융상품판매업자등에 대해서는 금융감독원장의 건의에 따라 상기의 ❷위법행위에 대한 시정명령, ❸위법행위에 대한 중지명령, ❹위법행위로 인하여 조치를 받았다는 사실의 공표 또는 게시명령, ❺기관경고, ❻기관주의, ❼영업소의 전부 또는 일부 폐쇄, ❽수사기관에의 통보, ❾다른 행정기관에의 행정처분 요구, ❿ 경영이나 업무에 대한 개선 요구 중에서 어느 하나에 해당하는 조치를 할 수 있다. 또한, 금융위원회는 「보험업법」에 따른 보험회사[48], 보험대리점 및 보험중개사와 「여신전문금융업법」에 따른 여신전문금융회사 및 겸영여신업자에 해당하는 금융상품판매업자등에 대해서는 금융감독원장으로 하여금 상기의 ❺기관경고 또는 ❻기관주의에 해당하는 조치를 하게 할 수 있다.[49]

---

41) 금융소비자보호법 §51②, 시행령 §41④

42) 금융소비자보호법 §51②단서

43) 금융소비자보호법 시행령 §41⑤

44) 은행법, 보험업법, 여신전문금융업법 등에서 정하고 있는 조치내용과 일치한다.

45) 중소기업은행, 한국산업은행, 신용협동조합중앙회의 신용사업 부문, 농협은행, 수협은행 및 상호저축은행중앙회를 포함한다.

46) 금융소비자보호법 §51③(1)

47) 농협생명보험 및 농협손해보험을 포함한다.

48) 농협생명보험 및 농협손해보험을 포함한다.

49) 금융소비자보호법 §51③(2)

금융상품판매업자등의 임직원에 대한 조치

1 금융상품판매업자등의 임원에 대한 조치

가. 조치 사유

금융위원회는 법인인 금융상품판매업자등의 임원이 금융소비자보호법 또는 금융소비자보호법에 따른 명령을 위반하여 건전한 금융상품판매업등을 영위하지 못할 우려가 있다고 금융소비자보호법 시행령 [별표 1] "금융상품판매업자등 및 그 임직원에 대한 조치 또는 조치요구 기준"에 따라 인정되는 경우에는 해당 임원에 대해 조치를 할 수 있다.[50]

나. 조치 내용

금융위원회는 상기의 조치사유에 해당하는 법인인 금융상품판매업자등의 임원에

---

50) 금융소비자보호법 §52①

대하여 ❶해임요구, ❷6개월 이내의 직무정지, ❸문책경고, ❹주의적 경고, ❺주의 중에서 어느 하나에 해당하는 조치를 할 수 있다.[51]

다. 은행, 보험회사 및 여신전문금융회사 등의 임원에 대한 조치 시 특례[52]

(1) 은행 등

금융위원회는 「은행법」에 따른 은행[53]에 해당하는 금융상품판매업자등의 임원에 대해서는 금융감독원장의 건의에 따라 상기의 ❶해임요구 또는 ❷6개월 이내의 직무정지의 조치를 할 수 있다. 또한, 금융위원회는 「은행법」에 따른 은행에 해당하는 금융상품판매업자등의 임원에 대해서는 금융감독원장으로 하여금 상기의 ❸문책경고, ❹주의적 경고, ❺주의 중에서 어느 하나에 해당하는 조치를 하게 할 수 있다.[54]

(2) 보험회사 및 여신전문금융회사 등

금융위원회는 「보험업법」에 따른 보험회사[55], 보험대리점 및 보험중개사와 「여신전문금융업법」에 따른 여신전문금융회사 및 겸영여신업자에 해당하는 금융상품판매업자의 임원에 대해서는 금융감독원장의 건의에 따라 ❶해임요구, ❷6개월 이내의 직무정지, ❸문책경고, ❹주의적 경고, ❺주의 중에서 어느 하나에 해당하는 조치를 할 수 있다. 또한, 금융위원회는 「보험업법」에 따른 보험회사, 보험대리점 및 보험중개사와 「여신전문금융업법」에 따른 여신전문금융회사 및 겸영여신업자에 해당하는 금융상품판매업자등의 임원에 대해서는 금융감독원장으로 하여금 상기의 ❸문책경고, ❹주의적 경고, ❺주의 중에서 어느 하나에 해당하는 조치를 하게 할 수 있다.[56]

---

51) 금융소비자보호법 §52①
52) 은행법, 보험업법, 여신전문금융업법 등에서 정하고 있는 조치내용과 일치한다.
53) 중소기업은행, 한국산업은행, 신용협동조합중앙회의 신용사업 부문, 농협은행, 수협은행 및 상호저축은행중앙회를 포함한다.
54) 금융소비자보호법 §51③(1)
55) 농협생명보험 및 농협손해보험을 포함한다.
56) 금융소비자보호법 §51③(2)

2 금융상품판매업자등의 직원에 대한 조치

가. 조치 사유

금융위원회는 법인인 금융상품판매업자등의 직원이 금융소비자보호법 또는 금융소비자보호법에 따른 명령을 위반하여 건전한 금융상품판매업등을 영위하지 못할 우려가 있다고 금융소비자보호법 시행령 [별표 1] "금융상품판매업자등 및 그 임직원에 대한 조치 또는 조치요구 기준"에 따라 인정되는 경우에는 해당 직원에 대해 조치를 할 수 있다.[57]

나. 조치 내용

금융위원회는 상기의 조치사유에 해당하는 법인인 금융상품판매업자등의 직원에 대하여 ❶면직, ❷6개월 이내의 정직, ❸감봉, ❹견책, ❺주의 중에서 어느 하나에 해당하는 조치를 할 것을 금융상품판매업자등에게 요구할 수 있다.[58]

다. 은행, 보험회사 및 여신전문금융회사 등의 직원에 대한 조치 시 특례[59]

(1) 은행 등

금융감독원장은 「은행법」에 따른 은행[60]에 해당하는 금융상품판매업자등의 직원에 대해서는 상기의 ❶면직, ❷6개월 이내의 정직, ❸감봉, ❹견책, ❺주의 중에서 어느 하나에 해당하는 조치를 그 금융상품판매업자에게 요구할 수 있다.[61]

(2) 보험회사 및 여신전문금융회사 등

---

57) 금융소비자보호법 §52②
58) 금융소비자보호법 §52②
59) 은행법, 보험업법, 여신전문금융업법 등에서 정하고 있는 조치내용과 일치한다.
60) 중소기업은행, 한국산업은행, 신용협동조합중앙회의 신용사업 부문, 농협은행, 수협은행 및 상호저축은행중앙회를 포함한다.
61) 금융소비자보호법 §52④(1)

금융위원회는 「보험업법」에 따른 보험회사[62], 보험대리점 및 보험중개사와 「여신전문금융업법」에 따른 여신전문금융회사 및 겸영여신업자에 해당하는 금융상품판매업자의 직원에 대해서는 ❶면직, ❷6개월 이내의 정직, ❸감봉, ❹견책, ❺주의 중에서 어느 하나에 해당하는 조치를 할 것을 금융감독원장의 건의에 따라 그 금융상품판매업자에게 요구하거나 금융감독원장으로 하여금 요구하게 할 수 있다.[63]

3 그 밖의 사항

가. 임원 또는 직원에 대한 조치 시 서면 통지

금융위원회 또는 금융감독원장은 금융상품판매업자등의 임원 및 직원에 대해 조치하거나 금융상품판매업자등에게 조치를 요구하는 경우 그 사실 및 사유를 서면으로 알려야 한다.[64]

나. 관리·감독의 책임이 있는 임직원에 대한 조치

금융위원회 또는 금융감독원장은 금융상품판매업자등의 임직원에 대하여 조치를 하거나 금융상품판매업자등에게 조치를 요구하는 경우 그 임직원에 대해서 관리·감독의 책임이 있는 임직원에 대한 조치를 함께 하거나 이를 요구할 수 있다. 다만, 관리·감독의 책임이 있는 사람이 그 임직원의 관리·감독에 적절한 주의를 다한 경우에는 조치를 감경하거나 면제할 수 있다.[65]

---

62) 농협생명보험 및 농협손해보험을 포함한다.
63) 금융소비자보호법 §52④(2)
64) 금융소비자보호법 시행령 §42②
65) 금융소비자보호법 §52⑤

다. 퇴임한 임원 등에 대한 조치내용 통보

금융위원회(금융상품판매업자등의 임직원에 대한 조치를 하거나 조치를 할 것을 요구할 수 있는 금융감독원장을 포함)는 금융상품판매업자등의 퇴임한 임원 또는 퇴직한 직원이 재임 또는 재직 중이었더라면 금융소비자보호법 제52조에 따른 조치를 받았을 것으로 인정되는 경우에는 그 받았을 것으로 인정되는 조치의 내용을 해당 금융상품판매업자등의 장에게 통보할 수 있다. 이 경우 통보를 받은 금융상품판매업자등은 그 내용을 해당 임원 또는 직원에게 통보하여야 한다.[66]

라. 청문

금융위원회는 ❶금융상품판매업자등에 대한 등록의 취소[67], ❷금융상품판매업자등의 임원의 해임요구 또는 직원의 면직요구[68] 중에서 어느 하나에 해당하는 처분 또는 조치를 하려면 청문을 하여야 한다.[69]

마. 이의신청

금융소비자보호법 제51조 및 제52조에 따른 처분 또는 조치(등록의 취소, 해임요구 또는 면직요구는 제외)에 불복하는 자는 처분 또는 조치를 고지받은 날부터 30일 이내에 불복 사유를 갖추어 이의를 신청할 수 있다. 이 경우 금융위원회는 이의신청에 대하여 60일 이내에 결정을 하여야 한다. 다만, 부득이한 사정으로 그 기간 내에 결정을 할 수 없을 경우에는 30일의 범위에서 그 기간을 연장할 수 있다.[70]

바. 처분 등의 기록 등

금융위원회 및 금융감독원장은 금융위원회의 명령권, 금융상품판매업자등에 대

---

66) 금융소비자보호법 §53
67) 금융소비자보호법 §51①에 따른 등록취소를 말한다.
68) 금융소비자보호법 §52①부터 ⑤까지의 조치와 관련된 것을 말한다.
69) 금융소비자보호법 §54
70) 금융소비자보호법 §55

한 처분 등, 금융상품판매업자등의 임직원에 대한 조치에 따라 처분 또는 조치를 한 경우에는 그 내용을 기록하고 유지·관리하여야 한다. 또한, 금융상품판매업자등은 금융위원회 또는 금융감독원장의 요구에 따라 해당 임직원을 조치한 경우와 퇴임한 임원 등에 대한 조치의 내용을 통보받은 경우에는 그 내용을 기록하고 유지·관리하여야 한다. 이 경우 금융상품판매업자등 또는 그 임직원(임직원이었던 사람을 포함)은 금융위원회, 금융감독원 또는 금융상품판매업자등에게 자기에 대한 처분 또는 조치 여부 및 그 내용의 조회를 요청할 수 있으며, 금융위원회, 금융감독원 또는 금융상품판매업자등은 조회를 요청받은 경우에는 정당한 사유가 없으면 처분 또는 조치 여부 및 그 내용을 그 조회 요청자에게 통보하여야 한다.[71]

---

71) 금융소비자보호법 §56

제재대상	제재수준	자본시장법	저축은행법	신협법	보험업법	여전법	은행법
기관	인가취소	금융위원회					
	영업정지						
	시정명령						
	기관경고	금융위원회(금융감독원)[주1]			금융위원회(금융감독원)[주2]		
	기관주의						
임원	해임권고	금융위	금융위				
	직무정지						
	문책경고	금융위			금융위원회(금융감독원)[주2]		
	주의적경고	금융위원회(금융감독원)[주1]					
	주의						
직원	면직요구	금융위원회(금융감독원)[주1]			금융위원회(금융감독원)[주2]		금융감독원장[주3]
	정직요구						
	감봉요구						
	견책요구						
	주의요구						

주1) 금융위원회(금융감독원) : 법률상 금융위 권한이나 위탁근거조문에 의거 시행령에서 금감원에 위탁

　 2) 금융위원회[금융감독원] : 법률에서 "금감원장 건의에 따라 조치를 하거나 금감원장으로 하여금 조치를 하게 할 수 있다"고 규정

　 3) 금융감독원장 : 법률상 금감원장이 직접 조치하게 할 수 있는 것으로 규정

과징금

1 의의

　금융소비자보호법은 금융상품판매업자등이 판매행위 규제위반을 통해 얻은 부당이득을 환수하는 과징금 제도를 도입하였다. 과징금은 행정상 의무위반에 대해 부과하는 것으로 '행정제재적 요소'와 '부당이득환수적 요소'를 겸비한 금전적 제재조치이다. 보험업법 등을 제외한 개별 금융업법에서는 판매행위 규제를 위반하고 얻은 부당이익에 대해 그 금액의 많고 적음에 상관없이 과태료(1천만원~1억원)만을 부과하고 있어 제재의 실효성이 낮다는 비판이 있었다. 금융소비자보호법에 금융상품판매업자등이 판매행위 규제위반으로 취득한 부당이익에 대해 과징금을 부과할 수 있는 법적 근거가 마련됨에 따라 법위반행위를 강력히 제재함과 동시에 이윤을 위한 법위반 유인요소를 선제적으로 차단하는 효과가 있다. 또한, 금융상품판매업자등의 판매행위 규제위반에 대한 제재 수준이 업무정지처분에 해당되나 업무정지로 인한 금융소비자의 불편 등 부정적 영향을 초래할 우려가 있을 경우에는 업무정지 대신에 금전적 제재인 과징금을 부과하여 금융상품판매업자등의 업무연속성을 유지하면서 행정제재의 목적도 달성할 수 있는 효과가 있다.

2 과징금 부과 대상 위반행위

금융위원회는 금융상품직접판매업자 또는 금융상품자문업자가 아래 중 어느 하나에 해당하는 경우에는 과징금을 부과할 수 있다.[72] 즉, 6대 판매규제 행위 중에서 적합성 원칙과 적정성 원칙을 제외하고 설명의무, 불공정영업행위 금지, 부당권유 금지 및 광고 규제에 해당하는 4가지 규제를 위반한 경우에만 과징금 부과 대상이 된다. 또한, 금융위원회는 금융상품직접판매업자가 금융상품계약체결등을 대리하거나 중개하게 한 1사 전속[73] 금융상품판매대리·중개업자 또는 금융상품직접판매업자의 소속 임직원이 아래의 (1)~(4)에 해당하는 과징금 부과 대상 행위를 한 경우에는 그 금융상품직접판매업자에게 과징금을 부과할 수 있다.[74] 금융상품자문업자의 소속 임직원이 아래의 (1)~(4)에 해당하는 과징금 부과 대상 행위를 한 경우에는 그 금융상품자문업자에게 과징금을 부과할 수 있다.[75]

(1) 일반금융소비자에게 금융소비자보호법 제19조 제1항[76]을 위반하여 중요한 사항을 설명하지 아니하거나 같은 조 제2항[77]을 위반하여 설명서를 제공하지 아

---

72) 금융소비자보호법 §57①

73) 금융소비자보호법 또는 다른 금융 관련 법령에 따라 하나의 금융상품직접판매업자만을 대리하는 금융상품판매대리·중개업자를 말한다.

74) 금융소비자보호법 §57②

75) 금융상품직접판매업자와는 달리 금융상품자문업자의 임직원이 과징금 위반 대상 행위를 한 경우에 그 금융상품자문업자에게 과징금을 부과하는지 여부에 대해서는 금융소비자보호법 상 명확한 규정은 없으나 금융소비자보호법 제57조 제1항에 "금융위원회는 금융상품직접판매업자 또는 금융상품자문업자에게 ..... 과징금을 부과할 수 있다"고 규정한 것으로 보아 금융상품자문업자도 과징금 부과 대상으로 보는 것이 타당한다.

76) 금융소비자보호법 §19(설명의무), ① 금융상품판매업자등은 일반금융소비자에게 계약 체결을 권유(금융상품자문업자가 자문에 응하는 것을 포함한다)하는 경우 및 일반금융소비자가 설명을 요청하는 경우에는 다음 각 호의 금융상품에 관한 중요한 사항(일반금융소비자가 특정 사항에 대한 설명만을 원하는 경우 해당 사항으로 한정한다)을 일반금융소비자가 이해할 수 있도록 설명하여야 한다

   1. ~ 4. (생략)

니하거나 확인을 받지 아니한 경우

(2) 금융소비자에게 우월적 지위를 이용하여 금융소비자보호법 제20조 제1항[78]의 불공정영업행위의 금지에 해당하는 행위를 한 경우

(3) 금융소비자에게 금융상품의 계약 체결을 권유(자문 포함)하면서 금융소비자보호법 제21조[79]의 부당권유행위 금지에 해당하는 행위를 한 경우

(4) 금융상품등에 관한 광고를 하면서 금융소비자보호법 제22조 제3항[80]의 준수사항 또는 같은 조 제4항[81]의 금지사항을 위반한 경우

3 과징금 부과 금액

가. 법률 위반 행위에 대한 과징금 부과

(1) 수입등의 50% 이내

---

77) 금융소비자보호법 §19(설명의무), ② 금융상품판매업자등은 제1항에 따른 설명에 필요한 설명서를 일반금융소비자에게 제공하여야 하며, 설명한 내용을 일반금융소비자가 이해하였음을 서명, 기명날인, 녹취 또는 그 밖에 대통령령으로 정하는 방법으로 확인을 받아야 한다. 다만, 금융소비자 보호 및 건전한 거래질서를 해칠 우려가 없는 경우로서 대통령령으로 정하는 경우에는 설명서를 제공하지 아니할 수 있다.

78) 금융소비자보호법 §20(불공정영업행위의 금지) ① 금융상품판매업자등은 우월적 지위를 이용하여 금융소비자의 권익을 침해하는 다음 각 호의 어느 하나에 해당하는 행위(이하 "불공정영업행위"라 한다)를 해서는 아니 된다.

  1. ~ 6. (생략)

79) 금융소비자보호법 §21(부당권유행위 금지) 금융상품판매업자등은 계약 체결을 권유(금융상품자문업자가 자문에 응하는 것을 포함한다. 이하 이 조에서 같다)하는 경우에 다음 각 호의 어느 하나에 해당하는 행위를 해서는 아니 된다. 다만, 금융소비자 보호 및 건전한 거래질서를 해칠 우려가 없는 행위로서 대통령령으로 정하는 행위는 제외한다.

  1. ~ 7. (생략)

80) 금융소비자보호법 §22(금융상품등에 관한 광고 관련 준수사항), ③ 금융상품판매업자등이 하는 금융상품등에 관한 광고에는 다음 각 호의 내용이 포함되어야 한다. 다만, 제17조 제5항 본문에 따른 투자성 상품에 관한 광고에 대해서는 그러하지 아니하다.

  1. ~ 4. (생략)

81) 금융소비자보호법 §22(금융상품등에 관한 광고 관련 준수사항), ④ 금융상품판매업자등이 금융상품등에 관한 광고를 하는 경우 다음 각 호의 구분에 따른 행위를 해서는 아니 된다.

  1. ~ 4. (생략)

금융위원회는 금융상품직접판매업자 또는 금융상품자문업자가 과징금 부과 대상 위반행위를 한 경우에는 그 위반행위와 관련된 계약으로 얻은 수입등(수입 또는 이에 준하는 금액"을 말함)의 50% 이내에서 과징금을 부과할 수 있다.[82] 또한, 금융상품직접판매업자가 금융상품계약체결등을 대리하거나 중개하게 한 1사 전속 금융상품판매대리·중개업자 또는 금융상품직접판매업자의 소속 임직원이 과징금 부과대상 위반행위를 한 경우에는 그 금융상품직접판매업자에 대하여 그 위반행위로 얻는 수입등의 50% 이내에서 과징금을 부과할 수 있다.[83]

(2) 수입등의 산정기준

과징금 부과를 위한 수입등을 산정할 때에는 그 명칭 여하를 불문하고 계약 체결 및 그 이행으로 인해 금융소비자로부터 얻는 모든 형태의 금전등을 그 대상으로 한다. 과징금 부과기준인 수입등은 보장성 상품의 경우 수입보험료, 대출성 상품의 경우 대출금, 투자성 상품의 경우 투자액, 예금성 상품의 경우 예치금을 각각 기준으로 한다. 특히, 대출이자가 아닌 대출금을 대출성 상품에 대한 과징금 부과기준인 수입등으로 보는 것에 대해 논란이 있으나 위반행위에 상응하는 제재를 하고자 하는 징벌적 과징금의 도입 취지를 감안하여, '수입등'을 거래의 목적이 되는 금액으로 규정하여 거래규모가 클수록 제재강도가 높아지도록 설계하였다.[84] 다만, 금융소비자보호법 시행령 제37조 제5항에 따른 수수료 등으로 해당 금융상품 계약을 위해 금융상품판매업자등이 제3자에게 이미 지급한 인지세 등 제세공과금과 저당권 설정 등에 따른 등기 비용은 제외한다.[85]

(3) 과징금 부과기준

---

82) 금융소비자보호법 §57①본문
83) 금융소비자보호법 §57②본문
84) 금융위원회·금융감독원, 금융소비자보호법 FAQ 답변 참조
85) 금융소비자보호법 시행령 §43①
86) 금융소비자보호법 §58①, 시행령 §44④(1)

법률 위반 행위에 대한 과징금은 금융소비자보호법 시행령 [별표 3]의 "과징금 부과기준"에 따라 정한다.[86]

::: 참고자료 | 시행령 [별표 3] :::

과징금의 부과기준
(시행령 제44조제4항제1호 관련)

1. 기본과징금의 산정
    가. 기본과징금은 법 제57조제1항 및 제2항에서 규정한 과징금 금액의 상한에 나목에 따른 부과기준율을 곱한 금액으로 한다.
    나. 부과기준율은 다음 각 호의 사항을 고려하여 위반행위의 중대성을 "중대성이 약한 위반행위", "중대한 위반행위", "매우 중대한 위반행위"로 구분하여 금융위원회가 정하여 고시한다.
        1) 위반행위의 내용: 경영진의 위반행위 지시 여부 등 위반행위의 방법, 위반행위의 동기 등
        2) 위반행위의 정도: 금융소비자 피해규모, 시장에 미치는 영향 등
        3) 위반행위의 기간 및 위반 횟수
        4) 위반행위로 취득한 이익의 규모

2. 기본과징금의 조정
    금융위원회는 위반행위의 중대성, 위반상태의 해소나 위반행위의 예방을 위한 노력, 내부통제기준·금융소비자보호기준 준수 및 그 밖에 금융위원회가 정하여 고시하는 사유를 고려하여 가목에 따라 산정한 기본과징금 금액을 늘리거나 줄일 수 있다. 다만, 조정한 경우에도 기본과징금 금액은 법 제57조에서 정한 과징금 금액의 상한을 초과할 수 없다.

3. 부과과징금의 결정
    금융위원회는 위반행위자의 객관적인 과징금 납부능력, 금융시장 또는 경제여건, 위반행위로 발생한 피해의 배상 정도, 위반행위로 취득한 이익의 규모, 그 밖에 금융위원회가 정하여 고시하는 사유를 고려할 때 제2호에 따라 조정한 과징금 금액이 과중하다고 인정되는 경우에는 그 금액을 줄여 부과과징금으로 정할 수 있다.

4. 부과기준율 등 기본과징금의 산정, 기본과징금의 조정, 부과과징금의 결정, 그 밖에 과징금의 부과 등에 필요한 세부 사항은 금융위원회가 정하여 고시한다.

나. 업무정지처분에 갈음한 과징금 부과

(1) 업무정지기간 동안 얻는 이익의 범위

금융위원회는 금융상품판매업자등에 대하여 금융소비자보호법 제51조 제2항 제1호에 따라 업무정지(6개월 이내의 업무의 전부 또는 일부의 정지)를 명할 수 있는 경우로서 업무정지가 금융소비자 등 이해관계인에게 중대한 영향을 미치거나 공익을 침해할 우려가 있는 경우에는 업무정지처분에 갈음하여 업무정지기간 동안 얻을 이익의 범위에서 과징금을 부과할 수 있다.

(2) 과징금 부과기준

업무정지처분에 갈음한 과징금은 금융소비자보호법 시행령 [별표 2]의 "과징금 부과기준"에 따라 정한다.[87]

:: 참고자료 | 시행령 [별표 2] ::

과징금의 부과기준
(시행령 제43조제3항 및 제44조제4항제2호 관련)

1. 법 제51조제2항제1호에 따른 업무정지 1개월은 30일로 계산한다.
2. 업무정지 1일에 해당하는 과징금의 금액은 업무정지 대상 업무의 직전 사업연도 영업수익을 해당 사업연도 영업일수로 나눈 금액으로 한다.
3. 제2호에서 "직전 사업연도"란 업무정지 처분을 받은 날이 속하는 사업연도의 직전 사업연도를 말한다. 다만, 직전 사업연도가 없는 경우에는 업무정지 처분을 받은 날이 속하는 사업연도를 직전 사업연도로 한다.
4. 법 제57조제3항에 따라 업무정지 처분에 갈음하여 부과하는 과징금의 금액은

업무정지 기간과 제2호에 따른 1일에 해당하는 과징금의 금액을 곱하여 산정한다.

5. 금융위원회는 위반행위의 내용 및 정도, 위반행위의 동기와 그 결과, 위반상태의 해소나 위반행위의 예방을 위한 노력, 그 밖에 금융위원회가 정하여 고시하는 사유를 고려하여 제4호에 따른 과징금 금액을 2분의 1 범위에서 늘리거나 줄일 수 있다. 다만, 늘리는 경우에도 6개월(180일)에 제2호에 따른 1일에 해당하는 과징금의 금액을 곱한 금액을 초과할 수 없다.

다. 과징금 부과금액 산정시 고려사항

(1) 위반행위의 기간 및 위반회수 등 고려

금융위원회는 과징금을 부과하는 경우에는 ❶위반의 내용 및 정도, ❷위반행위의 기간 및 위반횟수, ❸위반행위로 인하여 취득한 이익의 규모, ❹업무정지기간(업무정지처분에 갈음하여 과징금을 부과하는 경우에 한정)에 해당하는 사항을 고려하여야 한다.[88] 또한, 금융위원회는 금융소비자보호법을 위반한 법인이 합병을 하는 경우 그 법인이 한 위반행위는 합병 후 존속하거나 합병으로 신설된 법인이 행한 행위로 보아 과징금을 부과·징수할 수 있다.[89]

(2) 수입등이 없거나 산정이 곤란한 경우

위반행위를 한 자가 그 위반행위와 관련된 계약으로 얻은 수입등이 없거나 ❶영업실적이 없는 등의 사유로 위반행위와 관련된 계약에 따른 수입등이 없는 경우 또는 ❷재해로 인해 수입등을 산정하는 데 필요한 자료가 소멸되거나 훼손되는 등의 이유로 수입등을 산정하기가 곤란한 경우에 해당될 경우에는 10억원을 초과하지 아니하는 범위에서 과징금을 부과할 수 있다.[90]

---

87) 금융소비자보호법 §58①, 시행령 §44④(2)
88) 금융소비자보호법 §58①
89) 금융소비자보호법 §58②
90) 금융소비자보호법 §57①단서

(3) 1사 전속 금융상품판매대리·중개업자 등 감경 또는 면제 사유

금융상품직접판매업자가 금융상품계약체결등을 대리하거나 중개하게 한 1사 전속 금융상품판매대리·중개업자 또는 금융상품직접판매업자의 소속 임직원의 위반행위로 인하여 그 금융상품직접판매업자에게 과징금을 부과하는 경우에는 금융상품직접판매업자가 그 위반행위를 방지하기 위하여 해당 업무에 관하여 적절한 주의와 감독을 게을리하지 아니한 경우에는 그 금액을 감경하거나 면제할 수 있다.[91]

〈 과징금 부과금 산정기준 〉

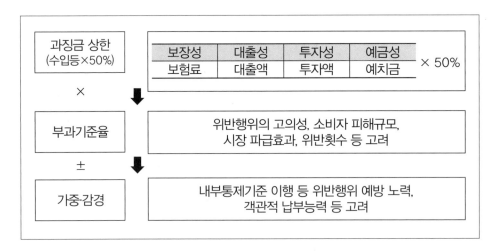

4 과징금 부과 절차

가. 과징금 부과 사실 서면통보

금융위원회는 과징금을 부과하는 경우 그 위반행위의 종류, 해당 과징금의 금액 및 이의신청 방법 등을 명시하여 서면으로 알려야 한다.[92]

---

91) 금융소비자보호법 §57②단서

나. 60일 이내 과징금 납부

과징금 부과에 대한 통지를 받은 자는 그 통지를 받은 날부터 60일 이내에 금융위원회가 정하여 고시하는 수납기관에 과징금을 납부해야 한다. 다만, 천재지변 및 그 밖에 부득이한 사유로 해당 기간에 납부할 수 없는 때에는 그 사유가 없어진 날부터 30일 이내에 납부해야 한다.[93]

다. 이의신청

과징금 부과처분에 불복하는 자는 처분을 고지받은 날부터 30일 이내에 불복 사유를 갖추어 금융위원회에 이의를 신청할 수 있다. 금융위원회는 해당 이의신청에 대하여 60일 이내에 결정을 하여야 한다. 다만, 부득이한 사정으로 그 기간 내에 결정을 할 수 없을 경우에는 30일의 범위에서 그 기간을 연장할 수 있다.[94]

라. 과징금 납부기간의 연장 및 분할납부

금융위원회는 과징금납부의무자[95]가 ❶재해 또는 도난 등으로 재산에 현저한 손실을 입은 경우, ❷사업여건의 악화로 사업이 중대한 위기에 처한 경우, ❸과징금의 일시납부에 따라 자금사정에 현저한 어려움이 예상되는 경우 그리고 ❹그 밖에 이에 준하는 사유가 있는 경우 중에서 어느 하나에 해당하는 사유로 과징금 전액을 일시에 납부하기가 어렵다고 인정되는 경우에는 그 납부기간을 연장하거나 분할납부하게 할 수 있으며, 이 경우 필요하다고 인정될 때에는 담보를 제공하게 할 수 있다. 과징금납부의무자가 과징금 납부기간을 연장받거나 분할납부를 하려는 경우에는 그 납부기한의 10일 전까지 금융위원회에 신청하여야 한다.[96] 금융위원회가 과징금의 납부기간을 연장하거나 분할납부하게 하는 경우 납부기간의 연장은 그 납부기

---

92) 금융소비자보호법 시행령 §44①
93) 금융소비자보호법 시행령 §44②
94) 금융소비자보호법 §59
95) 금융위원회로부터 과징금을 부과받은 자를 말한다.
96) 금융소비자보호법 §60

한의 다음 날부터 1년 이내로 하고, 분할된 납부기간 간의 간격은 4개월 이내로 하며, 분할납부의 횟수는 3회 이내로 한다.[97] 금융위원회는 납부기간이 연장되거나 분할납부가 허용된 과징금납부의무자가 ❶분할납부 결정된 과징금을 그 납부기간 내에 납부하지 아니한 경우, ❷담보의 변경, 그 밖에 담보 보전에 필요한 금융위원회의 명령을 이행하지 아니한 경우, ❸강제집행, 경매의 개시, 파산선고, 법인의 해산, 국세 또는 지방세의 체납처분을 받는 등 과징금의 전부 또는 나머지를 징수할 수 없다고 인정되는 경우 그리고 ❹그 밖에 준하는 사유가 있는 경우 중에서 어느 하나에 해당하게 된 경우에는 그 납부기간의 연장 또는 분할납부 결정을 취소하고 과징금을 일시에 징수할 수 있다.[98]

마. 과징금의 징수 및 체납처분

금융위원회는 과징금납부의무자가 납부기한까지 과징금을 납부하지 아니한 경우에는 납부기한의 다음 날부터 납부한 날의 전일까지의 기간에 대하여 체납된 금액에 연 100분의 6의 이율을 적용하여 계산한 금액의 가산금을 징수할 수 있으며, 이경우 가산금을 징수하는 기간은 60개월을 초과할 수 없다. 금융위원회는 과징금납부의무자가 납부기한까지 과징금을 납부하지 아니한 경우에는 기간을 정하여 독촉을 하고, 그 지정된 기간 내에 과징금과 가산금을 납부하지 아니한 경우에는 국세체납처분의 예에 따라 징수한다. 금융위원회는 과징금 및 가산금의 징수 또는 체납처분에 관한 업무를 국세청장에게 위탁할 수 있다.[99]

바. 과오납금의 환급

금융위원회는 과징금납부의무자가 이의신청의 재결 또는 법원의 판결 등을 근거로 과징금 과오납금의 환급을 청구하는 경우에는 지체 없이 환급하여야 하며, 과징

---

97) 금융소비자보호법 시행령 §45
98) 금융소비자보호법 §60③
99) 금융소비자보호법 §61

금납부의무자의 청구가 없는 경우에도 금융위원회가 확인한 과오납금은 환급하여야 한다. 금융위원회는 과오납금을 환급하는 경우 환급받을 자가 금융위원회에 납부하여야 하는 다른 과징금이 있으면 환급하는 금액을 그 과징금에 충당할 수 있다.[100]

사. 환급가산금

금융위원회는 과징금을 환급하는 경우에는 과징금을 납부한 날부터 환급한 날까지의 기간에 대하여 대통령령으로 정하는 가산금 이율을 적용하여 환급가산금을 환급받을 자에게 지급하여야 한다.[101]

아. 결손처분

금융위원회는 과징금납부의무자에게 ❶체납처분이 끝나고 체납액에 충당된 배분금액이 체납액에 미치지 못하는 경우, ❷과징금 등의 징수권에 대한 소멸시효가 완성된 경우, ❸체납자의 행방이 분명하지 아니하거나 재산이 없다는 것이 판명된 경우, ❹체납처분의 목적물인 총재산의 추산가액이 체납처분 비용에 충당하면 남을 여지가 없음이 확인된 경우, ❺체납처분의 목적물인 총재산이 과징금 등보다 우선하는 국세, 지방세, 전세권·질권·저당권 및 「동산·채권 등의 담보에 관한 법률」에 따른 담보권으로 담보된 채권 등의 변제에 충당하면 남을 여지가 없음이 확인된 경우 그리고 ❻ 「채무자 회생 및 파산에 관한 법률」 제251조에 따라 면책된 경우 중에서 어느 하나에 해당하는 사유가 있으면 결손처분을 할 수 있다.[102]

---

100) 금융소비자보호법 §62
101) 금융소비자보호법 §63
102) 금융소비자보호법 §64

07

업무의 위탁

1 의의

금융위원회는 금융소비자보호법에 따른 업무의 일부를 금융감독원장 또는 협회 등에 위탁할 수 있다. 금융감독원장은 금융소비자보호법에 따른 업무의 일부를 금 융관련협회등에 위탁할 수 있다.[103]

2 금융위원회가 금융감독원장에게 위탁한 업무내용

금융위원회가 금융감독원장에게 위탁한 업무내용은 다음과 같다. 이 경우 금융감 독원장은 위탁받은 업무의 처리 내용을 금융위원회에 보고해야 한다.[104]

---

103) 금융소비자보호법 §65
104) 금융소비자보호법 시행령 §49①④

① 금융소비자보호법 제12조 제1항에 따른 금융상품판매대리·중개업자의 등록. 단, 대출성 상품을 취급하는 개인 금융상품판매대리·중개업자가 100명 이상 소속된 법인인 금융상품판매대리·중개업자 및 전자금융거래법에 따른 전자적 장치를 이용한 자동화 방식을 통해서만 금융상품판매대리·중개업을 영위하는 법인인 금융상품판매대리·중개업자만 해당된다.

② 금융소비자보호법 제12조 제1항에 따른 금융상품자문업자의 등록요건 검토(실태조사 및 자료요청을 포함)

③ 금융소비자보호법 제32조 제1항에 따른 금융상품의 비교공시

④ 금융소비자보호법 제48조 제2항에 따른 업무보고서의 접수

⑤ 금융소비자보호법 제48조 제3항에 따른 변동사항 보고의 접수 및 검토. 단, 금융소비자보호법 제12조 제1항에 따라 등록한 금융상품자문업자, 대출성 상품을 취급하는 개인 금융상품판매대리·중개업자가 100명 이상 소속된 법인인 금융상품판매대리·중개업자 및 전자금융거래법에 따른 전자적 장치를 이용한 자동화 방식을 통해서만 금융상품판매대리·중개업을 영위하는 법인인 금융상품판매대리·중개업자만 해당된다.

⑥ 금융상품판매업자등에 대한 기관경고 및 기관주의[105]에 해당하는 조치. 단, 투자매매업자·투자중개업자·투자자문업자·투자일임업자·신탁업자·종합금융회사[106], 금융소비자보호법 제12조 제1항에 따라 등록한 금융상품판매업자등[107], 집합투자업자·증권금융회사·단기금융회사·자금중개회사[108], 상호저축은행, 신용협동조

---

105) 금융소비자보호법 §51②(5)(6)에 따른 조치를 말한다.
106) 금융소비자보호법 §2(6)나목에 해당하는 자를 말한다.

합 및 신용협동조합중앙회, 대부업자 및 대부중개업자, 온라인투자연계금융업자만 해당된다.

⑦ 경영이나 업무에 대한 개선 요구.[109] 다만, 한국산업은행 및 중소기업은행에 관한 사항은 제외[110]

⑧ 상호저축은행, 신용협동조합 및 신용협동조합중앙회, 대부업자 및 대부중개업자, 온라인투자연계금융업자의 임원에 대한 문책경고[111]

⑨ 투자매매업자·투자중개업자·투자자문업자·투자일임업자·신탁업자·종합금융회사, 금융소비자보호법 제12조 제1항에 따라 등록한 금융상품판매업자등, 집합투자업자·증권금융회사·단기금융회사·자금중개회사, 상호저축은행, 신용협동조합 및 신용협동조합중앙회, 대부업자 및 대부중개업자, 온라인투자연계금융업자의 임원에 대한 주의적 경고 및 주의[112]

⑩ 신용협동조합 및 신용협동조합중앙회, 대부업자 및 대부중개업자의 직원에 대한 면직에 해당하는 조치요구[113]

⑪ 투자매매업자·투자중개업자·투자자문업자·투자일임업자·신탁업자·종합금융회사, 금융소비자보호법 제12조 제1항에 따라 등록한 금융상품판매업자등, 집합투자업자·증권금융회사·단기금융회사·자금중개회사, 상호저축은행, 신용협동조합

---

107) 독립금융상품자문업자, 신협 공제사업모집인, 대출모집인은 금융소비자보호법 제12조 제1항에 따라 등록한다.
108) 금융소비자보호법 시행령 §2⑥(5)에 해당하는 자를 말한다.
109) 금융소비자보호법 시행령 §41④(4)에 해당하는 조치를 말한다.
110) 금융소비자보호법 시행령 §41①단서
111) 금융소비자보호법 §52①(3)에 따른 조치를 말한다.
112) 금융소비자보호법 §52①(4)(5)에 따른 조치를 말한다.
113) 금융소비자보호법 §52②(1)에 따른 조치요구를 말한다.

및 신용협동조합중앙회, 대부업자 및 대부중개업자, 온라인투자연계금융업자의 직원에 대한 6개월 이내의 정직, 감봉, 견책, 주의에 해당하는 조치요구[114]

⑫ 금융상품판매업자등의 퇴임한 임원 또는 퇴직한 직원에 대한 조치내용 통보[115](상기 ⑧~⑪까지의 위탁받은 업무에 관한 통보만 해당)

⑬ 금융소비자보호법 제51조에 따른 금융상품판매업자등에 대한 처분, 같은 법 제52조에 따른 금융상품판매업자등의 임직원에 대한 조치와 관련하여 같은 법 제55조 제1항에 따른 이의신청의 접수

3 금융위원회가 금융관련협회에 위탁한 업무내용

금융위원회가 금융관련협회등에 위탁한 업무내용은 다음과 같다.[116]

① 금융소비자보호법 제12조 제1항에 따른 대출성 상품 및 공제에 관한 금융상품판매대리·중개업자의 등록. 단, 금융감독원장에게 등록업무가 업무위탁된 대출성 상품을 취급하는 개인 금융상품판매대리·중개업자가 100명 이상 소속된 법인인 금융상품판매대리·중개업자 및 전자금융거래법에 따른 전자적 장치를 이용한 자동화 방식을 통해서만 금융상품판매대리·중개업을 영위하는 법인인 금융상품판매대리·중개업자는 제외한다.

② 금융관련협회가 등록을 받은 상기 ①의 금융상품판매대리·중개업자의 등록요건

---

114) 금융소비자보호법 §52②(2)(5)에 따른 조치요구를 말한다.
115) 금융소비자보호법 §53 전단에 따른 통보를 말한다.
116) 금융소비자보호법 시행령 §49②

에 대한 변동사항 보고의 접수

4 금융감독원장이 금융관련협회에 위탁할 수 있는 업무내용

금융감독원장은 대출성 상품에 관한 금융상품판매대리·중개업자 및 공제에 관한 금융상품판매대리·중개업자에 대한 검사[117]업무의 일부를 해당 업무를 수행할 수 있는 인적·물적 기준을 갖춘 협회등에 위탁할 수 있다. 이 경우 해당 업무를 위탁한 때에는 그 수탁자 및 수탁내용 등에 관한 사항을 금융감독원 인터넷 홈페이지에 게시해야 한다. 다만, 대출성 상품을 취급하는 개인 금융상품판매대리·중개업자가 100명 이상 소속된 법인인 금융상품판매대리·중개업자 및 전자금융거래법에 따른 전자적 장치를 이용한 자동화 방식을 통해서만 금융상품판매대리·중개업을 영위하는 법인인 금융상품판매대리·중개업자, 대부중개업자 및 온라인투자연계금융업자의 경우에는 제외한다.[118] 금융감독원장이 검사업무의 일부를 금융관련협회에 위탁한 것에 관하여는 「행정권한의 위임 및 위탁에 관한 규정」 제11조제2항·제3항, 제12조제1항·제3항 및 제13조부터 제16조까지의 규정을 준용한다.[119]

---

117) 금융소비자보호법 §50①에 따른 검사를 말한다.
118) 금융소비자보호법 시행령 §49③
119) 금융소비자보호법 시행령 §49⑤

08

금융감독원장에 대한 지도·감독 등

    금융위원회는 금융소비자보호법에 따른 권한을 행사하는 데에 필요한 경우에는 금융감독원장에 대하여 지도·감독, 그 밖에 감독상 필요한 조치를 명할 수 있다. 금융감독원은 금융소비자보호법에 따라 금융위원회의 지도·감독을 받아 법에 따라 부여된 업무, 금융위원회로부터 위탁받은 업무를 수행한다.[120]

---

120) 금융소비자보호법 §66

09

민감정보 및
고유식별정보의 처리

1 민감정보의 처리

금융위원회[121] 또는 금융감독원장[122]은 다음의 사무를 수행하기 위해 불가피한 경우 「개인정보 보호법」 제23조에 따른 건강에 관한 정보(금융분쟁의 조정 관련 사무만 해당), 같은 법 시행령 제18조에 따른 유전정보(금융분쟁의 조정 관련 사무만 해당) 또는 범죄경력자료에 해당하는 정보(금융상품판매업자등의 등록, 금융분쟁조정위원회의 구성 및 금융분쟁의 조정에 관한 사무만 해당), 같은 영 제19조에 따른 주민등록번호, 여권번호, 운전면허의 면허번호 또는 외국인등록번호가 포함된 자료를 처리할 수 있다.[123]

---

121) 금융소비자보호법 시행령 §49①②에 따라 업무를 위탁받은 자를 포함한다.
122) 금융소비자보호법 시행령 §49③에 따라 업무를 위탁받은 자를 포함한다.
123) 금융소비자보호법 시행령 §50①

① 금융소비자보호법 제12조 제1항에 따른 금융상품판매업자등의 등록

② 금융분쟁조정위원회의 구성

③ 금융분쟁의 조정

④ 금융상품판매업자등에 대한 감독, 업무보고서의 제출 및 등록요건 변동사항 보고 사항의 확인

⑤ 금융상품판매업자등에 대한 조치명령 또는 제한·금지 명령

⑥ 금융상품판매업자등에 대한 검사

⑦ 금융상품판매업자등에 대한 처분 및 조치

⑧ 금융상품판매업자등의 임직원에 대한 조치

⑨ 금융상품판매업자등의 퇴임한 임원 또는 퇴직한 직원에 대한 조치내용 통보

⑩ 과징금의 부과 및 징수, 과징금 부과에 대한 이의신청 처리에 대한 사무

2 고유식별정보의 처리

금융상품판매업자등은 다음의 사무를 수행하기 위해 불가피한 경우 「개인정보 보호법 시행령」 제19조에 따른 주민등록번호, 여권번호, 운전면허의 면허번호 또는 외국인등록번호가 포함된 자료를 처리할 수 있다.[124]

① 금융소비자보호법 제44조 및 제45조에 따른 금융상품판매업자등과 금융상품 직접판매업자의 손해배상책임에 관한 사무

② 금융소비자보호법 제46조에 따른 청약의 철회에 관한 사무

③ 금융소비자보호법 제47조에 따른 위법계약의 해지에 관한 사무

---

124) 금융소비자보호법 시행령 §50②

제 8 장

벌칙과
과태료

01

벌칙

1 5년 이하의 징역 또는 2억원 이하의 벌금

다음의 사항 중에서 어느 하나에 해당하는 자는 5년 이하의 징역 또는 2억원 이하의 벌금에 처한다.[1]

① 금융소비자보호법 제12조를 위반하여 금융상품판매업등의 등록을 하지 아니하고 금융상품판매업등을 영위한 자
② 거짓이나 그 밖의 부정한 방법으로 금융소비자보호법 제12조에 따른 등록을 한 자
③ 금융소비자보호법 제24조를 위반하여 금융상품판매대리·중개업자가 아닌 자에게 금융상품계약체결등을 대리하거나 중개하게 한 자

---

1) 금융소비자보호법 §67

2 양벌규정

법인(단체를 포함)의 대표자나 법인 또는 개인의 대리인, 사용인, 그 밖의 종업원이 그 법인 또는 개인의 업무에 관하여 벌칙의 위반행위를 하면 그 행위자를 벌하는 외에 그 법인 또는 개인에게도 해당 조문의 벌금형을 과(科)한다. 다만, 법인 또는 개인이 그 위반행위를 방지하기 위하여 해당 업무에 관하여 적절한 주의와 감독을 게을리하지 아니한 경우에는 그러하지 아니하다.[2]

---

2) 금융소비자보호법 §68

02

과태료

1 의의

　금융소비자보호법은 6대 판매규제 위반, 내부통제기준 미수립, 계약서류 제공의무 위반 등에 대해 과태료를 부과하도록 규정하고 있다. 법상 의무위반에 따른 부당이득 환수, 영업정지 갈음 또는 징벌적 목적으로 부과되는 과징금과는 달리 과태료는 직접적인 행정목적 침해가 아닌 경미한 의무위반에 부과한다. 금융소비자보호법은 위반행위 유형별로 과태료 상한액을 규정하고 개별 위반행위의 과태료 기준금액을 금융소비자보호법 시행령 [별표 4]에서 구체화하였다. 금융위원회는 위반행위의 정도, 위반횟수, 위반행위의 동기와 그 결과 등을 고려하여 과태료를 줄일 필요가 있다고 인정되는 경우에는 [별표 4]의 개별기준에 따른 과태료 금액의 2분의 1 범위에서 그 금액을 줄이거나 면제할 수 있다.[3] 또한, 금융위원회는 위반행위의 정도, 위

---

3) 과태료를 체납하고 있는 위반 행위자는 제외한다.

반행위의 동기와 그 결과 등을 고려하여 과태료를 늘릴 필요가 있다고 인정한 경우에는 [별표 4]의 개별기준에 따른 과태료 금액의 2분의 1 범위에서 금융소비자보호법 상 과태료 금액의 상한 범위 안에서 그 금액을 늘릴 수 있다. 과태료는 금융위원회가 부과·징수한다.

2 과태료 부과대상

과징금은 금융상품직접판매업자 또는 금융상품자문업자를 대상으로 부과하나 과태료는 그 부과대상을 '위반한 자'로 규정하고 있어 금융상품직접판매업자 또는 금융상품자문업자뿐만 아니라 금융상품판매대리·중개업자도 과태료 부과대상이 된다. 또한, 업무 위탁받은 금융상품판매대리·중개업자가 재위탁 금지를 위반한 때에는 금융상품직접판매업자에게 과태료가 부과된다. 관리책임이 있는 금융상품판매대리·중개업자, 금융상품직접판매업자에 대한 과태료 부과도 가능한 데, 원(原)대리·중개업자로부터 업무를 위탁받은 대리·중개업자의 설명의무·불공정영업·부당권유·광고규제 위반 시 원(原)대리·중개업자에게 과태료를 부과한다. 다만, 원(原)대리·중개업자가 적절한 주의와 감독을 게을리하지 아니한 경우에는 제외한다.

3 과태료 부과 한도

가. 다음의 어느 하나에 해당하는 자에게는 1억원 이하의 과태료를 부과[4]
① 금융소비자보호법 제16조 제2항을 위반하여 내부통제기준을 마련하지 아니한 자

---

4) 금융소비자보호법 §69①

② 금융소비자보호법 제19조 제1항을 위반하여 중요한 사항을 설명하지 아니하거나 설명서를 제공하지 아니하거나 확인을 받지 아니한 자

③ 금융소비자보호법 제20조 제1항의 불공정영업행위의 금지에 해당하는 어느 하나의 행위를 한 자

④ 금융소비자보호법 제21조의 부당권유행위 금지에 해당하는 어느 하나의 행위를 한 자

⑤ 금융소비자보호법 제22조 제1항, 제3항 또는 제4항의 금융상품등에 관한 광고 관련 준수사항 및 금지사항을 위반하여 금융상품등에 관한 광고를 한 자

⑥ 금융상품판매대리·중개업자가 금융상품계약체결등의 업무를 대리하거나 중개하게 한 금융상품판매대리·중개업자가 다음 중에서 어느 하나에 해당하는 행위를 한 경우에 그 업무를 대리하거나 중개하게 한 금융상품판매대리·중개업자(원대리·중개업자). 다만, 업무를 대리하거나 중개하게 한 금융상품판매대리·중개업자로서 그 위반행위를 방지하기 위하여 해당 업무에 관하여 적절한 주의와 감독을 게을리하지 아니한 자는 제외한다.

❶ 금융소비자보호법 제19조 제1항을 위반하여 중요한 사항을 설명하지 아니하거나 같은 조 제2항을 위반하여 설명서를 제공하지 아니하거나 확인을 받지 아니한 경우

❷ 금융소비자보호법 제21조의 부당권유행위 금지에 해당한 경우

❸ 금융소비자보호법 제22조 제3항 또는 제4항을 위반하여 금융상품등에 관한 광고를 한 경우

⑦ 금융소비자보호법 제23조 제1항을 위반하여 금융소비자에게 계약서류를 제공하지 아니한 자

⑧ 금융상품직접판매업자가 금융상품계약체결등의 업무를 대리하거나 중개하게 한 금융상품판매대리·중개업자가 금융소비자보호법 제25조 제1항 제2호에 해당하는 제3자에게 대리·중개하는 업무를 하게 하거나 그러한 행위에 관하여 수수료·보수나 그 밖의 대가를 지급하는 행위를 한 경우에 그 업무를 대리하거나 중개하게 한 금융상품직접판매업자. 다만, 업무를 대리하거나 중개하게 한 금융상품직접판매업자로서 그 위반행위를 방지하기 위하여 해당 업무에 관하여 적절한 주의와 감독을 게을리하지 아니한 자는 제외한다.

⑨ 금융소비자보호법 제27조 제3항을 위반하여 금융상품자문업자가 자문업무를 수행하는 과정에서 고지의무에 해당하는 사항 중에서 어느 하나에 해당하는 사항을 금융소비자에게 알리지 아니한 자 또는 표지를 게시하지 아니하거나 증표를 내보이지 아니한 자

⑩ 금융소비자보호법 제27조 제4항을 위반하여 독립금융상품자문업자가 아님에도 독립문자를 명칭에 사용하거나 광고에 사용한 자

⑪ 금융소비자보호법 제27조 제5항을 위반하여 독립금융상품자문업자의 금지 행위 중에서 어느 하나에 해당하는 행위를 한 자

⑫ 금융소비자보호법 제28조 제1항을 위반하여 금융상품자문업자등의 자료 기록 및 유지·관리 의무를 위반하여 자료를 기록하지 아니하거나 자료의 종류별로 유지·관리하지 아니한 자

⑬ 금융소비자보호법 제50조 제1항에 따른 금융상품판매업자등에 대한 금융감독원장의 검사를 정당한 사유 없이 거부·방해 또는 기피한 자

나. 다음의 어느 하나에 해당하는 자에게는 3천만원 이하의 과태료를 부과[5]

① 금융소비자보호법 제17조 제2항을 위반하여 적합성 원칙의 준수를 위한 정보를 파악하지 아니하거나 확인을 받지 아니하거나 이를 유지·관리하지 아니하거나 확인받은 내용을 지체 없이 제공하지 아니한 자

② 금융소비자보호법 제17조 제3항을 위반하여 일반금융소비자에게 적합하지 아니하다고 인정되는 계약의 체결을 권유한 자

③ 금융소비자보호법 제18조 제1항을 위반하여 적정성 원칙의 준수를 위한 정보를 파악하지 아니한 자

④ 금융소비자보호법 제18조 제2항을 위반하여 해당 금융상품이 적정하지 아니하다는 사실을 알리지 아니하거나 확인을 받지 아니한 자

⑤ 금융소비자보호법 제25조 제1항을 위반하여 금융상품판매대리·중개업자의 금지행위 중에서 어느 하나에 해당하는 행위를 한 자

⑥ 금융소비자보호법 제25조 제2항을 위반하여 금융상품판매대리·중개 업무를 수행할 때 금융상품직접판매업자로부터 수수료 외의 금품, 그 밖의 재산상 이익을 요구하거나 받은 자

---

5) 금융소비자보호법 §69②

⑦ 금융소비자보호법 제26조 제1항을 위반하여 금융상품판매대리·중개업자의 금지행위 중에서 어느 하나에 해당하는 사항을 미리 금융소비자에게 알리지 아니한 자 또는 같은 조 제2항을 위반하여 금융상품판매대리·중개업 업무를 수행할 때 금융상품판매대리·중개업자라는 사실을 나타내는 표지를 게시하지 아니하거나 증표를 보여 주지 아니한 자

다. 다음의 어느 하나에 해당하는 자에게는 1천만원 이하의 과태료를 부과[6]

① 금융소비자보호법 제48조 제3항을 위반하여 금융상품판매업자등의 등록요건에 대한 변동사항을 보고하지 아니한 자

◇◇◇◇◇◇◇◇◇◇◇◇◇◇◇◇◇◇◇◇◇◇◇◇◇◇ **금융소비자보호법 Q&A** ◇◇◇◇◇◇◇◇◇◇◇◇◇◇◇◇◇◇◇◇◇◇◇◇◇

Q 금융회사 직원도 과태료·징벌적 과징금 부과대상인가요?

A 6대 판매원칙 위반에 대해서는 과태료(최대 1억원) 부과가 가능.

☞ 징벌적 과징금(최대 수입 등의 50%)은 6대 판매원칙 중 적합성 원칙·적정성 원칙 외 4개 규제 위반에 한하여 부과 가능.

6대 판매원칙은 금융상품판매업자·자문업자에 적용되는 규제이므로 위반을 이유로 소속 임직원에 과태료·과징금이 부과되지 않음.

---

6) 금융소비자보호법 §69③

<h3 style="text-align:center">〈 금융소비자보호법 상 과징금 및 과태료 제도 비교 〉</h3>

구 분	과징금		과태료
부과 목적	법상 의무위반에 따른 부당이득 환수, 영업정지 갈음, 징벌적 목적 등		직접적 행정목적 침해가 아닌 경미한 의무위반에 부과
부과 대상	● 금융상품직접 판매업자[주1] ● 금융상품자문 업자	**업무정지처분에 갈음한 과징금** 금소법에 따라 신규등록한 판매업자등에 한함	부과대상에 제한 없음[주2] (법률상 '위반한 자')
부과 사유	① 설명의무위반 ② 불공정영업행위 ③ 부당권유금지 ④ 광고규제 위반	① 등록요건 미(未)유지 ② 업무정지기간에 업무를 한 경우 ③ 시정명령 또는 중지명령을 위반한 경우 등 (법상 업무정지사유)	**1억원** ① 내부통제기준 미수립 ② 설명의무위반 ③ 불공정영업행위 ④ 부당권유금지 ⑤ 광고규제 위반 ⑥ 계약서류제공의무 위반 ⑦ 자문업자 영업행위준칙위반 ⑧ 자료유지의무 위반 ⑨ 검사거부·방해·기피
법정 한도 액	'수입등'의 50% (수입등 산정이 곤란한 경우 10억원 이내 부과)	업무정기기간 (6월 내) 동안 얻을 이익	**3천만원** ① 적합성·적정성 원칙 위반 ② 판매대리·중개업자 금지의무 및 고지의무 위반
			1천만원 ① 변동보고의무 위반
부과 주체	금융위		금융위
이의 신청	금융위		금융위
불복 절차	행정소송		과태료재판 (간이한 비송사건절차)
집행 방법	소송과 관계없이 집행 (단, 집행정지신청가능)		이의 제기하면 과태료 재판 확정 후 집행

주1) 대리·중개업자 및 소속 임직원의 위반행위에 대해서도 직판업자에게 과징금 부과

　2) 대리·중개업자가 대리·중개업무를 재위탁하는 경우 직판업자에게, 대리·중개업자로부터 업무를 위탁(예외적 위탁 가능한 경우)
　받은 타(他) 대리·중개업자의 위반행위(②~⑤사유)에 대해서는 원(原) 대리·중개업자에게 각각 과태료 부과

※ 음영은 6대 판매원칙 위반 부분

과태료의 부과기준(시행령 제51조 관련)

1. 일반기준

가. 금융위원회는 위반행위의 정도, 위반횟수, 위반행위의 동기와 그 결과 등을 고려하여 과태료를 줄일 필요가 있다고 인정되는 경우에는 제2호의 개별기준에 따른 과태료 금액의 2분의 1 범위에서 그 금액을 줄이거나 면제할 수 있다. 다만, 과태료를 체납하고 있는 위반행위자의 경우에는 그렇지 않다.

나. 금융위원회는 위반행위의 정도, 위반행위의 동기와 그 결과 등을 고려하여 과태료를 늘릴 필요가 있다고 인정한 경우에는 제2호의 개별기준에 따른 과태료 금액의 2분의 1 범위에서 그 금액을 늘릴 수 있다. 다만, 늘리는 경우에도 법 제69조제1항부터 제3항까지의 규정에 따른 과태료 금액의 상한을 넘을 수 없다.

2. 개별기준

(단위: 만원)

위 반 행 위	근거 법조문	과태료 금액	
		법인	법인이 아닌 자
가. 법 제16조제2항을 위반하여 내부통제 기준을 마련하지 않은 경우	법 제69조 제1항제1호	10,000	
나. 법 제17조제2항을 위반하여 정보를 파악하지 않거나 확인을 받지 않거나 이를 유지·관리하지 않거나 확인받은 내용을 지체 없이 제공하지 않은 경우	법 제69조 제2항제1호	2,000	1,000
다. 법 제17조제3항을 위반하여 계약 체결을 권유한 경우	법 제69조 제2항제2호	2,000	1,000
라. 법 제18조제1항을 위반하여 정보를 파악하지 않은 경우	법 제69조 제2항제3호	2,000	1,000
마. 법 제18조제2항을 위반하여 해당 금융상품이 적정하지 않다는 사실을 알리지 않거나 확인을 받지 않은 경우	법 제69조 제2항제4호	2,000	1,000

바. 법 제19조제1항을 위반하여 중요한 사항을 설명하지 않거나 같은 조 제2항을 위반하여 설명서를 제공하지 않거나 확인을 받지 않은 경우	법 제69조 제1항제2호	7,000	3,500
사. 법 제20조제1항 각 호의 어느 하나에 해당하는 행위를 한 경우	법 제69조 제1항제3호	7,000	3,500
아. 법 제21조 각 호의 어느 하나에 해당하는 행위를 한 경우	법 제69조 제1항제4호	7,000	3,500
자. 법 제22조제1항·제3항 또는 제4항을 위반하여 금융상품등에 관한 광고를 한 경우	법 제69조 제1항제5호	10,000	5,000
차. 금융상품계약체결등의 업무를 대리하거나 중개하게 한 금융상품판매대리·중개업자가 다음의 어느 하나에 해당하는 행위를 한 경우. 다만, 업무를 대리하거나 중개하게 한 금융상품판매대리·중개업자가 그 위반행위를 방지하기 위해 해당 업무에 관하여 적절한 주의와 감독을 게을리하지 않은 경우는 제외한다. 1) 법 제19조제1항을 위반하여 중요한 사항을 설명하지 않거나 같은 조 제2항을 위반하여 설명서를 제공하지 않거나 확인을 받지 않은 경우 2) 법 제20조제1항 각 호의 어느 하나에 해당하는 행위를 한 경우 3) 법 제21조 각 호의 어느 하나에 해당하는 행위를 한 경우 4) 법 제22조제3항 또는 제4항을 위반하여 금융상품등에 관한 광고를 한 경우	법 제69조 제1항제6호	7,000 (4)에 해당하는 경우에는 10,000)	3,500 (4)에 해당하는 경우에는 5,000)

카. 법 제23조제1항을 위반하여 금융소비자에게 계약서류를 제공하지 않은 경우	법 제69조 제1항제7호	5,000	2,500
타. 법 제2조제8호에 따른 금융상품계약 체결등의 업무를 대리하거나 중개하게 한 금융상품판매대리·중개업자가 법 제25조제1항제2호에 해당하는 행위를 한 경우. 다만, 업무를 대리하거나 중개하게 한 금융상품직접판매업자가 그 위반행위를 방지하기 위해 해당 업무에 관하여 적절한 주의와 감독을 게을리하지 않은 경우는 제외한다.	법 제69조 제1항제8호	7,000	3,500
파. 법 제25조제1항 각 호의 어느 하나에 해당하는 행위를 한 경우	법 제69조 제2항제5호	3,000	1,500
하. 법 제25조제2항을 위반하여 수수료 외의 금품, 그 밖의 재산상 이익을 요구하거나 받은 경우	법 제69조 제2항제6호	3,000	1,500
거. 법 제26조제1항을 위반하여 같은 항 각 호의 어느 하나에 해당하는 사항을 미리 금융소비자에게 알리지 않은 경우 또는 같은 조 제2항을 위반하여 표지를 게시하지 않거나 증표를 보여주지 않은 경우	법 제69조 제2항제7호	2,000	1,000
너. 법 제27조제3항을 위반하여 같은 항 각 호의 어느 하나에 해당하는 사항을 금융소비자에게 알리지 않은 경우 또는 표지를 게시하지 않거나 증표를 내보이지 않은 경우	법 제69조 제1항제9호	7,000	
더. 법 제27조제4항을 위반하여 독립문자를 명칭에 사용하거나 광고에 사용한 경우	법 제69조 제1항제10호	7,000	3,500

러. 법 제27조제5항 각 호의 어느 하나에 해당하는 행위를 한 경우	법 제69조 제1항제11호	7,000	
머. 법 제28조제1항을 위반하여 자료를 기록하지 않거나 자료의 종류별로 유지·관리하지 않은 경우	법 제69조 제1항제12호	10,000	5,000
버. 법 제48조제3항을 위반하여 등록요건에 대한 변동사항을 보고하지 않은 경우	법 제69조 제3항	1,000	500
서. 법 제50조제1항에 따른 검사를 정당한 사유 없이 거부·방해 또는 기피한 경우	법 제69조 제1항제13호	10,000	5,000 (법인·조합·단체의 임직원인 경우에는 2,000)

1. 금융소비자보호법 시행일 : 2021년 3월 25일

단, 금융상품자문업자 관련 부분과 법인인 금융상품판매업자등의 내부통제기준 (제16조 제2항[1])과 자료의 기록 및 유지·관리 등(제28조[2])에 대한 규정은 2021년 9월 25일부터 시행한다.

2. 자료의 기록 및 유지·관리 등에 관한 적용례

금융소비자보호법 제28조는 이 법 시행 이후 금융상품 또는 금융상품자문에 관한 계약의 체결을 권유(금융상품자문업자가 자문에 응하는 경우를 포함)하거나 계약을 체결하는 경우부터 적용한다.

---

1) 금융소비자보호법 §16(금융상품판매업자등의 관리책임) ② 법인인 금융상품판매업자등으로서 대통령령으로 정하는 자는 제1항에 따른 관리업무를 이행하기 위하여 그 임직원 및 금융상품판매대리·중개업자가 직무를 수행할 때 준수하여야 할 기준 및 절차 (이하 "내부통제기준"이라 한다)를 대통령령으로 정하는 바에 따라 마련하여야 한다.
2) 금융소비자보호법 §28(자료의 기록 및 유지·관리 등) ① 금융상품판매업자등은 금융상품판매업등의 업무와 관련한 자료로서 대통령령으로 정하는 자료를 기록하여야 하며, 자료의 종류별로 대통령령으로 정하는 기간 동안 유지·관리하여야 한다.
   ② ~ ⑦ (생략)

3. 조정신청의 시효 중단 효력 등에 관한 적용례

금융소비자보호법 제40조(시효의 중단), 제41조(소송과의 관계) 및 제42조(소액분쟁 사건에 관한 특례)의 규정은 금융소비자보호법 시행 이후 분쟁조정을 신청하는 경우 부터 적용한다

4. 금융상품판매업자등의 손해배상책임에 관한 적용례

금융소비자보호법 제44조 제2항은 이 법 시행 이후 금융상품판매업자등이 법 제19조(설명의무)를 위반하여 금융소비자에게 손해를 발생시킨 경우부터 적용한다.

5. 금융상품직접판매업자의 손해배상책임에 관한 적용례

금융소비자보호법 제45조는 이 법 시행 이후 금융상품판매대리·중개업자가 대리·중개 업무를 하는 경우부터 적용한다.

6. 청약의 철회에 관한 적용례

금융소비자보호법 제46조는 이 법 시행 이후 계약의 청약을 한 경우부터 적용한다.

7. 위법한 계약의 해지에 관한 적용례

금융소비자보호법 제47조는 이 법 시행 이후 계약을 체결하는 경우부터 적용한다.

8. 업무보고서 제출에 관한 적용례

금융소비자보호법 제48조 제2항은 이 법 시행 이후 시작되는 사업연도부터 적용한다.

9. 과징금 등에 관한 경과조치

금융소비자보호법 시행 전에 부칙 제13조에 따라 개정되기 전의 법률(종전 법률)의 위반행위로서 금융소비자보호법 시행 전에 종료되거나 이 법 시행 이후에도 그

상태가 지속되는 위반행위에 대하여 금융소비자보호법 제49조에 따른 명령, 제51조에 따른 금융상품판매업자등에 대한 처분, 제52조에 따른 임직원에 대한 조치, 제57조에 따른 과징금의 부과 등 행정처분을 할 때에는 그 위반한 행위에 대한 종전 법률의 규정에 따른다.

10. 벌칙 등에 관한 경과조치

금융소비자보호법 시행 전에 행한 종전 법률의 위반행위에 대하여 벌칙 및 과태료를 적용할 때에는 그 위반한 행위에 대한 종전 법률의 규정에 따른다.

당신은 언제나 옳습니다. 그대의 삶을 응원합니다. — 라의눈 출판그룹

금융소비자와 금융회사 실무자를 위한

금융소비자보호법 강의

초판 1쇄 2022년 11월 1일

지은이 서태종 · 성수용
펴낸이 설응도   편집주간 안은주
영업책임 민경업   디자인책임 조은교

펴낸곳 라의눈

출판등록 2014년 1월 13일 (제 2019-000228호)
주소 서울시 강남구 테헤란로 78 길 14-12(대치동) 동영빌딩 4 층
전화 02-466-1283   팩스 02-466-1301

문의 (e-mail)
편집 editor@eyeofra.co.kr
마케팅 marketing@eyeofra.co.kr
경영지원 management@eyeofra.co.kr

ISBN : 979-11-92151-29-8 93360